Stefan Kreuzer
Die Abfindung bei Verlust des Arbeitsplatzes aus betrieblichen Gründen

AF281106

TUDpress

Studien zur europäischen Rechtskultur
Hrsg. von Ursula Stein
Bd. 2

Stefan Kreuzer

Die Abfindung bei Verlust des Arbeitsplatzes aus betrieblichen Gründen

Ein deutsch-italienischer Rechts-
und Rechtskulturvergleich

TUDpress

Bei der vorliegenden Publikation handelt es sich um eine von der Juristischen Fakultät der Technischen Universität Dresden angenommene Dissertation.

Bibliografische Information der Deutschen Nationalbibliothek
Die Deutsche Nationalbibliothek verzeichnet diese Publikation in der Deutschen Nationalbibliografie; detaillierte bibliografische Daten sind im Internet über http://dnb.d-nb.de abrufbar.

Bibliographic information published by the Deutsche Nationalbibliothek
The Deutsche Nationalbibliothek lists this publication in the Deutsche Nationalbibliografie; detailed bibliographic data are available in the Internet at http://dnb.d-nb.de.

ISBN 978-3-95908-003-3

© 2015 TUDpress
Verlag der Wissenschaften GmbH
Bergstraße 70 | D-01069 Dresden
Tel.: +49 (0351) 47 96 97 20 | Fax: +49 (0351) 47 96 08 19
http://www.tudpress.de

VORWORT

Die vorliegende Arbeit wurde im Wintersemester 2014/2015 von der Juristischen Fakultät der Technischen Universität Dresden angenommen. Ihr liegt der Stand der Gesetzgebung von Ende 2014 zu Grunde.

Herzlich danke ich Frau Professor Dr. Ursula Stein, die die Arbeit als Erstgutachterin betreut und immer mit wertvollen Hinweisen unterstützt hat, sowie Herrn Professor Dr. Matteo Borzaga für seine Bereitschaft, die Zweitbegutachtung zu übernehmen.

Mein besonderer Dank gilt meiner Frau, selbst Juristin, ohne die mein Promotionsvorhaben neben unserem Berufsalltag nicht möglich gewesen wäre, sowie meinen Eltern und Geschwistern für ihre Unterstützung.

Dresden, im April 2015 *Stefan Kreuzer*

INHALTSÜBERSICHT

INHALTSVERZEICHNIS

XVIII   Kreuzer: Die Abfindung bei Verlust des Arbeitsplatzes

VERZEICHNIS DER ÜBERSICHTEN

ABKÜRZUNGSVERZEICHNIS (FÜR UNGEBRÄUCH-
LICHE ABKÜRZUNGEN)

ADL	Argomenti di diritto del lavoro
AFS	Archiv für Sozialgeschichte
BT-Drs.	Deutscher Bundestag, Drucksache
BR-Drs.	Deutscher Bundesrat, Drucksache
Cass.	Corte Suprema Di Cassazione
	Oberster Gerichtshof
c. c.	Codice Civile
	Zivilgesetzbuch
CCNL	Contratto Collettivo Nazionale di Lavoro
	Nationaler Arbeitstarifvertrag
circ.	Circolare
	Rundschreiben
Corte Cass.	Corte Suprema Di Cassazione
	Oberster Gerichtshof
Corte Cost.	Corte Costituzionale
	Verfassungsgericht
Cost.	Costituzione
	Verfassung
c. p. c.	Codice di Procedura Civile
	Zivilprozessordnung
D. Lgs.	decreto legislativo
	Gesetzgebungsdekret
d. l. Lgt.	decreto legislativo luogotenenziale
	Gesetzvertretende Verordnung des Statthalters
D. m.	decreto ministeriale
	Ministerialerlass
DPR	decreto del Presidente della Repubblica
	Verordnung des Präsidenten der Republik
FI	Foro Italiano
GewKfG	Gewerbe- und Kaufmannsgericht, Monatsschrift des Verban-
	des Deutscher Gewerbe- und Kaufmannsgerichte
GI	Giurisprudenza Italiana
GL	Guida al Lavoro

GMH	Gewerkschaftliche Monatshefte
Gazz. Uff.	Gazzetta Ufficiale Della Repubblica Italiana
	Offizielles Amtsblatt der Italienischen Republik
INAIL	Istituto Nationale per l'Assicurazione contro gli Infortuni sul Lavoro
	Nationales Arbeitsunfallversicherungsinstitut
INPS	Istituto Nationale della Previdenza Sociale
	Nationalinstitut für Soziale Fürsorge
ISTAT	Istituto Centrale di Statistica
	Spitzeninstitut für Statistik
L.	Legge
	Gesetz
Lav. Giur.	Il lavoro nella giurisprudenza
L. n.	Legge numero
	Gesetz Nummer
n.	numero
	Nummer
PdD	Politica del Diritto
RABl.	Reichsarbeitsblatt
r. d. l.	regio decreto legislativo
	Königliches Gesetzgebungsdekret
RDL	Rivista di Diritto del Lavoro
RIDL	Rivista Italiana di Diritto del Lavoro
RSA	Rappresentanze sindacale aziendale
	Gewerkschaftsvertretung im Betrieb
RSU	Rappresentanze sindacali unitarie
	Vereinigte Gewerkschaftsvertretung
Sent.	Sentenza
	Urteil
Sez.	Sezione
	Abschnitt, Kammer, Abteilung
SJZ	Süddeutsche Juristen-Zeitung
Stat. lav.	Statuto dei lavoratori
	Arbeitnehmerstatut
ZBLG	Zeitschrift für Bayerische Landesgeschichte

EINFÜHRUNG

A. Gegenstand der Untersuchung

Mit Abschluss des Arbeitsvertrags gehen Arbeitnehmer und Arbeitgeber ein besonderes Schuldverhältnis ein. Dieses verpflichtet den Arbeitnehmer nicht nur zur persönlichen Arbeitsleistung, sondern unterwirft ihn auch der Weisung des Arbeitgebers im Hinblick auf Inhalt, Ort und Zeit seiner Arbeitsleistung.[1] Mit dieser persönlichen Abhängigkeit geht zumeist die wirtschaftliche Abhängigkeit einher. Der Arbeitnehmer ist in der Regel zur Bestreitung seines Lebensunterhalts auf die Einbringung seiner gesamten Arbeitskraft und auf den Bestand seines Arbeitsverhältnisses angewiesen.[2] Zum Ausgleich dieser persönlichen und wirtschaftlichen Abhängigkeit bedarf der Arbeitnehmer eines besonderen Schutzes.[3] Dieser spiegelt sich zum Beispiel in technischen Arbeitsschutzvorschriften wider. Er findet sich jedoch auch als sozialer Arbeitnehmerschutz. Insbesondere bei der Beendigung von mehrjährigen oder nahezu lebenslangen Arbeitsverhältnissen stellt sich die Frage, ob der Arbeitgeber dem Arbeitnehmer für eine von diesem nicht verschuldete Beendigung des Arbeitsverhältnisses eine Abfindung als soziale Entschädigung zahlen muss. Gesetzliche Regelungen zur Lösung dieser Fragestellung finden sich sowohl im deutschen als auch im italienischen Recht. Die Regelungen sind hinsichtlich ihrer Voraussetzungen, rechtssystematischen Einordnung in den Kündigungsschutz und zahlungsbegründenden Höhe allerdings sehr unterschiedlich ausgestaltet. Mit diesen gesetzlichen Regelungen und ihren Unterschieden befasst sich die Untersuchung; sie spannt einen Bogen von den Ursprüngen der Abfindung bis zur heutigen Gesetzesfassung und zeigt das Zusammenspiel von Abfindung und Kündigungsschutz in Deutschland und Italien auf.

---

[1] § 106 GewO.
[2] BVerfG vom 27. 01. 1998 - 1 BvL 15/87, NZA 1998, 470; *Preis*, in: *Ascheid/Preis/Schmidt*, Kündigungsrecht, 1. Teil, B., Rn. 4, in: beck-online.
[3] *Zwanziger*, in: *Kittner/Däubler/Zwanziger*, KSchR Kündigungsschutzrecht, S. 41, Rn. 1; *Konzen*, Arbeitnehmerschutz, in: *Maydell/Kannengießer*, Handbuch Sozialpolitik, S. 202.

B. Ziel der Untersuchung

Ziel der Untersuchung ist es, die gesetzlichen Regelungen und die Ansprüche des Arbeitnehmers auf Zahlung einer Abfindung bei einer ordentlichen
betriebsbedingten Kündigung in Deutschland einerseits und in Italien andererseits herauszuarbeiten und die rechtskulturellen Gründe, die dem jeweiligen Regelungsmodell zugrunde liegen, zu analysieren und zu vergleichen.
Daneben untersucht die Arbeit die Motive und die arbeitsrechtliche Praxis
der freiwilligen Zahlung von Abfindungen und vergleicht die Höhe der arbeitgeberseitigen Zahlung in Deutschland und Italien. Die Arbeit legt die Einzelkündigung zugrunde. Besonderheiten bei Massenentlassungen werden
nicht dargestellt.

C. Gang der Untersuchung

Die Arbeit, die sowohl die gesetzlichen Ansprüche auf Zahlung einer Abfindung bei einer betriebsbedingten Kündigung untersucht als auch die rechtskulturellen Hintergründe in Deutschland und in Italien vergleicht, erfordert
eine grundsätzliche Teilung. Zunächst müssen die gesetzlichen Regelungen für
eine Kündigung in beiden Rechtsordnungen benannt und in ihren Rechtsfolgen im Hinblick auf vergleichbare Abfindungstatbestände analysiert werden.
Im Anschluss daran können die gesetzlichen Abfindungstatbestände mit Blick
auf ihren rechtskulturellen Hintergrund in der jeweiligen Rechtsordnung verglichen werden.

Die Untersuchung verlangt, Sachverhalte und gesetzliche Regelungen zu
identifizieren, die vergleichbar sind. Naturgemäß ist die Frage nach Kündigung, Kündigungsschutz und Abfindung für beide Vertragsparteien von
erheblicher wirtschaftlicher Bedeutung und daher von einem Interessengegen-
satz geprägt.[4] Aus Sicht des Arbeitgebers stellen Regelungen für Kündigungen
eine mit zusätzlichen Kosten verbundene Beschränkung seiner Kündigungsfreiheit dar. Aus Sicht des Arbeitnehmers verkörpert die arbeitgeberseitige
Beschränkung spiegelbildlich den dem Arbeitnehmer zustehenden Schutz
gegen die Kündigung und sichert damit den Erhalt seines Arbeitsplatzes als

---

[4]   Vgl. den Überblick über die Interessenlagen bei *v. Hoyningen-Huene/Linck*, Kündigungsschutzgesetz, Einleitung Rn. 3 ff.

Einkommensquelle.[5] Zwischen den beiden Gegenpolen, uneingeschränkte Kündigungsfreiheit einerseits und Kündigungsverbot andererseits, ist eine Vielzahl von Kombinations- und Regelungsmechanismen vorstellbar. Diese können auch noch mit einem Wahlrecht, wie Zahlung einer Abfindung statt Fortsetzung des Arbeitsverhältnisses, kombiniert werden.

Die Arbeit untersucht Abfindungsregelungen, die dem Arbeitnehmer einen gesetzlichen Anspruch auf Zahlung einer Abfindung gewähren, also aus Sicht des Arbeitnehmers „erzwingbar" sind. Derartige Abfindungen hat der Arbeitgeber für jeden Fall der betriebsbedingten Kündigung bereits im Vorfeld des Kündigungsausspruchs wirtschaftlich zu kalkulieren.

In Deutschland gab es und in Italien gibt es gesetzliche Regelungen, die Abfindungszahlungen von der Wahl des Arbeitgebers abhängig machen: Er kann sich nach unwirksamer Kündigung für die Abfindung oder für die Fortsetzung des Arbeitsverhältnisses entscheiden. Dieses Wahlrecht steht nur dem Arbeitgeber zu. Derartige Abfindungstatbestände werden in der Arbeit beschrieben, bleiben jedoch bei dem Vergleich der rechtskulturellen Hintergründe außer Betracht, weil der Arbeitnehmer diese Abfindungszahlungen nicht gegen den Willen des Arbeitgebers erzwingen kann. Soweit sich Abfindungstatbestände aus dem Betriebsverfassungsrecht ergeben, werden diese ebenfalls nicht in den Vergleich mit einbezogen, weil es sich dabei regelmäßig um Massenentlassungsverfahren handelt, die in beiden Ländern besonderen, jeweils sehr unterschiedlichen Vorschriften unterliegen.

Auf der Basis dieser thematischen Ausrichtung ist die Arbeit wie folgt gegliedert: Zuerst werden die Anforderungen und die Rechtsfolgen des Kündigungsschutzes im Überblick dargestellt und die Regelungen identifiziert, die dem Arbeitnehmer einen gesetzlichen Anspruch auf Zahlung einer Abfindung gewähren. Für jede Abfindungsregelung wird die Höhe der sich aus ihrer Anwendung ergebenden Abfindungszahlung separat festgestellt. Die Untersuchung erfolgt jeweils getrennt für Deutschland (Teil 1.) und Italien (Teil 2.). Im Anschluss werden die rechtskulturellen Hintergründe der gesetzlichen Abfindungsansprüche in Deutschland und Italien herausgearbeitet (Teil 3. und 4.) und einem Vergleich unterzogen (Teil 5.). Danach beschäftigt sich die Arbeit mit der Frage der freiwilligen Zahlung von Abfindungen und geht auch hier auf die Höhe der Abfindung ein, wie sie sich in der betrieblichen und

---

5   *Oetker*, in: Erfurter Kommentar zum Arbeitsrecht, KSchG, § 1 Rn. 3; *Preis*, in: *Ascheid/ Preis/Schmidt*, Kündigungsrecht, 1. Teil, B., Rn. 2 ff, 15.

gerichtlichen Praxis herausgebildet hat (Teil 6.). Zuletzt bietet die Arbeit einen rechtspolitischen Ausblick, der auf mögliche Änderungen der Abfindungsregelungen durch den Gesetzgeber hinweist (Teil 7.).

Kurz vor Fertigstellung der Arbeit wurde in Italien das Arbeitsmarktreformgesetz 2012 verabschiedet, das auch wichtige Kündigungsschutzvorschriften änderte.[6] Die in der Arbeit angegebenen Artikel beziehen sich grundsätzlich auf den Rechtsstand vor Inkrafttreten des Arbeitsmarktreformgesetzes 2012; sind zitierte Artikel von der Änderung betroffen, wird im Text oder in den Fußnoten darauf hingewiesen.

D. Terminologie

Bei der ordentlichen Kündigung aus betrieblichem Grund handelt es sich um eine Kündigung, die der Arbeitgeber unter Einhaltung einer Kündigungsfrist ausspricht und bei der er sich zur Begründung der Kündigung auf betriebliche Umstände stützt. Nach dem deutschen Kündigungsschutzgesetz muss diese Kündigung zu ihrer Rechtfertigung durch dringende betriebliche Erfordernisse bedingt sein.[7] Sie wird als betriebsbedingte Kündigung bezeichnet.[8] Eine Unterscheidung zwischen Einzelkündigung und Massenentlassung wird zunächst noch nicht getroffen. Nach der italienischen Rechtslage stellt die betriebsbedingte Kündigung eine Einzelkündigung (licenziamento individuale) dar, zu deren Wirksamkeit ein objektiv rechtfertigender Grund (giustificato motivo oggettivo) erforderlich ist.[9] Für Massenentlassungen (licenziamenti collettivi) besteht eine gesonderte gesetzliche Regelung. Gegenstand der vorliegenden Untersuchung ist der Ausspruch einer arbeitgeberseitigen Kündigung, die der Arbeitgeber mit betrieblichen Umständen begründet und die nach Ablauf einer Kündigungsfrist zur Beendigung des Arbeitsverhältnisses führt.

---

[6] Gesetz Nr. 92 vom 28. 06. 2012, Gazz. Uff. Nr. 153 vom 03. 07. 2012, Disposizioni in materia di riforma del mercato del lavoro in una prospettiva di crescita, im Folgenden Arbeitsmarktreformgesetz 2012 genannt.

[7] § 1 Abs. 2 Satz 1 KSchG lautet:
Sozial ungerechtfertigt ist die Kündigung, wenn sie nicht durch Gründe, die … durch dringende betriebliche Erfordernisse, die einer Weiterbeschäftigung des Arbeitnehmers in diesem Betrieb entgegenstehen, bedingt ist.

[8] *Fiebig*, in: *Fiebig/Gallner/Nägele*, Kündigungsschutzrecht, KSchG, § 1 Rn. 623; *Oetker*, in: Erfurter Kommentar zum Arbeitsrecht, KSchG, § 1 Rn. 211.

[9] Art. 3 KSchG 1966, Gesetz Nr. 604 vom 15. 07. 1966, Gazz. Uff. Nr. 195 vom 06. 08. 1966, im Folgenden KSchG 1966 genannt.

Hierfür verwendet die Untersuchung grundsätzlich als Kurzfassung den Begriff der betriebsbedingten Kündigung. Der Ausspruch der außerordentlichen, also fristlosen Kündigung mit sofortiger Wirkung bleibt außer Betracht, weil es sich hierbei um Ausnahmefälle handelt, die die Beendigung des Arbeitsverhältnisses ohne Einhaltung einer Kündigungsfrist erlauben und nicht mit der ordentlichen Kündigung verglichen werden können.

Der Begriff der Abfindung findet als arbeitsrechtlicher Begriff in Deutschland seine gesetzliche Beschreibung im Kündigungsschutzgesetz. Nach § 9 KSchG wird eine Abfindung nur im Anschluss an eine ungerechtfertigte Kündigung gezahlt.[10] Bei gerechtfertigten Kündigungen fehlt eine gesetzliche Begriffsdefinition für die Zahlung. In Österreich wird eine Zahlung, die dem Arbeitnehmer auch bei gerechtfertigter Kündigung zusteht, als Abfertigung bezeichnet.[11] Diese sprachliche Differenzierung hat sich in Deutschland allerdings nicht durchgesetzt, sodass im Folgenden für den Teil der Untersuchung, der die deutsche Rechtslage behandelt, einheitlich der Begriff Abfindung verwandt wird.

In der italienischen Rechtsordnung existieren für die zu untersuchende Situation einer Zahlung nach betriebsbedingter Kündigung unterschiedliche Rechtsgrundlagen und verschiedene Begrifflichkeiten. Für den italienischen Teil der Untersuchung wird für die Zahlung nach Kündigung ebenfalls der Begriff Abfindung verwandt. Er umfasst sowohl die Entschädigung (indennità) als auch das trattamento di fine rapporto. Letzteres wird in der deutschsprachigen Literatur in der Regel mit „Abfindung" übersetzt.[12] Das Ergebnis der vorliegenden Untersuchung zeigt aber, dass das trattamento di fine rapporto seiner wirtschaftlichen Funktion nach keine Abfindung darstellt, wie sie die deutsche Rechtsordnung als Folge einer rechtswidrigen Kündigung kennt. Da das trattamento di fine rapporto in jedem Jahr verzinst und bei jeder Beendigung des Arbeitsverhältnisses gezahlt wird, ist es vielmehr als Teil der Vergütung des Arbeitnehmers zu sehen. Daher wird der im Deutschen üblicherweise

---

10   *Hausmann*, in: *Di Majo/Kindler/Hausmann*, Produkthaftung Handelsvertreter Arbeitsrecht, S. 65.

11   *Rebhahn*, ZfA 2003, 163.

12   *Patti*, Italienisches Zivilgesetzbuch, S. 541; *Gamillscheg*, Internationales Arbeitsrecht, S. 339; *Birk*, EuZA 2008, 297; *Kindler*, Italienisches Handels- und Wirtschaftsrecht, S. 156, Rn. 33; *Hofmann/Coslovic*, Arbeitsrecht in Italien, S. 122, Rn. 243 ff; *Mozet*, NZA 1998, 128, 131; *Mozet*, ZEuP 1998, 296, 301; *Tschöpe*, NZA-RR 2003, 393, 398; *Hausmann*, in: *Di Majo/Kindler/Hausmann*, Produkthaftung Handelsvertreter Arbeitsrecht, S. 64; *Däubler*, NJW 2002, 2292, 2293.

verwendete Begriff „Abfindung" dem Charakter des Rechtsinstituts des trattamento di fine rapporto nicht gerecht und gibt Anlass zu Fehlverständnissen,
die in der Rechtsvergleichung zwar häufig anzutreffen sind, aber doch besser
vermieden werden sollten. Deshalb wäre eine Übersetzung zu bevorzugen,
die den Entgeltcharakter des trattamento di fine rapporto verdeutlicht. Zu
denken wäre dabei etwa an die Formulierung „Sparlohn" (in Abgrenzung
zum „Barlohn") oder „Nachzahlung bei Vertragsbeendigung". Der Begriff
„Investivlohn" ist weniger geeignet, weil darunter heute auf Freiwilligkeit
beruhende betriebliche oder überbetriebliche Unternehmensbeteiligungen
verstanden werden.[13]

---

[13]   *Wagner*, Beilage zu BB 1998, Heft 41, S. 1; *Arentz*, Der Investivlohn, S. 71; *Priewe*, Vom
Arbeitnehmer zum Mitunternehmer?, WSI Mitteilungen 12/2007, 678; *Wagner*, Gesell-
schafterliche Mitarbeiterkapitalbeteiligungen innerhalb von Investivlohnmodellen,
NZG 1998, 2.

TEIL 1. DIE DEUTSCHE RECHTSLAGE

Zunächst gilt es, die gesetzlichen Regelungen zu identifizieren, die dem Arbeitnehmer nach Ausspruch einer betriebsbedingten Kündigung einen Rechtsanspruch auf Zahlung einer Abfindung einräumen. Die Darstellung beginnt mit einer kurzen Beschreibung der betriebsbedingten Kündigung und dem diesbezüglichen Kündigungsschutz im Hinblick auf Anforderungen, Geltungsbereich und Rechtsfolgen (Abschnitt A.). Danach folgt die Erläuterung der einzelnen Anspruchsgrundlagen, die dem Arbeitnehmer einen Abfindungsanspruch gewähren, sowie die detaillierte Untersuchung der Höhe der jeweiligen Abfindungszahlungen, die auf der Basis statistischer Daten mit einer Berechnung der Abfindungshöhe eines „durchschnittlichen" Arbeitsverhältnisses in Deutschland abschließt (Abschnitt B.). Am Ende dieses Abschnitts werden die gesetzlichen Abfindungstatbestände definiert, die dem Arbeitnehmer einen einseitig ausübbaren Rechtsanspruch auf Zahlung einer Abfindung gewähren (Abschnitt C.).

A. Kündigung und Kündigungsschutz – Anforderungen, Geltungsbereich und Rechtsfolgen bei der betriebsbedingten Kündigung

Die Zahlung einer Abfindung stellt für den Arbeitgeber eine wirtschaftliche Einschränkung seiner unternehmerischen Betätigungsfreiheit dar.[14] Er zahlt diese in der Regel nicht freiwillig, sondern nur, wenn die Unwirksamkeit der Kündigung gerichtlich festgestellt ist oder der ausgesprochenen Kündigung bereits außergerichtlich ein hohes Unwirksamkeitsrisiko anhaftet. Der folgende Abschnitt befasst sich daher hauptsächlich mit den formellen und materiellen Anforderungen an die betriebsbedingte Kündigung und geht im Hinblick auf den späteren Vergleich mit der italienischen Rechtslage der Frage nach, ob sich der Anspruch des Arbeitnehmers auf Zahlung einer Abfindung nach deutschem Recht als unmittelbare Rechtsfolge aus der erklärten Kündigung ergibt.

---

[14] *Krimphove*, Europäisches Arbeitsrecht, S. 300.

I. Überblick über das Zustandekommen des Arbeitsverhältnisses und die Rechtsgrundlagen für dessen Beendigung

Der Begriff des Arbeitsverhältnisses ist gesetzlich nicht definiert;[15] er wird allerdings in arbeitsrechtlichen Gesetzen verwandt.[16] Nach der Rechtsprechung ist das Arbeitsverhältnis ein auf den Austausch von Arbeitsleistung und Vergütung gerichtetes Dauerschuldverhältnis,[17] das durch den Abschluss des Arbeitsvertrags begründet wird.[18] Der Arbeitnehmer verpflichtet sich aufgrund des Arbeitsvertrags zur Arbeit unter Leitung und nach Weisung des Arbeitgebers innerhalb der durch den Arbeitgeber eingerichteten arbeitsteiligen Organisation.[19] Der Arbeitgeber seinerseits ist verpflichtet, das vereinbarte Entgelt zu entrichten.[20] Dabei vereinbaren Arbeitgeber und Arbeitnehmer allen Flexibilisierungstendenzen zum Trotz bis heute überwiegend den Abschluss eines unbefristeten Arbeitsvertrags.[21] Die durchschnittliche Dauer eines Arbeitsverhältnisses beträgt in Deutschland ca. 11 Jahre;[22] dabei wird die gesamte

---

[15] *Brox/Rüthers/Henssler,* Arbeitsrecht, Rn. 36, 38.

[16] Vgl. z. B. § 622 BGB, § 9 KSchG, § 5 Abs. 1 Satz 1 ArbGG, § 5 Abs. 1 BetrVG, § 2 Satz 1 BUrlbG.

[17] BAG vom 25. 05. 2005 – 5 AZR 347/04, dort I. der Gründe; BAG vom 20. 08. 2003 – 5 AZR 610/02, dort II. der Gründe; BAG vom 11. 06. 2003 – 5 ARB 43/02, dort I. 4. a) der Gründe, NJW 2003, 3365, 3366; *Müller-Glöge,* in: Münchener Kommentar zum BGB, § 611 Rn. 16; *Schöne,* in: *Hümmerich/Boecken/Düwell,* Arbeitsrecht, BGB § 611 Rn. 9.

[18] *Kreuder,* in: *Däubler/Hjort/Schubert/Wollmerath,* Arbeitsrecht, BGB, § 611 Rn. 83; *Brox/Rüthers/Henssler,* Arbeitsrecht, Rn. 37; *Weidenkaff,* in: *Palandt,* Einf v § 611 Rn. 4, 5a; *Michalski,* Arbeitsrecht, Rn. 184.

[19] *Preis,* in: Erfurter Kommentar zum Arbeitsrecht, BGB, § 611 Rn. 34 ff; *Schreiber,* Schulze u. a., Bürgerliches Gesetzbuch, § 611 Rn. 2 ff; BAG vom 14. 03. 2007 – 5 AZR 499/06, dort I. 1. der Gründe, NZA – RR 2007, 424, 425; BAG vom 11. 06. 2003 – 5 ARB 43/02, dort I. 4. a) der Gründe, NJW 2003, 3365, 3366.

[20] *Müller-Glöge,* in: Münchener Kommentar zum BGB, § 611 Rn. 154.

[21] Der Anteil befristeter Verträge im Verhältnis zu allen Arbeitsverhältnissen betrug 2008 8,9 %, 1991 5,7 %, Hans-Boeckler-Stiftung 2010 mit Verweis auf das Statistische Bundesamt, Quelle: www.boeckler-boxen.de/5781.htm, Abruf am 30. 6. 2011; Institut für Arbeitsmarkt- und Berufsforschung 2010, Die Forschungseinrichtung der Agentur für Arbeit, in: beck-online, Fachdienst Arbeitsrecht (FD-ArbR) 2011, 315317: „Das normale Arbeitsverhältnis ist kein Auslaufmodell".

[22] Institut für Arbeitsmarkt- und Berufsforschung, Die Forschungseinrichtung der Bundesagentur für Arbeit, IAB·Kurzbericht 19/2010: Die durchschnittliche Dauer der Betriebszugehörigkeit von 15- bis 64-jährigen Arbeitnehmern in Deutschland beträgt im Jahr 2008 10,8 Jahre, Quelle: http://doku.iab.de/kurzber/2010/kb1910.pdf, Abruf am 15. 02. 2013; BDA DIE ARBEITGEBER, Argumente, Flexible Beschäftigungsformen schaffen Arbeit: Die durchschnittliche Dauer der Arbeitsverhältnisse in Deutschland aller abhängig Beschäftigten beträgt 11,1 Jahre; Quelle: http://www.arbeitgeber.de/

Bandbreite von kurzen bis „lebenslangen" Arbeitsverhältnissen bis zur Rente berücksichtigt. Für die Beendigung des Arbeitsverhältnisses und die Zahlung von Abfindungen gelten besondere Vorschriften.

Die Anzahl der Rechtsgrundlagen, die die Beendigung des Arbeitsverhältnisses aufgrund ordentlicher betriebsbedingter Kündigung regeln, ist in Deutschland überschaubar. Im Wesentlichen handelt es sich um die §§ 620 ff. BGB,[23] das Kündigungsschutzgesetz 1969 (KSchG),[24] das Betriebsverfassungsgesetz 1972 (BetrVG)[25] und die Tarifverträge. In Tarifverträgen kann eine Kündigungsfrist vereinbart werden, die kürzer ist, als es die gesetzlichen Bestimmungen vorsehen.[26] Wie später zu sehen sein wird, ist die Anzahl der Rechtsgrundlagen in Italien weit höher.

II. Anforderungen an die betriebsbedingte Kündigung

Zur Wirksamkeit der ordentlichen betriebsbedingten Kündigung muss der Arbeitgeber sowohl in Deutschland als auch in Italien formelle und materielle Voraussetzungen einhalten.[27] Auf die Nichteinhaltung dieser Voraussetzungen kann sich der Arbeitnehmer einerseits berufen, um seinen Schutz vor dem Verlust des Arbeitsverhältnisses geltend zu machen. Andererseits können Fehler der Kündigung auch zu gerichtlich festgesetzten Abfindungszahlungen[28] und im Rahmen von Vergleichsverhandlungen zu einem für den Arbeitnehmer günstigeren Abfindungsvorschlag des Gerichts führen.[29] Im Folgenden werden deshalb die formellen und materiellen Anforderungen an die betriebsbedingte Kündigung nach der deutschen Rechtsordnung in knapper Form beschrieben.

---

www/arbeitgeber.nsf/res/A8A00B4870C498CCC12576BA003E6882/$file/AFlexible-Beschaeftigung.pdf, Abruf am 15. 02. 2013.

23 Bürgerliches Gesetzbuch (BGB) in der Fassung der Bekanntmachung vom 02. 01. 2002 (BGBl. I S. 42).

24 Kündigungsschutzgesetz (KSchG) in der Fassung der Bekanntmachung vom 25. 08. 1969 (BGBl. I S. 1317).

25 Betriebsverfassungsgesetz (BetrVG) in der Fassung der Bekanntmachung vom 25. 09. 2001 (BGBl. I S. 2518).

26 § 622 Abs. 4 BGB.

27 *Berkowsky*, in: Münchener Handbuch zum Arbeitsrecht, Band 1, § 108 Rn. 36.

28 Vgl. § 9 KSchG.

29 *Hümmerich*, NZA 1999, 342, 344.

1. Formelle Anforderungen an die Kündigung

Das Arbeitsverhältnis beginnt mit Abschluss des Arbeitsvertrags. Das zeitlich befristete Arbeitsverhältnis endet nach § 620 Abs. 1 BGB mit dem Ablauf der Zeit, für das es eingegangen ist.[30] Das zeitlich unbefristete Arbeitsverhältnis bedarf nach § 620 Abs. 2 BGB der Kündigung.[31] Der Arbeitgeber hat zur Wirksamkeit der Kündigung Formvorschriften einzuhalten. Auf die Nichteinhaltung dieser Formvorschriften kann sich jeder Arbeitnehmer berufen, unabhängig davon, wie groß der Betrieb ist, in dem er beschäftigt ist.

a) Schriftform

Zunächst hat der Arbeitgeber für die Kündigung die Schriftform gemäß § 623 BGB einzuhalten. Schriftform bedeutet eigenhändige Unterschrift des Arbeitgebers oder seines legitimierten Vertreters auf der Kündigung.[32] Der Ausspruch einer Kündigung in elektronischer Form, z. B. E-Mail oder Telefax, ist unwirksam.[33] Da die Schriftform lediglich die Unterschrift des Arbeitgebers unter der Kündigung verlangt, ist es in Deutschland grundsätzlich nicht erforderlich, dass der Arbeitgeber dem Arbeitnehmer im Kündigungsschreiben die betrieblichen Gründe mitteilt.[34]

---

[30] § 620 Abs. 1 BGB lautet:
   Das Dienstverhältnis endigt mit dem Ablauf der Zeit, für die es eingegangen ist.
[31] § 620 Abs. 2 BGB lautet:
   Ist die Dauer des Dienstverhältnisses weder bestimmt, noch aus der Beschaffenheit oder dem Zweck der Dienste zu entnehmen, so kann jeder Teil das Dienstverhältnis nach Maßgabe der §§ 621 bis 623 kündigen.
[32] § 126 BGB lautet:
   Ist durch Gesetz schriftliche Form vorgeschrieben, so muss die Urkunde von dem Aussteller eigenhändig durch Namensunterschrift oder mittels notariell beglaubigten Handzeichens unterzeichnet werden.
[33] § 623 HS 2 BGB.
[34] BAG vom 21. 02. 2001 – 2 AZR 15/00, dort B. II. 2. der Gründe, mit Hinweis auf die Ausnahmen, bei denen der Kündigungsgrund in der schriftlichen Kündigungserklärung angegeben werden muss, nämlich: Kündigung eines Berufsausbildungsverhältnisses nach Ablauf der Probezeit nach § 15 Abs. 3 BBiG, Kündigung einer Arbeitnehmerin während der Schwangerschaft oder bis zum Ablauf von vier Monaten nach der Entbindung nach § 9 Abs. 3 Satz 2 MuSchG.

b) Kündigungsfrist

Als weitere formelle Anforderung muss der Arbeitgeber die Frist für die ordentliche Kündigung gemäß § 622 BGB beachten.[35] Die Länge der einzuhaltenden Kündigungsfrist ist abhängig von der vorangegangenen Dauer des Arbeitsverhältnisses.[36] Die Grundkündigungsfrist beträgt vier Wochen, und zwar zum 15. oder zum Ende eines Kalendermonats.[37] Sie verlängert sich in sieben Stufen auf maximal sieben Monate zum Ende eines Kalendermonats, wenn das Arbeitsverhältnis wenigstens 20 Jahre bestanden hat.[38] Hält der Arbeitgeber die Kündigungsfrist nicht ein, ist die ausgesprochene Kündigung nicht insgesamt unwirksam. Lediglich der in der Kündigung angegebene Beendigungszeitpunkt ist unwirksam mit der Folge, dass das Arbeitsverhältnis erst zum Beendigungszeitpunkt der einzuhaltenden ordentlichen Kündigungsfrist rechtswirksam endet.[39] Längere Kündigungsfristen können durch Arbeitsver-

---

[35] § 622 BGB lautet:
(1) Das Arbeitsverhältnis eines Arbeiters oder eines Angestellten (Arbeitnehmers) kann mit einer Frist von vier Wochen zum Fünfzehnten oder zum Ende eines Kalendermonats gekündigt werden.
(2) ¹Für eine Kündigung durch den Arbeitgeber beträgt die Kündigungsfrist, wenn das Arbeitsverhältnis in dem Betrieb oder Unternehmen
1. zwei Jahre bestanden hat, einen Monat zum Ende eines Kalendermonats,
2. fünf Jahre bestanden hat, zwei Monate zum Ende eines Kalendermonats,
3. acht Jahre bestanden hat, drei Monate zum Ende eines Kalendermonats,
4. zehn Jahre bestanden hat, vier Monate zum Ende eines Kalendermonats,
5. zwölf Jahre bestanden hat, fünf Monate zum Ende eines Kalendermonats,
6. 15 Jahre bestanden hat, sechs Monate zum Ende eines Kalendermonats,
7. 20 Jahre bestanden hat, sieben Monate zum Ende eines Kalendermonats.
²Bei der Berechnung der Beschäftigungsdauer werden Zeiten, die vor der Vollendung des 25. Lebensjahrs des Arbeitnehmers liegen, nicht berücksichtigt.

[36] Nach § 622 Abs. 2 Satz 2 BGB werden Beschäftigungszeiten, die vor der Vollendung des 25. Lebensjahres eines Arbeitnehmers angefallen sind, bei der Berechnung der Kündigungsfrist nicht berücksichtigt. Der EuGH hat entschieden, dass § 622 Abs. 2 Satz 2 BGB gegen das Verbot der Altersdiskriminierung verstößt, EuGH vom 19. 01. 2010 – C-555/07, NZA 2010, 85. Mit den Stimmen der Koalition hat der Ausschuss für Arbeit und Soziales am 26. 10. 2011 einen Gesetzentwurf der SPD-Fraktion (BT-Drs. 17/775) und einen Gesetzesentwurf der Fraktion Bündnis 90/Die Grünen (BT-Drs. 17/657) ohne Beratung abgelehnt, in dem die Streichung von § 622 Abs. 2 Satz 2 BGB vorgeschlagen wurde, FD-ArbR 2011, 324104.

[37] § 622 Abs. 1 BGB.

[38] § 622 Abs. 2 BGB.

[39] BAG vom 15. 12. 2005 – 2 AZR 148/05, dort B. I. 2. der Gründe, NJW 2006, 2284; *Kerwer,* in: Beck'scher Online-Kommentar, Arbeitsrecht, KSchG, § 4 Rn. 21.

trag, Betriebsvereinbarung oder Tarifvertrag vereinbart werden. Eine Kürzung der gesetzlichen Fristen ist nur durch Tarifvertrag möglich.[40]

c) Beteiligung des Betriebsrats

In Unternehmen, in denen ein Betriebsrat existiert, muss der Arbeitgeber vor Ausspruch der beabsichtigten betriebsbedingten Kündigung eine Anhörung des Betriebsrates durchführen.[41] Die Nichteinhaltung dieser formellen Anforderung aus dem Betriebsverfassungsgesetz hat die individual-rechtliche Unwirksamkeit der Kündigung zur Folge.[42]

2. Materielle Anforderungen an den betrieblichen Grund

Der Arbeitgeber hat bei Ausspruch einer betriebsbedingten Kündigung auch materielle Anforderungen hinsichtlich der Betriebsbedingtheit der Kündigung einzuhalten. Diese beschränken die Kündigungsfreiheit des Arbeitgebers und gewähren dem Arbeitnehmer Schutz vor ungerechtfertigten Kündigungen.[43] In Deutschland ist der Umfang der arbeitsgerichtlichen Nachprüfung des Kündigungsgrundes von der Betriebsgröße abhängig. Es wird unterschieden zwischen Kleinbetrieben bis zu zehn Arbeitnehmern, Betrieben mit mehr als zehn Arbeitnehmern und Betrieben mit mehr als zwanzig Arbeitnehmern, in denen es zu einer Massenentlassung kommt.

a) Kleinbetriebe bis zu zehn Arbeitnehmern

In Kleinbetrieben bis zu zehn Arbeitnehmern bedarf der Arbeitgeber für den Ausspruch einer ordentlichen Kündigung keines Kündigungsgrundes. Der vom Arbeitgeber, z. B. in einem mündlichen Gespräch mit dem Arbeitnehmer, angegebene betriebliche Grund der Kündigung kann durch das Arbeitsgericht nicht nachgeprüft werden. Insoweit gilt für den Arbeitgeber eines Kleinbetriebs der Grundsatz der Kündigungsfreiheit.[44] Das Bundesverfassungsgericht

---

[40]   § 622 Abs. 4 BGB.
[41]   § 102 Abs. 1 Satz 1 BetrVG.
[42]   § 102 Abs. 1 Satz 3 BetrVG.
[43]   *Preis*, in: *Ascheid/Preis/Schmidt*, Kündigungsrecht, 1. Teil, B., Rn. 14; *Rebhahn*, ZfA 2003, 163, 164.
[44]   Zum Begriff der Kündigungsfreiheit im Arbeitsrecht vgl. *Preis*, in: *Ascheid/Preis/Schmidt*, Kündigungsrecht, 1. Teil, G., Rn. 5, 9.

hat dazu in seiner Entscheidung zu der Verfassungsmäßigkeit der sogenannten Kleinbetriebsklausel nach § 23 Abs. 1 Satz 2 KSchG ausgeführt, dass den Arbeitnehmern in Kleinbetrieben ein größeres rechtliches Risiko eines Arbeitsplatzverlustes zuzumuten sei, und dies insbesondere damit begründet, dass in einem Betrieb mit wenigen Arbeitskräften der Arbeitgeber und sein Geschäftserfolg mehr als bei Großbetrieben von jedem einzelnen Arbeitnehmer abhängig seien.[45] Kleine Teams seien anfälliger für Missstimmungen, Querelen und Störungen des Betriebsablaufs. Ausfälle ließen sich bei niedrigem Personalbestand nur schwer ausgleichen. Ein Kleinbetrieb sei auch häufig nicht in der Lage, bei Auflösung eines Arbeitsverhältnisses eine Abfindung zu zahlen oder weniger leistungsfähiges, weniger benötigtes oder auch nur weniger genehmes Personal mitzutragen.[46] Nach diesem Urteil des Bundesverfassungsgerichts verstößt die Ungleichbehandlung von Arbeitnehmern größerer und kleinerer Betriebe nicht gegen Art. 3 GG. Auch nach der Rechtsprechung des Bundesarbeitsgerichts ist diese unterschiedliche Behandlung aus sachlichen Gründen gerechtfertigt, weil Kleinbetriebe typischerweise durch eine enge persönliche Zusammenarbeit, geringe Finanzausstattung und einen Mangel an Verwaltungskapazität geprägt seien.[47]

Arbeitnehmer im Kleinbetrieb sind allerdings nicht völlig schutzlos. Zum einen sind Arbeitnehmer mit besonderem Kündigungsschutz, etwa Schwangere nach § 9 MuSchG oder Schwerbehinderte nach § 85 SGB IX, im Kleinbetrieb nicht frei kündbar. Zum anderen werden Arbeitnehmer vor willkürlichen oder auf sachfremden Gründen beruhenden Kündigungen durch die zivilrechtlichen Generalklauseln der §§ 138 und 242 BGB auch im Kleinbetrieb geschützt,[48] z. B. vor einer Kündigung wegen Homosexualität[49] oder aus religiösen Gründen.[50]

Des Weiteren muss der Arbeitgeber nach der Rechtsprechung des Bundesarbeitsgerichts bei der betriebsbedingten Kündigung im Kleinbetrieb unter dem Gesichtspunkt der Verhältnismäßigkeit bei der Auswahl unter mehreren

---

[45] BVerfG vom 27.01.1998 – 1 BvL 15/87, NZA 1998, 470.
[46] BVerfG vom 27.01.1998 – 1 BvL 15/87, dort B. I. 3. b) bb) der Gründe, NZA 1998, 470; BAG vom 21.02.2001 – 2 AZR 15/00, dort B. II. 1. der Gründe, BB 2001 1683.
[47] BAG vom 28.10.2010 – 2 AZR 392/08; BVerfG vom 27.01.1998 – 1 BvL 22/93.
[48] BVerfG vom 27.01.1998 – 1 BvL 15/87, dort B. I. 3. b) cc) der Gründe, NZA 1998, 470; BAG vom 21.02.2001 – 2 AZR 15/00, dort B. II. 1. der Gründe, BB 2001 1683; *Hergenröder*, in: *Säcker/Rixecker* (Hrsg.), Münchener Kommentar zum BGB, Band 4, KSchG, Einleitung Rn. 28; *Quecke*, in: *Henssler/Willemsen/Kalb*, KSchG, § 1 Rn. 11, 16.
[49] BAG vom 23.06.1994 – 2 AZR 617/93, NJW 1995, 275.
[50] *Preis*, NZA 1997, 1256, 1264.

Arbeitnehmern „ein gebotenes Mindestmaß an sozialer Rücksichtnahme" einhalten.[51] Allerdings hat das BAG gleichzeitig betont, „dass der unternehmerischen Freiheit des Arbeitgebers bei der Abwägung sozialer Gesichtspunkte
im Kleinbetrieb ein erhebliches Gewicht zukommt."[52] Dies führt in der Regel
dazu, dass sich der Arbeitnehmer in einem Kleinbetrieb nicht auf Fehler bei
der sozialen Auswahl berufen kann. Im Hinblick auf die nur geringe Einschränkung der Kündigungsfreiheit des Arbeitgebers im Kleinbetrieb wird auch vom
„Kündigungsschutz zweiter Klasse" gesprochen.[53]

Letztendlich kann der Arbeitgeber im Kleinbetrieb also frei kündigen und
benötigt für die betriebsbedingte Kündigung keinen nachweisbaren wirtschaftlichen Grund, z. B. Vorlage der Umsatzzahlen im Kündigungsschutzprozess.
Eine Nachprüfung des Kündigungsgrundes durch das Arbeitsgericht findet
nicht statt. So fallen statistisch betrachtet in Deutschland ca. 18 % aller Arbeitnehmer nicht unter den allgemeinen Kündigungsschutz des Kündigungsschutzgesetzes.[54]

---

[51] BAG vom 21. 02. 2001 – 2 AZR 15/00, BB 2001, 1683; LAG Köln vom 15. 07. 2011 – 4
      Sa 756/10, dort B. II. 4. der Gründe.
[52] BAG vom 21. 02. 2001 – 2 AZR 15/00, BB 2001, 1683; LAG Köln vom 15. 07. 2011 – 4
      Sa 756/10, dort B. II. 4. der Gründe.
[53] *Preis*, NZA 1997, 1256, 1264; *Quecke*, in: *Henssler/Willemsen/Kalb*, KSchG, § 1 Rn. 16.
[54] In Eurostat werden Unternehmen nach Größenklassen und insbesondere nach der
      „Empfehlung der Kommission vom 06. 05. 2003 betreffend die Definition der Kleinst-
      unternehmen sowie der kleinen und mittleren Unternehmen" (2003/361/EG) erfasst.
      Die Unternehmensgröße wird aus einer Kombination der Anzahl der Mitarbeiter und
      dem Umsatz pro Jahr bestimmt. Bei Kleinstunternehmen beträgt die Mitarbeiterzahl
      bis zu neun Mitarbeiter, bei kleinen Unternehmen bis zu 49 Mitarbeiter und bei
      mittleren Unternehmen bis zu 249 Mitarbeiter. Nach Eurostat beträgt der Anteil der
      Beschäftigten in Kleinstunternehmen im nicht finanziellen Sektor der gewerblichen
      Wirtschaft in Deutschland im Jahr 2005 ca. 18 %, vgl. „eurostat, Statistik kurz gefasst,
      31/2008", dort Abbildung 4, auch im Internet verfügbar unter hppt://epp.eurostat.
      ec.europa.eu/cache/ITY_OFFPUB/KS-SF-08-031/DE/KS-SF-08-031-DE.PDF, Abruf
      am 30. 06. 2011, sowie Europäische Kommission, Die neue KMU-Definition, Benut-
      zerhandbuch und Mustererklärung, 2006, auch im Internet verfügbar unter: http://
      ec.europa.eu/enterprise/policies/sme/files/sme_definition/sme_user_guide_de.pdf,
      Abruf am 15. 02. 2013. Nach dem IfM Institut für Mittelstandsforschung Bonn be-
      trägt in Deutschland der Anteil der in Kleinstunternehmen sozialversicherungs-
      pflichtig Beschäftigten im Jahre 2005 16,05 %, Quelle: www.ifm-bonn.org, Abruf
      am 30. 06. 2011, dort Schlüsselzahlen des Mittelstands in Deutschland gemäß der
      KMU-Definition der EU-Kommission.

b) Betriebe mit mehr als zehn Arbeitnehmern

aa) Betriebsgröße und Wartezeit

Auf Betriebe mit mehr als zehn Arbeitnehmern findet das Kündigungsschutz-gesetz Anwendung. Nach §§ 1, 23 KSchG hat der Arbeitnehmer Kündigungs-schutz, wenn in dem Betrieb mehr als zehn Arbeitnehmer in Vollzeit beschäf-tigt sind und das Arbeitsverhältnis länger als sechs Monate bestanden hat.[55] Zur Bestimmung der Anzahl der Arbeitnehmer in Vollzeit verwenden Perso-nalabteilungen häufig den Begriff Vollzeitäquivalent; ein Arbeitnehmer mit Vollzeitbeschäftigung wird mit dem Faktor 1,0 bewertet.[56] Gemäß § 23 Abs. 1 Satz 4 KSchG werden teilzeitbeschäftigte Arbeitnehmer anteilig berücksichtigt und zwar bei Teilzeit bis zu 20 Stunden Wochenarbeitszeit mit 0,5 Vollzeitäqui-valent, bis zu 30 Stunden Wochenarbeitszeit mit 0,75 Vollzeitäquivalent und bei Teilzeit mit mehr als 30 Stunden Wochenarbeitszeit mit 1,0 Vollzeitäqui-valent.[57] Der Kündigungsschutz tritt nach § 1 Abs. 1 KSchG erst nach erfüllter Wartezeit von sechs Monaten ein. Da bei Beginn eines Arbeitsverhältnisses regelmäßig eine Probezeit von sechs Monaten vereinbart wird, bedeutet dies für den Arbeitnehmer in der Praxis, dass er den Kündigungsschutz erst nach bestandener Probezeit erreicht.

bb) Nachprüfbarkeit des Kündigungsgrundes

Nach § 1 Abs. 2 KSchG ist eine ordentliche Kündigung des Arbeitgebers un-wirksam, wenn sie nicht durch Gründe, die in der *Person* oder im *Verhalten des Arbeitnehmers* liegen, oder durch *dringende betriebliche Erfordernisse* bedingt ist.[58] Demnach unterliegt die Kündigung des Arbeitgebers aus betriebsbedingten Gründen dem materiellen Prüfungsmaßstab des Kündigungsschutzgesetzes.

---

55 § 1 Abs. 1 KSchG lautet:
    Die Kündigung des Arbeitsverhältnisses gegenüber einem Arbeitnehmer, dessen Arbeitsver-
    hältnis in demselben Betrieb oder Unternehmen ohne Unterbrechung länger als sechs Monate
    bestanden hat, ist rechtsunwirksam, wenn sie sozial ungerechtfertigt ist.
56 Vgl. BAG vom 12. 08. 2010 – 2 AZR 945/08, dort Tatbestand, NZA 2011, 460, 461.
57 § 23 Abs. 1 Satz 4 KSchG lautet:
    Bei der Feststellung der Zahl der beschäftigten Arbeitnehmer nach den Sätzen 2 und 3 sind
    Teilzeitbeschäftigte Arbeitnehmer mit einer regelmäßigen wöchentlichen Arbeitszeit von nicht
    mehr als 20 Stunden mit 0,5 und nicht mehr als 30 Stunden mit 0,75 zu berücksichtigen.
58 § 1 Abs. 2 Satz 1 KSchG lautet:
    Sozial ungerechtfertigt ist die Kündigung, wenn sie nicht durch Gründe, die in der Person oder
    in dem Verhalten des Arbeitnehmers liegen, oder durch dringende betriebliche Erfordernisse,
    die einer Weiterbeschäftigung des Arbeitnehmers in diesem Betrieb entgegenstehen, bedingt
    ist.

Eine weitere Präzisierung des Grundes der betriebsbedingten Kündigung enthält das KSchG nicht. Bei der Beantwortung der Frage, ob eine Kündigung durch dringende betriebliche Erfordernisse bedingt ist, geht es um die Anwendung unbestimmter Rechtsbegriffe.[59] In den letzten 50 Jahren hat sich dazu eine umfangreiche und komplexe Rechtsprechung entwickelt.[60] Vereinfacht ausgedrückt ist es für die Wirksamkeit der betriebsbedingten Kündigung erforderlich, dass aufgrund einer kausalen unternehmerischen Entscheidung ein Arbeitsplatz wegfällt, der Arbeitnehmer nicht auf einem anderen freien Arbeitsplatz beschäftigt werden kann und der Arbeitgeber bei der Auswahl des konkret zu kündigenden Arbeitnehmers soziale Gesichtspunkte gemäß § 1 Abs. 3 KSchG ausreichend berücksichtigt hat.[61] Das Vorliegen dieser Voraussetzungen wird durch das Arbeitsgericht überprüft.[62] Typische Beispiele, die den Arbeitgeber zum Ausspruch einer betriebsbedingten Kündigung veranlassen, sind etwa der Auftragsmangel, der Umsatzrückgang, eine Betriebseinschränkung oder auch Rationalisierungsmaßnahmen.[63]

c) Betriebe mit mehr als 20 Arbeitnehmern und Massenentlassungen

Bei Betrieben mit in der Regel mehr als 20 Arbeitnehmern kommt eine weitere Einschränkung der Kündigungsfreiheit zu Lasten des Arbeitgebers hinzu. § 17 KSchG verpflichtet den Arbeitgeber, der Agentur für Arbeit bei Massenentlassungen vor Ausspruch der Kündigungen Anzeige zu erstatten („anzeigepflichtige Entlassungen").[64] Die Ausgestaltung der Regelungen in § 17 KSchG beruht

---

59 BAG vom 12. 03. 2009 – 2 AZR 418/07, dort B. I. 1. der Gründe, NZA 2009, 1023; BAG vom 13. 02. 2008 – 2 AZR 543/06, dort B. I. der Gründe, NZA 2008, 821.

60 *Rüthers*, NJW 2002, 1601; *Rolfs*, in: Beck'scher Online-Kommentar, Arbeitsrecht, KSchG, § 1 Rn. 340.

61 *Rolfs*, in: Beck'scher Online-Kommentar, Arbeitsrecht, KSchG § 1 Rn. 339; eine ausführliche Übersicht über die Voraussetzung der betriebsbedingten Kündigung mit acht Prüfungspunkten findet sich ebenfalls bei *Rolfs*, in: Beck'scher Online-Kommentar, Arbeitsrecht, KSchG, § 1 Rn. 341.

62 *Hergenröder*, in: Münchener Kommentar zum BGB, Band 4, KSchG, § 1 Rn. 292; *Gilberg*, NZA 2003, 817.

63 *Schaub*, in: Arbeitsrechts-Handbuch, § 131, dort Übersicht.

64 § 17 Abs. 1 KSchG lautet:
    ¹Der Arbeitgeber ist verpflichtet, der Agentur für Arbeit Anzeige zu erstatten, bevor er
    1. in Betrieben mit in der Regel mehr als 20 und weniger als 60 Arbeitnehmern mehr als 5 Arbeitnehmer,
    2. in Betrieben mit in der Regel mindestens 60 und weniger als 500 Arbeitnehmern 10 vom Hundert der im Betrieb regelmäßig beschäftigten Arbeitnehmer oder aber mehr als 25 Arbeitnehmer,

auf der Umsetzung von EU-Richtlinien zur Angleichung der Rechtsvorschriften der Mitgliedsstaaten über Massenentlassungen.[65] Zweck der Vorschrift ist es, dass die Arbeitsverwaltungen durch die rechtzeitige Anzeige des Arbeitgebers auf die Massenentlassungen vor Ort schneller reagieren können. Es soll durch gezielte Maßnahmen das Entstehen größerer Arbeitslosigkeit vermieden oder wenigstens verzögert werden.[66] Des Weiteren verpflichtet § 17 Abs. 2 KSchG den Arbeitgeber, vor Ausspruch der beabsichtigten Kündigungen den Betriebsrat zu konsultieren.[67]

Die Anzeigepflicht besteht erst bei Ausspruch einer Vielzahl von Entlassungen innerhalb eines Zeitraums von 30 Kalendertagen.[68] Bei einer Massenentlassung hat der Arbeitgeber nach § 17 Abs. 2 und Abs. 3 KSchG zusätzliche formelle Anforderungen einzuhalten, um die Anzeige ordnungsgemäß bei der Agentur für Arbeit zu platzieren. Nicht selten kommt es hier in der Praxis zu gravierenden Mängeln.[69] Fehlt eine der gesetzlichen Pflichtangaben nach § 17 Abs. 3 Satz 4 KSchG, ist die Anzeige unwirksam.[70] Da es sich bei den anzeigepflichtigen Massenentlassungen – auch im Hinblick auf die Beteiligung des Be-

---

3. in Betrieben mit in der Regel mindestens 500 Arbeitnehmern mindestens 30 Arbeitnehmer innerhalb von 30 Kalendertagen entlässt.
²Den Entlassungen stehen andere Beendigungen des Arbeitsverhältnisses gleich, die vom Arbeitgeber veranlasst werden.

[65] Ausgangspunkt ist die Richtlinie 75/129/EWG vom 17. 02. 1975; zur Rechtsentwicklung und der ändernden Richtlinie 98/59/EG vom 20. 07. 1998 zur Angleichung der Rechtsvorschriften der Mitgliedsstaaten über Massenentlassungen (Amtsblatt 1998 Nr. L 225/16), siehe *Ascheid*, in: *Ascheid/Preis/Schmidt*, Kündigungsrecht, 2. Teil, KSchG, vor § 17 Rn. 2–7.

[66] *Bufalica*, in: *Däubler/Hjort/Schubert/Wolmerath*, Arbeitsrecht, KSchG, § 17 Rn. 1.

[67] § 17 Abs. 2 KSchG lautet:
Beabsichtigt der Arbeitgeber, nach Absatz 1 anzeigepflichtige Entlassungen vorzunehmen, hat er dem Betriebsrat rechtzeitig die zweckdienlichen Auskünfte zu erteilen und ihn schriftlich insbesondere zu unterrichten über
1. die Gründe für die geplanten Entlassungen,
2. die Zahl und die Berufsgruppen der zu entlassenden Arbeitnehmer,
3. die Zahl und die Berufsgruppen der in der Regel beschäftigten Arbeitnehmer,
4. den Zeitraum, in dem die Entlassungen vorgenommen werden sollen,
5. die vorgesehenen Kriterien für die Auswahl der zu entlassenden Arbeitnehmer,
6. die für die Berechnung etwaiger Abfindungen vorgesehenen Kriterien.
Arbeitgeber und Betriebsrat haben insbesondere die Möglichkeiten zu beraten, Entlassungen zu vermeiden oder einzuschränken und ihre Folgen zu mildern.

[68] § 17 Abs. 1 KSchG.
[69] *Schramm/Kuhnke*, NZA 2011, 1071.
[70] *Kiel*, in: Erfurter Kommentar zum Arbeitsrecht, KSchG, § 17 Rn. 29, 30.

triebsrats nach § 17 Abs. 2 KSchG – um ein besonderes Verfahren handelt, bleibt
es bei der Untersuchung zu Regelabfindungen als Sonderfall außer Betracht.

3.   Zwischenergebnis

In Deutschland kann sich der gekündigte Arbeitnehmer nur auf den allgemeinen Kündigungsschutz nach dem Kündigungsschutzgesetz[71] berufen, wenn
er bereits mehr als sechs Monate in einem Betrieb mit mehr als zehn Arbeitnehmern in Vollzeit beschäftigt ist. Unter diesen beiden Voraussetzungen
kann der Arbeitnehmer die betriebsbedingte Kündigung und deren soziale
Rechtfertigung nach dem KSchG durch das Arbeitsgericht nachprüfen lassen.[72]

III.   Rechtsmittel gegen die Kündigung

1.   Bezug zur Abfindung

Das Kündigungsschutzgesetz regelt in § 9 KSchG die Möglichkeit der gerichtlichen Festsetzung einer Abfindung für den Arbeitnehmer.[73] § 9 KSchG setzt
voraus, dass der Arbeitnehmer Klage gegen die Kündigung erhebt und die
Wirksamkeit der Kündigung gerichtlich überprüfen lässt;[74] ohne gerichtliches
Verfahren kann der Abfindungsanspruch nach § 9 KSchG nicht entstehen.[75]

2.   Frist zur Klageerhebung

Zur Beschleunigung des Verfahrens schreibt § 4 KSchG dem Arbeitnehmer
für alle Unwirksamkeitsgründe[76] eine allgemeine Klagefrist von drei Wochen

---

[71]   In Abgrenzung zum besonderen Kündigungsschutz bestimmter Personengruppen
nach Spezialgesetzen, wie z. B. Arbeitnehmer in Erziehungszeit nach § 18 Bundesel-
terngeld- und Elternzeitgesetz oder Mitglieder des Betriebsrats nach § 103 BetrVG.

[72]   *Preis*, in: *Ascheid/Preis/Schmidt*, Kündigungsschutzrecht, 1. Teil, G., Rn. 16; *Kittner*, in:
Kittner/Zwanziger/Deinert, Arbeitsrecht, Geschichte des Arbeitsrechts [www.hand-
bucharbeitsrecht.de], Rn. 70.

[73]   Daneben regelt der mit Gesetz zu Reformen am Arbeitsmarkt vom 24. 12. 2003 (BGBl.
I. S. 3002) neu eingefügte § 1 a KSchG die außergerichtliche Abfindungszahlung ohne
Kündigungsschutzklage, wenn die Parteien bestimmte Voraussetzungen einhalten.

[74]   Der Arbeitnehmer kann sich in den Betrieb „zurückklagen", der Arbeitgeber muss
ihn nicht „herausklagen", *Küttner*, Personalbuch, Kündigungsschutz, A., Rn. 82.

[75]   *Bufalica*, in: *Däubler/Hjort/Schubert/Wolmerath*, Arbeitsrecht, KSchG § 9 Rn. 2; *Eylert*,
in: *Hümmerich/Boecken/Düwell*, Arbeitsrecht, KSchG, § 9 Rn. 1.

[76]   Mit Ausnahme des Schriftformmangels, *Quecke*, RdA 2004, 86, 99.

vor.[77] Erhebt der Arbeitnehmer keine Kündigungsschutzklage oder hält er die prozessuale Klageerhebungsfrist[78] nicht ein, so gilt die durch den Arbeitgeber ausgesprochene Kündigung nach § 7 KSchG als von Anfang an wirksam.[79] Legt der Arbeitnehmer allerdings fristgerecht Kündigungsschutzklage ein, ist die Kündigung bis zur Rechtskraft des Urteils schwebend unwirksam.[80] Die dreiwöchige Klagefrist nach § 4 KSchG und die Wirksamkeitsfiktion nach § 7 KSchG sollen den Arbeitsvertragsparteien möglichst bald Klarheit verschaffen über die Frage der Wirksamkeit der Kündigung und des weiteren Bestandes des Arbeitsverhältnisses.[81]

3. Keine anderen Rechtsmittel gegen die Kündigung

Außergerichtliche Rechtsmittel gegen die zugegangene Kündigung[82] oder eine vorbeugende Unterlassungsklage gegen eine angekündigte Kündigung[83] kann

---

[77] § 4 Satz 1 KSchG lautet:
Will ein Arbeitnehmer geltend machen, dass eine Kündigung sozial ungerechtfertigt oder aus anderen Gründen rechtsunwirksam ist, so muss er innerhalb von drei Wochen nach Zugang der schriftlichen Kündigung Klage beim Arbeitsgericht auf Feststellung erheben, dass das Arbeitsverhältnis durch die Kündigung nicht aufgelöst ist.

[78] *Kiel*, in: Erfurter Kommentar zum Arbeitsrecht, KSchG, § 4 Rn. 1.

[79] Die Klage wird dann wegen Versäumung der Ausschlussfrist als unbegründet abgewiesen, „das materielle Recht wird des Rechtsschutzes beraubt.", BAG vom 26. 06. 1986 – 2 AZR 358/85, dort B. II. 3. b) der Gründe, NZA 1986, 761; *Ascheid/Hesse*, in: *Ascheid/Preis/Schmidt*, Kündigungsrecht, 2. Teil, KSchG, § 4 Rn. 8; § 7 KSchG lautet: *Wird die Rechtsunwirksamkeit einer Kündigung nicht rechtzeitig geltend gemacht ..., so gilt die Kündigung als von Anfang an rechtswirksam; ...*

[80] *Rost*, in: KR Gemeinschaftskommentar, KSchG, § 7 Rn 4; *Gallner*, in: *Fiebig/Gallner/Nägele*, Kündigungsschutzrecht, KSchG, § 4 Rn. 1 sowie § 7 Rn. 1; *Dörner*, in: *Ascheid/Preis/Schmidt*, Kündigungsrecht 2007, 2. Teil, KSchG, § 1 Rn. 59.

[81] BAG vom 12. 05. 2005 – 2 AZR 426/04, dort B. I. 5. der Gründe, NZA 2005, 1259, 1260, *Gallner*, in: *Fiebig/Gallner/Nägele*, Kündigungsschutzrecht, KSchG, § 4 Rn. 2; *Gallner* weist darauf hin, dass das Urteil, das die unterbliebene Auflösung des Arbeitsverhältnisses durch die (unwirksame) Kündigung ausspricht, nur bloße feststellende und keine rechtsgestaltende Wirkung hat, weil es die Rechtslage nicht verändert, sondern nur die objektiv bereits bestehende Rechtslage zum Zeitpunkt der Kündigung mit bindender Wirkung für die Parteien feststellt, *Gallner*, in: *Fiebig/Gallner/Nägele*, Kündigungsschutzrecht, KSchG, § 4 Rn. 1.

[82] Nach dem Betriebsrätegesetz 1920 musste der Arbeitnehmer nach einer Kündigung zuerst Einspruch bei dem Betriebsrat gemäß § 84 Abs. 1 BRG 1920 einlegen und konnte ohne dieses innerbetriebliche Schlichtungsverfahren keine Klage vor dem Arbeitsgericht erheben.

[83] *Ascheid/Hesse*, in: *Ascheid/Preis/Schmidt*, Kündigungsrecht, 2. Teil, KSchG, § 4 Rn. 5; *Friedrich*, KR Gemeinschaftskommentar 2009, KSchG, § 4 Rn. 10b.

der Arbeitnehmer in Deutschland nicht einlegen. Im Vergleich dazu steht dem
Arbeitnehmer in Italien die Möglichkeit offen, die betriebsbedingte Kündigung
auch außergerichtlich im Rahmen eines Schlichtungsverfahrens anzugreifen.[84]

IV. Rechtsfolgen der Kündigung

In welchen Fällen dem gekündigten Arbeitnehmer ein gesetzlicher Anspruch
auf Zahlung einer Abfindung zusteht, ist abhängig von den Rechtsfolgen der
Kündigung. Zur Vorbereitung des Vergleichs mit der italienischen Rechtslage
muss daher noch zwischen der gerechtfertigten und der nicht gerechtfertigten
Kündigung unterschieden werden.

1. Rechtsfolgen der gerechtfertigten Kündigung

Die Kündigung beendet das Arbeitsverhältnis zu dem in der Kündigung angegebenen Beendigungstermin.[85] Die der Kündigung zunächst anhaftende
schwebende Unwirksamkeit wird mit Ablauf der dreiwöchigen Klagefrist oder
mit dem Urteil, das die Auflösung des Arbeitsverhältnisses feststellt, rückwirkend geheilt.[86] Die Wirksamkeit der betriebsbedingten Kündigung führt dazu,
dass der – auch vieljährig beschäftigte – Arbeitnehmer seinen Arbeitsplatz
ohne Anspruch auf Entschädigung verliert, obwohl er zu der Beendigung
keinen Anlass gegeben hat. [87] Ein gesetzlicher Abfindungsanspruch steht dem
Arbeitnehmer bei einer gerechtfertigten Kündigung nicht zu.[88]

Für den deutschen Rechtsanwender ist diese Situation selbstverständlich.
Allerdings ist in zehn Staaten Europas ein Abfindungsanspruch des Arbeitnehmers für den Fall der Kündigung gesetzlich geregelt,[89] wovon sechs Staaten die

[84]   Art. 410 Abs. 1 Satz 2 c. p. c.; vgl. Fn. 379.
[85]   *Küttner*, Personalbuch, Kündigungsschutz, A., Rn. 82.
[86]   *Gallner*, in: *Fiebig/Gallner/Nägele*, Kündigungsschutzrecht, KSchG, § 7 Rn. 1; *Rost*
       spricht der unterlassenen Klageerhebung die Wirkung einer rückwirkenden Geneh-
       migung der Kündigung zu, *Rost*, in: KR Gemeinschaftskommentar, KSchG, § 7 Rn. 1;
       Etzel, in: KR Gemeinschaftskommentar, KSchG, § 1 Rn. 275.
[87]   *Kiel*, in: *Ascheid/Preis/Schmidt*, Kündigungsrecht, KSchG, § 1 Rn. 443.
[88]   *Rebhahn*, RdA 2002, 272, 276, dort 6. Deutschland. Eine Abfindung nach § 9 KSchG
       kann der Arbeitnehmer nur im Falle einer sozialwidrigen Kündigung und nicht bei
       einer gerechtfertigten Kündigung erhalten, *Fröhlich*, Betriebsgrößenunabhängigkeit
       und Monetarisierung des arbeitsrechtlichen Bestandsschutzes, S. 270.
[89]   *Rebhahn*, ZfA 2003, 163, 166 (zehn Staaten von 15 EU-Mitgliedsstaaten: Stand 2003,

Zahlung einer Abfindung auch bei gerechtfertigter Kündigung vorsehen.[90] Die Regelungen sind im Detail sehr unterschiedlich[91] und verfolgen verschiedene Ziele. So muss zum Beispiel in Österreich der Arbeitgeber eine Abfertigung bezahlen.[92] Diese Abfertigung wurde ursprünglich als zusätzliche Pension für Staatsdiener eingeführt, weil Staatsangestellten eine Alters- und Invaliditätsversorgung erst nach zehn Dienstjahren gewährt wurde und diese bei Ausscheiden zu einem vorherigen Zeitpunkt keine Versorgungsleistungen beanspruchen konnten.[93] Auch in Frankreich schuldet der Arbeitgeber eine Kündigungsentschädigung (indemnité de licenciement).[94] Diese steht einem Arbeitnehmer nach zwei Dienstjahren zu[95] und hat die Rechtsnatur einer Lohnzahlung.[96]

Auch das Übereinkommen Nr. 158 der Internationalen Arbeitsorganisation[97] über die Beendigung des Arbeitsverhältnisses vom 22. 06. 1982[98] sieht einen Anspruch des Arbeitnehmers auf eine Abfindung oder auf eine entsprechende Leistung aus der Arbeitslosenversicherung vor.[99] Das Übereinkommen Nr. 158 über die Beendigung des Arbeitsverhältnisses wurde von Deutschland nicht

---

nämlich Frankreich, Italien, Großbritannien, Spanien, Portugal, Österreich, Irland, Luxemburg, Griechenland, Dänemark); *Mozet*, ZEuP 1998, 296, 301.

[90] *Rebhahn*, ZfA 2003, 163, 166 (sechs Staaten von 15 EU-Mitgliedsstaaten: Stand 2003, nämlich Frankreich, Italien, Großbritannien, Spanien, Österreich, Irland).

[91] *Rebhahn*, RdA 2002, 272, 274.

[92] Seit 01. 01. 2003 führt der Arbeitgeber 1,53 % des sozialversicherungspflichtigen Entgeltes an eine betriebliche Vorsorgekasse nach dem Betrieblichen Mitarbeiter- und SelbstständigenvorsorgeG (BMSVG) ab; *Rebhahn*, RdA 2002, 272, 277, Nr. 7. Österreich; *Runggaldier*, RdA 2002, 352; *Tschöpe*, NZA – RR 2003, 393, 398.

[93] *Steindl*, in: *Runggaldier* (Hrsg.), Abfertigungsrecht, Seite 98 ff.

[94] *Tschöpe*, NZA – RR 2003, 393, 397.

[95] *Rebhahn*, RdA 2002, 272, 278; *Willemsen*, NJW 2000, 2779, 2781; *Krebber*, Internationales Privatrecht des Kündigungsschutzes bei Arbeitsverhältnissen, S. 104.

[96] *Gamillscheg*, Internationales Arbeitsrecht, S. 339, 340.

[97] Die Internationale Arbeitsorganisation (IAO oder international: ILO – International Labour Organisation) ist eine Sonderorganisation der Vereinten Nationen mit Sitz in Genf; die deutsche Vertretung der Internationalen Arbeitsorganisation ist in Berlin, Quelle: www.ilo.org/public/german/region/eurpro/bonn/index.htm, Abruf am 28. 01. 2012; Übereinkommen der Internationalen Arbeitsorganisation sind völkerrechtliche Vereinbarungen, *Löwisch/Rieble*, Münchener Handbuch zum Arbeitsrecht, Band 2, § 154 Rn. 29.

[98] Art. 12 Abs. 1 Übereinkommen über die Beendigung des Arbeitsverhältnisses durch den Arbeitgeber vom 22. 06. 1982, abgedruckt in: Internationale Arbeitsorganisation (Hrsg.), Übereinkommen und Empfehlungen, S. 1762, auch abrufbar unter: http://www.ilo.org/ilolex/german/docs/convdisp1.htm, Abruf am 15. 02. 2013.

[99] *Birk*, EuZA 2008, 297; *Bauer*, NZA 2002, 529, 530; *Buchner*, NZA 2002, 533, 534.

ratifiziert.[100] Als Hauptgrund dafür, dass Deutschland das Übereinkommen nicht ratifiziert hat, wird in der Literatur angegeben, dass das Übereinkommen den Staaten keine Möglichkeit gibt, Schwellenwerte einzuführen, um in Kleinbetrieben das Prinzip der Kündigungsfreiheit aufrechtzuerhalten, so wie es in Deutschland in der Kleinbetriebsklausel nach § 23 KSchG geregelt ist.[101]

2. Rechtsfolgen der rechtswidrigen Kündigung

Die betriebsbedingte Kündigung, die den formellen und materiellen Anforderungen nicht entspricht, insbesondere nicht nach § 1 Abs. 2 KSchG sozial gerechtfertigt ist, ist unwirksam.[102] Die rechtsgestaltende Wirkung der Kündigung, das Arbeitverhältnis zum Kündigungstermin zu beenden, tritt nicht ein. Die Sozialwidrigkeit der Kündigung hat zur Folge, dass das Arbeitsverhältnis auch nach Ablauf der Kündigungsfrist fortbesteht.[103] Eines Widerrufs der Kündigung durch den Arbeitgeber oder eines Abschlusses eines neuen Arbeitsvertrags durch die Arbeitsvertragsparteien bedarf es nicht.[104] Da das Arbeitsverhältnis während der Dauer des Arbeitsgerichtsprozesses weiter besteht, hat der Arbeitgeber dem Arbeitnehmer den Lohn als Annahmeverzugslohn nach § 615 BGB nachzubezahlen, ohne eine Arbeitsleistung erhalten zu haben.[105]

Das Kündigungsschutzgesetz zielt in erster Linie auf die Erhaltung des Arbeitsplatzes ab,[106] also auf die Sicherung des Bestandes des Arbeitsverhältnisses. Die Zahlung von gerichtlich festgesetzten Abfindungen zur Beendigung

---

100   *Mayr/Mozet*, Der Kündigungsschutz in den Mitgliedsstaaten der Europäischen Union, S. 11; *Birk*, EuZA 2008, 297; *Leinemann*, BB 1993, 2519, 2520; *Däubler/Kittner/Lörcher*, Internationale Arbeits- und Sozialordnung, S. 266, 267. Das Übereinkommen kann bei der ILO einschließlich Auflistung der Länder, die das Übereinkommen ratifiziert haben, abgerufen werden unter: http://www.ilo.org/ilolex/cgi-lex/convde.pl?C158, Abruf am 15. 02. 2013.

101   *Kraushaar*, BB 1992, 1787, 1789; *Mayr/Mozet*, Der Kündigungsschutz in den Mitgliedsstaaten der Europäischen Union, S. 11; vgl. Antwort der Bundesregierung vom 21. 10. 1992, BT-Drs. 12/3495, S. 18.

102   § 1 Abs. 1 KSchG

103   *Etzel*, KR Gemeinschaftskommentar, KSchG, § 1 Rn. 23. Nach § 4 Satz 1 KSchG stellt das Arbeitsgericht fest, „dass das Arbeitsverhältnis durch die Kündigung nicht aufgelöst ist".

104   *Etzel*, KR Gemeinschaftskommentar, KSchG, § 1 Rn. 23, 275; die Kündigung des Arbeitsverhältnisses ist „schwebend unwirksam" und mit der gerichtlichen Feststellung, dass das Arbeitsverhältnis nach § 4 KSchG nicht aufgelöst ist, endgültig unwirksam, *Küttner*, Personalbuch, Kündigungsschutz, A., Rn. 82, 94.

105   § 615 BGB, § 11 KSchG, anderweitiger Verdienst wird angerechnet.

106   *Etzel*, KR Gemeinschaftskommentar, KSchG, § 1 Rn. 21.

des Arbeitsverhältnisses als Alternative zum Fortbestand des Arbeitsverhältnisses ist grundsätzlich nicht vorgesehen.[107] In diesem Sinne ist das Kündigungsschutzgesetz vorrangig ein Bestandschutz- und kein Abfindungsgesetz.[108]

V. Zusammenfassung

Der Arbeitnehmer kann den Kündigungsgrund, den der Arbeitgeber zur Begründung der ausgesprochenen betriebsbedingten Kündigung angegeben hat,
in Betrieben, in denen mehr als zehn Arbeitnehmer beschäftigt sind, nach § 1
KSchG nachträglich auf dessen soziale Rechtfertigung überprüfen lassen (Prinzip der nachträglichen Rechtsinhaltskontrolle[109]). Dazu muss er vor dem Arbeitsgericht fristgebunden Kündigungsschutzklage erheben, um die Unwirksamkeit der Kündigung und das ununterbrochene Bestehen seines Arbeitsverhältnisses feststellen zu lassen. Ein gesetzlicher Abfindungsanspruch bei einer
gerechtfertigten Kündigung steht dem Arbeitnehmer nicht zu. Auch im Fall der
sozialwidrigen Kündigung sieht das deutsche Kündigungsschutzgesetz eine
Abfindungszahlung als unmittelbare Rechtsfolge der Kündigung nicht vor. Der
Anspruch des Arbeitnehmers auf Zahlung einer gerichtlich festgesetzten Abfindung nach § 9 KSchG setzt zunächst die Erhebung der Kündigungsschutzklage
voraus.[110] Die weiteren Voraussetzungen für den Abfindungsanspruch des
Arbeitnehmers werden im folgenden Abschnitt beschrieben.

---

[107] Eine Ausnahme bildet § 9 KSchG; vgl. BVerfG vom 22. 10. 2004 – 1 BvR 1944/01, dort
II. 3. b) aa) der Gründe, NZA 2005, 41, 42.

[108] BAG vom 23. 10. 2008 – 2 AZR 483/07, dort B. II. 1. a) der Gründe, NJW 2009, 1897,
1901; BAG vom 07. 03. 2002 – 2 AZR 158/01, L 1 und dort B. II. 2. a) der Gründe; BAG
vom 30. 09. 1976 – 2 AZR 402/75, dort B. II. 3.a) der Gründe, NJW 1977, 695; BAG
vom 05. 11. 1964 – 2 AZR 15/64, NJW 1965, 787.

[109] *Oetker*, in: Erfurter Kommentar zum Arbeitsrecht, KSchG, § 1 Rn. 4; BAG vom
26. 05. 1977 – 2 AZR 632/76, dort III. 5. a) der Gründe; *v. Hoyningen-Huene/Linck*,
Kündigungsschutzgesetz, Einleitung Rn. 37.

[110] *Eylert*, in: *Hümmerich/Boecken/Düwell*, Arbeitsrecht, KSchG, § 9 Rn. 1; *Bauer*, Die Auflösung des Arbeitsverhältnisses durch Urteil, in: *Isenhardt/Preis*, Arbeitsrecht und
Sozialpartnerschaft: Festschrift für Peter Hanau, S. 151, 153.

B. Der gesetzliche Anspruch auf Abfindung

Nach dem Leitbild des Kündigungsschutzgesetzes erhält der Arbeitnehmer bei unwirksamer Kündigung keine Abfindung. Im folgenden Abschnitt wird daher der Frage nachgegangen, in welchen Ausnahmefällen und unter welchen formellen und materiellen Voraussetzungen der Arbeitnehmer bei Beendigung des Arbeitsverhältnisses eine Abfindung geltend machen kann. Des Weiteren wird auch die Höhe der Abfindung untersucht und für die spätere Vergleichbarkeit mit der italienischen Rechtslage anhand von statistischen Daten mit konkreten Beträgen ausgewiesen.

I. Gesetzliches Leitbild: Kein Recht des Arbeitnehmers auf Abfindung

Wie ausgeführt zielt das Kündigungsschutzgesetz darauf ab, den Arbeitsplatz des Arbeitnehmers zu erhalten, wenn die Kündigung sozial ungerechtfertigt ist. Als Rechtsfolge der sozialwidrigen Kündigung spricht § 1 Abs. 1 KSchG die Unwirksamkeit der Kündigung aus. Dies führt dazu, dass das Arbeitsverhältnis bei unwirksamer, weil sozial nicht gerechtfertigter Kündigung ununterbrochen fortbesteht und umgekehrt bei wirksamer, weil sozial gerechtfertigter Kündigung der Arbeitnehmer seinen Arbeitsplatz verliert. Der Bestandsschutz im deutschen Kündigungsschutzgesetz führt somit für Arbeitgeber und Arbeitnehmer zu einem Prinzip des Alles-oder-nichts.[111] Im Vergleich zu früheren Regelungen in Deutschland[112] sieht das aktuelle Kündigungsschutzrecht für die Arbeitsvertragsparteien keine Möglichkeit vor, zwischen der Fortsetzung des Arbeitsverhältnisses einerseits und der Beendigung gegen Zahlung einer Abfindung andererseits zu wählen. Dieses dem Kündigungsschutzgesetz zugrunde liegende legislative Modell, das im Falle einer sozialwidrigen Kündigung dem Fortbestand des Arbeitsverhältnisses den Vorrang einräumt, wird häufig als Standortnachteil kritisiert.[113] Als Argumente werden u. a. vorgebracht, dass die Abkehr vom Alles-oder-nichts-Prinzip und die Schaffung

---

[111]   *Preis*, RdA 2003, 65, 72; *Busch*, BB 2003, 470, 472; *Krebber* nennt es ein „System des Entweder-oder", AP BGB § 612a Nr. 17 (BAG vom 03. 05. 2006 – 4 AZR 189/05) mit Anmerkung von *Krebber*, dort I. 1. b).

[112]   Vgl. § 87 BRG 1920 sowie § 57 AOG 1934, ausführlich dazu siehe Teil 3.

[113]   *Spilger*, in: KR Gemeinschaftskommentar 2009, KSchG, § 9 Rn. 8 m. w. N.

von zusätzlichen Abfindungslösungen erhebliche beschäftigungsfördernde Chancen böten[114] und dass in der Realität der Arbeitsgerichtsprozesse das Bestandsschutzziel nicht erreicht werde, weil die überwiegende Anzahl der Kündigungsschutzrechtsstreite nicht den Arbeitsplatz erhielten, sondern das Arbeitsverhältnis meistens gegen Zahlung einer Abfindung aufgelöst werde.[115]

Trotz dieser Kritik hielt der Gesetzgeber an dem mit dem Kündigungs-schutzgesetz 1951 eingeführten Bestandsschutzprinzip fest,[116] schränkte die Abfindungsmöglichkeit im Rahmen des Arbeitsrechtsbereinigungsgesetzes 1969 zu Lasten des Arbeitgebers zusätzlich ein[117] und beschloss auch im Zuge des Gesetzes zu Reformen am Arbeitsmarkt 2003 keine Änderung des Be-standsschutzes.[118]

Allerdings sah auch der Gesetzgeber die Notwendigkeit, die Auflösung des Arbeitsverhältnisses gegen Zahlung einer Abfindung in eng begrenzten Ausnahmefällen zuzulassen. Darauf wird im Folgenden eingegangen.

II. Ausnahmetatbestände: Recht auf Abfindung

1. Überblick

Das Kündigungsschutzgesetz sieht in zwei Normen die Zahlungen von Ab-findungen an den Arbeitnehmer vor, nämlich in §§ 9, 10 KSchG und in § 1 a KSchG. Die Auflösung des Arbeitsverhältnisses durch Urteil des Gerichts und Zahlung einer Abfindung durch den Arbeitgeber an den Arbeitnehmer gemäß §§ 9, 10 KSchG wurde bereits mit dem Kündigungsschutzgesetz 1951 einge-führt und war damals in § 7 KSchG 1951 geregelt.[119] Der Abfindungsanspruch

---

[114] *Busch*, BB 2003, 470, 472.

[115] *Preis* spricht hier von einem „Etikettenschwindel", *Preis*, RdA 2003, 65, 72; *Rühle*, DB 1991, 1378; *Notter*, DB 1976, 772.

[116] *Galperin*, RdA 1966, 361.

[117] Mit dem ersten Arbeitsrechtsbereinigungsgesetz vom 14. 08. 1969 (BGBl. I S. 1106) hat der Gesetzgeber die Anforderungen an den arbeitgeberseitig gestellten Auf-lösungsantrag durch eine Veränderung der Beweislast verschärft, *Spilger*, in: KR Gemeinschaftskommentar 2009, KSchG, § 9 Rn. 4.

[118] Gesetz zu Reformen am Arbeitsmarkt vom 24. 12. 2003 (BGBl. I S. 3002); die nach dem KSchG bereits bestehenden Rechtspositionen sollten nicht eingeschränkt werden, BT-Drs. 15/1204 vom 24. 06. 2003, S. 9, Nr. 3.

[119] § 7 Abs. 1 KSchG 1951 lautet:
Stellt das Gericht fest, dass das Arbeitsverhältnis durch die Kündigung nicht aufgelöst ist, ist jedoch dem Arbeitnehmer die Fortsetzung des Arbeitsverhältnisses nicht zuzumuten, so hat auf seinen Antrag das Arbeitsgericht das Arbeitsverhältnis aufzulösen und den Arbeitgeber

nach § 1 a KSchG wurde erst mit Gesetz zu Reformen am Arbeitsmarkt vom 24. 12. 2003 mit Wirkung ab 01. 01. 2004 in das Kündigungsschutzgesetz aufgenommen.[120] Des Weiteren findet sich ein Abfindungsanspruch im Betriebsverfassungsgesetz. Nach § 113 BetrVG steht dem gekündigten Arbeitnehmer ein individueller Ausgleichsanspruch zu, den er im Urteilsverfahren einklagen kann.[121] Im Folgenden werden diese drei gesetzlichen Abfindungsnormen näher beleuchtet.

2.   Auflösung des Arbeitsverhältnisses durch Urteil des Gerichts und Abfindung des Arbeitnehmers nach §§ 9, 10 KSchG

a)   Regelungsgegenstand

Wie bereits bei der Frage nach den Rechtsmitteln gegen die Kündigung erwähnt, regelt § 9 KSchG die gerichtliche Auflösung des Arbeitsverhältnisses gegen Zahlung einer Abfindung. § 10 KSchG trifft Bestimmungen zur Höhe der Abfindung.[122] § 9 KSchG erlaubt den Arbeitsvertragsparteien, das Arbeits-

---

zur Zahlung einer Abfindung zu verurteilen. Die gleiche Entscheidung hat das Arbeitsgericht auf Antrag des Arbeitgebers zu treffen, wenn er die Auflösung des Arbeitsverhältnisses aus Gründen verlangt, die eine den Betriebszwecken dienliche weitere Zusammenarbeit zwischen Arbeitnehmer und Arbeitgeber nicht erwarten lassen.

Der Antrag des Arbeitgebers ist jedoch abzulehnen, wenn der Arbeitnehmer die Unrichtigkeit der Gründe in wesentlichen Punkten beweist oder wenn die Kündigung offensichtlich willkürlich oder aus nichtigen Gründen unter Missbrauch der Machtstellung des Arbeitgebers im Betrieb erfolgt ist. ...

[120] BGBl. I S. 3002.

[121] *Kania*, in: Erfurter Kommentar zum Arbeitsrecht, BetrVG, § 113 Rn. 1; *Annus*, in: *Richardi*, Betriebsverfassungsgesetz, BetrVG § 113 Rn. 55.

[122] § 9 Abs. 1 KSchG lautet:

1 Stellt das Gericht fest, dass das Arbeitsverhältnis durch die Kündigung nicht aufgelöst ist, ist jedoch dem Arbeitnehmer die Fortsetzung des Arbeitsverhältnisses nicht zuzumuten, so hat das Gericht auf Antrag des Arbeitnehmers das Arbeitsverhältnis aufzulösen und den Arbeitgeber zur Zahlung einer angemessenen Abfindung zu verurteilen. 2 Die gleiche Entscheidung hat das Gericht auf Antrag des Arbeitgebers zu treffen, wenn Gründe vorliegen, die eine den Betriebszwecken dienliche weitere Zusammenarbeit zwischen Arbeitgeber und Arbeitnehmer nicht erwarten lassen. ...

§ 10 Abs. 1 u. 2 KSchG lautet:

(1) Als Abfindung ist ein Betrag bis zu zwölf Monatsverdiensten festzusetzen.

(2) 1 Hat der Arbeitnehmer das fünfzigste Lebensjahr vollendet und hat das Arbeitsverhältnis mindestens fünfzehn Jahre bestanden, so ist ein Betrag bis zu fünfzehn Monatsverdiensten, hat der Arbeitnehmer das fünfundfünfzigste Lebensjahr vollendet und hat das Arbeitsverhältnis mindestens zwanzig Jahre bestanden, so ist ein Betrag bis zu achtzehn Monatsverdiensten festzusetzen. ...

verhältnis auf Antrag einer Prozesspartei gerichtlich auflösen zu lassen, wenn den Vertragsparteien die Fortsetzung wegen der Zerrüttung des Vertrauensverhältnisses nicht mehr zumutbar ist.[123] Dahinter steht die Erwägung, dass es nach ausgesprochener Kündigung und insbesondere während des Kündigungsschutzprozesses zu zusätzlichen Spannungen zwischen den Arbeitsvertragsparteien kommen kann, die eine Fortsetzung des Arbeitsverhältnisses nicht sinnvoll erscheinen lassen.[124] Da der Auflösungsantrag nach § 9 KSchG den Bestandsschutz, der das vorrangige Ziel des Kündigungsschutzgesetzes ist,[125] durchbricht, ist er als Ausnahmevorschrift zu verstehen und an strenge Voraussetzungen geknüpft.[126] Die vom Arbeitsgericht für die Auflösung festzusetzende Abfindung stellt ein vermögensrechtliches Äquivalent für den Verlust des Arbeitsplatzes dar, den der Arbeitnehmer trotz Vorliegens einer sozialwidrigen Kündigung hinnimmt.[127] Die Abfindung hat zunächst die Funktion, dem Arbeitnehmer einen pauschalen finanziellen Ausgleich für die Vermögens- und Nichtvermögensschäden, die sich aus dem Verlust des Arbeitsplatzes ergeben, zu gewähren; sie hat also eine Entschädigungs- und Abgeltungsfunktion.[128] Daneben hat die Abfindung auch eine Sanktionsfunktion, da sie den Arbeitgeber durch die im Urteil festgesetzte Geldzahlung in der Zukunft davon abhalten soll, sozial ungerechtfertigte Kündigungen auszusprechen.[129] Entgelt-

---

[123] BVerfG vom 22. 10. 2004 – 1 BvR 1944/01, dort II. 2. der Gründe, NZA 2005, 41, 42.

[124] BAG vom 07. 03. 2002 – 2 AZR 158/01, dort B. II. 2. a) der Gründe, NZA 2003, 261, 263.

[125] BAG vom 07. 03. 2002 – 2 AZR 158/01, NZA 2003, 261, L 1; BAG vom 28. 02. 2008 – 2 AZR 63/07, dort B. II. 5. b) der Gründe, NJW 2009, 2223, 2236; *Spilger*, in: KR Gemeinschaftskommentar 2009, KSchG, § 9 Rn. 9; *Fiebig*, in: *Fiebig/Gallner/Nägele*, Kündigungsschutzrecht, KSchG, § 9 Rn. 4; *Bauer*, Die Auflösung des Arbeitsverhältnisses durch Urteil, in: *Isenhardt/Preis*, Arbeitsrecht und Sozialpartnerschaft: Festschrift für Peter Hanau, S. 151, 152.

[126] BAG vom 24. 10. 2013 – 2 AZR 320/13, Rn. 24, NZA 2014, 486, 488; BVerfG vom 22. 10. 2004 – 1 BvR 1944/01, dort II. 3. b) aa) der Gründe, NZA 2005, 41, 42; *Dorndorf/ Weller/Hauck/Kriebel/Höland/Neef*, Kündigungsschutzgesetz, § 9 Rn. 4; *Fiebig*, in: *Fiebig/ Gallner/Nägele*, Kündigungsschutzrecht, KSchG, § 9 Rn. 4; *Bufalica*, in: *Däubler/Hjort/ Schubert/Wolmerath*, Arbeitsrecht, KSchG, § 9 Rn. 1; *Thies*, in: *Henssler/Willemsen/Kalb*, KSchG, § 9 Rn. 1.

[127] *Zwanziger*, in: *Kittner/Däubler/Zwanziger*, KSchR Kündigungsschutzrecht, KSchG, § 10 Rn. 26.

[128] BAG vom 12. 06. 2003 – 8 AZR 341/02, dort B. II. 1. a) (2) der Gründe, BB 2003, 2747, 2748; *Biebl*, in: *Ascheidt/Preis/Schmidt*, Kündigungsrecht, 2. Teil, KSchG § 10 Rn. 38.

[129] *Kiel*, in: Erfurter Kommentar zum Arbeitsrecht, KSchG, § 10 Rn. 5; BAG vom 15. 02. 1973 – 2 AZR 16/72, dort II. 2. b) der Gründe; *Spilger*, in: KR Gemeinschaftskommentar, KSchG, § 10 Rn. 10.

charakter kommt der Abfindung in der Regel nicht zu.[130] Der Auflösungsantrag, der sowohl durch den Arbeitnehmer als auch durch den Arbeitgeber gestellt werden kann,[131] hat strenge, jeweils unterschiedliche Voraussetzungen. Diese werden im Folgenden behandelt.

b) Anwendungsbereich

§ 9 Abs. 1 KSchG verlangt, dass das Gericht die Sozialwidrigkeit der Kündigung gemäß § 1 KSchG festgestellt.[132] Der Auflösungsantrag kann deshalb nur von einem Arbeitnehmer gestellt werden, der unter den Anwendungsbereich des Kündigungsschutzgesetzes fällt.[133] Es muss sich also um einen Arbeitnehmer handeln, der in einem Unternehmen beschäftigt ist, in dem mehr als zehn Arbeitnehmer in Vollzeit tätig sind, und dessen Arbeitsverhältnis schon länger als sechs Monate besteht. [134]

c) Voraussetzungen für die Auflösung des Arbeitsverhältnisses auf Antrag des Arbeitnehmers

aa) Sozialwidrigkeit der Kündigung und Prognose der Unzumutbarkeit der Fortsetzung des Arbeitsverhältnisses

Nach § 9 Abs. 1 Satz 1 KSchG kann der Arbeitnehmer den Antrag auf Auflösung des Arbeitsverhältnisses gegen Zahlung einer angemessenen Abfindung stellen, wenn „… dem Arbeitnehmer die Fortsetzung des Arbeitsverhältnisses nicht zuzumuten…" ist. Der Auflösungsantrag des Arbeitnehmers ist demnach erfolgreich, wenn zwei Voraussetzungen erfüllt sind: die gerichtliche Feststellung der Sozialwidrigkeit der ausgesprochenen Kündigung und die Unzumutbarkeit der Fortsetzung des Arbeitsverhältnisses für den Arbeitneh-

---

130 *Zwanziger*, in: *Kittner/Däubler/Zwanziger*, KSchR Kündigungsschutzrecht, KSchG, § 10 Rn. 26.

131 *Zwanziger*, in: *Kittner/Däubler/Zwanziger*, KSchR Kündigungsschutzrecht, KSchG, § 9 Rn. 2; *Bufalica*, in: *Däubler/Hjort/Schubert/Wolmerath*, Arbeitsrecht, KSchG, § 9 Rn. 1.

132 *Dörner*, in: *Dörner/Luczak/Wildschütz*, Arbeitsrecht in der anwaltlichen und gerichtlichen Praxis, Rn. 1417; *Linck*, in: *Schaub*, Arbeitsrechts-Handbuch 2011, § 141 Rn. 7; *Schneppendahl*, in: *Wedde*, Arbeitsrecht, KSchG, § 9 Rn. 4.

133 *Spilger*, in: KR Gemeinschaftskommentar 2009, KSchG, § 9 Rn. 14; *Schneppendahl*, in: *Wedde*, Arbeitsrecht, KSchG, § 9 Rn. 5.

134 Vgl. zur Anwendbarkeit des Kündigungsschutzgesetzes nach §§ 1 Abs. 1, 23 KSchG oben, Teil 1., A. II. 2. b).

mer. Nach der Grundkonzeption des Kündigungsschutzgesetzes führt die zunächst festzustellende Sozialwidrigkeit der Kündigung zu deren Rechtsunwirksamkeit und damit zum Fortbestand des Arbeitsverhältnisses.[135] Nur wenn der Arbeitnehmer in einem weiteren Schritt bei erfolgreichem Kündigungsschutzantrag zusätzlich darlegen kann, dass die Fortsetzung des Arbeitsverhältnisses für ihn unzumutbar ist, kann das Gericht durch Urteil das Arbeitsverhältnis unter Festsetzung einer Abfindung auflösen.[136] Der Arbeitnehmer kann nach § 9 Abs. 1 Satz 1 KSchG nicht selbst entscheiden, ob er bei festgestellter Unwirksamkeit der Kündigung das Arbeitsverhältnis fortsetzen oder gegen eine Abfindung ausscheiden will; über die Auflösung des Arbeitsverhältnisses entscheidet allein das Gericht.[137] Dazu muss es eine Prognose erstellen, ob dem Arbeitnehmer eine weitere Zusammenarbeit noch zumutbar ist.[138] Die Sozialwidrigkeit der Kündigung zählt nicht per se als Grund für die Unzumutbarkeit der Fortsetzung des Arbeitsverhältnisses, sonst könnte der Arbeitnehmer bei sozialwidrigen Kündigungen immer eine Abfindung verlangen. Diese Unzumutbarkeit muss sich vielmehr aus weiteren Gründen ergeben, die aus der Sphäre des Arbeitgebers stammen. In der Praxis belastet das gekündigte Arbeitsverhältnis die Zusammenarbeit der Arbeitsvertragsparteien. Diese Belastungen oder Spannungen allein machen die Fortsetzung des Arbeitsverhältnisses noch nicht unzumutbar. Das BAG verlangt, dass die Gründe für die Unzumutbarkeit im Zusammenhang mit der Kündigung oder dem Kündigungsschutzprozess stehen.[139] Die Gründe können sich einmal aus der Art und Weise der Kündigung selbst ergeben, z. B. Beleidigungen im Zusammenhang mit dem unmittelbaren Ausspruch der Kündigung, oder aus unzulässigen Maßregelungen, die der Arbeitgeber mit der Kündigung verbindet.[140] Eine Unzumutbarkeit der Fortsetzung des Arbeitsverhältnisses hat die Rechtsprechung zum Beispiel anerkannt bei einer Persönlichkeitsverletzung durch abfällige Äußerungen über die beruflichen Fähigkeiten des

---

[135] *Linck*, in: *Schaub*, Arbeitsrechts-Handbuch 2011, § 141 Rn. 7.

[136] *Eylert*, in: *Hümmerich/Boecken/Düwell*, Arbeitsrecht, KSchG, § 9 Rn. 66.

[137] BAG vom 24. 09. 1992 – 8 AZR 557/91, dort L 2 und B. I. 3. der Gründe, NZA 1993, 362, 363.

[138] *Plessner*, in: Beck'scher Online-Kommentar, Arbeitsrecht, KSchG, § 9 Rn. 28; *Eylert*, in: *Hümmerich/Boecken/Düwell*, Arbeitsrecht, KSchG, § 9 Rn. 3; *Thies*, in: *Henssler/Willemsen/Kalb*, KSchG, § 9 Rn. 16.

[139] BAG vom 24. 09. 1992 – 8 AZR 557/91, dort B. I. 3. der Gründe, NZA 1993, 362, 363; *Fiebig*, in: *Fiebig/Gallner/Nägele*, Kündigungsschutzrecht, KSchG, § 9 Rn. 51.

[140] BAG vom 24. 09. 1992 – 8 AZR 557/91, dort B. I. 3. der Gründe, NZA 1993, 362, 363.

Arbeitnehmers,[141] bei mehrfachen unwirksamen oder „zurückgenommenen"
Kündigungen[142] oder bei einer Androhung von Sanktionen („Mobbing") bei
Rückkehr in den Betrieb nach obsiegendem Urteil[143].

bb) Verfahren und Zeitpunkt der Auflösung des Arbeitsverhältnisses

Um die Abfindung nach § 9 KSchG zu erhalten, muss der Arbeitnehmer zwei
Anträge stellen, den „normalen" Kündigungsschutzantrag und den Auflösungsantrag. Den Kündigungsschutzantrag überprüft das Gericht dahin gehend, ob das Arbeitsverhältnis aus Anlass der streitgegenständlichen Kündigung zum beabsichtigten Termin aufgelöst wurde oder nicht, sog. punktuelle
Streitgegenstandstheorie.[144] Auf den Auflösungsantrag hin stellt das Gericht
fest, ob dem Arbeitnehmer die Fortsetzung des Arbeitsverhältnisses zuge-
mutet werden kann oder nicht.[145] Über beide Anträge muss das Gericht in
einem Urteil entscheiden.[146] Da der Arbeitnehmer den Auflösungsantrag für
den Fall stellt, dass er mit seinem Hauptantrag auf Kündigungsschutz Erfolg
hat, handelt es sich bei dem Auflösungsantrag des Arbeitnehmers um einen
Hilfsantrag, über den das Gericht nur entscheidet, wenn es dem Hauptantrag
stattgegeben hat.[147]

---

[141] BAG vom 26. 11. 1981 – 2 AZR 509/79, NJW 1982, 2015.

[142] BAG vom 29. 01. 1981 – 2 AZR 1055/78, AP Nr. 6 zu § 9 KSchG 1969.

[143] BAG vom 27. 03. 2003 – 2 AZR 9/02, dort B. II. 2. a) der Gründe.

[144] BAG vom 27. 09. 2001 – 2 AZR 389/00, dort B II 3 cc), NZA 2002, 1171, 1173.

[145] Soweit das Gericht im Rahmen der anzustellenden Prognose zu dem Ergebnis
kommt, dass eine weitere Zusammenarbeit für den Arbeitnehmer unzumutbar ist,
lautet der Tenor des Urteils wie folgt:
I. Es wird festgestellt, dass das zwischen den Parteien bestehende Arbeitsverhältnis
durch die Kündigung des Beklagten vom 30.09. … nicht zum 31.12. … aufgelöst ist.
II. Das zwischen den Parteien bestehende Arbeitsverhältnis wird gegen Zahlung einer von dem Beklagten an den Kläger zu leistenden Abfindung in Höhe von € 10.000
brutto zum 31.12. … aufgelöst.
Vgl. auch *Fiebig*, in: *Fiebig/Gallner/Nägele*, Kündigungsschutzrecht, KSchG, § 9 Rn. 90
sowie *Bauer*, Die Auflösung des Arbeitsverhältnisses durch Urteil, in: *Isenhardt/Preis*,
Arbeitsrecht und Sozialpartnerschaft: Festschrift für Peter Hanau, S. 151, 155.

[146] BAG vom 29. 01. 1981 – 2 AZR 1055/78, NJW 1982, 1118, L 3; *Spilger*, in: KR Gemeinschaftskommentar, KSchG, § 9 Rn. 83.

[147] Sog. unechter Hilfsantrag, BAG vom 23. 06. 1993 – 2 AZR 56/93, dort B. II. c) cc)
der Gründe, NZA 1994, 264; *Kiel*, in: Erfurter Kommentar zum Arbeitsrecht, KSchG,
§ 9 Rn. 3; *Fiebig*, in: *Fiebig/Gallner/Nägele*, Kündigungsschutzrecht, KSchG, § 9 Rn 86
Fn. 148; *Bauer*, Die Auflösung des Arbeitsverhältnisses durch Urteil, in: *Isenhardt/
Preis*, Arbeitsrecht und Sozialpartnerschaft: Festschrift für Peter Hanau, S. 151, 153.
Bei einem echten Hilfsantrag beantragt der Kläger entweder das eine oder das andere, bei einem unechten Hilfsantrag beantragt der Kläger das eine und das andere,

Nach § 9 Abs. 2 KSchG hat das Gericht den Zeitpunkt für die Auflösung des Arbeitsverhältnisses festzusetzen, zu dem es bei sozial gerechtfertigter Kündigung geendet hätte. Da es sich um eine ordentliche Kündigung handelt, ist dies der Ablauf der Kündigungsfrist. Die Rechtskraft der arbeitsgerichtlichen Entscheidung tritt häufig erst Monate oder Jahre nach dem ordentlichen Beendigungstermin ein,[148] obwohl Kündigungsschutzverfahren in der Arbeitsgerichtsbarkeit vorrangig zu erledigen sind.[149] Das Auflösungsurteil nach § 9 Abs. 2 KSchG bewirkt daher in der Praxis eine rückwirkende Beendigung des Arbeitsverhältnisses.[150] Zum Zeitpunkt der gerichtlichen Entscheidung befindet sich der Arbeitnehmer bereits in einem neuen Arbeitsverhältnis, in Arbeitslosigkeit oder in Rente. Da die Auflösung des Arbeitsverhältnisses zugleich die Sozialwidrigkeit der Kündigung voraussetzt, stünde dem Arbeitnehmer an sich, wie oben beschrieben,[151] als Rechtsfolge der rechtswidrigen Kündigung für die Dauer des Arbeitsgerichtsprozesses der Annahmeverzugslohn nach § 615 BGB zu.[152] Das Arbeitsverhältnis wird nach § 9 Abs. 2 KSchG allerdings rückwirkend aufgelöst. Somit besteht während der Dauer des Kündigungsschutzprozesses kein Arbeitsverhältnis. Daraus folgt, dass der Arbeitnehmer keinen Annahmeverzugslohn geltend machen kann.[153] Da der Gesetzeswortlaut von § 9 Abs. 2 KSchG den Auflösungszeitpunkt zwingend vorschreibt, ist es dem Arbeitsgericht auch verwehrt, zu Gunsten des Arbeitnehmers einen

---

Dörndorfer, in: *Binz/Dörndorfer/Petzold/Zimmermann*, Gerichtskostengesetz, GKG, § 45 Rn. 18; Allgemein zum Verhältnis von Haupt- und Hilfsantrag, vgl. *Foerste*, in: *Musielak*, Zivilprozessordnung, § 260 Rn. 4 ff.

[148] Der Kündigungsschutzprozess dauert in der ersten Instanz durchschnittlich sieben Monate; dies führt dazu, „dass vor Gericht häufig nicht mehr um den Bestand des Arbeitsplatzes, sondern nur mehr um die Höhe einer Abfindung gestritten wird.", *Zwanziger*, in: *Kittner/Däubler/Zwanziger*, KSchR Kündigungsschutzrecht, S. 42, Rn. 5, sowie *Becker/Rommelspacher*, ZRP 1976, 40; nach *Notter* beträgt die durchschnittliche Verfahrensdauer in der ersten Instanz neun Monate, beim LAG ein Jahr und drei Monate und vor dem BAG dann noch weitere zwei Jahre, also insgesamt vier volle Jahre, *Notter*, DB 1976, 772 Fn. 3; nach arbeitgeberseitiger Einschätzung liegen zwischen Erhebung der Kündigungsschutzklage vor dem Arbeitsgericht und rechtskräftiger Entscheidung durch das LAG bzw. BAG je nach Verfahrensgang „ohne weiteres zwei, drei oder fünf Jahre", *Willemsen*, NJW 2000, 2779, 2783.

[149] § 61a ArbGG regelt die besondere Prozessförderung im Kündigungsverfahren.

[150] *Fiebig*, in: *Fiebig/Gallner/Nägele*, Kündigungsschutzrecht, KSchG, § 9 Rn. 33; *Spilger*, in: KR Gemeinschaftskommentar 2009, KSchG, § 9 Rn. 13a.

[151] Vgl. oben Teil 1., A. IV. 2. Rechtsfolgen der rechtswidrigen Kündigung.

[152] BVerfG vom 29. 01. 1990 – 1 BvR 42/82, NJW 1990, 1843.

[153] BVerfG vom 22. 10. 2004 – 1 BvR 1944/01, dort II. 2. der Gründe, NZA 2005, 41, 42; BVerfG vom 29. 01. 1990 – 1 BvR 42/82, NJW 1990, 1843.

anderen Auflösungszeitpunkt festzusetzen.[154] Der Gesetzgeber schließt also
eine Addition von Annahmeverzugslohn und Auflösungsabfindung aus. Dies
hat zur Folge, dass die finanziellen Auswirkungen des Auflösungsantrags
für die Parteien von der Dauer des Kündigungsschutzprozesses abhängig
sind. Dabei sind zwei Fallkonstellationen zu unterscheiden: Bei Kündigungs-
schutzprozessen, die länger als zwölf bzw. 18 Monate dauern, verschafft der
Auflösungsantrag dem Arbeitnehmer keinen finanziellen Vorteil, weil die Auflösungsabfindung niedriger ausfällt als der nachzuzahlende Annahmeverzugslohn, der im Fall des Fortbestehens des Arbeitsverhältnisses ausbezahlt
würde.[155] In diesem Fall wird der Arbeitnehmer keinen Auflösungsantrag
stellen; allerdings wird der Arbeitgeber versuchen, sein wirtschaftliches Risiko
durch den Auflösungsantrag zu begrenzen.[156]

Bei Kündigungsschutzstreitigkeiten, die innerhalb von zwölf bzw. 18 Monaten entschieden werden, ist der Auflösungsantrag für den Arbeitnehmer von
finanziellem Interesse, weil dann die erzielbare Abfindung über dem Annahmeverzugslohn liegen kann. Aus diesem Grund wird der Arbeitgeber keinen
Auflösungsantrag stellen.

Dennoch führt der Auflösungsantrag des Arbeitnehmers in der Regel nicht
zu einer zusätzlichen betriebswirtschaftlichen Belastung des Arbeitgebers.
Da Kündigungsschutzprozesse in der ersten Instanz durchschnittlich sieben
bis zwölf Monate anhängig sind, bis das Urteil gesprochen wird,[157] ist der
Arbeitgeber bereits für diese Zeitdauer dem Annahmeverzugsrisiko ausgesetzt.[158] Berücksichtigt man außerdem, dass das Gericht bei der Festsetzung
der Abfindung regelmäßig unter den Höchstwerten von zwölf bzw. 18 Monatsverdiensten bleibt, ist eine signifikante Erhöhung der Kosten durch den
Auflösungsantrag im Vergleich zu den Kosten, die bereits mit dem Annahmeverzugsrisiko verbunden sind, nicht mehr feststellbar.

---

154 BAG vom 25. 11. 1982 – 2 AZR 21/81, dort L2 und B. I. 2. b) der Gründe, AP KSchG
     1969 § 9 Nr. 10; *Holthausen/Holthausen*, NZA – RR 2007, 449, 453.
155 § 9 Abs. 2 KSchG; Vgl. Fn. 153, 154.
156 Beispiel: Das Arbeitsverhältnis wurde zum 31. 12. 2010 gekündigt. Das Urteil wird
     nach umfangreichen Beweisaufnahmen in der ersten Instanz am 30. 08. 2012 rechts-
     kräftig. Die Rechtswidrigkeit der betriebsbedingten Kündigung unterstellt, steht
     dem Arbeitnehmer ein Annahmeverzugslohn für 20 Monate zu. Der Abfindungs-
     anspruch nach § 9 KSchG ist dem gegenüber auf zwölf Monate begrenzt.
157 Vgl. Fn. 148.
158 *Helml*, JuS 2004, 42 Fn. 6.

cc) Zwischenergebnis

Im Rahmen des Kündigungsschutzprozesses kann der Arbeitnehmer erreichen, dass das Arbeitsverhältnis durch das arbeitsgerichtliche Urteil aufgelöst wird und der Arbeitgeber auch gegen seinen Willen zur Zahlung einer Abfindung verurteilt wird. Dafür ist es erforderlich, dass der Arbeitnehmer neben dem Kündigungsschutzantrag den Antrag auf Auflösung des Arbeitsverhältnisses gegen Zahlung einer Abfindung stellt. Bei dem Auflösungsantrag nach § 9 KSchG handelt es sich um einen Ausnahmetatbestand zum eigentlichen Rechtsschutzziel des Kündigungsschutzgesetzes. Voraussetzung für den Erfolg des Auflösungsantrags des Arbeitnehmers ist die in die Zukunft gerichtete Prognose, dass die Fortsetzung des Arbeitsverhältnisses für den Arbeitnehmer nach § 9 Abs. 1 Satz 1 KSchG unzumutbar ist. Da der Gesetzgeber eine Addition von Annahmeverzugslohn und Abfindung ausgeschlossen hat, stellt der Auflösungsantrag auch ein prozesstaktisches Mittel dar, um im Einzelfall die vergleichsweise zu erzielende Abfindung zu erhöhen.

d) Voraussetzungen für die Auflösung des Arbeitsverhältnisses auf Antrag des Arbeitgebers

aa) Sozialwidrigkeit der Kündigung und Prognose der nicht dienlichen weiteren Zusammenarbeit

Der Antrag auf Auflösung des Arbeitsverhältnisses kann nach § 9 Abs. 1 Satz 2 KSchG auch durch den Arbeitgeber gestellt werden. Damit der Antrag des Arbeitgebers Erfolg hat, muss die Kündigung ebenfalls sozialwidrig, also die Kündigungsschutzklage des Arbeitnehmers erfolgreich sein.[159] Im Unterschied zu der Auflösung des Arbeitsverhältnisses auf Antrag des Arbeitnehmers nach § 9 Abs. 1 Satz 1 KSchG verlangt der Auflösungsantrag des Arbeitgebers nach § 9 Abs. 1 Satz 2 KSchG Gründe, „die eine den Betriebszwecken dienliche Zusammenarbeit zwischen Arbeitgeber und Arbeitnehmer nicht erwarten lassen." Dazu bedarf es ebenfalls der Prognose des Gerichts, ob zum Zeitpunkt der Entscheidung über den arbeitgeberseitigen Auflösungsantrag Gründe vorliegen, die eine weitere Zusammenarbeit zwischen Arbeitgeber und Arbeitnehmer nicht sinnvoll erscheinen lassen.[160] Während es für die Rechtswirksamkeit

---

159 *Spilger*, in: KR Gemeinschaftskommentar 2009, KSchG, § 9 Rn. 13.
160 BAG vom 25. 11. 1982 – 2 AZR 21/81, dort B. I. 2. a) der Gründe, AP KSchG 1969 § 9 Nr. 10; *Thies*, in: *Henssler/Willemsen/Kalb*, KSchG, § 9 Rn. 20.

der Kündigung zum Zeitpunkt der arbeitsgerichtlichen Entscheidung auf eine rückschauende Bewertung der vorgetragenen Kündigungsgründe ankommt, betrifft § 9 KSchG die künftige Gestaltung der Zusammenarbeit zwischen den Arbeitsvertragsparteien.[161] Das Gericht hat dazu eine Vorausschau zu tätigen[162] und zu fragen, ob aufgrund des Verhaltens des Arbeitnehmers in der Vergangenheit auch in Zukunft noch mit einer betriebsdienlichen Zusammenarbeit der Arbeitsvertragsparteien gerechnet werden kann.[163] Ist eine starke Beeinträchtigung des Austauschverhältnisses zu erwarten, die einer zukünftigen wechselseitigen Erfüllung der Arbeitsvertragspflichten und dem Zusammenwirken zum Wohl des Betriebes entgegensteht,[164] muss der Arbeitgeber greifbare Tatsachen vortragen, die sich auf den Leistungsaustausch im Arbeitsverhältnis negativ auswirken.[165] Er trägt für die Tatsachen, die seinen Auflösungsantrag stützen sollen, die Darlegungs- und Beweislast.[166]

Als Auflösungsgründe für den Antrag des Arbeitgebers kommen vor allem Umstände in Betracht, die das persönliche Verhältnis zum Arbeitnehmer, die Wertung seiner Persönlichkeit, seiner Leistung oder seiner Eignung für die ihm gestellten Aufgaben und sein Verhältnis zu den übrigen Mitarbeitern betreffen.[167] Es kommt darauf an, ob die objektive Lage bei Schluss der mündlichen Verhandlung für den Arbeitgeber die Besorgnis aufkommen lassen kann, dass die weitere Zusammenarbeit mit dem Arbeitnehmer den Betriebszwecken schadet.[168]

Mit dem Auflösungsantrag nach § 9 Abs. 1 Satz 2 KSchG erhält der Arbeitgeber ein prozessuales Lösungsinstrument besonderer Art, das funktional mit einer Kündigung vergleichbar ist. [169] Damit die Grundkonzeption des Kündigungsschutzgesetzes nicht umgangen wird, sind an die Gründe für

---

[161] BVerfG vom 22. 10. 2004 – 1 BvR 1944/01, dort II. 3. b) aa); BAG vom 07. 03. 2002 – 2 AZR 158/01, dort B. II. 2. b).
[162] BAG vom 09. 09. 2010 – 2 AZR 482/09, L1 und B. I. 2. c) der Gründe.
[163] BAG vom 07. 03. 2002 – 2 AZR 158/01, dort B. II. 2. b); BAG vom 02. 06. 2005 – 2 AZR 234/04, dort II. 2. b) der Gründe, NJOZ 2005, 4268, 4271.
[164] BAG vom 09. 09. 2010 – 2 AZR 482/09, L4.
[165] BAG vom 09. 09. 2010 – 2 AZR 482/09, dort II. 2. e) der Gründe.
[166] BAG vom 09. 09. 2010 – 2 AZR 482/09, dort II. 2. e) der Gründe; *Spilger*, in: KR Gemeinschaftskommentar, KSchG, § 9 Rn. 60.
[167] BAG vom 02. 06. 2005 – 2 AZR 234/04, dort II. 2. a) der Gründe, NJOZ 2005, 4268, 4271.
[168] BAG vom 07. 03. 2002 – 2 AZR 158/01, dort B. II. 2. c).
[169] *Spilger*, in: KR Gemeinschaftskommentar 2009, KSchG, § 9 Rn. 13.

die Auflösung des Arbeitsverhältnisses auf Antrag des Arbeitgebers strenge Anforderungen zu stellen.[170] Das Auftreten von Spannungen zwischen den Arbeitsvertragsparteien während eines laufenden Kündigungsschutzprozesses lässt für sich betrachtet die Fortsetzung des Arbeitsverhältnisses noch nicht sinnlos erscheinen.[171] Der Arbeitgeber kann sich auch nicht auf Auflösungsgründe berufen, die er oder sein Erfüllungsgehilfe herbeigeführt oder provoziert haben, um die Auflösung des Arbeitsverhältnisses zu erreichen.[172] Eine Unzumutbarkeit der Fortsetzung des Arbeitsverhältnisses hat die Rechtsprechung zum Beispiel anerkannt bei Beleidigungen oder ehrverletzenden Äußerungen gegenüber Vorgesetzten,[173] bei einem übermäßigen Führen von Privattelefonaten während der Arbeitszeit über einen langen Zeitraum[174] oder bei haltlosen Behauptungen des Prozessbevollmächtigten des Arbeitnehmers im Kündigungsschutzprozess.[175]

bb) Verfahren und Zeitpunkt der Auflösung des Arbeitsverhältnisses
Auch der arbeitgeberseitige Auflösungsantrag setzt zunächst voraus, dass der Arbeitnehmer Kündigungsschutzklage erhebt und ein Kündigungsrechtsstreit anhängig ist.[176] Ebenso wie der Arbeitnehmer kann auch der Arbeitgeber keinen isolierten Aufhebungsantrag stellen.[177] Auf die Kündigungsschutzklage des Arbeitnehmers muss der Arbeitgeber prozessual Klageabweisung beantragen.[178] Zusätzlich macht der Arbeitgeber geltend, dass das Arbeitsverhältnis nicht mehr im Sinne des zu erzielenden Betriebszwecks fortgeführt werden

---

170 BAG vom 07. 03. 2002 – 2 AZR 158/01, dort II. a) der Gründe, BB 2002, 2389, 2390; BAG vom 02. 06. 2005 – 2 AZR 234/04, dort II. 2. a) der Gründe, NJOZ 2005, 4268, 4271.
171 BAG vom 07. 03. 2002 – 2 AZR 158/01, dort B. II. 2. c).
172 BAG vom 02. 06. 2005 – 2 AZR 234/04, NJOZ 2005, 4268, 4272; *Fiebig*, in: *Fiebig/Gallner/Nägele*, Kündigungsschutzrecht, KSchG, § 9 Rn. 60.
173 LAG Sachsen vom 12. 04. 1996 – 2 (4) Sa 102/96, dort B. I. 2. der Gründe, NZA – RR 1997, 9, 11; BAG vom 10. 06. 2010 – 2 AZR 297/09, dort I. 1. b) der Gründe.
174 LAG Niedersachsen vom 13. 01. 1998 – 13 Sa 1235/97, NZA – RR 1998, 259.
175 Vgl. z. B. Vorwurf des Klägervertreters, die Kündigung sei nur „…zum Schein mit personenbedingten Gründen bemäntelt worden. Sie trage in Wirklichkeit mutwilligen politischen Säuberungscharakter.", BAG vom 07. 03. 2002 – 2 AZR 158/01, BB 2002, 2389, oder z. B. Behauptung des Klägervertreters, die Kündigung „…beruhe auf rassistischen Motiven und es sei dem Personalreferenten nur darum gegangen, Schwarzafrikanern kündigen zu können …", BAG vom 10. 06. 2010 – 2 AZR 297/09.
176 *Spilger*, in: KR Gemeinschaftskommentar 2009, KSchG, § 9 Rn. 14.
177 *Spilger*, in: KR Gemeinschaftskommentar 2009, KSchG, § 9 Rn. 14.
178 *Bauer*, Die Auflösung des Arbeitsverhältnisses durch Urteil, in: *Isenhardt/Preis*, Arbeitsrecht und Sozialpartnerschaft: Festschrift für Peter Hanau, S. 151, 156.

kann, und stellt mit dieser Begründung den weiteren Antrag auf Auflösung des Arbeitsverhältnisses gegen Zahlung einer Abfindung. Wie bei dem Auflösungsantrag des Arbeitnehmers handelt es sich bei dem Auflösungsantrag des Arbeitgebers im Verhältnis zu seinem Hauptantrag auf Klageabweisung um einen Hilfsantrag. Den Auflösungsantrag stellt der Arbeitgeber hilfsweise für den Fall, dass er mit seinem Hauptantrag auf Klageabweisung keinen Erfolg hat, weil die von ihm ausgesprochene Kündigung nicht sozial gerechtfertigt ist.[179] Auch bei dem arbeitgeberseitigen Auflösungsantrag muss das Gericht über die Rechtswirksamkeit der Kündigung und über die Auflösung des Arbeitsverhältnisses einheitlich in dem Urteil entscheiden.[180] Gelingt dem Arbeitgeber die Darlegung und erforderlichenfalls der Beweis der Tatsachen, die die Prognose der nicht dienlichen weiteren Zusammenarbeit der Arbeitsvertragsparteien nach § 9 Abs. 1 Satz 2 KSchG rechtfertigen, wird das Arbeitsverhältnis durch gerichtliche Entscheidung aufgelöst. Da § 9 Abs. 2 KSchG nicht danach differenziert, wer den Auflösungsantrag stellt, wird auch bei dem Auflösungsantrag des Arbeitgebers – unabhängig von der Prozessdauer – das Arbeitsverhältnis rückwirkend zu dem Zeitpunkt, zu dem es bei wirksamer Kündigung geendet hätte, aufgelöst.[181]

cc) Zwischenergebnis

Mit der Stellung des Auflösungsantrags kann der Arbeitgeber erreichen, dass der Arbeitnehmer seinen Arbeitsplatz verliert, obwohl die vom Arbeitgeber ausgesprochene Kündigung nach § 1 Abs. 2 KSchG sozialwidrig war.[182] Da das Gericht das Arbeitsverhältnis trotz Sozialwidrigkeit der Kündigung auflöst, sind an die Gründe für die Auflösung des Arbeitsverhältnisses auf Antrag des Arbeitgebers strenge Anforderungen zu stellen; der Auflösung nach § 9 Abs. 1

---

[179]   Sog. echter Hilfsantrag für den Fall, dass der Hauptantrag keinen Erfolg hat, *Fiebig*, in: *Fiebig/Gallner/Nägele*, Kündigungsschutzrecht, KSchG, § 9 Rn 13 mit Verweis auf BAG vom 25. 10. 1989 – 2 AZR 633/88; *Bauer*, Die Auflösung des Arbeitsverhältnisses durch Urteil, in: *Isenhardt/Preis*, Arbeitsrecht und Sozialpartnerschaft: Festschrift für Peter Hanau, S. 151, 153. Bei einem echten Hilfsantrag beantragt der Kläger entweder das eine oder das andere, bei einem unechten Hilfsantrag beantragt der Kläger das eine und das andere, *Dörndorfer*, in: *Binz/Dörndorfer/Petzold/Zimmermann*, Gerichtskostengesetz, GKG, § 45 Rn. 18; Allgemein zum Verhältnis von Haupt- und Hilfsantrag, vgl. *Foerste*, in: *Musielak*, Zivilprozessordnung, § 260 Rn. 4 ff.

[180]   BAG vom 29. 01. 1981 – 2 AZR 1055/78, NJW 1982, 1118, L 3; *Spilger*, in: KR Gemeinschaftskommentar, KSchG, § 9 Rn. 83.

[181]   BAG vom 25. 11. 1982 – 2 AZR 21/81, dort L2 und B. I. 2. b) der Gründe, AP KSchG 1969 § 9 Nr. 10; *Holthausen/Holthausen*, NZA – RR 2007, 449, 453.

[182]   Vgl. Fn. 159.

Satz 2 KSchG kommt Ausnahmecharakter zu.[183] Der Arbeitgeber ist für die Tatsachen, dass das Arbeitsverhältnis zerrüttet ist und eine betriebsdienliche weitere Zusammenarbeit in der Zukunft nicht mehr erwartet werden kann, darlegungs- und beweisbelastet.

e) Keine Auflösung des Arbeitsverhältnisses bei sonstigen Unwirksamkeitsgründen

§ 9 KSchG erfordert die Feststellung der Sozialwidrigkeit der Kündigung.[184] Dies hat zur Folge, dass keine der Vertragsparteien einen Antrag auf Auflösung des Arbeitsverhältnisses stellen kann, wenn die Kündigung nicht nach § 1 KSchG sozialwidrig, sondern aus einem anderen Grund unwirksam ist.[185] Andere Unwirksamkeitsgründe, die sich nicht aus dem KSchG ergeben, sind zum Beispiel formelle Unwirksamkeitsgründe, wie etwa die fehlende Schriftform nach § 623 BGB oder die mangelhafte Betriebsratsanhörung nach § 102 BetrVG.[186] Ebenso stellt die Nichtbeachtung des gesetzlichen Sonderkündigungsschutzes bestimmter Arbeitnehmer, wie im Fall der Schwerbehinderung oder der Schwangerschaft, einen sonstigen Unwirksamkeitsgrund dar.[187] In all diesen Fällen kommt ein Auflösungsantrag nach § 9 KSchG somit nicht in Betracht.[188]

f) Zwischenergebnis

Die §§ 9, 10 KSchG stellen im Anwendungsbereich des Kündigungsschutzgesetzes die einzigen Regelungen dar, nach denen die Arbeitsvertragsparteien im Rahmen eines gerichtlichen Kündigungsschutzverfahrens anstelle des Fortbestandes des Arbeitsverhältnisses die Beendigung gegen Zahlung einer Abfindung erreichen können. § 9 KSchG durchbricht den durch das KSchG vermittelten Bestandsschutz und hat Ausnahmecharakter. Die Auflösung des Arbeitsverhältnisses auf Antrag einer der Prozessparteien ist deshalb nur zuläs-

---

[183] *Fiebig,* in: *Fiebig/Gallner/Nägele,* Kündigungsschutzrecht, KSchG, § 9 Rn 59; *Thies,* in: *Henssler/Willemsen/Kalb,* KSchG, § 9 Rn. 1.
[184] *Thies,* in: *Henssler/Willemsen/Kalb,* KSchG, § 9 Rn. 10.
[185] BAG vom 23. 02. 2010 – 2 AZR 554/08, L2; BAG vom 28. 08. 2008 – 2 AZR 63/07, dort B. II. 2. der Gründe.
[186] *Linck,* in: *Schaub,* Arbeitsrechts-Handbuch 2011, § 141 Rn. 7.
[187] *Kiel,* in: Erfurter Kommentar zum Arbeitsrecht, KSchG, § 4 Rn. 1.
[188] *Linck,* in: *Schaub,* Arbeitsrechts-Handbuch 2011, § 141 Rn. 7.

sig, wenn das Arbeitsverhältnis zerrüttet ist und eine zukünftige Zusammenarbeit sinnlos erscheint. Nach § 9 Abs. 1 Satz 1 KSchG kann der Arbeitnehmer
die Beendigung des Arbeitsverhältnisses und die Zahlung einer Abfindung
auch gegen den Willen des Arbeitgebers erreichen. Allerdings steht dem Arbeitnehmer kein Wahlrecht zwischen Fortsetzung des Arbeitsverhältnisses und
Auflösung gegen Abfindungszahlung zu. Vielmehr bedarf die Auflösung des
Arbeitsverhältnisses trotz Sozialwidrigkeit der ausgesprochenen Kündigung
zum einen der gerichtlichen Entscheidung, zum anderen müssen die Auflösungsgründe strenge Bedingungen erfüllen. Andere Unwirksamkeitsgründe
außerhalb des Kündigungsschutzgesetzes führen nicht zu einem Auflösungs-
anspruch des Arbeitnehmers.

3. **Abfindungsanspruch bei betriebsbedingter Kündigung nach § 1 a
    KSchG**

a) **Regelungsgegenstand**

§ 1 a KSchG erlaubt den Vertragsparteien, das Arbeitsverhältnis gegen Zahlung
einer Abfindung ohne gerichtliche Auseinandersetzung zu beenden.

Der Abfindungsanspruch wurde mit dem Gesetz zu Reformen am Arbeitsmarkt vom 24. 12. 2003 mit Wirkung ab 01. 01. 2004 in das Kündigungsschutzgesetz aufgenommen.[189] Ziel des Gesetzes war eine Überprüfung und Korrek-
tur des Kündigungsschutzrechts, um mehr Transparenz und Rechtssicherheit
zu schaffen und so Hindernisse für Neueinstellungen abzubauen.[190] Dazu
sollten aus Gründen der „Flexibilität und Praxisnähe" die kündigungsrechtlichen Regelungen bei betriebsbedingter Kündigung um einen gesetzlichen
Abfindungsanspruch des Arbeitnehmers ergänzt werden. Mit der Regelung
von § 1 a KSchG wird den Arbeitsvertragsparteien nunmehr eine zusätzliche Option angeboten, das Arbeitsverhältnis ohne Durchführung eines Kündigungsschutzprozesses gegen Zahlung einer Abfindung zu beenden. § 1 a
KSchG verlangt allerdings, dass die Initiative zu dieser Abfindungslösung vom
Arbeitgeber ausgeht, indem er auf die Möglichkeit der Abfindung hinweist.[191]
Der Gesetzgeber wollte eine Beendigung des Arbeitsverhältnisses gegen Zahlung einer Abfindung nur bei einem Kündigungsgrund zulassen, der aus der

---

189   BGBl. I S. 3002.
190   BT-Drs. 15/1204, S. 1.
191   *Oetker*, in: Erfurter Kommentar zum Arbeitsrecht, KSchG, § 1 a Rn. 1.

Sphäre des Arbeitgebers stammt.[192] Die Regelung nach § 1 a KSchG ist deshalb auf die betriebsbedingte Kündigung beschränkt.[193] Ebenso wollte der Gesetzgeber das mit dem KSchG erreichte Bestandsschutzniveau nicht einschränken[194] und hat aus diesem Grund mit § 1 a KSchG eine Abfindungsoption geschaffen, die auf der Freiwilligkeit der Arbeitsvertragsparteien basiert.[195]

b) Anwendungsbereich

Nach § 23 Abs. 1 Satz 3 KSchG gelten die Vorschriften des ersten Abschnitts des Kündigungsschutzgesetzes, zu dem auch § 1 a KSchG gehört, nicht in Kleinbetrieben. Die Regelung nach § 1 a KSchG gilt deshalb nur für Arbeitnehmer, die sich auf den allgemeinen Kündigungsschutz nach dem Kündigungsschutzgesetz berufen können.[196]

c) Voraussetzungen des Abfindungsanspruchs

aa) Formalisierte Voraussetzungen

Die gesetzliche Regelung sieht vor, dass sich der Arbeitnehmer nach Ausspruch der betriebsbedingten Kündigung zwischen Kündigungsschutzprozess und Abfindung entscheiden kann. Die Durchführung eines Kündigungsschutzprozesses wird dadurch für beide Parteien entbehrlich; es findet eine außergerichtliche Abfindungseinigung statt. Nach § 1 a Abs. 1 KSchG hat der Arbeitnehmer Anspruch auf eine Abfindung, wenn erstens der Arbeitgeber das Arbeitsverhältnis wegen dringender betrieblicher Erfordernisse nach § 1 Abs. 2 Satz 1 KSchG gekündigt hat, zweitens der Arbeitnehmer bis zum Ab-

---

192 BT-Drs. 15/1204, S. 12.
193 BT-Drs. 15/1204, S. 12; *Quecke*, in: *Henssler/Willemsen/Kalb*, Arbeitsrecht Kommentar, KSchG, § 1 a Rn. 8.
194 BT-Drs. 15/1204, S. 9, Nr. 3; *Spilger*, in: KR Gemeinschaftskommentar 2009, KSchG, § 1 a Rn. 6; *Kamanabrou*, RdA 2004, 333, 335; *Thüsing/Wege*, Der Abfindungsanspruch des § 1 a KSchG, JuS 2006, 97.
195 *Oetker*, in: Erfurter Kommentar zum Arbeitsrecht, KSchG, § 1 a Rn. 1; *Kamanabrou*, RdA 2004, 333, 335.
196 *Zwanziger*, in: *Kittner/Däubler/Zwanziger*, Kündigungsschutzrecht, KSchG, § 1 a Rn. 3; *Thüsing*, in: *Thüsing/Laux/Lembke*, Kündigungsschutzgesetz, KSchG, § 1 a Rn. 5; *Schneppendahl*, in: *Wedde*, Arbeitsrecht, KSchG, § 1 a Rn. 3; *Kögel*, RdA 2009, 358, 360; *Quecke*, in: *Henssler/Willemsen/Kalb*, Arbeitsrecht Kommentar, KSchG, § 1 a Rn. 7; vgl. zur Anwendbarkeit des Kündigungsschutzgesetzes nach §§ 1 Abs. 1, 23 KSchG oben Teil 1., A. II. 2. b).

lauf der Frist des § 4 Satz 1 KSchG keine Klage auf Feststellung erhebt, dass das Arbeitsverhältnis durch die Kündigung nicht aufgelöst ist, und drittens der Arbeitgeber nach § 1 a Abs. 1 Satz 2 KSchG in der Kündigungserklärung ausdrücklich darauf hinweist, „dass die Kündigung auf dringende betriebliche Gründe gestützt ist und der Arbeitnehmer bei Verstreichenlassen der Klagefrist die Abfindung beanspruchen kann".[197] Der Hinweis des Arbeitgebers und die Kündigungserklärung bedürfen nach § 623 BGB der Schriftform; eine mündliche Erklärung oder ein separates Schriftstück reicht nicht aus.[198] Diese formalisierten Voraussetzungen für den Abfindungsanspruch sollen es den Arbeitsvertragsparteien erleichtern, die außergerichtliche Option zur Beendigung des Arbeitsverhältnisses wahrzunehmen.[199] Der schriftliche Arbeitgeberhinweis ist unabdingbare Voraussetzung für das Entstehen des Abfindungsanspruchs.[200] Durch diese Bedingung wird erreicht, dass das Entstehen des Abfindungsanspruchs nach § 1 a KSchG zunächst in der Hand des Arbeitgebers liegt.[201] Ob der Abfindungsanspruch dann tatsächlich entsteht, hängt vom Verhalten des Arbeitnehmers ab.

bb) Wahlrecht des Arbeitnehmers

Nach § 1 a Abs. 1 KSchG kann der Arbeitnehmer entscheiden, ob er Kündigungsschutzklage erhebt oder darauf verzichtet und stattdessen eine Abfindung beansprucht.[202] Die gesetzliche Regelung will gerichtliche Auseinandersetzungen der Arbeitsvertragsparteien vermeiden und den Parteien eine einfache, effiziente und kostengünstige Möglichkeit zu einem außergerichtlichen Interessenausgleich zur Verfügung stellen.[203] Die Wahlmöglichkeit erhält nur der Arbeitnehmer.[204] Er kann nach § 1 a KSchG wählen, entweder das Risiko einer erfolglosen Kündigungsschutzklage einzugehen und gegebenenfalls

---

[197] Die Rechtsnatur des Hinweises im Sinne einer empfangsbedürftigen Willenserklärung oder einer rechtsgeschäftsähnlichen Handlung ist umstritten, *Thüsing*, JuS 2006, 97, 98; *Spilger*, in: KR Gemeinschaftskommentar 2009, KSchG, § 1 a Rn. 34 ff.

[198] *Däubler*, NZA 2004, 177, 178.

[199] BT-Drs. 15/1204, S. 12.

[200] *Pauly/Osnabrügge*, in: *Pauly/Osnabrügge*, Handbuch Kündigungsrecht, § 5 Rn. 19; *Spilger*, in: KR Gemeinschaftskommentar 2009, KSchG, § 1 a Rn. 32.

[201] *Kamanabrou*, RdA 2004, 333, 335; *Spilger*, in: KR Gemeinschaftskommentar 2009, KSchG, § 1 a Rn. 18.

[202] BT-Drs. 15/1204, S. 9 dort Nr. 3.

[203] BAG vom 20. 08. 2009 – 2 AZR 267/08, dort I. 1. der Gründe.

[204] Das Wahlrecht des Arbeitnehmers in zeitlichem Zusammenhang mit dem Ausspruch der betriebsbedingten Kündigung geht zurück auf die Regierungserklärung von Bundeskanzler Schröder vom 14. 03. 2003, *Busch*, BB 2004, 267, 268 Fn. 11; *Holthausen*,

ohne Abfindung aus dem Arbeitsverhältnis auszuscheiden oder auf die Klage zu verzichten und die Abfindung in der in § 1 a KSchG festgelegten Höhe in Anspruch zu nehmen. Durch die in § 1 a KSchG gesetzlich vorgegebene Schriftform für den Arbeitgeberhinweis und die Verpflichtung des Arbeitgebers, dem Arbeitnehmer mitzuteilen, dass die Kündigung auf betriebliche Gründe gestützt ist, wird für den Arbeitnehmer die erforderliche Rechtsklarheit und Beweissicherung geschaffen. Der Arbeitnehmer kann frei entscheiden, ob er die Beendigung des Arbeitsverhältnisses gegen Zahlung der in § 1 a Abs. 2 KSchG gesetzlich festgesetzten Abfindung annimmt oder ob er Kündigungsschutzklage erheben will.[205] Aufgrund dieses standardisierten Verfahrens[206] haben beide Arbeitsvertragsparteien darauf Einfluss, ob der gesetzliche Abfindungsanspruch des Arbeitnehmers zustande kommt.[207] Gegen den Willen des Arbeitnehmers kann der Arbeitgeber eine Beendigung des Arbeitsverhältnisses gegen Zahlung einer Abfindung nicht erreichen. Der Arbeitnehmer hat es in der Hand, eine Kündigungsschutzklage zu erheben oder nicht, je nachdem wie er seine Erfolgsaussichten, gegen die betriebsbedingte Kündigung klageweise vorzugehen, einschätzt. Nach dem Wortlaut der Norm entsteht der Abfindungsanspruch allerdings erst „… mit dem Ablauf der Kündigungsfrist".[208] Dies hat zur Konsequenz, dass bei einer Beendigung des Arbeitsverhältnisses zu einem davorliegenden Zeitpunkt aus einem anderen Grund, z. B. bei Tod des Arbeitnehmers, der Abfindungsanspruch für den Arbeitnehmer nicht mehr zur Entstehung gelangt und deshalb auch nicht vererbbar ist.[209]

§ 1 a KSchG gewährt den Arbeitsvertragsparteien erstmals ein gesetzlich geregeltes Verfahren, das Arbeitsverhältnis nach Ausspruch einer betriebsbedingten Kündigung ohne Anrufung des Arbeitsgerichts gegen Zahlung einer Abfindung zu beenden.[210] Die Rechtswirksamkeit der ausgesprochenen Kündigung wird im Unterschied zu § 9 KSchG bei der Abfindungsregelung nach § 1 a KSchG gerichtlich nicht überprüft.[211] Dies birgt Vorteile für beide Seiten.

Für den Arbeitnehmer hat dies vor allem den Vorteil, dass er eine ange-

---

in: *Hümmerich/Boecken/Düwell*, Arbeitsrecht, KSchG, § 1 a Rn. 2; *Kamanabrou*, RdA 2004, 333, 335.
[205] BT-Drs. 15/1204, S. 12, zu Abs. 1.
[206] BT-Drs. 15/1204, S. 9 dort Nr. 3.
[207] *Kamanabrou*, RdA 2004, 333, 335.
[208] Vgl. § 1 a Abs. 1 Satz 1 KSchG.
[209] BAG vom 10. 05. 2007 – 2 AZR 45/06, NZA 2006, 1043, dort B. I. 1. c) der Gründe.
[210] *Bufalica*, in: *Däubler/Hjort/Schubert/Wolmerath*, KSchG § 1 a Rn. 1; BT-Drs. 15/1204, S. 9 dort Nr. 3.
[211] *Biebl*, in: *Ascheid/Preis/Schmidt*, Kündigungsrecht, 2. Teil, KSchG, § 9, Rn. 5.

messene Abfindung erhält, ohne Verhandlungen über die Höhe der Abfindung führen zu müssen. Des Weiteren hat der Arbeitnehmer innerhalb der dreiwöchigen Klagefrist die Möglichkeit, seine berufliche Zukunft zu planen. Er erzielt im Vergleich zur Erhebung der Kündigungsschutzklage auch einen finanziellen Vorteil. Nach § 12 a Abs. 1 ArbGG muss der Arbeitnehmer bei dem Kündigungsschutzrechtsstreit, der mit einem arbeitsgerichtlichen Abfindungsvergleich endet, die Rechtsanwaltskosten selbst tragen und erhält diese auch nicht vom Arbeitgeber erstattet, wenn er den Kündigungsprozess gewinnt. Dies führt in der Praxis dazu, dass sich die gerichtlich erstrittene Abfindung um die Kosten des eigenen Rechtsanwalts vermindert. Demgegenüber verbleibt dem Arbeitnehmer die Abfindung nach § 1 a KSchG in der gesetzlichen Höhe, ohne dass Prozesskosten die Abfindungshöhe schmälern.

Auch für den Arbeitgeber bringt die Abfindungsoption nach § 1 a KSchG Vorteile. Der Arbeitgeber erhält innerhalb von drei Wochen Rechtssicherheit und Klarheit darüber, ob das Arbeitsverhältnis durch die ausgesprochene betriebsbedingte Kündigung beendet ist oder ein Rechtsstreit mit ungewissem Ausgang bevorsteht.[212] Insbesondere bei Kündigungen, denen ein rechtliches Risiko anhaftet, das für den Arbeitnehmer mangels Kenntnis der Hintergründe, die zu der betriebsbedingten Kündigung geführt haben, vorgerichtlich noch nicht evident ist, kann der Arbeitgeber mit dem Abfindungshinweis dem Annahmeverzugsrisiko entgehen, wenn der Arbeitnehmer darauf eingeht. Des Weiteren führt für den Arbeitgeber die gesetzliche Festlegung der Abfindungshöhe in § 1 a Abs. 2 KSchG dazu, dass er die Kosten der Beendigung des Arbeitsverhältnisses einschließlich der voraussichtlichen Abfindung rechtssicher kalkulieren und in sein Budget einstellen kann.

d) Zwischenergebnis

Mit dem Gesetz zu Reformen am Arbeitsmarkt ist der Abfindungsanspruch nach § 1 a KSchG mit Wirkung zum 01. 01. 2004 in Kraft getreten. Der Gesetzgeber hat den Arbeitsvertragsparteien im Anwendungsbereich des Kündigungsschutzgesetzes mit § 1 a KSchG ein Standardverfahren zur Verfügung gestellt, das es bei der betriebsbedingten Kündigung ermöglicht, das Arbeitsverhältnis

---

212   Vgl. die ausführliche Zusammenstellung der Vorteile und Nachteile für Arbeitgeber und Arbeitnehmer nach § 1 a KSchG bei *Thüsing*, in: *Thüsing/Laux/Lembke*, Kündigungsschutzgesetz, KSchG § 1 a Rn. 1 sowie bei *Spilger*, in: KR Gemeinschaftskommentar 2009, KSchG, § 1 a Rn. 15, jeweils mit Verweis auf *Maschmann*, AuA 2003, 6 ff.

gegen Zahlung einer Abfindung zu beenden, ohne das Arbeitsgericht anrufen zu müssen. Das Entstehen des Abfindungsanspruchs setzt allerdings voraus, dass sich beide Vertragspartner für die Abfindungsoption entscheiden.

4. Abfindung als Nachteilsausgleich nach § 113 BetrVG

a) Regelungsgegenstand

Nach § 113 BetrVG steht dem Arbeitnehmer ein gesetzlicher Anspruch auf Zahlung einer Abfindung für den Fall zu, dass der Arbeitgeber betriebsverfassungswidrig handelt. Der Arbeitgeber soll durch die Androhung der finanziellen Sanktion zur Durchführung des kollektiv-rechtlichen Interessenausgleichsverfahrens und zur Einhaltung des bereits vereinbarten Interessenausgleichs angehalten werden.[213] Der Nachteilsausgleichsanspruch ist ein Individualanspruch, den der Arbeitnehmer – trotz Regelung im BetrVG – im Urteilsverfahren gemäß §§ 2, 46 ArbGG vor dem Arbeitsgericht geltend macht.[214]

b) Betriebsverfassungsrechtliche Ausgangssituation und erforderliche Sanktion

Das Betriebsverfassungsgesetz regelt in den §§ 106–113 BetrVG die Beteiligung des Betriebsrats in wirtschaftlichen Angelegenheiten. Von besonderer Bedeutung ist dabei die Beteiligung des Betriebsrats bei vom Arbeitgeber beabsichtigten Betriebsänderungen gemäß §§ 111 ff. BetrVG in Unternehmen, die mehr als 20 wahlberechtigte Arbeitnehmer beschäftigen. Die Betriebsänderung muss einen erheblichen Teil der Belegschaft erfassen, wie dies bei einem größeren Personalabbau, einer Betriebsverlegung oder der Einführung neuer Fertigungsverfahren der Fall ist.

Vor Umsetzung der geplanten Betriebsänderung muss der Arbeitgeber mit dem Betriebsrat nach § 112 Abs. 1 BetrVG einen Sozialplan vereinbaren und den Abschluss eines Interessenausgleichs versuchen.

---

[213] BAG vom 23. 03. 2006 – 2 AZR 343/05, dort II. 6. b) aa) (1) der Gründe; BAG vom 04. 12. 2002 – 10 AZR 16/02, dort II. 2. b) der Gründe; BAG vom 20. 11. 2001 – 1 AZR 97/01, dort II. 1. a) der Gründe; *Wildschütz*, in: *Dörner/Luczak/Wildschütz*, Arbeitsrecht in der anwaltlichen und gerichtlichen Praxis, Rn. 1761.

[214] *Annuß*, in: *Richardi*, Betriebsverfassungsgesetz, BetrVG § 113 Rn. 55; *Kania*, in: Erfurter Kommentar zum Arbeitsrecht, BetrVG, § 113 Rn. 1.

Der Sozialplan enthält nach § 112 Abs. 1 Satz 2 BetrVG Regelungen über den Ausgleich oder die Milderung der wirtschaftlichen Nachteile, die den Arbeitnehmern in Folge der geplanten Betriebsänderung entstehen. Die Initiative zum Abschluss eines Sozialplans muss vom Betriebsrat oder Arbeitgeber ausgehen. Arbeitgeber und Betriebsrat legen den Inhalt des Sozialplans fest; der Arbeitnehmer hat darauf keinen unmittelbaren Einfluss.[215] In der Praxis enthalten zwar viele Sozialpläne auch Regelungen zu Kündigungsabfindungen, § 112 BetrVG schreibt dies jedoch nicht zwingend vor.[216] Dem Arbeitnehmer steht deshalb kein Individualanspruch auf Abschluss eines Sozialplans mit Kündigungsabfindung zu.

Gegenstand des Interessenausgleichs sind demgegenüber Regelungen über die Betriebsänderung selbst, also über die Frage, ob, wann und wie die geplante Betriebsänderung durchgeführt werden soll. In dem Interessenausgleich vereinbaren die Betriebspartner insbesondere den technischen Ablauf bezüglich der Änderung der Produktionsmittel und den Zeitpunkt für den Personalabbau. Der Interessenausgleich greift dadurch erheblich in die unternehmerische Freiheit ein und beschränkt die zur Durchführung der geplanten Betriebsänderung zu treffenden Unternehmerentscheidungen. § 112 Abs. 2 BetrVG schreibt vor, dass der Arbeitgeber vor Durchführung der geplanten Betriebsänderung den Abschluss eines Interessenausgleichs mit dem Betriebsrat verhandeln und im Falle des Scheiterns dieser Verhandlungen anschließend die innerbetriebliche Einigungsstelle mit dem Versuch einer ernsthaften Einigung anrufen muss. Findet auch vor der Einigungsstelle nach § 112 Abs. 3 BetrVG keine Einigung statt, ist das Interessenausgleichsverfahren gescheitert. Erst dann darf der Arbeitgeber die geplante Betriebsänderung auch gegen den Willen des Betriebsrats durchführen.

Aus Sicht des Arbeitgebers ist das Interessenausgleichsverfahren allerdings zeitaufwändig, kostenintensiv und mangels Zwangsschlichtung auch ergebnisoffen. Der Arbeitgeber neigt möglicherweise, auch aus betriebswirt-

---

[215] Der Sozialplan stellt einen Fall der echten, erzwingbaren Mitbestimmung dar. Im Fall der Nicht-Einigung entscheidet nach § 112 Abs. 4 BetrVG die Einigungsstelle im Rahmen einer Zwangsschlichtung durch Spruch, BAG vom 16. 06. 1987 – 1 ABR 41/85, L 4.

[216] Den Betriebsparteien steht ein weiter Ermessensspielraum zu, ob und in welchem Umfang sie die wirtschaftlichen Nachteile in dem Sozialplan, z. B. in Form von Kündigungsabfindungen, ausgleichen wollen, vgl. BAG vom 24. 08. 2004 – 1 ABR 23/03, NZA 2005, 302, 305, und können dabei auch vereinbaren, dass keine Abfindungen gezahlt werden, sog. Null-Sozialplan, vgl. BAG vom 24. 08. 2004 – 1 ABR 23/03, NZA 2005, 302, 305; *Uhl/Polloczek*, DStR 2010, 1481, 1482 Fn. 11.

schaftlichem Zwang, zu einer betriebsverfassungswidrigen Abkürzung des Verfahrens. An diese Situation knüpft der Nachteilsausgangsanspruch nach § 113 BetrVG an.

c) Anwendungsbereich

Der Abfindungsanspruch nach §§ 113, 111 Satz 1 BetrVG steht nur Arbeitnehmern zu, die in einem Betrieb beschäftigt sind, in dem ein Betriebsrat gewählt worden ist und in dem mehr als zwanzig wahlberechtigte Arbeitnehmer beschäftigt sind. Dies führt in der Regel dazu, dass für die betroffenen Arbeitnehmer der Anwendungsbereich des Kündigungsschutzgesetzes eröffnet ist. Im Gegensatz zu den §§ 9, 1 a KSchG ist es für den Abfindungsanspruch nach § 113 BetrVG allerdings nicht erforderlich, dass der Arbeitnehmer schon länger als sechs Monate beschäftigt ist. Der Abfindungsanspruch steht auch Arbeitnehmern zu, die lediglich eine kürzere Betriebszugehörigkeit aufweisen, wenn sie die im Folgenden zu beschreibenden Anspruchsvoraussetzungen erfüllen.[217]

d) Voraussetzungen des Nachteilsausgleichsanspruchs

aa) Betriebsverfassungswidriger Verfahrensverstoß und wirksame Kündigung des Arbeitnehmers

Zweck von § 113 BetrVG ist es, den Arbeitgeber, der eine Betriebsänderung plant, zum einen anzuhalten, das Interessenausgleichsverfahren nach § 112 BetrVG vollständig durchzuführen oder den bereits vereinbarten Interessenausgleich einzuhalten. Zum anderen soll sichergestellt werden, dass die Arbeitnehmer, die durch einen betriebsverfassungswidrigen Verfahrensverstoß ihres Arbeitgebers einen Nachteil erleiden, einen finanziellen Ausgleich erhalten.[218] Um diesen Zweck zu erreichen, sanktioniert § 113 BetrVG das betriebsverfassungswidrige Verhalten des Arbeitgebers, das zur Kündigung des Arbeitnehmers führt, mit einem individuellen Ausgleichsanspruch des Arbeitnehmers auf Zahlung einer Abfindung nach § 113 Abs. 1, 3 BetrVG in

---

217 *Fabricius*, in: *Fabricius/Kraft/Wiese/Kreutz/Oetker*, Gemeinschaftskommentar zum Betriebsverfassungsgesetz, § 113 Rn. 52.

218 *Annuß*, in: *Richardi*, Betriebsverfassungsgesetz, § 113 Rn. 2; *Spirolke*, in: *Hümmerich/Boecken/Düwell*, Arbeitsrecht, BetrVG, § 113 Rn. 1; BAG vom 20. 11. 2001 – 1 AZR 97/01, dort II. 1. b) der Gründe.

Verbindung mit § 10 KSchG.[219] Der von der Entlassung betroffene Arbeitnehmer soll eine Entschädigung dafür erhalten, dass die im BetrVG vorgesehene
Beteiligung unterblieben ist und der Arbeitgeber die Chance nicht genutzt
hat, einen Interessenausgleich herbeizuführen, der Entlassungen vermeidet
oder wirtschaftliche Nachteile abmildert.[220] Die Voraussetzungen dieses Abfindungsanspruchs sind, dass erstens der Arbeitgeber entweder nach § 113 Abs. 1
BetrVG von den Vorgaben eines abgeschlossenen Interessenausgleichs ab-
weicht oder nach § 113 Abs. 3 BetrVG den Abschluss des Interessenausgleichs
nicht ausreichend versucht und zweitens der Arbeitnehmer in Folge dieses
betriebsverfassungswidrigen Verhaltens entlassen wird.[221] Freilich hat der
Arbeitnehmer keinen Einfluss darauf, ob sich der Arbeitgeber betriebsverfassungswidrig verhält oder nicht. Die Entstehung des Abfindungsanspruchs ist
also allein vom Verhalten des Arbeitgebers abhängig. Hat der Arbeitgeber den
Abschluss des Interessenausgleichs ausreichend versucht, endet das Arbeitsverhältnis ohne zusätzliche Abfindung nach § 113 BetrVG.

**bb) Verfahren und Beendigung des Arbeitsverhältnisses durch wirksame
    Kündigung**

Wie im vorigen Absatz festgestellt, setzt der Anspruch nach § 113 BetrVG voraus, dass der klagende Arbeitnehmer tatsächlich entlassen wird, also die
arbeitgeberseitig ausgesprochene und auf der Betriebsänderung beruhende
Kündigung wirksam ist.[222] Der Arbeitnehmer hat die Wahl, ob er die Wirksamkeit der ausgesprochenen Kündigung im Rahmen einer Kündigungsschutzklage überprüfen lässt oder nicht.[223] Der Arbeitnehmer kann auch nur Klage auf
Zahlung des Nachteilsausgleichs gemäß § 113 BetrVG erheben.[224] Für den Fall,
dass der Arbeitnehmer Kündigungsschutzklage erhebt, kann er bei Vorliegen

---

[219] *Kania*, in: Erfurter Kommentar zum Arbeitsrecht, BetrVG, § 113 Rn. 1.
[220] BAG vom 20. 11. 2001 – 1 AZR 97/01, dort II. 1. b) der Gründe.
[221] *Wildschütz*, in: *Dörner/Luczak/Wildschütz*, Arbeitsrecht in der anwaltlichen und gerichtlichen Praxis, Rn. 1767.
[222] BAG vom 31. 10. 1995 – 1 AZR 372/95, dort L. 2. und B. I. 2. der Gründe, NZA 1996,
499; *Spirolke*, in: *Hümmerich/Boecken/Düwell*, Arbeitsrecht, BetrVG, § 113 Rn. 15; *Spilger*,
in: KR Gemeinschaftskommentar 2009, KSchG, § 9 Rn. 69.
[223] *Fabricius*, in: *Fabricius/Kraft/Wiese/Kreutz/Oetker*, Gemeinschaftskommentar zum Betriebsverfassungsgesetz, § 113 Rn. 52; *Annuß*, in: *Richardi*, Betriebsverfassungsgesetz,
§ 113 Rn. 37.
[224] *Besgen*, in: *Rolfs/Giesen/Kreikebohm/Udsching*, Beck'scher Online-Kommentar, BetrVG,
§ 113 Rn. 13; *Spirolke*, in: *Hümmerich/Boecken/Düwell*, Arbeitsrecht, BetrVG, § 113
Rn. 15.

der Voraussetzungen zusätzlich einen Antrag auf Zahlung der Abfindung nach § 113 BetrVG stellen.[225] Die Kombination beider Anträge ist in der Prozesspraxis die Regel.[226] Nach eigener Erfahrung wird der Nachteilsausgleichsanspruch im Kündigungsschutzprozess häufig auch deshalb geltend gemacht, um für den Fall der vergleichsweisen Aufhebung des Arbeitsverhältnisses einen günstigeren Abfindungsvorschlag durch das Gericht zu erhalten.

Anders als bei § 9 KSchG ist der Anspruch nach § 113 BetrVG allerdings nur gegeben, wenn das Gericht den Kündigungsschutzantrag des Arbeitnehmers abweist und die Wirksamkeit der Kündigung feststellt.[227] *Krebber* weist darauf hin, dass es sich bei § 113 BetrVG nicht um eine Kündigungsschutzvorschrift, sondern um eine betriebsverfassungsrechtliche Sanktion handelt.[228] Für den Fall, dass das Arbeitsgericht die Unwirksamkeit der Kündigung feststellt, also das Arbeitsverhältnis fortbesteht, erleidet der Arbeitnehmer keinen durch die Betriebsänderung verursachten Nachteil. Da nach § 113 Abs. 1, 3 BetrVG der Verlust des Arbeitsplatzes als wirtschaftlicher Nachteil ausgeglichen werden soll, steht dem Arbeitnehmer bei fortbestehendem Arbeitsverhältnis kein Abfindungsanspruch zu.[229]

---

[225] Echter Hilfsantrag für den Fall des Unterliegens mit dem Kündigungsschutzantrag, *Fitting*, in: *Fitting/Engels/Schmidt/Trebinger/Linsen/Maier*, Betriebsverfassungsgesetz mit Wahlordnung, BetrVG § 113 Rn. 38; werden beide Anträge in unterschiedlichen Verfahren verfolgt, ist das Verfahren über den Anspruch auf Nachteilsausgleich gemäß § 148 ZPO bis zur rechtskräftigen Entscheidung über die vorgreifliche Kündigungsschutzklage auszusetzen, *Fitting*, in: *Fitting/Engels/Schmidt/Trebinger/Linsen/Maier*, Betriebsverfassungsgesetz mit Wahlordnung, BetrVG § 113 Rn. 38; *Spirolke*, in: *Hümmerich/Boecken/Düwell*, Arbeitsrecht, BetrVG, § 113 Rn. 15. Bei einem echten Hilfsantrag beantragt der Kläger entweder das eine oder das andere, bei einem unechten Hilfsantrag beantragt der Kläger das eine und das andere, *Dörndorfer*, in: *Binz/Dörndorfer/Petzold/Zimmermann*, Gerichtskostengesetz, GKG, § 45 Rn. 18. Allgemein zum Verhältnis von Haupt- und Hilfsantrag, vgl. *Foerste*, in: *Musielak*, Zivilprozessordnung, § 260 Rn. 4 ff.

[226] *Besgen*, in: Beck'scher Online-Kommentar Arbeitsrecht, BetrVG, § 113 Rn. 13.

[227] *Spilger*, in: KR Gemeinschaftskommentar 2009, KSchG, § 9 Rn. 69; *Hohenstatt/Willemsen*, in: *Henssler/Willemsen/Kalb*, Arbeitsrecht Kommentar, BetrVG § 113 Rn. 13.

[228] AP BGB § 612a Nr. 17 (BAG vom 03. 05. 2006 – 4 AZR 189/05) mit Anmerkung von *Krebber*, dort I. 1. d).

[229] BAG vom 31. 10. 1995 – 1 AZR 372/95, dort L 2 und B. I. 2. a) der Gründe, NZA 1996, 499.

e)   Verhältnis von § 113 BetrVG zu § 9 KSchG und § 1 a KSchG

Der Abfindungsanspruch des Arbeitnehmers nach § 9 KSchG verlangt die Unwirksamkeit der Kündigung. Demgegenüber verlangt § 113 BetrVG gerade die Wirksamkeit der Kündigung. Es handelt sich bei § 9 KSchG einerseits und bei § 113 BetrVG andererseits um zwei verschieden ausgestaltete Anspruchsgrundlagen, die sich gegenseitig ausschließen.[230] Der Arbeitnehmer kann deshalb stets nur eine der beiden Ansprüche erfolgreich durchsetzen.[231]

Anders ist die Situation im Verhältnis von § 113 BetrVG zu § 1 a KSchG. Beide Anspruchsgrundlagen setzen eine wirksame oder nach Fristablauf wirksam gewordene Kündigung voraus. Der Arbeitnehmer kann die Abfindung nach § 113 BetrVG als Nachteilsausgleich neben der Abfindung nach § 1 a KSchG beanspruchen.[232] Weder § 113 BetrVG in Verbindung mit § 10 KSchG noch § 1 a KSchG enthalten eine Anrechnungsregelung. Der Arbeitnehmer muss sich deshalb eine Abfindung nach § 1 a KSchG nicht auf den Nachteilsausgleich nach § 113 BetrVG anrechnen lassen.[233]

f)   Zwischenergebnis

Nach § 113 Abs. 1, 3 BetrVG kann der in Folge einer Betriebsänderung gekündigte Arbeitnehmer eine Abfindung als wirtschaftlichen Ausgleich für den Verlust seines Arbeitsplatzes geltend machen, wenn die Kündigung durch ein betriebsverfassungswidriges Verhalten des Arbeitgebers verursacht wurde. Im Unterschied zu § 9 Abs. 1 KSchG verlangt § 113 BetrVG, dass der Arbeitnehmer tatsächlich entlassen wird, also die ausgesprochene Kündigung wirksam ist. § 113 BetrVG schützt nicht vor einer Kündigung, sondern sanktioniert betriebsverfassungswidriges Verhalten seitens des Arbeitgebers. Der Anspruch nach § 113 BetrVG kann nur von Arbeitnehmern geltend gemacht werden, die in einem Unternehmen mit Betriebsrat beschäftigt sind; Arbeitnehmern in betriebsratslosen Unternehmen steht dieser Abfindungsanspruch nicht zu.

---

230   *v. Hoyningen-Huene/Linck*, Kündigungsschutzgesetz, § 9 Rn. 96; *Thies*, in: *Henssler/Willemsen/Kalb*, KSchG, § 9 Rn. 27.

231   *Spilger*, in: KR Gemeinschaftskommentar 2009, KSchG, § 9 Rn. 70 mit Hinweisen zu einer Kombination der Anträge nach § 9 KSchG und § 113 BetrVG in Rn. 71; *v. Hoyningen-Huene/Linck*, Kündigungsschutzgesetz, § 9 Rn. 96.

232   *Spilger*, in: KR Gemeinschaftskommentar 2009, KSchG, § 1 a Rn. 144.

233   *Spilger*, in: KR Gemeinschaftskommentar 2009, KSchG, § 1 Rn. 144.

III. Höhe der Abfindung

Die Höhe der Abfindung ist für beide Arbeitsvertragsparteien von erheblicher Bedeutung. Gleichwohl enthält das Gesetz für die Höhe der Abfindung in § 10 KSchG – anders als bei § 1 a KSchG – keine konkreten Beträge, sondern definiert nur Höchstgrenzen. Im Folgenden werden deshalb zunächst die gesetzlichen Vorgaben des jeweiligen Abfindungstatbestandes analysiert und im Anschluss Literatur und Rechtsprechung ausgewertet, um eine Aussage zur Höhe der Abfindung treffen zu können.

1. Auflösung des Arbeitsverhältnisses durch Urteil des Gerichts und Abfindung des Arbeitnehmers nach §§ 9, 10 KSchG

a) Gesetzliche Vorgaben zur Höhe der Abfindung

Nach § 9 Abs. 1 Satz 1 KSchG hat das Gericht den Arbeitgeber zur Zahlung einer angemessenen Abfindung zu verurteilen. Weitere Vorgaben zur Höhe der Abfindung enthält § 10 KSchG. § 10 KSchG gibt allerdings keine konkrete Regelung für die Festsetzung der Höhe der Abfindung im Falle der Auflösung des Arbeitsverhältnisses vor, sondern legt nur Höchstgrenzen fest.[234] Die Abfindung ist danach im Regelfall auf bis zu zwölf Monatsverdienste begrenzt.[235] Sie kann gemäß § 10 Abs. 2 Satz 1 KSchG auf bis zu 15 Monatsverdienste festgesetzt werden, wenn das Arbeitsverhältnis mindestens 15 Jahre bestanden hat und der Arbeitnehmer das 50. Lebensjahr vollendet hat. Die Abfindung kann auf bis zu 18 Monatsverdienste festgesetzt werden, wenn das Arbeitsverhältnis mindestens 20 Jahre bestanden hat und der Arbeitnehmer das 55. Lebensjahr vollendet hat.[236] Für eine Erhöhung der Abfindung auf 15 oder 18 Monatsverdienste ist jedoch Voraussetzung, dass der Arbeitnehmer die Regelaltersgrenze nicht erreicht hat.[237] Die Grenze für die Regelaltersrente wird nach

---

[234] *v. Hoyningen-Huene/Linck*, Kündigungsschutzgesetz, § 10 Rn. 7.
[235] § 10 Abs. 1 KSchG lautet:
    Als Abfindung ist ein Betrag bis zu zwölf Monatsverdiensten festzusetzen.
[236] § 10 Abs. 2 Satz 1 KSchG lautet:
    Hat der Arbeitnehmer das 50. Lebensjahr vollendet und hat das Arbeitsverhältnis mindestens 15. Jahre bestanden, so ist ein Betrag bis zu 15 Monatsverdiensten, hat der Arbeitnehmer das 55. Lebensjahr vollendet und hat das Arbeitsverhältnis mindestens 20 Jahre bestanden, so ist ein Betrag bis zu 18 Monatsverdiensten festzusetzen.
[237] § 10 Abs. 2 Satz 2 KSchG lautet:
    Dies gilt nicht, wenn der Arbeitnehmer in dem Zeitpunkt den das Gericht nach § 9 Abs. 2

den §§ 41 Abs. 1, 236 SBG VI in Abhängigkeit vom Geburtsdatum zwischen
dem 65. bis 67. Lebensjahr erreicht. Als Monatsverdienst gilt nach § 10 Abs.
3 KSchG, was dem Arbeitnehmer bei der für ihn maßgeblichen Arbeitszeit in
dem Monat, in dem das Arbeitsverhältnis durch gerichtliche Auflösung endet,
an Geld und Sachbezügen zusteht.[238] Das Gesetz legt damit die Bruttovergü-
tung zugrunde.[239] § 10 Abs. 3 KSchG stützt sich zur Berechnung auf den letzten
Monatsverdienst und nicht – wie bei der Berechnung des Urlaubsgeldes oder
des Mutterschutzlohnes – auf einen in der Vergangenheit liegenden Referenz-
zeitraum[240] oder gar auf die jeweiligen Monatsverdienste der zurückliegenden
Beschäftigungsjahre. Überstunden und Kurzarbeit werden nicht berücksichtigt.[241] Unerheblich ist, ob der Arbeitnehmer tatsächlich beschäftigt worden ist.
Einmalige Sonderzahlungen, die bereits mehrfach geleistet wurden, wie etwa
Tantiemen, 13. Gehalt etc, sind anteilig zu berücksichtigen. [242]

Bei der Bemessung der Höhe ist das Gericht nicht an die Anträge der Parteien gebunden. Es entscheidet im Einzelfall, wie die einzelnen Faktoren im
Verhältnis zueinander zu gewichten sind.[243] „Faustformeln", z. B. 0,5 Bruttomonatsverdienst pro Beschäftigungsjahr wie bei § 1 a KSchG, sieht die gesetzliche
Regelung in §§ 9, 10 KSchG nicht vor. Sie können allenfalls Anhaltspunkte sein.
[244] Das Gericht hat alle Umstände, die eine Erhöhung oder Ermäßigung der
Abfindung rechtfertigen, zu berücksichtigen, und zwar einschließlich der für
den Arbeitnehmer eintretenden Folgen der Entlassung.[245]

Die angemessene Abfindung ist im Einzelfall innerhalb der von § 10 Abs. 1
und 2 KSchG vorgegebenen Höchstgrenzen zu ermitteln. Die gesetzlichen

---

    für die Auflösung des Arbeitsverhältnisses festsetzt, das in der Vorschrift des sechsten Buches
    Sozialgesetzbuch über die Regelaltersrente bezeichnete Lebensalter erreicht hat.

238 *Linck*, in: *Schaub*, Arbeitsrecht-Handbuch 2011, § 141 Rn. 48

239 *Bauer*, Die Auflösung des Arbeitsverhältnisses durch Urteil, in: *Isenhardt/Preis*, Ar-
    beitsrecht und Sozialpartnerschaft: Festschrift für Peter Hanau, S. 151, 167

240 *Linck*, in: *Schaub*, Arbeitsrecht-Handbuch 2011, § 141 Rn. 49

241 *Linck*, in: *Schaub*, Arbeitsrecht-Handbuch 2011, § 141 Rn. 48

242 *Bauer*, Die Auflösung des Arbeitsverhältnisses durch Urteil, in: *Isenhardt/Preis*, Ar-
    beitsrecht und Sozialpartnerschaft: Festschrift für Peter Hanau, S. 151, 167; *Linck*, in:
    Schaub, Arbeitsrecht-Handbuch 2011, § 141 Rn. 49.

243 Nach *Fiebig*, in: *Fiebig/Gallner/Nägele*, Kündigungsschutzrecht, KSchG, § 9 Rn. 16,
    lautet der Antrag:
    „II. Es wird beantragt, das Arbeitsverhältnis zum 31.12. ... aufzulösen und die Be-
    klagte zu verurteilen, an den Kläger eine angemessene Abfindung zu bezahlen."

244 *Hjort*, in: *Däubler/Hjort/Schubert/Wollmerat*, Arbeitsrecht, KSchG § 10 Rn. 27.

245 BAG vom 12. 03. 2003 – 8 AZR 341/02, dort B. II. 1. a) (2) der Gründe, BB 2003, 2747,
    2748.

Höchstgrenzen ergeben sich zunächst aus einer Kombination von Lebensalter und Betriebszugehörigkeit und sind insofern vergangenheitsorientiert. Lebensalter und Betriebszugehörigkeit stellen für die gerichtliche Bemessung der Abfindung wichtige, aber nicht die abschließenden Kriterien dar.[246] Als weitere Faktoren zählen beispielsweise der Familienstand des Arbeitnehmers und seine Unterhaltspflichten; zugrunde gelegt werden ebenso eine eventuelle Schwerbehinderung oder die schlechte gesundheitliche Verfassung des Arbeitnehmers, seine Chancen auf dem Arbeitsmarkt[247] und die voraussichtliche Dauer der eventuellen Arbeitslosigkeit[248] oder der Grad der Sozialwidrigkeit der Kündigung.[249] Das Arbeitsgericht kann bei der Bemessung der Abfindungshöhe auch die wirtschaftliche Lage des Arbeitgebers berücksichtigen, weil die Abfindung nach §§ 9, 10 KSchG nicht zu einer Gefährdung des Unternehmens und damit der anderen Arbeitsplätze führen soll.[250]

Nicht berücksichtigt werden hingegen die Vermögensverhältnisse des Arbeitnehmers, da der Arbeitnehmer, der sich verschuldet, gegenüber sparsamen Arbeitnehmern nicht privilegiert werden soll.[251]

b) Literatur und Rechtsprechung zur Höhe der Abfindung

aa) Literatur

Da das Gesetz keine Vorgaben bezüglich der Gewichtung der Einzelkriterien enthält, werden dem Rechtsanwender in der Literatur als Hilfestellung Hinweise auf Faustformeln zur Abfindungsberechnung gegeben. So wird zum Beispiel ein Bruttomonatseinkommen für zwei Beschäftigungsjahre oder 0,5

---

[246] *Besgen*, in: Beck'scher Online Kommentar, Arbeitsrecht, BetrVG, § 113 Rn. 12.

[247] *Bauer*, Die Auflösung des Arbeitsverhältnisses durch Urteil, in: *Isenhardt/Preis*, Arbeitsrecht und Sozialpartnerschaft: Festschrift für Peter Hanau, S. 151, 168.

[248] *Fiebig*, in: *Fiebig/Gallner/Nägele*, Kündigungsschutzrecht, KSchG, § 10 Rn. 18.

[249] Ist die Kündigung offensichtlich sozialwidrig, kann dies bei der Bemessung der Abfindung zu Gunsten des Arbeitnehmers berücksichtigt werden, BAG vom 11. 11. 1997 – 2 AZR 803/96, dort III. 3. b) dd) der Gründe; BAG vom 25. 11. 1982 – 2 AZR 21/81, dort B. I. 3. c) der Gründe, AP Nr. 10 zu § 9 KSchG 1969; BAG vom 29. 03. 1960 – 3 AZR 568/58, dort I.c) der Gründe, NJW 1960, 2022; dies ist zum Beispiel der Fall, wenn der Arbeitgeber den Arbeitnehmer leichtfertig einer Straftat bezichtigt und dies im Internet verbreitet, LAG Schleswig-Holstein vom 25. 02. 2004 – 3 Sa 491/03, NZA – RR 2005, 132.

[250] *Spilger*, in: KR Gemeinschaftskommentar, KSchG, § 10 Rn. 60; *Arnold*, in: *Thüsing/Laux/Lembke*, Kündigungsschutzgesetz, KSchG § 10 Rn. 23.

[251] *Fiebig*, in: *Fiebig/Gallner/Nägele*, Kündigungsschutzrecht, KSchG, § 10 Rn. 15.

Bruttomonatseinkommen pro Beschäftigungsjahr genannt.[252] *Hümmerich* stellt in seiner Untersuchung fest, dass 75 % der Arbeitsrichter die Abfindungsformel 0,5 Bruttomonatsgehälter pro Beschäftigungsjahr anwenden, wobei die Herkunft der Formel nicht mehr aufgehellt werden kann.[253] *Arnold* bezeichnet die Verwendung des Faktors 0,5 Monatsgehälter pro Beschäftigungsjahr ebenfalls als üblich. Er weist allerdings darauf hin, dass die Faustformel 0,5 Bruttomonatsgehälter auch im Rahmen von Vergleichsverhandlungen verwandt wird und zwar zu einem Zeitpunkt, zu dem typischerweise die Rechtswirksamkeit der Kündigung noch nicht feststeht. Im Unterschied zu einer vergleichsweisen Aufhebung des Arbeitsverhältnisses sei die fehlende soziale Rechtfertigung Voraussetzung für die gerichtliche Auflösung nach § 9 KSchG. Nach *Arnold* sollte daher bei festgestellter Sozialwidrigkeit die ausgeurteilte Abfindung grundsätzlich höher ausfallen als 0,5 Bruttomonatsgehälter pro Beschäftigungsjahr, unabhängig von der Gewichtung der anderen Faktoren.[254] *Fiebig* ist der Ansicht, dass Faustformeln auch zu dem weit verbreiteten Irrtum beigetragen haben dürften, bei Ausspruch einer Arbeitgeberkündigung bestehe grundsätzlich ein Abfindungsanspruch.[255]

bb) Rechtsprechung

Will man anhand von höchstrichterlichen Urteilen die Höhe der zu erwartenden Abfindung ermitteln, um sowohl dem Arbeitgeber als auch dem Arbeitnehmer die wirtschaftlichen Folgen des Auflösungsantrags besser darlegen zu können, fällt auf, dass derartige Urteile extrem selten sind. Dafür sind sicher zum einen die strengen Anforderungen an den Abfindungsanspruch verant-

---

[252] *Schaub*, Arbeitsrechtshandbuch, § 140 Rn. 27; *Berkowsky*, Die betriebsbedingte Kündigung, § 22 Rn. 296; *Däubler*, in: *Kittner/Däubler/Zanziger*, Kündigungsschutzrecht, § 10 Rn. 10; *Arnold*, in: *Thüsing/Laux/Lembke*, Kündigungsschutzgesetz, § 10 Rn. 26; *Kiel*, in: Erfurter Kommentar zum Arbeitsrecht, § 10 Rn. 6; *Busemann/Schäfer*, Kündigung und Kündigungsschutz im Arbeitsverhältnis, S. 473, Rn. 705; *Tillmann*, in: *Eccher/Schurr/Kindler/Asam/Patti/Gebauer/Hausmann/Strauß*, Neuerungen im italienischen Schuld-, Gesellschafts-, Handelsvertreter- und Anwaltsrecht, S. 273 Fn. 16.

[253] *Hümmerich*, NZA 1999, 342, 344, „Keiner weiß, welchem theoretischen Ansatz diese Formel ihre Existenz verdankt. Der deutsche Gesetzgeber hat für den Fall des Auflösungsurteils nach dem Kündigungsschutzgesetz darauf verzichtet, feste Regelsätze für die Bemessung der Abfindung festzulegen."

[254] *Arnold*, in: *Thüsing/Laux/Lembke*, Kündigungsschutzgesetz, § 10 Rn. 26.

[255] *Fiebig*, in: *Fiebig/Gallner/Nägele*, Kündigungsschutzrecht, KSchG, § 10 Rn. 21; in einer Umfrage zur öffentlichen Wahrnehmung des Arbeitsrechts vermeinten 66 % der Befragten ein „Abfindungsgesetz" zu kennen, *Schramm*, RdA 2007, 267, 270.

wortlich.[256] Zum anderen enden gerichtliche Kündigungsschutzprozesse sehr häufig mit einem Vergleich und nicht durch ein streitiges Urteil. Die Statistik zeigt, dass vor dem Arbeitsgericht ca. 48 % Kündigungsschutzklagen anhängig sind.[257] Betrachtet man außerdem die hohe Vergleichsquote von 47 % bei Kündigungsschutzklagen[258] – dagegen bei Zivilsachen vor dem Amtsgericht 13 %[259] – und die sonstigen Beendigungsgründe, ist festzustellen, dass es nur bei ca. 11 % der Kündigungsverfahren zu einem Urteil kommt.[260] Auch aus eigener Erfahrung kann festgestellt werden, dass der im Rahmen der Kündigungsschutzklage gestellte Auflösungsantrag nur sehr selten erfolgreich ist.[261] Soweit ein Auflösungsantrag überhaupt gestellt worden ist, hat das Arbeitsgericht diesem lediglich in ca. 1 % der Urteile auch stattgegeben.[262]

Die Seltenheit solcher Entscheidungen spiegelt sich ebenfalls im Nachschlagewerk des Bundesarbeitsgerichts – Arbeitsrechtliche Praxis – wider. Dort sind zu § 10 KSchG, der Bestimmungen zur Höhe der Abfindung trifft, lediglich acht Entscheidungen und zu § 9 KSchG lediglich 67 Entscheidungen dokumentiert.[263] Die Entscheidungen betreffen allerdings die ganze Bandbreite der Anwendungsvoraussetzungen der §§ 9, 10 KSchG. Es finden sich nur wenige Entscheidungen, in denen das Gericht dem Auflösungsantrag des Arbeitnehmers stattgegeben hat. Diese sind in der nachstehenden Übersicht zusammengefasst.

---

256 BVerfG vom 22. 10. 2004 – 1 BvR 1944, dort II. 3. b) aa) der Gründe, NZA 2005, 41, 42.
257 Im Jahr 2006 wurden bei den Arbeitsgerichten im Urteilsverfahren 476.906 Klagen erledigt, davon waren 231.588 Kündigungsschutzklagen, dies entspricht 48,54 %, Quelle: www.arbeitsgerichtsverband.de/Statistik%20ArbGe.htm, Abruf am 30. 06. 2011.
258 *Höland/Kahl/Zeibig*, Kündigungspraxis und Kündigungsschutz im Arbeitsverhältnis, S. 147.
259 *Höland/Kahl/Zeibig*, Kündigungspraxis und Kündigungsschutz im Arbeitsverhältnis, S. 147.
260 *Höland/Kahl/Zeibig*, Kündigungspraxis und Kündigungsschutz im Arbeitsverhältnis, S. 148.
261 *Hümmerich*, NZA 1999, 342; *Pfarr/Ullmann/Bradtke/Schneider/Kimmich/Bothfeld*, Der Kündigungsschutz zwischen Wahrnehmung und Wirklichkeit, S. 65.
262 *Höland/Kahl/Zeibig*, Kündigungspraxis und Kündigungsschutz im Arbeitsverhältnis, S. 150 Fn. 312.
263 Stand 03/2013 in: beck-online.

Übersicht 1: Entscheidungen zu §§ 9, 10 KSchG

Gericht	Datum	Akten-zeichen	Fund-stelle	Auflösungsgrund	Be-triebs-zugehö-rigkeit	Brutto-gehalt	Abfin-dung	Faktor
LAG Schles-wig-Hol-stein	25. 02. 2004	3 Sa 491/03	NZA-RR 2005,132	Sachbearbeiter allg. Verwaltung, Poststelle: Leichtfertiges Bezichti-gen des AN einer Straf-tat und Veröffentlichung im Internet durch den Arbeitgeber	11 Jahre	2.455,-	20.000,-	0,75
BAG	12. 06. 2003	8 AZR 341/02	AP KSchG 1969 § 9 Nr. 50	Ungerechtfertigte frist-lose Kündigung	10,5 Jahre	1.578,-	15.000,-	0,9
BAG	20. 11. 1997	2 AZR 803/96	BeckRS 1997, 30772488	Sachbearbeiter Ein-kauf: Unberechtigtes Einschalten des me-dizinischen Dienstes der Krankenkasse und ärztliche Befragung (allerdings langjähriges Arbeitsverhältnis im Kleinbetrieb mit zehn Arbeitnehmern)	25 Jahre	3.750,-	22.500,-	0,24
BAG	26. 08. 1993	2 AZR 159/93	AP KSchG 1969 § 9 Nr. 22	Werkstattleiter: Ver-dachtskündigung wg. Diebstahls von Motoren; Unregelmäßigkeiten, die Verdacht des AG begründen, allerdings durch AN zumindest mitverursacht	17,4 Jahre	3.750	15.000,-	0,23
BAG	26. 06. 1986	2 AZR 522/85	AP KSchG 1969 § 10 Nr. 3	Durch Arbeitnehmer provozierte fristlose, aber unwirksame Kün-digung	23 Jahre	3.000,-	10.000,-	0,14
BAG	19. 08. 1982	2 AZR 230/80	AP KSchG 1969 § 9 Nr. 9	Kfz-Verkäufer: Grundlo-se Angabe in Arbeitsbe-scheinigung: Unpünkt-lichkeit, Unredlichkeit und Unfähigkeit (zu wenig Neuwagenver-käufe)	3,5 Jahre	4.000,-	10.000,-	0,71
BAG	29. 01. 1981	2 AZR 1055/78	AP KSchG 1969 § 9 Nr. 6	Konstrukteur: Degradie-rung durch Gehaltskür-zung und Anweisung niederwertiger Tätigkeit	7 Jahre	3.000,-	12.000,-	0,75
Durch-schnitt								0,53

Vollzieht man in jeder einzelnen Entscheidung die Bewertung des Gerichts anhand der Betriebszugehörigkeit, des Bruttogehalts und der festgesetzten Abfindung nach, lässt sich der jeweilige Abfindungsfaktor errechnen. Dieser ist in der Spalte mit der Bezeichnung „Faktor" angegeben. Die Durchsicht der Entscheidungen bezüglich der Höhe der Abfindung führt bei §§ 9, 10 KSchG zu zwei Ergebnissen: Das Gericht hat zwar bei keinem der zu beurteilenden Einzelfälle eine Abfindungshöhe festgesetzt, die in etwa der oben genannten Abfindungsformel entspricht, sondern lag jeweils deutlich darüber oder darunter. Allerdings führt die Errechnung des Abfindungsfaktors für jedes einzelne Urteil und die anschließende Berechnung des Durchschnittsfaktors zu dem Ergebnis, dass der durchschnittliche Abfindungsfaktor aller Entscheidungen, die einen erfolgreichen Auflösungsantrag des Arbeitnehmers zum Gegenstand haben, rechnerisch ca. 0,5 Bruttomonatsgehälter pro Beschäftigungsjahr beträgt. Dieser Durchschnittswert deckt sich mit den Angaben in der Literatur.

cc) Empirische Untersuchung

2007 hat *Helbig* im Rahmen einer wirtschaftswissenschaftlichen Diplomarbeit[264] eine empirische Untersuchung über die Fehlerquellen bei der betriebsbedingten Kündigung durchgeführt. Dabei ging es insbesondere um die finanziellen Belastungen des Arbeitgebers bei dem Ausspruch von betriebsbedingten Kündigungen. Zur Durchführung einer Befragung wurden 2760 Fragebögen an 138 Gerichte der Arbeitsgerichtsbarkeit, davon 120 Arbeitsgerichte und 18 Landesarbeitsgerichte, versandt. Ein Teil der Fragen betraf auch das Thema Auflösungsantrag und die durch den Richter in der Regel zugesprochene Abfindungshöhe. Der Arbeitsrichter wurde befragt, wie hoch er den Abfindungsanspruch des Arbeitnehmers im Durchschnitt festsetzt, wenn er das Arbeitsverhältnis durch Urteil auflöst.[265] Zur Beantwortung der Frage konnte der Richter niedriger, gleich oder höher als 0,5 Monatsverdienste pro Beschäftigungsjahr sowie eine sonstige Höhe angeben.

---

264 *Helbig*, Fehlerquellen bei der betriebsbedingten Kündigung, Diplomarbeit, Fachbereich Wirtschaftswissenschaften an der HTW Hochschule für Technik und Wirtschaft Dresden.

265 *Helbig*, Fehlerquellen bei der betriebsbedingten Kündigung, S. 72.

Übersicht 2: Fragestellung nach Abfindung bei Auflösung[266]

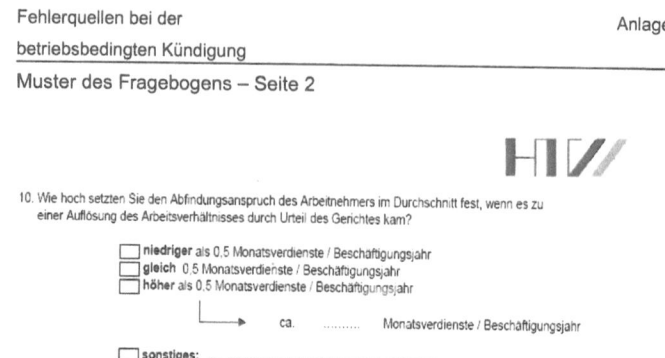

Die Auswertung der Fragebögen ergab, dass 60 % der Arbeitsrichter die Höhe des Abfindungsanspruchs mit 0,5 Monatsverdiensten je Beschäftigungsjahr ansetzten. 11,4 % der Arbeitsrichter blieben unterhalb des Faktors 0,5 und 28,6 % gingen über den Faktor 0,5 hinaus.

Übersicht 3: Gerichtliche Festsetzung des Abfindungsanspruchs[267]

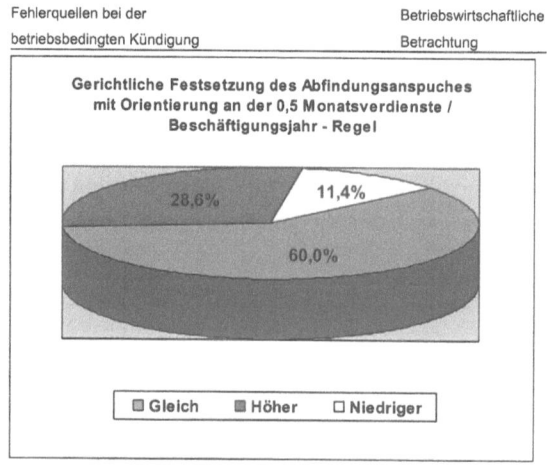

---

266   *Helbig*, Fehlerquellen bei der betriebsbedingten Kündigung, S. 72.
267   *Helbig*, Fehlerquellen bei der betriebsbedingten Kündigung, S. 72.

dd) Zwischenergebnis

Entscheidungen zu erfolgreichen Auflösungsanträgen von Arbeitnehmern sind extrem selten. Eine Auswertung von Literatur, Rechtsprechung und empirischer Untersuchung zeigt jedoch, dass die Mehrzahl der Arbeitsgerichte zur Bestimmung der Höhe der Abfindung zunächst einen Faktor von 0,5 Bruttomonatsgehältern für jedes Jahr der Beschäftigung als Ausgangspunkt ansetzt. Nach § 10 Abs. 3 KSchG liegt dabei das letzte Monatsgehalt zugrunde. Zusätzliche Aspekte, die zu einer Erhöhung oder Absenkung des Abfindungsfaktors führen können, werden in jedem Einzelfall berücksichtigt. Im Durchschnitt kann bei einem Auflösungsurteil auf Antrag des Arbeitnehmers allerdings mit einem Abfindungsfaktor von 0,5 Bruttomonatsgehältern je Beschäftigungsjahr gerechnet werden.

2. Abfindungsanspruch bei betriebsbedingter Kündigung nach § 1 a KSchG

a) Gesetzliche Vorgaben zur Höhe der Abfindung

Im Unterschied zu § 9 KSchG enthält § 1 a KSchG konkrete Vorgaben zur Höhe der Abfindung. Nach § 1 a Abs. 2 Satz 1 KSchG beträgt die Höhe der Abfindung „... 0,5 Monatsverdienste für jedes Jahr des Bestehens des Arbeitsverhältnisses." Individuelle Aspekte werden bei § 1 a KSchG nicht berücksichtigt. Für die Bestimmung des Verdienstes gilt die Regelung in § 10 Abs. 3 KSchG entsprechend.[268] Ausschlaggebend ist demnach das Bruttogehalt des Monats, in dem das Arbeitsverhältnis endet.

b) Besonderheiten zur Höhe der Abfindung

Wie dargelegt, entsteht der Abfindungsanspruch nur, wenn der Arbeitgeber in der Kündigungserklärung darauf hinweist, dass dem Arbeitnehmer eine Abfindung gemäß § 1 a KSchG zusteht.[269] Die konkrete Angabe der Abfindungshöhe ist dabei nicht erforderlich.[270] In der Praxis gibt der Arbeitgeber

---

[268] *v. Hoyningen-Huene/Linck*, Kündigungsschutzgesetz, § 1 a Rn. 14.

[269] *Zwanziger*, in: *Kittner/Däubler/Zwanziger*, KSchR Kündigungsschutzrecht, KSchG, § 1 a Rn. 8; *Pauly/Osnabrügge*, in: *Pauly/Osnabrügge*, Handbuch Kündigungsrecht, § 5 Rn. 19.

[270] *v. Hoyningen-Huene/Linck*, Kündigungsschutzgesetz, § 1 a Rn. 7.

allerdings eine konkrete Abfindungssumme an, damit sich der Arbeitnehmer leichter entscheiden kann, ob er die Abfindungsoption annimmt oder Kündigungsschutzklage erhebt.[271] Verrechnet sich der Arbeitgeber dabei zu seinen Gunsten und gibt in dem Hinweis eine zu niedrige Summe an, so geht dies zu seinen Lasten, weil dem Arbeitnehmer gleichwohl der gesetzliche Abfindungsanspruch mit der richtigen Summe zusteht, auch wenn er dies erst nach Ablauf der Klageerhebungsfrist feststellt.[272]

Mit dem zum 01. 01. 2004 in Kraft getretenen § 1 a KSchG hat der Gesetzgeber auch kein gesetzliches Mindestmaß der Abfindungshöhe für den Fall der betriebsbedingten Kündigung festgeschrieben.[273] Der Arbeitgeber kann also den Hinweis nach § 1 a Abs. 1 Satz 2 KSchG unterlassen und dem Arbeitnehmer stattdessen einen niedrigeren oder höheren Betrag als Abfindung für den Klageverzicht anbieten.[274] Will der Arbeitgeber, der einen niedrigeren Abfindungsbetrag anbietet, die gesetzliche Folge des § 1 a Abs. 2 KSchG vermeiden, muss er unmissverständlich deutlich machen, dass er sich nicht nach § 1 a Abs. 1 KSchG binden will, sondern für den Klageverzicht lediglich eine geringere Abfindung gewährt.[275]

3.   Abfindung als Nachteilsausgleich nach § 113 BetrVG

a)   Gesetzliche Vorgaben zur Höhe der Abfindung

Der Nachteilsausgleich nach § 113 Abs. 3 BetrVG, der wie beschrieben das betriebsverfassungswidrige Verhalten des Arbeitgebers sanktioniert, enthält keine eigene Regelung zur Abfindungshöhe. Nach § 113 Abs. 1 HS 2 BetrVG gelten die Bestimmungen des § 10 KSchG entsprechend. Die Festsetzung der konkreten Höhe des Nachteilsausgleichs liegt demnach im Ermessen des Gerichts.[276] Dies bedeutet, dass auch im Rahmen des § 113 BetrVG zum einen die Höchstgrenzen des § 10 Abs. 2 KSchG und zum anderen die dort anzuwen-

---

271 *v. Hoyningen-Huene/Linck*, Kündigungsschutzgesetz, § 1 a Rn. 7.

272 BAG vom 19. 06. 2007 – 1 AZR 340/06, dort I. 2. c) bb) (3) der Gründe.

273 *Spilger*, in: KR Gemeinschaftskommentar 2009, KSchG, § 1 a Rn. 21.

274 BT-Drs. 15/1204, S. 12; *Däubler*, NZA 2004, 127, 128; *v. Hoyningen-Huene/Linck*, Kündigungsschutzgesetz, § 1 a Rn. 18.

275 BAG vom 19. 06. 2007 – 1 AZR 340/06, dort I. 2. c) aa) der Gründe, NZA 2007, 1357; BAG vom 13. 12. 2007 – 2 AZR 63/06, dort B. I. 2. b) bb) (2) der Gründe, NZA 2008, 528, 530.

276 *v. Hoyningen-Huene/Linck*, Kündigungsschutzgesetz, § 10 Rn. 8; *Liebers*, in: *Moll*, Münchener Anwaltshandbuch, Arbeitsrecht, Teil K. Betriebsänderungen, § 54 Rn. 96.

denden Kriterien Anwendung finden, wie das Lebensalter, die Betriebszuge-hörigkeit, die tatsächlich durch die Betriebsänderung erlittenen Nachteile[277] oder die Chancen auf dem Arbeitsmarkt.[278]

Im Unterschied zu §§ 9, 10 KSchG kann das Arbeitsgericht bei der Bestimmung der konkreten Höhe des Nachteilsausgleichs aufgrund des Sanktions-zwecks von § 113 BetrVG auch das Ausmaß des betriebsverfassungswidrigen Verhaltens des Arbeitgebers berücksichtigen.[279] Anders als bei der Abfindung nach § 9 KSchG, die nicht zu einer wirtschaftlichen Gefährdung des Unternehmens und damit anderer Arbeitsplätze führen soll,[280] hat das Arbeitsgericht bei der Festsetzung der Höhe der Abfindung nach § 113 BetrVG die wirtschaftlichen Verhältnisse des Arbeitgebers außer Acht zu lassen, weil der Nachteils-ausgleich auch eine Sanktion für das betriebsverfassungswidrige Verhalten des Arbeitgebers darstellt.[281]

b) Literatur und Rechtsprechung zur Höhe der Abfindung

aa) Literatur

§ 113 BetrVG erklärt zur Bestimmung der Höhe der durch das Arbeitsgericht festzusetzenden Abfindung § 10 KSchG für entsprechend anwendbar. Auch in der Kommentarliteratur zu § 113 BetrVG wird deshalb regelmäßig auf die Kommentierung in § 10 KSchG verwiesen. Bezifferte Angaben zu Abfindungs-höhen oder eine spezifische Faustformel für die Höhe der Abfindung nach § 113 BetrVG finden sich in der Literatur nicht.[282]

Allerdings weist die Literatur besonders auf zwei Unterschiede zu §§ 9, 10 KSchG hin, mit denen sich die Rechtsprechung zu § 113 BetrVG befasst hat. So

---

[277] BAG vom 13. 06. 1989 – 1 AZR 819/87, dort B. III. 3. b) der Gründe.
[278] BAG vom 22. 07. 2003 – 1 AZR 541/02, dort B. II. 1. der Gründe; BAG vom 20. 11. 2001 – 1 AZR 97/01, dort I. 2. der Gründe.
[279] BAG vom 20. 11. 2001 – 1 AZR 97/01, dort I. 2. der Gründe; BAG vom 22. 07. 2003 – 1 AZR 541/02, dort B. II. 1. der Gründe; *Besgen*, in: Beck`scher Online-Kommentar, Arbeitsrecht, BetrVG, § 113 Rn. 12; *Spirolke*, in: *Hümmerich/Boecken/Düwell*, Arbeitsrecht, BetrVG, § 113 Rn. 5.
[280] Vgl. Fn. 250.
[281] BAG vom 20. 11. 2011 – 1 AZR 97/01, dort II. 1. a) der Gründe; BAG vom 22. 07. 2003 – 1 AZR 541/02, dort B. II. 3. a) der Gründe.
[282] *Steffan*, in: *Düwell*, Betriebsverfassungsgesetz, § 113 Rn. 12; *Besgen*, in: *Rolfs/Giesen/ Kreikebohm/Udsching*, Beck`scher Onlinekommentar, Arbeitsrecht, § 113 Rn. 11; *Kania*, in: Erfurter Kommentar zum Arbeitsrecht, BetrVG, § 113 Rn. 6; *Annuß*, in: *Richardi*, Betriebsverfassungsgesetz, § 113 Rn. 49.

kann zum einen der Arbeitgeber versuchen, den Anspruch des Arbeitnehmers auf Nachteilsausgleich dadurch zu reduzieren, dass er ihm einen anderen Arbeitsplatz anbietet. Eine solche Möglichkeit zur Abfindungsreduzierung regelt nämlich § 112 Abs. 5 Satz 2 Nr. 2 BetrVG für den Fall einer Abfindung aufgrund eines Sozialplans.[283] Nach der Rechtsprechung kommt bei dem Nachteilsausgleich nach § 113 BetrVG eine Reduzierung der festzusetzenden Abfindung bei Ablehnung eines zumutbaren anderen Arbeitsverhältnisses jedoch nicht in Betracht, weil nach der Verweisung in § 113 Abs. 1 BetrVG nur § 10 KSchG anwendbar ist und dieser keine der Reduzierung der Abfindung nach § 112 Abs. 5 Satz 2 Nr. 2 BetrVG entsprechenden Vorgaben enthält.[284]

Zum anderen besteht ein Unterschied zu § 10 KSchG darin, dass das Arbeitsgericht das Ausmaß des betriebsverfassungswidrigen Verhaltens des Arbeitgebers bei der Festsetzung der Höhe der Abfindung berücksichtigen kann.[285] Auch wenn das BAG bislang ausdrücklich offen gelassen hat, ob die durch § 10 KSchG vorgegebenen Höchstgrenzen im Rahmen von § 113 BetrVG voll auszuschöpfen sind, wenn der Arbeitgeber den Anspruch des Betriebsrats auf die Verhandlung eines Interessenausgleichs gänzlich übergeht,[286] steht dem Arbeitnehmer damit ein gewichtiges Argument zur Erhöhung seiner Abfindung zu.

bb) Rechtsprechung

Da detaillierte Angaben zur Abfindungshöhe in der Literatur selten sind, ist die Durchsicht der Rechtsprechung von besonderem Interesse. Zum Nachteilsausgleich nach § 113 BetrVG sind im Nachschlagewerk des Bundesarbeitsgerichts – Arbeitsrechtliche Praxis – 55 Entscheidungen dokumentiert.[287] Auch hier betreffen die Entscheidungen die ganze Bandbreite der Anspruchsvoraussetzungen von § 113 BetrVG. Es lassen sich aber einige Entscheidungen auffinden,

---

283   Nach § 112 Abs. 5 Satz 2 Nr. 2 BetrVG soll die Einigungsstelle Arbeitnehmer von Sozialplanabfindungen ausschließen, die eine Weiterbeschäftigung auf einem anderen zumutbaren Arbeitsplatz ablehnen.

284   BAG vom 10. 12. 1996 – 1 AZR 290/96, dort A. II. der Gründe; BAG vom 19. 01. 1999 – 1 AZR 342/98, dort II. 1. der Gründe; *Steffan*, in: *Düwell*, Betriebsverfassungsgesetz, § 113 Rn. 12; *Spirolke*, in: *Hümmerich/Boecken/Düwell*, Arbeitsrecht, BetrVG, § 113 Rn. 6.

285   BAG vom 20. 11. 2001 – 1 AZR 97/01, dort I. 2. der Gründe; BAG vom 22. 07. 2003 – 1 AZR 541/02, dort B. II. 1. der Gründe; *Besgen*, in: Beck'scher Online-Kommentar, Arbeitsrecht, BetrVG, § 113 Rn. 12; *Spirolke*, in: *Hümmerich/Boecken/Düwell*, Arbeitsrecht, BetrVG, § 113 Rn. 5.

286   BAG vom 20. 11. 2001 – 1 AZR 97/01, dort I. 2. der Gründe; *Spirolke*, in: *Hümmerich/Boecken/Düwell*, Arbeitsrecht, BetrVG, § 113 Rn. 5.

287   Stand 03/2013 in: beck-online.

in denen der Antrag des Arbeitnehmers auf Zahlung eines Nachteilsausgleichs gegen den Arbeitgeber erfolgreich war. Diese sind in der nachstehenden Übersicht zusammengefasst.

Übersicht 4: Entscheidungen zu § 113 BetrVG

Gericht	Datum	Aktenzeichen	Fundstelle	Betriebsänderung und Kündigung	Betriebszugehörigkeit	Bruttogehalt	Abfindung	Faktor
BAG	24. 08. 2006	8 AZR 317/05	AP BetrVG 1972 § 113 Nr. 54	Gruppenleiter bei Bundesanstalt für vereinigungsbedingte Sonderaufgaben: betriebsbedingte Kdg. wg. Betriebsstilllegung	12,5	6.723,70	80.684,40 (Sozialplan: 74988,-)	0,96
BAG	26.10. 2004	1 AZR 493/03	AP BetrVG 1972 § 113 Nr. 49	Regionalleiter eines pharmazeutischen Unternehmens: betriebsbedingte Kündigung wg. grundlegender Änderung der Betriebsorganisation (neue Organisationsstruktur)	6,75	9.291,75	27.875,-	0,44
BAG	18. 11. 2003	1 AZR 30/03	AP BetrVG 1972 § 113 Nr. 46	Betriebsbedingte Kündigung wg. Betriebsstilllegung in der Insolvenz	7,75	2.500,-	5.000,-	0,26
BAG	04. 12. 2002	10 AZR 16/02	AP BetrVG 1972 § 113 Nr. 45	Betriebsbedingte Kündigung wg. Stilllegung kurz vor der Insolvenzeröffnung	17	4.882,33	68.970,-	0,83
BAG	27. 07. 2003	1 AZR 541/02	AP BetrVG 1972 § 113 Nr. 42	Betriebsbedingte Kündigung wg. Betriebsstilllegung in der Insolvenz	29	5.633,79	56.327,90	0,35
BAG	08. 04. 2003	2 AZR 15/02	AP BetrVG 1972 § 113 Nr. 40	Betriebsbedingte Kündigung wg. Betriebsstilllegung in der Insolvenz	21	5.921,50	88.823,-	0,71

BAG	20. 11. 2001	1 AZR 97/01	AP BetrVG 1972 § 113 Nr. 39	Leiter techn. Büro: betriebsbedingte Kündigung wg. Standortschließung	16	6.505,-	91.658,57 (Verrechnung mit Sozialplan in gleicher Höhe)	0,88
BAG	10. 12. 1996	1 AZR 290/96	AP BetrVG 1972 § 113 Nr. 32	Kundendiensttechniker: betriebsbedingte Kündigung wg. Verlegung eines wesentlichen Betriebsteils bzw. grundlegende Änderung der Betriebsorganisation	14	6.040,-	21.140,-	0,25
BAG	24. 01. 1996	1 AZR 542/95	AP BetrVG 1972 § 113 Nr. 31	Angestellte: betriebsbedingte Kündigung wg. Verlegung der Verwaltung	33	3.859,-	57.885,-	0,45
BAG	08. 11. 1988	1 AZR 687/87	AP BetrVG 1972 § 113 Nr. 18	Fleischermeister in Zerlegerei einer Fleischwarenfabrik: Betriebsstillegung und Eigenkündigung	5,5	4.470,-	6.000,-	0,24
BAG	23. 08. 1988	1 AZR 276/87	AP BetrVG 1972 § 113 Nr. 17	Fliesenleger: Eigenkündigung wegen bevorstehender Betriebsstillegung	3	5.145,81	10.291,62	0,67
BAG	09. 07. 1985	1 AZR 323/83	AP BetrVG 1972 § 113 Nr. 13	Scherer in einem Unternehmen der Webstoffherstellung: Betriebsstillegung wg. Konkurs	2,25	1.554,08	611,04	0,17
BAG	29. 11. 1983	1 AZR 523/82	AP BetrVG 1972 § 113 Nr. 10	Arbeitsvorbereiter: Betriebseinschränkung durch Personalreduzierung wg. wirtschaftlicher Schwierigkeiten	4	3.320,-	6.640,- (SP: 3000,-)	0,5
BAG	22. 02. 1982	1 AZR 260/81	AP BetrVG 1972 § 113 Nr. 7	Buchhalter in Bauunternehmen: Betriebsstilllegung wg. ungünstiger Markt- und Auftragslage	9	2.600,-	15.600,-	0,66
Durchschnitt								0,53

Auch bei obigen Entscheidungen zu § 113 BetrVG lässt sich aus der Höhe der dem Arbeitnehmer zugesprochenen Abfindung der jeweilige Abfindungsfaktor errechnen. Dieser ist in der Spalte mit der Bezeichnung „Faktor" angegeben. Die Zahlenwerte, die sich nach Errechnung der Abfindungsfaktoren ergeben, differieren wie bei der Abfindung nach §§ 9, 10 KSchG einerseits stark, andererseits finden sich jedoch auch Entscheidungen im Bereich um den Abfindungsfaktor 0,5 Bruttomonatsgehälter je Beschäftigungsjahr. In der zusammenfassenden Berechnung kommt man auch bei § 113 BetrVG auf einen Durchschnittsfaktor von ca. 0,5 Bruttomonatsgehältern je Beschäftigungsjahr.

cc) Zwischenergebnis

Entscheidungen zu erfolgreichen Nachteilsausgleichsanträgen von Arbeitnehmern sind häufiger als Auflösungsurteile nach §§ 9, 10 KSchG. In der gerichtlichen Praxis führt die Verweisung in § 113 BetrVG auf § 10 KSchG im Ergebnis ebenfalls zu einer Abfindung in Höhe von ca. 0,5 Bruttomonatsgehältern für jedes Jahr der Beschäftigung. Der Nachteilsausgleichsantrag wird in der Prozesspraxis in der Regel zusätzlich zum Kündigungsschutzantrag gestellt und nicht selten als Grundlage für höhere Abfindungsforderungen herangezogen. Ein „durchschlagender" Erfolg, über den Faktor 0,5 hinaus, ist jedoch nicht festzustellen. Allerdings führt der Nachteilsausgleichsanspruch gleichwohl zu einer Erhöhung der Abfindung in den Fällen, in denen die Abfindung im Sozialplan mit einem geringeren Faktor angesetzt ist. Insoweit ist die Geltendmachung des Nachteilsausgleichsanspruchs für den Arbeitnehmer, der auf der Basis eines Sozialplans mit einem Faktor unter 0,5 abgefunden worden ist, ein prozessual sinnvolles Mittel, um eine höhere Abfindung für den Verlust des Arbeitsplatzes zu erlangen.

4. Statistische Rahmendaten und Berechnungsbeispiel

Im vorangegangenen Abschnitt wurden die Voraussetzungen des jeweiligen Abfindungsanspruchs dargestellt und die gesetzlichen Vorgaben zur Bestimmung der Höhe der Abfindungen analysiert. Im Hinblick auf den späteren Vergleich der Rechtslage in Deutschland und Italien sowie den Vergleich der jeweiligen Höhe der Abfindungen werden nachfolgend statistische Rahmendaten benannt, die sowohl für Deutschland als auch Italien vorliegen. Mit diesen Daten wird am Beispiel eines „durchschnittlichen" Arbeitsverhältnisses in Deutschland die Abfindungshöhe berechnet.[288] Die vergleichende Berechnung für Italien erfolgt im Teil 2. der Arbeit, der die italienische Rechtslage behandelt.

---

[288] Bei diesen Daten handelt es sich um statistische Mittelwerte, um einen Vergleich

Die Höhe der Abfindung richtet sich in Deutschland nach dem letzten Bruttomonatsgehalt und der Anzahl der Beschäftigungsjahre. Bei allen drei Abfindungstatbeständen beträgt der Faktor im Ergebnis ca. 0,5 Bruttomonatsgehälter je Beschäftigungsjahr. Für eine Beispielrechnung können statistische Werte zur Beschäftigungsdauer und zur Höhe des Bruttomonatsverdienstes dienen. Die durchschnittliche Dauer eines Arbeitsverhältnisses in Deutschland beträgt ca. 11 Jahre.[289] Der mittlere Bruttomonatsverdienst eines vollzeitbeschäftigten Arbeitnehmers beträgt € 2.903,00.[290] Daraus ergibt sich folgende Berechnung: € 2.903,00 Bruttomonatsverdienst x 0,5 Faktor x 11 Beschäftigungsjahre = € 15.966,50.

Danach würde der Arbeitnehmer in unserem Beispiel bei einer unwirksamen betriebsbedingten Kündigung in Deutschland eine Abfindung in Höhe von € 15.966,50 brutto erhalten. Für den italienischen Arbeitnehmer ergäbe sich bei vergleichbarer Berechnung eine Abfindungshöhe von € 11.995,50, da der

---

zwischen Deutschland und Italien zu ermöglichen; zur Berechnung der Höhe der Abfindung im jeweiligen Einzelfall sind die individuellen Zahlen zugrunde zu legen, die in der Regel von den durchschnittlichen Mittelwerten abweichen.

[289] Institut für Arbeitsmarkt- und Berufsforschung, Die Forschungseinrichtung der Bundesagentur für Arbeit, IAB·Kurzbericht 19/2010: Danach beträgt die durchschnittliche Dauer der Betriebszugehörigkeit von 15- bis 64-jährigen Arbeitnehmern in Deutschland 2008 10,8 Jahre, Quelle: http://doku.iab.de/kurzber/2010/kb1910.pdf, Abruf am 15. 02. 2013; BDA DIE ARBEITGEBER, Argumente, Flexible Beschäftigungsformen schaffen Arbeit: Die durchschnittliche Dauer der Arbeitsverhältnisse in Deutschland aller abhängig Beschäftigten beträgt 11,1 Jahre, Quelle: http://www.arbeitgeber.de/www/arbeitgeber.nsf/res/A8A00B4870C498CCC12576BA003E6882/$file/AFlexibleBeschaeftigung.pdf, Abruf am 15. 02. 2013.

[290] Europäische Kommission, Eurostat, Arbeitsmarkt, Verdienste, Datenbank, dort Jahresverdienst nach Quantilen und vertraglich vereinbarter Arbeitszeit (Unternehmen mit zehn beschäftigten Personen oder mehr), Quelle: http://appsso.eurostat.ec.europa.eu, Abruf am 30. 06. 2011. Angegeben ist dort der mittlere Jahresbruttoverdienst (Percentile50/Median). Bei den Angaben handelt es sich nicht um das Durchschnittseinkommen, also die Summe aller Einkommen dividiert durch alle Beschäftigte, sondern um den mittleren Einkommenswert, d. h. 50 % der Vollzeitbeschäftigten erhalten weniger als dieses Medianeinkommen und 50 % erhalten mehr als diesen Wert. In Eurostat haben vergleichbare Werte Deutschland und Italien bis einschließlich 2006 eingestellt. Der oben angegebene Bruttomonatsverdienst hat deshalb den Stand 2006, um später eine Vergleichbarkeit mit Italien herzustellen. Der Wert ist dem durchschnittlichen Bruttomonatsverdienst sehr nahe. Dieser betrug 2006 in Deutschland € 2.950,00; zum Vergleich 2010: € 3.227,00, Statistisches Bundesamt Deutschland, Verdienste und Arbeitskosten, Verdienste nach Branchen, Tabellen, dort Entwicklung der Bruttoverdienste, Quelle: http://www.destatis.de/jetspeed/portal/cms/Sites/destatis/Internet/DE/Content/Statistken/VerdiensteArbeitskosten/VerdiensteBranchen/Tabellen/Content50/LangeReiheD,templateId=renderPrint.psml, Abruf am 30. 06. 2011.

durchschnittliche Bruttomonatsverdienst dort niedriger ist.[291] Die Auflösung des Arbeitsverhältnisses in Deutschland erfolgt im Falle von § 9 KSchG, wie oben festgestellt, rückwirkend. Der Arbeitgeber muss deshalb die zusätzliche Zahlung eines Annahmeverzugslohns nicht einkalkulieren.

Die davon abweichende Situation in Italien wird in Teil 2. der Arbeit dargestellt.

IV. Zusammenfassung

Durch den Ausspruch der betriebsbedingten Kündigung soll das Arbeitsverhältnis beendet werden, auch wenn es schon viele Jahre besteht. Der Arbeitnehmer hat dazu keinen Anlass gegeben; die Gründe für die Beendigung stammen bei der betriebsbedingten Kündigung aus der Sphäre des Arbeitgebers. Da das Kündigungsschutzgesetz im Falle der rechtswidrigen Kündigung darauf abzielt, dem Arbeitnehmer den Arbeitsplatz zu erhalten, sieht das Gesetz die Beendigung des Arbeitsverhältnisses gegen Zahlung einer Abfindung nur in drei Ausnahmeregelungen vor. Zum einen kann der Arbeitnehmer bei Auflösung des Arbeitsverhältnisses durch Urteil des Gerichts nach §§ 9, 10 KSchG die Zahlung einer Abfindung verlangen, wenn das Arbeitsverhältnis zerrüttet ist. Zum anderen bietet § 1 a KSchG den Arbeitsvertragsparteien die Möglichkeit, das Arbeitsverhältnis bei der betriebsbedingten Kündigung gegen Zahlung einer Abfindung zu beenden, ohne das Arbeitsgericht anrufen zu müssen. Des Weiteren kann der Arbeitnehmer, der in Folge einer Betriebsänderung entlassen wurde, nach § 113 BetrVG eine Abfindung als wirtschaftlichen Ausgleich für den Verlust seines Arbeitsplatzes geltend machen, wenn die Kündigung auf einem betriebsverfassungswidrigen Verhalten des Arbeitgebers beruht.

In allen drei Fällen wird die Abfindung vor allem nach der vorangegangenen Beschäftigungsdauer und dem letzten Bruttomonatsgehalt errechnet und beträgt ca. 0,5 Bruttomonatsgehälter je Beschäftigungsjahr. Bei einer durchschnittlichen statistischen Dauer eines Arbeitsverhältnisses in Deutschland

---

[291]   Der mittlere Bruttomonatsverdienst in Italien beträgt € 2.181,00, Quelle: http://appsso. eurostat.ec.europa.eu/nui/setupModifyTableLayout.do, Europäische Kommission, Eurostat, Arbeitsmarkt, Verdienste, Datenbank, dort Jahresverdienst nach Quantilen und vertraglich vereinbarter Arbeitszeit (Unternehmen mit zehn beschäftigten Personen oder mehr). Angegeben ist dort der mittlere Jahresbruttoverdienst (Percentile50/ Median), Stand 2006. In Eurostat haben vergleichbare Werte Deutschland und Italien bis einschließlich 2006 eingestellt.

von ca. 11 Jahren könnte der Arbeitnehmer in den benannten Ausnahmefällen bei Hinnahme der Kündigung eine Abfindung in Höhe von ca. € 15.966,50 erlangen.

C. Die Erzwingbarkeit der Abfindungen

Das Ziel der Arbeit ist darauf ausgerichtet, Abfindungsregelungen in Deutschland und Italien zu vergleichen, die dem Arbeitnehmer einen gesetzlichen Anspruch auf Zahlung einer Abfindung gewähren, also aus Sicht des Arbeitnehmers „erzwingbar" sind. Auf der Basis dieser Zielsetzung ist als Ergebnis der bisherigen Untersuchung der deutschen Rechtslage festzustellen, dass dem Arbeitnehmer, dem gekündigt wurde, nur die Regelung in §§ 9, 10 KSchG einen gesetzlichen Anspruch auf Zahlung einer Abfindung einräumt. Freilich müssen auch hier die Voraussetzungen erfüllt sein, damit der Abfindungsanspruch erfolgreich ist.

Die §§ 1 a KSchG, 113 BetrVG verschaffen dem Arbeitnehmer keinen erzwingbaren Anspruch auf Zahlung einer Abfindung, da der Arbeitgeber das Entstehen des Abfindungsanspruchs steuern kann. Die Regelung nach § 1 a KSchG setzt den freiwilligen Hinweis des Arbeitgebers voraus und ist gegen seinen Willen nicht durchsetzbar. Der Nachteilsausgleich nach § 113 BetrVG ist keine Rechtsfolge einer rechtswidrigen Kündigung, sondern Rechtsfolge eines Verstoßes des Arbeitgebers gegen das betriebsverfassungsrechtliche Interessenausgleichsverfahren. Der Arbeitnehmer hat keinen Einfluss darauf, ob sich der Arbeitgeber betriebsverfassungswidrig verhalten wird oder nicht.

TEIL 2. DIE ITALIENISCHE RECHTSLAGE

Nach Darstellung des Abfindungsanspruchs im deutschen Recht in Teil 1. der Arbeit wird nunmehr die Frage nach der italienischen Rechtslage gestellt. Zur besseren Vergleichbarkeit wird bei der Untersuchung des italienischen Rechts der gleiche Aufbau gewählt, der schon der Untersuchung des deutschen Rechts zugrunde lag. Der Abschnitt beginnt demnach mit der Frage nach den Anforderungen, dem Geltungsbereich und den Rechtsfolgen des Kündigungsschutzes bei der betriebsbedingten Kündigung (Abschnitt A.). Im Anschluss werden die Anspruchsgrundlagen erläutert, die dem Arbeitnehmer eine Abfindung gewähren, und es wird die Höhe der jeweiligen Abfindung festgestellt (Abschnitt B.). Danach werden die Abfindungstatbestände definiert, die dem Arbeitnehmer einen einseitig ausübbaren Rechtsanspruch auf Zahlung einer Abfindung gewähren (Abschnitt C.).

A. Kündigung und Kündigungsschutz – Anforderungen, Geltungsbereich und Rechtsfolgen bei der betriebsbedingten Kündigung

Der folgende Abschnitt stellt – nach einem kurzen Überblick über das Arbeitsverhältnis und die Rechtsgrundlagen für dessen Beendigung – die formellen und materiellen Anforderungen an die betriebsbedingte Kündigung dar. Sodann werden die Rechtsfolgen der Kündigung untersucht und es wird die Frage gestellt, ob der Arbeitnehmer nach italienischem Recht einen Anspruch auf Zahlung einer Abfindung als Rechtsfolge der Kündigung hat.

I. Überblick über das Zustandekommen des Arbeitsverhältnisses und die Rechtsgrundlagen für dessen Beendigung

Nach italienischem Recht umfasst das Arbeitsverhältnis (il rapporto di lavoro) sowohl die selbstständige Arbeitsleistung (lavoro autonomo, Art. 2222 c. c.),[292]

---

[292] Art. 2222 c. c. lautet:
Quando una persona si obbliga a compiere verso un corrispettivo un'opera o un servizio, con lavoro prevalentemente proprio e senza vincolo di subordinazione nei confronti del

z. B. selbstständiger Handwerker, als auch die weisungsabhängige Arbeit (lavoro subordinato, Art. 2094 c. c.).[293] Unserem Verständnis von Arbeitsverhältnis zwischen Arbeitgeber und Arbeitnehmer entspricht hingegen nur die weisungsabhängige Arbeit.[294] Das Arbeitsverhältnis wird durch Abschluss des Arbeitsvertrags begründet.[295] Eine gesetzliche Regelung des Arbeitsvertrags (contratto di lavoro) existiert nicht.[296] Artt. 2094 ff. c. c. setzen den Abschluss eines Arbeitsvertrags voraus.[297] Nach Art. 2094 c. c. ist der Arbeitnehmer verpflichtet, gegen Zahlung einer Vergütung im Unternehmen des Arbeitgebers mitzuarbeiten und dabei geistige oder manuelle Arbeitsleistung nach dessen Weisung zu erbringen.[298] Der Arbeitgeber wird als datore di lavoro, der Arbeitnehmer als prestatore di lavoro subordinato bezeichnet. Art 2095 c. c. unterteilt die Gruppe der Arbeitnehmer in leitende Angestellte (dirigenti), höhere Angestellte (quadri), Angestellte (impiegati) und Arbeiter (operai).[299] Für leitende Angestellte gibt es besondere Kündigungsvorschriften. Im Folgenden wird

---

committente, si applicano le norme di questo capo, salvo che il rapporto abbia una disciplina particolare nel libro IV. (Wenn sich eine Person gegen Entgelt verpflichtet, mit überwiegend eigener Arbeit und ohne zum Besteller in ein Verhältnis der Unterordnung zu treten, ein Werk zu erstellen oder einen Dienst zu leisten, sind die Vorschriften dieses Abschnitts anzuwenden, es sei denn, dass die Rechtsbeziehung im 4. Buch gesondert geregelt ist).

293 *Del Giudice*, Ipercompendio, Diritto del lavoro, S. 5, 13.
294 Ausführlich zum Arbeitnehmerbegriff im italienischen Recht, *Nogler*, Der Arbeitnehmerbegriff im italienischen Recht, in: *Portale/Nogler/Rossi/von der Heyde/Stürner*, Aktuelle Entwicklungen im Handels-, Arbeits- und Zivilprozessrecht, S. 17 ff.
295 *Riva*, Compendio di diritto del lavoro 2011, Seite 44.
296 *Hofmann/Coslovich*, Arbeitsrecht in Italien, S. 32; *Del Giudice/Mariani/Izzo/Solombrino*, Diritto del lavoro, S. 37, 95.
297 *Del Giudice*, Ipercompendio, Diritto del lavoro, S. 20.
298 Art. 2094 c. c. lautet:
     È prestatore di lavoro subordinato chi si obbliga mediante retribuzione a collaborare nell'impresa, prestando il proprio lavoro intellettuale o manuale alle dipendenze e sotto la direzione dell'imprenditore. (Arbeitnehmer ist, wer sich verpflichtet, gegen Entlohnung im Unternehmen durch eigene geistige oder manuelle Arbeitsleistung in Abhängigkeit vom Unternehmer und unter dessen Leitung mitzuarbeiten).
299 Art. 2095 c. c. lautet:
     I prestatori di lavoro subordinato si distinguono in dirigenti, quadri, impiegati e operai. Le leggi speciali e le norme corporative, in relazione a ciascun ramo di produzione e alla particolare struttura dell'impresa, determinano i requisiti di appartenenza alle indicate categorie. (Die Arbeitnehmer werden in leitende Angestellte, höhere Angestellte, Angestellte und Arbeiter eingeteilt. Die Sondergesetze und die Ständischen Vorschriften bestimmen in Rücksicht auf den besonderen Aufbau des Unternehmens die Erfordernisse für die Zugehörigkeit zu den angegebenen Arten).

als Arbeitsverhältnis nur der rapporto di lavoro subordinato ohne leitende Angestellte zugrunde gelegt.

Im Vergleich zu den wenigen Gesetzen, die in Deutschland für die Beendigung des Arbeitsverhältnisses und die Zahlung von Abfindungen zu beachten sind, müssen in Italien weitaus mehr Vorschriften berücksichtigt werden. Anders als in Deutschland gibt es nicht nur ein Kündigungsschutzgesetz, sondern verschiedene Gesetze, die den allgemeinen Kündigungsschutz regeln und jeweils einen eigenständigen Anwendungsbereich haben.[300] Bei der Beendigung des Arbeitsverhältnisses sind in Italien nachfolgende Vorschriften zu beachten, nämlich die Artt. 3, 4, 35, 41 der Verfassung, die Art. 2118 ff. Zivilgesetzbuch („Codice Civile"), das Gesetz Nr. 604 zur Festlegung von Rechtsvorschriften für Einzelkündigungen („Norme sui licenziamenti individuali") vom 15. Juli 1966, Art. 18 des Gesetzes Nr. 300/70 („Statuto dei lavoratori", Arbeitnehmerstatut), das Gesetz Nr. 297 zur Regelung und Bewilligung von Abfindungszahlungen vom 29. Mai 1982, später in Art. 2120 des Zivilgesetzbuches aufgenommen, („Disciplina del trattamento di fine rapporto"), das Gesetz Nr. 108 über Einzelkündigungen („Disciplina dei licenziamenti individuali") vom 11. Mai 1990 sowie die Tarifverträge. Die Dauer der Kündigungsfrist ist in Italien nicht im Gesetz, sondern in Tarifverträgen geregelt.[301]

II. Anforderungen an die betriebsbedingte Kündigung

Auch in Italien muss der Arbeitgeber formelle und materielle Voraussetzungen erfüllen, damit die betriebsbedingte Kündigung (ragioni inerenti l'organizzazione del lavoro dell'impresa) wirksam wird. Der Arbeitnehmer kann die Wirksamkeitsvoraussetzungen nicht nur gerichtlich überprüfen lassen, sondern – anders als in Deutschland – in bestimmten Fällen bei unwirksamer Kündigung direkt zwischen der Fortsetzung des Arbeitsverhältnisses und der Zahlung einer Abfindung wählen.[302] Nachfolgend werden die Anfor-

---

[300] *Galantino*, ZIAS 1991, 414; *Hausmann*, in: *Di Majo/Kindler/Hausmann*, Produkthaftung Handelsvertreter Arbeitsrecht, Seite 49, 67.

[301] Europäische Kommission, Beendigung von Arbeitsverhältnissen, S. 5; *Cendon* (Hrsg.), Commentario al Codice Civile, 2011, Art. 2118, S. 1166.

[302] Art. 18 Abs. 5 Arbeitnehmerstatut, Gesetz Nr. 300 vom 20. 05. 1970, Gazz. Uff. Nr. 131 vom 27. 05. 1970, in der geänderten Fassung von Gesetz Nr. 108 vom 11. 05. 1990, Gazz. Uff. Nr. 108 vom 11. 05. 1990, im Folgenden Arbeitnehmerstatut genannt.

derungen an die Wirksamkeit der betriebsbedingten Kündigung in knapper
Form dargestellt.

1. Formelle Anforderungen an die Kündigung

Die betriebsbedingte Kündigung unterliegt dem Gesetz Nr. 604 zur Festlegung
von Rechtsvorschriften für Einzelkündigungen („norme sui licenziamenti individuali") von 1966.[303] Dort sind Verfahrensvoraussetzungen geregelt.

a) Schriftform

Der Arbeitgeber muss dem Arbeitnehmer die Kündigung nach Art. 2 Abs. 1
KSchG 1966 in Schriftform mitteilen.[304] Die Schriftform ist auch einzuhalten,
wenn der Arbeitnehmer mit der Kündigung einverstanden ist.[305] Die Nichteinhaltung der Schriftform führt zur Unwirksamkeit der Kündigung.[306]

b) Pflicht zur Kündigungsbegründung

Nach Art. 2 Abs. 2 KSchG 1966 in der Fassung des Arbeitsmarktreformgesetzes
2012[307] (Art. 2 Abs. 2 KSchG 1966 n. F.) ist der Arbeitgeber verpflichtet, die
Kündigung detailliert zu begründen.[308] Eine allgemein gehaltene Begründung,
wie zum Beispiel „Personalreduzierung, um eine wirtschaftlichere Produktion
zu ermöglichen", ist nach der Rechtsprechung nicht ausreichend.[309] Die Kündigungsbegründung fixiert den Kündigungsgrund; er ist dann nicht mehr

---

303   Gesetz Nr. 604 vom 15. 07. 1966, Gazz. Uff. Nr. 195 vom 06. 08. 1966, in der geän-
        derten Fassung von Gesetz Nr. 183 vom 04. 11. 2010 (Collegato Lavoro), Gazz. Uff.
        Nr. 262 vom 09. 11. 2010, im Folgenden KSchG 1966 genannt.
304   *Mazzotta*, Diritto del lavoro, S. 691; *Cendon* (Hrsg.), Commentario al Codice Civile,
        2011, Art. 2118, S. 1213; *Riva*, Compendio di diritto del lavoro 2011, Seite 236.
305   *Del Giudice/Mariani/Izzo/Solombrino*, Diritto del lavoro, S. 495 Fn. 7.
306   Art. 2 Abs. 3 KSchG 1966 lautet:
        *Il licenziamento intimato senza l'osservanza delle disposizioni di cui ai commi 1 e 2 è ineffi-
        cace.* (Eine Kündigung, die ohne Einhaltung der in den Absätzen 1 und 2 enthaltenen
        Bestimmungen ausgeprochen wird, ist unwirksam).
307   Gesetz Nr. 92 vom 28. 06. 2012, Gazz. Uff. Nr. 153 vom 03. 07. 2012, Disposizioni in
        materia di riforma del mercato del lavoro in una prospettiva di crescita, im Folgen-
        den Arbeitsmarktreformgesetz 2012 genannt.
308   *Riva*, Compendio di diritto del lavoro 2012, S. 238.
309   Corte Cass. vom 05. 05. 2011, Nr. 9925.

veränderbar (immutabilità dei motivi di licenziamento).[310] Diese Unveränderbarkeit des Kündigungsgrundes ist für den Arbeitsgerichtsprozess von großer Bedeutung, weil nur der angegebene Kündigungsgrund Streitgegenstand ist.[311] Während das deutsche Recht dem Arbeitgeber grundsätzlich die Möglichkeit eröffnet, neue Kündigungsgründe in den Prozess einzuführen,[312] kann der Arbeitgeber im italienischen Kündigungsschutzverfahren neue Kündigungsgründe, die er in der außergerichtlichen Kündigungsbegründung noch nicht angegeben hat, nicht nachschieben.[313] Hält der Arbeitgeber seine gesetzliche Pflicht zur Begründung nicht ein, ist die Kündigung nach Art. 2 Abs. 3 KSchG 1966 unwirksam.[314]

c) Kündigungsfrist (periodo di preavviso)

Des Weiteren hat der Arbeitgeber eine Kündigungsfrist einzuhalten. Nach Art. 2118 Abs. 1 c. c. verlangt das Gesetz eine vorausgehende Mitteilung der Kündigung (preavviso).[315] Die Zeitspanne zwischen Mitteilung der Kündigung und tatsächlichem Beendigungstermin wird als periodo di preavviso bezeichnet und entspricht dem deutschen Begriff der Kündigungsfrist.[316] Während

---

[310] So schon zu Art. 2 KSchG 1966 a. F., *Riva*, Compendio di diritto del lavoro, S. 185; *Del Giudice*, Ipercompendio, Diritto del lavoro, S. 106; *Hofmann/Coslivich*, Arbeitsrecht in Italien, S. 63; *Del Giudice/Mariani/Izzo/Solombrino*, Diritto del lavoro, S. 495; *Cendon*, Commentario al Codice Civile, Art. 2118, Nr. 4, S. 413.

[311] *Abele*, RIW 1991, 188, 191; *Hausmann*, in: *Di Majo/Kindler/Hausmann*, Produkthaftung Handelsvertreter Arbeitsrecht, S. 49,73.

[312] Nach der deutschen Rechtslage können im betriebsratslosen Betrieb Kündigungsgründe, die vor Zugang der Kündigung bereits entstanden waren, noch nachträglich in den Kündigungsschutzprozess eingeführt werden, *Holthausen*, in: *Hümmerich/Boecken/Düwell*, Arbeitsrecht, KSchG § 1 Rn. 191, 192; *Pfeiffer*, in: *Fiebig/Gallner/Nägele*, Kündigungsrecht, KSchG, § 1 Rn. 187, 188

[313] *Hausmann*, in: *Di Majo/Kindler/Hausmann*, Produkthaftung Handelsvertreter Arbeitsrecht, S. 49, 73; *Abele*, RIW 1991, 188, 191 Fn. 24.

[314] *Toffoletto/Pucci*, Diritto del lavoro, S. 205, 206; *Andreaus/Tratter/Wörndle*, Rechte der ArbeitnehmerInnen, S. 83; *Bovenberg*, Kündigung und Kündigungsschutz im Italienischen Arbeitsrecht, S. 132.

[315] Art. 2118 Abs. 1 c. c. lautet:
Ciascuno dei contraenti può recedere dal contratto di lavoro a tempo indeterminato, dando il preavviso nel termine e nei modi stabiliti dalle norme corporative, dagli usi o secondo equità.
(Jeder der Vertragsteile kann von einem auf unbestimmte Zeit abgeschlossenen Vertrag zurücktreten, indem er dies innerhalb der Frist und auf die Art und Weise vorankündigt, wie sie von den Ständischen Vorschriften, von den Gebräuchen oder nach Billigkeit festgesetzt sind).

[316] *Bovenberg*, Kündigung und Kündigungsschutz im Italienischen Arbeitsrecht, S. 78.

der Kündigungsfrist läuft das Arbeitsverhältnis, wie nach deutschem Recht, mit allen Rechten und Pflichten unverändert weiter.[317] Hält der Arbeitgeber die Kündigungsfrist nicht ein, endet das Arbeitsverhältnis trotzdem zu dem in der Kündigung angegebenen Beendigungstermin.[318] Allerdings hat der Arbeitgeber nach Art. 2118 Abs. 2 c. c. dem Arbeitnehmer für die abgekürzte Kündigungsfrist eine Entschädigung zu zahlen (indennità di mancato preavviso).[319] Hält der Arbeitgeber die Kündigungsfrist ein, verzichtet jedoch auf die Entgegennahme der Arbeitsleistung des Arbeitnehmers, stellt ihn also von der Arbeitsleistung frei, steht dem Arbeitnehmer ebenfalls eine Entschädigung bis zum Ablauf der Kündigungsfrist zu.[320] Die Dauer der Kündigungsfrist ist nicht gesetzlich, sondern in den Tarifverträgen geregelt und variiert je nach Dauer der Beschäftigung und Qualifikation des Arbeitnehmers.[321] So beträgt z. B. nach dem Tarifvertrag Metall die Kündigungsfrist in den ersten fünf Beschäftigungsjahren sechs Tage, vom sechsten bis zum zehnten Jahr neun Tage und ab dem elften Beschäftigungsjahr zwölf Tage.[322]

---

[317] *Riva*, Compendio di diritto del lavoro, S. 194; *Del Giudice*, Ipercompendio, Diritto del lavoro, S. 118.

[318] *Kindler*, Italienisches Handels- und Wirtschaftsrecht, S. 152, Rn. 18.

[319] *Del Giudice/Mariani/Izzo/Solombrino*, Diritto del lavoro, S. 496; *D'Agostino/Marano/Solombrino*, La riforma Fornero del lavoro, S. 160;
Art. 2118 Abs. 2 c. c. lautet:
In mancanza di preavviso, il recedente è tenuto verso l'altra parte a un'indennità equivalente all'importo della retribuzione che sarebbe spettata per il periodo di preavviso. (Bei Unterlassung der Vorankündigung ist der Zurücktretende verpflichtet, dem anderen Teil eine Entschädigung zu leisten, die dem Betrag der Entlohnung entspricht, die ihm für die Zeit der Vorankündigung zugestanden hätte).

[320] Cass. 21. 05. 2007, n. 11740, zitiert nach *Toffoletto/Pucci*, Diritto del lavoro, S. 206; auch in Deutschland behält der Arbeitnehmer seinen Vergütungsanspruch nach §§ 293, 615 BGB, wenn er den Arbeitnehmer bis zum Ablauf der Kündigungsfrist freistellt, vgl. BAG vom 06. 09. 2006 – 5 AZR 703/05, NZA 2007, 36.

[321] *Pedrazzoli*, Licenziamenti e sanzioni nei rapporti di lavoro, S. 219; *Del Giudice/Mariani/Izzo/Solombrino*, Diritto del lavoro, S. 496; *Del Giudice*, Ipercompendio, Diritto del lavoro, S. 118.

[322] Contratto Collettivo Nazionale di Lavoro.
ADDETTI ALL'INDUSTRIA METALMECCANICA PRIVATA
E DI INSTALLAZIONE DI IMPIANTI
In Roma, add 8 giugno 1999
Art. 25 – Preavviso di licenziamento e di dimissioni.
Il licenziamento del lavoratore non in prova, attuato non ai sensi dell'art. 25, lett. B), Disciplina generale, sezione III, o le dimissioni del lavoratore possono aver luogo in qualunque giorno della settimana con un preavviso di:
- 6 giorni (40 ore) fino al 5 anno compiuto d'anzianità di servizio;
- 9 giorni (60 ore) oltre il 5 anno e fino al 10 anno compiuto d'anzianità di servizio;

2. Materielle Anforderungen an den betrieblichen Grund

Wie der deutsche Arbeitgeber hat auch der italienische Arbeitgeber, der eine betriebsbedingte Kündigung zur Beendigung des auf unbestimmte Zeit abgeschlossenen Arbeitsverhältnisses ausspricht, bestimmte Bedingungen zu erfüllen. Dies sind materielle Anforderungen, die die Kündigungsfreiheit des Arbeitgebers beschränken und den Arbeitnehmer vor einer ungerechtfertigten Kündigung des Arbeitsverhältnisses schützen.[323] An dieser Stelle muss auf eine unterschiedliche gesetzliche Struktur der Kündigungsschutzgesetze in Deutschland und Italien hingewiesen werden, weil die nachfolgende Gliederung dadurch bestimmt wird. Im Unterschied zur deutschen Regelung in § 23 KSchG besteht in Italien keine Kündigungsfreiheit im Kleinbetrieb; das Arbeitsgericht prüft das Vorliegen eines Kündigungsgrundes unabhängig von der Betriebsgröße.[324] In Bezug auf die Rechtsfolgen spielt aber auch in Italien die Betriebsgröße eine entscheidende Rolle: Sie bestimmt die Wirkung und den Umfang des Kündigungsschutzes.[325] Von der Betriebsgröße ist damit auch abhängig, ob der Arbeitnehmer die Beendigung seines Arbeitsverhältnisses gegen Zahlung einer Abfindung einseitig durchsetzen kann. Entsprechend dieser gesetzlichen Systematik werden im Folgenden zuerst die Anforderungen an den Kündigungsgrund und im Anschluss die gesetzlichen Rechtsfolgen der Beendigung des Arbeitsverhältnisses benannt.

a) Keine Kündigungsfreiheit im Kleinbetrieb

Art. 1 KSchG 1966 stellt ein wichtiges Prinzip für den Kündigungsschutz in Italien auf. Danach bedarf eine Kündigung des Arbeitsverhältnisses auf unbe-

---

- 12 giorni (80 ore) oltre il 10 anno compiuto d'anzianità di servizio. (… Art. 25 – Kündigungsfrist für die Arbeitgeber- und die Arbeitnehmerkündigung. Die Kündigung des Arbeitnehmers durch den Arbeitgeber, der sich nicht in der Probezeit befindet …, oder die Eigenkündigung des Arbeitnehmers können an jedem Tag der Woche mit einer Kündigungsfrist ausgesprochen werden von:
- 6 Tagen (40 Stunden) bis zum 5. vollendeten Beschäftigungsjahr
- 9 Tagen (60 Stunden) ab dem 5. vollendeten und bis zum 10. vollendeten Beschäftigungsjahr
- 12 Tagen (80 Stunden) ab dem 10. vollendeten Beschäftigungsjahr).
Quelle: http://www.previdenza-professionisti.it/idarticolo=693, Abruf am 15. 02. 2013.
[323] *Del Giudice/Mariani/Izzo/Solombrino*, Diritto del lavoro, S. 42, 486.
[324] *Mazzoni*, Manuale di diritto del lavoro, S. 690; *Del Giudice*, Ipercompendio, Diritto del lavoro, S. 105.
[325] *Del Giudice/Mariani/Izzo/Solombrino*, Diritto del lavoro, S. 502; *Del Giudice*, Ipercompendio, Diritto del lavoro, S. 105.

stimmte Zeit, um rechtswirksam zu sein, entweder eines wichtigen Grundes
nach Art. 2119 c. c. oder eines rechtfertigenden Grundes nach Art. 3 KSchG
1966.[326] Dem Arbeitgeber ist es somit verwehrt, das Arbeitsverhältnis grundlos
oder aus willkürlichen Motiven zu kündigen.[327] Da ein kündigungsschutz-
freier Raum für Klein- oder Kleinstbetriebe nicht besteht, genießen in Italien
fast alle Arbeitnehmer Kündigungsschutz.[328] *Nogler* spricht daher vom (fast)
universellen Charakter des Kündigungsschutzes in Italien.[329] Nur wenige Berufsgruppen sind vom allgemeinen Kündigungsschutz ausgenommen und frei
kündbar.[330] Dabei handelt es sich um die leitenden Angestellten (dirigenti), die
Berufssportler, die Hauswirtschaftsmitarbeiter sowie die Arbeitnehmer, die
bereits das Rentenalter erreicht haben (lavoratori ultrasessantenni).[331] Auch
Arbeitnehmer in der Probezeit haben keinen allgemeinen Kündigungsschutz,[332]
wenn die Arbeit zur Probe und die Dauer der Probezeit nach Art. 2096 c. c.
(patto di prova) schriftlich vereinbart wurden.[333] Die Dauer der Probezeit ist
nicht gesetzlich, sondern in Tarifverträgen geregelt und beträgt in der Regel
max. sechs Monate.[334] Wurde keine Probezeit vereinbart, greift der Kündigungsschutz bereits mit Beginn des Arbeitsverhältnisses.[335]

---

[326]   Art. 1 KSchG 1966 lautet:
   *Nel rapporto di lavoro a tempo indeterminato, intercedente con datori di lavoro privati o
   con enti pubblici, ove la stabilità non sia assicurata da norme di legge, di regolamento, e di
   contratto collettivo o individuale, il licenziamento del prestatore di lavoro non può avvenire
   che per giusta causa ai sensi dell'articolo 2119 del Codice civile o per giustificato motivo.*
   (In einem Arbeitsverhältnis auf unbestimmte Zeit, das mit privaten Arbeitgebern
   oder mit öffentlichen Körperschaften besteht und bei dem nicht durch Vorschriften
   von Gesetzen, Verordnungen, Kollektivverträgen oder des Einzelvertrages die Un-
   kündbarkeit zugesichert ist, kann eine Entlassung des Arbeitnehmers nur aus einem
   wichtigen Grund im Sinn des Artikels 2119 des Zivilgesetzbuches oder wegen eines
   rechtfertigenden Beweggrundes erfolgen).
[327]   *Bovenberg*, Kündigung und Kündigungsschutz im Italienischen Arbeitsrecht, S. 4;
   Del Giudice/Mariani/Izzo/Solombrino, Diritto del lavoro, S. 42, 486.
[328]   *Mazzoni*, Manuale di diritto del lavoro, S. 690; *Del Giudice*, Ipercompendio, Diritto
   del lavoro, S. 105.
[329]   *Nogler*, AuR 2003, 321, 323.
[330]   *Biagi/Tiraboschi*, Istituzioni di diritto del lavoro, S. 693; *Del Giudice/Mariani/Izzo/
   Solombrino*, Diritto del lavoro, S. 487.
[331]   *Del Giudice*, Ipercompendio, Diritto del lavoro, S. 108; *Del Giudice/Mariani/Izzo/Solom-
   brino*, Diritto del lavoro, S. 487; *Cendon* (Hrsg.), Commentario al Codice Civile, 2011,
   Art. 2118, S. 1158.
[332]   *Mazzoni*, Manuale di diritto del lavoro, S. 697.
[333]   *Del Giudice*, Ipercompendio, Diritto del lavoro, S. 25, 192, 193; *Del Giudice/Mariani/
   Izzo/Solombrino*, Diritto del lavoro, S. 487.
[334]   *Del Giudice*, Ipercompendio, Diritto del lavoro, S. 25, 192, 193.
[335]   *Bünger*, EuroAS 1999, 187, 189.

Eine mit § 1 Abs. 1 KSchG vergleichbare Wartezeit, durch die der allgemeine Kündigungsschutz – wie in Deutschland – hinausgeschoben wird, enthält Art. 1 KSchG 1966 nicht.

Dieser Kündigungsschutz im Kleinbetrieb ist für den italienischen Arbeitnehmer von großer Bedeutung, da dort ca. 47 % aller Arbeitnehmer in Kleinbetrieben beschäftigt sind.[336] Demgegenüber sind in Deutschland nur ca. 18 % der Arbeitnehmer in Kleinbetrieben tätig und fallen nach § 23 KSchG nicht unter den allgemeinen Kündigungsschutz. Sie sind damit einem erheblich größeren rechtlichen Risiko eines abfindungslosen Arbeitsplatzverlustes ausgesetzt als Arbeitnehmer in vergleichbaren Betrieben in Italien.

b) Kündigung nur aus rechtfertigendem Grund (giustificato motivo)

aa) Subjektiv und objektiv rechtfertigender Grund (giustificato motivo soggettivo ed oggettivo)

Wie bereits ausgeführt, kann der Arbeitgeber das unbefristete Arbeitsverhältnis nach Art. 1 KSchG 1966 nur aus wichtigem oder aus rechtfertigendem Grund kündigen. Der wichtige Grund bewirkt die fristlose Kündigung des Arbeitsverhältnisses und entspricht im deutschen Recht der außerordentlichen Kündigung; die Kündigung, die eines Rechtfertigungsgrundes bedarf (giustificato motivo) entspricht der ordentlichen Kündigung.[337] Der rechtfertigende Grund wird in Art. 3 KSchG 1966 geregelt und in den subjektiv

---

[336] In Italien sind ca. 47 % der Arbeitnehmer, in Deutschland ca. 18 % der Arbeitnehmer in Kleinstunternehmen im nicht finanziellen Sektor der gewerblichen Wirtschaft nach der KMU-Definition beschäftigt, vgl. „eurostat, Statistik kurz gefasst, 31/2008", dort Abbildung 4, auch im Internet verfügbar unter hppt://epp.eurostat. ec.europa.eu/cache/ITY_OFFPUB/KS-SF-08-031/DE/KS-SF-08-031-DE.PDF, Abruf am 30. 06. 2011, sowie Europäische Kommission, Die neue KMU-Definition, Benutzerhandbuch und Mustererklärung, 2006, auch im Internet verfügbar unter: http:// ec.europa.eu/enterprise/policies/sme/files/sme_definition/sme_user_guide_de.pdf, Abruf am 15. 02. 2013. In Eurostat werden Unternehmen nach Größenklassen und insbesondere nach der „Empfehlung der Kommission vom 06. 05. 2003 betreffend die Definition der Kleinstunternehmen sowie der kleinen und mittleren Unternehmen" (2003/361/EG) erfasst. Die Unternehmensgröße wird aus einer Kombination der Anzahl der Mitarbeiter und dem Umsatz pro Jahr bestimmt. Bei Kleinstunternehmen beträgt die Mitarbeiteranzahl bis zu neun Mitarbeiter, bei kleinen Unternehmen bis zu 49 Mitarbeiter und bei mittleren Unternehmen bis zu 249 Mitarbeiter.

[337] *Nogler*, AuR 2003, 321, 322.

rechtfertigenden und den objektiv rechtfertigenden Grund eingeteilt.[338] Nach Art. 3 HS 1 KSchG 1966 liegt der subjektiv rechtfertigende Grund vor, wenn der Arbeitnehmer seine arbeitsvertraglichen Pflichten nicht erfüllt oder erheblich vernachlässigt. Der objektiv rechtfertigende Grund nach Art. 3 HS 2 KSchG 1966 bezieht sich auf betriebliche Gründe.

bb) Die betriebsbedingten Kündigungsgründe (giustificato motivo oggettivo inerenti all'attività produttiva...)

Anders als § 1 Abs. 2 KSchG[339] nennt Art. 3 HS 2 KSchG 1966 drei mögliche betriebliche Gründe für die rechtswirksame Kündigung; sie kann auf Gründe gestützt werden, die durch die Produktionstätigkeit (attività produttiva), durch die Organisation der Arbeit (organizzazione del lavoro) oder durch das ordnungsgemäße Funktionieren (regolare funzionamento) von diesen beiden bedingt sind.[340] Die Produktionstätigkeit umfasst den technisch-produktiven Bereich des Unternehmens, insbesondere den Einsatz von Produktionsmitteln und Arbeitskräften.[341] Die Arbeitsorganisation bezieht sich auf den konkreten Einsatz des Arbeitnehmers im innerbetrieblichen Organisationsablauf.[342] Beispiele, die den Arbeitgeber zum Ausspruch einer Kündigung aus betriebsbezogenen Gründen bewegen, sind etwa die Automatisierung des Produktionsprozesses, die Einstellung einer bestimmten Produktlinie,[343] die Auslagerung eines Dienstleistungsbereiches, die Schließung einer Abteilung,[344] die Vollen-

---

338   Art. 3 KSchG 1966 lautet:
      Il licenziamento per giustificato motivo con preavviso è determinato da un notevole inadempimento degli obblighi contrattuali del prestatore di lavoro ovvero da ragioni inerenti all'attività produttiva, all'organizzazione del lavoro e al regolare funzionamento di essa. (Die Entlassung aus einem rechtfertigenden Beweggrund mit Vorankündigung kann wegen einer beträchtlichen Nichterfüllung der Vertragspflichten des Arbeitnehmers oder aus Gründen erfolgen, die mit der Produktionstätigkeit, der Arbeitsorganisation und ihrem ordnungsgemäßen Ablauf zusammenhängen.)
339   § 1 Abs. 2 KSchG spricht nur von „dringendem betrieblichen Erfordernis".
340   *Dolce/Corradini/Romani*, Formulario Commentato di contrattualistica commerciale, S. 337, verwenden den zusammenfassenden Begriff "licenziamento per esigenze aziendali"; *Carinci*, Diritto del lavoro, S. 206, verwendet den zusammenfassenden Begriff "licenziamento nell'interesse dell'impresa".
341   *Bovenberg*, Kündigung und Kündigungsschutz im Italienischen Arbeitsrecht, S. 24.
342   *Bovenberg*, Kündigung und Kündigungsschutz im Italienischen Arbeitsrecht, S. 24.
343   *Riva*, Compendio di diritto del lavoro 2011, S. 235.
344   *Nogler*, AuR 2003, 321, 322.

dung einer Auftragsarbeit, der Auftragsrückgang[345] oder die Einstellung der betrieblichen Tätigkeit.[346]

cc) Nachprüfbarkeit des Kündigungsgrundes

In den betriebsbedingten Fällen des Art. 3 KSchG 1966 räumt das Gesetz der unternehmerischen Entscheidungsfreiheit nach Art. 41 Abs. 1 Cost. den Vorrang vor dem Interesse des Arbeitnehmers an der Erhaltung des Arbeitsplatzes ein.[347] Der Arbeitgeber kann im Hinblick auf die betrieblichen Erfordernisse seines Unternehmens den Wegfall eines Arbeitsplatzes beschließen. Das Gericht darf die Unternehmerentscheidung nicht auf ihre Zweckmäßigkeit hin überprüfen.[348] Allerdings hat der Arbeitsrichter festzustellen, ob zum einen das der Kündigung zugrunde liegende betriebliche Erfordernis, z. B. die technische oder die organisatorische Änderung,[349] tatsächlich vorliegt[350] und ob zum anderen zwischen dem vom Arbeitgeber benannten betrieblichen Erfordernis und der ausgesprochenen Kündigung eine ursächliche Beziehung besteht.[351] Wie nach deutschem Recht[352] trägt der Arbeitgeber nach Art. 5 KSchG 1966 die Beweislast für das Vorliegen des rechtfertigenden Grundes.[353] Des Weiteren ist der Arbeitgeber verpflichtet nachzuweisen, dass der Arbeitnehmer nicht anderweitig eingesetzt werden kann und zwar weder in dem Betrieb, in dem die Kündigung ausgesprochen wurde, noch in einem anderen Betriebsteil

---

345 *Colella*, RIDL 2013, 245, 259; *Cendon*, Lavoro, S. 129, 130.
346 *Bovenberg*, Kündigung und Kündigungsschutz im Italienischen Arbeitsrecht, S. 56, 61 ff.
347 *Mazzotta*, Diritto del lavoro, S. 706; *Rotondi*, Corso di diritto del lavoro, S. 203; *Cendon*, Commentario al Codice Civile, Art. 2118, Nr. 9, S. 422; *Del Giudice/Mariani/Izzo/Solombrino*, Diritto del lavoro, S. 494; *Riva*, Compendio di diritto del lavoro 2011, S. 235.
348 *Del Giudice*, Ipercompendio, Diritto del lavoro, S. 107.
349 *Runggaldier*, DRdA 1999, 512, 513 Fn. 7.
350 *Nogler*, AuR 2003, 321, 322; nach Art. 30 Abs. 3 Satz 1 Gesetz Nr. 183 vom 04. 11. 2010, sog. „Collegato Lavoro," Gazz. Uff. Nr. 262 vom 09. 11. 2010, im Folgenden Arbeitsgesetz 183/2010 genannt, ist der Prüfungsmaßstab des Gerichts eingeschränkt, wenn der Kündigungsgrund in einem Tarifvertrag oder einem zertifizierten Arbeitsvertrag vereinbart ist, *D'Agostino/Marano/Solombrino*, La riforma Fornero del lavoro, S. 144.
351 *Riva*, Compendio di diritto del lavoro, S. 235; *Hofmann/Coslovich*, Arbeitsrecht in Italien, S. 61; *Cendon*, Lavoro, S. 133.
352 § 1 Abs. 2 Satz 4 KSchG.
353 *Del Giudice/Mariani/Izzo/Solombrino*, Diritto del lavoro, S. 491; *Cendon*, Commentario al Codice Civile, Art. 2118, Nr. 9, S. 422 sowie Nr. 14, S. 427;
Art. 5 KSchG 1966 lautet:
L'onere della prova della sussistenza della giusta causa o del giustificato motivo di licenziamento spetta al datore di lavoro. (Der Beweis des Vorliegens eines wichtigen Grundes oder eines rechtfertigenden Grundes für die Entlassung obliegt dem Arbeitgeber).

(obbligo di repêchage, Verpflichtung zur Wiederverwendung).[354] Diese Verpflichtung zur Wiederverwendung ist in Italien – wie im deutschen Kündigungsschutzrecht – nicht ausdrücklich im Gesetz geregelt, sondern wird auf den „extrema-ratio-Grundsatz" zurückgeführt.[355] Auch in Deutschland ist eine Kündigung nur dann durch ein dringendes betriebliches Erfordernis bedingt, wenn der Arbeitgeber keine Möglichkeit hat, den Arbeitnehmer anderweitig auf einem freien Arbeitsplatz zu beschäftigen.[356] Ganz anders verhält es sich mit der Frage nach der Sozialauswahl. Im Unterschied zum deutschen Kündigungsschutzgesetz enthält das italienische Kündigungsschutzgesetz von 1966 keine Vorschrift, die bei der Einzelkündigung die Auswahl des konkret zu kündigenden Arbeitnehmers nach sozialen Gesichtspunkten, vergleichbar § 1 Abs. 3 KSchG, vorschreibt.[357]

dd) Besonderheit: Kündigungsgründe auch aus der Sphäre des Arbeitnehmers

Die Kündigung, die nach Art. 3 HS 2 KSchG 1966 durch die Produktionstätigkeit oder durch die Organisation der Arbeit bedingt ist, setzt zunächst eine Organisationsentscheidung des Arbeitgebers voraus, die den Wegfall des Arbeitsplatzes zur Folge hat.[358] Wie nach deutschem Recht stammt der

---

354   *Riva*, Compendio di diritto del lavoro, S. 235; *Del Giudice/Mariani/Izzo/Solombrino*, Diritto del lavoro, S. 495; *Del Giudice*, Ipercompendio, Diritto del lavoro, S. 107; *Cendon*, Commentario al Codice Civile, Art. 2118, Nr. 9, S. 422; *Bovenberg*, Kündigung und Kündigungsschutz im Italienischen Arbeitsrecht, S. 57; *D'Agostino/Marano/Solombrino*, La riforma Fornero del lavoro, S. 150; *Di Carluccio*, RIDL 2014, 176, 182.

355   *Pedrazzoli*, Licenziamenti e sanzioni nei rapporti di lavoro, S. 119; *Del Giudice/Mariani/Izzo/Solombrino*, Diritto del Lavoro, S. 495; *Di Stasi*, Diritto del lavoro e della previdenza sociale, S. 218; *Cendon*, Commentario al Codice Civile, Art. 2118, Nr. 9, S. 422; *Carinci*, Diritto del lavoro, S. 209; *D'Agostino/Marano/Solombrino*, La riforma Fornero del lavoro, S. 150.

356   In Deutschland folgt die Verpflichtung des Arbeitgebers, den Arbeitnehmer zur Vermeidung einer Kündigung auf einem anderen freien Arbeitsplatz weiterzubeschäftigen, aus dem „ultima-ratio-Grundsatz", den das Gesetz in § 1 Abs. 2 Satz 2 KSchG konkretisiert hat, BAG vom 01. 03. 2007 – 2 AZR 650/05, dort L 1 und B. I. 2. d) aa) der Gründe; *Hergenröder*, in: Münchener Kommentar zum BGB, Band 4, KSchG, § 1 Rn 303.

357   *Rebhahn*, ZfA 2003, 163, 204; *Bovenberg*, Kündigung und Kündigungsschutz im Italienischen Arbeitsrecht, S. 57; eine Sozialauswahl ist nur für kollektive Entlassungen wegen Personalreduzierungen (Art. 5 Abs. 1 Gesetz 223/1991) vorgesehen, wird aber durch die Rechtsprechung im Rahmen von Treu und Glauben (Art. 1175 c. c., comportamento secondo correttezza) in verminderter Intensität angewandt, Cass. civ., Sez. Lavoro, 21. 12. 2001, n. 16144, n. 14663; *Cendon*, Lavoro, S. 133.

358   *Nogler*, AuR 2003, 321, 322.

Kündigungsgrund in diesen Fällen aus der Sphäre des Arbeitgebers und wird als Kündigung aus wirtschaftlichem Grund (licenziamento economico) bezeichnet.[359] Art. 3 HS 2 KSchG 1966 lässt jedoch auch eine betriebsbedingte Kündigung aus Gründen zu, die in der Person des Arbeitnehmers liegen: Wenn sich das Verhalten des Arbeitnehmers so beeinträchtigend auf die Produktivität oder auf die Arbeitsorganisation und ihr ordnungsgemäßes Funktionieren auswirkt, dass der Arbeitsablauf insgesamt betroffen ist, kann dies zu einem rechtfertigenden Grund im Sinne von Art. 3 HS 2 KSchG 1966 werden.[360] Daher erfasst der Anwendungsbereich des objektiv rechtfertigenden Grundes – anders als nach der deutschen Typisierung – auch Tatbestände, die nach dem deutschen Kündigungsschutzgesetz als personenbedingte Kündigung einzuordnen wären.[361] Personenbezogene Gründe, die den Organisationsablauf behindern und somit zu einem „betrieblichen Problem" im Sinne eines objektiv rechtfertigenden Grundes werden, sind zum Beispiel die nachträglich eintretende Untauglichkeit des Arbeitnehmers, die geschuldete Arbeitsleistung zu erbringen, die (Untersuchungs-)Haft des Arbeitnehmers, der Entzug einer amtlichen Genehmigung, z. B. bei Kraftfahrern der Entzug des Führerscheins, bei Sicherheitsmitarbeitern der Entzug der Erlaubnis zum Tragen einer Schusswaffe oder die Überschreitung der zulässigen krankheitsbedingten Abwesenheit durch außergewöhnlich häufige Fehlzeiten.[362]

c) Kollektive Entlassungen wegen Personalreduzierung

In Italien gibt es aufgrund der Umsetzung der betreffenden EU-Richtlinie ebenfalls ein Gesetz zur Regelung von Massenentlassungen.[363] Das Gesetz 223/1991[364] regelt die Verfahrensweise bei kollektiven Entlassungen zur Per-

---

[359] *Di Carluccio*, RIDL 2014, 176; *Riva*, Compendio di diritto del lavoro 2012, S. 245; *Del Giudice/Mariani/Izzo/Solombrino*, Diritto del lavoro 2012, S. 491; *D'Agostino/Marano/Solombrino*, La riforma Fornero del lavoro, S. 182.

[360] *Del Giudice/Mariani/Izzo/Solombrino*, Diritto del lavoro 2012, S. 483; *Nogler*, AuR 2003, 321, 322.

[361] *Abele*, RIW 1991, 188, 189; *Nogler*, AuR 2003, 321, 322; *Bovenberg*, Kündigung und Kündigungsschutz im Italienischen Arbeitsrecht, S. 24, 56, 61.

[362] *Bovenberg*, Kündigung und Kündigungsschutz im Italienischen Arbeitsrecht, S. 56 ff.

[363] Ausgangspunkt war wie in Deutschland die Richtlinie 75/129/CEE vom 17. 02. 1975. Aufgrund der nicht rechtzeitigen Umsetzung wurde Italien durch den Europäischen Gerichtshof zu Schadensersatz verurteilt (Corte di Giustizia CEE 8-6-1982, n. 91/81), *Napoli*, Licenziamenti, 1993, dort 11. A, zitiert nach Pluris online; *Riva*, Compendio di diritto del lavoro, S. 189, 190.

[364] Gesetz Nr. 223 vom 23. 07. 1991, Gazz. Uff. Nr. 175 vom 27. 07. 1991.

sonalreduzierung (licenziamenti collettivi per riduzione del personale).[365] Danach ist der Arbeitgeber verpflichtet, in einem komplizierten Verfahren unter vorheriger Einschaltung der Gewerkschaftsvereinigungen, des örtlichen Arbeitsamtes (ufficio di lavoro) und des Nationalinstituts für Soziale Fürsorge (INPS – Istituto Nazionale Previdenza Sociale) die von der Kündigung betroffenen Arbeitnehmer in sog. Mobilitätslisten eintragen zu lassen.[366] Die Mobilitätsliste ist eine besondere Art der Arbeitslosenunterstützung, durch die zum Beispiel durch Beitragsvergünstigungen für den Arbeitgeber die Möglichkeit geschaffen werden soll, entlassene Arbeitnehmer wieder in ihrem alten Betrieb unterzubringen.[367] Verfahrensfehler führen je nach Art des Fehlers zur Unwirksamkeit oder Nichtigkeit der Kündigung.[368] Nach dem Gesetz 223/1991 greift das Verfahren für kollektive Kündigungen bei Betrieben mit mehr als 15 Arbeitnehmern, in denen innerhalb eines Zeitraumes von 120 Tagen mindestens fünf Kündigungen aufgrund von Reduzierung, Auslagerung oder Beendigung der betrieblichen Aktivitäten ausgesprochen werden.[369] Da es sich bei den kollektiven Entlassungen um ein besonderes Verfahren – auch im Hinblick auf die Beteiligung von Gewerkschaften und öffentlich-rechtlichen Stellen – handelt, bleibt es bei der Untersuchung der Regelabfindung als Sonderfall außer Betracht.

3.   Zwischenergebnis

In Italien besteht im Unterschied zu Deutschland keine Kündigungsfreiheit im Kleinbetrieb. Unabhängig von der Betriebsgröße bedarf die ausgesprochene Kündigung nach Art. 1 KSchG 1966, von wenigen Ausnahmen abgesehen,

---

365   Vgl. den Überblick über das Verfahren bei *Biagi/Tiraboschi*, Istituzioni di diritto del lavoro, S. 696 ff.
366   *Bünger*, EuroAS 1999, 187, 191.
367   *Andreaus/Tratter/Wörndle*, Die Rechte der ArbeitnehmerInnen, S. 85.
368   *Del Giudice*, Ipercompendio, Diritto del lavoro, S. 115.
369   Art. 24 Abs. 1 Satz 1 Gesetz 223/1991 lautet:
      1. Le disposizioni … si applicano alle imprese che occupino più di quindici dipendenti e che, in conseguenza di una riduzione o trasformazione di attività o di lavoro, intendano effettuare almeno cinque licenziamenti, nell'arco di centoventi giorni, in ciascuna unità produttiva, o in più unità produttive nell'ambito del territorio di una stessa provincia. (1. Die Vorschriften … finden Anwendung auf Unternehmen, die mehr als 15 Arbeitnehmer beschäftigen und die, in Folge einer Verringerung oder Verlagerung der Produktion, beabsichtigen, mehr als fünf Kündigungen auszusprechen und zwar innerhalb eines Zeitraumes von 120 Tagen, innerhalb einer oder mehrerer Produktionseinheiten in demselben Bezirk).

immer eines rechtfertigenden Grundes. Im Falle der betriebsbedingten Kündigung muss diese auf Kündigungsgründe gestützt werden können, die nach Art. 3 KSchG 1966 durch die Produktionstätigkeit, durch die Organisation der Arbeit oder durch das ordnungsgemäße Funktionieren von diesen beiden bedingt sind. Im Unterschied zu § 1 KSchG setzt der allgemeine Kündigungsschutz nach dem KSchG 1966 bereits mit Beginn des Arbeitsverhältnisses ein. Dieser Verzicht auf eine Wartezeit und der Verzicht auf die Kündigungsfreiheit im Kleinbetrieb stellen einen ganz erheblichen Unterschied zur deutschen Rechtslage dar.

III. Rechtsmittel gegen die Kündigung

1. Bezug zur Abfindung

Auch in der italienischen Rechtsordnung finden sich Abfindungsregelungen, die die Erhebung einer Klage gegen die Kündigung verlangen. Dabei handelt es sich um Art. 8 KSchG 1966 sowie Art. 18 Abs. 7 Arbeitnehmerstatut in der Fassung des Arbeitsmarktreformgesetzes 2012[370] (Art. 18 Abs. 7 Arbeitnehmerstatut n. F.).[371] Im Folgenden wird deshalb ein kurzer Überblick über die Rechtsmittel gegen die Kündigung gegeben und im nächsten Abschnitt auf die Frage nach der Zahlung einer Abfindung als Rechtsfolge der Kündigung eingegangen.

2. Außergerichtliche Schlichtung und Klage

Im Unterschied zum deutschen Recht steht dem italienischen Arbeitnehmer nach der Kündigung nicht nur die Möglichkeit einer Klage, sondern auch die Möglichkeit einer außergerichtlichen Schlichtung offen. Die Schlichtung wird nach Art. 410 c. p. c. vor der Schlichtungskommission für Arbeitsstreitfälle (commissione di conciliazione delle controversie di lavoro) beim Arbeitsamt durchgeführt.[372] Dabei enden ca. 40 % der Schlichtungsversuche mit einer

---

[370] Gesetz Nr. 92 vom 28. 06. 2012, Gazz. Uff. Nr. 153 vom 03. 07. 2012, Disposizioni in materia di riforma del mercato del lavoro in una prospettiva di crescita, im Folgenden Arbeitsmarktreformgesetz 2012 genannt.

[371] Daneben gewährt Art. 2120 c. c. dem Arbeitnehmer die Zahlung einer Abfindung bei Beendigung des Arbeitsverhältnisses, ohne dass der Arbeitnehmer Kündigungsschutzklage erheben muss.

[372] *Andreaus/Tratter/Wörndle*, Die Rechte der ArbeitnehmerInnen, S. 109; ein zweispra-

Einigung der Parteien.[373] Die Durchführung einer Schlichtung, die ursprünglich freiwillig und in das Ermessen der Parteien gestellt war,[374] wurde 1998 zur Entlastung der Arbeitsgerichte[375] zwingend vorgeschrieben.[376] Seit 2012 ist das Schlichtungsverfahren bei der betriebsbedingten Kündigung in Unternehmen mit bis zu 15 Arbeitnehmern fakultativ, in größeren Unternehmen obligatorisch.[377]

In Unternehmen mit bis zu 15 Arbeitnehmern muss der Arbeitnehmer die Kündigung nach Art. 6 Abs. 1 KSchG 1966 zunächst innerhalb einer Frist von 60 Tagen nach Zugang schriftlich anfechten und zum Ausdruck bringen, dass er mit der Kündigung nicht einverstanden ist.[378] Die Anfechtung kann sowohl bei Gericht als auch außergerichtlich gegenüber dem Arbeitgeber erfolgen.[379] Danach muss der Arbeitnehmer nach Art. 6 Abs. 2 Satz 1 KSchG 1966 n. F.

---

chiges Formular für den Antrag an die Schlichtungskommission findet sich bei der Autonomen Provinz Bozen – Südtirol, Abteilung Arbeit, Arbeitsservice, Schlichtungskommission für Arbeitsstreitfälle, Quelle: http://www.provincia.bz.it/arbeit/service/formulare.asp?&921_action=4&921_article_id=43921, Abruf am 15. 02. 2013.

373 So endeten z. B. vor der Schlichtungskommission für Arbeitsstreitfälle in Bozen 44,1 % der Schlichtungsversuche im Jahr 2009 mit einer Einigung der Parteien, Quelle: http://www.provinz.bz.it/arbeit/service/news.asp?arbeitsnews_action=4&arbeitsnews_article_id=344015, Abruf am 15. 02. 2013, dort am Ende Grafiken zu den Schlichtungsverfahren.

374 *Petrucci*, Compendio di diritto processuale civile, S. 436.

375 *Bovenberg*, Kündigung und Kündigungsschutz im Italienischen Arbeitsrecht, S. 139.

376 Art. 410 c. p. c. in der Fassung von Gesetzgebungsdekret Nr. 80 vom 31. 03. 1998, Gazz. Uff. Nr. 82 vom 08. 04. 1998, modifiziert durch Gesetzgebungsdekret Nr. 387 vom 29. 10. 1998, Gazz. Uff. Nr. 361 vom 07. 11. 1998; *Del Giudice*, Ipercompendio, Diritto del lavoro, S. 106.

377 *Leccese/Scanni*, EuZA 2012, 558, 568; Art. 410 c. p. c. wurde geändert durch Art. 31 Abs. 1 Gesetz Nr. 183 vom 04. 11. 2010, sog. „Collegato Lavoro," Gazz. Uff. Nr. 262 vom 09. 11. 2010, im Folgenden Arbeitsgesetz 183/2010 genannt; da das Arbeitsgesetz 183/2010 keine Übergangsvorschrift beinhaltete, wurde nachträglich mit Gesetz Nr. 10 vom 26. 02. 2011, sog. „Milleproroghe", Gazz. Uff. Nr. 47 vom 26. 02. 2011, die Anwendbarkeit der Neufassung von Art. 410 c. p. c. bis 31. 12. 2011 ausgesetzt.

378 Art. 6 Abs. 1 KSchG 1966 verwendet das Verb „impugnare", das die meisten Autoren mit „anfechten" übersetzen, vgl. *Bauer/Eccher/König/Kreuzer/Zahnon*, Nebengesetze zum italienischen Zivilgesetzbuch – Leggi complementari al Codice civile, S. 697; *Bünger*, EuroAS 1999, 187, 190; *Bovenberg*, Kündigung und Kündigungsschutz im Italienischen Arbeitsrecht, S. 138, 139; *Hofmann/Coslovich*, Arbeitsrecht in Italien, Rn. 126; *Nogler*, AuR 2003, 321, 323; *Galantino*, ZIAS 1991, 414, 418; dieser Übersetzung kommt jedoch nicht die Bedeutung einer Anfechtung im deutschen Rechtssinne nach §§ 119 ff. BGB zu.

379 Art. 6 Abs. 1 KSchG 1966; *Riva*, Compendio di diritto del lavoro 2012, S. 240; *Bovenberg*, Kündigung und Kündigungsschutz im Italienischen Arbeitsrecht, S. 138, 139; *Hofmann/Coslovich*, Arbeitsrecht in Italien, Rn. 126.

die Klageschrift innerhalb einer Frist von 180 Tagen[380] beim Arbeitsgericht
einreichen.[381] Während dieser Frist kann sich der Arbeitnehmer entscheiden,
ob er unmittelbar Klage erheben oder zunächst eine Schlichtung mit dem Arbeitgeber durchführen will.[382] Lehnt der Arbeitgeber die Schlichtung vor der
Schlichtungskommission ab, muss der Arbeitnehmer nach Art. 6 Abs. 2 Satz 2
KSchG 1966 n. F. innerhalb von 60 Tagen nach der Ablehnung die Klage beim
Arbeitsgericht einreichen.[383] Wenn der Arbeitgeber jedoch die Durchführung
des Schlichtungsverfahrens akzeptiert, aber keine Einigung erzielt werden
kann, muss der Arbeitnehmer nach Art. 6 Abs. 2 Satz 2 KSchG 1966 n. F. innerhalb von 60 Tagen nach der gescheiterten Schlichtung Klage am Arbeitsgericht
erheben.[384]

In Unternehmen mit mehr als 15 Arbeitnehmern ist die Schlichtung nach
Art. 7 KSchG 1966 in der Fassung des Arbeitsmarktreformgesetzes 2012 (Art. 7
KSchG 1966 n. F.) obligatorisch, wenn der Arbeitgeber eine betriebsbedingte
Kündigung aussprechen will.[385] In diesem Fall muss der Arbeitgeber nach § 7
Abs. 1 KSchG 1966 n. F. zuerst die Durchführung einer Schlichtung beim örtlichen Arbeitsamt (Direzione territoriale del lavoro) beantragen. Das Arbeitsamt
lädt die Parteien innerhalb von sieben Tagen zu einem Schlichtungsversuch ein,
der in den darauffolgenden 20 Tagen vor der Schlichtungskommission statt-
findet.[386] Können sich die Parteien im Rahmen der Schlichtung nicht auf eine
Beendigung des Arbeitsverhältnisses einigen, ist die Schlichtung gescheitert;
der Arbeitgeber ist dann nach Art. 7 Abs. 6 Satz 2 KSchG 1966 n. F. berechtigt,
die Kündigung auszusprechen.[387]

---

380 *Mazzotta*, Diritto del lavoro, S. 719; *D'Agostino/Marano/Solombrino*, La riforma Fornero
del lavoro, S. 169; *Riva*, Compendio di diritto del lavoro 2012, S. 240; *Del Giudice/
Mariani/Izzo/Solombrino*, Diritto del lavoro 2012, S. 486.

381 Nach altem Recht hatte der Arbeitnehmer nach der allgemeinen Verjährungsfrist
von Art. 1442 c. c. bis zu fünf Jahre Zeit, die Klage beim Arbeitsgericht einzureichen;
das Arbeitsgesetz 183/2010 verkürzte die Frist zur Beschleunigung der arbeitsgerichtlichen Verfahren zunächst auf 270 Tage, *Pedrazzoli*, Licenziamenti e sanzioni
nei rapporti di lavoro, S. 238, 239; *Leccese/Scanni*, EuZA 2012, 558, 568.

382 *Riva*, Compendio di diritto del lavoro 2012, S. 240, 241.

383 *Riva*, Compendio di diritto del lavoro 2012, S. 240, 241.

384 *Del Giudice/Mariani/Izzo/Solombrino*, Diritto del lavoro 2012, S. 487.

385 *Mazzotta*, Diritto del lavoro, S. 709; *Riva*, Compendio di diritto del lavoro 2012, S. 239;
D'Agostino/Marano/Solombrino, La riforma Fornero del lavoro, S. 157.

386 Art. 7 Abs. 3, 6 KSchG 1966 n. F.; *Del Giudice/Mariani/Izzo/Solombrino*, Diritto del
lavoro 2012, S. 484.

387 *Ghera*, Diritto del lavoro 2013, S. 474; *Del Giudice/Mariani/Izzo/Solombrino*, Diritto del
lavoro 2012, S 484; *Riva*, Compendio di diritto del lavoro 2012, S. 239; nach Art. 1

Der Arbeitnehmer muss die Kündigung nach Art. 6 Abs. 1 KSchG 1966 innerhalb einer Frist von 60 Tagen anfechten und nach Art. 6 Abs. 2 Satz 1 KSchG 1966 n. F. innerhalb einer Frist von weiteren 180 Tagen Klage erheben.[388] Nutzt der Arbeitnehmer beide Verfahrensfristen aus, kann er den Beginn des arbeitsgerichtlichen Verfahrens um ca. acht Monate verzögern (60 + 180 = 240 Tage).[389] Im Unterschied zur deutschen Rechtslage, die den Arbeitnehmer nach § 4 KSchG verpflichtet, seine Kündigungsschutzklage innerhalb von drei Wochen einzureichen, bürdet die italienische Rechtsordnung dem Arbeitgeber von Beginn an ein hohes Annahmeverzugsrisiko auf, was dem Arbeitnehmer bei späteren Abfindungsverhandlungen zugute kommt.[390]

IV.   Rechtsfolgen der Kündigung

Die Antwort auf die Frage, ob dem Arbeitnehmer bei Beendigung des Arbeitsverhältnisses aus betrieblichen Gründen ein Anspruch auf Zahlung einer Abfindung zusteht, ist von den Rechtsfolgen der Kündigung abhängig. Wie im ersten Teil der Arbeit, die die deutsche Rechtslage beschreibt, werden im folgenden Abschnitt die Rechtsfolgen der gerechtfertigten und der nicht gerechtfertigten Kündigung dargestellt, um danach aufzuzeigen, in welchen Fällen dem Arbeitnehmer ein Abfindungsanspruch zusteht.

Abs. 41 Arbeitsmarktreformgesetz 2012 wirkt der Zugang der Kündigung auf den Tag der Beantragung des Schlichtungsverfahrens zurück.

[388]   *Riva*, Compendio di diritto del lavoro 2012, S. 241.

[389]   Die Summe der Verfahrensfristen beträgt nach Art. 6 Abs. 2 KSchG 1966 in der Fassung des Arbeitsmarktreformgesetzes 2012 nunmehr 240 Tage (60 + 180 = 240 Tage), nach der alten Rechtslage waren es 300 Tage (60 + 180 + 60 = 300 Tage) nach Art. 6 KSchG a. F., *D'Agostino/Marano/Solombrino*, La riforma Fornero del lavoro, S. 169; *Riva*, Compendio di diritto del lavoro 2012, S. 240.

[390]   Im Rahmen einer internationalen Untersuchung der OECD über die Kündigungskosten (firing costs) von 1999 wurde für den Fall der betriebsbedingten Kündigung festgestellt, dass in Italien der Arbeitgeber mit Kosten in Höhe von durchschnittlich 34 Monatsgehältern rechnen musste (der Untersuchungszeitraum bezog sich auf die 1990er Jahre), *Ichino*, RIDL 2006, 353, 361 Fn. 10.

1. Rechtsfolgen der gerechtfertigten Kündigung

a) Beendigung des Arbeitsverhältnisses

Spricht der Arbeitgeber eine Kündigung aus, die er nach Art. 3 HS 2 KSchG 1966 auf Gründe stützen kann, die durch die Produktionstätigkeit oder die Organisation der Arbeit bedingt sind, ist die Kündigung wirksam und beendet das Arbeitsverhältnis. Im Hinblick auf diese Beendigungswirkung der gerechtfertigten Kündigung[391] stimmen die Rechtsfolgen in Deutschland und Italien noch überein.

b) Recht auf Abfindung (trattamento di fine rapporto)

aa) Rechtsgrundlage

Hinsichtlich der Abfindungszahlung bei objektiv gerechtfertigter Kündigung weicht die italienische Rechtsordnung erheblich von der deutschen ab, indem sie dem italienischen Arbeitnehmer auch bei einer gerechtfertigten Kündigung Anspruch auf Zahlung einer Abfindung zubilligt. Dabei handelt es sich um das sogenannte trattamento di fine rapporto, das abgekürzt als T. F. R. bezeichnet wird.[392] Diese Abfindungsregelung, die der deutsche Arbeitsrechtler in kündigungsspezifischen Sondergesetzen vermuten würde,[393] findet sich allerdings nicht im KSchG 1966 und auch nicht im Arbeitnehmerstatut 1970, sondern ist im italienischen Zivilgesetzbuch in Art. 2120 c. c. geregelt.[394] Nach Art. 2120 Abs. 1 c. c. hat der Arbeitnehmer in allen Fällen der Beendigung des Arbeitsverhältnisses Anspruch auf Zahlung einer Abfindung.[395] Diese erfolgt direkt an den Arbeitnehmer, falls er sich nicht für eine Einzahlung in seine

---

[391] *Rotondi*, Corso di diritto del lavoro, S. 195; *D'Agostino*, Schemi & Schede di diritto del lavoro, S. 178.

[392] *Mazzotta*, Diritto del lavoro, S. 814; *Del Giudice*, Ipercompendio, Diritto del lavoro, S. 118, Nr. 16 A); *Riva*, Compendio di diritto del lavoro 2011, S. 259; *Santoro-Passarelli*, Il trattamento di fine rapporto, S. 3.

[393] In Deutschland ist die Abfindung nicht in §§ 611 bis 630 BGB geregelt, sondern in §§ 1 a, 9, 10 KSchG.

[394] Art. 2120. *Disciplina del trattamento di fine rapporto* (Regelung der Abfindung bei Beendigung des Arbeitsverhältnisses).

[395] Art. 2120 Abs. 1 Satz 1 c. c. lautet:
In ogni caso di cessazione del rapporto di lavoro subordinato, il prestatore di lavoro ha diritto ad un trattamento di fine rapporto. (In jedem Fall einer Beendigung des Arbeitsverhältnisses hat der Arbeitnehmer Anspruch auf eine Abfindung).

private Zusatzrente entschieden hat. Das trattamento di fine rapporto steht Arbeitnehmern zu, die in privaten Unternehmen tätig sind;[396] Arbeitnehmer im öffentlichen Dienst erhalten seit 1973 das trattamento di fine servizio (T. F. S.),[397] das in etwa dem trattamento di fine rapporto entspricht.[398] Art. 2120 Abs. 1 Satz 1 c. c. setzt für das Entstehen des Abfindungsanspruchs nur die Beendigung des Arbeitsverhältnisses (cessazione del rapporto di lavoro subordinato) voraus.[399] Dabei ist es für den Abfindungsanspruch unerheblich, wer die Kündigung ausspricht.[400] Der Arbeitgeber ist sowohl bei einer gerechtfertigten Arbeitgeberkündigung[401] als auch bei einer Eigenkündigung des Arbeitnehmers zur Zahlung verpflichtet.[402] Der Arbeitnehmer kann die Abfindung sogar dann beanspruchen, wenn die Parteien zur Beendigung des Arbeitsverhältnisses einen Aufhebungsvertrag abschließen oder das Arbeitsverhältnis aufgrund einer Befristung oder durch den Tod[403] des Arbeitnehmers endet.[404] Diese Abfindungsregelung in Form des trattamento di fine rapporto stellt einen wesentlichen Unterschied zur deutschen Rechtslage dar; eine vergleichbare gesetzliche Regelung existiert in Deutschland nicht.

---

396 *Bovenberg*, Kündigung und Kündigungsschutz im Italienischen Arbeitsrecht, S. 174.
397 Verordnung des Präsidenten der Republik, Nr. 1032 vom 29. 12. 1973, Gazz. Uff. Nr. 70 vom 15. 03. 1974.
398 Der T. F. S. im öffentlichen Dienst wird bei den staatlichen Angestellten als indennità di buonuscita und bei den städtischen Angestellten als indennità premio di fine servizio bezeichnet, vgl. Art. 1 Abs. 222 Gesetz Nr. 296 vom 27. 12. 2006, Gazz. Uff. Nr. 299 vom 27. 12. 2006. Als Oberbegriff wird heute allgemein trattamento di fine servizio, T. F. S., verwandt, *Castellino/Fornero*, Il TFR: Una Coperta Troppo Stretta, Argomenti di Discussione 01/2000; *Carinci*, Diritto del lavoro, S. 585; *Cendon*, Commentario al Codice Civile, Art. 2120, Nr. 1.1, S. 447.
399 Der Anspruch entsteht mit Beendigung des Arbeitsverhältnisses und unterliegt der fünfjährigen Verjährung nach Art. 2948 Nr. 5 c. c.; *Del Giudice/Mariani/Izzo/Solombrino*, Diritto del lavoro, S. 524; *Amoroso/Di Cerbo/Maresca*, Diritto del lavoro, Codice Civile, Art. 2120, Nr. 16, S. 1246.
400 Die Tatsache, dass dem Arbeitnehmer die Abfindung nach Art. 2120 für jeden Fall der Beendigung des Arbeitsverhältnisses, also auch bei der gerechtfertigten Kündigung, zusteht, hat der Gesetzgeber mit Erlass des ersten Kündigungsschutzgesetzes 1966 in Art. 9 KSchG 1966 klargestellt, *Amoroso/Di Cerbo/Maresca*, Diritto del lavoro, Codice Civile, Art. 2120, Nr. 1, S. 1202.
401 Vgl. Art. 9 KSchG 1966; *Del Giudice/Mariani/Izzo/Solombrino*, Diritto del lavoro, S. 523.
402 *Riva*, Compendio di diritto del lavoro 2011, S. 250; *Nogler*, AuR 2003, 321, 324; Anmerkungen zur Rechtsprechung in RIW 1991, 250, Nr. 5 mit Verweis auf Corte di Cassazione, Sezione Lavoro, 11. 1. 1990, Nr. 55, Giur. ital. 1990, I, 1, 1272.
403 Art. 2122 c. c. indennità in caso di morte.
404 *Zarattini/Pelusi*, Il manuale lavoro, S. 342, Nr. 8.

bb) Rechtsnatur und Insolvenzsicherung

Zu den Besonderheiten der Abfindung nach Art. 2120 c. c. gehört auch, dass der italienische Arbeitgeber diese Abfindung mit Beginn des Arbeitsverhältnisses jährlich ansparen und Rücklagen für die spätere Auszahlung bilden muss.[405] Der über die Dauer des Arbeitsverhältnisses angesparte Betrag wird dem Arbeitnehmer nach Art. 2120 Abs. 1 Satz 1 c. c. am Ende des Arbeitsverhältnisses in einer Summe ausgezahlt.[406] Das trattamento di fine rapporto hat die Rechtsnatur eines Gehaltes mit aufgeschobener Fälligkeit (retribuzione differita), das dem Arbeitnehmer am Ende des Arbeitsverhältnisses mit dem Ziel ausbezahlt wird, die mit dem Verlust des Arbeitsplatzes verbundenen wirtschaftlichen Einbußen abzuschwächen.[407] Das trattamento di fine rapporto ist somit ein Bestandteil des Gehaltes, das der Arbeitgeber dem Arbeitnehmer auch ohne ausdrückliche Vereinbarung im Arbeitsvertrag auf gesetzlicher Grundlage schuldet und das dem Arbeitnehmer, ähnlich einem 13ten oder 14ten Monatsgehalt, zu einem späteren Fälligkeitszeitpunkt ausgezahlt wird. Die konkrete Höhe der Abfindung am Ende des Arbeitsverhältnisses ist nach Art. 2120 Abs. 1 Satz 2 c. c. vom Verdienst des Arbeitnehmers in dem jeweili-

---

[405] *Riva*, Compendio di diritto del lavoro 2011, S. 249.

[406] *Pera*, Diritto del lavoro, S. 574; *Del Giudice/Mariani/Izzo/Solombrino*, Diritto del lavoro, S. 523; *Riva*, Compendio di diritto del lavoro 2011, S. 249.

[407] Corte Cost. vom 27. 06. 1968, Nr. 75, zitiert nach Pluris online; *Grandi/Pera*, Commentario breve alle leggi sul lavoro, Codice Civile, Art. 2120 c. c., IV, Rn. 3, S. 542; *Del Giudice/Mariani/Izzo/Solombrino*, Diritto del lavoro, S. 523; *Cosenza*, Il nuovo Tfr, S. 35; *Beretta*, in: *Favalli*, Codice di diritto del lavoro, Art. 2120, S. 407; *Suppiej/De Christofaro/Cester*, Diritto del lavoro, S. 435; *Ghera*, Diritto del lavoro, S. 209; *Galantino*, Diritto del lavoro, S. 578; *D'Agostino*, Schemi & Schede di diritto del lavoro, S. 197; *Falasca*, Manuale di diritto del lavoro, S. 224. Umstritten ist, ob der Anspruch auf das T. F. R. erst mit Beendigung des Arbeitsverhältnisses entsteht oder der Anspruch bereits während des Arbeitsverhältnisses entsteht, aber erst mit dessen Beendigung fällig wird, vgl. zum Meinungsstand *Grandi/Pera*, Commentario breve alle leggi sul lavoro, Codice Civile, Art. 2120 c. c., IV, Rn. 2, S. 542, *Amoroso/Di Cerbo/Maresca*, Diritto del lavoro, Codice Civile, Art. 2120, Nr. 1, S. 1203–1205, *Cendon*, Commentario al Codice Civile, Art. 2120, Nr. 2, S. 449, 450 sowie *Santoro-Passarelli*, Il trattamento di fine rapporto, S. 35–38; *Santoro-Passarelli* begründet seine Meinung, dass der Anspruch auf das T. F. R. während des Arbeitsverhältnisses entsteht, damit, dass der Arbeitgeber seit der Neuregelung 1982 den T. F. R.-Anteil für jedes einzelne Jahr und jeweils mit unterschiedlichen Höhen errechnen muss, und dadurch Art. 2120 c. c. bereits während des laufenden Arbeitsverhältnisses schuldrechtliche Verpflichtungen für den Arbeitgeber erzeugt, *Santoro-Passarelli*, Il trattamento di fine rapporto, S. 36 sowie *Santoro-Passarelli*, Dall'indennità di anzianità al trattamento di fine rapporto, S. 65 ff, 88; ausführlich zum Meinungsstreit auch *De Rosa*, Il trattamento di fine rapporto, S. 76 ff.

gen Beschäftigungsjahr und der Dauer der Betriebszugehörigkeit abhängig.[408] Eine langjährige Betriebstreue wird nicht belohnt, weil der Arbeitnehmer auch bei einem Arbeitsplatzwechsel seine für jedes Beschäftigungsjahr errechneten T. F. R.-Anteile in einer Summe ausbezahlt bekommt. Das trattamento di fine rapporto bleibt also auch bei einem Arbeitsplatzwechsel ungeschmälert erhalten.

Der Gesetzgeber hat zusätzlich dafür gesorgt, dass die Abfindung insolvenzgeschützt ist und damit dem gekündigten Arbeitnehmer auch bei Zahlungsunfähigkeit des Arbeitgebers ausgezahlt werden kann.[409]

Einzelheiten zur Abfindung nach Art. 2120 c. c. und deren Höhe werden – der Gliederung des deutschen Teils folgend – im übernächsten Abschnitt dargestellt.

2. Rechtsfolgen der rechtswidrigen Kündigung

Wie beschrieben,[410] ist in Italien für die Rechtsfolgen der rechtswidrigen Kündigung die Betriebsgröße ausschlaggebend. Im Folgenden wird die Systematik des italienischen Kündigungsschutzes untersucht und der Frage nachgegangen, in welchen Fällen dem Arbeitnehmer eine Abfindung zusteht.

a) Die zwei Arten des Kündigungsschutzes

Der Kündigungsschutz in Italien ist zweigeteilt. In Abhängigkeit von der Betriebsgröße findet bei der betriebsbedingten Kündigung entweder der obligatorische oder der reale Kündigungsschutz Anwendung.[411] Zunächst wird der obligatorische Kündigungsschutz (tutela obbligatoria) behandelt. Dieser bewirkt lediglich eine schuldrechtliche Verpflichtung, den Arbeitnehmer wieder einzustellen. Im Anschluss daran folgt die Darstellung des realen Kündigungsschutzes (tutela reale). Dieser kann dem Arbeitnehmer, wie im deutschen

---

[408] *Del Giudice/Mariani/Izzo/Solombrino*, Diritto del lavoro, S. 523.
[409] Art. 2 Gesetz Nr. 297 vom 29. 05. 1982, Gazz. Uff. Nr. 147 vom 31. 05. 1982, im Folgenden Gesetz 297/1982 genannt; *Cendon*, Commentario al Codice Civile, Art. 2120, Nr. 16, S. 469; *Gragnoli/Palladini*, La retribuzione, S. 570.
[410] Vgl. Fn. 325.
[411] *Del Giudice/Mariani/Izzo/Solombrino*, Diritto del lavoro, S. 502; *Del Giudice*, Ipercompendio, Diritto del lavoro, S. 105.

Kündigungsschutzgesetz, echten Bestandsschutz, also Wiedereingliederung in den Betrieb, gewähren.[412]

b) Der obligatorische Kündigungsschutz

aa) Kündigungsschutz: Wiedereinstellung oder Schadensersatz

Im Kündigungsschutzgesetz von 1966 ist der obligatorische Kündigungsschutz (tutela obbligatoria) geregelt.[413] Dieser gilt, abgekürzt dargestellt, in Produktionseinheiten mit bis zu 15 Arbeitnehmern. Nach dem KSchG 1966 wird der Arbeitgeber bei nicht gerechtfertigter Kündigung zur Wiedereinstellung oder zum Schadensersatz verurteilt.

Nach Art. 8 Satz 1 Alt. 1 KSchG 1966 ist der Arbeitgeber bei rechtswidriger Kündigung verpflichtet, den Arbeitnehmer innerhalb einer Frist von drei Tagen wieder einzustellen.[414] Will der Arbeitgeber den Arbeitnehmer jedoch nicht wieder einstellen, verbleibt es bei der Beendigung des Arbeitsverhältnisses und der Arbeitgeber muss dem Arbeitnehmer nach Art. 8 Satz 1 Alt. 2 KSchG 1966 Schadensersatz leisten; das Arbeitsverhältnis wird also auch durch die

---

[412]   *Del Giudice/Mariani/Izzo/Solombrino*, Diritto del lavoro, S. 503; *Galantino*, ZIAS 1991, 414, 418; *Tillmann*, in: *Eccher/Schurr/Kindler/Asam/Patti/Gebauer/Hausmann/Strauß*, Neuerungen im italienischen Schuld-, Gesellschafts-, Handelsvertreter- und Anwaltsrecht, S. 270.

[413]   Gesetz Nr. 604 vom 15. 07. 1966, Gazz. Uff. Nr. 195 vom 06. 08. 1966, in der geänderten Fassung von Gesetz Nr. 183 vom 04. 11. 2010 (Collegato Lavoro), Gazz. Uff. Nr. 262 vom 09. 11. 2010, im Folgenden KSchG 1966 genannt.

[414]   Art 8 Satz 1 KSchG 1966 lautet:
Quando risulti accertato che non ricorrono gli estremi del licenziamento per giusta causa o giustificato motivo, il datore di lavoro è tenuto a riassumere il prestatore di lavoro entro il termine di tre giorni o, in mancanza, a risarcire il danno versandogli un'indennità di importo compreso fra un minimo di 2,5 ed un massimo di 6 mensilità dell'ultima retribuzione globale di fatto, avuto riguardo al numero dei dipendenti occupati, alle dimensioni dell'impresa, all'anzianità di servizio del prestatore di lavoro, al comportamento e alle condizioni delle parti. (Wird festgestellt, dass die Voraussetzungen für eine Entlassung aus wichtigem Grund oder aus einem rechtfertigenden Beweggrund nicht vorliegen, ist der Arbeitgeber verpflichtet, den Arbeitnehmer innerhalb einer Frist von drei Tagen wieder einzustellen oder, wenn er dies nicht tut, den Schaden zu ersetzen, indem er ihm eine Entschädigung in der Höhe von mindestens 2,5 und höchstens 6 Monatsgehältern nach der zuletzt tatsächlich bezahlten Gesamtentlohnung zahlt, wobei die Anzahl der beschäftigten Dienstnehmer, die Größe des Unternehmens, das Dienstalter des Arbeitnehmers sowie das Verhalten und die Lage der Parteien zu berücksichtigen sind).

rechtswidrige Kündigung beendet.[415] Das Wahlrecht zwischen Wiedereinstellung und Schadensersatz steht ausschließlich dem Arbeitgeber zu.[416] Der
Arbeitnehmer kann zwar die Unwirksamkeit der Kündigung geltend machen,
der Arbeitgeber kann das Arbeitsverhältnis aber gleichwohl beenden und dem
Arbeitnehmer eine Schadensersatzzahlung leisten.[417] Der obligatorische Kündigungsschutz kann somit zu einer Monetarisierung des Kündigungsschutzes führen.[418] Der Kündigungsschutz wird als obligatorischer, also schuld-
rechtlicher Kündigungsschutz bezeichnet, weil der Arbeitgeber einerseits die
schuldrechtliche Nebenpflicht hat,[419] dem Arbeitnehmer nicht ohne wichtigen
oder rechtfertigenden Grund zu kündigen, und andererseits – wie bei jeder
schuldrechtlichen Verpflichtung – im Verstoßfall lediglich zu Schadensersatz in
Geld verpflichtet ist.[420] In Abgrenzung zum realen Kündigungsschutz wird die
Wirkung des obligatorischen Kündigungsschutzes deshalb auch als schwach
(debole) bezeichnet.[421]

Wählt der Arbeitgeber die Wiedereinstellung (riassunzione), wird ein neues Arbeitsverhältnis begründet.[422] Für die Zwischenzeit der Unterbrechung
besteht kein Arbeitsverhältnis, das ursprüngliche Arbeitsverhältnis lebt auch
nicht wieder auf.[423] Der durch die Wiedereinstellung erzeugte Kündigungsschutz wirkt nur für die Zukunft.[424] Durch diese Konstruktion wird erreicht,

---

415 *Del Giudice/Mariani/Izzo/Solombrino,* Diritto del lavoro, S. 505; *Napoli,* Licenziamenti,
     1993, dort Nr. 7 il contenuto della tutela obbligatoria, zitiert nach Pluris online, der
     den Begriff tutela obbligatoria für einen sehr technischen Ausdruck hält; *Pedrazzoli,*
     Licenziamenti e sanzioni nei rapporti di lavoro, S. 218.
416 *Cendon* (Hrsg.), Commentario al Codice Civile, 2011, Art. 2118, S. 1281; *Del Giudice/
     Mariani/Izzo/Solombrino,* Diritto del lavoro, S. 505; *Mazzotta,* Diritto del lavoro, S. 733.
417 *Pedrazzoli,* Licenziamenti e sanzioni nei rapporti di lavoro, S. 218.
418 *Carinci,* Diritto del lavoro, S. 294, 4.6.3. L'alternativa tra riassunzione e risarcimento
     del danno.
419 *Nogler,* AuR 2003, 321, 323.
420 *Nogler,* AuR 2003, 321, 323; *Cendon* (Hrsg.), Commentario al Codice Civile, 2011,
     Art. 2118, S. 1281; *Biagi/Tiraboschi,* Istituzioni di diritto del lavoro, S. 690.
421 *Pera,* Diritto del lavoro, S. 551; *Grandi/Pera,* Commentario breve alle leggi sul lavoro
     2009, Art. 18, I, S. 755; *Nogler* verwendet zur Abgrenzung der Folgen aus der un-
     wirksamen Kündigung das Begriffspaar schwacher Kündigungsschutz für die tutela
     obbligatoria und starker Kündigungsschutz für die tutela reale, *Nogler,* AuR 2003,
     321, 323; *Galantino,* ZIAS 1991, 414, 419.
422 *Mazzotta,* Diritto del lavoro, S. 734; *Del Giudice/Mariani/Izzo/Solombrino,* Diritto del
     lavoro, S. 505; *Pedrazzoli,* Licenziamenti e sanzioni nei rapporti di lavoro, S. 218; *Biagi/
     Tiraboschi,* Istituzioni di diritto del lavoro, S. 691.
423 *Riva,* Compendio di diritto del lavoro 2011, S. 240; *Pera,* Diritto del lavoro, S. 552.
424 Wirkung "ex nunc", *Cendon* (Hrsg.), Commentario al Codice Civile, 2011, Art. 2118,
     S. 1282; *Mazzoni,* Manuale di diritto del lavoro, S. 726.

dass der Arbeitnehmer keinen Anspruch auf Vergütungszahlung für die Zeit der Unterbrechung zwischen den beiden Arbeitsverhältnissen hat.[425] Ebenso bleiben dem Arbeitnehmer frühere Beschäftigungszeiten oder sonstige über die Jahre erworbene Rechte nicht erhalten.[426] Das Gesetz schließt somit für die Dauer des Rechtsstreits eine Kombination von Wiedereinstellung oder Schadensersatz einerseits und Annahmeverzugslohn des Arbeitnehmers andererseits aus.[427]

Nach Art. 8 Satz 1 KSchG 1966 ist der Arbeitgeber verpflichtet, den Arbeitnehmer innerhalb von drei Tagen wieder einzustellen. Entscheidet sich der Arbeitgeber anstelle des Schadensersatzes für die Option der Wiedereinstellung, muss der Arbeitnehmer seine Arbeit sofort wieder aufnehmen. Dies kann gerade in einem Kleinst- oder Kleinbetrieb bis zu 15 Arbeitnehmern zu versteckten oder offenen Diskriminierungen führen, weil dann die anderen Arbeitnehmer befürchten müssen, ihrerseits betriebsbedingt gekündigt zu werden.[428] Verzichtet der Arbeitnehmer deshalb auf seine ihm vom Arbeitgeber angebotene Wiedereinstellung, ist er doppelt bestraft. Zum einen verliert er ein Arbeitsverhältnis, weil er seine Arbeitskraft nicht anbietet, zum anderen erhält er keinen Schadensersatz, weil der Arbeitgeber Wiedereinstellung gewährt hat.[429] Das italienische Verfassungsgericht hat daher entschieden, dass der Arbeitnehmer in diesem Fall seine Arbeitsaufnahme verweigern kann und trotzdem Anspruch auf Schadensersatz hat.[430] Diese Rechtsprechung bewirkt, dass es im Anwendungsbereich des obligatorischen Kündigungsschutzes nur

---

[425] *Toffoletto/Pucci*, Diritto del lavoro, S. 222, 8.5; *Bovenberg*, Kündigung und Kündigungsschutz im Italienischen Arbeitsrecht, S. 134; *Biagi/Tiraboschi*, Istituzioni di diritto del lavoro, S. 691; *Riva*, Compendio di diritto del lavoro 2012, S. 247.

[426] *Del Giudice/Mariani/Izzo/Solombrino*, Diritto del lavoro, S. 505; *Pedrazzoli*, Licenziamenti e sanzioni nei rapporti di lavoro, S. 218.

[427] *Biagi/Tiraboschi*, Istituzioni di diritto del lavoro, S. 691.

[428] Corte Cost. vom 23.02.1996, Nr. 44, zitiert nach Pluris online; *Rotondi*, Corso di diritto del lavoro, S. 219, Nr. 17.10; *Del Giudice/Mariani/Izzo/Solombrino*, Diritto del lavoro, S. 505; *Riva*, Compendio di diritto del lavoro 2012, S. 247.

[429] *Riva*, Compendio di diritto del lavoro 2012, S. 247; ausführlich dazu *Ghezzi*, RDL 1968, 255 ff.

[430] Dies entspräche der Systematik des Schadensersatzanspruchs zu Gunsten des Arbeitnehmers im Verhältnis zu den Arbeitnehmern in größeren Betrieben, in denen der reale Kündigungsschutz gilt, und die immer einen Schadensersatzanspruch geltend machen können, Corte Cost. vom 23.02.1996, Nr. 44, zitiert nach Pluris online; *Toffoletto/Pucci*, Diritto del lavoro, S. 222, dort 8.5; *Riva*, Compendio di diritto del lavoro 2011, S. 240; *Del Giudice/Mariani/Izzo/Solombrino*, Diritto del lavoro, S. 505; *Cendon* (Hrsg.), Commentario al Codice Civile, 2011, Art. 2118, S. 1283.

dann zu einer Wiedereinstellung kommt, wenn der Arbeitnehmer damit einverstanden ist.[431]

bb) Betriebsgröße: Produktionseinheit mit bis zu 15 Arbeitnehmern

Die Anwendung des obligatorischen Kündigungsschutzes oder des realen
Kündigungsschutzes als Folge der nicht gerechtfertigten Kündigung ist abhängig von der Größe des Betriebs, in dem die Kündigung ausgesprochen worden
ist. Art. 18 Abs. 1 Arbeitnehmerstatut regelt, ab welcher Betriebsgröße der
reale Kündigungsschutz Anwendung findet. Da in Italien nach Art. 1 KSchG
1966 grundsätzlich alle Arbeitnehmer Kündigungsschutz genießen, greift der
obligatorische Kündigungsschutz, wenn die Betriebsgrößen noch unter den
Anwendungsvoraussetzungen von Art. 18 Abs. 1 Arbeitnehmerstatut liegen.[432]
Dies bedeutet, dass der obligatorische Kündigungsschutz anwendbar ist,[433]
wenn der Arbeitgeber in der Produktionseinheit, in der die Kündigung erfolgt,
nicht mehr als 15 Arbeitnehmer beschäftigt oder wenn er zwar in der Produktionseinheit weniger als 15 Arbeitnehmer, aber in derselben Gemeinde nicht
mehr als 15 beschäftigt oder wenn er zwar in der Produktionseinheit weniger
als 15 Arbeitnehmer und in derselben Gemeinde weniger als 15, aber insgesamt
in allen Produktionseinheiten nicht mehr als 60 Arbeitnehmer beschäftigt.[434]
Dies gilt ebenso für die landwirtschaftlichen Betriebe; jedoch ist hier die Anwendungsschwelle von 15 Arbeitnehmern auf 5 Arbeitnehmer reduziert.[435]

cc) Unterschiedlicher Kündigungsschutz bei formellen Mängeln

Hält der Arbeitgeber die Schriftform nach Art. 2 Abs. 1 KSchG 1966 nicht ein,
ist die Kündigung nach Art. 2 Abs. 3 KSchG 1966 unwirksam (inefficace).[436]

---

431 *Pedrazzoli*, Licenziamenti e sanzioni nei rapporti di lavoro, S. 216.
432 *Febbraro*, Statuto dei lavoratori, S. 116; *Cian/Trabucchi*, Commentario breve al codice
     civile, Art. 2119, II, S. 2062; *Bovenberg*, Kündigung und Kündigungsschutz im Itali-
     enischen Arbeitsrecht, S. 8
433 Nach Art. 18 Abs. 8 Arbeitnehmerstatut in der Fassung des Arbeitsmarktreformge-
     setzes 2012 bleiben die bisherigen Schwellenwerte für den Fall der betriebsbedingten
     Kündigung unverändert; *D'Agostino/Marano/Solombrino*, La riforma Fornero del
     lavoro, S. 192; *Riva*, Compendio di diritto del lavoro 2012, S. 242.
434 *Mazzotta*, Diritto del lavoro, S. 762; *Cendon* (Hrsg.), Commentario al Codice Civile,
     2011, Art. 2118, S. 1281; *D'Agostino*, Schemi & Schede di diritto del lavoro, S. 195;
     Riva, Compendio di diritto del lavoro 2011, S. 241.
435 *Cendon* (Hrsg.), Commentario al Codice Civile, 2011, Art. 2118, S. 1281; *D'Agostino*,
     Schemi & Schede di diritto del lavoro, S. 195; *Riva*, Compendio di diritto del lavoro
     2011, S. 241.
436 *Febbraro*, Statuto dei lavoratori, S. 107.

Dem Arbeitnehmer steht unabhängig von der Unternehmensgröße das Recht auf Wiedereingliederung und Schadensersatz (Annahmeverzug) nach Art. 18 Abs. 1 bis 3 Arbeitnehmerstatut in der Fassung des Arbeitsmarktreformgesetzes 2012 zu.[437]

Hält der Arbeitgeber dagegen seine Pflicht zur Kündigungsbegründung nach Art. 2 Abs. 2 KSchG 1966 n. F. nicht ein, führt dieser formelle Mangel weder zum Recht auf Wiedereinstellung nach Art. 8 KSchG 1966[438] noch zum Recht auf Wiedereingliederung nach Art. 18 Abs. 1 bis 3 Arbeitnehmerstatut in der Fassung des Arbeitsmarktreformgesetzes 2012;[439] es kommen vielmehr die allgemeinen zivilrechtlichen Normen zur Anwendung.[440] Danach gilt das Arbeitsverhältnis durch die unwirksame Kündigung als nicht unterbrochen;[441] der Arbeitnehmer hat das Recht auf Weiterbeschäftigung (reintegra di diritto comune).[442] Des Weiteren steht ihm vom Tag der Kündigung bis zur Weiterbeschäftigung ein Schadensersatzanspruch nach den allgemeinen zivilrechtlichen Regelungen zu.[443] Er muss sich dabei aber anderweitigen Verdienst anrechnen lassen.[444]

dd) Recht auf Abfindung (trattamento di fine rapporto)

Wie dargelegt, wird das Arbeitsverhältnis im Anwendungsbereich des obligatorischen Kündigungsschutzes auch durch die rechtswidrige Kündigung beendet.[445] Dem Arbeitnehmer steht daher nach Art. 2120 Abs. 1 Satz 1 c. c. ein Anspruch auf Abfindung (trattamento di fine rapporto) zu.

---

[437] *Mazzotta*, Diritto del lavoro, S. 731, 732; *D'Agostino/Marano/Solombrino*, La riforma Fornero del lavoro, S. 195, 197; *Del Giudice/Mariani/Izzo/Solombrino*, Diritto del lavoro 2012, S. 492, 494; *Riva*, Compendio di diritto del lavoro, S. 243.

[438] *Galantino*, ZIAS 1991, 414, 419.

[439] *D'Agostino/Marano/Solombrino*, La riforma Fornero del lavoro 2012, 195; *Del Giudice/Mariani/Izzo/Solombrino*, Diritto del lavoro 2012, S. 494.

[440] Bei kleineren Unternehmen verbleibt es bei der bisherigen Rechtslage (reintegra di diritto comune); *D'Agostino/Marano/Solombrino*, La riforma Fornero del lavoro 2012, 195; *Del Giudice/Mariani/Izzo/Solombrino*, Diritto del lavoro 2012, S. 494.

[441] *Cendon*, Commentario al Codice Civile, Art. 2118, Nr. 4.1, S. 413; *Galantino*, ZIAS 1991, 414, 420.

[442] *D'Agostino/Marano/Solombrino*, La riforma Fornero del lavoro, S. 195.

[443] *Bovenberg*, Kündigung und Kündigungsschutz im Italienischen Arbeitsrecht, S. 132, mit Verweis auf Urteil des Großen Senats des Kassationsgerichtes vom 27. 07. 1999 (Cass. S. U., 27. 07. 1999, n. 508, FI 1999, I, 2818); *D'Agostino/Marano/Solombrino*, La riforma Fornero del lavoro, S. 195.

[444] *Toffoletto/Nespoli*, I licenziamenti individuali in Italia e nell'Unione Europea, S. 57, Nr. 1.7.c.; *Andreaus/Tratter/Wörndle*, Die Rechte der ArbeitnehmerInnen, S. 83.

[445] *Del Giudice/Mariani/Izzo/Solombrino*, Diritto del lavoro, S. 505.

Für den Fall, dass sich der Arbeitgeber anstelle der Beendigung des Arbeitsverhältnisses gegen Zahlung von Schadensersatz für die Wiedereinstellung
des gekündigten Arbeitnehmers entscheidet, wird ein neues Arbeitsverhältnis begründet, das alte Arbeitsverhältnis bleibt beendet.[446] Der Arbeitnehmer
muss deshalb das für die Beendigung des ursprünglichen Arbeitsverhältnisses
erhaltene trattamento di fine rapporto nicht zurückzahlen.[447]

c)   Der reale Kündigungsschutz

aa) Wiedereingliederung sowie Entschädigung oder nur
Auflösungsabfindung

Der reale Kündigungsschutz ist in Art. 18 Arbeitnehmerstatut geregelt. Er
gilt in Produktionseinheiten, in denen mehr als 15 Arbeitnehmer beschäftigt
werden.[448] In Abgrenzung zum obligatorischen Kündigungsschutz in kleineren Produktionseinheiten bewirkt der reale Kündigungsschutz nach Art. 18
Arbeitnehmerstatut im Fall der rechtswidrigen Kündigung einen echten Bestandsschutz (stabilità reale),[449] wenn seine Anwendungsvoraussetzungen
gegeben sind. Die Wirkung des realen Kündigungsschutzes wird deshalb auch
als starker (forte) Schutz bezeichnet.[450]

Art. 18 Arbeitnehmerstatut wurde durch das Arbeitsmarktreformgesetz
2012[451] vollständig neu gefasst. Art. 18 Arbeitnehmerstatut n. F. sieht jetzt

---

446   *Pedrazzoli*, Licenziamenti e sanzioni nei rapporti di lavoro, S. 218; *Del Giudice/Mariani/*
      Izzo/Solombrino, Diritto del lavoro, S. 505
447   *Mazzoni*, Manuale di diritto del lavoro, S. 718; *Hofmann/Coslovich*, Arbeitsrecht in
      Italien, S. 65.
448   Im Einzelnen zur Betriebsgröße vgl. ab Fn. 490.
449   *Pera*, Diritto del lavoro, S. 551; *Riva*, Compendio di diritto del lavoro 2011, S. 239.
      Nach Art. 18 Abs. 7 Satz 2 Arbeitnehmerstatut in der Fassung des Arbeitsmarktre-
      formgesetzes 2012 kann der Richter die Wiedereingliederung nur anordnen, wenn
      der betriebsbedingte Kündigungsgrund offensichtlich nicht vorliegt; anderenfalls
      wird das Arbeitsverhältnis zum Zeitpunkt der Kündigung aufgelöst und der Arbeit-
      nehmer erhält eine Abfindung in Höhe von zwölf bis 24 Monatsgehältern, Art. 18
      Abs. 7 S. 2, Abs. 5 Arbeitnehmerstatut in der Fassung des Arbeitsmarktreformgeset-
      zes 2012, *D'Agostino/Marano/Solombrino*, La riforma Fornero del lavoro S. 183; *Riva*,
      Compendio di diritto del lavoro 2012, S. 245.
450   *Nogler*, AuR 2003, 321, 323; *Galantino*, ZIAS 1991, 414, 419, 420; *Pera*, Diritto del lavoro,
      S. 551; *Grandi/Pera*, Commentario breve alle leggi sul lavoro 2009, Art. 18, I, S. 754.
451   Gesetz Nr. 92 vom 28. 06. 2012, Gazz. Uff. Nr. 153 vom 03. 07. 2012, Disposizioni in
      materia di riforma del mercato del lavoro in una prospettiva di crescita, im Folgen-
      den Arbeitsmarktreformgesetz 2012 genannt.

vier unterschiedliche Schutzregelungen vor, die je nach Art der Kündigung und Schwere der Mängel, die der Kündigung anhaften, anzuwenden sind.[452] Dabei handelt es sich um den vollständigen Wiedereingliederungsschutz,[453] den beschränkten Wiedereingliederungsschutz,[454] den vollständigen Entschädigungsschutz[455] und den reduzierten Entschädigungsschutz.[456] Die Überschrift von Art. 18 Arbeitnehmerstatut n. F. lautet daher nicht mehr „Wiedereingliederung", sondern „Schutz des Arbeitnehmers bei Rechtswidrigkeit der Kündigung".[457] Im Fall der betriebsbedingten Kündigung (licenziamento economico)[458] richtet sich der Kündigungsschutz nach Art. 18 Abs. 7 Arbeitnehmerstatut n. F.[459] Welcher Kündigungsschutz im Einzelfall zur Anwendung kommt, hängt davon ab, ob die betriebsbedingte Kündigung qualifiziert rechtswidrig (ingiustificatezza qualificata) oder lediglich einfach rechtswidrig (ingiustificatezza semplice) ist.[460]

Wenn der vom Arbeitgeber vorgetragene Kündigungsgrund offensichtlich nicht zutrifft (manifesta insussistenza), kann das Gericht den Arbeitgeber nach Art. 18 Abs. 7 Satz 2 HS 1, Abs. 4 Arbeitnehmerstatut n. F. zu Wiedereingliederung und Schadensersatz verurteilen.[461] Die Anordnung der Wiedereingliederung erfolgt direkt im Urteil[462] und verpflichtet den Arbeitgeber, dem

---

[452] Vgl. den Überblick bei *Mazzotta*, Diritto del lavoro, S. 736, *Del Giudice/Mariani/Izzo/ Solombrino*, Diritto del lavoro 2012, S. 490–492 sowie *Ghera*, Diritto del lavoro 2013, S. 474, 475.

[453] Art. 18 Abs. 1 Arbeitnehmerstatut n. F. (reintegrazione piena).

[454] Art. 18 Abs. 4 Arbeitnehmerstatut n. F. (reintegrazione attenuata).

[455] Art. 18 Abs. 5 Arbeitnehmerstatut n. F. (indennità risarcitoria in misura piena).

[456] Art. 18 Abs. 6 Arbeitnehmerstatut n. F. (indennità risarcitoria in misura ridotta).

[457] *D'Agostino/Marano/Solombrino*, La riforma Fornero del lavoro, S. 171.

[458] Vgl. Fn. 359.

[459] Art. 18 Abs. 7 Satz 2 Arbeitnehmerstatut n. F. lautet:
Può altresì applicare la predetta disciplina nell'ipotesi in cui accerti la manifesta insussistenza del fatto posto a base del licenziamento per giustificato motivo oggettivo; nelle altre ipotesi in cui accerta che non ricorrono gli estremi del predetto giustificato motivo, il giudice applica la disciplina di cui al quinto comma. (Die genannte Regelung kann auch dann Anwendung finden, wenn das Gericht feststellt, dass der rechtfertigende objektive Grund, auf dem die Kündigung beruht, offensichtlich nicht nachgewiesen werden kann; in allen anderen Fällen, in denen das Gericht feststellt, dass der vorgetragene rechtfertigende Grund nicht besteht, wendet das Gericht die in Abs. 5 genannten Rechtsfolgen an).

[460] *Vallebona*, La riforma del lavoro 2012, S. 14, 57; *Del Giudice/Mariani/Izzo/Solombrino*, Diritto del lavoro 2012, S. 473; *Di Carluccio*, RIDL 2014, 176, 182.

[461] *D'Agostino/Marano/Solombrino*, La riforma Fornero del lavoro, S. 183; *Riva*, Compendio di diritto del lavoro 2012, S. 245.

[462] Art. 18 Abs. 4 Satz 1 Arbeitnehmerstatut n. F.; *Ballatore/Bertolino/Grattagliano/Grossi/*

Arbeitnehmer dessen ursprünglichen oder einen vergleichbaren Arbeitsplatz zur Verfügung zu stellen.[463] Wegen des in Folge der Wiedereingliederung erreichten ununterbrochenen Bestandes des Arbeitsverhältnisses hat der Arbeitgeber sowohl die Steuer- und Sozialversicherungsbeiträge nachzuzahlen[464] als auch die Zeitdauer von der Kündigung bis zur Wiedereingliederung bei der nachträglichen Berechnung der T. F. R.-Anteile wie tatsächlich geleistete Arbeitszeit zu berücksichtigen.[465] Für den Zeitraum von der Kündigung bis zur tatsächlichen Wiedereingliederung steht dem Arbeitnehmer ein Schadensersatzanspruch zu,[466] der nach Art. 18 Abs. 4 Satz 2 Arbeitnehmerstatut n. F. auf zwölf Monatsgehälter begrenzt ist und sich somit auch bei einer längeren Prozessdauer nicht weiter erhöht.[467] Deswegen wird der Kündigungsschutz nach Art. 18 Abs. 4 Arbeitnehmerstatut n. F. als beschränkter Wiedereingliederungsschutz bezeichnet.[468] Dieser Schadensersatz ist dem Normzweck von § 615 BGB ähnlich,[469] der dem Arbeitnehmer während des Kündigungsschutzprozesses bei Annahmeverzug des Arbeitgebers den Anspruch auf Lohn erhält, obwohl er die geschuldete Arbeitsleistung nicht erbringt.[470] Als Grundlage der Schadensberechnung wird der für den Zeitraum der Unterbrechung des Arbeitsverhältnisses entgangene Verdienst herangezogen.[471]

Daneben besteht für den Arbeitnehmer nach Art. 18 Abs. 7 Satz 2 HS 1,

---

Invrea/Scarzello, Il rapporto di lavoro privato subordinato, S. 2348; *Del Giudice/Mariani/Izzo/Solombrino*, Diritto del lavoro, S. 503.

[463] *Rotondi*, Corso di diritto del lavoro, S. 217; *Bovenberg*, Kündigung und Kündigungsschutz im Italienischen Arbeitsrecht, S. 113, mit Verweis auf *Miscione*, der einwendet, dass angesichts der langen Prozessdauer (fünf bis zehn Jahre) keine realistische Möglichkeit bestünde, den Anspruch auf Wiedereingliederung praktisch durchzusetzen.

[464] Art. 18 Abs. 4 Satz 3 Arbeitnehmerstatut n. F.; *Del Giudice*, Ipercompendio, Diritto del lavoro, S. 112; *Rotondi*, Corso di diritto del lavoro, S. 217.

[465] *Cendon* (Hrsg.), Commentario al Codice Civile, 2011, Art. 2118, S. 1265.

[466] *Del Giudice/Mariani/Izzo/Solombrino*, Diritto del lavoro, S. 503; *Tillmann*, in: *Tillmann* (Hrsg.), Personalrecht in Europa, S. 278; *Nogler*, AuR 2003, 321, 324.

[467] *D'Agostino/Marano/Solombrino*, La riforma Fornero del lavoro, S. 182; *Riva*, Compendio di diritto del lavoro 2012, S. 244. Seit 2012 kann der Schadensersatz also auch weniger als fünf Monatsgehälter betragen, *D'Agostino/Marano/Solombrino*, La riforma Fornero del lavoro, S. 179; *Riva*, Compendio di diritto del lavoro 2012, S. 244.

[468] *Del Giudice/Mariani/Izzo/Solombrino*, Diritto del lavoro 2012, S. 490–492; *Ghera*, Diritto del lavoro 2013, S. 474, 475; vgl. Fn. 454.

[469] So schon zu Art. 18 Arbeitnehmerstatut a. F., *Bünger*, EuroAS 1999, 187, 190.

[470] *Waas/Palonka*, in: *Däubler/Hjort/Schubert/Wolmerath*, Arbeitsrecht, BGB, § 615 Rn. 1; *Preis*, in: Erfurter Kommentar zum Arbeitsrecht, BGB, § 615 Rn. 1, 75.

[471] Art. 18 Abs. 4 Satz 1 HS 2 Arbeitnehmerstaut n. F.; *Kronke*, Regulierungen auf dem Arbeitsmarkt, S. 235; *Nogler*, AuR 2003, 321, 324; *Hausmann*, in: Di Majo/Kindler/Hausmann, Produkthaftung Handelsvertreter Arbeitsrecht, S. 79.

Abs. 4 Satz 5, Abs. 3 Satz 1 Arbeitnehmerstatut n. F. ein Wahlrecht (opzione con facoltà alternativa[472]) zwischen Wiedereingliederung und Beendigung gegen Zahlung einer Entschädigung.[473] Wählt der Arbeitnehmer die Entschädigung, verzichtet er auf die Fortsetzung des Arbeitsverhältnisses und gibt dadurch seinen Bestandsschutz auf.[474] Vergleichbar mit einer Kündigung aus wichtigem Grund kann der Arbeitnehmer durch die Wahl der Beendigungsentschädigung das Arbeitsverhältnis außerordentlich beenden.[475] Das Wahlrecht steht nur dem Arbeitnehmer zu und kann vom Arbeitgeber nicht beeinflusst werden.[476] Anstelle von Wiedereingliederung und Schadensersatz (Annahmeverzugslohn) nach Art. 18 Abs. 7, 4 Arbeitnehmerstatut n. F. stehen dem Arbeitnehmer dann die Entschädigung nach Art. 18 Abs. 7, 3 Arbeitnehmerstatut n. F. und Schadensersatz[477] (Annahmeverzugslohn) zu;[478] die Entschädigung erhält er also zusätzlich zum Schadensersatz (Annahmeverzugslohn).[479] In Abgrenzung zum Schadensersatz wird diese Entschädigung nach Art. 18 Abs. 3 Satz 1 Arbeitnehmerstatut n. F. als indennità (sog. indennità sostitutiva della reintegrazione)[480]

---

472 *Pedrazzoli*, Licenziamenti e Sanzioni nei Rapporti di Lavoro, S. 201, mit weiteren Nachweisen; *Grandi/Pera*, Commentario breve alle leggi sul lavoro 2009, S. 768, Art. 18, VII; *Febbraro*, Statuto dei lavoratori, S. 112; *Cendon* (Hrsg.), Commentario al Codice Civile, 2011, Art. 2118, S. 1269; *Rotondi*, Corso di diritto del lavoro, S. 217.

473 *D'Agostino/Marano/Solombrino*, La riforma Fornero del lavoro, S. 183, 178, 187; *Riva*, Compendio di diritto del lavoro 2012, S. 245, 244, 243; *Rausei/Tiraboschi*, Lavoro: una riforma sbagliata, S. 148, 155. Das Wahlrecht bestand auch schon von der Arbeitsmarktreform 2012, vgl. *Rotondi*, Corso di diritto del lavoro, S. 217; *Grandi/Pera*, Commentario breve alle leggi sul lavoro 2009, S. 768, Art. 18, VII.

474 *Nogler*, AuR 2003, 321, 324.

475 So schon Art. 18 Abs. 5 Arbeitnehmerstatut a. F., *Alpa/Zatti*, Commentario breve al Codice Civile, S. 2119; *Amoroso/Di Cerbo/Maresca*, Diritto del lavoro, Lo Statuto dei lavoratori, Art. 18, S. 845.

476 Vgl. Art. 18 Abs. 3 Satz 1 Arbeitnehmerstatut n. F.; *Pendolino*, ADL 2010, 255.

477 Nach Art. 18 Abs. 4 Satz 2 Arbeitnehmerstatut n. F. ist der Schadensersatzanspruch auf höchstens zwölf Monatsgehälter begrenzt, vgl. Fn. 467.

478 So schon zu Art. 18 Arbeitnehmerstatut a. F., *Del Giudice/Mariani/Izzo/Solombrino*, Diritto del lavoro, S. 504; *Cutolo/Esposito*, Formulario del Processo del Lavoro, S. 67 ff, mit entsprechenden Klagemustern; *Bauer/Eccher/König/Kreuzer/Zahnon*, Formulariobuch zum italienischen Zivilverfahrensrecht/Formulario del diritto processuale civile, edizione bilingue, mit einer Vielzahl von Klage- und Urteilsmustern.

479 *Riva*, Compendio di diritto del lavoro, S. 187, B); *Del Giudice*, Ipercompendio, Diritto del lavoro, S. 111, dort 11 A); *Grandi/Pera*, Commentario breve alle leggi sul lavoro 2009, S. 768, Art. 18 VII; *Cendon*, Commentario al Codice Civile, S. 429; *Alpa/Zatti*, Commentario breve al Codice Civile, S. 2119; *Amoroso/Di Cerbo/Maresca*, Diritto del lavoro, Lo Statuto dei lavoratori, Art. 18, S. 851.

480 Cass. Civ. Sez. Lavoro vom 04. 09. 2009, Nr. 19244, ADL 2010, 254; *Pendolino*, ADL 2010, 255; *D'Agostino*, Schemi & Schede di diritto del lavro, S. 195; *Febbraro*, Statuto

bezeichnet und beträgt pauschal 15 Monatsgehälter.[481] Der Arbeitnehmer kann
auf diese Weise seinen Verzicht auf den Arbeitsplatz zu Geld machen.[482] Wenn
er den Kündigungsschutzprozess gewonnen hat und auf seinen Bestandsschutz verzichten will, muss er eine Frist einhalten. Nach Art. 18 Abs. 3 Satz
2 Arbeitnehmerstatut n. F. hat er innerhalb von 30 Tagen nach Hinterlegung
des Urteils oder innerhalb von 30 Tagen nach Erhalt der Aufforderung des
Arbeitgebers, den Dienst wieder aufzunehmen, sein Wahlrecht auszuüben
und die Entschädigung zu fordern;[483] mit der Geltendmachung erlischt das
Arbeitsverhältnis.[484]

Nach Art. 18 Abs. 7 Satz 2 HS 1 Arbeitnehmerstatut n. F. kommen somit
Wiedereingliederung und alternative Entschädigung in Höhe von 15 Monatsgehältern nur in Betracht, wenn der betriebsbedingte Kündigungsgrund offensichtlich nicht vorliegt. Auch wenn die Kündigung offensichtlich unbegründet
ist, ist die Wiedereingliederung nicht zwingend im Urteil auszusprechen; der
Richter kann von dieser Möglichkeit Gebrauch machen, muss es aber nicht.[485]
Der Gesetzgeber will dadurch erreichen, dass der Ausspruch einer betriebsbedingten Kündigung erleichtert wird; sie soll in der Regel zur Beendigung des
Arbeitsverhältnisses und nicht zur Wiedereingliederung führen.[486]

---

dei lavoratori, S. 109, 112; *Amoroso/Di Cerbo/Maresca*, Diritto del lavoro, Lo Statuto
dei lavoratori, Art. 18, S. 845.

[481]   *D'Agostino/Marano/Solombrino*, La riforma Fornero del lavoro, S. 183, 178, 187; *Riva*,
Compendio di diritto del lavoro 2012, S. 245, 244, 243; *Rausei/Tiraboschi*, Lavoro:
una riforma sbagliata, S. 148, 155. Art. 18 Abs. 7 Satz 2 HS 1, Abs. 4 Satz 5, Abs. 3
Arbeitnehmerstatut; *D'Agostino/Marano/Solombrino*, La riforma Fornero del lavoro,
S. 183, 178, 187; *Riva*, Compendio di diritto del lavoro 2012, S. 245, 244, 243; *Rausei/
Tiraboschi*, Lavoro: una riforma sbagliata, S. 148, 155.

[482]   *Pendolino*, ADL 2010, 255; *Lattanzio*, Lav. Giur. 2011, 1011, 1015 Fn. 19; *Febbraio*, Statuto
dei lavoratori, S. 113.

[483]   So schon zu Art. 18 Abs. 5 Arbeitnehmerstatut a. F., *Grandi/Pera*, Commentario breve
alle leggi sul lavoro 2009, S. 769, Art. 18 VII Rn. 6.

[484]   Art. 18 Abs. 3 Satz 1 Arbeitnehmerstatut n. F.; ebenso zu Art. 18 Abs. 5 Arbeitnehmerstatut a. F. Cass. Civ. Sez. Lavoro vom 04. 09. 2009, Nr. 19244, ADL 2010, 254;
Bovenberg, Kündigung und Kündigungsschutz im Italienischen Arbeitsrecht, S. 116.

[485]   Art. 18 Abs. 7 Satz 2 HS 1 Arbeitnehmerstatut n. F. spricht von "kann" (può), nicht
von "muss" (deve), *Riva*, Compendio di diritto del lavoro 2012, S. 245; *Vallebona*,
La riforma del lavoro 2012, S. 59; Gesetzesentwurf in der Abgeordnetenkammer
Nr. 5256 vom 31. 05. 2012, S. 22 (Atti Parlamentari, Camera dei Deputati, XVI Legislatura – Disegni di legge e relazioni, disegno di legge N. 5226, S. 22); Gesetzesentwurf
im Senat Nr. 3249 vom 05. 04. 2012, S. 10 (Atti Parlamentari, Senato della Republica,
XVI Legislatura – Disegni di legge e relazioni, disegno di legge N. 3249, S. 10).

[486]   *D'Agostino/Marano/Solombrino*, La riforma Fornero del lavoro, S. 183; Gesetzesbegründung Nr. 650/2 vom 10. 07. 2012, S. 93, C) (Camera dei deputati – XVI Legislatura

In den anderen Fällen, in denen die betriebsbedingte Kündigung nicht offensichtlich unwirksam ist, erklärt das Gericht das Arbeitsverhältnis für beendet und verurteilt den Arbeitgeber zur Zahlung einer Abfindung, Art. 18 Abs. 7 Satz 2 HS 2, Abs. 5 Arbeitnehmerstatut n. F.[487] Das Arbeitsverhältnis endet zu dem in der Kündigung benannten Zeitpunkt; die Abfindung beträgt zwischen zwölf und 24 Monatsgehältern.[488] Da die Auflösung – wie nach deutschem Recht – durch das Gericht erfolgt, wird diese Abfindung in Abgrenzung zur Entschädigung nach Art. 18 Abs. 7, 3 Arbeitnehmerstatut n. F. nachfolgend als Auflösungsabfindung bezeichnet. Die konkrete Höhe der Auflösungsabfindung ist abhängig von sechs Kriterien, nämlich dem Dienstalter des Arbeitnehmers, der Anzahl der beschäftigten Arbeitnehmer, der Größe des Unternehmens, dem Verhalten und der wirtschaftlichen Lage der Parteien, der gezeigten Eigeninitiative des Arbeitnehmers bei der Suche nach einer neuen Beschäftigung sowie dem Verhalten der Parteien während des vorangegangenen Schlichtungsverfahrens.[489]

bb) Betriebsgröße: Produktionseinheit mit mehr als 15 Arbeitnehmern

Art. 18 Abs. 8 Arbeitnehmerstatut n. F. regelt, ab welcher Betriebsgröße der Kündigungsschutz bei der betriebsbedingten Kündigung nach Art. 18 Abs. 7 Arbeitnehmerstatut n. F. Anwendung findet.[490] Dies ist der Fall, wenn der Arbeitgeber in der Produktionseinheit, in der die Kündigung erfolgt, mehr als 15 Arbeitnehmer beschäftigt oder wenn er zwar in der Produktionseinheit nicht mehr als 15 Arbeitnehmer, aber in derselben Gemeinde mehr als 15 beschäftigt oder wenn er zwar in der Produktionseinheit weniger als 15 Arbeitnehmer und in derselben Gemeinde weniger als 15, aber insgesamt in allen Produktionsein-

---

– Dossier di documentazione – Riforma del mercato del lavoro – Legge 28. 06. 2012, n. 92 – Schede di lettura, N. 650/2, 10. 07. 2012, S. 93, C)); *Vallebona*, La riforma del lavoro 2012, S. 59.

[487] *Colella*, RIDL 2013, 245, 263; *Corti/Sartori*, RIDL 2012, 321, 333; *Del Giudice/Mariani/Izzo/Solombrino*, Diritto del lavoro 2012, S. 492; Gesetzesentwurf im Senat Nr. 3249 vom 05. 04. 2012, S. 10 (Atti Parlamentari, Senato della Repubblica, XVI Legislatura – Disegni di legge e relazioni, disegno di legge N. 3249, S. 10).

[488] Art. 18 Abs. 5 Arbeitnehmerstatut n. F.

[489] Art. 18 Abs. 7 Satz 3, Abs. 5 HS 2 Arbeitnehmerstatut n. F., *D'Agostino/Marano/Solombrino*, La riforma Fornero del lavoro, S. 183, 188; *Riva*, Compendio di diritto del lavoro 2012, S. 245.

[490] *D'Agostino/Marano/Solombrino*, La riforma Fornero del lavoro, S. 172; *Riva*, Compendio di diritto del lavoro 2012, S. 242.

heiten mehr als 60 Arbeitnehmer beschäftigt.[491] In der Landwirtschaft genügen
mehr als fünf Arbeitnehmer in der Produktionseinheit.[492]

Im Vergleich mit der deutschen Rechtslage ist erwähnenswert, dass auch in
Italien Teilzeitbeschäftigte, die unbefristet beschäftigt sind, nach Art. 18 Abs. 9
Arbeitnehmerstatut n. F. nur mit ihrem Teilzeitanteil berechnet werden, wo-
bei die Bezugsgröße die Vollzeit im Branchentarifvertrag ist.[493] Eine ähnliche
Regelung für Teilzeitbeschäftigte enthält im deutschen Recht auch § 23 Abs. 1
Satz 4 KSchG.

Im Unterschied zum deutschen Kündigungsschutzgesetz, dessen Anwendungsbereich auch Tendenzbetriebe umfasst,[494] sind in Italien Arbeitnehmer in
Unternehmen, die ohne Gewinnabsicht politische, gewerkschaftliche, kulturel-
le, erzieherische oder religiöse Ziele verfolgen (organizzazioni di tendenza),[495]
nach Art. 4 Abs. 1 KSchG 1990[496] vom Anwendungsbereich des realen Kündigungsschutzes nach Art. 18 Arbeitnehmerstatut ausgenommen.[497] Vom Kündigungsschutz sind allerdings nur die Arbeitnehmer ausgenommen, die an der
Ausübung der oben genannten Ziele mitwirken, z. B. Lehrer in einer religiösen
Bildungseinrichtung[498] (sog. Tendenzträger).[499] Mitarbeiter mit neutralen Ar-
beitsaufgaben, die nicht der Verwirklichung des Tendenzzweckes dienen, z. B.
Hausmeister oder Verwaltungspersonal, sind nicht vom realen Kündigungsschutz nach Art. 18 KSchG ausgenommen.[500] Zuletzt kann festgestellt werden,
dass – ähnlich der Rechtsprechung des BAG zu § 23 KSchG[501] – auch in Italien

---

491 *D'Agostino*, Schemi & Schede di diritto del lavoro, S. 195; *Riva*, Compendio di diritto
     del lavoro 2011, S. 241.
492 *Toffoletto/Tradati/Negri*, Codice del lavoro, S. 1602.
493 *Del Giudice/Mariani/Izzo/Solombrino*, Diritto del lavoro 2012, S. 495.
494 Vgl. zum Begriff des Tendenzbetriebs nach deutschem Recht in § 118 Abs. 1 BetrVG,
     Kiel/Dörner, in: *Ascheid/Preis/Schmidt*, Kündigungsrecht, 2. Teil, KSchG, § 1 Rn. 851
     und *Fiebig*, in: *Fiebig/Gallner/Nägele*, Kündigungsschutzrecht, KSchG, § 1 Rn. 405.
495 *Rotondi*, Corso di diritto del lavoro, S. 214.
496 Gesetz Nr. 108 vom 11. 05. 1990, Gazz. Uff. Nr. 108 vom 11. 05. 1990, im Folgenden
     KSchG 1990 genannt.
497 *Febbraro*, Statuto dei lavoratori, S. 116; *Nogler*, AuR 2003, 321, 325; *Rotondi*, Corso di
     diritto del lavoro, S. 217; *Bovenberg*, Kündigung und Kündigungsschutz im Italieni-
     schen Arbeitsrecht, S. 99; *Cendon*, Lavoro, S. 111.
498 *Del Giudice/Mariani/Izzo/Solombrino*, Diritto del lavoro, S. 504.
499 *Kiel/Dörner*, in: *Ascheid/Preis/Schmidt*, Kündigungsrecht, 2. Teil, KSchG, § 1 Rn. 853;
     Fiebig, in: *Fiebig/Gallner/Nägele*, Kündigungsschutzrecht, KSchG, § 1 Rn. 405.
500 *Del Giudice/Mariani/Izzo/Solombrino*, Diritto del lavoro, S. 504.
501 BAG vom 26. 06. 2008 – 2 AZR 264/07, AP KSchG 1969 § 23 Nr. 42.

der Arbeitnehmer die Beweislast für das Vorliegen der Anwendungsvoraussetzungen von Art. 18 Abs. 1 Arbeitnehmerstatut trägt.[502]

cc) Realer Kündigungsschutz auch bei formellen Mängeln

Auch im Anwendungsbereich des realen Kündigungsschutzes ist die Kündigung nach Art. 2 Abs. 3 KSchG 1966 unwirksam, wenn sie nicht der Schriftform nach Art. 2 Abs. 1 KSchG 1966 entspricht. Dem Arbeitnehmer steht das
Recht auf Wiedereingliederung und Schadensersatz nach Art. 18 Abs. 1 bis 3
Arbeitnehmerstatut n. F. zu.[503]

Hält der Arbeitgeber dagegen bei der betriebsbedingten Kündigung seine
Pflicht zur Kündigungsbegründung nach § 2 Abs. 2 KSchG 1966 n. F. oder die
Pflicht zur Durchführung des Schlichtungsverfahrens nach Art. 7 KSchG 1966
n. F. nicht ein, erklärt das Gericht das Arbeitsverhältnis nach Art. 18 Abs. 6
Arbeitnehmerstatut n. F. zum Kündigungstermin für beendet und spricht dem
Arbeitnehmer einen Schadensersatz in Höhe von sechs bis zwölf Monatsge-
hältern zu, je nach der Schwere des vom Arbeitgeber begangenen Form- oder
Verfahrensfehlers.[504]

Stellt das Gericht im Rahmen des Kündigungsschutzprozesses fest, dass die
Kündigung nicht nur formell mangelhaft, sondern auch materiell nicht gerechtfertigt ist, steht dem Arbeitnehmer der oben beschriebene Kündigungsschutz[505]
nach Art. 18 Abs. 7 Arbeitnehmerstatut n. F. zu.[506]

dd) Recht auf Abfindung (trattamento di fine rapporto)

Wie erörtert,[507] setzt die Abfindung in Form des trattamento di fine rapporto
die Beendigung des Arbeitsverhältnisses voraus. Sie kommt daher bei der
qualifiziert rechtswidrigen Kündigung nur in Betracht, wenn der Arbeitneh-

---

502 *Rotondi*, Corso di diritto del lavoro, S. 216.
503 *Mazzotta*, Diritto del lavoro, S. 731, 732, 736; *Ghera*, Diritto del lavoro 2013, S. 476;
     D'Agostino/Marano/Solombrino, La riforma Fornero del lavoro, S. 191, 195, 197; *Del
     Giudice/Mariani/Izzo/Solombrino*, Diritto del lavoro 2012, S. 492, 494; *Riva*, Compendio
     di diritto del lavoro 2012, S. 243.
504 *D'Agostino/Marano/Solombrino*, La riforma Fornero del lavoro, S. 192; *Riva*, Compen-
     dio di diritto del lavoro 2012, S. 243; *Rausei/Tiraboschi*, Lavoro: una riforma sbagliata,
     S. 148; *Ghera*, Diritto del lavoro 2013, S. 480.
505 Vgl. Fn. 459 ff.
506 *Ghera*, Diritto del lavoro 2013, S. 480; *D'Agostino/Marano/Solombrino*, La riforma
     Fornero del lavoro, S. 192, dort (*); *Del Giudice/Mariani/Izzo/Solombrino*, Diritto del
     lavoro 2012, S. 492, 492.
507 Vgl. Fn. 399.

mer von der im Urteil angeordneten Wiedereingliederung nach Art. 18 Abs. 4
Arbeitnehmerstatut n. F. keinen Gebrauch macht, sondern stattdessen auf die
Fortsetzung des Arbeitsverhältnisses verzichtet und die zusätzliche Entschädigung nach Art. 18 Abs. 3 Arbeitnehmerstatut n. F. wählt. Bei der einfach
rechtswidrigen Kündigung erhält der Arbeitnehmer immer die Abfindung in
Form des trattamento di fine rapporto, da das Arbeitsverhältnis trotz Rechtswidrigkeit der Kündigung aufgelöst wird.[508]

V. Zusammenfassung

Der Arbeitnehmer in Italien kann den betriebsbedingten Kündigungsgrund
nach Art. 3 KSchG 1966 durch das Arbeitsgericht überprüfen lassen. Im Unterschied zu Deutschland greift dieser allgemeine Kündigungsschutz nach
Art. 1 KSchG 1966 bereits mit Beginn des Arbeitsverhältnisses und gilt für
alle Betriebe, unabhängig von der Betriebsgröße. Wie in Deutschland muss
der Arbeitnehmer die Kündigung fristgebunden anfechten. Der italienische
Arbeitnehmer hat dafür jedoch nicht nur drei Wochen, sondern 60 Tage, mithin
fast neun Wochen Zeit, sodass der Arbeitgeber sehr viel später Klarheit darüber erhält, ob der Arbeitnehmer die betriebsbedingte Kündigung akzeptiert
oder nicht. Ebenso unbekannt ist dem deutschen Recht die Möglichkeit, vor
Klageerhebung ein außergerichtliches Schlichtungsverfahren durchzuführen.
Die Schlichtung ist bei einer Kündigung, die in einem Betrieb ausgesprochen
wurde, der bis 15 Arbeitnehmer beschäftigt, fakultativ: In größeren Betrieben
ist die Durchführung der außergerichtlichen Schlichtung für den Arbeitgeber
obligatorisch; erst nach gescheiterter Schlichtung kann er die betriebsbedingte Kündigung aussprechen. Nach der italienischen Rechtsordnung hat der
Arbeitnehmer nach Anfechtung der Kündigung weitere 180 Tage Zeit, um
die Klage beim Arbeitsgericht einzureichen. Der Arbeitnehmer kann die An-
fechtungsfrist und die Klageerhebungsfrist voll ausschöpfen und somit den
Beginn des gerichtlichen Verfahrens um maximal 240 Tage hinausschieben.
Diese Verzögerungsmöglichkeit und die sich anschließende mehrjährige Dauer
von arbeitsgerichtlichen Verfahren in Italien führt zu einem ganz erheblichen
Annahmeverzugsrisiko für den Arbeitgeber. Da § 4 KSchG den Arbeitnehmer

---

[508] Vgl. Fn. 488.

verpflichtet, die Kündigungsschutzklage innerhalb von drei Wochen zu erheben, besteht eine vergleichbare Verzögerungsmöglichkeit in Deutschland nicht. Auch die Rechtsfolgen einer Kündigung im Hinblick auf die Zahlung einer Abfindung sind in Italien anders als im deutschen Kündigungsschutzgesetz geregelt. Zum einen steht dem Arbeitnehmer in jedem Fall der Beendigung des Arbeitsverhältnisses – also sowohl bei der gerechtfertigten als auch bei der nicht gerechtfertigten Kündigung – unabhängig von der Unternehmensgröße eine Abfindung in Form des trattamento di fine rapporto nach Art. 2120 c. c. zu. Zum anderen kann der Arbeitnehmer, der in einer Produktionseinheit mit mehr als 15 Arbeitnehmern beschäftigt ist, im Fall der nicht gerechtfertigten Kündigung nach Art. 18 Abs. 7 Arbeitnehmerstatut n. F. immer mit einer Abfindung rechnen. Auch in kleineren Betrieben kann der Arbeitnehmer eine Abfindung erzielen, wenn der Arbeitgeber statt der Wiedereinstellung die Abfindung wählt.

B. Der gesetzliche Anspruch auf Abfindung

I. Gesetzliches Leitbild: Recht des Arbeitnehmers auf Abfindung

Nach dem gesetzlichen Leitbild des deutschen Kündigungsschutzgesetzes steht dem Arbeitnehmer bei Beendigung des Arbeitsverhältnisses kein Recht auf Abfindung zu. Wie im vorhergehenden Abschnitt dargestellt, ist die Rechtslage in Italien anders geregelt. Dort steht dem Arbeitnehmer bei Beendigung des Arbeitsverhältnisses die Abfindung in Form des trattamento di fine rapporto zu. Zusätzlich regeln auch Art. 8 KSchG 1966 im Rahmen des obligatorischen Kündigungsschutzes und Art. 18 Abs. 7 Arbeitnehmerstatut n. F. die Zahlung einer Abfindung. Da die Voraussetzungen der Abfindungsregelungen bereits im vorstehenden Abschnitt bei der Beschreibung der Rechtsfolgen der Kündigung dargestellt worden sind, kann nachfolgend direkt auf die Höhe der Abfindung bei den einzelnen Tatbeständen eingegangen werden.

II. Höhe der Abfindung

Die Höhe der Abfindung ist in Italien nicht einheitlich geregelt. Jede Abfindungsnorm enthält eigene Vorgaben zu ihrer Berechnung. Nachfolgend werden die gesetzlichen Vorgaben des jeweiligen Abfindungstatbestandes herausgearbeitet und im Anschluss die jeweilige Abfindungshöhe anhand von statistischen Daten mit konkreten Beträgen berechnet.

1.   Abfindung beim obligatorischen Kündigungsschutz

Art. 8 KSchG 1966 enthält Vorgaben zur Berechnung der Abfindung, wenn der Arbeitgeber statt der Wiedereinstellung den Schadensersatz wählt. Die Abfindungshöhe ist nach Art. 8 Satz 1 HS 1 KSchG 1966 auf 2,5 bis 6 Monatsgehälter des zuletzt gezahlten Gehaltes limitiert.[509] Nach Art. 8 Satz 1 HS 2 KSchG 1966 ist die tatsächlich zuletzt gezahlte Gesamtentlohnung (ultima retribuzione globale di fatto) zugrunde zu legen, sodass in die Berechnung der Abfindung alle dauerhaft gewährten Zuschläge, wie Nachtzuschläge, Feiertagszuschläge und 1/12 des 13. Monatsgehalts sowie 1/12 der Abfindung (trattamento di fine rapporto) eingehen.[510] Die konkrete Höhe der Abfindung ist abhängig von vier Kriterien,[511] nämlich der Anzahl der beschäftigten Arbeitnehmer, der Größe des Unternehmens, der vorangegangenen Beschäftigungszeit und dem Verhalten sowie der wirtschaftlichen Lage der Parteien.[512]

Nach Art. 8 Abs. 2 KSchG 1966 kann der unwirksam gekündigte Arbeitnehmer in Unternehmen mit mehr als 15 Mitarbeitern unter bestimmten Voraussetzungen auch eine höhere Abfindung erzielen. So kann bei Arbeitnehmern, deren Betriebszugehörigkeit 10 bis 20 Jahre beträgt, der Schadensersatz auf bis zu 10 Monatsgehälter angehoben werden, bei Arbeitnehmern mit einer längeren Betriebszugehörigkeit sogar auf bis zu 14 Monatsgehälter.[513] Weitere

---

509   *Pedrazzoli*, Licenziamenti e sanzioni nei rapporti di lavoro, S. 217.
510   *Carinci*, Diritto del lavoro, S. 305, Nr. 4.6.5.1 La retribuzione globale di fatto; *Rotondi*, Corso di diritto del lavoro, S. 220; *Bovenberg*, Kündigung und Kündigungsschutz im Italienischen Arbeitsrecht, S. 135.
511   *Nogler*, AuR 2003, 321, 323.
512   Art. 8 Abs. 1 Satz 1 HS 2 KSchG 1966 lautet:
       ... avuto riguardo al numero dei dipendenti occupati, alle dimensioni dell'impresa, all'anzianità di servizio del prestatore di lavoro, al comportamento e alle condizioni delle parti. (... wobei die Anzahl der beschäftigten Dienstnehmer, die Größe des Unternehmens, das Dienstalter des Arbeitnehmers sowie das Verhalten und die Lage der Parteien zu berücksichtigen sind).
513   Art. 8 Satz 2 KSchG 1966 lautet:
       La misura massima della predetta indennità può essere maggiorata fino a 10 mensilità per il prestatore di lavoro con anzianità superiore ai dieci anni e fino a 14 mensilità per il prestatore di lavoro con anzianità superiore ai venti anni, se dipendenti da datore di lavoro che occupa più di quindici prestatori di lavoro. (Das Höchstmaß der vorgenannten Entschädigung

Voraussetzung ist, dass sich der von der Kündigung betroffene Arbeitnehmer nicht auf den realen Kündigungsschutz berufen kann, weil der Arbeitgeber insgesamt nicht mehr als 60 Arbeitnehmer beschäftigt.[514] Das ist dann der Fall, wenn der Arbeitgeber zwar zwischen 15 und 60 Arbeitnehmer beschäftigt, diese jedoch auf mehrere selbstständige Produktionseinheiten und verschiedene Gemeindegebiete, mit jeweils unter 15 Arbeitnehmern, verteilt sind.

Die vier Kriterien zur Ermittlung der Abfindungshöhe sind gleichrangig und vom Arbeitsgericht einzeln abzuwägen und zu bewerten.[515] Ein Teil der Bewertungskriterien bezieht sich auf den Arbeitgeber, nämlich die Anzahl der beschäftigten Arbeitnehmer und die Größe der Firma. Die Frage nach der vorangegangenen Beschäftigungszeit bezieht sich auf den Arbeitnehmer. Das Kriterium Verhalten und Lage der Parteien bezieht sich auf beide Arbeitsvertragspartner.[516] Auf Arbeitnehmerseite können die allgemeine Arbeitsmarktlage zum Zeitpunkt der Kündigung sowie die wirtschaftliche, familiäre und soziale Situation des Arbeitnehmers berücksichtigt werden, auf Arbeitgeberseite kann die Personalstruktur im Sinne eines Personalüberhangs in Betracht gezogen werden.[517] Die Summe der Kriterien erlaubt dem Arbeitsrichter eine ausgewogene Bewertung, die beide Interessenlagen berücksichtigt.[518] Über den Beurteilungsmaßstab des Verhaltens der Parteien kann der Richter in seine Abwägung auch den Umstand mit einbeziehen, ob der Anlass für die Beendigung des Arbeitsverhältnisses aus der Sphäre des Arbeitnehmers oder des Arbeitgebers stammt.[519] Eine besondere Bedeutung kommt dem Kriterium der Anzahl der beschäftigten Arbeitnehmer zu. In den Anwendungsbereich des obligatorischen Kündigungsschutzes fallen nur Betriebe mit max. 60 Arbeitnehmern.[520] Die Anzahl der Arbeitnehmer kann als Gradmesser für die Höhe der Abfindung von 2,5 bis 6 Monatsgehältern dienen.[521] Eine konkrete

---

kann zu Gunsten eines Arbeitnehmers mit einem Dienstalter von mehr als 10 Jahren bis auf 10 Monatsgehälter und zu Gunsten eines Arbeitnehmers mit einem Dienstalter von mehr als 20 Jahren bis auf 14 Monatsgehälter erhöht werden, wenn es sich um einen Dienstnehmer eines Arbeitgebers handelt, der mehr als 15 Arbeitnehmer beschäftigt).

514 *Pera*, Diritto del lavoro, S. 550; *Mazzoni*, Manuale di diritto del lavoro, S. 719.
515 *Rotondi*, Corso di diritto del lavoro, S. 219, 220, dort 17.10.
516 *Pedrazzoli*, Licenziamenti e sanzioni nei rapporti di lavoro, S. 217.
517 *Bovenberg*, Kündigung und Kündigungsschutz im Italienischen Arbeitsrecht, S. 136.
518 *Pedrazzoli*, Licenziamenti e sanzioni nei rapporti di lavoro, S. 217.
519 *Pedrazzoli*, Licenziamenti e sanzioni nei rapporti di lavoro, S. 217.
520 *Pera*, Diritto del lavoro, S. 550; *Mazzoni*, Manuale di diritto del lavoro, S. 719.
521 *Carinci*, Diritto del lavoro, S. 308, Nr. 4.6.5.2 La misura delle mensilità e loro criterio di determinazione.

Faustformel zur Bestimmung der Abfindungshöhe lässt sich allerdings nicht feststellen.[522] Im Jahr 2010 hat der Gesetzgeber die Kriterien für die Ermittlung der Abfindungshöhe erweitert. Nach Art. 30 Abs. 3 Satz 2 Arbeitsgesetz 183/2010 („Collegato Lavoro")[523] muss der Arbeitsrichter bei der Bestimmung der Abfindungshöhe zusätzliche Bewertungselemente berücksichtigen, wenn diese entweder in einem Tarifvertrag oder in einem zertifizierten Arbeitsvertrag vereinbart sind.[524] Nach Artt. 75 ff. Gesetzgebungsdekret 276/2003 können die Arbeitsvertragsparteien den Arbeitsvertrag zur Vermeidung von Rechtsstreitigkeiten von einer Zertifizierungskommission (commissione di certificazione) überprüfen lassen.[525] Als zusätzliche Kriterien nennt Art. 30 Abs. 3 Satz 2 Arbeitsgesetz 183/2010 den Umfang und die Bedingungen der ausgeübten Arbeit, die lokale Arbeitsmarktsituation, das Lebensalter und die persönlichen Verhältnisse des Arbeitnehmers sowie das Verhalten der Arbeitsvertragsparteien vor Ausspruch der Kündigung.[526] Durch diese Neuregelung ist es erstmals möglich, dass die Vertragsparteien auf die richterliche Festsetzung der Höhe der Abfindung nach Art. 8 KSchG 1966 Einfluss nehmen können.[527]

---

[522]   *Pedrazzoli*, Licenziamenti e sanzioni nei rapporti di lavoro, S. 215.

[523]   Gesetz Nr. 183 vom 04. 11. 2010, sog. „Collegato Lavoro," Gazz. Uff. Nr. 262 vom 09. 11. 2010, im Folgenden Arbeitsgesetz 183/2010 genannt.

[524]   *Mazzotta*, Diritto del lavoro, S. 734; *Del Giudice/Mariani/Izzo/Solombrino*, Diritto del lavoro, S. 505; *Riva*, Compendio di diritto del lavoro 2011, S. 240; *De Stefano*, Lavoro 2012, S. 814.

[525]   Gesetzgebungsdekret Nr. 276 vom 10. 09. 2003, Gazz. Uff. Nr. 235 vom 09. 10. 2003; dort wurde in den Artikeln 75 bis 84 zur Vermeidung von Rechtsstreitigkeiten aus dem Arbeitsvertrag die Möglichkeit geschaffen, dass der abzuschließende Arbeitsvertrag durch eine Zertifizierungskommission geprüft und sein Inhalt aus dem Parteiwillen entsprechend auch mit verbindlicher Wirkung gegenüber dritten Personen oder Behörden zertifiziert wird. Nach Art. 76 Gesetzgebungsdekret 276/2003 sind die Zertifizierungskommissionen bei bilateralen Körperschaften der Sozialpartner, den Arbeitsbehörden der Bezirksverwaltung sowie bei öffentlichen und privaten Hochschulen angegliedert. Vgl. ausführlich zur Zertifizierung des Arbeitsvertrags bei *Del Giudice/Mariani/Izzo/Solombrino*, Diritto del lavoro, S. 116, Nr. 8. La certificazione del contratto di lavoro.

[526]   *Natalizi*, GL 2010, 18, 21; *Mazzotta*, Diritto del lavoro, S. 734.

[527]   *D'Agostino/Marano/Solombrino*, La riforma Fornero del lavoro, S. 194.

2. Abfindung beim realen Kündigungsschutz

Wie ausgeführt,[528] erhält der Arbeitnehmer sowohl bei der qualifiziert rechtswidrigen als auch bei der einfach rechtswidrigen betriebsbedingten Kündigung eine Abfindung. Hat das Gericht bei der qualifiziert rechtswidrigen Kündigung die Wiedereingliederung angeordnet, kann der Arbeitnehmer nach Art. 18 Abs. 7, 4, 3 Arbeitnehmerstatut n. F. die Beendigung des Arbeitsverhältnisses gegen Zahlung einer Entschädigung in Höhe von 15 Monatsgehältern wählen. Wie bei Art. 8 KSchG 1966 sind auch bei der Entschädigung nach Art. 18 Abs. 3 Arbeitnehmerstatut n. F. alle tatsächlich gezahlten Gehaltsbestandteile in die Monatsvergütung einzurechnen (ultima retribuzione globale di fatto), sodass bei der Berechnung der Entschädigungshöhe insbesondere das 13. und 14. Monatsgehalt sowie die Funktions- oder Produktionszuschläge, die der Arbeitnehmer erhalten hat, hinzugerechnet werden müssen.[529] Im Unterschied zu Art. 8 KSchG 1966 ist die Höhe der Abfindung bei Art. 18 Abs. 3 Arbeitnehmerstatut n. F. also nicht vom Ergebnis der Abwägung des Arbeitsrichters abhängig; sie wird weder von der vorangegangenen Dauer des Arbeitsverhältnisses noch vom Lebensalter des Arbeitnehmers beeinflusst, sondern ist gesetzlich festgelegt. Da der Arbeitnehmer die Entschädigung zusätzlich zum Schadensersatz (Annahmeverzugslohn) erhält[530] und Art. 18 Abs. 4 Satz 2 Arbeitnehmerstatut n. F. den Schadensersatz auf maximal zwölf Monatsgehälter begrenzt, muss der Arbeitgeber dem Arbeitnehmer bei Beendigung des Arbeitsverhältnisses gegen Zahlung der Entschädigung höchstens 27 Monatsgehälter zahlen.

Ist die Kündigung stattdessen nur einfach rechtswidrig, wird das Arbeitsverhältnis nach Art. 18 Abs. 7, 5 Arbeitnehmerstatut n. F. zu dem in der Kündigung benannten Zeitpunkt aufgelöst und der Arbeitgeber zu einer Entschädigung von mindestens zwölf und höchstens 24 Monatsgehältern verurteilt. Auch wenn die sechs Kriterien zur Bestimmung der Höhe der Abfindung[531] nicht unmittelbar mit dem Grad der Rechtswidrigkeit der Kündigung in Zusammenhang stehen, wird der Richter nur selten den Höchstwert von 24 Monatsgehältern ausschöpfen, weil sich dann aus dem Urteil eine nachvollziehbare Begründung ergeben muss, warum die nach dem Gesetz höchstmögliche Entschädigung angesetzt ist, obwohl die Kündigung nur einfach rechtswidrig und nicht offensichtlich rechtswidrig ist. Würde das Gericht zum Beispiel den

---

[528] Vgl. Fn. 473, 487.
[529] *Muggia*, Lav. Giur. 2010, 505, 511.
[530] Vgl. Fn. 479.
[531] Vgl. Fn. 489.

Mittelwert zwischen zwölf und 24 Monatsgehältern zugrunde legen, würde das Arbeitsverhältnis gegen Zahlung einer Abfindung in Höhe von 18 Monatsgehältern aufgelöst werden.

3.   Abfindung nach Art. 2120 c. c. (trattamento di fine rapporto)

Wie bereits beschrieben,[532] hat der Arbeitnehmer nach Art. 2120 Abs. 1 Satz 1 c. c. bei Beendigung seines Arbeitsverhältnisses Anspruch auf Zahlung einer Abfindung in Form des trattamento di fine rapporto. Das trattamento di fine rapporto (T. F. R.) ist ein Gehaltsbestandteil, das erst bei Beendigung des Arbeitsverhältnisses fällig wird[533] und an den Arbeitnehmer oder seinen privaten Rentenfonds gezahlt wird. Art. 2120 c. c. enthält in insgesamt elf Absätzen detaillierte Vorgaben zur Berechnung und Auszahlung des T. F. R. In Ergänzung zu den Regelungen in Art. 2120 c. c. wurde mit dem Gesetz 297/1982 die Insolvenzsicherung des T. F. R.[534] und mit dem Gesetzgebungsdekret 252/2005 das T. F. R. als freiwillige Zusatzrente eingeführt.[535] Nachfolgend werden die Einzelheiten zur Berechnung der Höhe der Abfindung herausgearbeitet.

a)   Überblick über die Berechnung des T. F. R.

Die grundlegenden Vorschriften zur Berechnung des T. F. R. enthalten Art. 2120 Abs. 1 und 4 c. c. Danach ist zunächst für jedes Dienstjahr, das der Arbeitnehmer beschäftigt ist, ein T. F. R.-Anteil zu berechnen. Dieser wird dann am Ende des Folgejahres aufgewertet. Bei Beendigung des Arbeitsverhältnisses werden die aufgewerteten T. F. R.-Anteile addiert und in einer Summe an den Arbeitnehmer ausbezahlt.

---

[532]   Vgl. Fn. 395.

[533]   Corte Cost. vom 27. 06. 1968, Nr. 75, zitiert nach Pluris online; *Grandi/Pera*, Commentario breve alle leggi sul lavoro, Codice Civile, Art. 2120 c. c., IV, Rn. 3, S. 542; *Del Giudice/Mariani/Izzo/Solombrino*, Diritto del lavoro, S. 523; *Cendon*, Commentario al Codice Civile, S. 428; *Cosenza*, Il nuovo Tfr, S. 35; *Beretta*, in: *Favalli*, Codice di diritto del lavoro, Art. 2120, S. 407; *D'Agostino*, Schemi & Schede di diritto del lavoro, S. 197; *Santoro-Passarelli*, Il trattamento di fine rapporto, S. 35–38.

[534]   Art. 2 Gesetz Nr. 297 vom 29. 05. 1982, Gazz. Uff. Nr. 147 vom 31. 05. 1982, im Folgenden Gesetz 297/1982 genannt.

[535]   Gesetzgebungsdekret Nr. 252 vom 05. 12. 2005, Gazz. Uff. Nr. 289 vom 13. 12. 2005, im Folgenden Gesetzgebungsdekret 252/2005 genannt; ausführlich zum Gesetzgebungsdekret 252/2005 und den freiwilligen Zusatzrentenfonds *Procopio*, Fondi pensione e TFR, S. 3.

b) Berechnung des jährlichen T. F. R.-Anteils

Nach Art. 2120 Abs. 1 Satz 2 c. c. wird der T. F. R.-Anteil für jedes einzelne Dienstjahr dadurch ermittelt, dass das Jahresgehalt durch 13,5 geteilt wird.[536] Der gesetzliche Divisor von 13,5 in Art. 2120 Abs. 1 Satz 2 c. c. ist der Tatsache geschuldet, dass in Italien die Jahresvergütung regelmäßig in 13 oder 14 Monatsgehältern ausgezahlt wird.[537] Der Divisor ist unveränderlich und kann auch nicht durch Parteivereinbarung zum Vor- oder Nachteil des Arbeitnehmers geändert werden.[538] Nach Art. 2120 Abs. 1 Satz 2 c. c. ist als Jahresgehalt das Bruttoeinkommen (retribuzione lorda) zugrunde zu legen.[539] Für Arbeitsverhältnisse, die unterjährig beginnen oder enden, enthält Art. 2120 Abs. 1 Satz 3 c. c. die Regel, dass der T. F. R.-Anteil bei Rumpfjahren nicht entfällt, sondern anteilig berechnet wird.[540] Aufgrund des gesetzlichen Divisors von 13,5 ergibt sich pro Beschäftigungsjahr ein T. F. R.-Anteil von ca. 1,0 Monatsgehalt.[541] Bei Arbeitsverhältnissen, in denen 13 Monatsgehälter bezahlt werden, führt der Divisor 13,5 zu einem jährlichen T. F. R.-Anteil von etwas weniger als einem Monatsgehalt, bei Arbeitsverhältnissen, in denen 14 oder mehr Monatsgehälter gezahlt werden, zu einem jährlichen T. F. R.-Anteil von etwas mehr als einem Monatsgehalt. Der Divisor 13,5 entspricht rechnerisch 7,41 % des Bruttojahreseinkommens.[542] Dem Arbeitnehmer verbleiben davon im Ergebnis allerdings nur 6,91 %,[543] da sich nach Art. 3 letzter Absatz Gesetz 297/1982 das zugrunde zu legende Bruttojahresgehalt um eine steuerpflichtige Abgabe von 0,5 % vermin-

---

[536]   Vgl. Art. 2120 Abs. 1 Satz 2 c. c.; *Del Giudice/Mariani/Izzo/Solombrino*, Diritto del lavoro, S. 524.

[537]   *Pera*, Diritto del lavoro, S. 526; *Santoro-Passarelli*, Il trattamento di fine rapporto, S. 18, 19, 63; www.pluris-online.de, codice commentati, Art. 2120 c. c., dort Nr. 2 mit Verweis auf *Galantino*, Diritto del lavoro, Torino 1997, 594.

[538]   *Cendon*, Commentario al codice civile, Art. 2120, Nr. 5, S. 451; *Santoro-Passarelli*, Il trattamento di fine rapporto, S. 19, 66.

[539]   *Del Giudice/Mariani/Izzo/Solombrino*, Diritto del lavoro, S. 524; *Cosenza*, Il nuovo Tfr, S. 58; *Klammer*, Alterssicherung in der Europäischen Union II, S. 315.

[540]   Nach Art. 2120 Abs. 1 Satz 3 gelten Monate, in denen der Arbeitnehmer mehr als 15 Tage gearbeitet hat, im Rahmen der Berechnung des T. F. R.-Anteils als voller Monat; Monate, in denen der Arbeitnehmer max. 14 Tage gearbeitet hat, werden nicht auf „Null" abgerundet, sondern anteilig berechnet, *Santoro-Passarelli*, Il trattamento di fine rapporto, S. 19 Fn. 38 sowie *Cosenza*, Il nuovo Tfr, S. 55, 2).

[541]   *Riva*, Compendio di diritto del lavoro 2011, S. 250, B).

[542]   *Cendon*, Commentario al codice civile, Art. 2120, Nr. 5, S. 452; *Klammer*, Alterssicherung in der Europäischen Union II, S. 315.

[543]   *Riva*, Compendio di diritto del lavoro 2011, S. 250; *Del Giudice/Mariani/Izzo/Solombrino*, Diritto del lavoro, S. 524; *Cosenza*, Il nuovo Tfr, S. 56.

dert.[544] Diese Abgabe auf den T. F. R.-Anteil des Arbeitnehmers dient nach Art. 3 Gesetz 297/1982 der Finanzierung der gesetzlichen Rentenversicherung (FPLD-Fondo Pensione Lavoratori Dipendenti)[545] und wird vom Arbeitgeber für den Arbeitnehmer an das Nationalinstitut für Soziale Fürsorge (INPS) abgeführt.[546]

c) Umfang des Jahresgehalts

In das der T. F. R.-Berechnung zugrunde zu legende Jahresgehalt sind nach der gesetzlichen Regelung in Art. 2120 Abs. 2 c. c. alle regelmäßigen Gehaltszahlungen einzurechnen.[547] Ebenso müssen Naturalleistungen, wie kostenlose Zurverfügungstellung von Betriebsmitteln oder Dienstwagennutzung (fringe benefits),[548] berücksichtigt werden.[549] Spesenerstattungen, z. B. für Dienstreisen oder sonstige einmalige Aufwandsentschädigungen, bleiben nach Art. 2120 Abs. 2 HS 2 c. c. unberücksichtigt.[550] Die gesetzliche Regelung ist tarifdispositiv. Nach Art. 2120 Abs. 2 HS 1 c.c können Arbeitgeber und Gewerkschaft durch Tarifvertrag die zusätzliche Hinein- oder Herausrechnung einzelner Gehaltsbestandteile vereinbaren und somit auf die Höhe des T. F. R.-Anteils unmittelbar Einfluss nehmen.[551] Für Abwesenheitszeiten, in denen der Arbeitnehmer die von ihm geschuldete Arbeitsleistung gerechtfertigt nicht erbringt, wie z. B. bei Krankheit, Arbeitsunfall oder Schwangerschaft, wird nach Art. 2120 Abs. 3 c. c. der T. F. R.-Berechnung die Gehaltshöhe zugrunde gelegt, die der Arbeitnehmer erhalten hätte, wenn er tatsächlich gearbeitet hätte.[552]

---

544 Gesetz Nr. 297 vom 29. 05. 1982, Gazz. Uff. Nr. 147 vom 31. 05. 1982, im Folgenden Gesetz 297/1982 genannt.
545 *Cosenza*, Il nuovo Tfr, S. 56; vgl. ausführlich zur gesetzlichen Rentenversicherung FPLD bei *Klammer*, Alterssicherung in der Europäischen Union II, S. 149 ff.
546 INPS-Rundschreiben Nr. 265 vom 27. 12. 1985, dort Abschnitt Calcolo dell'indennita' aggiuntiva, auch abrufbar unter www.inps.it, dort Suchmaske Circolari; *Bovenberg*, Kündigung und Kündigungsschutz im Italienischen Arbeitsrecht, S. 177.
547 *Cendon*, Commentario al Codice Civile, Art. 2120, Nr. 3.
548 *Zarattini/Pelusi*, Il manuale lavoro, S. 243.
549 Art. 2120 Abs. 2 c. c.; *Del Giudice/Mariani/Izzo/Solombrino*, Diritto del lavoro, S. 524.
550 Art. 2120 Abs. 2 HS 2 c. c. (rimborso spese), *Del Giudice/Mariani/Izzo/Solombrino*, Diritto del lavoro, S. 524.
551 *Zarattini/Pelusi*, Il manuale lavoro, S. 343; *Santoro-Passarelli*, Il trattamento di fine rapporto, S. 47, 66.
552 *Zarattini/Pelusi*, Il manuale lavoro, S. 344; *Del Giudice/Mariani/Izzo/Solombrino*, Diritto del lavoro, S. 524.

d) Aufwertung des jährlichen T. F. R.-Anteils

Zur Vermeidung einer Entwertung der jährlich zurückgelegten T. F. R.-Anteile sieht Art. 2120 Abs. 4 c. c. einen Inflationsausgleich vor.[553] Der zurückgelegte T. F. R.-Anteil wird jedes Jahr zum Stichtag 31.12. – unter Ausschluss des im laufenden Jahr errechneten T. F. R.-Anteils[554] – zweifach aufgewertet.[555]

Er erhöht sich um einen fixen Verzinsungssatz von 1,5 % und um einen variablen Verzinsungssatz von 75 % der von Istat[556] jährlich errechneten Preissteigerung des Konsums der Arbeiter- und Angestelltenfamilien (Istat FOI-Index).[557] Beträgt zum Beispiel der zurückgelegte T. F. R.-Anteil € 1.808,48, wird dieser bei einem FOI-Index von 2,3 % um 3,225 % aufgewertet.[558] Aus der Berechnungsformel nach Art. 2120 Abs. 4 c. c. ergibt sich, dass bei einer Inflation von 6 % der Realwert des jährlich erworbenen T. F. R.-Anteils gewahrt bleibt.[559] Bei ausgeglichenem Verhältnis von Inflationsrate und Aufwertung kann der Arbeitnehmer mit einem T. F. R. von ca. einem Bruttomonatsgehalt pro Beschäftigungsjahr rechnen. Bei einer Inflation von z. B. 2,0 % wird der T. F. R.-Anteil um 1,0 % real aufgewertet.[560] Bei einer Inflation von z. B. 8,0 % wird der T. F. R.-Anteil um 0,5 % real abgewertet.[561] Nach Art. 2120 Abs. 4 letzter HS c. c. wird

---

[553] *Santoro-Passarelli*, Il trattamento di fine rapporto, S. 63; *Bovenberg*, Kündigung und Kündigungsschutz im Italienischen Arbeitsrecht, S. 198.

[554] Vgl. Art. 2120 Abs. 4 c. c.

[555] *Santoro-Passarelli*, Il trattamento di fine rapporto, S. 26; *Del Giudice/Mariani/Izzo/ Solombrino*, Diritto del lavoro, S. 525.

[556] Istat – Istituto nazionale di statistica, Roma.

[557] Vgl. Art. 2120 Abs. 4 c. c. „...indice dei prezzi al consumo per le famiglie di operai ed impiegati...", sog. FOI-Index, *Del Giudice/Mariani/Izzo/Solombrino*, Diritto del lavoro, S. 525.

[558] (75 % von 2,3 % Istat FOI-Index =) 1,725 % variabel + 1,5 % fix = 3,225 % Aufwertung, Beispiel für das Jahr 2001 nach *Riva*, Compendio di diritto del lavoro 2011, S. 250.

[559] (75 % von 6 % Istat FOI-Index =) 4,5 % variabel + 1,5 % fix = 6 % Aufwertung, abzüglich 6 % Inflation = 0 % reale Auf- oder Abwertung; *Amoroso/Di Cerbo/Maresca*, Diritto del lavoro, Codice Civile, Art. 2120, Nr. 8, S. 1227; *Grandi/Pera*, Commentario breve alle leggi sul lavoro, S. 2120; *Santoro-Passarelli*, Il trattamento di fine rapporto, S. 63; *Andreaus/Tratter/Wörndle*, Die Rechte der ArbeitnehmerInnen, S. 88; *Carinci/De Luca Tamajo/Tosi/Treu*, Diritto del lavoro, S. 355; *Cosenza*, Il nuovo Tfr, S. 65; *Cendon* (Hrsg.), Commentario al Codice Civile, 2011, Art. 2120, S. 1332; *Mazzotta*, Diritto del lavoro, S. 815.

[560] (75 % von 2 % Istat FOI-Index =) 1,5 % variabel + 1,5 % fix = 3 % Aufwertung, abzüglich 2 % Inflation = 1 % reale Aufwertung, Quelle: PENS PLAN, http://docenti. unimc.it/docenti/michael-atzwanger/disciplina-della-previdenza-e-previdenza/cos 2019e-il-tfr-cos2019e-il-tfs.

[561] (75 % von 8 % Istat FOI-Index =) 6 % variabel + 1,5 % fix = 7,5 % Aufwertung, abzüglich 8,0 % Inflation = -0,5 % reale Abwertung, Quelle: PENS PLAN, http://docenti.

der Prozentsatz der Aufwertung jeweils im Verhältnis zum Dezemberwert des Vorjahres ermittelt. Ist der Arbeitnehmer unterjährig beschäftigt, wird nach Art. 2120 Abs. 5 Satz 1 c. c. der Aufwertung der FOI-Index des Monats, in dem das Arbeitsverhältnis endet, im Verhältnis zum Dezemberwert des Vorjahres zugrunde gelegt. Dabei wird nach Art. 2120 Abs. 5 Satz 2 c. c. ein angefangener Monat ab 15 Tagen als voller Monat gerechnet.

Der durchschnittliche Aufwertungssatz der letzten Jahre lag bei ca. 3 %,[562] sodass der jeweilige T. F. R.-Anteil um ca. 1 % real aufgewertet wurde.[563]

Übersicht 5: Berechnung des T. F. R.[564]

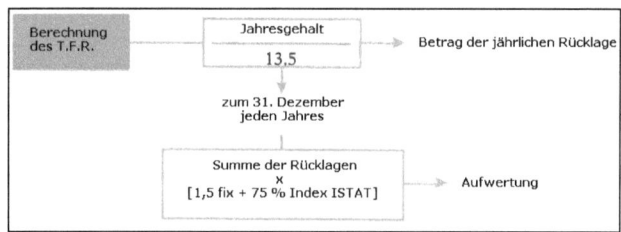

In der betrieblichen Praxis führt der Arbeitgeber für jeden Arbeitnehmer rechnerisch ein eigenes T. F. R.-Konto, auf dem die jährlichen T. F. R.-Anteile ausgewiesen werden.[565] Zum Zeitpunkt der Beendigung des Arbeitsverhältnisses werden die aufgewerteten T. F. R.-Anteile addiert und an den Arbeitnehmer ausgezahlt. Dies bedeutet allerdings nicht, dass der Arbeitgeber den zurückgelegten Betrag in bar ansammelt oder auf separate Bankkonten einzahlt. Die Rücklage erfolgt nur rechnerisch als Position in der Bilanz des Arbeitgebers.[566] Die Liquidität des Arbeitgebers wird durch die berechneten T. F. R.-Anteile

unimc.it/docenti/michael-atzwanger/disciplina-della-previdenza-e-previdenza/cos2019e-il-tfr-cos2019e-il-tfs, Abruf am 15. 02. 2013.

562   Die Indexwerte sind abrufbar unter www.istat.it, dort Indice dei prezzi al consumo per le rivalutazioni monetarie; siehe auch Übersicht 7: Berechnungsbeispiel T. F. R. bei einem Arbeitsverhältnis von 01. 01. 2000 bis 31. 12. 2010.

563   (75 % von 2 % Istat FOI-Index =) 1,5 % variabel + 1,5 % fix = 3 % Aufwertung, abzüglich 2 % Inflation = 1 % reale Aufwertung.

564   Übersicht nach *Del Giudice*, Ipercompendio, Diritto del lavoro, S. 118.

565   *Cosenza*, Il nuovo Tfr, S. 54; *Del Giudice/Mariani/Izzo/Solombrino*, Diritto del lavoro, S. 524 Fn. 1.

566   *Bovenberg*, Kündigung und Kündigungsschutz im Italienischen Arbeitsrecht, S. 175 Fn. 892.

nicht beeinträchtigt. Er berechnet zwar während des Beschäftigungsverhältnisses jährlich die T. F. R.-Anteile und weist die Höhe seiner aktuellen Auszahlungsverpflichtung aus;[567] der Betrag aber steht ihm zur Eigenfinanzierung voll zur Verfügung,[568] da dem Arbeitnehmer während des laufenden Arbeitsverhältnisses noch kein Rechtsanspruch auf Auszahlung zusteht.[569] Der Anspruch des Arbeitnehmers auf die Zahlung seines summierten T. F. R. wird nach Art. 2120 Abs. 1 Satz 1 c. c. erst zum Zeitpunkt der Beendigung des Arbeitsverhältnisses fällig.[570]

e) Insolvenzsicherung

Um die Auszahlung der Abfindung am Ende des Beschäftigungsverhältnisses auch dann sicherzustellen, wenn der Arbeitgeber in die Insolvenz geraten ist, wurde bei dem Nationalinstitut für Soziale Fürsorge (INPS) nach Art. 2 Gesetz 297/1982[571] ein Garantiefonds eingerichtet (fondo di garanzia per il trattamento di fine rapporto).[572] Dieser wird nach Art. 2 Abs. 8 Gesetz 297/1982 ausschließlich durch Arbeitgeberbeiträge finanziert, die derzeit 0,2 % des steuerpflich-

---

567 *Santoro-Passarelli*, Il trattamento di fine rapporto, S. 63.

568 *Carinci/De Luca Tamajo/Tosi/Treu*, Diritto del lavoro, S. 359; *Santoro-Passarelli*, Il trattamento di fine rapporto, S. 92; *Riva*, Compendio di diritto del lavoro, S. 193; *Del Giudice/Mariani/Izzo/Solombrino*, Diritto del lavoro, S. 534; *Wesselmann*, Betriebliche Altersversorgung in der Republik Italien und der Bundesrepublik Deutschland, S. 50, 52; *Klammer* weist darauf hin, dass die Höhe der Rückstellungen je nach Betriebsgröße zwischen 4,3 % und 7 % der Bilanzsumme beträgt, *Klammer*, Alterssicherung in der Europäischen Union, S. 316 Fn. 310; *Carinci/De Luca Tamajo/Tosi/Treu*, Diritto del lavoro 2005, S. 359.

569 Als Ausnahme sieht Art. 2120 Abs. 6, 7 c. c. die Möglichkeit vor, unter bestimmten Voraussetzungen einen Vorschuss auf das T. F. R. zu erhalten.

570 *Santoro-Passarelli*, Il trattamento di fine rapporto, S. 23, 24 Fn. 1 mit weiteren Nachweisen, S. 63; *Del Giudice/Mariani/Izzo/Solombrino*, Diritto del lavoro, S. 527, 2. A). Umstritten ist, ob die Entstehung des Anspruchs auf das T. F. R. zeitgleich mit der Fälligkeit, also erst bei Beendigung des Arbeitsverhältnisses eintritt oder der Anspruch bereits vorher, also während des Arbeitsverhältnisses entsteht, aber erst mit Beendigung fällig wird, vgl. zum Meinungsstand *Grandi/Pera*, Commentario breve alle leggi sul lavoro, Codice Civile, Art. 2120 c. c., IV, Rn. 2, S. 542, *Amoroso/Di Cerbo/Maresca*, Diritto del lavoro, Codice Civile, Art. 2120, Nr. 1, S. 1203-1205; *Cendon*, Commentario al Codice Civile, Art. 2120, Nr. 2, S. 449, 450 sowie *Santoro-Passarelli*, Il trattamento di fine rapporto, S. 35–38.

571 Art. 2 Gesetz Nr. 297 vom 29. 05. 1982, Gazz. Uff. Nr. 147 vom 31. 05. 1982, im Folgenden Gesetz 297/1982 genannt.

572 *Mazzotta*, Diritto del lavoro, S. 817; *Del Giudice/Mariani/Izzo/Solombrino*, Diritto del lavoro 2012, S. 514.

tigen Einkommens des Arbeitnehmers betragen.[573] Im Falle der Zahlungsunfähigkeit des Arbeitgebers übernimmt der Garantiefonds die Auszahlung des
T. F. R. an den Arbeitnehmer.[574]

f) Vorschusszahlung

Das Gesetz sieht die Möglichkeit einer Vorschusszahlung vor, wenn die Bedingungen nach Art. 2120 Abs. 6–10 c. c. erfüllt sind. So muss der Arbeitnehmer
nach Art. 2120 Abs. 6 eine Betriebszugehörigkeit von mindestens acht Jahren
bei demselben Arbeitgeber aufweisen können. Auch die Höhe des Vorschusses ist gesetzlich beschränkt. Sie beträgt maximal 70 % des T. F. R., der dem
Arbeitnehmer bei Beendigung des Arbeitsverhältnisses am Tag des Antrags
auf Vorschusszahlung zustünde.[575] Des Weiteren muss der Arbeitnehmer
die Notwendigkeit des Vorschusses aus einem der drei im Gesetz genannten
Gründe nachweisen.[576] Nach Art. 2120 Abs. 8 c. c. kann der Arbeitnehmer den
Vorschuss verlangen, um damit Heilbehandlungskosten oder medizinische
Eingriffe zu begleichen.[577] Er kann damit außerdem die erste Wohnung bzw.
das erste Haus für sich oder seine Kinder finanzieren.[578] Ein Vorschuss auf den
T. F. R. kann ebenso zur Bestreitung der Lebenshaltungskosten während Elternzeit oder Weiterbildungsmaßnahmen beantragt werden.[579] Nach Art. 2120
Abs. 9 c.c kann der Vorschuss aber nur einmal während eines Arbeitsverhältnisses in Anspruch genommen werden und wird zum Zeitpunkt der späteren
Beendigung des Arbeitsverhältnisses von der Gesamtsumme des auszuzah

---

[573] *Cosenza*, Il nuovo Tfr, S. 67; *Santoro-Passarelli*, Il trattamento di fine rapporto, S. 104
Fn. 9; *Riva*, Compendio di diritto del lavoro 2011, S. 252; *Cendon*, Commentario al
Codice Civile, Art. 2120, Nr. 16, S. 470; *Gragnoli/Palladini*, La retribuzione, S. 571; *Alpa/
Zatti*, Commentario breve al Codice Civile, S. 2085; *Del Giudice*, Nuovo dizionario
giuridico, S. 453.
[574] *Del Giudice/Mariani/Izzo/Solombrino*, Diritto del lavoro, S. 529; *Cosenza*, Il nuovo Tfr,
S. 67; *Gragnoli/Palladini*, La retribuzione, S. 572, 573; vgl. zu den Einzelheiten INPS-
Rundschreiben Nr. 74 vom 15. 07. 2008, auch abrufbar unter www.inps.it, dort Suchmaske Circolari (Rundschreiben).
[575] Art. 2120 Abs. 6 c. c.
[576] *Santoro-Passarelli*, Il trattamento di fine rapporto, S. 86.
[577] Art. 2120 Abs. 8a c. c.
[578] Art. 2120 Abs. 8b c.c; *Santoro-Passarelli*, Il trattamento di fine rapporto, S. 89.
[579] Art. 5 Gesetzgebungsdekret Nr. 151 vom 26. 03. 2001, Gazz. Uff. Nr. 96 vom
26. 04. 2001, sowie Art. 5 bis 7 Gesetz Nr. 53 vom 08. 03. 2000, Gazz. Uff. Nr. 60 vom
13. 03. 2000; *Riva*, Compendio di diritto del lavoro 2011, S. 251; *Santoro-Passarelli*, Il
trattamento di fine rapporto, S. 90; *Riva*, Compendio di diritto del lavoro 2011, S. 251.

lenden T. F. R. abgezogen.[580] Zuletzt ist auch die Anzahl der Vorschussanträge, denen der Arbeitgeber stattgeben muss, begrenzt. Nach Art. 2120 Abs. 7 c. c. können Vorschüsse nur von höchstens 10 % der Arbeitnehmer, die mehr als acht Jahre beschäftigt sind, und von höchstens 4 % aller Arbeitnehmer des Unternehmens beantragt werden.[581] Diese Einschränkung soll den Arbeitgeber vor überraschendem Liquiditätsentzug schützen.[582] Ebenso wie die Regelung zum Umfang des Jahresgehalts nach Art 2120 Abs. 2 c. c.[583] sind auch die gesetzlichen Voraussetzungen der Vorschusszahlung tarifdispositiv. Im Gegensatz zu Art. 2120 Abs. 2 c. c. können die Voraussetzungen der Vorschusszahlung nach Art. 2120 Abs. 11 Satz 1 c. c. durch Tarif- oder Arbeitsvertrag nur zu Gunsten des Arbeitnehmers abgeändert werden.[584] Nach Art. 2120 Abs. 11 Satz 2 c. c. können die Tarifvertragsparteien darüber hinaus Kriterien zur Bevorzugung von Vorschussanträgen festlegen.[585] Liegt keine tarifliche Vereinbarung zur Regelung der Rangfolge bei Vorschussanträgen von mehreren Arbeitnehmern des selben Unternehmens vor, werden diese nach der Reihenfolge ihres Eingangs berücksichtigt, bis die Höchstgrenzen nach Art. 2120 Abs. 7 c. c.[586] erreicht sind.[587]

g) Die Reform der Zusatzrente und der trattamento di fine rapporto

Im Jahre 2005 wurde das Altersversorgungssystem in Italien mit Wirkung ab 01. 01. 2007 reformiert und die Möglichkeit der Verwendung des T. F. R. als freiwillige Zusatzrente eingeführt.[588] Die Altersversorgung sollte sich zukünf-

---

580 *Grandi/Pera*, Commentario breve alle leggi sul lavoro, Codice Civile, Art. 2120 c. c., Rn. 14, S. 549.
581 *Mazzotta*, Diritto del lavoro, S. 816; *Riva*, Compendio di diritto del lavoro 2012, S. 257.
582 *Grandi/Pera*, Commentario breve alle leggi sul lavoro, Codice Civile, Art. 2120 c. c., Rn. 4, S. 546; *Santoro-Passarelli*, Il trattamento di fine rapporto, S. 92; *Bovenberg*, Kündigung und Kündigungsschutz im Italienischen Arbeitsrecht, S. 183.
583 Vgl. Fn. 551.
584 *Santoro-Passarelli*, Il trattamento di fine rapporto, S. 95.
585 *Grandi/Pera*, Commentario breve alle leggi sul lavoro, Codice Civile, Art. 2120 c. c., Rn. 16, S. 549; *Santoro-Passarelli*, Il trattamento di fine rapporto, S. 97.
586 Vgl. Fn. 581.
587 *Bovenberg*, Kündigung und Kündigungsschutz im Italienischen Arbeitsrecht, S. 185.
588 Gesetzgebungsdekret Nr. 252 vom 05. 12. 2005, Gazz. Uff. Nr. 289 vom 13. 12. 2005, "disciplina delle forme pensionistiche complementari", im Folgenden Gesetzgebungsdekret 252/2005 genannt, geändert durch Gesetz Nr. 296 vom 27. 12. 2006, Gazz. Uff. Nr. 299 vom 27. 12. 2006, im Folgenden Gesetz 296/2006 genannt; nach Art. 1 Abs. 749 Gesetz 296/2006 wurde der Zeitpunkt des ursprünglichen Inkrafttretens vom 01. 01. 2008 auf den 01. 01. 2007 vorgezogen.

tig aus zwei Pfeilern („Pilastri") zusammensetzen und zwar zum einen aus
der staatlichen Rente und zum anderen aus einer privaten Zusatzrente.[589] Alle
Arbeitnehmer der Privatwirtschaft mussten innerhalb von sechs Monaten, also
bis zum 30. 06. 2007, entscheiden, ob ihre zukünftigen T. F. R.-Anteile (T. F. R.
maturando)[590] in einen neben der gesetzlichen Rentenversicherung errichteten
Zusatzrentenfonds überwiesen werden sollen oder nicht.[591] Arbeitnehmer, deren Arbeitsverhältnisse erst zu einem späteren Zeitpunkt begannen, mussten
und müssen ihre Entscheidung ebenfalls innerhalb von sechs Monaten ab
dem Einstellungsdatum treffen.[592] Entscheidet sich der Arbeitnehmer gegen
die Überweisung seiner erdienten Abfindung, verbleibt der Betrag im Vermögen des Arbeitgebers und ist am Ende des Arbeitsverhältnisses direkt an den
Arbeitnehmer auszubezahlen.[593] Schweigt der Arbeitnehmer und trifft keine
Entscheidung, wird das T. F. R. automatisch in den Zusatzrentenfonds überführt.[594] Die Einzahlung in diesen Fonds wird staatlich gefördert und professionell gemanagt, sodass die Rendite über dem bloßen Inflationsausgleich, wie
ihn der Aufwertungsbetrag für das T. F. R. vorsieht, liegen soll.[595] Die einmal
getroffene Entscheidung, das T. F. R. in den Zusatzrentenfonds einzubringen,
ist unwiderruflich.[596] Die Beendigung des jeweiligen Arbeitsverhältnisses führt
dann nicht mehr zu einer Auszahlung des T. F. R., sondern das T. F. R. verbleibt

---

589 *Cosenza*, Il nuovo Tfr, S. 81; *Del Giudice/Mariani/Izzo/Solombrino*, Diritto del lavoro, S. 530.
590 Art. 8 Abs. 7 Gesetzgebungsdekret 252/2005; die bis zum 31. 12. 2006 erworbenen T. F. R.-Anteile werden durch das Gesetzgebungsdekret 252/2005 nicht erfasst, sie werden – wie bisher – am Ende des Arbeitsverhältnisses in einer Summe an den Arbeitnehmer ausbezahlt, *Del Giudice/Mariani/Izzo/Solombrino*, Diritto del lavoro, S. 533; *Santoro-Passarelli*, Il trattamento di fine rapporto, S. 129; *Toffoletto/Pucci*, Diritto del lavoro, S. 280; *Riva*, Compendio di diritto del lavoro 2011, S. 245.
591 Art. 8 Abs. 7a Gesetzgebungsdekret 252/2005; *Santoro-Passarelli*, Il trattamento di fine rapporto, S. 129; *Del Giudice/Mariani/Izzo/Solombrino*, Diritto del lavoro, S. 533; *Cendon* (Hrsg.), Commentario al Codice Civile, 2011, Art. 2120, S. 1337.
592 Art. 8 Abs. 7a,b Gesetzgebungsdekret 252/2005; *Cendon* (Hrsg.), Commentario al Codice Civile, 2011, Art. 2120, S. 1337.
593 *Santoro-Passarelli*, Il trattamento di fine rapporto, S. 133; *Riva*, Compendio di diritto del lavoro 2011, S. 255; *Del Giudice/Mariani/Izzo/Solombrino*, Diritto del lavoro, S. 534
594 Art. 8 Abs. 7b Gesetzgebungsdekret 252/2005; vgl. die Übersicht bei *Toffoletto/Pucci*, Diritto del lavoro, S. 281; *Cendon* (Hrsg.), Commentario al Codice Civile, 2011, Art. 2120, S. 1337.
595 Das Arbeits- und Sozialministerium (Ministero del Lavoro e delle Politiche sociali) hat dazu eine Informationsseite eingerichtet unter: www.tfr.gov.it, Abruf am 30. 06. 2011.
596 *Del Giudice/Mariani/Izzo/Solombrino*, Diritto del lavoro, S. 533.

in dem Zusatzrentenfonds und steht dem Arbeitnehmer erst bei Eintritt in die Rente als monatliche Zusatzrente zur Verfügung.[597] [598]

h) Zwischenergebnis

Das T. F. R. ist ein Bestandteil der arbeitsvertraglichen Vergütung. Allerdings wird er dem Arbeitnehmer nicht monatlich ausbezahlt, sondern erst bei Beendigung des Arbeitsverhältnisses. Zum Ausgleich der Entwertung durch Inflation werden die seit Beginn des Arbeitsverhältnisses berechneten T. F. R.-Anteile jeweils zum Jahresende aufgewertet, rechnerisch zurückgelegt und in der Bilanz ausgewiesen, verbleiben jedoch im Vermögen des Arbeitgebers und können zur Unternehmensfinanzierung eingesetzt werden. Mit Wirkung vom 1. Januar 2007 wurde die Möglichkeit geschaffen, das T. F. R. in eine freiwillige, private Zusatzrente einzubezahlen. Alle Arbeitnehmer müssen sich nunmehr innerhalb von sechs Monaten nach der Aufnahme ihres Arbeitsverhältnisses entscheiden, ob die jährlichen T. F. R.-Anteile entweder in einer Summe am Ende des Arbeitsverhältnisses ausgezahlt oder ob sie in einen privaten Rentenfonds für eine spätere monatliche Zusatzrente eingezahlt werden sollen.

4. Statistische Rahmendaten und Berechnungsbeispiel

Nach der Darstellung der Vorgaben zur Berechnung der Abfindung müssen nun die statistischen Rahmendaten für das Arbeitsverhältnis in Italien festgestellt werden, um im Anschluss einen Vergleich mit der Situation in Deutschland durchführen zu können. Dem Berechnungsbeispiel für das Arbeitsverhältnis in Deutschland konnte eine Beschäftigungsdauer von ca. elf Jahren und ein mittleres Bruttomonatsgehalt von EUR 2.903,00 zugrunde gelegt werden.[599] Bei den statistischen Daten für Italien handelt es sich ebenfalls um Mittelwerte, die lediglich der Veranschaulichung dienen.

---

597 *Riva*, Compendio di diritto del lavoro 2011, S. 254.
598 In Österreich wurde im Juni 2002 der seit 1921 in § 23 AngG geregelte gesetzliche Anspruch auf „Abfertigung" für Angestellte, der dem Angestellten auch bei einer gerechtfertigten Kündigung zustand, durch das Betriebliche Mitarbeiter- und Selbständigenvorsorgesetz (BMSVG) grundlegend reformiert und mit Wirkung ab 01. 01. 2003 in eine betriebliche Altersversorgung (sog. „Abfertigung Neu") umgestaltet (die Parallele zu Italien ist nicht zu übersehen!), *Rebhahn*, RdA 2002, 272, 277, Nr. 7. Österreich; *Runggaldier*, RdA 2002, 352.
599 Vgl. Fn. 290.

Es ist interessant festzustellen, dass auch in Italien die durchschnittliche Beschäftigungsdauer ca. elf Jahre beträgt und damit beide Länder im Hinblick auf die Dauer der Arbeitsverhältnisse gut verglichen werden können.[600] Der mittlere Bruttomonatsverdienst eines vollzeitbeschäftigten Arbeitnehmers in Italien beträgt € 2.181,00.[601] Da in Italien alle Abfindungstatbestände zu jeweils unterschiedlichen Abfindungshöhen führen, werden diese nachfolgend jeweils getrennt berechnet.

Übersicht 6: Durchschnittliche Dauer der Betriebszugehörigkeit

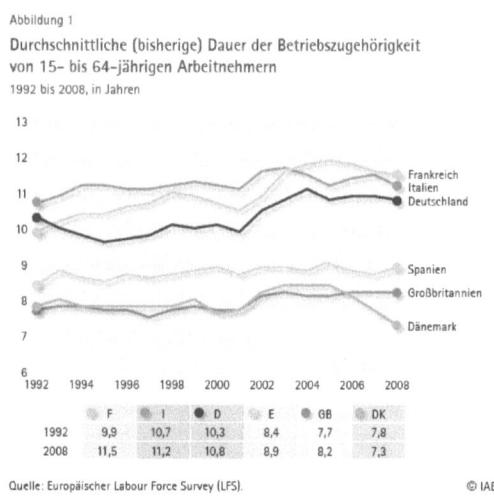

Abbildung 1

Durchschnittliche (bisherige) Dauer der Betriebszugehörigkeit von 15- bis 64-jährigen Arbeitnehmern
1992 bis 2008, in Jahren

	F	I	D	E	GB	DK
1992	9,9	10,7	10,3	8,4	7,7	7,8
2008	11,5	11,2	10,8	8,9	8,2	7,3

Quelle: Europäischer Labour Force Survey (LFS).   © IAB

Quelle: Institut für Arbeitsmarkt- und Berufsforschung, Die Forschungseinrichtung der Bundesagentur für Arbeit, IAB-Kurzbericht 19/2010, http://doku.iab.de/kurzber/2010/kb1910.pdf, Abruf am 15. 02. 2013

---

[600] Quelle: http://doku.iab.de/kurzber/2010/kb1910.pdf, Abruf am 15. 02. 2013, Institut für Arbeitsmarkt- und Berufsforschung, Die Forschungseinrichtung der Bundesagentur für Arbeit, IAB-Kurzbericht 19/2010: Danach beträgt die durchschnittliche Dauer der Betriebszugehörigkeit von 15- bis 64-jährigen Arbeitnehmern 2008 in Italien 11,2 Jahre und in Deutschland 10,8 Jahre.

[601] Quelle: http://appsso.eurostat.ec.europa.eu/nui/setupModifyTableLayout.do, Europäische Kommission, Eurostat, Arbeitsmarkt, Verdienste, Datenbank, dort Jahresverdienst nach Quantilen und vertraglich vereinbarter Arbeitszeit (Unternehmen mit zehn beschäftigten Personen oder mehr). Angegeben ist dort der mittlere Jahresbruttoverdienst (Percentile50/Median), Stand 2006. In Eurostat haben vergleichbare Werte Deutschland und Italien bis einschließlich 2006 eingestellt.

a) Höhe der Abfindung beim obligatorischen Kündigungsschutz

Im Falle des obligatorischen Kündigungsschutzes beträgt der Schadensersatz nach der gesetzlichen Vorgabe zwischen 2,5 und 6 Monatsgehältern.[602] Bei Beendigung des Arbeitsverhältnisses trotz rechtswidriger Kündigung errechnet sich also bei Zugrundelegung der statistischen Mittelwerte ein Schadensersatz in Höhe von € 5.452,50 bis € 13.086,00. Zusätzlich hat der Arbeitgeber aufgrund der Beendigung des Arbeitsverhältnisses das T. F. R. zu bezahlen. Dieser betrüge bei einem fiktiven Arbeitsverhältnis mit z. B. elf Beschäftigungsjahren im Durchschnitt € 23.059,69.[603] Auf der Basis der statistischen Mittelwerte müsste der Arbeitgeber im Fall des obligatorischen Kündigungsschutzes nach dem KSchG 1966 dem Arbeitnehmer den gesetzlichen Schadensersatz und das T. F.R. in Höhe von € 28.512,19 bis € 36.145,69 bezahlen. Bei einer durchschnittlichen Beschäftigungsdauer von ca. elf Jahren entspräche dies einem Abfindungsfaktor von 1,2 bis 1,5 des Bruttomonatsgehalts für jedes Jahr der Beschäftigung.[604]

b) Höhe der Abfindung beim realen Kündigungsschutz

Nach Art. 18 Abs. 7 Arbeitnehmerstatut n. F. steht dem Arbeitnehmer bei betriebsbedingter Kündigung in Italien immer eine Abfindung zu:[605] Wählt der Arbeitnehmer statt der im Urteil angeordneten Wiedereingliederung die Beendigungsentschädigung nach Art. 18 Abs. 7, 4, 3 Arbeitnehmerstatut n.f, ergibt sich bei Zugrundelegung der statistischen Mittelwerte[606] ein Abfindungsbetrag in Höhe von € 32.715,00.[607] Des Weiteren müsste der Arbeitgeber als Schadensersatz (risarcimento del danno) den Annahmeverzugslohn von maximal zwölf weiteren Monatsgehältern in Höhe von € 26.172,00[608] nachvergüten.[609] Nach deutschem Recht hingegen muss der Arbeitgeber den Annahmeverzugslohn nicht mit einkalkulieren, da § 9 KSchG die Auflösung des Arbeitsverhältnisses

---

602 Art. 8 Abs. 1 KSchG 1966.
603 Siehe nachfolgend c).
604 Berechnung Abfindungsfaktor bei € 28.512,19 : € 2.181,00 Bruttomonatsverdienst x 1,188 Faktor x 11 Beschäftigungsjahre = € 28.512,19;
     Berechnung Abfindungsfaktor bei € 36.145,69: € 2.181,00 Bruttomonatsverdienst x 1,506 Faktor x 11 Beschäftigungsjahre = € 36.145,69.
605 Vgl. Fn. 528.
606 Vgl. Fn. 601.
607 Berechnung: 15 Monatsgehälter x € 2.181,00 = € 32.715,00.
608 Berechnung: 12 Monatsgehälter x € 2.181,00 = € 26.172,00.
609 Nach Art. 18 Abs. 4 Satz 2 Arbeitnehmerstatut n. F. ist der Schadensersatzanspruch auf höchstens zwölf Monatsgehälter begrenzt, vgl. Fn. 467.

rückwirkend zum Ablauf der ordentlichen Kündigungsfrist festschreibt. In Italien ergäben die Entschädigung von € 32.715,00 und der Schadensersatz (Annahmeverzugslohn) von € 26.172,00 eine beendigungsbedingte Zahlung des Arbeitgebers in Höhe von maximal € 58.887,00, also von 27 Bruttomonatsgehältern.[610] Wie bereits herausgearbeitet,[611] ist diese Abfindungshöhe unabhängig von der vorangegangenen Dauer des Arbeitsverhältnisses. Selbst der Arbeitnehmer, dem bereits nach einem Jahr rechtswidrig gekündigt wird, kann die Entschädigung und den Schadensersatz von 27 Bruttomonatsgehältern verlangen. Darüber hinaus ist der Arbeitgeber in Italien verpflichtet, bei der Beendigung des Arbeitsverhältnisses das T. F. R. zu bezahlen. Dieser betrüge bei einem Arbeitsverhältnis mit z. B. elf Beschäftigungsjahren € 23.059,69.[612]

Der Arbeitgeber müsste also im Fall des beschränkten Wiedereingliederungsschutzes in unserem Berechnungsbeispiel eine Summe von insgesamt € 81.946,69 zahlen.[613] Bei einer durchschnittlichen Beschäftigungsdauer von ca. elf Jahren errechnete sich ein Abfindungsfaktor von 3,41 Bruttomonatsgehältern für jedes Beschäftigungsjahr.[614]

Ist die Kündigung nur einfach rechtswidrig, stünde dem Arbeitnehmer nach Art. 18 Abs. 7, 5 Arbeitnehmerstatut n. F. eine Abfindung zwischen zwölf und 24 Monatsgehältern zu, also auf Basis der statistischen Mittelwerte[615] zwischen € 26.172,00 und € 52.344,00[616] bzw. bei dem Mittelwert von 18 Monatsgehältern € 39.258,00.[617] Zusätzlich müsste der Arbeitgeber auch hier das T. F. R. bezahlen, sodass er in diesem Fall insgesamt € 62.314,69 zahlen müsste.[618] Dies entspräche bei einer durchschnittlichen Beschäftigungsdauer von ca. 11 Jahren einem Abfindungsfaktor von 2,59 Bruttomonatsgehältern für jedes Beschäftigungsjahr.[619]

---

[610] Dies entspricht einem Abfindungsfaktor von ca. 2,45, Berechnung: € 2.181,00 Bruttomonatsverdienst x 2,454 Faktor x 11 Beschäftigungsjahre = € 58.887,00.

[611] Vgl. oben B. II. 2. Abfindung beim realen Kündigungsschutz.

[612] Siehe nachfolgend c).

[613] € 81.946,69 = € 58.847,00 + € 23.059,69.

[614] Berechnung Abfindungsfaktor bei € 81.946,69 : € 2.181,00 Bruttomonatsverdienst x 3,415 Faktor x 11 Beschäftigungsjahre = € 81.946,69.

[615] Vgl. Fn. 601.

[616] Berechnung Auflösungsabfindung: € 26.172,00 (12 x € 2.181,00) bis € 52.344,00 (24 x € 2.181,00).

[617] Berechnung: € 39.258,00 (18 x € 2.181,00); dies entspricht einem Abfindungsfaktor von ca. 1,63, Berechnung: € 2.181,00 Bruttomonatsverdienst x 1,636 Faktor x 11 Beschäftigungsjahr = € 39.258,00.

[618] Berechnung: Mittlere Auflösungsabfindung von 18 Moantsgehältern in Höhe von € 39.258,00 + € 23.059,69.

[619] Berechnung Abfindungsfaktor bei € 62.314,69: € 2.181,00 Bruttomonatsverdienst x

c) Höhe der Abfindung nach Art. 2120 c. c. (trattamento di fine rapporto)

Bei einem mittleren Bruttomonatsverdienst von € 2.181,00 beträgt das Jahresbruttogehalt € 26.172,00.[620] Davon ist zu Gunsten des Arbeitnehmers für jedes Jahr der Beschäftigung ein T. F. R. in Höhe von 6,91 %, also € 1.808,48, zurückzulegen. Dieser wird jährlich, aber erst zum 31.12. des Folgejahres aufgewertet. Wie sich aus der nachfolgenden Übersicht ergibt, betrüge das T. F. R. auf Basis der oben genannten durchschnittlichen Werte bei elf Beschäftigungsjahren und einem fiktiven Arbeitsverhältnis, das am 01. 01. 2000 begann und am 31. 12. 2010 endete, insgesamt € 23.059,69. Bei Ansatz der in Deutschland und in Italien durchschnittlichen Beschäftigungsdauer von ca. elf Jahren entspräche dies einem Abfindungsfaktor von 0,96 des Bruttomonatsgehalts für jedes Jahr der Beschäftigung.[621]

Übersicht 7: Beispielberechnung des T. F. R. bei einem Arbeitsverhältnis von 01. 01. 2000 bis 31. 12. 2010 [622]

Jahr	TFR-Anteil in € zum 31. 12.[523]	Aufwertung/Istat FOI-Index[524]	Aufwertungs-betrag in €	Zwischen-summe in €	Summe pro Jahr in €
2000	1.808,48			1.808,48	
2001	1.808,48 1.808,48	1,5 % + 75 % von 2,3 % = 3,225 %	58,32	1.866,80 1.808,48	3.675,28
2002	3.675,28 1.808,48	1,5 % + 75 % von 2,7 % = 3,525 %	129,55	3.804,83 1.808,48	5.613,31
2003	5.613,31 1.808,48	1,5 % + 75 % von 2,3 % = 3,225 %	181,03	5.794,33 1.808,48	7.602,81

2,597 Faktor x 11 Beschäftigungsjahre = € 62.314,69.

[620] In Eurostat ist das mittlere Jahresbruttogehalt angegeben; dieses enhält somit bereits die Zahlung eines 13ten und 14ten Monatsgehalts, wie es in Italien üblich ist. Aus Gründen der Vergleichbarkeit wurde das Jahresbruttogehalt zur Errechnung des Monatsverdienstes in Deutschland und in Italien gleichermaßen jeweils durch zwölf geteilt.

[621] Berechnung Abfindungsfaktor: € 2.181,00 Bruttomonatsverdienst x 0,961 Faktor x 11 Beschäftigungsjahre = € 23.059,69.

[622] Die Berechnung ist vereinfacht; steuerliche Vorschriften und eventuelle Gehaltserhöhungen, die sich aus Tarifverträgen oder Individualvereinbarungen ergeben, sind nicht berücksichtigt; soweit ersichtlich findet sich in der deutschen Rechtsliteratur bislang kein Beispiel für eine T. F. R.-Berechnung.

[623] Der T. F. R.-Anteil des jeweils laufenden Jahres wird nicht aufgewertet; der T. F. R.-Anteil des laufenden Jahres befindet sich jeweils in der zweiten Zeile.

[624] Die Indexwerte sind abrufbar unter www.istat.it, dort Indice dei prezzi al consumo per le rivalutazioni monetarie, Abruf am 30. 06. 2011.

2004	7.602,81 1.808,48	1,5 % + 75 % von 1,7 % = 2,775 %	210,97	7.813,78 1.808,48	9.622,26
2005	9.622,26 1.808,48	1,5 % + 75 % von 1,9 % = 2,925 %	281,45	9.903,71 1.808,48	11.712,19
2006	11.712,19 1.808,48	1,5 % + 75 % von 1,7 % = 2,775 %	325,01	12.037,20 1.808,48	13.845,68
2007	13.845,68 1.808,48	1,5 % + 75 % von 2,6 % = 3,450 %	477,67	14.323,35 1.808,48	16.131,83
2008	16.131,83 1.808,48	1,5 % + 75 % von 2,0 % = 3,000 %	483,95	16.615,78 1.808,48	18.424,26
2009	18.424,26 1.808,48	1,5 % + 75 % von 1,0 % = 2,250 %	414,54	18.838,80 1.808,48	20.647,28
2010	20.647,28 1.808,48	1,5 % + 75 % von 1,9 % = 2,925 %	603,93	21.251,21 1.808,48	23.059,69
	TFR	Gesamt			23.059,69

III.   Zusammenfassung

In Italien steht dem Arbeitnehmer bei der Beendigung des Arbeitsverhältnisses – im Unterschied zu Deutschland – immer eine Abfindungszahlung zu. Dies ist sowohl bei der gerechtfertigten als auch bei der rechtswidrigen Kündigung der Fall. Insbesondere die Rechtsfolge, auch bei einer gerechtfertigten Kündigung eine Abfindung zahlen zu müssen, ist dem deutschen Rechtsanwender fremd. Noch weniger nachvollziehbar wird dies, wenn man die Höhe der Abfindung betrachtet. Die Abfindung in Form des trattamento di fine rapporto beträgt ca. ein Monatsgehalt für jedes Jahr der Beschäftigung und ist damit bereits doppelt so hoch wie eine durchschnittliche Abfindung, die in Deutschland im Fall der rechtswidrigen Kündigung kalkuliert werden müsste.

Stellt das italienische Arbeitsgericht die Rechtswidrigkeit der Kündigung fest, steigt der Abfindungsanspruch des Arbeitnehmers weiter an. Im Fall des obligatorischen Kündigungsschutzes muss der Arbeitgeber auf der Basis der obigen Durchschnittswerte insgesamt eine Abfindung einplanen, die je Beschäftigungsjahr das 1,2- bis 1,5-fache des Bruttomonatsgehalts beträgt. Dies betrifft die Abfindungszahlung in kleineren Unternehmen mit einer Größe von bis zu 15 Arbeitnehmern in der Produktionsstätte, in der die Kündigung ausgesprochen wurde, oder bis zu 60 Arbeitnehmern im gesamten Unternehmen.

Im Fall der qualifiziert rechtswidrigen Kündigung muss der Arbeitgeber eine Abfindung von maximal 27 Monatsgehältern, bei der einfach rechtswidrigen Kündigung eine Abfindung in Höhe von gemittelt 18 Monatsgehältern kalkulieren. Diese Abfindungshöhen führen insbesondere bei Arbeitsverhältnissen, die nur wenige Jahre bestehen, zu einer aus deutscher Sicht unvorstellbar hohen Abfindungssumme. Hinzu kommt noch das trattamento di fine rapporto, das allerdings bei kürzeren Arbeitsverhältnissen keine wesentliche Erhöhung mehr bewirkt.

Das Ergebnis der Untersuchung zeigt, dass die gesetzliche Regelung in Italien im Durchschnitt zu einer weit höheren Abfindungszahlung als in Deutschland führt. Hier kann ein Arbeitnehmer nur mit einer Abfindung in Höhe von etwa einem halben Bruttomonatsgehalt pro Beschäftigungsjahr rechnen. Der italienische Arbeitnehmer bekäme dagegen – je nach Art des anzuwendenden Kündigungsschutzes – eine Abfindung in Höhe von ca. 1,0 bis 3,5 Bruttomonatsgehältern je Beschäftigungsjahr.

C. Die Erzwingbarkeit der Abfindungen

Dem ersten Teil der Arbeit entsprechend werden hier die Abfindungsregelungen genannt, die dem Arbeitnehmer nach Ausspruch einer betriebsbedingten Kündigung das Recht auf Zahlung einer Abfindung gewähren. Dem italienischen Arbeitnehmer steht in drei Fällen eine Abfindung zu, die er auch gegen den Willen des Arbeitgebers geltend machen kann. Zum einen handelt es sich um das trattamento di fine rapporto nach Art. 2120 c.c, zum anderen um die Entschädigung (indennità sostitutiva della reintegrazione) nach Art. 18 Abs. 3 Arbeitnehmerstatut n. F., die der Arbeitnehmer bei der qualifiziert rechtswidrigen Kündigung statt der im Urteil angeordneten Wiedereingliederung (reintegrazione) wählen kann, und zum anderen um die Auflösungsabfindung nach Art. 18 Abs. 5 Arbeitnehmerstatut n. F., die der Arbeitgeber bei der einfach rechtswidrigen Kündigung zahlen muss.

Anders verhält es sich im Fall des obligatorischen Kündigungsschutzes. Nach Art. 8 KSchG 1966 entscheidet hier der Arbeitgeber, ob er den rechtswidrig gekündigten Arbeitnehmer wieder einstellt oder stattdessen Schadensersatz zahlt. Art. 8 KSchG 1966 gewährt dem Arbeitnehmer somit keinen erzwingbaren Anspruch auf Zahlung einer Abfindung, sodass dieser Abfindungstatbestand nicht mit der deutschen Regelung verglichen werden kann.

D. Übersicht über die unter rechtskulturellen Aspekten zu vergleichenden Abfindungstatbestände

Als Ergebnis der bisherigen Untersuchung ist festzustellen, dass der erzwingbaren Abfindung in Deutschland Ausnahmecharakter zukommt, während sie in Italien als selbstverständlich betrachtet wird.

Die folgende Übersicht verdeutlicht die Regelungen in Deutschland und Italien. Die Ursachen, die zu diesen unterschiedlichen Ansätzen führen, sollen im nächsten Abschnitt untersucht werden.

Übersicht 8: Erzwingbare Abfindungen in Deutschland und Italien

	Deutschland	Italien
Gerechtfertigte Kündigung	Keine Abfindung	Abfindung (trattamento di fine rapporto) bei Beendigung des Arbeitsverhältnisses, Art. 2120 c. c.
Rechtswidrige Kündigung	Abfindung wegen Unzumutbarkeit der Fortsetzung des Arbeitsverhältnisses, §§ 9, 10 KSchG	Abfindung (trattamento di fine rapporto) bei Beendigung des Arbeitsverhältnisses, Art. 2120 c. c.
		Entschädigung bei Verzicht auf Wiedereingliederung (indennità sostitutiva della reintegrazione) und damit Beendigung des Arbeitsverhältnisses, Art. 18 Abs. 3 Arbeitnehmerstatut n. F.
		Abfindung bei Auflösung des Arbeitverhältnisses, Art. 18 Abs. 5 Arbeitnehmerstatut n. F.

TEIL 3. RECHTSKULTURELLES UMFELD FÜR DIE REGELUNG IN DEUTSCHLAND

Bei der Lösung der Frage, ob der Arbeitgeber dem Arbeitnehmer im Fall der betriebsbedingten Kündigung eine Abfindung als soziale Entschädigung zahlen muss, kommen Deutschland und Italien teilweise zu verschiedenen, teilweise zu vergleichbaren Ergebnissen. Inwiefern für diese unterschiedlichen Ergebnisse rechtskuturelle Unterschiede maßgeblich sind, wird im Folgenden anhand der historischen Entwicklung (Abschnitt A.) und aus dem Blickwinkel der wirtschaftlichen Bedeutung der Abfindungszahlung (Abschnitt B.) beleuchtet.

A. Historische Entwicklung der Abfindung und ihr rechtskultureller Hintergrund im deutschen Kündigungsschutzrecht

Bei Beendigung des Arbeitsverhältnisses sind Art und Umfang des Kündigungsschutzes sowie Grund und Höhe kündigungsbedingter Zahlungen zu klären. Als mögliche Folge einer sozialwidrigen Kündigung regelt § 9 KSchG die Zahlung einer Abfindung. Im folgenden Abschnitt werden die historische Entwicklung und das rechtskulturelle Umfeld aufgedeckt, die im deutschen Kündigungsschutzrecht zu diesem Anspruch führten. Dazu sind die einzelnen Kapitel, soweit möglich, jeweils nach Umfang des Kündigungsschutzes und eventuellen Regelungen zur Abfindung untergliedert.

I. Ausgehendes 19. Jahrhundert

1. Umfang des Kündigungsschutzes

Im 19. Jahrhundert führten Liberalisierung und Industrialisierung zur Entstehung des modernen Arbeitsrechts.[625] Bis dahin gab es keine gleichberechtigte

---

[625] *Richardi*, in: Münchner Handbuch zum Arbeitsrecht, Band 1, § 2 Rn. 4; *Michalski*, Arbeitsrecht, S. 4; *Nikisch*, Arbeitsrecht, S. 1; *Zöllner/Loritz/Hergenröder*, Arbeitsrecht, S. 22.

Vertragspartnerschaft,[626] sodass Arbeitsverträge nicht ohne weiteres abgeschlossen oder gekündigt werden konnten.[627] Der mittelalterliche Arbeitsvertrag der Knechte und Mägde war der Gesindevertrag.[628] Dieser ging von einem
sozialen Herrschaftsverband aus, durch den das Gesinde unter die Herrschaft
des Dienstherrn gestellt und diesem zu Gehorsam und Treue verpflichtet
war.[629] Auf der anderen Seite war der Dienstherr zur Fürsorge verpflichtet und
musste dem Gesinde Unterkunft, Nahrung sowie Schutz gewähren.[630] Dieser
Vertrag wurde regelmäßig befristet abgeschlossen und endete mit Ablauf der
Befristung.[631] Während der Laufzeit des Gesindevertrags konnte in der Regel
nicht ordentlich gekündigt werden.[632] Das Gesinde musste als Preis für die
patriarchalische Fürsorge den Zwang zur Arbeit und die Befehls- und Zucht-
gewalt des Dienstherrn in Kauf nehmen.[633] Das (Arbeits-)Verhältnis zwischen
Dienstherrn und Arbeiter wurde damals als ein vom Grundsatz beiderseitiger
Treue und Fürsorge beherrschtes Gemeinschaftsverhältnis verstanden.[634] Der
Gedanke dieses Schutzverbandes zwischen Dienstherrn und Gesinde findet
sich bis heute in den §§ 616 bis 619 BGB. Allerdings ist der Anwendungs-
bereich insbesondere von § 617 BGB, der den Arbeitgeber gegenüber dem
Arbeitnehmer zur Krankenfürsorge verpflichtet, aufgrund der gesetzlichen
Krankenversicherung nur noch sehr gering.[635]

Erst im 19. Jahrhundert wirkte sich der Liberalismus als Weltanschauung
auch im Arbeitsrecht aus.[636] Eine liberale Bewegung, die sich im Rahmen ei-

---

626   *Richardi*, in: Arbeitsgesetze, Einführung, II.1; *Coing/Honsell*, in: *Staudinger*, BGB –
       Neubearbeitung 2004, Einleitung Rn. 33.
627   *Potthoff*, Flugschriften zur Schaffung sozialen Rechtes, Heft 3, 1914, S. 3, 4.
628   Vgl. § 1 Preußische Gesindeordnung vom 08. 11. 1810, abgedruckt in *von der Heyde*,
       Dienstherrschaften und Gesinde, S. 1
629   *Müller*, NZA 2002, 424, 428; *Richardi*, in: Münchner Handbuch zum Arbeitsrecht,
       Band 1, § 2 Rn. 4; *Schliemann*, in: *Schliemann* (Hrsg.), Das Arbeitsrecht im BGB, § 611
       Rn. 9; *Richardi*, Betriebsverfassung und Privatautonomie, S. 11.
630   *Adomeit*, NJW 1996, 1710; *Müller*, NZA 2002, 424, 428; *Richardi/Fischinger*, in: *Staudin-
       ger*, BGB – Neubearbeitung 2011, Vorbemerkung zu §§ 611 ff. Rn. 552.
631   *Vormbaum*, Politik und Gesinderecht im 19. Jahrhundert, S. 45.
632   Vgl. § 110 Preußische Gesindeordnung vom 08. 11. 2012, abgedruckt in *von der Heyde*,
       Dienstherrschaften und Gesinde, S. 13; *Berkowski*, in: *Richardi/Wlotzke/Wissmann/
       Oetker*, Münchener Handbuch zum Arbeitsrecht, Band I, § 108 Rn. 10.
633   *Preis*, in: *Ascheid/Preis/Schmidt*, Kündigungsrecht 2007, 1. Teil, A., Rn. 1.
634   *Hueck/Nipperdey*, Lehrbuch des Arbeitsrechts, S. 9.
635   *Wieacker*, Privatrechtsgeschichte der Neuzeit, S. 481; *Oetker*, in: *Staudinger*, BGB –
       Neubearbeitung 2011, § 617 Rn. 4.
636   *v. Hoyningen-Huene/Linck*, Kündigungsschutzgesetz, S. 16; *Dollmann*, BB 2004, 2073
       Fn. 1; *Sprau*, in: *Palandt*, Einl., Rn. 8; *Hergenröder*, in: *Säcker/Rixecker* (Hrsg.), Münche-

ner großen Massenversammlung von rund 25.000 Studenten, Bürgern und Arbeitern im Jahr 1832 auf der Hambacher Schlossruine Gehör verschaffte,[637] forderte die Errichtung eines Verfassungsstaates, die Teilung und Kontrolle der staatlichen Gewalten und die Gewährung von bürgerlichen Freiheiten, wie Pressefreiheit, Versammlungsfreiheit, Gewerbefreiheit und Rechtsgleichheit.[638] Letztere sollte für allgemeine Gerechtigkeit und vor allem für Chancengleichheit sorgen.[639] Für das Arbeitsrecht brachte die spätere Umsetzung liberaler Ideen neue Freiheiten, Arbeitsvertragsfreiheit und Kündigungsfreiheit.[640] Beide Freiheiten waren Ausdruck der Befreiung von absolutistischem Gedankengut.[641] Arbeitgeber und Arbeitnehmer erschienen jetzt rechtlich frei und gleich.[642] Sie waren formal in gleicher Weise berechtigt, den eingegangenen Arbeitsvertrag jederzeit zu kündigen.[643] Die gewonnene Kündigungsfreiheit ließ Kündigungsbeschränkungen nicht zu.[644] Das freie Spiel der Kräfte sollte ausreichen, um eine harmonische Ordnung im Arbeitsverhältnis herbeizuführen.[645]

Zeitgleich mit dem wirtschaftlichen Liberalismus zeigte die Industrialisierung in den Betrieben durch den Übergang von Handbetrieb zu Maschinenbetrieb ihre Wirkung.[646] Dies führte zu einem neuen Berufsstand der gewerblichen Arbeiter, damals auch Fabrikarbeiterstand genannt.[647] Da die Sozialpolitik in der Mitte des 19. Jahrhunderts noch nicht auf die Existenzsicherung der abhängig beschäftigten Fabrikarbeiter ausgerichtet war, entstand die „Soziale Frage", die Frage nach dem wirtschaftlichen und sozialen Schutz der Fabrik-

---

ner Kommentar zum BGB, Band 4, KSchG, Einleitung Rn. 1; *Richardi*, Betriebsverfassung und Privatautonomie, S. 10.; *Hueck*, Kündigungsschutzgesetz, Einleitung S. 12.

[637]   *Lehmann/Ehrnsperger/Lemke*, Geschichte-Neuzeit, S. 166.

[638]   *von Hirschfelder/Maier/Sieber*, Zwischen Beharrung und Aufbruch, S. 62, 67.

[639]   *von Hirschfelder/Maier/Sieber*, Zwischen Beharrung und Aufbruch, S. 69.

[640]   Ein Überblick über die zu dieser Zeit üblichen Inhalte eines Fabrikarbeitsvertrags findet sich bei *Strobel*, Zum Fabrikarbeitsvertrag in Deutschland im 19. Jahrhundert.

[641]   *Preis*, in: *Ascheid/Preis/Schmidt*, Kündigungsrecht 2012, 1. Teil, G., Rn. 1, in: beck-online; *Benöhr*, ZfA 1977, 187, 190.

[642]   *Konzen*, Arbeitnehmerschutz, in: *Maydell/Kannengießer*, Handbuch Sozialpolitik, S. 202, 203; *Piecker*, ZfA 1986, 199, 250; *Richardi*, Arbeitsrecht als Teil freiheitlicher Ordnung, S. 24.

[643]   *Döse-Digenopoulos*, Arbeitsgerichte und betriebsbedingte Kündigung, S. 75; *v. Hoyningen-Huene/Linck*, Kündigungsschutzgesetz, Einleitung Rn. 1.

[644]   *Hueck/Nipperdey*, Lehrbuch des Arbeitsrechts, S. 617.

[645]   *Richardi*, in: Arbeitsgesetze, Einführung, II.1; *Wieacker*, Industriegesellschaft und Privatrechtsordnung, S. 59; *Hueck/Nipperdey*, Lehrbuch des Arbeitsrechts, S. 8.

[646]   *Hueck/Nipperdey*, Lehrbuch des Arbeitsrechts, S. 8.

[647]   *Kaskel/Dersch*, Arbeitsrecht, S. 2; *Hueck/Nipperdey*, Lehrbuch des Arbeitsrechts, S. 8.

arbeiter.[648] Aus damaliger arbeitsrechtlicher Sicht betraf die Soziale Frage „die Lage der im unselbstständigen Arbeitsverhältnis stehenden Bevölkerung",[649] die aus den sozialen Gegensätzen zwischen Fabrikherren und gewerblichen Arbeitern entstanden ist und „ursprünglich eine gewerbliche Arbeiterfrage war."[650] Nach Abschaffung des Zunftwesens und der Freiheitsbeschränkungen der Bauern wanderte eine große Zahl von Menschen in die Städte ab und stand den Fabriken, die um die Städte angesiedelt waren, als billige Arbeitskräfte zur Verfügung.[651] Der abhängige Arbeiter, der seine sozialen Bande auf dem Land aufgegeben hatte, war mittellos und auf seinen Lohn angewiesen.[652] Der Arbeitgeber konnte dem Arbeitnehmer aufgrund des Überangebots von Arbeitskräften („industrielle Reservearmee"[653]) und aufgrund des Fehlens gesetzlicher Arbeiterschutzregelungen die wirtschaftlichen und technischen Arbeitsbedingungen diktieren.[654] Die formale Rechtsgleichheit und Arbeitsvertragsfreiheit nutzte in der realen Arbeitswelt mehr dem Arbeitgeber als dem Arbeitnehmer.[655] Der Arbeitgeber konnte den Arbeitnehmer bei zurückgehender oder geänderter Produktion jederzeit ohne rechtliche Einschränkungen entlassen.[656] Dies führte gegen Ende des 19. Jahrhunderts zu sozialen Missständen.[657]

Politische Parteien, Unternehmen und die sich langsam entwickelnden Ge-

---

648   *Richardi*, in: Münchener Handbuch zum Arbeitsrecht, Band 1, § 2 Rn. 10; *Potthoff*, Arbeitsrecht: Das Ringen um werdendes Recht, S. 12.

649   *Kaskel/Dersch*, Arbeitsrecht, S. 2; *Coing/Honsell*, in: *Staudinger*, BGB – Neubearbeitung 2004, Einleitung Rn. 26.

650   *Kaskel/Dersch*, Arbeitsrecht, S. 2; *Coing/Honsell*, in: *Staudinger*, BGB – Neubearbeitung 2004, Einleitung Rn. 26.

651   *Welti*, KommJur 2006, 241, 242.

652   *Kittner*, in: *Kittner/Zwanziger/Deinert*, Arbeitsrecht, Geschichte des Arbeitsrechts [www.handbucharbeitsrecht.de], Rn. 11; *Brühwiler*, in: *Caroni* (Hrsg.), Forschungsband Philipp Lotmar, S. 118.

653   *Konzen*, ZfA 1991, 379, 385, mit Verweis auf *Marx, Karl*, Das Kapital, Buch I: Der Produktionsprozess des Kapitals, Ausgabe der europäischen Verlagsanstalt, 1967, S. 183 ff, 315 ff.; *Zöllner/Loritz/Hergenröder*, Arbeitsrecht, S. 24.

654   *Michalski*, Arbeitsrecht, S. 4; *Konzen*, Arbeitnehmerschutz, in: *Maydell/Kannengießer*, Handbuch Sozialpolitik, S. 202, 203; *Weber*, Das aufgespaltene Arbeitsverhältnis, S. 280; *Griebeling*, in: KR Gemeinschaftskommentar 2009, KSchG, § 1 Rn. 2.

655   *Piecker*, ZfA 1986, 199, 251; *Wieacker*, Industriegesellschaft und Privatrechtsordnung, S. 60; *Konzen*, Arbeitnehmerschutz, in: *Maydell/Kannengießer*, Handbuch Sozialpolitik, S. 202, 203, 210; *Zöllner/Loritz/Hergenröder*, Arbeitsrecht, S. 24; *Hueck/Nipperdey*, Lehrbuch des Arbeitsrechts, S. 9; *Quecke*, in: *Henssler/Willemsen/Kalb*, KSchG, § 1 Rn. 1.

656   *Hergenröder*, in: *Säcker/Rixecker* (Hrsg.), Münchener Kommentar zum BGB, Band 4, KSchG, Einleitung Rn. 1.

657   *Etzel*, in: KR Gemeinschaftskommentar, KSchG, 5. Aufl., § 1 Rn. 2.

werkschaften befassten sich mit den sozialen und wirtschaftlichen Problemen der Fabrikarbeiter und suchten nach Lösungswegen.[658] Die Unternehmen etablierten eine eigene betriebliche Sozialpolitik („betriebliches Wohlfahrtswesen" oder „Fabrikwohlfahrtspflege"[659]), um der Verelendung der Fabrikarbeiter entgegenzuwirken. So gründeten sie zum Beispiel Unterstützungskassen, Pensionskassen, Betriebskindergärten („Kinderbewahranstalten"[660]) oder bauten eigene Werkswohnungen für ihre Fabrikarbeiter.[661] Dieses soziale Engagement der Arbeitgeber erfolgte nicht nur aus humanitären oder karitativen Gründen, sondern wurzelte noch in ihrem patriarchalischen Denken.[662] Nach *Borchardt* fühlten sich die deutschen Unternehmer wie Hausväter aus vorindustrieller Zeit; sie empfanden eine Sozialverpflichtung für ihre Arbeiter, die oft auch mit einer Einmischung in die privaten Lebensverhältnisse verbunden war.[663] Gleichzeitig banden diese sozialen Maßnahmen die Arbeiter an das Unternehmen und trugen zum Aufbau einer Stammbelegschaft bei.[664] Betriebstreue Arbeiter, die sich dem Herrschaftsanspruch der Unternehmensführung unterwarfen, sollten durch die Vergünstigungen der betrieblichen Sozialpolitik möglichst fest an das Unternehmen gebunden werden.[665] Zudem wurde langjährige Treue durch Prämien, Pensionen oder andere Betriebsleistungen,[666] deren Höhe von der

---

[658]   1848: Gründung der ersten deutschen Gewerkschaft (Buchdruckerverband), Quelle: http://www.dgb.de/uber-uns/bewegte-zeiten/60-jahre-dgb/vor-1949, Abruf am 15. 02. 2013; *Richardi*, Arbeitsrecht als Teil freiheitlicher Ordnung, S. 25; 1863: Begründung der Sozialdemokratie im Allgemeinen Deutschen Arbeiterverein, Quelle: http://www.spd.de/Partei/Geschichte/Soziales_Deutschland/, Abruf am 15. 02. 2013; *Richardi*, in: Münchener Handbuch zum Arbeitsrecht, Band 1, § 2 Rn. 17.

[659]   *Hilger*, Sozialpolitik und Organisation, in: Zeitschrift für Unternehmensgeschichte/ Beiheft 94, S. 37.

[660]   *Bernhardt*, BB 2007, 1898.

[661]   *Banken*, Die Industrialisierung der Saarregion 1815–1914, S. 432 ff.

[662]   *Rolfs*, in: *Blomeyer/Rolfs/Otto*, Betriebsrentengesetz, 2. Teil, Einleitung Rn. 1; *Schulz*, Betriebliche Sozialpolitik in Deutschland seit 1850, in: *Pohl* (Hrsg.), Staatliche, städtische, betriebliche und kirchliche Sozialpolitik vom Mittelalter bis zur Gegenwart, S. 137, 142; *von Hirschfelder/Maier/Sieber*, Zwischen Beharrung und Aufbruch, S. 190.

[663]   *Borchardt*, Die Industrielle Revolution in Deutschland, in: *Borchardt* (Hrsg.), Europäische Wirtschaftsgeschichte, S. 135, 196.

[664]   *Banken*, Die Industrialisierung der Saarregion 1815–1914, S. 448; *Hilger*, Sozialpolitik und Organisation, in: Zeitschrift für Unternehmensgeschichte/Beiheft 94, S. 42.

[665]   *Banken*, Die Industrialisierung der Saarregion 1815–1914, S. 448; *Schulz*, Betriebliche Sozialpolitik in Deutschland seit 1850, in: *Pohl* (Hrsg.), Staatliche, städtische, betriebliche und kirchliche Sozialpolitik vom Mittelalter bis zur Gegenwart, S. 137, 157.

[666]   *Banken*, Die Industrialisierung der Saarregion 1815–1914, S. 448 Rn. 655.

Dauer der Dienstjahre abhängig war, belohnt.[667] Typische betriebliche Sozialleistungen waren Unfallversicherung, Gesundheitspflege sowie Treue- oder
Bleibeprämien.[668] Auch die Einrichtung einer betrieblichen Altersversorgung
war Bestandteil patriarchalischer Arbeitsverhältnisse.[669] Der Unternehmer
empfand also eine Fürsorgepflicht, gewährte die betrieblichen Sozialleistungen
allerdings nach eigenem Ermessen, ein Rechtsanspruch darauf bestand nicht.[670]

Neben den Unternehmern konnte sich auch die Politik der Lösung der
sozialen und wirtschaftlichen Not der Arbeiter, die die Industrialisierung mit
sich brachte, nicht verschließen,[671] zumal die industrielle Revolution auch eine
Radikalisierung der Arbeiterbewegung mit sich brachte.[672] Dies führte unter
Bismarck[673] zunächst zu einem Verbot der Sozialdemokratie und der Arbeiterbewegung durch das „Gesetz gegen die gemeingefährlichen Bestrebungen
der Sozialdemokratie" vom 22. 10. 1878, das sog. Sozialistengesetz.[674] Unter
Berufung auf dieses Gesetz, das von 1878 bis 1890 in Kraft war,[675] konnten die
Gewerkschaften wegen sozialdemokratischer Betätigungen aufgelöst[676] und

---

[667] *Banken*, Die Industrialisierung der Saarregion 1815–1914, S. 447.
[668] *Schulz*, Betriebliche Sozialpolitik in Deutschland seit 1850, in: *Pohl* (Hrsg.), Staatliche,
      städtische, betriebliche und kirchliche Sozialpolitik vom Mittelalter bis zur Gegen-
      wart, S. 137, 152.
[669] *Wüst*, ZBLG 1982, 67, 71.
[670] *Schulz*, Betriebliche Sozialpolitik in Deutschland seit 1850, in: *Pohl* (Hrsg.), Staatliche,
      städtische, betriebliche und kirchliche Sozialpolitik vom Mittelalter bis zur Gegen-
      wart, S. 137, 143.
[671] *Konzen*, ZfA 1991, 379, 383.
[672] *von Hirschfelder/Nutzinger*, Das Kaiserreich 1871–1918, S. 59. Der Klempnergeselle
      Max Hödel aus Leipzig verübte am 11. 05. 1887 ein Attentat auf Kaiser Wilhelm
      während einer offenen Kutschfahrt des Kaisers „Unter den Linden". Max Hödel war
      kurz vor dem Attentat aus der sozialistischen Arbeiterpartei (SAP) ausgeschlossen
      worden. U. a. mit diesem Attentatsversuch gelang es Reichskanzler Bismarck, die
      Revolutionsängste in Deutschland zu schüren und das sog. Sozialistengesetz gegen
      die Sozialdemokratie und die Arbeiterbewegung auf den Weg zu bringen, Quelle:
      Deutsches Historisches Museum, Berlin, http://www.dhm.de/lemo/html/kaiserreich/
      innenpolitik/attentate/index.html, Abruf am 15. 02. 2013.
[673] Otto von Bismarck (1815–1898), Reichskanzler von 1871 bis 1890.
[674] RGBl. 1878, S. 351–358; *Däubler* (Hrsg.), Tarifvertragsgesetz, Einleitung
      Rn. 10; *von Hirschfelder/Nutzinger*, Das Kaiserreich 1871–1918, S. 59.
[675] *Däubler*, in: *Däubler* (Hrsg.), Tarifvertragsgesetz, Einleitung Rn. 12; *Zachert*, RdA 2004,
      1, 3.
[676] *Zöllner/Loritz/Hergenröder*, Arbeitsrecht, S. 25; *Däubler*, in: *Däubler* (Hrsg.), Tarif-
      vertragsgesetz, Einleitung Rn. 10, 12; *Gall/von Bilavsky/Judersleben*, in: Deutscher
      Bundestag (Hrsg.), Wege – Irrwege – Umwege, Entwicklung der parlamentarischen
      Demokratie in Deutschland, S. 116. Die §§ 11, 19 Sozialistengesetz stellen die Vorläu-
      fer des heutigen § 86 StGB Verbreiten von Propagandamitteln verfassungswidriger

die Entwicklung der Arbeiterbewegung bis 1890 gebremst werden.[677] Parallel dazu wurde aber das gesundheitliche Wohl der Arbeiter durch Schaffung einer Arbeiterversicherung gefördert. Sie wurde 1881 auf Initiative Bismarcks eingeführt, um die Folgen von Krankheit, Unfall und Alter zu einem Mindestmaß abzusichern.[678] Bismarck wollte die Soziale Frage hauptsächlich über eine sozialversicherungsrechtliche Gesetzgebung regeln und arbeitsrechtliche Schutzgesetze möglichst vermeiden, weil er darin einen Eingriff in die Vertragsfreiheit sah.[679] Er war der Ansicht, dass mehr Arbeitsrecht schädlich für die Arbeitgeber und deshalb auch für die Arbeitnehmer sei,[680] und hat mit dieser Begründung die Einführung technischer Arbeiterschutzgesetze verhindert.[681] Der Arbeiter sollte durch die eingeführte Versicherung der Sozialdemokratie entfremdet werden und „das Reich als eine wohltätige Institution" empfinden.[682] Bismarck gelang es, die Kosten der Sozialversicherung – je nach Versicherungszweig unterschiedlich – auf Unternehmer, Arbeitnehmer und Staat zu verteilen.[683] Die Bereitschaft der Unternehmer, sich an der Finanzierung der gesetzlichen Sozialversicherung zu beteiligen, belohnte der Gesetzgeber, indem er die unternehmerische Freiheit unangetastet ließ. Die Unternehmer konnten somit weiterhin die Arbeitsbedingungen, wie etwa Arbeitszeit und

---

Organisationen dar, *Paeffgen*, in: *Kindhäuser/Neumann/Paeffgen*, Strafgesetzbuch, Band 1, § 86 Rn. 1;

[677] *Richardi*, in: Münchener Handbuch zum Arbeitsrecht, Band 1, § 2 Rn. 18; *Zöllner/ Loritz/Hergenröder*, Arbeitsrecht, S. 25.

[678] Krankenversicherungsgesetz vom 15. 06. 1883, Unfallversicherungsgesetz vom 06. 07. 1884, Invaliditäts- und Altersversicherungsgesetz vom 22. 06. 1889, *Richardi*, Münchener Handbuch zum Arbeitsrecht, Band 1, § 2 Rn. 13; *Ritter*, Der Sozialstaat, S. 89.

[679] *Hromadka*, NZS 1992, 7, 10; *Düwell*, in: *Düwell*, Beriebsverfassungsgesetz, Einleitung Rn. 2.

[680] *Hanau* weist darauf hin, dass die Zeit um 1880 von dem Gedanken der potenziellen Schädlichkeit des Arbeitsrechts beeinflusst war, und es zu einer Verlangsamung der arbeitsgerichtlichen Gesetzgebung unter Bismarck kam, *Hanau*, NZA 1993, 338, 340.

[681] *Machtan*, Der Arbeiterschutz als sozialpolitisches Problem, in: *Pohl* (Hrsg.), Staatliche, städtische, betriebliche und kirchliche Sozialpolitik vom Mittelalter bis zur Gegenwart, S. 111, 125, 134.

[682] *Haft*, ZRP 2002, 457; *Gozzi*, Verfassungsfrage und Sozialpolitik zu Bismarcks Zeit in Deutschland und Italien, in: *Mazzacane/Schulze*, Die deutsche und die italienische Rechtskultur im "Zeitalter der Vergleichung", S. 197, 199; *Borchardt*, Die Industrielle Revolution in Deutschland, in: *Borchardt* (Hrsg.), Europäische Wirtschaftsgeschichte, S. 135, 197.

[683] Krankenversicherung: 1/3 Unternehmer, 2/3 Arbeitnehmer; Unfallversicherung: Unternehmer; Altersversicherung: gemeinsam von Unternehmer, Arbeitnehmer und Staat; *von Hirschfelder/Nutzinger*, Das Kaiserreich 1871–1918, Seite 60.

Lohn, selbst bestimmen und unterlagen keinen gesetzlichen Einschränkungen. In dieser gemeinschaftlichen Finanzierung der Sozialversicherung ist ein erster Schritt in Richtung Sozialpartnerschaft erkennbar.

Die gesetzliche Sozialversicherung war – anders als die Versorgungseinrichtungen der Zünfte und der betrieblichen Sozialeinrichtungen – nicht abhängig von der Zugehörigkeit zu einem Unternehmen oder Berufsstand, sondern erfasste einen breiteren Personenkreis und garantierte außerdem einen Rechtsanspruch auf die abgeschlossenen Leistungen unabhängig von politischen oder innerbetrieblichen Bedingungen.[684] Die staatliche Sozialgesetzgebung bewirkte somit, dass den betrieblichen Fürsorgeeinrichtungen, die auf paternalistischen Prinzipien beruhten und nicht allen Arbeitnehmern gleichermaßen offenstanden, ihre Berechtigung entzogen wurde.[685] Regelungen zum Kündigungsschutz enthielten die Sozialversicherungsgesetze nicht, aber sie gewährten dem Arbeiter ein Mindestmaß an Schutz vor den Risiken, die durch Krankheit, Unfall oder Alter bedingt sind.

Die Bereitschaft des Gesetzgebers, sozialpolitisch tätig zu werden, resultierte aus dem Bestreben – in Abgrenzung zum englischen Parlamentarismus – das monarchische System zu bewahren, um den Machtanspruch der alten Eliten in Deutschland zu sichern. Gleichzeitig führte die Vorstellung Bismarcks von einem „monarchischen, landesväterlich regierten Staat"[686] zur Ablehnung eines „Manchester Kapitalismus". Für Bismarck war eine staatlich geregelte Sozialversicherung Ausdruck „praktischen Christentums in gesetzlicher Bethätigung".[687] Auch der Kaiser hielt die „Heilung der sozialen Schäden" für seine „Kaiserliche Pflicht", die zwar eine schwierige, „aber auch eine der höchsten Aufgaben jedes Gemeinwesens, welches auf den sittlichen Fundamenten des christlichen Volkslebens steht", sei.[688] Die sozialversicherungsrechtliche Gesetzgebung war also sowohl von machtpolitischen als auch christlich-sozialen Motiven bestimmt.

---

684 *Ritter*, Der Sozialstaat, S. 62, 63.
685 *Schulz*, Betriebliche Sozialpolitik in Deutschland seit 1850, in: *Pohl* (Hrsg.), Staatliche, städtische, betriebliche und kirchliche Sozialpolitik vom Mittelalter bis zur Gegenwart, S. 137, 163, 175.
686 *von Hirschfelder/Nutzinger*, Das Kaiserreich 1871–1918, S. 62.
687 *Gozzi*, Verfassungsfrage und Sozialpolitik zu Bismarcks Zeit in Deutschland und Italien, in: *Mazzacane/Schulze*, Die deutsche und die italienische Rechtskultur im "Zeitalter der Vergleichung", S. 197, 200.
688 Erste Kaiserliche Botschaft zur sozialen Frage vom 17. 11. 1881, zitiert nach *von Hirschfelder/Nutzinger*, Das Kaiserreich 1871–1918, S. 60, 61.

Kurz nach dem Regierungsantritt Wilhelms II.[689] brach im Mai 1889 im Ruhrgebiet ein großer Bergarbeiterstreik aus, an dem sich weit über 100.000 Arbeiter beteiligten.[690] Aus Sorge um den inneren Frieden nahm der Kaiser dies zum Anlass, persönlich einzugreifen und eine Änderung der Arbeiterpolitik in die Wege zu leiten.[691] Im Gegensatz zu Bismarck stand er arbeitsrechtlichen Regelungen aufgeschlossen gegenüber. Diese Richtungsänderung durch Wilhelm II. ging als >>Neuer Kurs<< in die Geschichte ein und verdeutlichte die unterschiedlichen Auffassungen Bismarcks und Wilhelms II. über die Notwendigkeit arbeitsrechtlicher Gesetze.[692] Diese divergierenden Ansichten waren auch ein Grund für die Entlassung Bismarcks 1891.[693] Nach einer auf Initiative des Kaisers in Berlin durchgeführten Konferenz der Industrienationen über Arbeiterschutz,[694] an der auch Italien teilnahm,[695] ließ der Kaiser 1891 die Gewerbeordnung umfassend unter dem Namen „Arbeiterschutzgesetz" reformieren.[696] Dieses Gesetz löste eine Reihe von arbeitsrechtlichen Problemen der damaligen Zeit durch die Einführung der Sonntagsruhe, durch die zeitliche Begrenzung der täglichen Arbeitszeit, durch den Lohnschutz trotz vertragswidriger Beendigung des Arbeitsverhältnisses durch den Arbeitnehmer, durch den technischen Arbeitsschutz, durch die Regelung von Kündigungsfristen für die ordentliche Kündigung[697] und durch die Verbesserung des bereits

---

[689] Kaiser Wilhelm II. (1859–1941) regierte von 1888 bis 1918, Quelle: http://www.welt. de/kultur/article2493884/Kaiser-Wilhelm-II-reizt-die-Deutschen-wieder.html, Abruf am 10. 10. 2011.

[690] *Richardi*, in: Münchener Handbuch zum Arbeitsrecht, Band 1, § 2 Rn. 10, 21; *Kaskel/ Dersch*, Arbeitsrecht, S. 7.

[691] *Konzen*, ZfA 1991, 379, 380; Benöhr, ZfA 1977, 187, 212.

[692] *Machtan*, Der Arbeiterschutz als sozialpolitisches Problem, in: *Pohl* (Hrsg.), Staatliche, städtische, betriebliche und kirchliche Sozialpolitik vom Mittelalter bis zur Gegenwart, S. 111, 134; *Kittner*, in: *Kittner/Zwanziger/Deinert*, Arbeitsrecht, Geschichte des Arbeitsrechts [www.handbucharbeitsrecht.de], Rn. 12; *Konzen*, ZfA 1991, 379, 380.

[693] *Hanau*, NZA 1993, 338, 340; *von Campenhausen*, Sozialklauseln im internationalen Handel, S. 9.

[694] Die Konferenz fand vom 15.–29. 03. 1890 statt, *Adomeit*, NJW 1996, 1710, 1711; *Kittner*, in: *Kittner/Zwanziger/Deinert*, Arbeitsrecht, Geschichte des Arbeitsrechts [www. handbucharbeitsrecht.de], Rn. 12; *Sinzheimer*, Grundzüge des Arbeitsrechts, S. 54; *von Campenhausen*, Sozialklauseln im internationalen Handel, S. 9.

[695] *von Campenhausen*, Sozialklauseln im internationalen Handel, S. 9.

[696] Gesetz, betreffend Abänderung der Gewerbeordnung vom 01. 06. 1891, RGBl. 1891, 261, im Folgenden Gewerbeordnung 1891 genannt. *Richardi*, in: Münchener Handbuch zum Arbeitsrecht, Band 1, § 2 Rn. 10, 21; *Kaskel/Dersch*, Arbeitsrecht, S. 7; *Waltermann*, NZA 1995, 1177, 1178; *Däubler*, in: *Däubler* (Hrsg.), Tarifvertragsgesetz, Einleitung Rn. 12.

[697] Vgl. §§ 105 ff. Gesetz, betreffend Abänderung der Gewerbeordnung vom 01. 06. 1891,

seit 1839 geregelten[698] Jugend- und Frauenschutzes.[699] Zudem erlaubte es die Bildung von innerbetrieblichen Arbeiterausschüssen[700] und die Koalition der Arbeiter in Gewerkschaften.[701] Kaiser Wilhelm II. ging davon aus „dass es eine der Aufgaben der Staatsgewalt ist, die Zeit, die Dauer und die Art der Arbeit so zu regeln, dass die Erhaltung der Gesundheit, die Gebote der Sittlichkeit, die wirtschaftlichen Bedürfnisse der Arbeiter und ihr Anspruch auf gesetzliche Gleichberechtigung gewahrt bleiben."[702] Der Kaiser wollte insbesondere durch die Einführung von technischen Arbeitsschutzvorschriften und die Anerkennung einer Interessenvertretung der Arbeiter „die Seele des deutschen Arbeiters gewinnen".[703]

Man kann also feststellen, dass im ausgehenden 19. Jahrhundert der Gesetzgeber – trotz einer Annäherung an die Probleme der Arbeiterschaft – keine Veranlassung sah, arbeitsrechtliche Kündigungsbeschränkungen zu erlassen. Das Handeln des Gesetzgebers, das noch stark von einer liberalen Wirtschaftstheorie der Reichsgründungsphase beeinflusst war,[704] spiegelte das Kräfteverhältnis der Parteien im Reichstag wider. Die Partei der Nationalliberalen war die größte Partei, bei der Reichtstagswahl 1871 stellte sie

RGBl. 1891, 261 ff; *Hueck/Nipperdey*, Lehrbuch des Arbeitsrechts, S. 9; *Fiedler*, Kündigungsschutz außerhalb des KSchG und seiner Vorgängerregelung durch Grundrechte und allgemeines Zivilrecht, S. 7.

698   Regulativ über die Beschäftigung jugendlicher Arbeiter in Fabriken vom 09. 03. 1839, Preußische Gesetzessammlung 1839, S. 156; *Richardi*, in: Münchener Handbuch zum Arbeitsrecht, Band 1, § 2 Rn. 8; *Hromadka*, NZA 1998, 1, 2; mit dem Regulativ wurde die Beschäftigung von Kindern unter neun Jahren gänzlich und von Jugendlichen bis 16 Jahren über zehn Stunden täglich verboten, *Zöllner/Loritz/Hergenröder*, Arbeitsrecht, S. 24.

699   So durften zum Beispiel nach § 135 Gewerbeordnung 1891 Kinder unter 13 Jahren überhaupt nicht in Fabriken und junge Leute zwischen 14 und 16 Jahren nicht länger als 10 Stunden täglich in Fabriken beschäftigt werden. Nach § 137 Gewerbeordnung 1891 durften Frauen in Fabriken nicht in der Nachtzeit von 20:30 Uhr bis 05:30 Uhr und am Samstag nicht länger als 17:30 Uhr beschäftigt werden. Die Beschäftigung von Frauen über 16 Jahren durfte die Dauer von 11 Stunden täglich, an Samstagen von 10 Stunden, nicht überschreiten. Nach § 137 Abs. 4 Gewerbeordnung 1891 durften Wöchnerinnen „während vier Wochen nach Ihrer Niederkunft überhaupt nicht und während der folgenden zwei Wochen nur beschäftigt werden, wenn das Zeugnis eines approbierten Arztes dies für zulässig" erklärte.

700   § 134 h Gewerbeordnung 1891; *Flatow*, Kommentar zum Betriebsrätegesetz, Einleitung, S. 9; *Kaskel/Dersch*, Arbeitsrecht, S. 7; *Koch*, in: Erfurter Kommentar zum Arbeitsrecht, 11. Auflage 2011, BetrVG, § 1 Rn. 1; *Adomeit*, NJW 1996, 1710, 1711.

701   *Richardi*, in: Münchener Handbuch zum Arbeitsrecht, Band 1, § 2 Rn. 17.

702   *Adomeit*, NJW 1996, 1710, 1711.

703   *Düwell*, in: *Düwell*, Betriebsverfassungsgesetz, Einleitung Rn. 2.

704   *Rückert*, ZfA 1992, 225, 243.

32,9 % der Mandatsträger, 1874 38,8 %, 1877 32,0 %.[705] Der Wirtschaftsliberalismus ließ ein Einmischen des Staates in das „wirtschaftliche Getriebe der Gesellschaft"[706] nicht zu, ein Eingreifen in die zivilrechtliche Vertragsfreiheit oder in den Selbstregulierungsanspruch der Arbeiter- und Arbeitgeberorganisationen durch unmittelbare Kündigungsschutzvorschriften sollte vermieden werden. Der Gesetzgeber wollte daher eine Lösung der Sozialen Frage durch die Einführung der gesetzlichen Sozialversicherung herbeiführen. Dies hatte zur Folge, dass die Unternehmen rechtlich und finanziell geschont wurden. Sie konnten weiterhin die Arbeiter nach ihren Bedürfnissen einstellen und entlassen; ebenso wenig waren sie Lohnfortzahlungs- und Abfindungskosten ausgesetzt, wie sie heute bei einer nicht gerechtfertigten Kündigung anfallen. Der Staat hatte somit das durch das freie Kündigungsrecht der Arbeitgeber ausgelöste Risiko der Arbeitslosigkeit und die mit ihr einhergehenden Folgen, wie etwa die Verelendung der Arbeiter, alleine zu tragen.

Der Gedanke des Wirtschaftsliberalismus war stark in der Gesellschaft verbreitet; er verhinderte die Einführung von Kündigungsbeschränkungen zu Lasten der Arbeitgeber. Die Sorge um den inneren Frieden und christlich-soziale Motive veranlassten den Staat zur Einführung der Sozialversicherung und zur Reform der Gewerbeordnung im Sinne eines Arbeiterschutzgesetzes.

2. Regelungen zur Abfindung

In der Kaiserzeit war die Rechtsposition der Arbeitsvertragsparteien bei Vertragsabschluss und -beendigung formal gleich.[707] Dies schloss eine gesetzliche Verpflichtung des Arbeitgebers zur Zahlung einer Abfindung bei Beendigung des Arbeitsvertrags grundsätzlich aus.

Eine Besonderheit stellte eine Maßnahme der Firma Carl Zeiss in Jena dar. Dort wurde seit 1886 eine sog. Abgangsentschädigung gezahlt.[708] Das Stiftungsstatut der Carl Zeiss Stiftung gewährte dem Arbeitnehmer nach dreijähriger Be-

---

[705] *von Hirschfelder/Nutzinger*, Das Kaiserreich 1871–1918, Buchumschlag innen, Übersicht: Die Reichstagswahlergebnisse von 1871–1912.

[706] *Benöhr*, ZfA 1977, 187,190, 192.

[707] *Richardi*, Arbeitsrecht als Teil freiheitlicher Ordnung, S. 24; *Döse-Digenopoulos*, Arbeitsgerichte und betriebsbedingte Kündigung, S. 75.

[708] *Kendzia*, Herausbildung erster Wesenszüge des Normalarbeitsverhältnisses in Deutschland, Discussion Paper No. 5107/August 2010; *Ramm*, Entwürfe zu einem deutschen Arbeitsvertragsgesetz, S. 22; *Ladwig*, Grundlagen der wirtschaftlichen Entwicklung in kulturgeschichtlicher Perspektive, S. 45.

triebszugehörigkeit bei einer Kündigung, die der Arbeitnehmer nicht verschuldet hatte, eine Abgangsentschädigung von mindestens sechs Monatsgehältern.[709]
Eine derartige Zahlung, die den Abgang des Arbeiters entlohnte, blieb allerdings
eine Besonderheit und konnte sich nicht generell durchsetzen. Im Rahmen der
betrieblichen Sozialpolitik hatten viele Unternehmer freiwillig u. a. Treue- und
Bleibeprämien ausgelobt. Sie wollten dadurch die Arbeiter an das Unternehmen
binden[710] und deren Ausscheiden verhindern. Dieses Ziel wäre durch eine Abfindung konterkariert, weil sie den Weggang des Arbeitnehmers prämiert hätte.

Im Rahmen der Reform der Gewerbeordnung 1891 befasste sich der Gesetzgeber u. a. mit Regelungen, die das Kündigungsrecht des Arbeitgebers gegenüber dem abhängigen Lohnarbeiter beschränken sollten. Der Gesetzgeber
entschied sich für das Rechtsinstitut der einzuhaltenden Kündigungsfrist und
nicht für die Abgangsentschädigung. Dafür dürften hauptsächlich zwei Gründe maßgeblich gewesen sein: Zum einen war dem Gesetzgeber das Rechtsinstitut der Kündigungsfrist bereits aus anderen Gesetzen, die die Entgegennahme
von Diensten regelten, bekannt.[711] Zum anderen widersprach die Zahlung
einer Entschädigung, die den Abgang des Arbeiters belohnte, dem damaligen
Rechts- und Sozialdenken. Eine derartige gesetzliche Verpflichtung hätte die
Vertragsfreiheit beider Arbeitsvertragsparteien eingeschränkt: Der Arbeitgeber
wäre durch die Abfindungszahlung finanziell belastet, der Arbeitnehmer in
seiner Entscheidungsfreiheit, das Arbeitsverhältnis zu kündigen, beeinträchtigt, weil ihm bei einer Eigenkündigung die Entschädigungszahlung entginge.

Als Ergebnis ist festzuhalten, dass in der Kaiserzeit die formal gleiche Rechtsposition der Vertragsparteien bei Abschluss und Beendigung des Arbeitsver

---

709   §§ 77 ff. Statut der Carl Zeiss-Stiftung vom 26. 07. 1896, abrufbar unter: http://abbe-
        verein.de/, dort Statut der Carl-Zeiss-Stiftung, Abruf am 15. 02. 2013; *Lotmar*, Der
        Arbeitsvertrag, 1. Band, S. 647 Fn. 1.

710   *Schulz*, Betriebliche Sozialpolitik in Deutschland seit 1850, in: *Pohl* (Hrsg.), Staatliche,
        städtische, betriebliche und kirchliche Sozialpolitik vom Mittelalter bis zur Gegenwart, S. 137, 152; *von Hirschfelder/Maier/Sieber*, Zwischen Beharrung und Aufbruch,
        S. 187.

711   So sah zum Beispiel Art. 61 ADHGB 1869 eine sechswöchige Kündigungsfrist
        zum Ende eines Kalendervierteljahres für das Dienstverhältnis mit einem Handlungsgehilfen vor (Allgemeines Deutsches Handelsgesetzbuch in der Fassung vom
        05. 06. 1869, Bundesgesetzblatt des Norddeutschen Bundes, Band 1869, S. 404, 601);
        ebenso nannte § 112 Preußische Gesindeordnung 1810 eine Aufkündigungsfrist bei
        städtischem Gesinde von sechs Wochen und bei Landgesinde von drei Monaten
        für die Kündigung des Gesindevertrags aus besonderen in der Gesindeordnung
        vorgesehenen Gründen (die Preußische Gesindeordnung ist abgedruckt bei *von der
        Heyde*, Dienstherrschaften und Gesinde, S. 1 ff).

trags einen einseitigen Schutz der Arbeiter durch Abfindungszahlungen nicht zuließ. Dies hätte einen Eingriff in die Vertrags- und Gewerbefreiheit dargestellt und wirtschaftsliberalen Theorien widersprochen, die im neugegründeten Deutschen Reich von weiten Teilen der Gesellschaft vertreten wurden.

II. 1900: BGB – Vertragsabschlussfreiheit und Vertragsbeendigungsfreiheit

1. Umfang des Kündigungsschutzes

Am 01. 01. 1900 trat das Bürgerliche Gesetzbuch in Kraft. Es enthielt keine Vorschriften zum materiellen Kündigungsschutz,[712] sondern schrieb in den §§ 621 ff. BGB a. F. lediglich Kündigungsfristen als formelle Kündigungsvoraussetzungen vor.[713] Die gesetzlichen Kündigungsfristen konnten nach dem Grundsatz der Vertragsfreiheit durch Vereinbarung der Parteien sogar vollständig abbedungen werden[714] und waren aus heutigem Blickwinkel relativ kurz. So konnte zum Beispiel einem Zeitlohnarbeiter, der einen Monatslohn erhielt, nach § 621 Abs. 3 BGB a. F. noch bis zum fünfzehnten des laufenden Monats unter Einhaltung einer Kündigungsfrist zum Monatsende gekündigt werden.[715] Für die Angestellten galt nach § 622 BGB a. F. eine Kündigungsfrist

---

712 Dies ist auch heute noch so: Regelungen zum materiellen Kündigungsschutz befinden sich in arbeits- oder sozial(versicherungs)rechlichen Spezialgesetzen, z. B. KSchG, MuSchG, SGB IX.

713 § 621 BGB in der Fassung vom 01. 01. 1900 lautet:
(1) Ist die Vergütung nach Tagen bemessen, so ist die Kündigung an jedem Tage für den folgenden Tag zulässig.
(2) Ist die Vergütung nach Wochen bemessen, so ist die Kündigung nur für den Schluss einer Kalenderwoche zulässig; sie hat spätestens am ersten Werktage der Woche zu erfolgen.
(3) Ist die Vergütung nach Monaten bemessen, so ist die Kündigung nur für den Schluss eines Kalendermonats zulässig; sie hat spätestens am fünfzehnten des Monats zu erfolgen.
(4) Ist die Vergütung nach Vierteljahren oder längeren Zeitabschnitten bemessen, so ist die Kündigung nur für den Schluss eines Kalendervierteljahrs und nur unter Einhaltung einer Kündigungsfrist von sechs Wochen zulässig.
zitiert nach *Rohr/Rohdewald/Kürzel*, Das Bürgerliche Gesetzbuch, S. 92.

714 *Rohr/Rohdewald/Kürzel*, Das Bürgerliche Gesetzbuch, S. 91; *Grosse-Brockhoff*, Der Einfluss des § 1 a KSchG auf Aufhebungs- und Abwicklungsverträge, S. 42; *Kaskel/Dersch*, Arbeitsrecht, S. 222; *Preis*, in: *Ascheid/Preis/Schmidt*, Kündigungsrecht 2012, 1. Teil, A., Rn. 1, in: beck-online; *Potthoff*, Arbeitsrecht: Das Ringen um werdendes Recht, S. 109; *Hueck*, Kündigungsschutzgesetz, Einleitung S. 12.

715 *Kaskel/Dersch*, Arbeitsrecht, S. 223.

von sechs Wochen zum Kalendervierteljahr.[716] Im Übrigen galt das Prinzip der „wertfreien" Kündigung, deren Ausspruch keinen zivilrechtlichen Schranken unterlag.[717] Lediglich in Sondergesetzen fand sich eine inhaltliche Kündigungsbeschränkung, wie etwa der Kündigungsschutz für den Sicherheitsmann im Bergbau nach dem Allgemeinen Berggesetz für die preußischen Staaten.[718]

Auch wenn der Gesetzgeber die wirtschaftlichen Probleme der Fabrikarbeiter kannte, war das BGB mehr vom wirtschaftlichen Liberalismus geprägt[719] als von der Arbeiterbewegung. Demgemäß ging das BGB von der grundsätzlichen Vertragsabschluss- und Vertragsbeendigungsfreiheit aus[720] und hatte als Leitbild den „vernünftigen, selbstverantwortlichen und urteilsfähigen Rechtsgenossen."[721] Dieser gestaltete seine Lebensverhältnisse in freier Selbstbestimmung und nahm seine Interessen nachdrücklich und geschickt selbst wahr.[722] Trotzdem wurde im Rahmen der Beratungen zur Kodifikation des BGB erörtert, ob der Schutz des gegenüber dem Arbeitgeber wirtschaftlich schwächeren Arbeitnehmers und die Voraussetzungen für den Abschluss eines Arbeitsvertrags einer gesetzlichen Regelung bedürften.[723] *Otto von Gierke*[724] hatte in bildlicher Sprache bemängelt, dass dem ersten BGB-Entwurf

---

716 *Potthoff*, Arbeitsrecht: Das Ringen um werdendes Recht, S. 109.
717 *Dietz*, NJW 1951, 941, 943; *Preis*, in: *Ascheid/Preis/Schmidt*, Kündigungsrecht 2012, 1. Teil, G., Rn. 5, sowie A., Rn. 5, in: beck-online; *Potthoff*, Flugschriften zur Schaffung sozialen Rechtes, Heft 3, S. 20.
718 §§ 181, 182 Allgemeines Berggesetz für die preußischen Staaten vom 24. 06. 1865 in der Fassung vom 28. 07. 1909, zitiert nach *Wüllenweber*, Die Entwicklung des Kündigungsschutzrechts seit dem Ersten Weltkrieg, S. 36; *Berkowsky*, in: Münchener Handbuch zum Arbeitsrecht, Band 1, § 108 Rn. 11.
719 *Wieacker*, Das Sozialmodell der klassischen Privatrechtsgesetzbücher und die Entwicklung der modernen Gesellschaft, in: Juristische Studiengesellschaft Karlsruhe, Schriftenreihe, Heft 3, S. 3, 9, 16; *Weber*, Das aufgespaltene Arbeitsverhältnis, S. 280; *Benöhr*, ZfA 1977, 187.
720 *Coing/Honsell*, in: *Staudinger*, BGB – Neubearbeitung 2004, Einleitung Rn. 34; *Hueck/Nipperdey*, Lehrbuch des Arbeitsrechts, S. 13.
721 *Wieacker*, Privatrechtsgeschichte der Neuzeit, S. 482; *Sprau*, in: *Palandt*, Einl., Rn. 8; *Säcker*, in: *Säcker/Rixecker* (Hrsg.), Münchener Kommentar zum BGB, Band 1, BGB, Einleitung Rn. 32.
722 *Schulte-Nölke*, NJW 1996, 1705, 1710; *Sprau*, in: *Palandt*, Einl., Rn. 8.
723 *Potthoff*, GewKfG 1913, Heft Nr. 11, S. 284; *Coing/Honsell*, in: *Staudinger*, BGB – Neubearbeitung 2004, Einleitung Rn. 65.
724 Otto von Gierke: Geheimer Justizrat und Professor der Rechte an der Universität Berlin (1841–1921), der u. a. die fehlende Volkstümlichkeit der Terminologie des ersten BGB-Entwurfes bemängelte, *von Gierke*, Der Entwurf eines Bürgerlichen Gesetzbuchs und das Deutsche Recht, S. 27 ff; vgl. die Buchbesprechung von *Schwarz*, NJW 2003, 192.

von 1888[725] zum Schutz der Arbeitnehmer ein „Tropfen sozialen Öles" fehle.[726] Spezifische arbeitsrechtliche Vorschriften wurden gleichwohl nicht in das BGB aufgenommen.[727] Dies wurde damit begründet, dass es Ziel der Kodifikation des Privatrechts sei, die Einheit des Rechts herzustellen, und es nicht darum gehe, soziale Reformen durchzuführen.[728] Zudem wurde deutlich, dass es sich bei Arbeiterschutzgesetzen, wie im Fall der Gewerbeordnung oder der Sozialversicherung, im Wesentlichen um öffentliches Recht handelte, das seinen Platz nicht in einer einheitlichen Zivilrechtskodifikation finden könne.[729] Daneben ließen die schon bestehenden Arbeiterrechte in der Gewerbeordnung 1891 weitere Arbeiterschutzregelungen im BGB als überflüssig erscheinen.[730] Aufgrund dieser Überlegungen beschloss der Reichstag in Ergänzung zur Diskussion der BGB-Entwürfe 1896 die arbeitsrechtlichen Sonderregelungen nicht in das BGB zu integrieren, dafür aber das Arbeitsvertragsrecht „für das Deutsche Reich baldtunlichst einheitlich" zu regeln.[731]

Für die Entscheidung des Gesetzgebers, die Lösung der sozialen und wirt-

---

725 *Säcker*, in: *Säcker/Rixecker* (Hrsg.), Münchener Kommentar zum BGB, Band 1, BGB, Einleitung Rn. 8 sowie Fn. 38.

726 *Otto von Gierke* sprach von "sozialistischem" Öl, „… unser Privatrecht muss ein Tropfen sozialistischen Öles durchsickern!", *von Gierke*, Die soziale Aufgabe des Privatrechts, S. 10; *Wieacker*, Privatrechtsgeschichte der Neuzeit, S. 470; *Singer*, RdA 2003, 194, 204 Fn. 124; *Immenhauser*, Das Dogma von Vertrag und Delikt, S. 319; *Coing/ Honsell*, in: *Staudinger*, BGB – Neubearbeitung 2004, Einleitung Rn. 80.

727 *Basedow*, Die besonderen Vertragsverhältnisse zwischen juristischer Begrifflichkeit und Marktversagen, in: *Cian*, I cento anni del codice civile tedesco, S. 1009; *Sprau*, in: *Palandt*, Einl., Rn. 8; *Sturm*, Die Entstehung des BGB, in: *Cian*, I cento anni del codice civile tedesco, S. 731; *Schliemann*, in: *Schliemann* (Hrsg.), Das Arbeitsrecht im BGB, § 611 Rn. 9.

728 *Ramm*, Entwürfe zu einem Deutschen Arbeitsvertragsgesetz, S. 16; *Coing/Honsell*, in: *Staudinger*, BGB – Neubearbeitung 2004, Einleitung Rn. 26; nach *Wieacker* hat der Gesetzgeber dem BGB „ersichtlich nicht eine eigentlich soziale Aufgabe zuerkannt.", *Wieacker*, Privatrechtsgeschichte der Neuzeit, S. 481; *Konzen*, Arbeitnehmerschutz, in: *Maydell/Kannengießer*, Handbuch Sozialpolitik, S. 202, 204; *Adomeit*, NJW 1996, 1710.

729 Die Forderung von arbeitsrechtlichen Regelungen im BGB wurde insbesondere von der Sozialdemokratie erhoben, *Sturm*, Die Entstehung des BGB, in: *Cian*, I cento anni del codice civile tedesco, S. 722, 723; *Säcker*, in: *Säcker/Rixecker* (Hrsg.), Münchener Kommentar zum BGB, Band 1, BGB, Einleitung Rn. 9; *Coing/Honsell*, in: *Staudinger*, BGB – Neubearbeitung 2004, Einleitung Rn. 67; *Potthoff*, GewKfG 1913, Heft Nr. 11, S. 284.

730 *Adomeit*, NJW 1996, 1710, 1711.

731 *Potthoff*, GewKfG 1913, Heft Nr. 11, S. 284; *Nikisch*, Arbeitsrecht, S. 2; *Richardi*, Arbeitsrecht als Teil freiheitlicher Ordnung, S. 31; *Düwell*, Das Erbe von Weimar: Unser Arbeitsrecht und seine Gerichtsbarkeit, RdA 2010, 129, 130; *Adomeit*, NJW 1996, 1710, 1713; *Ramm*, Entwürfe zu einem deutschen Arbeitsvertragsgesetz, S. 11.

schaftlichen Fragen der Arbeiterschaft nicht dem allgemeinen Zivilrecht zu-
zuordnen, sondern eine Regelung in Sondergesetzen zu bevorzugen, dürften
auch praktische Gründe gesprochen haben: Die Regelung aktueller Rechtspro-
bleme in Sondergesetzen erlaubt dem Gesetzgeber kürzere Reaktionszeiten,
als sie die Beratung und Verabschiedung einer Gesamtkodifikation erfordern
würden. Außerdem erscheint eine Gesamtkodifikation des Zivilrechts unter
Einschluß des Arbeitsrechts erst sinnvoll, wenn dem Gesetzgeber die rege-
lungsbedürftigen Fragen bekannt sind; davon konnte der Gesetzgeber bei
den um die Jahrhundertwende noch im Entstehen und Wachsen befindlichen
Problemen der Arbeiterschaft aber noch nicht ausgehen. Zudem sollte die
Kodifikation des Privatrechts möglichst lange überdauern und von Eingriffen
aus politischen oder klassenkämpferischen Gründen verschont bleiben.

Den Gesetzgeber hielten somit der liberale Geist der BGB-Entwürfe, die
Unsicherheit der Zuordnung des modernen Arbeitsrechts zum Zivilrecht und
praktische Erwägungen davon ab, kündigungsschutzrechtliche Regelungen in
das BGB aufzunehmen.

2.   Regelungen zur Abfindung

Das Fehlen einer Abfindungsregelung für die Arbeiter im BGB beklagte 1902
schon *Lotmar*, der als Begründer der Arbeitsrechtswissenschaft in Deutschland
gilt,[732] in seinem zweibändigen Hauptwerk „Der Arbeitsvertrag nach dem
Privatrecht des Deutschen Reiches".[733] Er beschrieb die Abgangsentschädigung der Firma Carl Zeiss als „eine besonders für gewerbliche Arbeitnehmer
wünschenswerte Ausnahme" von der bestehenden Rechtslage im BGB, die
weder die arbeitgeberseitige Beendigungsfreiheit einschränkte noch an die
Beendigung des Arbeitsverhältnisses eine Schadensersatzpflicht des Arbeitgebers knüpfte.[734]

Diese Gesetzeslage, die *Lotmar* beklagte, lässt sich dadurch erklären, dass

---

[732] *Lotmar* (1850–1922); *Rückert*, ZfA 1992, 225, 245; vgl. die Würdigung der Arbeiten
von *Lotmar* in *Caroni*, Forschungsband Philipp Lotmar.
[733] *Lotmar*, Der Arbeitsvertrag, 1. Band, 1902, sowie 2. Band, 1908.
[734] *Lotmar*, Der Arbeitsvertrag, 1. Band, S. 646; ebenso forderte *Flesch* in seiner sozialrechtlichen Erörterung einen gesetzlichen Schutz des Arbeitnehmers vor ungerechtfertigter Kündigung, *Flesch*, Zur Kritik des Arbeitsvertrags, seine volkswirtschaftlichen Funktionen und sein positives Recht, S. 16, 29; *Sinzheimer*, Grundzüge
des Arbeitsrechts, S. 200; *Döse-Digenopoulos*, Arbeitsgerichte und betriebsbedingte
Kündigung, S. 75–77.

nach der Bismarckschen Sozialpolitik und dem >>Neuen Kurs<< Kaiser Wilhelms II. zahlreiche weitere Arbeiterschutzgesetze und sozialpolitische Gesetze, wie Betriebsschutz, Arbeitszeitschutz, Kinderschutz, Novelle der Gewerbeordnung, in Kraft traten. Der Gesetzgeber war der Ansicht, dass die bestehenden Arbeiterschutzgesetze und die Sozialversicherung den Fabrikarbeitern bereits ausreichenden Schutz boten;[735] eine Erweiterung des gesetzlichen Arbeiterschutzes war deshalb nicht mehr beabsichtigt. Nach der Reichsgründung war die deutsche Industrie durch die Wirtschaftskrisen, die bis in die 1890er Jahre andauerten,[736] so geschwächt, dass von konservativer Seite sogar der Abbau der Arbeiterschutzgesetze gefordert wurde, um die Leistungsfähigkeit der Unternehmen nicht zu gefährden.[737]

Hinsichtlich der Gruppe der Angestellten wurde ca. 10 Jahre später über eine gesetzliche Verankerung der Abgangsentschädigung diskutiert: Das BGB enthielt für Arbeiter und Angestellte unterschiedliche Kündigungsfristen; § 621 BGB a. F. regelte die Kündigungsfristen für die Arbeiter, § 622 BGB a. F. für die Angestellten. Dies rührte daher, dass bereits das Allgemeine Deutsche Handelsgesetzbuch (ADHGB) von 1869[738] sowie das Handelsgesetzbuch von 1897[739] spezielle Vorschriften für kaufmännische Handlungsgehilfen enthielten, da diese durch ihre meist kaufmännischen Tätigkeiten der Sphäre des Arbeitgebers sehr nahe standen und deshalb als eigene Gruppe innerhalb der Arbeitnehmerschaft betrachtet wurden.[740] Auch sozialversicherungsrechtlich wurden die Angestellten anders als die Arbeiter behandelt.[741] Die Angestellten bildeten den „neuen Mittelstand" und waren hinsichtlich Einkommen, Arbeitszeit, Arbeitsbedingungen und Altersversorgung besser gestellt als die Arbeiter.[742] Der 30. Deutsche Juristentag 1910 in Danzig und der 31. Deutsche Juristentag 1912 in Wien beschäftigten sich mit der Frage nach einheitlichen

---

[735]   *Adomeit*, NJW 1996, 1710, 1711; *Kaskel/Dersch*, Arbeitsrecht, S. 7.

[736]   *von Hirschfelder/Nutzinger*, Das Kaiserreich 1871–1918, S. 64–66.

[737]   *Benöhr*, ZfA 1977, 187, 215; *Kaskel/Dersch*, Arbeitsrecht, S. 8; *Kittner*, in: *Kittner/Zwanziger/Deinert*, Arbeitsrecht, Geschichte des Arbeitsrechts [www.handbucharbeitsrecht. de], Rn. 16.

[738]   Allgemeines Deutsches Handelsgesetzbuch vom 05. 06. 1869, BGBl. des Norddeutschen Bundes 1869, Nr. 32, S. 404–419, 601–602.

[739]   Handelsgesetzbuch vom 10. 05. 1897, RGBl. 1897, 219.

[740]   §§ 57 ff. ADHGB 1869 sowie §§ 59 ff. HGB 1897, *v. Hoyningen-Huene*, in: *Schmidt* (Hrsg.), Münchener Kommentar zum HGB, § 59 Rn. 1; *Roth*, RdA 2012, 1, 4; *Schliemann*, in: *Schliemann* (Hrsg.), Das Arbeitsrecht im BGB, § 611 Rn. 9.

[741]   Vgl. Versicherungsgesetz für Angestellte (AVG) vom 20. 12. 1911, RGBl. 1911, 989; *Hromadka*, NZS 1992, 7, 10, 11.

[742]   *von Hirschfelder/Nutzinger*, Das Kaiserreich 1871–1918, S. 87.

sozialen Schutzvorschriften für alle Privatangestellten, um zunächst für diese Arbeitnehmergruppe zu einer Rechtsvereinheitlichung zu gelangen.[743] Nach *Potthoff*,[744] Volkswirt und engagierter Schriftsteller zu sozial- und arbeitsrechtlichen Themen, ist dies darauf zurückzuführen, dass die „junge soziale Schicht der Privatangestellten",[745] insbesondere die Verbände der technischen Angestellten und der Büroangestellten, die rechtliche Gleichstellung mit den kaufmännischen Handlungsgehilfen einforderte.[746] Als Vorschlag zur Rechtsvereinheitlichung legte *Potthoff* bereits zum Juristentag 1910 ein Gutachten vor[747] und schlug 1914 im Kontext eines Gesetzesentwurfes über den Dienstvertrag der Angestellten[748] eine „Abgangsvergütung" für den Fall einer arbeitgeberseitigen Kündigung eines Angestellten mit mindestens fünf Dienstjahren vor, wenn der Angestellte die Kündigung nicht verschuldet hatte.[749] Da es bei der betriebsbedingten Kündigung auf ein Verschulden des Arbeitnehmers nicht ankam,[750] stand dem Angestellten die Abgangsvergütung nach diesem Vorschlag auch bei einer Kündigung zu, die nach heutigen Maßstäben rechtswidrig wäre. Die Abfindung nach § 9 KSchG setzt demgegenüber einerseits kein mehrjährig

---

743   *Roth*, RdA 2012, 1, 5; *Potthoff*, Arbeitsrecht: Das Ringen um werdendes Recht, S. 32, 33; *Potthoff*, GewKfG 1913, Heft Nr. 11, S. 284, 286.

744   *Potthoff*, Dr. phil., (1875–1945), Schriftsteller und Volkswirt, einige Jahre Referent für Arbeitsrecht im Bayerischen Staatsministerium für soziale Fürsorge und Regierungsrat im Reichsarbeitsministerium, ab 1914 Mitherausgeber der Zeitschrift „Arbeitsrecht"; er wurde damals als „einer der führenden Männer des deutschen Arbeitsrechts" angesehen, *Kaiser*, Kündigungsschutz ohne Prinzip, S. 35, 36, 16.

745   *Potthoff*, GewKfG 1913, Heft Nr. 11, S. 284, 285.

746   *Potthoff*, GewKfG 1913, Heft Nr. 11, S. 284, 285.

747   *Potthoff*, Flugschriften zur Schaffung sozialen Rechtes, Heft 1, 1914, S. 1 Fn. 1; Verhandlungen des 30. DJT „Empfiehlt es sich, soziale Schutzvorschriften in der Art der für Handlungsgehilfen bestehenden für Privatangestellte überhaupt zu treffen?", zitiert nach *Roth*, RdA 2012, 1, 5 Fn. 96, sowie *Potthoff*, GewKfG 1913, Heft Nr. 11, S. 284, 286.

748   *Potthoff*, Flugschriften zur Schaffung sozialen Rechtes, Heft 1, 1914, S. 1, 20; *Wüllenweber*, Die Entwicklung des Kündigungsschutzrechts seit dem ersten Weltkrieg, S. 39, 40; *Kaiser*, Kündigungsschutz ohne Prinzip, S. 17 Fn. 29; *Seelig*, Heinz Potthoff (1875–1945) – Arbeitsrecht als volkswirtschaftliches und sozialpolitisches Gestaltungsinstrument, S. 144 ff.

749   § 34 Entwurf eines Gesetzes über den Dienstvertrag der Angestellten 1914 lautet: *Hat das Dienstverhältnis mindestens fünf Jahre hindurch ununterbrochen bestanden, und kündigt der Dienstgeber, ohne dass der Angestellte einen Grund dazu verschuldet hat, so ist ihm eine Abgangsvergütung in der halben Höhe seiner Geldbezüge auf die Dauer von drei Monaten zu gewähren.*
Potthoff, Flugschriften zur Schaffung sozialen Rechtes, Heft 1, 1914, S. 1, 20.

750   *Wüllenweber*, Die Entwicklung des Kündigungsschutzrechts seit dem ersten Weltkrieg, S. 39, 40.

andauerndes Arbeitsverhältnis voraus und kann andererseits nur bei einer rechtswidrigen Kündigung entstehen. Die Abgangsvergütung, wie sie *Potthoff* vorschlug oder wie sie bei der Firma Carl Zeiss Jena bezahlt wurde, weist ganz erhebliche Unterschiede zur Abfindungsregelung nach § 9 KSchG auf; sie kann somit nicht als Vorgängerregelung bezeichnet werden.

Die Vereinheitlichung des Angestelltenrechts konnte aber nicht zu Ende gebracht werden. Der Ausbruch des Ersten Weltkriegs 1914 hemmte nicht nur die Weiterentwicklung des Gesetzesentwurfes für den Angestellten-Dienstvertrag, sondern auch die des Rechtsinstituts der Abgangsentschädigung.[751] In der Folgezeit wurde weder ein Gesetz über den Dienstvertrag für Angestellte erlassen, noch hat die Abgangsentschädigung Eingang in das BGB gefunden.[752] Erst 1926 verabschiedete der Gesetzgeber das Angestelltenkündigungsgesetz, das nur noch die Fristen für die Kündigung von Angestellten regelte.[753]

Die gesetzliche Regelung einer Abgangsentschädigung konnte sich weder im BGB noch im Rahmen eines einheitlichen Angestelltengesetzes durchsetzen. Als Ursachen dafür lassen sich die noch im 19. Jahrhundert verabschiedeten technischen und sozialen Arbeiterschutzgesetze, die wirtschaftlichen Interessen der Unternehmen und der Ausbruch des Ersten Weltkriegs benennen.

III.   1919: Demobilmachungsverordnungen

1.   Umfang des Kündigungsschutzes

Während des Ersten Weltkriegs fehlte es im industriellen Produktionsprozess an männlichen Arbeitskräften, weil sie zum Kriegsdienst eingezogen worden waren.[754] Um den Mangel an Arbeitskräften für die Kriegs- und Versorgungsindustrie auszugleichen, führte der Gesetzgeber nach § 1 Hilfsdienstgesetz 1916 eine Arbeitspflicht für „männliche Deutsche vom vollendeten 17. bis zum vollendeten 60. Lebensjahr" ein.[755] Ebenso ordnete er nach § 11 Hilfsdienstge-

---

751   *Kaskel/Dersch*, Arbeitsrecht, S. 8.
752   *Roth*, RdA 2012, 1, 5 Fn. 102.
753   Gesetz über die Fristen für die Kündigung von Angestellten vom 09. 07. 1926 (RGBl. I, 399), im Folgenden Angestelltenkündigungsgesetz genannt; dieses Gesetz, das die Kündigungsfristen des BGB bei Kündigungen von Angestellten verlängerte, blieb lange Zeit gültig und wurde erst wegen der verfassungsrechtlich nicht rechtfertigbaren Ungleichbehandlung von Angestellten und Arbeitern durch das Kündigungsfristengesetz vom 07. 10. 1993 (BGBl. I 1993, S. 1668) aufgehoben.
754   *Neitzel*, Weltkrieg und Revolution, S. 123.
755   Gesetz über den vaterländischen Hilfsdienst vom 05. 12. 1916, RGBl. 1916, S. 1333, im

setz 1916 die Bildung von Arbeiter- und Angestelltenausschüssen für größere Betriebe an.[756]

Zum Ende des Ersten Weltkriegs hin verschlechterte sich die Lage auf dem Arbeitsmarkt wieder durch den Wegfall der Arbeitsplätze in der Kriegsindustrie und die Vielzahl der zurückströmenden Kriegsheimkehrer,[757] sodass Arbeitsplätze fehlten und die Arbeitslosenrate sprunghaft anstieg.[758] Hinzu kam, dass die zu Beginn des Weltkriegs noch herrschende Kriegseuphorie, die fast alle Gesellschaftsschichten erfasst hatte,[759] längst gewichen war und die Bevölkerung die Entbehrungen in Folge der schlechten Ernährungslage und des Mangels an Rohstoffen nicht mehr hinnehmen wollte.[760] Auch der ausbleibende militärische Erfolg und die hohen Verluste auf deutscher Seite verstärkten die Kriegsmüdigkeit.[761]

Bereits im Januar 1918 kam es zu Massenstreiks, denen sich auch die Arbeiter der Rüstungsbetriebe mit der Forderung nach „Frieden, Freiheit und Brot" anschlossen.[762] Im Zuge der Streiks kam es auf innerbetrieblicher und örtlicher Ebene zur Bildung von Arbeiterräten, die die Forderung der Strei-

---

[756]   Folgenden Hilfsdienstgesetz 1916 genannt; *Neitzel*, Weltkrieg und Revolution, S. 127. Nach § 11 Hilfsdienstgesetz 1916 waren für alle der Gewerbeordnung unterfallenden Betriebe, die kriegs- und versorgungswichtig waren und mehr als 50 Arbeiter oder Angestellte beschäftigten, obligatorische Arbeiter- bzw. Angestelltenausschüsse zu bilden; vgl. *Richardi*, in: Münchener Handbuch zum Arbeitsrecht, Band 1, § 2 Rn. 21; *Kaskel/Dersch*, Arbeitsrecht. S. 9; *Richardi*, in: *Richardi*, Betriebsverfassungsgesetz, Einleitung Rn. 9; *Düwell*, in: *Düwell*, Betriebsverfassungsgesetz, Einleitung Rn. 3; *Flatow*, Kommentar zum Betriebsrätegesetz, Einleitung, S. 10.

[757]   Dabei handelte es sich um ca. 6 Mio. Soldaten und 800.000 Kriegsgefangene, Quelle: Deutsches Historisches Museum, Berlin, http://www.dhm.de/lemo/html/weimar/ industrie/krieg/index.html, Abruf am 15. 02. 2013.

[758]   Bereits Anfang 1919 war die Arbeitslosenrate von 0 % auf 8 % angestiegen, *Ottomeye/ Czech* (Hrsg.), Deutsche Geschichte, S. 218.

[759]   *Gall/von Bilavsky/Judersleben*, in: Deutscher Bundestag (Hrsg.), Wege – Irrwege – Umwege. Die Entwicklung der parlamentarischen Demokratie in Deutschland, S. 145; *Neitzel*, Weltkrieg und Revolution, S. 27, 30; *Däubler* spricht von „nationalem Opfermut", in: *Däubler*, Arbeitskampfrecht, § 4 Rn. 1.

[760]   *Neitzel*, Weltkrieg und Revolution, S. 131, 145; *Gall/von Bilavsky/Judersleben*, in: Deutscher Bundestag (Hrsg.), Wege – Irrwege – Umwege. Die Entwicklung der parlamentarischen Demokratie in Deutschland, S. 147.

[761]   *Neitzel*, Weltkrieg und Revolution, S. 131, 145.

[762]   *Gall/von Bilavsky/Judersleben*, in: Deutscher Bundestag (Hrsg.), Wege – Irrwege – Umwege. Die Entwicklung der parlamentarischen Demokratie in Deutschland, S. 148; *Neitzel*, Weltkrieg und Revolution, S. 145, 146; *Däubler*, in: *Däubler*, Arbeitskampfrecht, § 4 Rn. 1; Quelle: Deutsches Historisches Museum, Berlin, http://www.dhm.de/lemo/ html/wk1/innenpolitik/januarstreik/index.html, Abruf am 15. 02. 2013.

kenden vertraten.[763] Die Regierung ließ Streiks und Massenkundgebungen gewaltsam auflösen; es gelang ein letztes Mal, „den Deckel auf dem brodelnden Kessel zu halten."[764] Obwohl 1918 die Frühjahrsoffensive des deutschen Heeres an der Westfront gescheitert war, sich Deutschland bereits in Waffenstillstandsverhandlungen befand[765] und damit das Kriegsende absehbar war, erteilte die deutsche Seekriegsleitung der Marine im Oktober 1918 den Befehl, gegen die englische Flotte auszulaufen.[766] Die Marinesoldaten in Kiel und Wilhelmshaven verweigerten den Gehorsam. In kurzer Zeit entwickelte sich aus dem Aufstand der Kieler Matrosen vom 03. 11. 1918[767] eine revolutionäre Massenbewegung gegen das monarchische System, die sog. Novemberrevolution 1918.[768] In vielen Städten wurden nach diesem Aufstand „Arbeiter- und Soldatenräte" gewählt, die vorübergehend die politische Gewalt ausübten.[769] Diese forderten unter dem Schlagwort „Alle Macht den Räten!" die politische und wirtschaftliche Macht im Staat.[770] Bereits am 10. 11. 1918 konstituierte sich der Rat der Volksbeauftragten, der die Regierung übernahm.[771] Ihm wurde die Vorbereitung der Wahlen zur verfassunggebenden Nationalversammlung übertragen;[772] seine wichtigste Aufgabe war es aber zunächst, die Demobilma-

---

763 *Däubler* in: *Däubler*, Arbeitskampfrecht, § 4 Rn. 2; *Neitzel*, Weltkrieg und Revolution, S. 145.

764 *Neitzel*, Weltkrieg und Revolution, S. 146, mit Verweis auf *Ullrich, Volker*, Zur inneren Revolutionierung der wilhelminischen Gesellschaft, in: *Duppler, Jörg/Groß, Gerhard P.* (Hrsg.): Kriegsjahr 1918, München 1999, S. 273–283.

765 *Neitzel*, Weltkrieg und Revolution, S. 147, 155.

766 Deutscher Bundestag, Wissenschaftlicher Dienst, Fachbereich WD 1, in „Historische Ausstellung des Deutschen Bundestages", dort „Die Novemberrevolution 1918"; *Neitzel*, Weltkrieg und Revolution, S. 155; *Gall/von Bilavsky/Judersleben*, in: Deutscher Bundestag (Hrsg.), Wege – Irrwege – Umwege. Die Entwicklung der parlamentarischen Demokratie in Deutschland, S. 160.

767 *Däubler*, in: *Däubler*, Arbeitskampfrecht, § 4 Rn. 2; *Pfändtner/Schell*, Weimarer Republik – Nationalsozialismus, S. 8.

768 *Richardi*, in: *Richardi*, Betriebsverfassungsgesetz, Einleitung Rn. 10; *Ottomeyer/Czech* (Hrsg.), Deutsche Geschichte, S. 208; Deutscher Bundestag, Wissenschaftlicher Dienst, Fachbereich WD 1, in „Historische Ausstellung des Deutschen Bundestages", dort „Die Novemberrevolution 1918".

769 *Däubler*, in: *Däubler*, Arbeitskampfrecht, § 4 Rn. 2; *Ottomeyer/Czech* (Hrsg.), Deutsche Geschichte, S. 208; *Pfändtner/Schell*, Weimarer Republik – Nationalsozialismus, S. 12.

770 *Richardi*, in: *Richardi*, Betriebsverfassungsgesetz, Einleitung Rn. 10; *Böhm*, RdA 2013, 193, 195.

771 *Ramm*, in: *Ramm*, Gedächtnisschrift Kahn-Freund, S. 231; *Pfändtner/Schell*, Weimarer Republik – Nationalsozialismus, S. 12, 13; *Neitzel*, Weltkrieg und Revolution, S. 158; *Däubler*, in: *Däubler*, Arbeitskampfrecht, § 4 Rn. 3.

772 *von Lewinski*, JuS 2009, 505; *Hucko*, NJW 1985, 2309, 2310.

chung zu bewältigen.[773] Dazu musste die Bevölkerung mit Lebensmitteln und Brennstoffen versorgt und mussten die heimkehrenden Soldaten wieder in Gesellschaft und Unternehmen integriert werden.[774] Ein weiteres Problem war die Aufrechterhaltung der inneren Sicherheit.[775] Um einer drohenden Massenarbeitslosigkeit zuvorzukommen,[776] beschnitt der Rat der Volksbeauftragten die Rechte der Unternehmer. Mit Bekanntmachung vom 12. 11. 1918 beschränkte er die unternehmerische Freiheit, indem er zum Schutz aller Arbeiter neben anderen Maßnahmen den 8-Stunden-Tag einführte und die Aufhebung der Gesindeordnung und des Vereins- und Versammlungsverbots proklamierte.[777] Kurz darauf wurde die Vertragsfreiheit im Arbeitsverhältnis durch verschiedene Demobilmachungsverordnungen weiter eingeschränkt.[778] Die kündigungsrechtlich wichtigste war die „Verordnung über die Einstellung und Entlassung von Arbeitern und Angestellten während der Zeit der wirtschaftlichen Demobilmachung" vom 03. 09. 1919.[779] Diese Demobilmachungsverordnung

---

773   *Neitzel*, Weltkrieg und Revolution, S. 158.

774   Vgl. ausführlich dazu die „Beiträge zum Wiederaufbau der Arbeitsverhältnisse nach dem Kriege" in: Flugschriften zur Schaffung sozialen Rechtes, Heft 6, 1916, dort insbesondere *Potthoff*, Das Recht des zum Kriegsdienst eingezogenen Angestellten auf die Arbeitsstelle, S. 3, *Umbreit*, Die Arbeitsbeschaffung und öffentliche Arbeitsfürsorge nach dem Kriege, S. 10, *Zimmermann*, Das Arbeitslosenproblem nach dem Kriege, S. 17, *Altmann-Gottheiner*, Die Ersetzung der Männer- durch Frauenarbeit, S. 30.

775   *Kaskel/Dersch*, Arbeitsrecht, S. 9; *Hueck/Nipperdey*, Lehrbuch des Arbeitsrechts, S. 16; *Gall/von Bilavsky/Judersleben*, in: Deutscher Bundestag (Hrsg.), Wege – Irrwege – Umwege. Die Entwicklung der parlamentarischen Demokratie in Deutschland, S. 161, 162.

776   *Kendzia*, Herausbildung erster Wesenszüge des Normalarbeitsverhältnisses in Deutschland, Discussion Paper No. 5107/August 2010; *Ramm*, Entwürfe zu einem deutschen Arbeitsvertragsgesetz, S. 22; *Ladwig*, Grundlagen der wirtschaftlichen Entwicklung in kulturgeschichtlicher Perspektive, S. 45.

777   *Ramm*, in: *Ramm*, Gedächtnisschrift Kahn-Freund, S. 230; *Kaskel/Dersch*, Arbeitsrecht, S. 9; *Hueck/Nipperdey*, Lehrbuch des Arbeitsrechts, S. 16; *Gall/von Bilavsky/Judersleben*, in: Deutscher Bundestag (Hrsg.), Wege – Irrwege – Umwege. Die Entwicklung der parlamentarischen Demokratie in Deutschland, S. 161, 162; Bekanntmachung des Rats der Volksbeauftragten vom 12. 11. 1918, abgedruckt bei *Ottomeyer/Czech* (Hrsg.), Deutsche Geschichte, S. 213.

778   *Hergenröder*, in: *Säcker/Rixecker* (Hrsg.), Münchener Kommentar zum BGB, Band 4, KSchG, Einleitung Rn. 1; vgl. den Überblick über die Demobilmachungsverordnungen bei *Ramm*, in: *Ramm*, Gedächtnisschrift Kahn-Freund, S. 231

779   Demobilmachungsverordnung vom 03. 09. 1919 (RGBl. I 1919, 1500), geändert und neu bekannt gemacht durch Verordnung vom 12. 02. 1920 (RGBl. I 1920, 213), zitiert nach *Wüllenweber*, Die Entwicklung des Kündigungsschutzrechts seit dem Ersten Weltkrieg, S. 41; *Kreft*, NZA-Beil. 2012, 58, 59; *Sinzheimer*, Grundzüge des Arbeits-

regelte die Zur-Verfügung-Stellung von Arbeitsplätzen für Kriegsheimkehrer, die Verteilung der vorhandenen Arbeitsplätze, die Beschäftigung Schwerbehinderter und die Stilllegung von Betrieben;[780] sie verbot die Entlassung von Arbeitnehmern, solange die Beschäftigung aller Arbeitnehmer durch Reduzierung der Arbeitszeit bis auf die Hälfte möglich war (sog. Arbeitsstreckung).[781]

In den Demobilmachungsverordnungen nahm der Kündigungsschutz eine Sonderstellung ein. Nach verlorenem Krieg, Ende der Monarchie und Zusammenbruch der Wirtschaft musste die Regierung zur Aufrechterhaltung der inneren Sicherheit zügig handeln und erließ für die Zeit der Demobilmachung Notverordnungen, die nur befristet galten.[782] Die Demobilmachungsverordnungen verfolgten einen volkswirtschaftlichen sowie arbeitsmarktpolitischen Zweck.[783] Es ging nicht um eine konzeptionelle Fortentwicklung des Kündigungsschutzes, sondern es war eine Gesetzgebung gefragt, die durch die besondere Situation entstand und die nur vorübergehend gelten sollte, bis die Nationalversammlung über die Verfassung und den zukünftigen Staatsaufbau entschieden hatte. So wurde auch die Demobilmachungsverordnung von 1919, die den Kündigungsschutz einschränkte, bereits 1923 wieder aufgehoben.[784] Die schlechte Lage der deutschen Wirtschaft, die den Reparationsforderungen der Alliierten und der Aufgabe, die Produktionsabläufe von Kriegs- auf Friedensproduktion umzustellen, ausgesetzt war, ließ aus der Sicht des Gesetzgebers eine Fortdauer der kündigungsschutzrechtlichen Beschränkungen nicht mehr zu.[785]

Die Folgen des Ersten Weltkriegs führten zu einem Überangebot an Arbeits-

---

rechts, S. 133; *Kittner*, in: *Kittner/Zwanziger/Deinert*, Arbeitsrecht, Geschichte des Arbeitsrechts [www.handbucharbeitsrecht.de], S. 13.

[780] *Kaskel/Dersch*, Arbeitsrecht, S. 10 Fn. 1; *Hueck*, Kündigungsschutzgesetz, Einleitung S. 14; zum Ganzen siehe auch *Wüllenweber*, Die Entwicklung des Kündigungsschutzrechts seit dem Ersten Weltkrieg, S. 40 ff.

[781] *Hueck*, Kündigungsschutzgesetz, Einleitung S. 14.

[782] *Richardi*, in: *Richardi/Wlotzke/Wissmann/Oetker*, Münchener Handbuch zum Arbeitsrecht, Band I, § 2 Rn. 29; *Griebeling*, in: KR Gemeinschaftskommentar 2009, KSchG, § 1 Rn. 4; *Hueck/Nipperdey*, Lehrbuch des Arbeitsrechts, S. 16.

[783] *v. Hoyningen-Huene/Linck*, Kündigungsschutzgesetz, Einleitung Rn. 16; *Preis*, in: *Ascheid/Preis/Schmidt*, Kündigungsrecht 2012, 1. Teil, A., Rn. 7, in: beck-online; *Hueck/Nipperdey*, Lehrbuch des Arbeitsrechts, S. 619; ein Überblick über die einzelnen Inhalte findet sich bei *Preis*, in: *Ascheid/Preis/Schmidt*, Kündigungsrecht 2012, 1. Teil, A., Rn. 7, in: beck-online; *Kreft*, NZA-Beil. 2012, 58, 59.

[784] *Berkowski*, in: *Richardi/Wlotzke/Wissmann/Oetker*, Münchener Handbuch zum Arbeitsrecht, Band I, § 108 Rn. 13.

[785] *Hueck/Nipperdey*, Lehrbuch des Arbeitsrechts, S. 619; *Preis*, in: *Ascheid/Preis/Schmidt*, Kündigungsrecht 2012, 1. Teil, A., Rn. 7, in: beck-online; *Hueck*, Kündigungsschutzgesetz, Einleitung S. 14.

kräften, das den Gesetzgeber veranlasste, die nach dem BGB bestehende Ver-
trags- und Kündigungsfreiheit einzuschränken; durch befristete Demobilmachungsverordnungen wollte der Gesetzgeber im Interesse der Volkswirtschaft
– nicht aus Gründen des individuellen Arbeitnehmerschutzes – die Verteilung
der freien Arbeitsplätze steuern und hielt dafür auch Kündigungsverbote für
ein probates Mittel.

2. Regelungen zur Abfindung

Auch auf kollektiv-rechtlicher Ebene wurde die Unternehmerfreiheit eingeschränkt. Mit Verordnung vom 23. 12. 1918[786] (Verordnung 1918) dehnte der
Rat der Volksbeauftragten die Verpflichtung zur Bildung von Arbeiter- und
Angestelltenausschüssen nach § 11 Hilfsdienstgesetz 1916 auf alle Unternehmen, unabhängig von deren Größe, aus.[787] Nach § 13 Verordnung 1918 sollte
der Arbeiter- und Angestelltenausschuss die „wirtschaftlichen Interessen" der
Arbeiter und Angestellten gegenüber dem Arbeitgeber wahrnehmen und bei
der Regelung der Löhne und sonstigen Arbeitsbedingungen mitwirken.

Diese Maßnahme des Gesetzgebers stellte eine Reaktion auf den „Druck der
Straße" dar. Um eine Ausweitung der sozialen Unruhen zu vermeiden, musste
er auf die Forderungen der streikenden Arbeiter und der Arbeiter- und Soldatenräte eingehen. Wie stark der Gesetzgeber von den sozialen Unruhen, die
häufig auch gewaltsam geführt wurden, beeinflusst war, zeigte sich auch daran,
dass er entschied, die Nationalversammlung nicht im von Straßenkämpfen er-
schütterten Berlin, sondern im vergleichsweise ruhigen Weimar abzuhalten.[788]
Durch die obligatorische Ausdehnung der Arbeiterausschüsse auf alle Betriebe
und Unternehmen ordnete der Gesetzgeber gegen den Willen der Unternehmer
und entsprechend der Forderung der Arbeiter eine Interessenvertretung auf
betrieblicher Ebene an, wodurch die Arbeiter in die Lage versetzt wurden, ihre
Arbeitsbedingungen in den Unternehmen mitzugestalten. Diese Mitgestaltung
nach § 13 Verordnung 1918 erlaubte es dem Arbeiterausschuss auch, auf die
Verteilung der vorhandenen Arbeitsplätze und die wirtschaftlichen Folgen der

---

[786] §§ 7–14 Verordnung über Tarifverträge, Arbeiter- und Angestelltenausschüsse und
Schlichtung von Arbeitsstreitigkeiten vom 23. 12. 1918 (RGBl. S. 1456), im Folgenden
Verordnung 1918 genannt.

[787] *Ramm*, in: *Ramm*, Gedächtnisschrift Kahn-Freund, S. 231, 232; *Däubler*, in: *Däubler*,
Arbeitskampfrecht, § 4 Rn. 6; *Kittner*, in: *Kittner/Zwanziger/Deinert*, Arbeitsrecht, Geschichte des Arbeitsrechts [www.handbucharbeitsrecht.de], S. 12.

[788] *Pfändtner/Schell*, Weimarer Republik – Nationalsozialismus, S. 22.

Entlassung von Arbeitnehmern Einfluss zu nehmen. Man kann die Verordnung 1918 somit als rechtliche Grundlage bezeichnen, die es dem Arbeiterausschuss ermöglichte, mit dem Arbeitgeber in Verhandlungen über die Zahlung einer Abfindung an den zu kündigenden Arbeitnehmer einzutreten.

Die Verordnung 1918 setzte die Forderung der Arbeiter- und Soldatenräte nach Mitbestimmung in den Unternehmen um. Die Arbeiter- und Angestelltenausschüsse konnten auf gesetzlicher Grundlage die wirtschaftlichen Interessen der Arbeiter vertreten und die Zahlung einer Abfindung fordern.

IV.   1920: Betriebsrätegesetz

1.   Umfang des Kündigungsschutzes

Anfang 1919 wurde die deutsche Wirtschaft von intensiven Arbeitskämpfen erschüttert.[789] Das linke Spektrum der Arbeiterschaft konfrontierte die Regierung mit der Forderung, die Staatsorganisation nach dem Rätesystem, wie es die russische Verfassung seit 1918 festschrieb,[790] aufzubauen und die Mitbestimmung der Arbeiterschaft an unternehmerischen Entscheidungen durch innerbetriebliche Räteorgane zu gewährleisten.[791] Im Übergang vom Kaiserreich zur Republik spiegelte diese Forderung den politischen Streit wider, der von der Frage nach dem zukünftigen Staats- und Wirtschaftssystem geprägt war: Parlamentarische Demokratie oder Rätesystem, Privatwirtschaft oder Sozialisierung. Die Regierung, die einem Staatsaufbau nach einem politischen Rätesystem ablehnend gegenüber stand, sah sich anlässlich des Berliner Generalstreiks im Zugzwang und erkannte am 05. 03. 1919 sowohl die Arbeiterräte als wirtschaftliche Interessenvertretung in den Unternehmen als auch deren gleichberechtigte Mitwirkung bei der Regelung der allgemeinen Arbeitsbedingungen in den Betrieben an.[792] Nachfolgend verankerte der Gesetzgeber

---

789   Zu nennen ist insbesondere der Bergarbeiterstreik im März 1919 und der Angestelltenstreik in der Berliner Metallindustrie im April 1919, *Flatow*, Betriebsrätegesetz, Einleitung S. 3; *Feig/Sitzler*, Betriebsrätegesetz, Einleitung S. XI.

790   *Böhm*, RdA 2013, 193, 194 mit Verweis auf Verfassung der Russischen Sozialistischen Förderativen Sowjetrepublik (RSFSR) vom 10. 07. 1918.

791   *Vestring*, Die Mehrheitssozialdemokratie und die Entstehung der Reichsverfassung von Weimar, S. 199; *Böhm*, RdA 2013, 193, 194; *Kempen*, NZA-Beil. 2000, 7, 9, 10; vgl. zum Rätegedanken im ersten Revolutionsjahr *Cohen*, Sozialistische Monatshefte 1919, 1043–1055, sowie zum Rätegedanken beim Neuaufbau Deutschlands *Kaliski*, Sozialistische Monatshefte 1919, 229–236.

792   Die Erklärung der Reichsregierung vom 05. 03. 1919 ist in Auszügen abgedruckt bei

das betriebliche Rätewesen in Art. 165 Weimarer Reichsverfassung, dem sog. Räteartikel. Nach Art. 165 Abs. 2 Weimarer Reichsverfassung hatte der Gesetzgeber die Wahrnehmung der sozialen und wirtschaftlichen Interessen der Arbeiter durch Betriebsräte gesetzlich zu regeln; nach Art. 165 Abs. 3 Weimarer Reichsverfassung waren weitere Sozialisierungsgesetze vorgesehen.[793] In Umsetzung dieser Verpflichtung verabschiedete der Gesetzgeber schließlich das Betriebsrätegesetz vom 04. 02. 1920,[794] das eine wesentliche Verbesserung der Arbeiterrechte mit sich brachte. Es erweiterte die Kompetenz der Arbeitnehmervertreung[795] und stellte der freien Unternehmerentscheidung im Fabrikationsprozess den Betriebsrat als innerbetriebliches Mitbestimmungs- und Kontrollgremium gegenüber.[796] Bei Kündigungen des Arbeitgebers übertrug das Gesetz dem Betriebsrat die Funktion einer innerbetrieblichen Einspruchs- und Prüfungsinstanz.[797] Die Wahl von Betriebsräten war aber nur in Betrieben vorgeschrieben, in denen der Arbeitgeber mindestens 20 Arbeitnehmer beschäftigte.[798]

Flatow, Kommentar zum Betriebsrätegesetz, S. 14.

[793] Art. 165 Abs. 2 und 3 Weimarer Reichsverfassung 1919 (RGBl. I 1383, 1415) lautet: *(2) Die Arbeiter und Angestellten erhalten zur Wahrnehmung ihrer sozialen und wirtschaftlichen Interessen gesetzliche Vertretungen in Betriebsarbeiterräten sowie in nach Wirtschaftsgebieten gegliederten Bezirksarbeiterräten und in einem Reichsarbeiterrat.
(3) Die Bezirksarbeiterräte und der Reichsarbeiterrat treten zur Erfüllung der gesamten wirtschaftlichen Aufgaben und zur Mitwirkung bei der Ausführung der Sozialisierungsgesetze mit den Vertretungen der Unternehmer und sonst beteiligter Volkskreise zu Bezirkswirtschaftsräten und zu einem Reichswirtschaftsrat zusammen. Die Bezirkswirtschaftsräte und der Reichswirtschaftsrat sind so zu gestalten, dass alle wichtigen Berufsgruppen entsprechend ihrer wirtschaftlichen und sozialen Bedeutung darin vertreten sind.
Vgl. zur Entstehung des Räteartikels *Ritter*, Historische Zeitschrift 1994, 73–112.

[794] RGBl. 1920, S. 147, im Folgenden BRG 1920 genannt.

[795] *Richardi*, in: Münchener Handbuch zum Arbeitsrecht, Band 1, § 2 Rn. 21; *Kaskel/ Dersch*, Arbeitsrecht, S. 9; *Richardi*, in: *Richardi*, Betriebsverfassungsgesetz, Einleitung Rn. 9; *Düwell*, in: *Düwell*, Betriebsverfassungsgesetz, Einleitung Rn. 3; *Flatow*, Kommentar zum Betriebsrätegesetz, Einleitung, S. 10.

[796] *Fröhlich*, Betriebsgrößenunabhängigkeit und Monetarisierung des arbeitsrechtlichen Bestandsschutzes, S. 11; *Potthoff*, Arbeitsrecht: Das Ringen um werdendes Recht, S. 111; nach *Sinzheimer* ist das BRG 1920 die Rechtsquelle, die die Gemeinschaft zwischen Arbeit und Eigentum im Betrieb gesetzlich regelt, *Sinzheimer*, Grundzüge des Arbeitsrechts, S. 214; *Richardi*, in: *Richardi*, Betriebsverfassungsgesetz, Einleitung Rn. 11.

[797] § 84 BRG 1920; *Berkowsky*, in: Münchener Handbuch zum Arbeitsrecht, Band 1, § 108 Rn. 12; *Preis*, in: *Ascheid/Preis/Schmidt*, Kündigungsrecht 2012, 1. Teil, A., Rn. 8 in: beck-online; *Rost*, in: KR Gemeinschaftskommentar, KSchG, § 3 Rn. 2.

[798] *Wüllenweber*, Die Entwicklung des Kündigungsschutzrechtes seit dem ersten Weltkrieg, S. 59; *Düwell*, in: *Düwell*, Betriebsverfassungsgesetz, Einleitung Rn. 4; *Sinzhei-*

Die §§ 84 ff. BRG 1920 regelten die Zuständigkeit und das Verfahren bei Einspruch des Arbeitnehmers gegen die Kündigung (sog. Kündigungseinspruchsverfahren[799]). Einspruch konnten nur Arbeitnehmer in Betrieben erheben, in denen ein Betriebsrat gewählt war.[800] In kleineren Betrieben oder in Betrieben, in denen die Arbeitnehmer von der Möglichkeit der Wahl eines Betriebsrats keinen Gebrauch machten, entfiel für den betroffenen Arbeitnehmer das Recht zum Kündigungseinspruch.[801] Nach § 84 Abs. 1 BRG 1920 konnte der Arbeitnehmer innerhalb von fünf Tagen Einspruch gegen die Kündigung erheben, indem er den Betriebsrat anrief.[802] Nach § 86 Abs. 1 Satz 2 BRG 1920 hatte dieser die Berechtigung des Einspruchs zu prüfen; hielt er ihn nicht für begründet, wies er ihn ab. Der Arbeitnehmer konnte seinen Einspruch gegen die Kündigung dann nicht weiter verfolgen und auch keine Klage erheben.[803]

---

mer, Grundzüge des Arbeitsrechts, S. 219, 220; schon der 31. Deutsche Juristentag 1912 in Wien hielt den Erlass von Arbeitsordnungen für Betriebe, in denen mehr als 20 Angestellte beschäftigt sind, für sinnvoll, *Potthoff*, GewKfG 1913, Heft Nr. 11, S. 284, 287.
§ 1 BRG 1920 lautet:
Zur Wahrnehmung der gemeinsamen wirtschaftlichen Interessen der Arbeitnehmer (Arbeiter und Angestellten) dem Arbeitgeber gegenüber und zur Unterstützung des Arbeitgebers in der Erfüllung der Betriebszwecke sind in allen Betrieben, die in der Regel mindestens 20 Arbeitnehmer beschäftigen, Betriebsräte zu errichten.

[799] *Kaskel/Dersch*, Arbeitsrecht, S. 228.
[800] *Preis*, in: *Ascheid/Preis/Schmidt*, Kündigungsrecht 2012, 1. Teil, A., Rn. 8, in: beck-online; *Rost*, in: KR Gemeinschaftskommentar, KSchG, § 3 Rn. 5.
[801] *Potthoff*, Arbeitsrecht: Das Ringen um werdendes Recht, S. 111; BAG vom 17. 01. 2008, 2 AZR 902/06, dort Rz. 26 der Gründe, NZA 2008, 872, 874. Nach §§ 92, 2 BRG 1920 hatte der Betriebsobmann, der in Betrieben gewählt wurde, die weniger als 20, aber mindestens fünf wahlberechtigte Arbeitnehmer beschäftigten, kein Mitwirkungsrecht bei Einsprüchen gegen Kündigungen nach §§ 84 ff. BRG 1920, *Mansfeld*, Betriebsrätegesetz, Einleitung, S. 5; *Feig/Sitzler*, Betriebsrätegesetz, S. 226.
[802] § 84 Abs. 1 Satz 1 BRG 1920 lautet:
Arbeitnehmer können im Falle der Kündigung seitens des Arbeitgebers binnen fünf Tagen nach der Kündigung Einspruch erheben, indem sie den Arbeiter- oder Angestelltenrat anrufen:
1. wenn der begründete Verdacht vorliegt, dass die Kündigung wegen der Zugehörigkeit zu einem bestimmten Geschlecht, wegen politischer, militärischer, konfessioneller oder gewerkschaftlicher Betätigung oder wegen Zugehörigkeit oder Nichtzugehörigkeit zu einem politischen, konfessionellen oder beruflichen Verein oder einem militärischen Verband erfolgt ist;
2. wenn die Kündigung ohne Angabe von Gründen erfolgt ist;
3. wenn die Kündigung deshalb erfolgt ist, weil der Arbeitnehmer sich weigerte, dauernd andere Arbeit, als die bei der Einstellung vereinbarte, zu verrichten;
4. wenn die Kündigung sich als eine unbillige, nicht durch das Verhalten des Arbeitnehmers oder durch die Verhältnisse des Betriebes bedingte Härte darstellt. ...
[803] *Sinzheimer*, Grundzüge des Arbeitsrechts, S. 201; *Rost* in: KR Gemeinschaftskommen-

Durch diese Rechtsstellung kam dem Betriebsrat eine Sperrfunktion zu, die auf das Klagerecht des Arbeitnehmers erhebliche Auswirkung hatte.[804] Der Prüfungsmaßstab des Betriebsrats war dabei keineswegs am Individualinteresse des gekündigten Arbeitnehmers ausgerichtet. Er hatte vielmehr die Interessen der gesamten Arbeitnehmerschaft zu berücksichtigen, die anders gelagert sein konnten als die des gekündigten Arbeitnehmers.[805] Nur wenn der Betriebsrat seine Anrufung für gerechtfertigt hielt, wurde er tätig und nahm die Verhandlung mit dem Arbeitgeber auf.[806] Erreichte der Betriebsrat mit dem Arbeitgeber binnen einer Woche keine Verständigung, konnte der Arbeitnehmer oder der Betriebsrat nach § 86 Abs. 1 Satz 3 BRG 1920 binnen weiterer fünf Tage das Arbeitsgericht anrufen.[807] Bei einer Kündigung aus betrieblichen Gründen war der Einspruch nach § 84 Abs. 1 Nr. 4 BRG 1920 erfolgreich, wenn die Kündigung sich als eine unbillige, nicht durch die Verhältnisse des Betriebs bedingte Härte darstellte. Hielt das Gericht den Einspruch für begründet, verurteilte es den Arbeitgeber nach § 87 Abs. 2 BRG 1920 zur Weiterbeschäftigung oder zur Zahlung einer Entschädigung.[808] Lagen die materiellen Voraussetzungen

---

tar, KSchG, § 3 Rn. 2; *Preis*, in: *Ascheid/Preis/Schmidt*, Kündigungsrecht 2012, 1. Teil, A., Rn. 8, in: beck-online.

[804] *Kaiser*, Kündigungsschutz ohne Prinzip, S. 150; *Preis*, RdA 2003, 65, 75; *Preis*, in: *Ascheid/Preis/Schmidt*, Kündigungsrecht 2007, 1. Teil, G., Rn. 41; *Gallner*, in: *Fiebig/Gallner/Nägele*, Kündigungsschutzrecht, KSchG, § 3 Rn. 1 Fn. 6; *Hueck/Nipperdey*, Lehrbuch des Arbeitsrechts, S. 620; *Hueck*, Kündigungsschutzgesetz, Einleitung S. 16.

[805] *Sinzheimer*, Grundzüge des Arbeitsrechts, S. 231.

[806] § 86 Abs. 1 Satz 2 HS 2 BRG 1920

[807] *Sinzheimer*, Grundzüge des Arbeitsrechts, S. 201; *Rost*, in: KR Gemeinschaftskommentar, KSchG, § 3 Rn. 2; die Konzeption eines eigenen Klagerechts des Betriebsrats findet sich im heutigen BetrVG nicht mehr wieder: Der Betriebsrat ist gemäß § 102 BetrVG zwar vor Ausspruch der Kündigung anzuhören, hat jedoch kein eigenes Klagerecht; dieses steht nur dem von der Kündigung betroffenen Arbeitnehmer zu.

[808] § 87 BRG 1920 lautet:

(1) Über den Einspruch (§ 84) wird im gesetzlichen Schlichtungsverfahren endgültig entschieden.

(2) Geht die Entscheidung dahin, dass der Einspruch gegen die Kündigung gerechtfertigt ist, so ist zugleich für den Fall, dass der Arbeitgeber die Weiterbeschäftigung ablehnt, ihm eine Entschädigungspflicht aufzuerlegen. Die Entschädigung bemisst sich nach der Zahl der Jahre, während derer der Arbeitnehmer in dem Betrieb insgesamt beschäftigt war, und darf für jedes Jahr bis zu 1/12 des letzten Jahresarbeitsverdienstes festgesetzt werden, jedoch im ganzen nicht über 6/12 hinausgehen. Dabei ist sowohl auf die wirtschaftliche Lage des Unternehmens als auch auf die wirtschaftliche Leistungsfähigkeit des Arbeitgebers angemessen Rücksicht zu nehmen. Die Entscheidung schafft Recht zwischen dem beteiligten Arbeitgeber und Arbeitnehmer.

(3) Innerhalb dreier Tage nach Kenntnis von dem Eintritt der Kenntnis der Rechtskraft der im Schlichtungsverfahren ergangenen Entscheidung hat der Arbeitgeber dem Arbeitnehmer

eines der vier Einspruchsgründe nach § 84 Abs. 1 BRG 1920 nicht vor, hatte das Arbeitsgericht den Einspruch im Urteil als unbegründet zurückzuweisen.[809]

Aus heutiger Sicht lässt sich sagen, dass das BRG 1920 die Mitbestimmung auf Betriebsebene einführte und einen materiellen Kündigungsschutz schuf, der kollektiv-rechtlich angelegt war. [810] Der Kündigungseinspruch war zwar ein Individualrecht des Arbeitnehmers, hing aber vom Bestehen eines Betriebsrats ab und konnte klageweise nur mit dessen Einverständnis erhoben werden. Diese starke kollektiv-rechtliche Prägung lässt sich auf die politische Forderung der Arbeiter nach einer Partizipation durch Arbeiterräte im Betrieb zurückführen. Arbeiterschaft und Gewerkschaften gingen gestärkt aus der Novemberrevolution 1918 hervor und waren in der Lage, sich im Frühjahr 1919 durch überregionale Streiks politisches Gehör zu verschaffen. Der Gesetzgeber befürchtete bei einer Missachtung der Arbeiterforderungen soziale Unruhen und kämpferische Auseinandersetzungen zwischen den jeweiligen Interessengruppen. Der aus dem Rätegedanken hervorgegangene Betriebsrat sollte der berufene Vertreter aller Arbeitnehmer im Betrieb sein; diesem kollektiven Prinzip musste ein individueller Kündigungsschutz weichen. Durch die gesetzliche Verankerung des Betriebsrats gelang es dem Gesetzgeber, der politischen Forderung der Arbeiterschaft nach Mitbestimmung nachzukommen, gleichzeitig aber die Mitbestimmung auf den Betriebsrat als gesetzlich berufenes Organ zur Vertretung der Arbeitnehmerinteressen zu beschränken. Dadurch konnte er verhindern, dass die Wirtschaftsordnung insgesamt einer Sozialisierung unterworfen wurde.

Anders als in der Verordnung 1918 war die Mitbestimmung des Betriebsrats bei Kündigungen im BRG 1920 explizit geregelt. Dies dürfte auf eine Einflussnahme der Gewerkschaften auf das Gesetzgebungsverfahren zurückzuführen sein. Die Regierung verpflichtete sich in der Erklärung vom 05. 03. 1919 zur Errichtung von Arbeiterräten auf betrieblicher Ebene. Die Gewerkschaften standen dem neuen Mitbestimmungsmodell auf betrieblicher Ebene zunächt ablehnend gegenüber, weil sie die Arbeiterräte, die eine eigenständige Organisationsform in den Betrieben darstellten, als Konkurrenz fürchteten. Auf dem

---

mündlich oder durch Aufgabe zur Post zu erklären, ob er die Weiterbeschäftigung oder die Entschädigung wählt. Erklärt er sich nicht, so gilt die Weiterbeschäftigung als abgelehnt.

[809]   *Kaskel/Dersch*, Arbeitsrecht, S. 232; *Richter*, Grundverhältnisse des Arbeitsrechts, S. 91.

[810]   *Wolter*, NZA 2003, 1068, 1070; *Richardi*, NZA 2000, 13; *Rost*, in: KR Gemeinschaftskommentar, KSchG, § 3 Rn. 2–5; *Düwell*, in: *Düwell*, Betriebsverfassungsgesetz, Einleitung, Rn. 4.

Nürnberger Gewerkschaftskongress 1919 befassten sich die Gewerkschaften
u. a. mit der Rätefrage, der Mitbestimmung und der parlamentarischen Demokratie.[811] Trotz heftigen Streits über die zukünftige Ausrichtung der Gewerkschaft gelang es, mehrheitlich ein Grundsatzprogramm zu beschließen[812] und
„Bestimmungen über die Aufgaben der Betriebsräte" zu verabschieden.[813] Nach
Nr. 7 a) Bestimmungen über die Aufgaben der Betriebsräte hat der Betriebsrat
bei Einstellungen und Entlassungen mitzuwirken, Entlassungen dürfen nur
nach Anhörung des Betriebsrats erfolgen.[814] Den ersten Teil dieses Beschlus-
ses hat der Gesetzgeber fast wortgleich in § 78 Nr. 9 BRG 1920 übernommen,
wonach der Betriebsrat die Aufgabe hat, bei Entlassungen von Arbeitnehmern
mitzuwirken, allerdings erst nach ausgesprochener Kündigung, wie der Kündigungseinspruch nach § 84 BRG 1920 deutlich macht.

Dem zweiten Teil der Gewerkschaftsforderung, den Arbeitgeber zu ver-
pflichten, eine Entlassung „nur nach Anhörung des Betriebsrats" auszusprechen, hat der Gesetzgeber 1920 eine Absage erteilt. Wie oben beschrieben, unterlag der Arbeitgeber nach dem BGB bei der ordentlichen Kündigung mit
Ausnahme der Kündigungsfristen keinen Beschränkungen. Im Gegensatz dazu
postulierte der zweite Teil des Gewerkschaftsbeschlusses einen präventiven
Kündigungsschutz, also nicht nur eine nachträgliche Einspruchsmöglichkeit
des Arbeitnehmers, sondern die Verpflichtung des Arbeitgebers, vor einer beabsichtigten Kündigung immer zuerst den Betriebsrat anzuhören. Auch wenn
die Gewerkschaftsforderung die Rechtsfolgen dieser Anhörung noch offen ließ,
insbesondere die Rechtsfolgen für den Fall, dass der Betriebsrat der beabsichtigten Kündigung nicht zustimmte, stand diese Kündigungsvoraussetzung
im offensichtlichen Widerspruch zu dem das Zivilrecht tragenden Prinzip der
Vertragsbeendigungsfreiheit. Es handelte sich dabei um eine gewerkschaftliche
Maximalforderung, die auf der Basis der damals bestehenden Rechtsordnung

---

811   Der Nürnberger Gewerkschaftskongress fand vom 30. 06. 1919 bis 05. 07. 1919 statt,
       Vestring, Die Mehrheitssozialdemokratie und die Entstehung der Reichsverfassung
       von Weimar, S. 197, 198.
812   *Vestring*, Die Mehrheitssozialdemokratie und die Entstehung der Reichsverfassung
       von Weimar, S. 197, 198; die Ereignisse zwischen den Gewerkschaftskongressen 1914
       und 1919 beschreibt *Schippel*, Sozialistische Monatshefte 1919, 611–615.
813   Die vom Nürnberger Gewerkschaftskongress 1919 beschlossenen "Richtlinien über
       die künftige Wirksamkeit der Gewerkschaften" nebst "Bestimmungen über die
       Aufgaben der Betriebsräte" sind in Auszügen abgedruckt bei *Flatow*, Kommentar
       zum Betriebsrätegesetz, S. 11–14.
814   *Flatow*, Kommentar zum Betriebsrätegesetz, S. 11–13; *Flatow*, Betriebsrätegesetz,
       Einleitung S. 3.

in der Nationalversammlung noch keine Mehrheit finden konnte. Die Verpflichtung des Arbeitgebers, den Betriebsrat vor Ausspruch der Kündigung anzuhören, findet sich aber später im BetrVG. Sowohl § 66 Abs. 1 BetrVG 1952[815] als auch § 102 Abs. 1 BetrVG[816] verwenden übereinstimmend den Begriff „zu hören". Dies spricht dafür, dass der präventive Kündigungsschutz, wie er im BetrVG geregelt ist, in seinem Ursprung auf die Gewerkschaftsforderung von 1919 zurückgeführt werden kann.

Mit dem BRG 1920 verabschiedete der Gesetzgeber erstmals materielle Kündigungsschutzvorschriften. Nach diesen konnte der Arbeitnehmer nur Klage gegen die Kündigung erheben, wenn der Betriebsrat damit einverstanden war. Dieser kollektiv geprägte Schutz und die dem Betriebsrat zugewiesenen Aufgaben im BRG 1920 sind auf die Novemberrevolution und die aus ihr hervorgegangene Rätebewegung zurückzuführen.

2. Regelungen zur Abfindung

Trotz dieser materiellen Kündigungsbeschränkung gewährte das BRG 1920 dem Arbeitnehmer keinen effektiven Kündigungs- oder Bestandsschutz, wie es heute der Fall ist.[817] War nämlich der Einspruch des Arbeitnehmers gegen die Kündigung begründet, hatte das Gericht nach § 87 BRG 1920 dem Arbeitgeber im Urteilstenor ein Wahlrecht zuzusprechen.[818] Der Arbeitgeber konnte nach § 87 Abs. 3 Satz 1 BRG 1920 zwischen der Entschädigung und der Weiterbeschäftigung wählen. Wählte er die Entschädigung, konnte er sich nach § 87 Abs. 2 BRG 1920 durch die Entschädigungszahlung von der Weiterbeschäftigung freikaufen.[819] Wählte er hingegen die Weiterbeschäftigung, kam ein neues Arbeitsverhältnis zustande, und zwar mit rückwirkender

---

[815]   § 66 Abs. 1 BetrVG (BGBl 1952, 681) lautet:
        (1) Der Betriebsrat ist vor jeder Kündigung zu hören.
[816]   § 102 Abs. 1 BetrVG lautet:
        (1) Der Betriebsrat ist vor jeder Kündigung zu hören. Der Arbeitgeber hat ihm die Gründe für die Kündigung mitzuteilen. Eine ohne Anhörung des Betriebsrats ausgesprochene Kündigung ist unwirksam.
[817]   *v. Hoyningen-Huene/Linck,* Kündigungsschutzgesetz, Einleitung Rn. 23.
[818]   *Mansfeld,* Betriebsrätegesetz, S. 456; *Sinzheimer,* Grundzüge des Arbeitsrechts, S. 202; *Richter,* Grundverhältnisse des Arbeitsrechts, S. 91.
[819]   *Bötticher,* RdA 1951, 81, 82. Der Gesetzgeber wählte in § 87 Abs. 2 und 3 BRG 1920 den Begriff „Weiterbeschäftigung"; da im Fall der Weiterbeschäftigung ein neues Arbeitsverhältnis zustande kam, wäre die Rechtsfolge mit „Wiedereinstellung" treffender bezeichnet.

Kraft;[820] der Arbeitgeber musste dann dem gekündigten Arbeitnehmer nach § 88 Satz 1 BRG 1920 den Lohn für die zurückliegende Zeit seit der Entlassung nachzahlen.[821] Der Arbeitnehmer seinerseits hatte auf die Entscheidung des Arbeitgebers keinen Einfluss. Er konnte trotz rechtswidriger Kündigung nicht selbst wählen, ob er das Arbeitsverhältnis fortsetzen oder die Zahlung einer Abfindung entgegennehmen wollte.[822] Das bedeutete, dass der Arbeitnehmer die Abfindung nicht erzwingen konnte. Zudem brauchte der Arbeitgeber sein Wahlrecht nur auszuüben, wenn er bereit war, den Arbeitnehmer weiter zu beschäftigen. Hatte sich der Arbeitgeber binnen einer Frist von drei Tagen nach Zustellung des Urteils nicht erklärt, sah § 87 Abs. 3 Satz 2 BRG 1920 als Rechtsfolge eine gesetzliche Fiktion vor. Das Schweigen des Arbeitgebers wurde als Ablehnung der Weiterbeschäftigung gedeutet, die Entschädigungszahlung galt als gewählt.[823] Die Höhe der Entschädigung hatte das Gericht bereits im Urteil festzusetzen.[824] Sie war aber „weder Lohn noch Schadensersatz, sondern eine Abfindungssumme für die dem Arbeitgeber primär obliegende Verpflichtung zur Weiterbeschäftigung".[825] Die Entschädigung nach § 87 Abs. 2 Satz 2 BRG 1920 betrug für jedes Jahr der Beschäftigung bis zu 1/12 des Jahresverdienstes, jedoch nicht mehr als 6/12. Nach heutigem Berechnungsmaßstab entspräche dies einer Abfindung in Höhe von 1,0 Bruttomonatsgehalt für jedes Beschäftigungsjahr, maximal von sechs Bruttomonatsgehältern. Da die durchschnittliche Abfindung heute – wie oben gezeigt – lediglich 0,5 Bruttomonatsgehalt für jedes Beschäftigungsjahr beträgt, war die Abfindung des BRG 1920 aus heutiger Sicht relativ hoch.

Mit dem Kündigungseinspruch und der Entschädigungszahlung nach dem BRG 1920 führte der Gesetzgeber neue, dem BGB unbekannte Rechtsinstitute ein. Er stand dabei vor der Aufgabe, eine Sanktion für die rechtswidrige Kün-

---

[820] *Sinzheimer*, Grundzüge des Arbeitsrechts, S. 202 Fn. 1, *Flatow*, Betriebsrätegesetz, S. 383; a. A. *Kaskel/Dersch*, Arbeitsrecht, S. 232, *Mansfeld*, Betriebsrätegesetz, S. 459, nach denen die Weiterbeschäftigung die Fortsetzung des alten Arbeitsverhältnisses und nicht die Begründung eines neuen bewirkte.
[821] *Sinzheimer*, Grundzüge des Arbeitsrechts, S. 202 Fn. 1.
[822] *Etzel*, in: KR Gemeinschaftskommentar, KSchG, § 1 Rn. 4.
[823] *Kaskel/Dersch*, Arbeitsrecht, S. 232; § 87 Abs. 3 Satz 2 BRG 1920 lautet: *Erklärt er (Anm: der Arbeitgeber) sich nicht, so gilt die Weiterbeschäftigung als abgelehnt.*
[824] § 87 Abs. 2 Satz 1 BRG 1920; *Kaskel/Dersch*, Arbeitsrecht, S. 232.
[825] *Flatow*, Betriebsrätegesetz, S. 384, *Kaskel/Dersch*, Arbeitsrecht, S. 228; a. A. *Sinzheimer*, der die Entschädigung als Lohnforderung qualifiziert, die der Lohnsicherung, z. B. Verbot der Lohnbeschlagnahme, unterliegt, *Sinzheimer*, Grundzüge des Arbeitsrechts, S. 202 Fn. 1, S. 184.

digung des Arbeitsvertrags festzulegen, ohne das System der Schuldverhält-
nisse im BGB, zu denen auch der Arbeitsvertrag nach §§ 611 ff. BGB gehörte,
zu verlassen. Da der Gesetzgeber den Ausspruch einer Kündigung, die keine
nach der Rechtsordnung billigenswerte Begründung in sich trug, als eine
Vertragsverletzung des Arbeitgebers betrachtete, konnte er daraus, wie auch
bei anderen Vertragsverletzungen im Schuldverhältnis, einen Entschädigungsanspruch zugunsten des Arbeitnehmers ableiten. Der Gesetzgeber gestaltete
somit die Folgen der rechtswidrigen Kündigung im BRG 1920 nach den zivilrechtlichen Regeln des BGB. Die prozessuale Konsequenz dieser Lösung war,
dass es sich bei der Kündigungseinspruchsklage – anders als heute[826] – um
eine Gestaltungsklage handelte.

Mit Blick auf die Entstehung der Entschädigungszahlung weist *Flatow* darauf hin, dass sie auf einen in der Nationalversammlung diskutierten Gesetzesentwurf zurückging, der in seiner Begründung auf die bei den Carl
Zeiss-Werken geschaffene Einrichtung der Abgangsentschädigung verwies.[827]
Man kann daher annehmen, dass die Abgangsentschädigung der Carl Zeiss
Werke Jena dem Gesetzgeber als Diskussionsgrundlage für die Entschädigungszahlung des BRG 1920 diente. In der Umsetzung entstanden jedoch zwei
unterschiedliche Rechtsinstitute. Während die Abgangsentschädigung bei der
betriebsbedingten Kündigung immer anfiel, weil sie die „ungebundene" oder
„wertfreie" Kündigung[828] zugrunde legte, entstand die Entschädigungszahlung
nur bei einer Kündigung, die nach dem Prüfungsmaßstab des BRG 1920 für
rechtswidrig erachtet wurde. Die Entschädigungszahlung war also die Folge
einer rechtswidrigen Kündigung, wie dies bei der heutigen Abfindungsregelung in § 9 KSchG der Fall ist. Wegen dieser strukturellen Gemeinsamkeit, die
die Entschädigungszahlung nach BRG 1920 und die Abfindungsregelung nach
§ 9 KSchG aufzeigen, kann man die Entschädigungszahlung als Vorläuferre-
gelung der heutigen Abfindung betrachten.

Das im BRG 1920 verankerte Wahlrecht des Arbeitgebers zeigt, dass es
dem Gesetzgeber beim Kündigungsschutz noch nicht um den Fortbestand
des rechtswidrig gekündigten Arbeitsverhältnisses ging, wie dies heute beim
KSchG der Fall ist. Vielmehr standen für den Gesetzgeber entsprechend seiner

---

[826]   Da § 1 Abs. 2 KSchG die sozialwidrige Kündigung für unwirksam erklärt, stellt die
        Kündigungsschutzklage nach § 4 KSchG eine Feststellungsklage dar.
[827]   *Flatow*, Betriebsrätegesetz, S. 347.
[828]   *Preis*, in: *Ascheid/Preis/Schmidt*, Kündigungsrecht, 1. Teil, G., Rn. 5 sowie J., Rn 71i,
        in: beck-online.

Verpflichtung nach Art. 165 Abs. 2 Weimarer Reichsverfassung die Einsetzung von Betriebsräten in den Unternehmen und die Gewährleistung von Mitbestimmungsrechten im Vordergrund. In der Konstituierungsphase der neuen Republik wollte der Gesetzgeber Konflikte vermeiden und stabile Verhältnisse herstellen. Dazu schien ihm bei der Verabschiedung des Betriebsrätegesetzes ein breiter Konsens erforderlich. Es sollten einerseits die kollektiven Interessen der Arbeitnehmerseite bedient werden, ohne andererseits die Arbeitgeberseite über Gebühr zu strapazieren; dafür musste der Bestandsschutz des einzelnen Arbeitsverhältnisses in den Hintergrund treten.

Die Kombination von Wahlrecht und gesetzlicher Fiktion führte in der Regel dazu, dass die Entscheidung des Arbeitgebers zu Kündigung und Beendigung des Arbeitsverhältnisses formal aufrechterhalten blieb, auch wenn sie durch die Entschädigungszahlung sanktioniert wurde. Diese Regelung unterstrich die wirtschaftliche Überlegenheit des Arbeitgebers; sie brachte den damals vor allem in der Schwerindustrie herrschenden Herr-im-Haus-Standpunkt[829] im Gesetz zum Ausdruck. Ebenso überließ sie noch immer dem Arbeitgeber die Entscheidung, ob der Arbeitnehmer der Arbeitslosigkeit und unsicheren Einkommens- sowie Lebensverhältnissen ausgesetzt wurde. Das BRG 1920 hat somit das strukturelle Ungleichgewicht zwischen Arbeitgeber und Arbeitnehmer, das aus der Vertragsfreiheit des BGB resultierte, nicht beseitigt, sondern dem Grunde nach perpetuiert.

Das Wahlrecht des Arbeitgebers und die gesetzliche Fiktion nach § 87 BRG 1920 führten zur Beendigung des Arbeitsverhältnisses gegen Entschädigungszahlung. Diese Regelung stellte wieder den zivilrechtlichen Gedanken der Vertragsfreiheit in den Vordergrund; zudem unterstrich sie die wirtschaftliche Überlegenheit des Arbeitgebers.

Die Entschädigung des BRG 1920 war die erste in der Rechtsordnung verankerte Abfindungsregelung, die dem Gesetzgeber als Grundlage zur Fortentwicklung in die heutige Gesetzesfassung dienen konnte.

V. 1923: Entwurf eines Allgemeinen Arbeitsvertragsgesetzes

Parallel zum Betriebsverfassungsrecht wollte der Gesetzgeber auch das Arbeitsvertragsrecht reformieren. Dazu wurde 1919 auf der Grundlage von

---

[829] *Hueck/Nipperdey*, Lehrbuch des Arbeitsrechts, S. 13.

Art. 157 Abs. 2 Weimarer Reichsverfassung, der lautete „Das Reich schafft ein einheitliches Arbeitsrecht.", ein 16-köpfiger Arbeitsrechtsausschuss eingesetzt, der ein einheitliches Arbeitsgesetzbuch ausarbeiten sollte.[830] Gemeinsam mit einer Denkschrift im August 1923 wurde der Entwurf eines Allgemeinen Arbeitsvertragsgesetzes (Entwurf 1923) im Reichsarbeitsblatt veröffentlicht und zur Diskussion gestellt.[831] Die Arbeiten konnten allerdings nicht zu Ende gebracht werden, da die Tätigkeit des Arbeitsrechtsausschusses aufgrund der „verhängnisvollen Notlage der Reichsfinanzen" zum Jahreswechsel 1923/1924 eingestellt werden musste.[832] Die materiellen Kündigungsbeschränkungen, die § 148 Entwurf 1923 vorsah, entsprachen im Wesentlichen den Einspruchsgründen des § 84 BRG 1920.[833] Auch das Wahlrecht des Arbeitgebers, das Arbeitsverhältnis trotz ungerechtfertigter Kündigung gegen Zahlung einer Entschädigung nicht wieder aufzunehmen, wurde in §§ 149, 150 Entwurf 1923 beibehalten (sog. Loskauf).[834] Im Rahmen der Ausschussberatungen brachte *Potthoff* eine Abgangsvergütung in die Diskussion ein. Er orientierte sich u. a. an § 23 des österreichischen Angestelltengesetzes von 1921[835] und schlug eine Abgangsvergütung in Höhe von einem Monatsgehalt pro Beschäftigungsjahr vor.[836] Nach *Potthoff* sollte es sich dabei nicht um eine Kündigungsbeschränkung im eigentlichen Sinne handeln, sondern um eine Zahlung des Arbeitgebers, die der Arbeitnehmer immer erhalten sollte, wenn das Arbeitsverhältnis aufgrund einer Kündigung endete, die der Arbeitnehmer nicht verschuldet hatte.[837] *Titze* merkte hierzu zu Recht an, dass eine derartige Abgangsvergütung nicht mit der Entschädigung (Loskauf) identisch sei. Während der Anspruch auf die Entschädigung im Falle einer ungerechtfertigten Kündigung erst durch das Gericht festgesetzt würde, würde die Abgangsvergütung automatisch bei jeder nicht verschuldeten Kündigung, also auch bei der gerechtfertigten Kün-

---

830   *Ramm*, Entwürfe zu einem Deutschen Arbeitsvertragsgesetz, S. 39; *Hueck/Nipperdey*, Lehrbuch des Arbeitsrechts, S. 17; *Kaiser*, Kündigungsschutz ohne Prinzip, S. 22; *Adomeit*, NJW 1996, 1710, 1713; *Düwell*, RdA 2010, 129, 130.

831   RABl. 1923, 498 ff; *Richardi*, NZA 1992, 796, 770 Fn. 14; *Balders/Strybny*, ZRP 2005, 249 Fn. 8.

832   *Kaiser*, Kündigungsschutz ohne Prinzip, S. 88; *Schliemann*, in: *Schliemann* (Hrsg.), Das Arbeitsrecht im BGB, § 611 Rn. 11; *Hueck/Nipperdey*, Lehrbuch des Arbeitsrechts, S. 17.

833   *Kaiser*, Kündigungsschutz ohne Prinzip, S. 128.

834   *Kaiser*, Kündigungsschutz ohne Prinzip, S. 165 sowie S. 311.

835   *Kaiser*, Kündigungsschutz ohne Prinzip, S. 172.

836   *Kaiser*, Kündigungsschutz ohne Prinzip, S. 367.

837   *Kaiser*, Kündigungsschutz ohne Prinzip, S. 172.

digung, fällig werden.[838] In einem später redaktionell überarbeiteten Entwurf
sah § 169, der nicht in die Endfassung übernommen wurde, vor, dass der
Anspruch auf Zahlung einer Abgangsvergütung nur entstehen sollte, wenn
der Arbeitnehmer die arbeitgeberseitige Kündigung nicht verschuldet und
das Arbeitsverhältnis mindestens fünf Jahre bestanden hatte. In Abgrenzung
zur Entschädigungszahlung entsprach die Höhe der Abgangsvergütung nur
noch einem halben Monatsgehalt für jedes Jahr der Beschäftigung, begrenzt
auf höchstens drei Monatsgehälter.[839]

Wie die Protokolle zeigen,[840] wurden in den Beratungen des Arbeitsrechtsausschusses die Unterschiede zwischen der Entschädigungszahlung und der
Abgangsvergütung herausgearbeitet. Nach dem damaligen Rechtsverständnis
beruhte die Entschädigungszahlung auf dem Vertragsverstoß des Arbeitgebers,
die Abgangsentschädigung auf der Betriebstreue des Arbeitnehmers. Dabei
meinten die Einen, wie zum Beispiel *Hedemann,* dass die Abgangsvergütung
ohne Schuldgrund, aus patriarchalischem Denken heraus, geleistet würde.[841]
Die Anderen, wie zum Beispiel *Sinzheimer,* der als Pionier des modernen
Arbeitsrechts gilt,[842] waren der Ansicht, den Schuldgrund in der erbrachten
Arbeitsleistung zu sehen, sodass der Abgangsvergütung Lohncharakter zu-
käme.[843]

Es ist als Verdienst der Ausschussmitglieder zu werten, dass sie die Un-

---

838 *Kaiser,* Kündigungsschutz ohne Prinzip, S. 161.
839 § 169 Entwurf lautet, zitiert nach *Kaiser,* Kündigungsschutz ohne Prinzip, S. 371:
*Hat das Arbeitsverhältnis ohne Einrechnung der Lehrzeit mindestens fünf Jahre ununter-
brochen bestanden und kündigt der Arbeitgeber, ohne dass der Arbeitnehmer einen Grund
verschuldet hat, oder gibt er ihm durch vertragswidriges Verhalten einen wichtigen Grund
zu fristloser Kündigung, so hat er ihm als Zuschlag zum Entgelt eine Abgangsvergütung
zu gewähren.*
*Soweit nicht Gesetz oder Tarifvertrag anderes bestimmt, ist sie gleich dem halben Entgelte
für den letzten Monat. Sie steigt für jedes Jahr ununterbrochenen Arbeitsverhältnisses um
den Grundbetrag bis zum Höchstbetrag des dreifachen Monatsentgeltes nach mindestens
10-jähriger Dauer.*
*Auf Antrag des Arbeitgebers kann das Arbeitsgericht seine Pflicht ermäßigen oder aufheben,
soweit sie zu unbilliger Härte führen würde.*
840 Die Beratungsprotokolle sind auszugsweise wiedergegeben und kommentiert bei
Kaiser, Kündigungsschutz ohne Prinzip, S. 60 ff.
841 Nach *Hedemann* ist die Abgangsvergütung „Ausdruck der Dankbarkeit des Arbeitgebers für jahrelang geleistete Arbeit", also „eine Art Wegegeld, das aus einer gewissen
Noblesse heraus gegeben werde", *Kaiser,* Kündigungsschutz ohne Prinzip, S. 172.
842 Sinzheimer, Hugo (1875–1945); vgl. den Überblick über die Werke Sinzheimers bei
Zachert, RdA 2001, 104.
843 *Kaiser,* Kündigungsschutz ohne Prinzip, S. 160; vgl. Fn. 839: § 169 Entwurf bezeichnet
die Abgangsvergütung als "Zuschlag zum Entgelt".

terschiede der beiden Rechtsinstitute und ihren Bezug zum Schuldverhältnis herausgearbeitet haben. Dabei zeigte sich die Schwierigkeit, der Abgangs-vergütung eine Rechtfertigung zuzuschreiben, die auf einer Verletzung von Vertragspflichten des Arbeitgebers aus dem Schuldverhätnis basierte, so wie es bei der Entschädigung wegen der nicht gerechtfertigten Kündigung der Fall war. Diese Schwierigkeit umging der Vorschlag *Sinzheimers*, der der Abgangs-vergütung Lohncharakter beimaß. Dadurch leitete er die Abgangsvergütung von einem auf dem Arbeitsverhältnis beruhenden Grund ab, dem Austausch von Arbeit gegen Lohn. Die aufgeschobene Fälligkeit der Lohnzahlung hätte aber bei dieser Lösung gegen die Fälligkeitsregel des § 614 BGB verstoßen. Nach § 614 BGB, der seit Inkrafttreten des BGB bis heute unverändert gilt, ist zum Beispiel der Monatslohn nach Ablauf des Monats, folglich am Ersten des Folgemonats,[844] fällig. Die Ausschussmitglieder, die sich auf der Grundlage des BRG 1920 für einen materiellen Kündigungsschutz entschieden haben, hätten für die Abgangsvergütung zusätzliche Regeln entwickeln müssen, die neben der aufgeschobenen Fälligkeit auch den Verbleib und die Sicherung des vom Arbeitgeber einbehaltenen Lohnes umfassten. Man kann deshalb annehmen, dass diese Schwierigkeit, die die Integration einer Abgangsvergütung in die Rechtsordnung verursachte, einer der Gründe war, der dazu führte, dass die Abgangsvergütung nicht in den Entwurf 1923 übernommen wurde.

Die Protokolle belegen noch einen weiteren Grund, der gegen das Institut der Abgangsvergütung sprach. Die bestehenden Regelungen zur Abgangsver-gütung, wie etwa bei der Firma Carl Zeiss in Jena seit 1886, oder die Vorschläge von *Potthoff* im Entwurf eines Gesetzes über den Dienstvertrag der Angestellten 1914 und im Entwurf eines Allgemeinen Arbeitsvertragsgesetzes 1923 sahen vor, dass der Arbeitgeber erst nach einer Dienstzeit von drei oder fünf Jahren eine Abgangsentschädigung bezahlen musste. Die Ausschussmitglieder sa-hen die Gefahr, dass der Arbeitgeber dem Arbeitnehmer kurz vor Erreichen dieser Mindestdienstzeit nur deshalb kündigte, um sich die Auszahlung der Abgangsvergütung zu ersparen. Sie waren deshalb der Meinung, dass das Institut einer Abgangsvergütung eher kurze Arbeitsverhältnisse fördere und dem eigentlichen Ziel des Kündigungsschutzes, den Arbeitnehmer vor willkür-lichen und rechtsgrundlosen Kündigungen zu schützen, zuwiderliefe.[845] Den Ausschussmitgliedern schien es daher sinnvoller, anstelle einer finanziellen

---

[844]   BAG vom 12. 10. 2004 – 3 AZR 557/03, dort II. der Gründe.
[845]   *Kaiser*, Kündigungsschutz ohne Prinzip, S. 172, 318.

Entschädigung materielle Kündigungsbeschränkungen einzuführen, die zudem der Kontrolle durch das Gericht als neutrale Instanz unterlagen.
Offiziell wurde die Abgangsvergütung aus dem Gesetzesentwurf gestrichen,
weil ihre praktische Bedeutung angesichts der in den §§ 149 ff. Entwurf 1923
geregelten materiellen Kündigungsschutzvorschriften nur noch gering war
und insbesondere die schwierige Wirtschaftslage eine weitere Verpflichtung
der Arbeitgeber nicht rechtfertigte.[846] Auch die anderen Regelungen sind über
das Entwurfsstadium nicht hinausgekommen.

Entschädigungszahlung und Abgangsvergütung stellten zwei unterschiedliche Rechtsinstitute dar. Während sich die Entschädigungszahlung als Folge
einer Vertragsverletzung des Arbeitgebers in die bestehende Rechtsordnung
integrieren ließ, bereitete dies bei der Abgangsvergütung Schwierigkeiten.
Deshalb fand die Abgangsvergütung aus rechtlichen und wirtschaftlichen
Gründen keinen Eingang in den Gesetzesentwurf; sachliche Kündigungsbeschränkungen, die zur Rechtswidrigkeit der Kündigung führten, erhielten
den Vorzug.

VI.   1934: Gesetz zur Ordnung der nationalen Arbeit

1.   Umfang des Kündigungsschutzes

Bereits ein Jahr nach der Machtergreifung 1933 durch die Nationalsozialisten[847] wurde das Betriebsrätegesetz 1920 außer Kraft gesetzt und durch das
„Gesetz zur Ordnung der nationalen Arbeit" vom 20. 01. 1934 (AOG 1934)
abgelöst.[848] Das AOG 1934 führte in § 1 das Betriebsführerprinzip im Arbeits-
und Wirtschaftsleben ein, in dem „der Unternehmer als Führer des Betriebes"

---

[846]   Vgl. die Begründung in der Denkschrift, abgedruckt bei *Ramm*, Entwürfe zu einem
        Deutschen Arbeitsvertragsgesetz, S. 237; *Kaiser*, Kündigungsschutz ohne Prinzip,
        S. 176.

[847]   Am 30. 01. 1933 wurde Adolf Hitler von Reichspräsident Hindenburg zum Reichs-
        kanzler ernannt; nach Hindenburgs Tod am 02. 08. 1934 wird das „Amt des Reichs-
        präsidenten mit dem des Reichskanzlers vereinigt. Als »Führer und Reichskanzler«
        lässt Hitler Soldaten und Beamte fortan auf seine Person vereidigen. Der Aufbau des
        »Führerstaats« ist abgeschlossen.", *Gall/von Bilavsky/Judersleben*, in: Deutscher Bun-
        destag (Hrsg.), Wege – Irrwege – Umwege. Die Entwicklung der parlamentarischen
        Demokratie in Deutschland, S. 208.

[848]   Gesetz zur Ordnung der nationalen Arbeit vom 20. 01. 1934 (RGBl. I, 45), geändert
        durch Gesetz vom 30. 11. 1934 (RGBl. I, 1193).

bezeichnet wurde.[849] Fortan sollten der Unternehmer als Betriebsführer und die Arbeitnehmer als Gefolgschaft zur Förderung der Betriebszwecke und „zum gemeinsamen Nutzen von Volk und Staat" zusammenarbeiten;[850] der Unternehmenszweck war nicht mehr privatwirtschaftlich orientiert, sondern der nationalsozialistischen Ideologie unterworfen.[851] Der Kündigungsschutz des AOG 1934 enthielt für die Arbeitnehmer im Vergleich zum BRG 1920 sowohl Verbesserungen als auch Verschlechterungen. In § 56 AOG 1934, der den Kündigungsschutz regelte, wurde der Schwellenwert für den Kündigungsschutz auf zehn Arbeitnehmer gesenkt und nicht mehr vom Bestehen einer betriebsinternen Arbeitnehmervertretung abhängig gemacht.[852] Durch diese Änderung konnten sich einerseits mehr Arbeitnehmer auf den allgemeinen Kündigungsschutz berufen als im Anwendungsbereich des BRG 1920.[853] Andererseits schränkte das AOG 1934 den Umfang des Kündigungsschutzes auch zum Nachteil der Arbeitnehmer ein. Der Arbeitnehmer konnte nach § 56 Abs. 1 AOG 1934 nur noch gegen die Kündigung vorgehen, wenn „diese unbillig hart und nicht durch die Verhältnisse des Betriebs bedingt" war.[854] Insbesondere der Begriff der „unbilligen Härte" erlaubte es der Rechtsprechung, die Berechtigung der Kündigung nach nationalsozialistischen Anschauungen zu bewerten.[855] Auch die neue Voraussetzung, dass der Kündigungsschutz erst nach einer Beschäftigungsdauer von einem Jahr galt, verschlechterte die Rechtsstellung der Arbeitnehmer.[856]

Auf kollektiv-rechtlicher Ebene ersetzte das AOG 1934 nicht nur den Betriebsrat durch den Vertrauensrat, sondern begrenzte auch die Mitbestim-

---

849   *Gast*, BB 1992, 1634, 1635;
§ 1 AOG 1934 lautet:
Im Betriebe arbeiten der Unternehmer als Führer des Betriebes, die Angestellten und Arbeiter als Gefolgschaft gemeinsam zur Förderung der Betriebszwecke und zum gemeinsamen Nutzen von Volk und Staat.

850   § 1 AOG 1934

851   *Ramm*, Entwürfe zu einem Deutschen Arbeitsvertragsgesetz, S. 59.

852   *v. Hoyningen-Huene/Linck*, Kündigungsschutzgesetz, Einleitung Rn. 25; *Moll*, in: *Ascheid/Preis/Schmidt*, Kündigungsrecht 2012, 2. Teil, KSchG, § 23 Rn. 1.

853   *Wüllenweber*, Die Entwicklung des Kündigungsschutzrechts seit dem ersten Weltkrieg, S. 59; *Preis*, in: *Ascheid/Preis/Schmidt*, Kündigungsrecht 2007, 1. Teil, A., Rn. 8, in: beck-online.

854   *Friedrich*, in: KR Gemeinschaftskommentar, KSchG, § 4 Rn. 2 sowie § 3 Rn. 4

855   *Preis*, in: *Ascheid/Preis/Schmidt*, Kündigungsrecht 2007, 1. Teil, A., Rn. 13, in: beck-online; *Fröhlich*, Betriebsgrößenunabhängigkeit und Monetarisierung des arbeitsrechtlichen Bestandsschutzes, S. 15, 16.

856   § 56 Abs. 1 AOG 1934; *Wüllenweber*, Die Entwicklung des Kündigungsschutzrechts seit dem Ersten Weltkrieg, S. 138.

mungsrechte des Vertrauensrats bei der Prüfung der ausgesprochenen Kündigung.[857] So wurden das betriebsinterne Kündigungseinspruchsverfahren und die damit verbundene Sperrfunktion des Betriebsrats sowie das selbstständige Klagerecht der Arbeitnehmervertretung gestrichen.[858] § 56 Abs. 1 AOG 1934 räumte dem Arbeitnehmer die Möglichkeit ein, selbst Klage gegen die Kündigung zu erheben;[859] das Klagerecht wurde dadurch individualisiert.[860] Das AOG 1934 übernahm daher das kollektiv-rechtlich ausgeprägte Kündigungseinspruchsverfahren nach dem Vorbild des § 87 BRG 1920 nicht, sondern führte in § 56 Abs. 1 AOG 1934 eine neue Klage gegen die Kündigung ein, die Widerrufsklage.[861] Der Arbeitnehmer konnte fortan den Antrag auf Widerruf der Kündigung direkt bei dem Arbeitsgericht stellen.

Der nationalsozialistische Gesetzgeber wollte die starke Position der Betriebsräte beseitigen. Der Rätegedanke, der linker Ideologie entsprang, widersprach dem nationalsozialistisch geprägten Betriebsführerprinzip. Der Betriebsführer sollte seine Entscheidungen frei von einer Kontrolle durch eine Arbeitnehmervertretung treffen können.[862] Dies erforderte die Streichung der Mitwirkung des Betriebsrats bei Prüfung der Kündigung und die Individualisierung des Kündigungsverfahrens. An dem Individualrecht des Arbeitnehmers, Klage gegen die Kündigung zu erheben, hat der Gesetzgeber bis heute festgehalten.

Das AOG 1934 übernahm bei der betriebsbedingten Kündigung im Wesentlichen den aus dem BRG 1920 bekannten Kündigungsschutz. Die auf nationalsozialistischer Ideologie beruhende Entmachtung des Betriebsrats bewirkte

---

[857]   *Rost*, in: KR Gemeinschaftskommentar, KSchG, § 3 Rn. 4; *Gallner*, in: *Fiebig/Gallner/Nägele*, Kündigungsschutzrecht, KSchG, § 3 Rn. 2..

[858]   *Döse-Digenopoulos*, Arbeitsgerichte und betriebsbedingte Kündigung, S. 98; *Richardi*, NZA 2000, 13.

[859]   *Rost*, in: KR Gemeinschaftskommentar, KSchG, § 3 Rn. 4; *Gallner*, in: *Fiebig/Gallner/Nägele*, Kündigungsschutzrecht, KSchG, § 3 Rn 2.

[860]   *Möhn*, NZA 1995,113; *Preis*, in: *Ascheid/Preis/Schmidt*, Kündigungsrecht, 1. Teil, A., Rn. 14, in: beck-online; *Berkowsky*, in: Münchener Handbuch zum Arbeitsrecht, Band 1, § 108 Rn. 14; *v. Hoyningen-Huene/Linck*, Kündigungsschutzgesetz, Einleitung Rn. 25.

[861]   § 56 Abs. 1 AOG 1934 lautet:
        Wird einem Angestellten oder Arbeiter nach einjähriger Beschäftigung in dem gleichen Betrieb oder dem gleichen Unternehmen gekündigt, so kann er, wenn es sich um einen Betrieb mit in der Regel mindestens zehn Beschäftigten handelt, binnen zwei Wochen nach Zugang der Kündigung beim Arbeitsgericht mit dem Antrag auf Widerruf der Kündigung klagen, wenn diese unbillig hart und nicht durch die Verhältnisse des Betriebes bedingt ist.

[862]   Vgl. § 2 Abs. 1 AOG 1934:
        Der Führer des Beriebes entscheidet der Gefolgschaft gegenüber in allen betrieblichen Angelegenheiten, soweit sie durch dieses Gesetz geregelt werden.

aber eine Individualisierung des Kündigungsschutzverfahrens, die bis heute fortbesteht.

2. Regelungen zur Abfindung

Wie das Kündigungseinspruchsverfahren nach dem BRG 1920 führte auch die Widerrufsklage nach dem AOG 1934 nicht zur Unwirksamkeit der Kündigung.[863] Nach § 57 Abs. 1 AOG 1934 stand dem Arbeitgeber für den Fall seines Unterliegens im Kündigungsschutzprozess ebenfalls das Wahlrecht zu, nach eigenem Ermessen zu entscheiden, ob er die Kündigung widerrief oder die Fortsetzung des Arbeitsverhältnisses durch Zahlung einer Entschädigung verhinderte.[864] Das Schweigen des Arbeitgebers galt nach § 57 Abs. 2 Satz 2 AOG 1934 als Wahl der Entschädigungszahlung.[865] Der Arbeitgeber musste seine rechtswidrige Kündigung nach dem AOG 1934 also nur dann widerrufen, wenn er den Arbeitnehmer wieder beschäftigen wollte. Im Gegensatz dazu verlangt die heutige Regelung im Kündigungsschutzgesetz keinen Widerruf der sozial nicht gerechtfertigten Kündigung. Nach § 4 KSchG hat die arbeitsgerichtliche Feststellung der Sozialwidrigkeit der Kündigung unmittelbar zur Folge, dass das Arbeitsverhältnis für die Zeit nach Ablauf der Kündigungsfrist fortbesteht.[866]

Bei der Festsetzung der Entschädigung hatte das Gericht nach § 58 AOG 1934 sowohl auf die wirtschaftliche Lage des Arbeitnehmers als auch auf die wirtschaftliche Leistungsfähigkeit des Betriebs angemessen Rücksicht zu nehmen. Ohne weitere konkretisierende Vorgabe richtete sich die Entschädigung nach der Dauer des Arbeitsverhältnisses und war – wie im BRG 1920[867] – nach § 58 Satz 2 HS 1 AOG 1934 auf sechs Monatsgehälter begrenzt.[868] Für den

---

[863] *Rost*, in: KR Gemeinschaftskommentar, KSchG, § 7 Rn. 2; *Gallner*, in: *Fiebig/Gallner/ Nägele*, Kündigungsschutzrecht, KSchG, § 4 Rn 1; *Dörner*, in: *Ascheid/Preis/Schmidt*, Kündigungsrecht 2007, 2. Teil, KSchG, § 1 Rn. 58.

[864] *Etzel*, in: KR Gemeinschaftskommentar, KSchG, § 1 Rn. 7.

[865] § 57 Abs. 2 Satz 2 AOG 1934 lautet:
Erklärt er (Anm.: der Arbeitgeber) sich nicht innerhalb der Frist, so gilt die Entschädigung als gewählt.

[866] *Etzel*, KR Gemeinschaftskommentar, KSchG, § 1 Rn. 23.

[867] Vgl. Fn. 808.

[868] § 58 AOG 1934 lautet:
Bei der Festsetzung der Entschädigung ist sowohl auf die wirtschaftliche Lage des Gekündig- ten als auch auf die wirtschaftliche Leistungsfähigkeit des Betriebes angemessen Rücksicht zu nehmen. Die Entschädigung bemisst sich nach der Dauer des Arbeitsverhältnisses. Sie darf 6/12 des letzten Jahresarbeitsverdienstes nicht übersteigen; ist die Kündigung offensichtlich

Fall der offensichtlich willkürlichen oder aus nichtigen Gründen erfolgten Kündigung konnte das Gericht nach § 58 Satz 2 HS 2 AOG 1934 eine erhöhte Entschädigung bis zu zwölf Monatsverdiensten festsetzen. Diese Höchstgrenze übernahm der Gesetzgeber später in § 10 Abs. 1 KSchG.

Im Ergebnis hatte das AOG 1934 zwar das Klagerecht des Arbeitnehmers individualisiert, nach wie vor traf jedoch allein der Arbeitgeber die Entscheidung zwischen Wiedereinstellung und Entschädigung. Auch das AOG 1934 gewährte dem Arbeitnehmer daher keine erzwingbare Abfindung bei rechtswidriger Kündigung. In besonderen Fällen konnte die Abfindung auf bis zu zwölf Monatsverdienste festgesetzt werden.

VII.   1938: Entwurf eines Gesetzes über das Arbeitsverhältnis

Nachdem das AOG 1934 das kollektiv-rechtlich geprägte Arbeitsrecht des BRG 1920 auf der Betriebsebene beseitigt hatte, sollte auch das Individualarbeitsrecht neu geregelt werden.[869] Im Jahre 1938 legte der Arbeitsrechtsausschuss der Akademie für Deutsches Recht den Entwurf eines Gesetzes über das Arbeitsverhältnis vor.[870] Dieser verfolgte das Ziel, das Recht des Arbeitsverhältnisses insbesondere unter zwei Aspekten neu zu gestalten. Zum einen ging es dem Ausschuss darum, die noch rein schuldrechtliche Regelung des § 611 BGB, der das Arbeitsverhältnis im Wesentlichen als einen vermögensrechtlichen Austauschvertrag ansah, an das nationalsozialistische Verständnis des Arbeitsvertrags anzupassen, der nunmehr als ein personenrechtliches Gemeinschaftsverhältnis[871] verstanden wurde, das „von den Grundsätzen der Treue, Fürsorge und Ehre beherrscht wird und aus dem erst die einzelnen Ansprüche und Verpflichtungen erwachsen."[872] Zum anderen gab der Anschluss Österreichs an das Deutsche Reich dem Ausschuss Veranlassung,

---

willkürlich oder aus nichtigen Gründen unter Missbrauch der Machtstellung im Betriebe erfolgt, so kann das Gericht eine Entschädigung bis zur vollen Höhe des letzten Jahresarbeitsverdienstes festsetzen.

[869]   *Ramm*, Entwürfe zu einem Deutschen Arbeitsvertragsgesetz, S. 56; *Hueck/Nipperdey*, Lehrbuch des Arbeitsrechts, S. 21.

[870]   *Frank* (Hrsg.), Arbeitsberichte der Akademie für Deutsches Recht, Entwurf eines Gesetzes über das Arbeitsverhältnis.

[871]   *Hueck/Nipperdey*, Lehrbuch des Arbeitsrechts, S. 21; *Frank* (Hrsg.), Arbeitsberichte der Akademie für Deutsches Recht, Entwurf eines Gesetzes über das Arbeitsverhältnis, S. 43; *Rückert*, ZfA 1992, 225, 278.

[872]   *Frank* (Hrsg.), Arbeitsberichte der Akademie für Deutsches Recht, Entwurf eines

im Interesse der Rechtsvereinheitlichung zu prüfen, welche Veränderungen im österreichischen Arbeitsrecht durchgeführt werden mussten.[873] Zum damaligen Zeitpunkt konnte der Dienstgeber dem Angestellten nach § 20 des österreichischen Angestelltengesetzes (AngG 1921)[874] unter Einhaltung einer Kündigungsfrist ordentlich kündigen, ohne dazu einen Kündigungsgrund zu benötigen. Ein Rechtsmittel gegen die Kündigung, wie etwa die Kündigungswiderrufsklage, sah das AngG 1921 nicht vor. Allerdings stand dem Angestellten nach § 23 AngG 1921 als finanzieller Ausgleich für die Kündigung eine Abfertigung zu, wenn das Dienstverhältnis mindestens drei Jahre bestand und die Kündigung nicht auf einem Verschulden des Angestellten beruhte.[875] Die Abfertigung war also nicht davon abhängig, ob die Kündigung gerechtfertigt war oder nicht. Wie sich den Arbeitsberichten entnehmen lässt, sprach sich der Ausschuss dafür aus, im Rahmen der geplanten Rechtsvereinheitlichung das Modell der Abfertigung nicht zu übernehmen. Als Ersatz für die Abfertigung nach § 23 AngG 1921 schlug er vor, die Abhängigkeit des Kündigungsschutzes von der Betriebsgröße, wie es die §§ 56 ff. AOG 1934 festlegten, aufzuheben und den Kündigungsschutz auf alle Betriebe, also auch auf Kleinbetriebe, auszudehnen,[876] sodass jeder Arbeitnehmer Kündigungswiderrufsklage erheben könnte.[877] Der Arbeitsrechtsausschuss empfahl daher dem Reichsarbeitsministerium, für das der Gesetzesentwurf in erster Linie erstellt wurde,[878] den

---

Gesetzes über das Arbeitsverhältnis, S. 43; *Ramm*, Entwürfe zu einem Deutschen Arbeitsvertragsgesetz, S. 64, 65.

873   *Frank* (Hrsg.), Arbeitsberichte der Akademie für Deutsches Recht, Entwurf eines Gesetzes über das Arbeitsverhältnis, S. 7.

874   Bundesgesetz vom 11. 05. 1921 über den Dienstvertrag der Privatangestellten (Angestelltengesetz), Bundesgesetzblatt für die Republik Österreich, Jahrgang 1921, S. 1059.

875   § 23 AngG lautet:
      (1) Hat das Dienstverhältnis ununterbrochen drei Jahre gedauert, so gebührt dem Angestellten bei Auflösung des Dienstverhältnisses eine Abfertigung. Diese beträgt das Zweifache des dem Angestellten für den letzten Monat des Dienstverhältnisses gebührenden Entgeltes und erhöht sich nach fünf Dienstjahren auf das Dreifache, nach zehn Dienstjahren auf das Vierfache, nach 15 Dienstjahren auf das Sechsfache, nach 20 Dienstjahren auf das Neunfache und nach 25 Dienstjahren auf das Zwölffache des monatlichen Entgeltes. …
      (7) Der Anspruch auf Abfertigung besteht nicht, wenn der Angestellte kündigt, wenn er ohne wichtigen Grund vorzeitig austritt oder wenn ihn ein Verschulden an der vorzeitigen Entlassung trifft.

876   *Frank* (Hrsg.), Arbeitsberichte der Akademie für Deutsches Recht, Entwurf eines Gesetzes über das Arbeitsverhältnis, S. 33 Fn. *.

877   *Frank* (Hrsg.), Arbeitsberichte der Akademie für Deutsches Recht, Entwurf eines Gesetzes über das Arbeitsverhältnis, S. 98.

878   *Frank* (Hrsg.), Arbeitsberichte der Akademie für Deutsches Recht, Entwurf eines Gesetzes über das Arbeitsverhältnis, S. 7.

mit dem BRG 1920 eingeführten und den mit dem AOG 1934 – wenn auch eingeschränkt – fortgeführten Kündigungsschutz nicht zu Gunsten einer rein monetären Ausgleichsregelung, wie sie die Abfertigung nach § 23 AngG 1921 darstellte, aufzugeben. Die Erläuterungen zu dem Gesetzesentwurf lassen nicht erkennen, warum der Arbeitsrechtsausschuss der Kündigungswiderrufsklage den Vorzug vor der Abfertigungslösung gab.[879] Offensichtlich entsprach eine Beschränkung der Kündigungsfreiheit des Arbeitgebers, die nach § 56 Abs. 1 AOG 1934 eine Kündigung verbot, die unbillig hart und nicht durch die Verhältnisse des Betriebs bedingt war, eher der damaligen Vorstellung eines von Treue und Fürsorge beherrschten Gemeinschaftsverhältnisses zwischen dem Betriebsführer und seinem Gefolgsmann[880] als ein rein finanzieller Ausgleich ohne Rechtsschutzmöglichkeiten.

Der vom Reichsarbeitsministerium beauftragte Arbeitsrechtsausschuss verglich unter dem Blickwinkel der Rechtsvereinheitlichung den sachlichen Kündigungsschutz nach dem deutschen AOG 1934 mit der Abfertigung nach dem österreichischen AngG 1921. Eine Aufgabe des seit dem BRG 1920 in der Rechtsordnung verankerten Kündigungsschutzes erschien dem Ausschuss nicht mit dem von Treue und Fürsorge beherrschten Gemeinschaftsverhältnis vereinbar.

VIII. 1951: Kündigungsschutzgesetz 1951

1. Umfang des Kündigungsschutzes

Obwohl es die Grundlage der nationalsozialistischen Arbeitsverfassung bildete, galt das AOG 1934 nach dem Zweiten Weltkrieg bis zum 31. 12. 1946 weiter.[881] Einige Bundesländer in der amerikanischen und französischen Be-

---

[879] Frank (Hrsg.), Arbeitsberichte der Akademie für Deutsches Recht, Entwurf eines Gesetzes über das Arbeitsverhältnis, S. 98.

[880] Vgl. die Besonderen Fürsorgepflichten des Unternehmers gegenüber dem „Gefolgsmann" nach § 68 ff. des Entwurfes eines Gesetzes über das Arbeitsverhältnis 1938 und die diesbezügliche Begründung in Ramm, Entwürfe zu einem Deutschen Arbeitsvertragsgesetz, S. 263, 312.

[881] LAG Hamm vom 04. 11. 1947 – Sa 190/47, NJW 1948, 318. Das AOG 1934 wurde durch das Kontrollratsgesetz Nr. 40 vom 30. 11. 1946 mit Wirkung vom 01. 01. 1947 aufgehoben, Gesetzesbegründung zum KSchG 1951 in BT-Drs. 2090 vom 27. 03. 1951, abgedruckt in RdA 1951, 61; Berkowsky, Münchener Handbuch zum Arbeitsrecht, Band 1, § 108 Rn. 14; Hueck, SJZ 1947, 609.

satzungszone[882] erließen danach landeseigene Kündigungsschutzgesetze, die
sich am BRG 1920 orientierten[883] und als Rechtsfolgen der sozialwidrigen
Kündigung die Weiterbeschäftigung oder die Zahlung einer Entschädigung
vorsahen.[884] Andere Bundesländer schlossen dagegen die Zahlung einer Entschädigung grundsätzlich aus.[885] Einen wiederum anderen Weg wählten die
Bundesländer in der britischen Besatzungszone.[886] Sie schlossen die durch die
Aufhebung des AOG 1934 seit 01. 01. 1947 bestehende Lücke im gesetzlichen
Kündigungsschutz dadurch, dass sie die Generalklauseln des BGB, nämlich
§ 138 BGB (Sittenwidrigkeit) und § 242 BGB (Treu und Glauben), als Maßstab
für die Beurteilung der Zulässigkeit einer Kündigung anwandten.[887] Deshalb
war es nach übereinstimmender Auffassung der Politik, der Gewerkschaften
und der Arbeitgeberverbände im Interesse der Rechts- und Wirtschaftseinheit
erforderlich,[888] für alle Bundesländer ein einheitliches Bundeskündigungsschutzgesetz zu schaffen.[889] Diese Neuregelung des Kündigungsschutzes trat
dann einige Jahre später mit dem Kündigungsschutzgesetz vom 10. 08. 1951
(KSchG 1951)[890] in Kraft und brachte eine wesentliche Änderung, nämlich
die Aufhebung des Prinzips der wertfreien Kündigung[891] und die Einführung
des Bestandsschutzprinzips.[892] Anders als das BRG 1920 und das AOG 1934,
die – wie dargelegt[893] – grundsätzlich davon ausgingen, dass auch eine rechtswidrige Kündigung das Arbeitsverhältnis beendete, erklärte das KSchG 1951

---

882   Rheinland-Pfalz, Bayern, Württemberg-Baden, Bremen sowie Württemberg-Hohen-
       zollern, BT-Drs. 2090 vom 27. 03. 1951, abgedruckt in RdA 1951, 61, 62; *Hueck*, RdA
       1949, 169.
883   So verlangte zum Beispiel das Bayerische Kündigungsschutzgesetz vom 01. 08. 1947
       (BayGVBl. 1947, S. 165) für die Erhebung der Kündigungswiderrufsklage, dass der
       Betriebsrat den Einspruch des Gekündigten für berechtigt erachtete, zitiert nach
       Richardi, NZA 2000, 13.
884   BT-Drs. 2090 vom 27. 03. 1951, abgedruckt in RdA 1951, 61, 63.
885   Dabei handelte es sich um Hessen und Baden, BT-Drs. 2090 vom 27. 03. 1951, abge-
       druckt in RdA 1951, 61, 62; *Hueck*, RdA 1948, 81.
886   *v. Hoyningen-Huene/Linck*, Kündigungsschutzgesetz, Einleitung Rn. 27.
887   *Kittner/Kohler*, Beilage zu BB 2000, Heft 13, S. 1, 19; BT-Drs. 2090 vom 27. 03. 1951,
       abgedruckt in RdA 1951, 61, 62; *v. Hoyningen-Huene/Linck*, Kündigungsschutzgesetz,
       Einleitung Rn. 27.
888   BT-Drs. 2090 vom 27. 03. 1951, abgedruckt in RdA 1951, 61, 62.
889   *Hueck*, RdA 1951, 281, der eine „... immer unerträglicher werdende Rechtszerris-
       senheit und eine sich daraus ergebende Rechtsunsicherheit ..." feststellte; ebenso
       Bötticher, RdA 1951, 81.
890   BGBl. I S. 499.
891   Vgl. Fn 828.
892   *Hueck/Nipperdey*, Lehrbuch des Arbeitsrechts, S. 628.
893   Vgl. Fn. 863.

Kündigungen, die nicht sozial gerechtfertigt waren, für unwirksam.[894] Der
Ausspruch einer sozialwidrigen Kündigung widersprach dem Grundsatz von
Treu und Glauben und stellte einen Missbrauch des Kündigungsrechts dar, der
zur Unwirksamkeit der Kündigung führte.[895] Durch diese neue Rechtsfolge
der Unwirksamkeit der sozialwidrigen Kündigung war der Kündigungsschutz
nicht mehr nur auf einen allgemeinen wirtschaftlichen Ausgleich gerichtet,[896]
wie dies bei der Entschädigung nach BRG 1920 und AOG 1934 der Fall war,
sondern schützte zukünftig direkt den Arbeitsplatz und die Betriebszugehörigkeit des Arbeitnehmers, weil diese „die Grundlagen seiner wirtschaftlichen
und sozialen Existenz bilden."[897] Der zentrale Zweck des Kündigungsschutzes
hat sich dadurch gewandelt; das Kündigungsschutzgesetz war somit „ein
Bestandsschutzgesetz und kein Abfindungsgesetz" mehr.[898] Auch heute noch
gilt der Bestandsschutz als zentrales Ziel des Kündigungsschutzgesetzes. Der
Arbeitsplatz ist die wirtschaftliche Existenzgrundlage für den Arbeitnehmer
und seine Familie.[899] Er bestimmt die Lebensverhältnisse, das Wohnumfeld,
die gesellschaftliche Stellung und das Selbstwertgefühl des Arbeitnehmers. Mit
der Beendigung des Arbeitsverhältnisses gerät dieses ökonomische und soziale Beziehungsgeflecht in Gefahr.[900] Wegen der existenziellen Bedeutung des
Arbeitsplatzes für den Arbeitnehmer entzog das KSchG 1951 dem Arbeitgeber
die Wahl zwischen Weiterbeschäftigung und Abfindungszahlung.

---

[894]   Begründung des Gesetzesentwurfes in BT-Drs. 2090 vom 27. 03. 1951, abgedruckt
in RdA 1951, 58; *Hueck*, RdA 1951, 281, 284; *Dietz*, NJW 1951, 941, 942; *Rost*, in: KR
Gemeinschaftskommentar, KSchG, § 7 Rn. 2;
§ 1 Abs. 1 KSchG 1951 lautet:
Die Kündigung des Arbeitsverhältnisses gegenüber einem Arbeitnehmer, der länger als sechs
Monate ohne Unterbrechung in demselben Betrieb oder Unternehmen beschäftigt ist und
das 20. Lebensjahr vollendet hat, ist rechtsunwirksam, wenn sie sozial ungerechtfertigt ist.
[895]   Begründung des Gesetzesentwurfes in BT-Drs. 2090 vom 27. 03. 1951, abgedruckt in
RdA 1951, S. 61, 63, B. Erläuterung der Neuregelung, Allgemeines.
[896]   Begründung des Gesetzesentwurfes in BT-Drs. 2090 vom 27. 03. 1951, abgedruckt in
RdA 1951, S. 61, 63, B. Erläuterung der Neuregelung, Allgemeines.
[897]   Begründung des Gesetzesentwurfes in BT-Drs. 2090 vom 27. 03. 1951, abgedruckt in
RdA 1951, S. 58, 63.
[898]   BAG vom 05. 11. 1964 – 2 AZR 15/64, NJW 1965, 787; dem folgt das BAG bis heute,
z. B. BAG vom 23. 10. 2008 – 2 AZR 483/07, dort B. II. 1. a) der Gründe, NJW 2009,
1897, 1901; BAG vom 07. 03. 2002 – 2 AZR 158/01, L 1 und dort B. II. 2. a) der Gründe;
BAG vom 30. 09. 1976 – 2 AZR 402/75, dort B. II. 3.a) der Gründe, NJW 1977, 695.
[899]   *Dietz*, NJW 1951, 941, 942.
[900]   BVerfG vom 27. 01. 1998 – 1 BvL 15/87, dort B. I. 3. b) aa) der Gründe, NZA 1998
470, 471; *Franzen*, Das Persönlichkeitsrecht des Arbeitnehmers, in: *Krause/Schwarze*,
Festschrift für Hansjörg Otto, S. 71 m. w. N..

Dieser harte Einschnitt in die Kündigungsfreiheit des Arbeitgebers war nach der Gesetzesbegründung freilich „… im praktischen Ergebnis dadurch abgeschwächt, dass die Rechtsunwirksamkeit einer sozial ungerechtfertigten Kündigung nur innerhalb einer Frist von drei Wochen durch Feststellungsklage geltend gemacht werden kann, die Kündigung also als von Anfang an rechtswirksam anzusehen ist, wenn die Klage nicht fristgerecht erhoben ist, sowie ferner dadurch, dass das Arbeitsgericht unter gewissen Voraussetzungen das Arbeitsverhältnis auflösen und den Arbeitgeber zur Zahlung einer Abfindung verurteilen kann."[901] Diese Begründung macht deutlich, dass das KSchG 1951 das Kündigungsschutzverfahren nunmehr vollständig individualrechtlich ausgestaltete.[902] Eine kollektiv-rechtliche Mitwirkung des Betriebsrats war dem Klagerecht des Arbeitnehmers nicht mehr vorgeschaltet, die Sperrfunktion des Betriebsrats oder eine Mitwirkung des Vertrauensrats entfielen.[903] Der Arbeitnehmer konnte nach seiner eigenen Entscheidung, auch gegen die Ansicht des Betriebsrats, die Unwirksamkeit der Kündigung vor dem Arbeitsgericht geltend machen. Als historisches „Überbleibsel" gab § 2 KSchG 1951 (heute § 3 KSchG) dem Arbeitnehmer die Möglichkeit, gegen die Kündigung beim Betriebsrat Einspruch einzulegen.

Die Verstärkung des Kündigungsschutzes im KSchG 1951 erfolgte zu einem Zeitpunkt, als für den Gesetzgeber die Verankerung sozialer Gerechtigkeit in der Rechtsordnung von besonderer Bedeutung war. Nach dem Zusammenbruch des NS-Unrechtsregimes stand Deutschland vor einem politischen, gesellschaftlichen und infrastrukturellen Trümmerhaufen. Die Bewältigung der Aufgabe, Staat und Gesellschaft von Grund auf neu zu ordnen, erschien dem Gesetzgeber nur durch die Beteiligung der Gesamtheit der Bürger möglich; der gemeinsam zu leistende Wiederaufbau eines Staatssystems sollte nicht durch soziale Ungerechtigkeiten behindert werden. Diese Absicht ließ bereits das Ahlener Programm der CDU von 1947 („Kapitalismus und Marxismus überwinden") erkennen,[904] nach dem das deutsche Volk eine Wirtschafts- und

---

[901]   Begründung des Gesetzesentwurfes in RdA 1951, S. 61, 63, B. Erläuterung der Neuregelung, Allgemeines; BAG vom 28. 08. 2008 – 2 AZR 63/07, dort B. II. 5. a) der Gründe, NJW 2009, 2233, 2236; *Etzel*, in: KR Gemeinschaftskommentar, KSchG, § 1 Rn. 23.

[902]   *Wolter*, NZA 2003, 1068; *Rost*, in: KR Gemeinschaftskommentar, KSchG, § 3 Rn. 5; *Franzen*, Das Persönlichkeitsrecht des Arbeitnehmers, in: *Krause/Schwarze*, Festschrift für Hansjörg Otto, S. 81 m. w. N..

[903]   Vgl. *Gallner*, in: *Fiebig/Gallner/Nägele*, Kündigungsschutzrecht, KSchG, § 3 Rn. 3; *Rost*, in: KR Gemeinschaftskommentar, KSchG, § 3 Rn. 5.

[904]   *Gall/von Bilavsky/Judersleben*, in: Deutscher Bundestag (Hrsg.), Wege – Irrwege – Umwege. Die Entwicklung der parlamentarischen Demokratie in Deutschland, S. 328;

Sozialverfassung erhalten sollte, die einerseits dem Recht und der Würde des Menschen entsprach und andererseits „dem geistigen und materiellen Aufbau unseres Volkes" diente.[905] Als am 24. 05. 1949 das Grundgesetz im damaligen Bundesgebiet in Kraft trat,[906] enthielt es neben dem Grundrecht der Berufsfreiheit nach Art. 12 GG in Art. 20 Abs. 1, 28 Abs. 1 Satz 1 GG eines der Grundprinzipien, von denen die Existenz und die Politik der Bundesrepublik Deutschland beherrscht sein sollte,[907] nämlich das Sozialstaatsprinzip. Das Sozialstaatsprinzip und das Recht der Berufsfreiheit nach Art. 12 Abs. 1 GG verpflichteten den Gesetzgeber, Kündigungsvorschriften zu erlassen, die die Arbeitnehmer vor willkürlichen oder grundlosen Kündigungen schützten.[908] Kurz vor der Bundestagswahl 1949 proklamierte die CDU/CSU erstmals die „Soziale Marktwirtschaft" und forderte, den Kündigungsschutz zu erweitern.[909] Zwei Jahre später wurde das KSchG 1951 unter der von Konrad Adenauer geführten Regierung verabschiedet.[910] Dies bedeutete aber nicht, dass die Verbesserung des Kündigungsschutzes nur das Verdienst einer Partei gewesen wäre. Bereits ein Jahr vor dem Inkrafttreten des KSchG 1951 einigten sich der Deutsche Gewerkschaftsbund und die Vereinigung der Arbeitgeberverbände auf neue Kündigungsschutzregeln, die sie im sog. Hattenheimer Entwurf niederlegten. [911] Darin wurde festgelegt, dass die Kündigung gegenüber einem Ar-

---

das Ahlener Programm der CDU der britischen Zone vom 03. 02. 1947 ist veröffentlicht bei der Konrad-Adenauer-Stiftung unter http://www.kas.de/wf7de/33.814/, Abruf am 29. 10. 2013.

[905]   Das Ahlener Programm der CDU der britischen Zone vom 03. 02. 1947 ist veröffentlicht bei der Konrad-Adenauer-Stiftung unter http://www.kas.de/wf7de/33.814/, Abruf am 29. 10. 2013.

[906]   *Hillgruber*, in: Beck'scher Online-Kommentar GG, Art. 145 Rn. 2.

[907]   *Herzog/Grzeszick*, in: *Maunz/Dürig*, Grundgesetz-Kommentar, Art. 20 Rn. 2.

[908]   *Etzel*, in: KR Gemeinschaftskommentar, KSchG, § 1 Rn. 17; *Hergenröder*, in: *Säcker/Rixecker* (Hrsg.), Münchener Kommentar zum BGB, Band 4, KSchG, Einleitung Rn. 15; *Kamanabrou*, RdA 2004, 333, 335; BVerfG vom 24. 04. 1991 – 1 BvR 1341/90, NJW 1991, 1667.

[909]   Die Düsseldorfer Leitsätze der Arbeitsgemeinschaft von CDU und CSU vom 15. 07. 1949, die eine Weiterentwicklung des Ahlener Programms darstellten, sind abgedruckt auf der Seite der Konrad-Adenauer-Stiftung unter http://www.kas.de/wf7de/33.813/, Abruf am 29. 10. 2013; die Forderung, den Kündigungsschutz zu erweitern, findet sich dort in der Abteilung "Sozialpolitische Leitsätze", Nr. 2.

[910]   Bei der ersten Bundestagswahl im August 1949 wurde die CDU die stärkste Partei; zusammen mit der FDP und der Deutschen Partei bildete sie die erste Regierung der Bundesrepublik unter Konrad Adenauer, *Gall/von Bilavsky/Judersleben*, in: Deutscher Bundestag (Hrsg.), Wege – Irrwege – Umwege. Die Entwicklung der parlamentarischen Demokratie in Deutschland, S. 328, 329.

[911]   Der Hattenheimer Entwurf vom 13. 01. 1950 ist abgedruckt in RdA 1950, 63; s. a.

beitnehmer rechtsunwirksam ist, wenn sie nicht sozial gerechtfertigt ist.[912] Der später von der Bundesregierung eingebrachte Gesetzesentwurf zum KSchG entspricht im Wesentlichen dem Hattenheimer Entwurf der Sozialpartner.[913] Es lässt sich somit feststellen, dass das KSchG 1951 rechtlich auf das in der Verfassung verankerte Sozialstaatsprinzip und das Recht der Berufsfreiheit zurückgeführt werden kann. Auslöser für die Neuordnung des Kündigungsschutzes war aber die in der „Stunde Null"[914] in weiten Teilen der Gesellschaft gereifte Ansicht, dass der Wiederaufbau Deutschlands und vor allem die Errichtung einer funktions- und leistungsfähigen Wirtschaft die Zusammenarbeit von Arbeitgebern und Arbeitnehmern, von Arbeitgeberverbänden und Gewerkschaften erforderte. Soziale Benachteiligungen, die den Arbeitnehmer von der Mitwirkung am Wiederaufbau ausschlossen, sollten vermieden werden. Das KSchG 1951 erklärte daher grundlose Kündigungen für unwirksam.

Das KSchG 1951 bewertete die grundlose Kündigung neu: Ihr Ausspruch stellte einen Rechtsmissbrauch dar, der zur Unwirksamkeit der Kündigung führte. Der damit einhergehende Schutz des Arbeitsverhältnisses in seinem Bestand lässt sich darauf zurückführen, dass der Gesetzgeber soziale Ungerechtigkeiten in der Rechtsordnung vermeiden wollte, weil der Wiederaufbau Deutschlands die gemeinschaftliche Anstrengung aller erforderte.

2. Regelungen zur Abfindung

Da das KSchG 1951 das Prinzip der Kündigungsfreiheit des Arbeitgebers aufgab[915] und eine Kündigung, die sozial nicht gerechtfertigt war, das Arbeitsverhältnis nicht mehr beenden konnte, versuchte der Gesetzgeber, diese Rechtsfolge anderweitig auszugleichen.[916] In Annäherung an die bisherige Regelung im BRG 1920 und im AOG 1934 ermöglichte § 7 KSchG 1951 trotz Unwirksamkeit der Kündigung die Auflösung des Arbeitsverhältnisses gegen Zahlung einer

---

Hueck, RdA 1950, 65.

[912]   Vgl. § 1 Hattenheimer Entwurf; der Hattenheimer Entwurf vom 13. 01. 1950 ist abgedruckt in RdA 1950, 63; s. a. *Hueck*, RdA 1950, 65; *Berkowsky*, Die betriebsbedingte Kündigung, § 1 Rn. 16.

[913]   *Bötticher*, RdA 1951, 81; *Oetker*, in: Erfurter Kommentar zum Arbeitsrecht, KSchG, § 1 Rn. 1.

[914]   *Rückert*, NJW 1995, 1251, 1253; *Kauhausen*, Nach der „Stunde Null", S. 1.

[915]   *Hueck*, RdA 1950, 65, 66; *Hueck/Nipperdey*, Lehrbuch des Arbeitsrechts, S. 627, 628.

[916]   Begründung des Gesetzesentwurfes in BT-Drs. 2090 vom 27. 03. 1951, abgedruckt in RdA 1951, S. 61, 63, B. Erläuterung der Neuregelung, Allgemeines.

Abfindung.[917] Allerdings stand die Entscheidung über Auflösung oder Fortsetzung des Arbeitsverhältnisses nicht mehr dem Arbeitgeber, sondern dem Arbeitsgericht zu.[918] Der Arbeitgeber war damit seines Entscheidungsrechtes enthoben.[919] Zudem gewährte das Gesetz beiden Arbeitsvertragsparteien das Recht, den Antrag auf Auflösung des Arbeitsverhältnisses zu stellen. Nach § 7 Abs. 1 KSchG 1951 kam die Abfindungszahlung freilich nur in Betracht, wenn sich die Kündigung als sozialwidrig erwies. Der Gesetzgeber hat durch die Einschränkung des Anwendungsbereichs auf die Fälle einer sozialwidrigen Kündigung gleichzeitig einem gesetzlichen Anspruch auf Zahlung einer Abfindung im Fall der rechtmäßigen Kündigung eine Absage erteilt.

Nach § 7 Abs. 1 Satz 1 KSchG 1951 konnte der Arbeitnehmer nun erstmals von sich aus die Auflösung des Arbeitsverhältnisses gegen Zahlung einer Abfindung auch gegen den Willen des Arbeitgebers geltend machen. Voraussetzung für die richterliche Auflösung des Arbeitsverhältnisses war, damals wie heute, dass dem Arbeitnehmer die Fortsetzung des Arbeitsverhältnisses nicht zuzumuten war. Die Unzumutbarkeit konnte sich aus dem Prozessverhalten des Arbeitgebers, aus der kränkenden Art der Kündigung oder einem ehrverletzenden Kündigungsmotiv ergeben.[920]

Das neu geschaffene Recht des Arbeitnehmers spiegelte das Ziel des Gesetzgebers wider, im Kündigungsschutz gerechte Verhältnisse herzustellen. Ausgehend von der Prämisse, dass die Rechtsordnung die Fortsetzung des Arbeitsverhältnisses nicht verlangen kann, wenn dies unzumutbar war, sprach der Gesetzgeber das Recht, das Arbeitverhältnis auflösen zu lassen, auch dem Arbeitnehmer zu. Neben dieser formalen Gleichstellung von Arbeitneh-

---

917   *Hueck/Nipperdey*, Lehrbuch des Arbeitsrechts, S. 629.
918   § 7 Abs. 1 Satz 1–3 KSchG 1951 lautet:
      Stellt das Gericht fest, dass das Arbeitsverhältnis durch die Kündigung nicht aufgelöst ist, ist jedoch dem Arbeitnehmer die Fortsetzung des Arbeitsverhältnisses nicht zuzumuten, so hat auf seinen Antrag das Arbeitsgericht das Arbeitsverhältnis aufzulösen und den Arbeitgeber zur Zahlung einer Abfindung zu verurteilen.
      Die gleiche Entscheidung hat das Arbeitsgericht auf Antrag des Arbeitgebers zu treffen, wenn er die Auflösung des Arbeitsverhältnisses aus Gründen verlangt, die eine den Betriebszwecken dienliche weitere Zusammenarbeit zwischen Arbeitnehmer und Arbeitgeber nicht erwarten lassen.
      Der Antrag des Arbeitgebers ist jedoch abzulehnen, wenn der Arbeitnehmer die Unrichtigkeit der Gründe in wesentlichen Punkten beweist oder wenn die Kündigung offensichtlich willkürlich oder aus nichtigen Gründen unter Missbrauch der Machtstellung des Arbeitgebers im Betrieb erfolgt ist.
919   *Hueck/Nipperdey*, Lehrbuch des Arbeitsrechts, S. 629.
920   *Nikisch*, Arbeitsrecht, S. 786.

mer und Arbeitgeber verbesserte die Möglichkeit, einen Auflösungsantrag zu stellen, den Schutz des Arbeitnehmers vor grundlosen oder unbedachten Kündigungen, weil der Arbeitgeber einem finanziellen Risiko in Form der Auflösungsabfindung ausgesetzt war. Die Höhe der Abfindung war in § 8 Abs. 1 KSchG 1951 geregelt. Danach konnte die Abfindung bis zu zwölf Monatsverdienste betragen.[921] Nach § 8 Abs. 2 KSchG 1951 hatte das Gericht bei der Festsetzung der Abfindung die Dauer der Betriebszugehörigkeit des Arbeitnehmers sowie die wirtschaftliche Lage des Arbeitgebers und des Arbeitnehmers angemessen zu berücksichtigen. Das KSchG 1951 hat somit die Höchstgrenze für die Abfindung, die im BRG 1920 immer[922] und im AOG 1934 in der Regel[923] sechs Monatsverdienste betrug, auf zwölf Monatsverdienste verdoppelt. Dieses erheblich erhöhte finanzielle Risiko sollte den Arbeitgeber vom voreiligen Ausspruch einer grundlosen Kündigung abhalten.

Freilich war das Auflösungsrecht für den Arbeitnehmer mit dem Wermutstropfen verbunden, dass die Auflösung des Arbeitsverhältnisses auf den in der ordentlichen Kündigung benannten Beendigungszeitpunkt zurückwirkte. Dies lag darin begründet, dass der Gesetzgeber mit dem KSchG 1951 das aus dem BRG 1920 und AOG 1934 bekannte Loskaufrecht des Arbeitgebers auf den Arbeitnehmer ausdehnte, jedoch die Rechtsfolge der auf den Kündigungszeitpunkt zurückwirkenden Auflösung unangetastet ließ. Daraus erklärt sich die bis heute nach § 9 KSchG vorgegebene zwingende Rechtsfolge, dass das Arbeitsgericht das Arbeitsverhältnis nur rückwirkend auflösen kann.

Nach § 7 Abs. 1 Satz 2 KSchG 1951 konnte aber auch der Arbeitgeber die Auflösung des Arbeitsverhältnisses verlangen, wenn eine den Betriebszwecken dienliche weitere Zusammenarbeit nicht zu erwarten war. Im Rahmen der Beratungen zum KSchG 1951 waren sich die Sozialpartner einig, dass eine Bindung gegen den Willen des Arbeitgebers häufig zu Unzuträglichkeiten führen würde.[924] Andererseits sollte verhindert werden, dass der Arbeitgeber das Arbeitsverhältnis willkürlich kündigte. Nach § 7 Abs. 1 Satz 2 KSchG 1951 konnte der Arbeitgeber daher die Auflösung nur verlangen, wenn er

---

921 § 8 Abs. 1 KSchG 1951 lautet:
    Als Abfindung ist ein Betrag bis zu zwölf Monatsverdiensten festzusetzen. Als Monatsverdienst gilt, was dem Arbeitnehmer bei regelmäßiger betriebsüblicher Arbeitszeit in dem Monat, in dem das Arbeitverhältnis endet (§ 7 Abs. 2), an Geld und Sachbezügen zusteht.

922 Vgl. Fn. 808.

923 Vgl. Fn. 868.

924 *Dietz*, NJW 1951, 941, 944; Begründung des Gesetzesentwurfes in BT-Drs. 2090 vom 27.03.1951, abgedruckt in RdA 1951, S. 61, 64.

begründen konnte, dass eine den Betriebszwecken dienliche weitere Zusammenarbeit nicht mehr möglich erschien.[925] Da es sich dabei weitgehend um subjektive Einschätzungen handelte, mussten sie zwar nicht bewiesen werden, die Verweigerung der Fortsetzung des Arbeitsverhältnisses jedoch als gerechtfertigt erscheinen lassen.[926] Das Gericht musste dann die Auflösung des Arbeitsverhältnisses aussprechen, durfte aber die Richtigkeit der Gründe nicht nachprüfen.[927] Machte der Arbeitnehmer von seinem Widerspruchsrecht Gebrauch, musste er nach § 7 Abs. 1 Satz 3 Alt. 1 KSchG 1951 die vom Arbeitgeber benannten Gründe entkräften; er trug also die Beweislast für die Unrichtigkeit der seitens des Arbeitgebers vorgebrachten Auflösungsgründe.[928] Des Weiteren konnte er darlegen, dass die Kündigung nach § 7 Abs. 1 Satz 3 Alt. 2 KSchG 1951 „unter Missbrauch der Machtstellung des Arbeitgebers" erfolgte,[929] was jedoch selten gelang.[930] Mit einer stichhaltigen Begründung hatte der Arbeitgeber also auch nach dem KSchG 1951 noch die Möglichkeit, das Arbeitsverhältnis durch Zahlung einer Abfindung „abzukaufen". Hinter dieser Regelung stand der Zweck, den dem Arbeitnehmer im Fall einer sozialwidrigen Kündigung gewährten Bestandsschutz durch Zahlung einer Abfindung zu entschärfen; der Gesetzgeber konnte somit auch mit einer Zustimmung des Arbeitgeberlagers zum neuen Kündigungsschutz rechnen. Allerdings bestand ein wesentlicher Unterschied zu der Regelung im BRG 1920 und im AOG 1934: Dem Arbeitgeber stand nicht mehr das Recht zu, nach eigenem Ermessen zwischen Beschäftigung und Entschädigung zu wählen. Darüber konnte nur noch das Arbeitsgericht nach Prüfung der arbeitgeberseitig vorgetragenen Gründe entscheiden.[931]

In der Auflösungsabfindung nach § 7 KSchG kam eine Fortentwicklung des Rechts zum Ausdruck. Die Entscheidung, ob die Fortsetzung des Arbeitverhältnisses unzumutbar war oder nicht, lag nicht mehr bei den Vertragsparteien, sondern beim Arbeitsgericht. Der Gesetzgeber löste sich dadurch vom Selbstbestimmungsrecht der Parteien im Privatrecht und übertrug die Gestaltung der schuldrechtlichen Beziehung dem Gericht. Auch diese Fortentwicklung

---

925   *Spilger*, in: KR Gemeinschaftskommentar, KSchG, § 9 Rn. 3, 4.
926   BAG vom 09. 12. 1955 – 1 AZR 531/54, dort L 5, AP KSchG § 7 Nr. 2.
927   *Dietz*, NJW 1951, 941, 944; Begründung des Gesetzesentwurfes in BT-Drs. 2090 vom 27. 03. 1951, abgedruckt in RdA 1951, S. 61, 64.
928   BAG vom 30. 06. 1959 – 3 AZR 111/58, AP KSchG § 7 Nr. 15; *Dietz*, NJW 1951, 941, 944.
929   vgl. Fn. 918; Begründung des Gesetzesentwurfes in BT-Drs. 2090 vom 27. 03. 1951, abgedruckt in RdA 1951, S. 61, 64.; *Nikisch*, Arbeitsrecht, S. 788.
930   *Fitting*, DB 1969, 1459, 1461.
931   § 7 Abs. 1 Satz 1, 2 KSchG; *Hueck/Nipperdey*, Lehrbuch des Arbeitsrechts, S. 629.

des Kündigungsschutzrechts lässt sich auf das gesetzgeberische Ziel, im Kündigungsschutz für einen gerechten Ausgleich zu sorgen, zurückführen. Was für den Arbeitnehmer unzumutbar erscheint, mag der Arbeitgeber für zumutbar halten. Die Übertragung der Bewertung auf das Gericht vermied den direkten Streit der Parteien und sorgte für eine Entscheidung durch eine neutrale Instanz.

Die Auflösungsabfindung nach § 7 KSchG 1951 stellte eine Fortentwicklung des Loskaufrechts des Arbeitgebers nach BRG 1920 und AOG 1934 dar. Das Motiv des Gesetzgebers, den Kündigungsschutz unter dem Gesichtspunkt der sozialen Gerechtigkeit neu zu gestalten, führte zu einem eigenen Auflösungsrecht des Arbeitnehmers.

IX. 1969: Kündigungsschutzgesetz 1969

1. Umfang des Kündigungsschutzes

Auf den Wirtschaftsaufschwung der 50er und frühen 60er Jahre folgte ein Abschwung, der in den Jahren 1966/1967 spürbar wurde.[932] Der Gesetzgeber reagierte auf diese erste Rezession durch die Verabschiedung des Stabilitäts- und Wachstumsgesetzes,[933] das ein gesamtwirtschaftliches Gleichgewicht als Staatsziel definierte.[934] Das im Rahmen einer konzertierten Aktion nach § 3 Stabilitätsgesetz zwischen Staat, Gewerkschaften und Arbeitgeberverbänden abgestimmte Verhalten verpflichtete die Gewerkschaften auf eine gemäßigte Lohnpolitik.[935] Die Unternehmen nahmen die wirtschaftliche Lage zum Anlass, betriebliche Sonderleistungen und Lohnzuschläge zu streichen.[936] Da die Arbeiter weder mit der Tarifpolitik der Gewerkschaften noch mit den Lohnkürzungen der Unternehmer einverstanden waren, ergriffen sie im Verlauf des Jahres 1967 selbst die Initiative und führten sogenannte wilde Streiks

---

[932] *Schweiger*, Deutschland – deine Rezessionen, Süddeutsche. de vom 17. 05. 2010, Quelle: http://www.sueddeutsche.de/wirtschaft/konjunktur-deutschland-deine-rezessionen-1.521518, Abruf am 11. 03. 2014; Hromadka, NZA 2012, 585, 586.

[933] Gesetz zur Förderung der Stabilität und des Wachstums der Wirtschaft vom 08. 06. 1967 (BGBl. I S. 582), nachfolgend Stabilitätsgesetz genannt.

[934] Bei der Pflicht des Staates nach Art. 109 Abs. 2 HS 2 GG, den Erfordernissen des gesamtwirtschaftlichen Gleichgewichts Rechnung zu tragen, handelt es sich um die Bestimmung eines Staatszieles, das 1967 in das Grundgesetz aufgenommen und durch § 1 Stabilitätsgesetz konkretisiert wurde, vgl. *Maunz/Dürig*, GG, Art. 109 Rn. 86.

[935] *Birke*, in: *Gehrke/Horn*, 1968 und die Arbeiter, S. 53, 62.

[936] *Birke*, in: *Gehrke/Horn*, 1968 und die Arbeiter, S. 53, 62.

durch, die ohne Billigung der Gewerkschaften erfolgten[937] und die den Legiti-
mationsanspruch der Tarifvertragspartner in Frage stellten. Der studentische
Massenprotest der 68er verstärkte zudem die Kampf- und Streikbereitschaft
der Arbeiter.[938] Daher beeilte sich die Große Koalition[939] die Situation noch
vor der Bundstagswahl im Herbst 1969 zu entschärfen, da inbesondere die
Unionsfraktion befürchtete, als Regierungspartei abgelöst zu werden.[940] *Wenzel* hebt die hektische Eile hervor, mit dem das Gesetzgebungsverfahren zum
Ende der Legislaturperiode betrieben wurde.[941] Da der Gesetzesentwurf weitgehend auf einem gemeinsam von Regierung, Arbeitgeberverbänden und Gewerkschaften erarbeiteten Vorschlag beruhte,[942] konnte den Wählern aus dem
Arbeitnehmerlager signalisiert werden, dass die etablierten Parteien und die
Sozialpartner trotz der Studentenproteste noch immer in der Lage waren, für
stabile Verhältnisse und eine an den Interessen der Arbeitnehmer ausgerich-
teten Politik zu sorgen. Noch kurz vor der Bundestagswahl wurde das Erste
Arbeitsrechtsbereinigungsgesetz vom 14. 08. 1969 verabschiedet.[943] Es spricht
daher viel dafür, dass die Unzufriedenheit der Arbeiterschaft mit der Lohnpolitik und die anstehende Bundestagswahl, die den Arbeitern und den 68ern die
Möglichkeit bot, „das System" abzuwählen, den Ausschlag gaben, arbeitsrechtliche Vorschriften zu reformieren. Das erste Arbeitsrechtsbereinigungsgesetz
führte zu einer Neufassung des Kündigungsschutzgesetzes (KSchG 1969)[944]

---

937   BAG vom 21. 10. 1969 – 1 AZR 93/68, NJW 1970, 486; BAG vom 20. 12. 1963 – 1 AZR
428/62, NJW 1964, 883; zur Bedeutung der Wilden Streiks für den Wahlkampf 1969
Rolf Zundel, Wilde Streiks und grober Wahlkampf. Die Kernfrage: Hat die Union
ausgedient?, DIE ZEIT vom 12. 09. 1969, aus dem Archiv bei ZEIT ONLINE, Quelle: http://www.zeit.de/1969/37/wilde-streiks-und-grober-wahl kampf, Abruf am
12. 03. 2014.
938   *Horn*, APuZ 2008, 34; *Gehrke/Horn*, in: *Gehrke/Horn*, 1968 und die Arbeiter, S. 7.
939   Seit der ersten Bundestagswahl 1949 war die CDU/CSU die stärkste Fraktion im
Bundestag und stellte den Bundeskanzler; 1966 bildeten CDU/CSU und SPD die
erste Große Koalition der Bundesrepublik, *Kittner*, in: *Kittner/Zwanziger/Deinert*, Arbeitsrecht, Geschichte des Arbeitsrechts [www.handbucharbeitsrecht.de], Rn. 83.
940   *Rolf Zundel*, Wilde Streiks und grober Wahlkampf. Die Kernfrage: Hat die Union
ausgedient?, DIE ZEIT vom 12. 09. 1969, aus dem Archiv bei ZEIT ONLINE, Quelle:
http://www.zeit.de/1969/37/wilde-streiks-und-groberwahlkampf,
Abruf am 12. 03. 2014.
941   *Wenzel*, BB 1969, 1404.
942   BT-Drs. V/3913 vom 24. 02. 1969, S. 8; *Fitting*, DB 1969, 1459.
943   BGBl. I. S. 1106.
944   Kündigungsschutzgesetz vom 25. 08. 1969, BGBl. I S. 1317; das KSchG 1969 wurde
mit neuer Paragraphenreihenfolge durch Einfügen zusätzlicher Paragraphen, § 2
und § 8, bekannt gemacht und trat mit Wirkung zum 01. 09. 1969 in Kraft, *Wenzel*,
BB 1969, 1402.

und bewirkte eine Erweiterung des Kündigungsschutzes: Bereits 18-Jährige hatten nun Anspruch auf Kündigungsschutz, auch die leitenden Angestellten wurden in den Schutzbereich einbezogen, die Berechnung der sechsmonatigen Wartefrist nach § 1 Abs. 1 KSchG 1969 richtete sich nicht mehr nach der tatsächlich geleisteten Beschäftigungszeit, sondern nach der gesamten Vertragsdauer des Arbeitsverhältnisses.[945]

Das KSchG 1969 ist das Ergebnis einer politischen Zusammenarbeit von CDU/CSU und SPD in der Großen Koalition. Es bewirkte eine Verbesserung des Kündigungsschutzes für die Arbeitnehmer, die Ende der 1960er Jahre mit der Lohnpolitik der Tarifvertragsparteien nicht mehr einverstanden waren und wilde Streiks durchführten.

2. Regelungen zur Abfindung

Auch bezüglich der Abfindungszahlung brachte das KSchG 1969 Änderungen. Zum einen wurde die Regelung zur Auflösung des Arbeitsverhältnisses gegen Zahlung einer Abfindung von §§ 7, 8 KSchG a. F. u. a. durch Einfügung der Änderungskündigung in § 2 KSchG nach §§ 9, 10 KSchG 1969 verschoben.[946] Zum anderen wurden die Anforderungen an den arbeitgeberseitigen Auflösungsantrag verschärft. Dem Arbeitgeber wurde für den von ihm gestellten Auflösungsantrag nach § 9 Abs. 1 Satz 2 KSchG 1969 nicht mehr nur die Darlegungslast, sondern auch die Beweislast dafür auferlegt, dass sich eine den Betriebszwecken dienliche weitere Zusammenarbeit nicht mehr erwarten ließ. Er hatte damit ebenso wie der Arbeitnehmer die volle Darlegungs- und Beweislast für den von ihm gestellten Auflösungsantrag.[947] Dies entspricht der bis heute geltenden Rechtslage und bewirkt, dass auch der arbeitgeberseitig gestellte Auflösungsantrag selten erfolgreich ist. Im Gegenzug wurde § 7 Abs. 1 Satz 3 Alt. 2 KSchG ersatzlos gestrichen; er hatte dem Arbeitnehmer die Möglichkeit gegeben, den Auflösungsantrag des Arbeitgebers abzuwenden, wenn die Kündigung durch Missbrauch der Machtstellung des Arbeitgebers zustande gekommen war.[948]

---

[945] *v. Hoyningen-Huene/Linck*, Kündigungsschutzgesetz, Einleitung Rn. 41; *Hergenröder*, in: *Säcker/Rixecker* (Hrsg.), Münchener Kommentar zum BGB, Band 4, KSchG, Einleitung Rn. 4; *Gumpert*, BB 1969, 140; *Wenzel*, BB 1969, 1402.

[946] BAG vom 24. 10. 2013 – 2 AZR 320/13, Rn. 17, NZA 2014, 486, 487.

[947] *Spilger*, in: KR Gemeinschaftskommentar; KSchG, § 9 Rn. 5; *Monjau*, BB 1969, 1042, 1044.

[948] Vgl. Fn. 929.

Des Weiteren musste der Arbeitgeber nach § 9 Abs. 1 KSchG 1969 im Falle der Auflösung des Arbeitsverhältnisses fortan eine „angemessene" Abfindung zahlen und zwar unabhängig davon, ob der Auflösungsantrag vom Arbeitnehmer oder Arbeitgeber gestellt wurde.[949] Bei der Festsetzung der Abfindung war bis dahin nach § 8 Abs. 2 KSchG 1951 unter anderem die wirtschaftliche Lage des Arbeitnehmers zu berücksichtigen. Dies bedeutete einen Nachteil für den sparsamen Arbeitnehmer, der im Kündigungsschutzprozess seine Vermögensverhältnisse, insbesondere seine Ersparnisse oder eventuellen Grundbesitz, aufdecken und dadurch ggf. eine Abfindungsminderung hinnehmen musste.[950] Diese Ungerechtigkeit sollte beseitigt werden; die Kündigung und ihre Abwicklung mussten unabhängig von der wirtschaftlichen Lage und Lebensführung des Arbeitnehmers betrachtet werden.[951] Zum Schutz langjährig Beschäftigter wurde die Grundabfindung von zwölf Monatsverdiensten nach § 10 KSchG erhöht. Nach § 10 Abs. 2 Satz 1 KSchG 1969, der bis heute unverändert ist, konnte für einen Arbeitnehmer nach vollendetem 50. Lebensjahr und einer Betriebszugehörigkeit von 15 Jahren eine Abfindung von bis zu 15 Monatsverdiensten, nach vollendetem 55. Lebensjahr und einer Betriebszugehörigkeit von 20 Jahren eine Abfindung von bis zu 18 Monatsverdiensten festgesetzt werden.

Das Hauptanliegen des Arbeitsrechtsbereinigungsgesetzes war entsprechend seinem Titel die Vereinheitlichung und Bereinigung von arbeitsrechtlichen Vorschriften. Die Änderungen zur Auflösungsabfindung, die bei dem Gesetzesvorhaben nur von untergeordneter Bedeutung waren, führten aber nach fast 20-jähriger Erfahrung mit dem KSchG 1951 zu einer Fortentwicklung der Auflösungsabfindung. Die mit dem KSchG 1951 begonnene formelle Gleichstellung, durch die das Auflösungsrecht beiden Vertragspartnern gewährt wurde, wurde nunmehr auch auf der Ebene der Beweislast vollzogen. Durch die Aufhebung der ungleichen Beweislastanforderungen beseitigte der Gesetzgeber die wirtschaftliche Überlegenheit des Arbeitgebers im Kündigungsschutzrecht; dem Arbeitgeber war es fortan verwehrt, den Kündigungsschutz „abzukaufen". Erst mit dem KSchG 1969 ist es also dem Gesetzgeber gelungen, sein mit dem KSchG 1951 verfolgtes Ziel, den Arbeitnehmer im Falle einer rechtswidrigen Kündigung vor dem Verlust seines Arbeitsplatzes

---

[949]   v. Hoyningen-Huene/Linck, Kündigungsschutzgesetz, § 9 Rn. 2.
[950]   Spilger, in: KR Gemeinschaftskommentar, KSchG, § 9 Rn. 6.
[951]   BT-Drs. V/3913 vom 24. 02. 1969, S. 9; Monjau, BB 1969, 1042, 1044; Fitting, DB 1969, 1459, 1460.

zu schützen, konsequent umzusetzen. Auch wenn der Gesetzesentwurf dafür keine Begründung enthielt,[952] kann die Anpassung der Beweislastanforderungen auf die Umsetzung des Ziels der Vereinheitlichung arbeitsrechtlicher Vorschriften zurückgeführt werden. Zusätzlich bewirkte die Neuregelung auch eine Verbesserung der Rechtsstellung der Arbeitnehmer im Kündigungsschutz – ein Ergebnis, das auf einer Verständigung der Sozialpartner und einem politischen Kompromiss innerhalb der Großen Koalition beruhte. Trotz dieser Änderungen durch das KSchG 1969 blieb die Voraussetzung der Gewährung der Auflösungsabfindung durch ein gerichtliches Urteil unverändert: Sowohl nach § 7 KSchG 1951 als auch nach § 9 KSchG 1969 war die sozial ungerechtfertigte Kündigung Voraussetzung für einen Abfindungsanspruch. Bei gerechtfertigter Kündigung stand und steht dem Arbeitnehmer keine Abfindung zu.

Das KSchG 1969 führte zur Abfindungsregelung nach § 9 KSchG in der heutigen Fassung. Es hat die wirtschaftliche Überlegenheit des Arbeitgebers im Kündigungsschutz beseitigt und einem rein monetären Ausgleich für den Verlust des Arbeitsplatzes eine Absage erteilt. Die Regelung resultierte aus einer Zusammenarbeit des rechten und linken politischen Lagers im Rahmen der Großen Koalition.

X. 2004: § 1 a KSchG

1. Umfang des Kündigungsschutzes

Nach der Wiedervereinigung Deutschlands im Jahr 1990 stieg die Arbeitslosigkeit sprunghaft an und erreichte 1997 mit einer Arbeitslosenquote von 11,4 % ihren vorläufigen Höhepunkt.[953] Gleichzeitig war die Wirtschaft nach Ende des New-Economy-Booms von einer nur schwachen Konjunktur geprägt.[954] In

---

952 *Gumpert*, BB 1969, 140, 141.
953 Statistik der Bundesagentur für Arbeit, Arbeitslosigkeit im Zeitverlauf, Datenstand: April 2012, die Arbeitslosenquote im Jahr 2011 betrug vergleichsweise 7,1 %, die Statistik ist auch abrufbar unter: http://statistik.arbeitsagentur.de/nn_217700/Statischer-Content/Statistik-nach-Themen/Arbeitslose-gemeldete-Arbeitsstellen/Arbeitslose/Arbeitslose.html, Abruf am 15. 02. 2013.
954 Bundesagentur für Arbeit, Arbeitsmarkt in Deutschland, Anlaytikreport der Statistik, Juli 2012, S. 57, auch abrufbar unter: http://statistik.arbeitsagentur.de/Statischer-Content/Statistische-Analysen/Analytikreports/Zentrale-Analytikreports/Jaehrliche-Analytikreports/GenerischePublikationen/Arbeitsmarkt-Deutschland-Zeitreihen/Analyse-Arbeitsmarkt-Deutschland-Zeitreihen-2011.pdf, Abruf am 20. 11. 2013.

der Fachliteratur wurde diskutiert, ob das geltende Arbeitsrecht eine Gefahr für den Industriestandort Deutschland darstellte.[955] Nach *Busch* entsprach es „der nahezu einhelligen Meinung in der Literatur, dass der in Deutschland bestehende weitreichende Kündigungsschutz ein Beschäftigungshemmnis" sei.[956] Der starke Anstieg der Arbeitslosigkeit war auch für den 63. Deutschen Juristentag im Jahr 2000 Anlass, sich mit einer Reform des Kündigungsschutzes zu befassen[957] und das Arbeitsrecht auf Möglichkeiten zur Bekämpfung der Arbeitslosigkeit zu hinterfragen.[958] Es wurde u. a. diskutiert, ob der Bestandsschutz des Kündigungsschutzgesetzes noch zeitgemäß sei und ob durch eine Änderung des Kündigungsschutzes Beschäftigungsanreize geschaffen werden könnten.[959] Der Deutsche Juristentag ließ dazu zwei Gutachten erstellen; ein juristisches von *Hanau*[960] und ein wirtschaftswissenschaftliches von *Kleinhenz*,[961] die beide Vorschläge zu Reformen beim Kündigungsschutz enthielten.[962] *Hanau* schlug u. a. vor, den Schwellenwert in § 23 KSchG zur Anwendbarkeit des Kündigungsschutzgesetzes bei Neueinstellungen auf elf Arbeitnehmer heraufzusetzen und die bislang zwingenden Rechtsfolgen des Kündigungsschutzes der Tarifdisposition der Tarifvertragsparteien zu unterstellen; außerdem wollte er den Arbeitnehmern ein Wahlrecht zwischen dem bisherigen Kündigungsschutz und einer angemessenen Abfindungsregelung gewähren.[963] Im Anschluss an den Deutschen Juristentag wurde die Diskussion über die Frage, ob der durch das Kündigungsschutzgesetz erstrebte Bestandsschutz noch zeitgemäß sei, fortgesetzt.[964] Fast alle Reformvorschläge thema-

---

[955] *Fischer*, BB 1994, 278; *Hümmerich*, NZA 1996, 1289; *Rose*, Beilage zu BB 1998, Heft 24, 5.3; aus der jüngeren Zeit *Eylert/Gotthardt*, RdA 2007, 91; *Wank*, RdA 2010, 193.

[956] *Busch*, BB 2003, 470, 471, mit Verweis auf *Bauer*, NZA 2002, 529; *Schiefer*, NZA 2002, 770; *Neef*, NZA 2000, 7; *Buchner*, NZA 2002, 533; *Dorndorf*, BB 2000, 1938; *Willemsen*, NJW 2000, 2779; *Hromadka*, NZA 2002, 783.

[957] Vgl. allgemein zu den Reformvorschlägen im Kündigungsschutzrecht seit den sechziger Jahren *v. Hoyningen-Huene/Linck*, Kündigungsschutzgesetz, Einleitung Rn. 80 ff.

[958] *Dorndorf*, BB 2000, 1938.

[959] *Fröhlich*, Betriebsgrößenunabhängigkeit und Monetarisierung des arbeitsrechtlichen Bestandsschutzes, S. 61.

[960] *Hanau*, NJW 2000, Beilage zu Heft 25, S. 10.

[961] *Kleinhenz*, NJW 2000, Beilage zu Heft 25, S. 11.

[962] *Dorndorf*, BB 2000, 1938.

[963] *v. Hoyningen-Huene/Linck*, Kündigungsschutzgesetz, Einleitung Rn. 85; *Preis*, NJW 2000, 2304, 2308.

[964] *Willemsen*, NJW 2000, 2779; *Rüthers*, NJW 2002, 1601; *Hromadka*, AuA 2002, 261; *Däubler*, NJW 2002, 2292; *Rehwald*, NZA 2003, Sonderbeilage zu Heft 21/2003, 46; *Bauer*, NZA 2003, Sonderbeilage zu Heft 21/2003, 47; *Preis*, RdA 2003, 65; *Löwisch*, NZA 2003, 689; *Thüsing*, NJW 2005, 3477.

tisierten eine Lockerung, um Neueinstellungen zu erleichtern.[965] Gegenstand der Überlegungen war auch, ob die gängige Praxis, Arbeitsrechtsstreitigkeiten nach Kündigung durch die Zahlung von Abfindungen abzuwenden,[966] in das KSchG integriert werden könnte.[967] Insbesondere die Arbeitgeber regten als Ausgleich für den Verlust des Arbeitsplatzes generell die Zahlung einer Abfindung an, deren Höhe von der Art der Kündigung – ob sozialwidrig oder sozial gerechtfertigt – abhängig sein sollte.[968] Das Land Niedersachsen schlug vor, den Arbeitsvertragsparteien die Vereinbarung einer Abfindung bereits bei Abschluss des Arbeitsvertrags zu ermöglichen.[969] Im Rahmen der „Agenda 2010"[970] wurde unter der Regierung von Bundeskanzler Schröder/SPD das „Gesetz zu Reformen am Arbeitsmarkt"[971] verabschiedet, das am 01. 01. 2004 in Kraft trat. Der Gesetzgeber schränkte den Geltungsbereich des KSchG ein, indem er die Anwendungsschwelle nach § 23 KSchG für Neueinstellungen von fünf auf zehn Arbeitnehmer anhob; Arbeitnehmer, die bereits nach der Altregelung unter den Anwendungsbereich des KSchG fielen, konnten sich auch nach dem 31. 12. 2003 noch auf den allgemeinen Kündigungsschutz berufen.[972] Der Gesetzgeber begründete die Einschränkung von Arbeitnehmerschutzrechten mit dem starken Anstieg der Arbeitslosigkeit und der Beschäftigungsförderung

---

[965] Nach dem Gutachten von *Kleinhenz* ist ein „Anfangsverdacht … nicht von der Hand" zu weisen, dass der Kündigungsschutz die Langzeitarbeitslosigkeit begünstige, zitiert nach *Dorndorf*, BB 2000, 1938, sowie *Preis*, NJW 2000, 2304, 2306.

[966] In Deutschland liegt die Vergleichsquote bei Kündigungsschutzklagen in der ersten Instanz bei 47 %, wobei es sich im Fall der betriebsbedingten Kündigung in 85 % der Fälle um Abfindungsvergleiche handelt, *Höland/Kahl/Zeibig*, Kündigungspraxis und Kündigungsschutz im Arbeitsverhältnis, S. 147, 164.

[967] *Preis*, NZA 2003, 252, 255; *Kamanabrou*, RdA 2004, 333, 335.

[968] *Buchner*, NZA 2002, 533, 535; *Bauer*, NZA 2002, 529; *Willemsen*, NJW 2000, 2779; *Zwanziger*, in: *Kittner/Däubler/Zwanziger*, KSchR Kündigungsschutzrecht, S. 176, Rn. 533; vgl. den Überblick über die Reformvorschläge bei *Spilger*, in: KR Gemeinschaftskommentar, KSchG, § 1 a Rn. 4.

[969] BR-Drs. 456/03 vom 02. 09. 2003, Gesetzesantrag des Landes Niedersachsen: Entwurf eines Gesetzes für mehr Wachstum und Beschäftigung durch nachhaltige Reformen am Arbeitsmarkt; BR-Drs. 421/03 (Beschluss), S. 2; BT-Drs. 15/1509, S. 8, 10; Rede des damaligen niedersächsischen Ministerpräsidenten Christian Wulff in der 790. Sitzung des Bundesrates am 11. 07. 2003 (Protokoll Bundesrat – 790. Sitzung – 11. Juli 2003, S. 245); BR-Drs. 456/03 vom 02. 09. 2003, Anlage S. 18.

[970] *Löwisch*, NZA 2003, 689; ausführlich zur Entstehungsgeschichte und zu den Regelungsinhalten der Agenda 2010 *Adomeit*, Die Agenda 2010 und das Arbeitsrecht.

[971] Gesetz zu Reformen am Arbeitsmarkt vom 24. 12. 2003, BGBl. I 2003, S. 3002.

[972] *Hergenröder*, in: *Säcker/Rixecker* (Hrsg.), Münchener Kommentar zum BGB, Band 4, KSchG, § 23 Rn. 3; *Moll*, in: *Ascheid/Preis/Schmidt*, Kündigungsrecht 2012, 2. Teil, KSchG, § 23 Rn. 1.

in kleinen Unternehmen.[973] Nach *Schubert* waren somit ca. acht Millionen Arbeitnehmer, also ein Drittel aller Arbeitnehmer vom Anwendungsbereich des KSchG ausgenommen.[974]

2. Regelungen zur Abfindung

Der Gesetzgeber hat den Vorschlag aus dem Arbeitgeberlager, beim Kündigungsschutz auf ein generelles Abfindungsmodell überzugehen,[975] nicht aufgegriffen.[976] Er ging davon aus, dass der Schutz des Arbeitsplatzes für die Arbeitnehmer und ihre Familien von existenzieller Bedeutung sei[977] und nicht dem Belieben des Arbeitgebers überlassen bleiben dürfe.[978] Zugleich sei der Kündigungsschutz Voraussetzung für die Motivation der Arbeitnehmer und ihr Engagement für die Belange des Unternehmens und müsse deshalb auch „im Interesse der Arbeitgeber ... in seiner Substanz erhalten bleiben."[979] Der Gesetzgeber war der Ansicht, dass reine Abfindungsregelungen für die Unternehmen zu höheren Kosten führen würden, weil die Abfindung dann auch bei gerechtfertigter Kündigung zu zahlen wäre;[980] „automatisierte" Abfindungszahlungen sollten daher vermieden werden. Auch den Vorschlag Niedersachsens, das damals von der CDU regiert wurde,[981] den Parteien eine verbindliche Abfindungsregelung im Rahmen des Arbeitsvertrags zu ermöglichen, lehnte der Gesetzgeber ab. Denn „angesichts des strukturellen Ungleichgewichts zwischen den Vertragsparteien in der Phase des Vertragsabschlusses hätte

---

[973] BT-Drs. 15/1204 vom 24. 06. 2003, S. 1, A. Problem und Ziel; *Pfeiffer*, in: *Fiebig/Gallner/Nägele*, Kündigungsrecht, KSchG, § 23 Rn. 2.

[974] *Schubert*, in: *Däubler/Hjort/Schubert/Wolmerath*, Arbeitsrecht, KSchG, § 23 Rn. 6; *Preis*, NZA 1997, 1073, 1075.

[975] *Bauer*, NZA 2002, 529; *Willemsen*, NJW 2000, 2779; *Buchner*, NZA 2002, 533, 535; *Hromadka*, AuA 2002, 261,264.

[976] *Zwanziger*, in: *Kittner/Däubler/Zwanziger*, KSchR Kündigungsschutzrecht, S. 177, Rn. 534.

[977] BT-Drs. 15/1204 vom 24. 06. 2003, S. 8, A. I. Änderungen des Kündigungsrechts.

[978] BT-Drs. 15/1509, S. 2, C. Alternativen; vgl. Stellungnahme der Bundesregierung zum Grünbuch der Europäischen Kommission „Ein moderneres Arbeitsrecht für die Herausforderungen des 21. Jahrhunderts" vom 18. 04. 2007, IIIa4 – 39 456-8, S. 5, 9, auch abrufbar unter http://www.iab.de/764/section.aspx/Publikation/k070424p07, Abruf am 15. 02. 2013.

[979] BT-Drs. 15/1204 vom 24. 06. 2003, S. 8, A. I. Änderungen des Kündigungsrechts.

[980] BT-Drs. 15/1509, S. 2, C. Alternativen.

[981] Rede des damaligen niedersächsischen Ministerpräsidenten Christian Wulff/CDU in der 790. Sitzung des Bundesrates am 11. 07. 2003 (Protokoll Bundesrat – 790. Sitzung – 11. Juli 2003, S. 245); BR-Drs. 456/03 vom 02. 09. 2003, Anlage S. 18.

der Arbeitnehmer nur die Wahl, auf das Angebot des Arbeitgebers einzugehen oder auf den Arbeitsplatz zu verzichten."[982] Aus diesen Gründen war der
Gesetzgeber nicht bereit, den Kündigungsschutz auf eine neue Grundlage zu
stellen.

Nach Ansicht des Gesetzgebers hatte sich also das Kündigungsschutzgesetz
seit mehr als fünf Jahrzehnten in Deutschland bewährt und sollte deshalb fort-
bestehen. Der Bestandsschutz war zu einer festen Grundlage in der deutschen
Arbeitsrechtsordnung geworden. Jede Aufweichung barg die Gefahr in sich, in
einen Rechtszustand vor Inkrafttreten des Kündigungsschutzgesetzes zurück-
zufallen und den Arbeitnehmer wieder der wirtschaftlichen Überlegenheit des
Arbeitgebers auszusetzen.

Gleichwohl wollte sich der Gesetzgeber der arbeitsgerichtlichen Praxis, das
Arbeitsverhältnis gegen Zahlung einer Abfindung zu beenden, nicht verschließen und suchte nach Alternativen. Dabei achtete er darauf, dass einerseits der
Arbeitgeber bei einer berechtigten betriebsbedingten Kündigung nicht zur Zahlung einer Abfindung gezwungen sein sollte, andererseits der Arbeitnehmer
bei einer sozialwidrigen Kündigung seinen Arbeitsplatz behalten konnte.[983]
Die Lösung fand der Gesetzgeber in einem Optionsmodell, das er als § 1 a
KSchG in das Kündigungsschutzgesetz integrierte. Er war der Ansicht, dass
eine gesetzliche Regelung, die den Parteien die Möglichkeit bot, das Arbeitsverhältnis gegen Zahlung einer Abfindung zu beenden, die Zahl der arbeitsgerichtlichen Verfahren und das Prozessrisiko der Arbeitgeber verringerte.[984]
Wie oben festgestellt,[985] basierte die Abfindungsoption auf der Freiwilligkeit
der Arbeitsvertragsparteien. Der Gesetzgeber schuf daher mit § 1 a KSchG
keinen durch den Arbeitnehmer erzwingbaren Abfindungsanspruch bei der
betriebsbedingten Kündigung. § 1 a KSchG stellte vielmehr ein neues Rechtsinstitut dar, welches das deutsche Kündigungsschutzrecht erweiterte. Ein Blick
auf andere europäische Rechtsordnungen zeigt, dass das Optionsmodell nach
§ 1 a KSchG europaweit eine Unikatlösung ist.[986]

In der Literatur wurde die eingeführte Abfindungsmöglichkeit nach § 1 a

---

[982] BT-Drs. 15/1509, S. 10.
[983] *Spilger*, in: KR Gemeinschaftskommentar 2009, KSchG, § 1 a Rn. 6; *Kamanabrou*, RdA
       2004, 333, 335; *Oetker*, in: Erfurter Kommentar zum Arbeitsrecht, KSchG, § 1 a Rn. 1.
[984] BT-Drs. 15/1509, S. 3, E. Sonstige Kosten.
[985] Vgl. Fn. 194.
[986] *Rebhahn*, RdA 2002, 286,288; *Bufalica*, in: *Däubler/Hjort/Schubert/Wolmerath*, Arbeits-
       recht, KSchG, § 1 a Rn. 1.

KSchG teilweise heftig kritisiert.[987] *Bauer* bezeichnete § 1 a KSchG als „Mogelpackung", die nichts Neues, nur zusätzliche Rechtsunsicherheit mit sich brächte.[988] *Preis* wies darauf hin, dass mit der Neuregelung nur die bisherige Praxis des Abwicklungsvertrags legalisiert worden sei.[989] Mit dem Abschluss eines Abwicklungs- oder Aufhebungsvertrags löste der Arbeitnehmer sein Beschäftigungsverhältnis versicherungswidrig mit der Folge auf, dass ihm die Arbeitsverwaltung nach §§ 159, 148 SGB III eine Sperrzeit hinsichtlich des Arbeitslosengeldes auferlegte.[990] Nachdem der Gesetzgeber das Abfindungsmodell nach § 1 a KSchG in der Rechtsordnung verankert hatte, änderte die Arbeitsverwaltung ihre Entscheidungspraxis: Bei Hinnahme einer betriebsbedingten Kündigung nach § 1 a KSchG trat keine Sperrzeit nach § 159 Abs. 1 Satz 2 Nr. 1 SGB III mehr ein.[991]

Aus heutiger Sicht kann man daher feststellen, dass die Abfindungsregelung nach § 1 a KSchG zwar ebenso wie der Abwicklungs- oder Aufhebungsvertrag zu einer außergerichtlichen Beendigung des Arbeitverhältnisses gegen Zahlung einer Abfindung führt, jedoch Rechtssicherheit für beide Seiten bietet: Der Arbeitnehmer kann zusätzlich Arbeitslosengeld erhalten, der Arbeitgeber muss die Abfindung nicht „künstlich" erhöhen, um das für die Dauer der Sperrzeit versagte Arbeitslosengeld auszugleichen. Der Vorwurf der „Mogelpackung" ist heute nicht mehr gerechtfertigt.

Nach 50-jähriger Erfahrung mit dem Kündigungsschutzgesetz war der Bestandsschutz fest in der deutschen Arbeitsrechtsordnung verankert; eine Abschwächung der Bestandsschutzfolge durch einen abfindungsorientierten Kündigungsschutz hätte im Kern wieder dem Loskaufrecht des Arbeitgebers nach dem BRG 1920 entsprochen. Der Gesetzgeber wählte deshalb einen anderen Weg und schuf mit § 1 a KSchG eine neue Abfindungsregelung, die den

---

[987] *Quecke*, in: *Henssler/Willemsen/Kalb*, Arbeitsrecht Kommentar, KSchG, § 1 a Rn. 2 m. w. N.

[988] *Bauer/Krieger*, NZA 2004, 77, 79; *Adomeit*, Die Agenda 2010 und das Arbeitsrecht, S. 61.

[989] *Bauer/Preis/Schunder*, NZA 2003, 704, 705; *Löwisch*, NZA 2003, 689, 693.

[990] Nach Ankündigung der Änderung der Rechtsprechung durch das BSG, BSG vom 25. 04. 2002 – B 11 AL 65/01 R, NZA – RR 2003, 105; BSG vom 18. 12. 2003 – B 11 AL 35/03 R, NZA 2004, 661; Voelzke, NZS 2005, 281, 283.

[991] *Bufalica*, in: *Däubler/Hjort/Schubert/Wolmerath*, Arbeitsrecht, KSchG, § 1 a Rn. 12 mit Verweis auf Bundesagentur für Arbeit, Durchführungsanweisung 144.103, Stand 8/2009; *Kögel*, RdA 2009, 358, 367; *Zwanziger*, in: *Kittner/Däubler/Zwanziger*, KSchR Kündigungsschutzrecht, KSchG, § 1 a Rn. 25; *Preis/Schneider*, NZA 2002, 1297, 1302; *Rolfs*, in: Beck'scher Online-Kommentar 2012, Arbeitsrecht, KSchG, § 1 a Rn. 63.

Bestandsschutz nicht einschränkte, sondern das Kündigungsschutzrecht um eine legalisierte Abfindungsoption ergänzte.

XI. Zusammenfassung

Der gesetzliche Abfindungsanspruch des Arbeitnehmers nach § 9 KSchG ist der derzeitige Endpunkt einer über hundertjährigen historischen Entwicklung, deren Anfänge auf die Mitte des 19. Jahrhunderts zurückgehen. Mit Aufkommen der Industrialisierung und der Sozialen Frage hatte sich zunächst eine betriebliche Sozialpolitik mit einer patriarchalisch geprägten Wohlfahrtspflege etabliert. Auf diese Leistungen hatten die Arbeitnehmer allerdings keinen gesetzlichen Anspruch, da sie von Bedingungen abhängig waren, die der Arbeitgeber diktierte. Das Hauptmotiv der Fürsorgeeinrichtungen bestand neben der sozialen Wohlfahrt insbesondere in der Bindung der Arbeitnehmer an den Betrieb; nur der betriebstreue Arbeitnehmer sollte in die Gunst von Sozialleistungen kommen. Mit Einführung der gesetzlichen Sozialversicherung und der zunehmenden Liberalisierung der Wirtschaft wurden bevormundende Fürsorgemodelle in den Hintergrund gedrängt. Im Vordergrund stand die Freiheit der Parteien, einen Arbeitsvertrag jederzeit abschließen sowie auch beenden zu können. Auf dieser Grundlage sah das BGB zum Zeitpunkt seines Inkrafttretens am 01. 01. 1900 weder eine materielle Kündigungsbeschränkung noch eine ersatzweise Pflicht zur Zahlung einer Abfindung vor. Erst mit Stärkung der Arbeiterschaft durch die Rätebewegung, in deren Folge das Betriebsrätegesetz 1920 in Kraft trat, wurde dem Arbeitgeber eine Kündigungsbeschränkung auferlegt. Eine Kündigung, die eine unbillige Härte darstellte und nicht durch die Verhältnisse des Betriebs bedingt war, führte nach Wahl des Arbeitgebers zur Wiedereinstellung oder zur Zahlung einer Entschädigung an den Arbeitnehmer. Der Arbeitgeber, der sich rechtmäßig verhielt, unterlag keiner Sanktion; nach den Regeln des Zivilrechts konnte er kündigen, ohne dass dem Arbeitnehmer eine Entschädigungszahlung zustand. Auch das AOG 1934 erlaubte es dem Arbeitgeber, sich im Fall der nicht berechtigten Kündigung durch Zahlung der Entschädigung vom Arbeitnehmer zu trennen, also loszukaufen. Der Kündigungsschutz bestand somit lediglich in einem wirtschaftlichen Ausgleich für den Verlust des Arbeitsplatzes und beruhte auf dem zivilrechtlichen Gedanken der Vertrags- und Kündigungsfreiheit. Die von *Potthoff* vorgeschlagene Regelung einer Abgangsvergütung konnte sich nicht durchsetzen, weil

ihre Einordnung in das (Arbeits-) Schuldverhältnis des BGB Schwierigkeiten
bereitete. Das KSchG 1951 beseitigte das Wahlrecht des Arbeitgebers. Nach
den Erfahrungen mit dem NS-Regime wollte der Gesetzgeber, ausgehend
vom Sozialstaatsprinzip des Grundgesetzes, den Kündigungsschutz unter dem
Gesichtspunkt der sozialen Gerechtigkeit neu gestalten. Es entsprach nicht
mehr dem sozialen Gerechtigkeitsempfinden, wenn ausschließlich der Arbeitgeber darüber entscheiden konnte, ob der Arbeitnehmer der Arbeitslosigkeit
und unsicheren Lebensverhältnissen ausgesetzt wurde oder nicht. Unter der
Prämisse, dass soziale Gerechtigkeit die Gleichwertigkeit der Vertragspartner
erforderte, stellte der Gesetzgeber dem Beendigungsinteresse des Arbeitgebers
das Bestandsschutzinteresse des Arbeitnehmers gegenüber. Das KSchG 1951
schützte daher fortan den Arbeitsplatz und die Betriebszugehörigkeit des Arbeitnehmers als Grundlagen seiner wirtschaftlichen und sozialen Existenz. Die
vom KSchG 1951 intendierte Abkehr von der Kündigungsfreiheit, die einen
Loskauf des Arbeitgebers nicht mehr zuließ, kam nur langsam in Gang; erst
1964 prägte das BAG den Begriff des Bestandsschutzgesetzes.[992] Zur Abschwächung der neuen Bestandsschutzfolge entwickelte der Gesetzgeber das ihm
aus dem BRG 1920 und AOG 1934 bekannte Loskaufrecht zum Auflösungsrecht nach dem KSchG 1951 weiter. Die Anerkennung der Parteiinteressen als
gleichwertig führte auch hier dazu, dass das Recht, das Arbeitsverhältnis gegen
Zahlung einer Abfindung auflösen zu lassen, sowohl dem Arbeitgeber als
auch dem Arbeitnehmer zugesprochen wurde; der erzwingbare Anspruch des
Arbeitnehmers auf Zahlung einer Abfindung für den Verlust des Arbeitplatzes
war somit erstmals in der Rechtsordnung verankert. Da § 7 KSchG 1951 jedoch
unterschiedliche Anforderungen an die Darlegungs- und Beweislast des Auflösungsantrags stellte, je nach dem, ob der Arbeitgeber oder der Arbeitnehmer
die Auflösung beantragte, konnte der Arbeitgeber den Bestandsschutz noch
immer durch eine Abfindungszahlung umgehen. Dem schob das KSchG 1969,
das man als politischen Kompromiss innerhalb der ersten Großen Koalition
der Bundesrepublik Deutschland betrachten kann, einen Riegel vor, indem es
die Beweislast des Arbeitgebers für den Auflösungsantrag an diejenige, die
das KSchG bereits für den Fall des Auflösungsantrags des Arbeitnehmers
vorsah, anglich. Der Gesetzgeber beseitigte somit erst 1969 die wirtschaftliche
Überlegenheit des Arbeitgebers im Kündigungsschutzrecht vollständig, sodass
der Arbeitnehmer effektiv vor dem Verlust seiner Erwerbsgrundlage geschützt

---

[992] Vgl. Fn. 898.

wurde. 2004 war der Bestandsschutz mehr als fünf Jahrzehnte fester Bestandteil der Arbeitsrechtsordnung in Deutschland; er war das Ergebnis einer ca. 80-jährigen Entwicklung, die ausging von der Kündigungsfreiheit nach liberalem Prinzip während der Reichsgründungsphase bis zur Verankerung des Sozialstaatsprinzips im Grundgesetz der Bundesrepublik Deutschland. Ein abfindungsorientierter Kündigungsschutz hätte die Preisgabe des Bestandsschutzes erfordert und im Kern zur Wiederbelebung des Loskaufrechts des BRG 1920 geführt; der Gesetzgeber ergänzte daher das Kündigungsschutzgesetz um eine Abfindungsoption, die die außergerichtliche Praxis, Kündigungschutzrechtsstreite durch Abfindungsvergleiche zu vermeiden, in der Rechtsordnung verankerte und durch die sozialversicherungsrechtliche Anerkennung half, gerichtliche Kündigungsstreitigkeiten zu vermeiden.

B. Wirtschaftliche Bedeutung der Abfindung und ihr Einfluss auf die aktuelle Gesetzeslage

Nachfolgend wird dargestellt, welche ökonomische Relevanz der Abfindung in Deutschland zukommt, um diese später mit der Situation in Italien vergleichen zu können.

Die gesetzliche Regelung der Abfindung nach § 9 KSchG basiert auf einem Ausgleich der Parteiinteressen; die Abfindung hat Entschädigungs- und Abgeltungsfunktion.[993] Anders als in Italien lässt sich in Deutschland eine wirtschaftliche Bedeutung der Auflösungsabfindung für das Gemeinwohl, wie zum Beispiel zur Finanzierung einer privaten Zusatzrente,[994] nicht feststellen. Der Abfindung kommt auch nicht die Funktion einer Arbeitslosenversicherung zu, also der kurz- oder längerfristigen Einkommenssicherung, wie dies in anderen Ländern wegen fehlender oder nicht ausreichender Leistungen der Arbeitslosenversicherung der Fall ist.[995] Auch für die Arbeitsvertragsparteien selbst erlangt die Abfindung keine nennenswerte finanzielle Bedeutung. Der Abfindungsanspruch des Arbeitnehmers führt in der Regel weder auf Arbeitgeberseite zu einer Erhöhung der Trennungskosten, wie sie bereits durch die rechtswidrige Kündigung ausgelöst werden, noch auf Arbeitnehmerseite zu

---

[993] Vgl. Fn. 128.

[994] Vgl. Fn. 588, 1351.

[995] *Graser*, ZRP 2003, 119, 120 unter Hinweis auf die Türkei und frühere Modelle aus dem US-Bundesstaat Wisconsin.

einer „Versilberung" der Kündigung. Dies hat hauptsächlich zwei Gründe: Zum einen sind – wie oben dargelegt[996] – die Anwendungsvoraussetzungen von § 9 KSchG sehr streng, sodass höchstens 1 % der Auflösungsanträge der Arbeitnehmer erfolgreich ist.[997] Zum anderen hat der deutsche Gesetzgeber – wie ebenfalls ausgeführt[998] – die Höhe der Auflösungsabfindung begrenzt[999] und eine Addition mit dem Annahmeverzugslohn ausgeschlossen.[1000]

Der Gesetzgeber setzte den wirtschaftlichen Auswirkungen des Auflösungsantrags nach § 9 KSchG von vornherein enge Grenzen. Die Abfindung erreichte daher keine wirtschaftliche Bedeutung für das Gemeinwohl, ein zusätzliches Tätigwerden des Gesetzgebers war nicht erforderlich.

---

[996] Vgl. Fn. 126.
[997] Vgl. Fn. 262.
[998] Vgl. Fn. 153, 235.
[999] § 10 Abs. 1 und 2 KSchG: Zwölf bis 18 Monatsverdienste, je nach Beschäftigungsdauer; vgl. Fn. 235.
[1000] Vgl. Fn. 154.

TEIL 4. RECHTSKULTURELLES UMFELD FÜR DIE REGELUNG IN ITALIEN

Die Frage, ob der Arbeitgeber dem Arbeitnehmer für eine nicht verschuldete Beendigung des Arbeitsverhältnisses eine Abfindung zahlen muss, haben Italien und Deutschland teilweise gänzlich verschieden, teilweise vergleichbar beantwortet. So ist es dem deutschen Recht fremd, dass ein Arbeitnehmer bei jeder Beendigung des Arbeitsverhältnisses eine Abfindung erhält, wie es in Italien in Form des trattamento di fine rapporto üblich ist. Vertrauter ist dem deutschen Rechtsanwender dagegen die Regelung in Art. 18 Arbeitnehmerstatut, die dem Arbeitnehmer im Fall der rechtswidrigen Kündigung das Recht eröffnet, statt der Fortführung des Arbeitsverhältnisses die Beendigung gegen Zahlung einer Abfindung zu wählen. Nachfolgend werden die historische Entwicklung der Abfindung in Italien, ihr rechtskulturelles Umfeld (Abschnitt A.) und ihre wirtschaftliche Bedeutung (Abschnitt B.) untersucht.

A. Historische Entwicklung der Abfindung und ihr rechtskultureller Hintergrund im italienischen Kündigungsschutzrecht

Mit der Kündigung des Arbeitsverhältnisses stellt sich den Arbeitsvertragsparteien die Frage nach kündigungsbedingten Zahlungen. Im Folgenden wird dargestellt, welche rechtskulturellen Gegebenheiten die historische Entwicklung der Abfindungszahlung in Italien beeinflussten. Soweit möglich wird zwischen Umfang des Kündigungsschutzes und Regelungen zur Abfindung unterschieden.

I. 1865: Codice Civile – Vertragsabschlussfreiheit und Vertragsbeendigungsfreiheit

1. Umfang des Kündigungsschutzes

Mit der Industrialisierung und der Entstehung einer Arbeiterklasse begann sich Ende des 19. Jahrhunderts in Italien das Arbeitsrecht als eigenes Rechts-

gebiet zu entwickeln.[1001] Zum damaligen Zeitpunkt war das Zivilrecht im Codice Civile von 1865 geregelt, dessen Vorbild der vom Liberalismus geprägte
napoleonische Code Civil war.[1002] Besondere Regelungen für das Arbeitsrecht
waren darin nicht enthalten.[1003] Die „Arbeit" galt als eine gegen Entgelt käuf-
liche Ware, über die der Eigentümer, also der Arbeitnehmer, frei verfügen
konnte.[1004] Art. 1628 c. c. 1865 enthielt nur das Verbot, die eigene Arbeitsleistung für unbestimmte Zeit in die Dienste eines anderen zu stellen,[1005] um den
Arbeitnehmer vor einer dauerhaften Abhängigkeit zu schützen.[1006] Da der Codice Civile 1865 daneben keine weiteren Begrenzungen oder Vorschriften für
die Kündigung enthielt,[1007] konnten die Parteien den Arbeitsvertrag nach dem
Grundsatz der Vertragsfreiheit jederzeit beginnen und auch wieder beenden.[1008]

[1001]   *Mazzotta*, Diritto del lavoro, S. 1; *Riva*, Compendio di diritto del lavoro, S. 6, Nr. 2; *Del
Punta*, Diritto del lavoro, S. 45; *D'Agostino/Marano/Solombrino*, La riforma Fornero
del lavoro, S. 140.

[1002]   *Del Giudice*, Storia del Diritto Italiano, S. 277; *Kindler*, Einführung in das italienische
Recht, S. 75; *Patti*, Italienisches Zivilgesetzbuch, S. VII; *Riva*, Compendio di diritto
del lavoro 2012, S. 232; *Suppiej/De Christofaro/Cester*, Diritto del lavoro, S. 3; *Mariucci*,
Le fonti del diritto del lavoro, S. 20. Ausführlich zum Einfluss des französischen
Code civil auf das italienische Zivilrecht, vgl. *Petronio*, Der Einfluss des französi-
schen Code civil auf das italienische *Zivilrecht*, in: *Viarengo/Petronio/Ranieri/Stürner/
Prudentino*, Rechtsvereinheitlichung im Zivil- und Kollisionsrecht, S. 19 ff., sowie
Ranieri, Der Einfluss des Code civil und der französische Einfluss auf das italienische
und deutsche Zivilrecht. Aufstieg und Niedergang eines Europäischen Modells, in:
Viarengo/Petronio/Ranieri/Stürner/Prudentino, Rechtsvereinheitlichung im Zivil- und
Kollisionsrecht, S. 39, 49, 52.

[1003]   *Pera*, Diritto del lavoro, S. 25, 301; *Cazzetta*, Scienza giuridica e trasformazioni soci-
ali, S. 71; *Del Punta*, Diritto del lavoro, S. 58; der Codice Civile von 1865 hatte drei
Bücher, nämlich „von den Personen", „von den Sachen, vom Eigentum und seinen
Veränderungen" und „von den Arten, Eigentum und andere Rechte an Sachen zu
erwerben und zu übertragen", und einen vorangestellten Einführungsteil mit zwölf
Artikeln „Vorschriften über die Bekanntmachung, Auslegung und Anwendung der
Gesetze im Allgemeinen", zitiert nach *Kindler*, Einführung in das italienische Recht,
S. 75.

[1004]   *Pino*, PdD 1984, 207, 208; *Mariucci*, Le fonti del diritto del lavoro, S. 20.

[1005]   *Mazzoni*, Manuale di diritto del lavoro, S. 673; *Pera*, Diritto del lavoro, S. 301; *Mariucci*,
Le fonti del diritto del lavoro, S. 20; *Suppiej/De Christofaro/Cester*, Diritto del lavoro,
S. 4.
Art. 1628 c. c. 1865 lautet (zitiert nach *Mazzoni*, *Mariucci* und *Suppiej/De Christofaro/
Cester*):
*Nessuno può obbligare la propria opera all'altrui servizio che a tempo o per determinata
impresa*. (Niemand darf seine Arbeitskraft in die Dienste eines anderen stellen, außer
für eine bestimmte Zeit oder für eine bestimmte Unternehmung).

[1006]   *D'Agostino/Marano/Solombrino*, La riforma Fornero del lavoro, S. 20.

[1007]   *Mazzotta*, Diritto del lavoro, S. 686; *Riva*, Compendio di diritto del lavoro 2011, S. 13.

[1008]   *Hernandez*, Potere disciplinare e recesso nel <<Contratto di lavoro>> di L. *Barassi*, in:

Die Arbeitsvertragsparteien befanden sich nach dem Gesetz auf gleicher Augenhöhe, in „perfekter rechtlicher Gleichheit".[1009] Dem lag die Vorstellung von einer liberalen Gesellschaft zugrunde, die sich selbstverantwortlich und nach den Gesetzen des Marktes ausrichtete.[1010] In der realen Arbeitswelt war die Freiheit der Arbeitnehmer aber durch Arbeitsordnungen, damals auch Fabrikreglement genannt (regolamento per gli operai), erheblich eingeschränkt. Die Arbeitsordnungen enthielten zum Beispiel detaillierte Bestimmungen über den Arbeitsbeginn und das Arbeitsende und regelten die Strafen für Unpünktlichkeit und Fernbleiben.[1011] Sie erlaubten dem Unternehmer, die Zahl der Arbeitsstunden – die Länge des normalen Arbeitstages war zu Gunsten der Unternehmen nicht festgelegt – nach den Erfordernissen der Fabrik und der Saison nach Belieben herauf- oder herabzusetzen, wobei die Weigerung, Überstunden- oder Sonntagsarbeit zu verrichten, als Arbeitsverweigerung einen Kündigungsgrund darstellte.[1012] Die Arbeitsordnungen sahen weitere Kündigungsgründe vor, wie etwa „Mangel an Respekt", „Untreue", „Unbotmäßigkeit", „Störungen des Betriebsfriedens", „Handlungen oder Worte gegen die Moral" oder „Arbeitsverweigerung" – wozu auch der versuchte oder vollendete Streik zählte.[1013] Diese dehnbaren Begriffe ließen es zu, dass der Arbeitgeber dem Arbeitnehmer bei der kleinsten Disziplinlosigkeit kündigen konnte. Da der Codice Civile 1865 keine Kündigungsfristen vorsah, führte die Kündigung zur fristlosen, also sofortigen Beendigung des Arbeitsvertrags.[1014] Zudem schrieben die Arbeitsordnungen für Disziplinarverstöße seitens der Arbeitnehmer die Zahlung von Vertragsstrafen vor; zur Verrechnung behielten die Arbeitgeber den Lohn für eine oder zwei Wochen als Kaution ein.[1015] Aus

---

Napoli, La nascita del diritto del lavoro, S. 335, 341; *Riva*, Compendio di diritto del lavoro, S. 6, Nr. 2; *Barassi*, Il contratto di lavoro, volume primo, 1915, Einführung XXVI; *Del Punta*, Diritto del lavoro, S. 47.

[1009]   *Pera*, Diritto del lavoro, S. 526, "in perfetta eguaglianza giuridica"; *Del Punta*, Diritto del lavoro, S. 58.

[1010]   *Mariucci*, Le fonti del diritto del lavoro, S. 20.

[1011]   *Hunecke*, Arbeiterschaft und Industrielle Revolution, S. 224; ein Beispiel einer Arbeitsordnung für Arbeiter im Bergwerk von 1899 findet sich auf der Seite des Bergwerkmuseums Monte Amiata (Toskana), abrufbar unter http://www.miniere-dimercurio.it/index.php?option=com_content&view=article&id=43&Itemid=12&lang=it, Abruf am 04.12.2013

[1012]   *Hunecke*, Arbeiterschaft und Industrielle Revolution, S. 224.

[1013]   *Hunecke*, Arbeiterschaft und Industrielle Revolution, S. 225.

[1014]   *Hernandez*, Potere disciplinare e recesso nel <<Contratto di lavoro>> di L. *Barassi*, in: *Napoli*, La nascita del diritto del lavoro, S. 335, 341.

[1015]   *Hunecke*, Arbeiterschaft und Industrielle Revolution, S. 114, 222.

einem Pflichtverstoß des Arbeitnehmers konnte der Arbeitgeber somit auch eine finanzielle Entschädigung erhalten, indem er auf den Lohn in Form der Kaution zugriff.

Trotz der rechtlichen Gleichheit der Vertragspartner ist es den Unternehmern gelungen, durch die einseitige Festsetzung von betrieblichen Regelungen, die den Arbeitgebern ein umfassendes Direktions- und Sanktionsrecht zuwiesen, die Herrschaft über den Bestand des Arbeitsverhältnisses auszuüben. Dies war möglich, weil damals sowohl das rechte als auch das linke politische Lager, vor allem in Norditalien, der Ansicht war, dass eine Industrialisierung des Landes nur durch eine extensive Ausnutzung der Arbeitskraft möglich sei.[1016] Die Freiheit der Arbeit führte so zur Freiheit der Ausbeutung der Arbeitskraft.

Um die Jahrhundertwende setzten sich Rechtsprechung und Lehre mit der Frage auseinander, ob und ggf. welchen Begrenzungen das Kündigungsrecht beim Arbeitsverhältnis auf unbestimmte Zeit unterlag.[1017] Als Ergebnis entstand das Rechtsinstitut des „recesso ad nutum".[1018] Danach konnte die Kündigung einerseits mündlich oder tatsächlich erfolgen und bedurfte keiner Begründung.[1019] Nach *Abele* leitet sich der Ausdruck recesso ad nutum (Rücktritt ad nutum) vom lateinischen Wort „Nutus" = Kopfnicken ab und drückt aus, dass zur Rechtfertigung der Vertragsbeendigung ein Kopfnicken genügt, eine Begründung also nicht notwendig ist.[1020] Andererseits wurde dem Arbeitgeber zur Auflage gemacht, eine den damaligen Gebräuchen der jeweiligen Handels- und Gewerbevereinigungen entsprechende angemessene Ankündigungsfrist einzuhalten.[1021] Hielt der Arbeitgeber die Ankündigungsfrist nicht ein, war er verpflichtet, dem Arbeitnehmer eine Entschädigung zu zahlen, die dem Lohn entsprach, den der Arbeitnehmer bei Einhaltung der Kündigungsfrist erhalten hätte.[1022] Nach *Barassi*, der als Vater des modernen Arbeitsrechts in Italien

---

[1016] *Hunecke,* Arbeiterschaft und Industrielle Revolution, S. 197.

[1017] *Ballatore/Bertolino/Grattagliano/Grossi/Invrea/Scarzello,* Il rapporto di lavoro privato subordinato, S. 1722.

[1018] *Del Punta,* Diritto del lavoro, S. 60; *Barassi,* Il contratto di lavoro, volume secondo, 1917, S. 831; *Mazzoni,* Manuale di diritto del lavoro, S. 674.

[1019] *Mazzoni,* Manuale di diritto del lavoro, S. 673; *Pera,* Diritto del lavoro, S. 24; *Abele,* RIW 1991,188; *Del Giudice,* Ipercompendio, Diritto del lavoro, S. 103, Nr. 3.

[1020] *Abele,* RIW 1991, 188; *Ballatore/Bertolino/Grattagliano/Grossi/Invrea/Scarzello,* Il rapporto di lavoro privato subordinato, S. 1723; *Mazzotta,* Diritto del lavoro, S. 687.

[1021] *Mazzoni,* Manuale di diritto del lavoro, S. 673; *Pera,* Diritto del lavoro, S. 24; *Abele,* RIW 1991,188.

[1022] *Barassi,* Il contratto di lavoro, volume secondo, 1917, S. 833.

gilt,[1023] leitete sich die Verpflichtung zur Einhaltung der Ankündigungsfrist aus dem Gewohnheitsrecht, der Billigkeit und der Gesetzessystematik ab.[1024] 1942 wurde dieses Prinzip der freien Beendigung des Arbeitsverhältnisses unter Einhaltung der Kündigungsfrist (recesso ad nutum) gesetzlich geregelt und in Art. 2118 c. c. 1942 aufgenommen.[1025]

Die Entwicklung des Rechtsinstituts des recesso ad nutum stellte eine erste Beschränkung des Kündigungsrechts des Arbeitgebers dar; sie resultierte aus der Erkenntnis, dass das freie Kündigungsrecht nach dem Codice Civile 1865 zur sofortigen Erwerbslosigkeit und in der Regel auch zur sozialen Notlage des Arbeitnehmers führte. Aus sozialen oder christlichen Motiven heraus setzte sich die Überzeugung durch, dass dem Arbeitnehmer durch die Ankündigung der Beendigung wenigstens die Möglichkeit gegeben werden müsse, seine Arbeitskraft unverzüglich einem anderen Arbeitgeber anzubieten, oder dass der Arbeitgeber, falls er eine sofortige Beendigung wünschte, dem Arbeitnehmer den Lohn für die nicht eingehaltene Ankündigungsfrist als Entschädigung auszahlen müsse. In dem Rechtsinstitut des recesso ad nutum fanden sich also erste Elemente eines Abfindungsdenkens; dem Arbeitnehmer sollte bei der sofortigen Vertragsbeendigung eine finanzielle Entschädigung zustehen.

Anders als in Deutschland kam die arbeitsrechtliche Gesetzgebung in Italien um die Jahrhundertwende nur langsam voran und trat zunächst mit einem sozialrechtlichen Schwerpunkt in Erscheinung.[1026] Dies lag unter anderem daran, dass die industrielle Revolution und die mit ihr einhergehende Soziale Frage[1027] in Italien erst mit großer zeitlicher Verzögerung stattfand.[1028] Die gesetzliche Sozialversicherung als Pflichtversicherung wurde in Italien im Jahre 1898, zunächst nur in Form der Unfallversicherung, eingeführt und erst zwischen den beiden Weltkriegen auf Risiken wie Invalidität, Alter und Krankheit erweitert.[1029] 1907 folgte dann das Gesetz zur Regelung der Frauen-

---

1023   *Pino*, PdD 1984, 207, 208.

1024   *Barassi*, Il contratto di lavoro, volume secondo, 1917, S. 831.

1025   *Pera*, Diritto del lavoro, S. 24, 25, 541, 542; *Mariucci*, Le fonti del diritto del lavoro, S. 21.

1026   *Cazzetta*, Scienza giuridica e trasformazioni sociali, S. 71, 132; *Mariucci*, Le fonti del diritto del lavoro, S. 21; *Pessi*, Lezioni di diritto del lavoro, S. 14.

1027   *Mazzotta*, Diritto del lavoro, S. 4; *Riva*, Compendio di diritto del lavoro 2012, S. 6, Nr. 2, "la cd questione sociale" (die sog. Soziale Frage).

1028   *Pera*, Diritto del lavoro, S. 14; *Riva*, Compendio di diritto del lavoro 2012, S. 6.

1029   *Pera*, Diritto del lavoro, S. 631; Arbeitslosen- und Altersversicherung 1919, Krankenversicherung 1943, *Andreaus/Tratter/Wörndle*, Die Rechte der ArbeitnehmerInnen, S. 125, 126; *Ritter*, Der Sozialstaat, S. 89.

und Kinderarbeit, das arbeitende Frauen und Kinder als halbe Kräfte („Mezze Forze") bezeichnete.[1030] Die Soziale Frage wurde auch von der Politik erst später aufgegriffen. So wurden die sozialdemokratische Partei (Partito Socialista) 1892 und die erste Gewerkschaft 1906 (CGIL Confederazione Generale Italiana del Lavoro) gegründet.[1031]

Übersicht 9: Indikatoren für das zeitlich unterschiedliche Einsetzen der Industrialisierung bzw. der Sozialen Frage in Deutschland und Italien[1032]

	Deutschland	Italien
Technischer Arbeitnehmerschutz	1839 Jugend- und Frauenarbeitsschutz 1891 Arbeiterschutzgesetz (grundlegende Reform der Gewerbeordnung)	1907 Kinder- und Frauenarbeitsschutzgesetz (Mezze Forze)
Sozialer Arbeitnehmerschutz/Sozialversicherung	1883 Krankenversicherung 1884 Unfallversicherung 1889 Altersversicherung	1943 Krankenversicherung 1898 Unfallversicherung 1919 Altersversicherung
Politische Parteien als Interessenvertreter der Arbeitnehmer (Sozialdemokratie)	1863 Allgemeiner Deutscher Arbeiterverein: Begründung der Sozialdemokratie	1892 Partito Socialista
Gewerkschaften	1848 Buchdruckerverband	1906 CGIL Confederazione Generale Italiana del Lavoro

Aus obiger Gegenüberstellung wird ersichtlich, dass Anfang 1900 in Italien keine nennenswerten gesetzlichen Regelungen zum technischen oder arbeitsrecht-

---

[1030]   *Riva*, Compendio di diritto del lavoro, S. 6, Nr. 2 mit Verweis auf Gesetz 489/1907; *Pera*, Diritto del lavoro, S. 16; nach *Ardau* mussten Frauen und Kinder teilweise bis zu 16/18 Stunden täglich in den Fabriken arbeiten, *Ardau*, Corso di Diritto del Lavoro, S. 35; *Riva*, Compendio di diritto del lavoro 2012, S. 6.

[1031]   *Pera*, Diritto del lavoro, S. 13; *Del Punta*, Diritto del lavoro, S. 53, 56.

[1032]   Die Quellenangaben zu den Tabellendaten sind in dem jeweiligen Text zu Deutschland bzw. Italien enthalten; vgl. zur gesetzlichen Sozialversicherung in Europa bis zum ersten Weltkrieg *Ritter*, Der Sozialstaat, S. 89, zur gesetzlichen Sozialversicherung in Italien bis zum ersten Weltkrieg *Cazzetta*, Scienza giuridica e trasformazioni sociali, S. 112 ff, sowie *Sellin*, Die Anfänge staatlicher Sozialreform im liberalen Italien.

lichen Schutz der Arbeiter vorhanden waren.[1033] Die erst allmählich einsetzende Industrialisierung hatte den Gesetzgeber um die Jahrhundertwende noch nicht veranlasst, arbeitsrechtliche Regelungen als Antwort auf die Soziale Frage, wie sie zu dieser Zeit in Deutschland bereits politisch und legislativ umgesetzt worden waren, zu schaffen.[1034] Selbst die Verpflichtung zur Einhaltung von Kündigungsfristen bei der Beendigung des Arbeitsverhältnisses (recesso ad nutum) beruhte auf einer Fortentwicklung des Rechts durch Rechtsprechung und Lehre. Die Gleichgültigkeit des italienischen Gesetzgebers, sich mit dem Arbeiterschutz zu beschäftigen, wurde auch durch das damalige politische System gefördert. Die Abgeordneten wurden nicht nach einem allgemeinem Wahlrecht, sondern nach einem extremen Zensuswahlrecht gewählt, das nur ca. 2 % der italienischen Bevölkerung zur Wahl zulies, nämlich die „Elite des Portemonnaies und des Intellekts".[1035] Auch die Wahlrechtsreform von 1882, die zu einer Wahlberechtigung von ca. 7 % der Bevölkerung führte, erweiterte den Kreis der Wahlberechtigten nur auf die Kleinbürger und die besser gestellten Schichten der (Fach)Arbeiter und Handwerker.[1036] Die sich entwickelnde Arbeiterklasse war also zunächst weder wahlberechtigt noch durch Abgeordnete in der Abgeordnetenkammer vertreten. Die Politik wurde durch eine kleine, liberal-konservative Elite bestimmt. Das liberale Italien[1037] war noch nicht bereit, sich mit den rechtlichen Fragen der Arbeiterklasse zu beschäftigen[1038] und die freien Marktverhältnisse durch Gesetze zu beschränken.

[1033] Vgl. den Überblick über die Gesetzgebung in Italien vor dem ersten Weltkrieg, dort den Überblick über die wichtigsten Spezialgesetze, bei *Del Giudice*, Storia del Diritto Italiano, S. 293, 295, 296.

[1034] Ausführlich dazu *Cazzetta*, Scienza giuridica e trasformazioni sociali, S. 69 ff.

[1035] *Reinhardt*, Geschichte Italiens, S. 220; *Procacci*, Geschichte Italiens und der Italiener, S. 290.

[1036] *Procacci*, Geschichte Italiens und der Italiener, S. 290; *Reinhardt*, Geschichte Italiens, S. 234.

[1037] *Stramaccioni*, Storia d'Italia, S. 96; *Reinhardt*, Geschichte Italiens, S. 227, 242; *Sellin*, Die Anfänge staatlicher Sozialreform im liberalen Italien, S. 46.

[1038] *Romagnoli*, Diritto del Lavoro, Digesto delle discipline privatistiche, Sezione commerciale, 1989, Nr. 1. Stato e tendenze della storiografia giuridica del settore: generalità, Fn. 1, zitiert nach Pluris online, mit Verweis auf *Carnelutti* 1913: „«*La scienza giuridica, soprattutto in Italia», scriveva nell'aprile del 1913 Carnelutti, « è imperturbabilmente borghese: i problemi giuridici del lavoro la lasciano quasi indifferente» (Infortuni sul lavoro. Studi, I, Roma, 1913, XII)*."(„«Die juristische Wissenschaft, vor allem in Italien», schrieb Carnelutti im April 1913, «ist ausschließlich auf das Bürgertum bezogen: Juristische Fragestellungen zum Thema Arbeit lassen sie nahezu unberührt.» (Infortuni sul lavoro. Studi, I, Roma, 1913, XII)."); in gleichem Sinne *Cazzetta*, Scienza giuridica e trasformazioni sociali, S. 81, 156.

Vor dem Hintergrund einer liberalen Gesellschaftsordnung setzte der Codice Civile 1865 der Vertrags- und Kündigungsfreiheit beim Arbeitsverhältnis
auf unbestimmte Dauer keine Grenzen. Um die Jahrhundertwende entwickelte
sich aus sozialen oder christlichen Motiven das Rechtsinstitut des recesso ad
nutum, das den Arbeitgeber zur Einhaltung einer Ankündigungsfrist oder ersatzweisen Zahlung einer Entschädigung verpflichtete. Diese Entschädigungspflicht kann als erstes Element eines Abfindungsdenkens bezeichnet werden.

2. Regelungen zur Abfindung

Der Codice Civile 1865 enthielt keine Regelung für die Zahlung einer Abfindung bei Beendigung des Arbeitsverhältnisses. Es lässt sich aber feststellen,
dass zur damaligen Zeit bei Vertragsbeendigung Sonderzahlungen an die
Arbeitnehmer geleistet wurden, die von der Dauer der Betriebszugehörigkeit
abhängig waren.[1039] So gab es zum Beispiel bei den Handelskammern eine
Zusammenstellung der typischen Vertragsklauseln, wie sie bei den jeweiligen Mitgliedsunternehmen für die Verträge mit den Angestellten verwendet
wurden.[1040] Die Vertragsklauseln enthielten den Zeitpunkt, zu dem ein Arbeitsvertrag beendet werden konnte, oder die Regelungen zur Bestimmung
der Höhe der Entschädigung, wenn ein Arbeitgeber ohne Einhaltung einer
Kündigungsfrist kündigte.[1041] Die Klauseln legten auch fest – wie das Beispiel der Handelskammer Mailand von 1893 zeigt –, dass der Angestellte mit
langer Betriebszugehörigkeit, dem ohne eigenes Verschulden gekündigt wurde, eine höhere Entschädigung erhielt als der Angestellte mit einer kürzeren
Betriebszugehörigkeit.[1042] Sie gaben dem Arbeitgeber auch die Möglichkeit,
zwischen Einhaltung der Kündigungsfrist und Zahlung einer Entschädigung
(compenso del licenziamento) zu wählen.[1043] Nach *Garilli* leiteten die Handelskammern die Vertragsklauseln aus Art. 366 Handelsgesetzbuch 1882 ab, der

---

[1039]   *Santoro-Passarelli*, Dall'indennità di anzianità al trattamento di fine rapporto, S. 5.
[1040]   *Barassi*, Il diritto del lavoro, 1957, S. 336; *Santoro-Passarelli*, Dall'indennità di anzia-
        nità al trattamento di fine rapporto, S. 8; *Garilli*, «Il contratto di lavoro» e il rapporto
        di impiego privato nella teoria di L. *Barassi*, in: *Napoli* (Hrsg.), La nascita del diritto
        del lavoro, S. 215.
[1041]   *Santoro-Passarelli*, Dall'indennità di anzianità al trattamento di fine rapporto, S. 8, 9.
[1042]   *Santoro-Passarelli*, Dall'indennità di anzianità al trattamento di fine rapporto, S. 8
        Fn. 7 mit einem Beispiel der Handelskammer Mailand von 1893; *Barassi*, Il diritto
        del lavoro, volume secondo, 1936, S. 440; *Cendon* (Hrsg.), Commentario al codice
        civile, 2011, Art. 2120, S. 1323.
[1043]   Vgl. Art. 9 Arbeitsvertragsbedingungen der Handelskammer Mailand von 1893 in

dem Angestellten bei einer Vertragsbeendigung ohne wichtigen Grund einen Anspruch auf Entschädigung gewährte.[1044] Die Vertragsklauseln waren keine Rechtsnormen, die durch den Staat oder eine staatliche Institution erlassen wurden, sondern variierten nach Branche und Region und gaben nur die jeweiligen Gewohnheiten der Mitgliedsunternehmen wieder.[1045] Sie wurden aber von Arbeitgebern und Angestellten wie eine rechtlich verbindliche Regelung behandelt und stellten in der Praxis den Ersatz für ein staatliches Angestelltenvertragsgesetz dar.[1046] Dies verdeutlicht das Beispiel der Handelskammer Mailand:[1047] Die Vertragsklauseln hatten bereits die Höhe der Entschädigung an die vorangegangene Betriebszugehörigkeit gekoppelt. Diese Abhängigkeit der Höhe der Abfindung von den abgeleisteten Dienstjahren findet sich noch heute in Art. 2120 c. c.

Neben den Handelsunternehmen war es auch bei vielen Industrieunternehmen ohne gesetzliche Regelung üblich, dem Arbeiter bei Beendigung des Arbeitsverhältnisses eine Prämie für seine langjährige Betriebstreue zu zahlen,[1048] wenn dem Arbeiter ohne eigenes Verschulden gekündigt wurde.[1049] Eine klare Abgrenzung zwischen Kündigungsfrist und Entschädigung wurde noch nicht vorgenommen. Wenn sich ein Unternehmen z. B. zu einer Kündigungsfrist von 15 Tagen verpflichtet hatte, aber diese nicht einhielt, entschädigte es den Arbeitnehmer dafür, indem es ihm den Lohn für 15 Tage auszahlte.[1050] Darüber hinaus erhielten nur Arbeiter mit sehr langer Betriebszugehörigkeit einen zusätzlichen Ausgleich.[1051] Eine solche Regelung enthielten beispielsweise die Betriebsordnungen der Società degli Alti Forni fonderie ed acciaierie di

---

Santoro-Passarelli, Dall'indennità di anzianità al trattamento di fine rapporto, S. 8 Fn. 7.

[1044] *Garilli*, «Il contratto di lavoro» e il rapporto di impiego privato nella teoria di L. *Barassi*, in: *Napoli* (Hrsg.), La nascita del diritto del lavoro, S. 215.

[1045] *Santoro-Passarelli*, Dall'indennità di anzianità al trattamento di fine rapporto, S. 7.

[1046] *Giugni/De Luca Tamajo/Ferraro*, Il trattamento di fine rapporto, S. 19; *Santoro-Passarelli*, Dall'indennità di anzianità al trattamento di fine rapporto, S. 8.

[1047] Vgl. Fn. 1042.

[1048] *Barassi*, Il diritto del lavoro, 1957, S. 336, 338; *Beretta*, in: *Favalli*, Codice di diritto del lavoro, Art. 2120, Nr. 1; *Runggaldier*, DRdA 1990, 247, 248; *Barassi*, Il diritto del lavoro, volume secondo, 1936, S. 440; *Cendon* (Hrsg.), Commentario al Codice Civile, 2011, Art. 2120, S. 1323; *Ichino*, RIDL 2006, 353, 358 Fn. 6.

[1049] *Santoro-Passarelli*, Dall'indennità di anzianità al trattamento di fine rapporto, S. 5 Fn. 1.

[1050] *De Rosa*, Il trattamento di fine rapporto, S. 15.

[1051] *Santoro-Passarelli*, Dall'indennità di anzianità al trattamento di fine rapporto, S. 5 Fn. 1 sowie S. 6 Fn. 2; *De Rosa*, Il trattamento di fine rapporto, S. 15 Fn. 10.

Terni und der Società italiana Westinghouse di Vado Lìgure. Die Betriebsordnungen sahen vor, dass Arbeiter, die mindestens 60 Jahre alt waren und
eine Betriebszugehörigkeit von mindestens 15 Jahren aufwiesen, eine Kündigungsentschädigung in Höhe eines halben Monatsgehalts für jedes Jahr der
Betriebszugehörigkeit erhielten.[1052]

Die angeführten Beispiele für Bestimmungen über Abfindungszahlungen
an Angestellte und Arbeiter zeigen, dass es um die Jahrhundertwende auch
ohne gesetzliche Regelung üblich war, langjährig Beschäftigten bei Kündigung
des Arbeitsverhältnisses eine Entschädigung zu zahlen. Der Arbeitgeber wollte mit der Kündigungsentschädigung die Betriebstreue des Arbeitnehmers
belohnen. Darin manifestiert sich das Interesse des Arbeitgebers, durch lange
Betriebszugehörigkeiten Personalfluktuationen und die damit verbundenen
Betriebsablaufstörungen zu vermeiden. In der Regel war die Zahlung der
Treueprämie an die Bedingung geknüpft, dass das Arbeitsverhältnis nicht
durch eine Kündigung endete, die auf einem Verschulden oder einer Pflicht-
verletzung des Arbeitnehmers beruhte. Da der Arbeitgeber praktisch jede Disziplinlosigkeit des Arbeitnehmers zum Anlass der Kündigung nehmen konnte,
verstärkte die an die Bedingung einer unverschuldeten Kündigung geknüpfte
Entschädigung die Abhängigkeit des Arbeitnehmers vom Wohlwollen des
Arbeitgebers. Dieser nutzte die Auslobung einer Kündigungsentschädigung
zur Disziplinierung und Sanktionierung des Arbeitnehmers. Auch wenn der
Arbeitgeber die Kündigungsentschädigung als Treueprämie bezeichnete, war
es in Wahrheit aus Sicht des Arbeitnehmers eine „Unterdrückungsprämie", die
die Herrschaftsstellung des Arbeitgebers unterstrich. Die fehlende Bereitschaft
des Gesetzgebers, die Rechtsstellung der Arbeitnehmer zu stärken, förderte die
Entstehung von Klientelverhältnissen: Dabei erweist der Patron, der zum Beispiel als Politiker oder Unternehmer über Macht und Ressourcen verfügt, dem
Klienten einen Gefallen und bringt ihn so in eine Abhängigkeit, die er bei pas-
sender Gelegenheit für sich nutzen kann.[1053] Insbesondere Unternehmer oder
Großgrundbesitzer im wirtschaftsschwachen Süden nutzten dieses System.[1054]
So führten diese lokalen und innerbetrieblichen Selbsthilfeverhältnisse dazu,
dass der Arbeitnehmer dem Arbeitgeber ausgeliefert war. Die Kündigungsent-

---

[1052] *Barassi*, Il contratto di lavoro, volume secondo, 1917, S. 930 Fn. 2.
[1053] *Köppel*, Das politische System Italiens, S. 40.
[1054] Vgl. zum Klientelismus nach der Wahlrechtsreform von 1882 *Reinhardt*, Geschichte
        Italiens, S. 234, 235; allgemein zum Klientelismus in Italien, s. *Köppl*, das Politische
        System Italiens, S. 40.

schädigung stellte daher in ihrer ersten Ausprägung eine weitere Maßnahme der Arbeitgeber dar, die Arbeitskraft der Arbeitnehmer möglichst effektiv auszunutzen. Vor dem Hintergrund einer in Italien Anfang des 20. Jahrhunderts erst langsam einsetzenden Industrialisierung sah sich der Gesetzgeber noch nicht zum Handeln veranlasst. Er überließ das Feld den Handelskammern und den betrieblichen Gepflogenheiten in den Industrieunternehmen. Diese Untätigkeit gab den Arbeitgebern die Möglichkeit, zu ihrem Vorteil eigene Regelwerke zu schaffen, die nicht auf staatlicher Normsetzung beruhen.

Die Zahlung einer außergesetzlichen Kündigungsentschädigung war vor allem in Handelsbetrieben und in größeren Industrieunternehmen üblich. Eine klare Abgrenzung zwischen der Entschädigung für die Nichteinhaltung der Kündigungsfrist und der Entschädigung für die Beendigung des Arbeitsverhältnisses war noch nicht feststellbar. Die Kündigungsentschädigung diente der Disziplinierung des Arbeitnehmers.

II. 1902: Entwurf eines einheitlichen Arbeitsvertragsgesetzes

Da die Handelskammern nur für ihre Mitgliedsunternehmen und deren Angestellte Vertragsklauseln empfehlen konnten und für die Arbeiter keine vergleichbaren außergesetzlichen Regelungen bestanden, legte die italienische Regierung im Jahre 1902 nach umfangreichen Vorarbeiten, die bereits 1893 begonnen hatten,[1055] den Entwurf eines einheitlichen Arbeitsvertragsgesetzes für alle Arbeiter in Industrie und Landwirtschaft sowie für alle Angestellten vor.[1056] Der Gesetzesentwurf enthielt auch eine Regelung zur Kündigungsentschädigung.[1057] Nach ersten Beratungen wurde die Fortentwicklung des Gesetzesentwurfes offiziell wegen der Komplexität der zu lösenden Probleme im Jahre 1905 eingestellt. Statt eines einheitlichen Arbeitsvertragsgesetzes für alle Arbeitnehmergruppen sollten mehrere berufsgruppenspezifische Einzelgesetze für Handwerker, Arbeiter und Angestellte geschaffen werden.[1058] Die

---

[1055] *Pino*, PdD 1984, 207.

[1056] *Santoro-Passarelli*, Dall'indennità di anzianità al trattamento di fine rapporto, S. 10; *Barassi*, Il contratto di lavoro, volume primo, 1915, S. 48; *Barassi*, Il contratto di lavoro, volume secondo, 1917, S. 901 Fn. 1; *Mariucci*, Le fonti del diritto del lavoro, S. 23.

[1057] *Pino*, PdD 1984, 207, 214.

[1058] *Santoro-Passarelli*, Dall'indennità di anzianità al trattamento di fine rapporto, S. 10; *Garilli*, «Il contratto di lavoro» e il rapporto di impiego privato nella teoria di L. *Barassi*, in: *Napoli* (Hrsg.), La nascita del diritto del lavoro, S. 215, 217.

Beendigung der Arbeiten an dem Gesetzesvorhaben ist hauptsächlich auf zwei Gründe zurückzuführen. Erstens wurde in den Beratungen deutlich, dass sich der Typus des Angestelltenvertrages von dem des Fabrikarbeitervertrages darin unterschied, dass sein Inhalt nicht die Entgegennahme einer austauschbaren Arbeitsleistung war, wie sie der Codice Civile 1865 im Sinne der aus dem Römischen Recht stammenden locatio operarum zugrunde legte,[1059] sondern einen Vertrag eigener Art darstellte.[1060] Zweitens konnte zwischen dem rechten und linken politischen Lager in der Abgeordnetenkammer keine Einigung über das rechtliche Zusammenspiel von Individualarbeitsrecht und kollektivem Arbeitsrecht gefunden werden; besonders umstritten war die Rechtsstellung von Arbeiterorganisationen sowie die Zulässigkeit und Rechtswirkung von (erstreikten) Kollektivverträgen.[1061] Die Parteien und Abgeordneten waren 1905 so zerstritten, dass Ministerpräsident *Giolitti* vorübergehend die Regierungsverantwortung aufgab.[1062] Dabei ging es nicht nur um einen politischen Streit, sondern auch um rechtliches Neuland. Der Codice Civile 1865 ging davon aus, dass die Parteien die Inhalte des Arbeitsvertrags frei und selbstbestimmt vereinbarten. Der im Individualarbeitsvertrag verkörperte Parteiwille aber würde durch Kollektivverträge, die an die Stelle der Parteivereinbarungen träten, außer Kraft gesetzt werden; dies widersprach dem Prinzip der Vertragsfreiheit. Da der Entwurf des einheitlichen Arbeitsvertragsgesetzes keine Mehrheit fand, hielt der Gesetzgeber an dem rechtlichen Status Quo fest. Er überließ auch weiterhin die Festlegung von Arbeitsvertragsbedingungen den Arbeitgeber- und Arbeitnehmervereinigungen, die ohne rechtliche Grundlage örtliche Kollektivvereinbarungen, damals vor allem Lohnabkommen (concordati di tariffa), erkämpften.[1063] Die Neutralität des Staates verstärkte die Konflikte zwischen Arbeit und Kapital; Streiks wurden ohne gesetzliche Grundlage geführt.

Seit 1889 galt der gewaltlose Streik nicht mehr als Straftat,[1064] der Staat ver-

---

1059   *Del Punta*, Diritto del lavoro, S. 58; *Honsell*, Römisches Recht, S. 144.
1060   *Garilli*, «Il contratto di lavoro» e il rapporto di impiego privato nella teoria di L. *Barassi*, in: *Napoli* (Hrsg.), La nascita del diritto del lavoro, S. 215, 218.
1061   *Pino*, PdD 1984, 207, 215, 223.
1062   *Giovanni Giolitti* (1842–1928), Ministerpräsident 1903–1905, 1906–1914, 1920–1921, *Scharzkopf/Witz*, Italien-Ploetz, S 165, 168; vgl. zum Rücktritt Giolittis 1905 *Procacci*, Geschichte Italiens und der Italiener, S. 330.
1063   *Mariucci*, Le fonti del diritto del lavoro, S. 21; *Romagnoli*, Diritto sindacale, Digesto delle discipline privatistiche, Sezione commerciale, 1989, Nr. 2. L'innominabile diritto, zitiert nach Pluris online; *Falasca*, Manuale di diritto del lavoro, S. 224; *Del Punta*, Diritto del lavoro, S. 54; *Mazzotta*, Diritto del lavoro, S. 6.
1064   *Romagnoli*, Diritto sindacale, Digesto delle discipline privatistiche, Sezione commer-

hielt sich liberal und setzte auf die Selbstregulierung der Marktinteressen, sodass er eine gesetzliche Regelung der Vertragspartnerschaft zwischen Arbeitge-
ber- und Arbeiterorganisationen für überflüssig hielt. Er ging davon aus, dass
die Arbeiter in den Fabriken in der Lage waren, ihre berechtigten Forderungen
gegenüber dem Arbeitgeber erfolgreich geltend zu machen, weil dieser ande-
renfalls mit einem Streik der Arbeiter und einem Produktionsausfall rechnen
musste. Mit staatlicher Duldung etablierte sich der Streik zu dem Selbsthilfe-
recht und Druckmittel der Arbeiter. Der Streik war so selbstverständlich, dass
das Streikrecht 1948 in Art. 40 der italienischen Verfassung verankert wurde.
Bis heute unterliegt das Streikrecht in Italien geringeren Einschränkungen als
in Deutschland;[1065] ein Grund für die ausgeprägte Streikkultur Italiens und die
Tatsache, dass dort häufiger und länger gestreikt wird als in Deutschland.[1066]
    Ein Eingreifen des Gesetzgebers in die Unternehmerfreiheit hätte überdies
die wirtschaftliche und industrielle Entwicklung des Landes, die Anfang des
20. Jahrhunderts einen deutlichen Aufwärtstrend verzeichnete,[1067] gefährdet.
Aus liberalen und wirtschaftlichen Gründen lehnte der Staat daher die Regelung der Arbeiterfrage ab.
    Die Kodifizierung eines einheitlichen Arbeitsvertragsgesetzes scheiterte.
Der Streit um den Status der Angestellten, um die rechtliche Anerkennung von
Gewerkschaften und um die Rechtswirkung von Kollektivverträgen führte zu
einem Abbruch des Kodifizierungsvorhabens. Aus liberaler Haltung überließ
es der Staat den Konfliktparteien, die Arbeiterfrage selbst zu regulieren.

---

ciale, 1989, Nr. 2. L'innominabile diritto, zitiert nach Pluris online; *Del Punta*, Diritto
del lavoro, S. 53.

[1065] In Italien ist zum Beispiel der Streik ohne Initiierung durch eine Gewerkschaft
zulässig, die Beschäftigung von Streikbrechern durch den Arbeitgeber verboten
sowie der Streik auch für Beamte erlaubt, vgl. den Länderüberblick bei *Warneck*,
Streikregeln in der EU27, S. 20, 36.

[1066] In den Jahren 1998–2007 fielen je 1000 Arbeitnehmer in Deutschland 4 Streiktage, in
Italien 75,1 Streiktage an, *Hensche*, in: *Däubler/Hjort/Schubert/Wolmerath*, Arbeitsrecht,
GG Artikel 9 [Vereinigungsfreiheit], Rn. 107 Fn. 12; in den Jahren 2000–2005 waren
in Deutschland 0,5 und in Italien 50 Streiktage zu verzeichnen, *Rebhahn*, NZA-Beil.
2011, 64, 68 Fn. 8 am Ende.

[1067] *Procacci*, Geschichte Italiens und der Italiener, S. 323.

III.   1912: Entwurf eines Angestelltenvertragsgesetzes

Nach den Erfahrungen mit dem gescheiterten Kodifizierungsversuch von 1905 wurde sieben Jahre später in der Abgeordnetenkammer der Vorschlag gemacht, nunmehr ein berufsgruppenspezifisches Gesetz für die Privatangestellten zu schaffen.[1068] Der Anlass dafür war nach *Pessi* die Tatsache, dass die Privatangestellten, anders als die Arbeiter, nur selten Mitglied in einer Gewerkschaft waren.[1069] Ihnen fehlte ein Organ, das ihre Interessen gegenüber den Arbeitgebern vertreten sowie die Organisation und Durchführung von Streiks gewährleisten konnte.[1070] Die Inhalte der Angestelltenverträge waren daher nicht durch Kollektivverträge vorgegeben, sondern richteten sich nach den Vertragsklauseln der Handelskammern oder wurden frei verhandelt.[1071] Beim Angestelltenvertrag war das strukurelle Ungleichgewicht der Vertragspartner besonders auffällig. Auf Druck der Arbeitgeber und der Angestellten selbst, die stark an einem Angestelltenvertragsgesetz interessiert waren – auch um sich von der Klasse der Arbeiter abzugrenzen –,[1072] war der Gesetzgeber bereit, die vertragliche Beziehung zwischen Arbeitgebern und Angestellten gesetzlich zu regeln.[1073] Anders als bei der gescheiterten Kodifizierung eines einheitlichen Arbeitsvertragsgesetzes für alle Arbeitnehmergruppen versuchte der Gesetzgeber beim Angestelltenvertragsgesetz nur eine „kleine Lösung". Dieses Vorgehen ist für das politische Handeln der Regierung *Giolitti* charakteristisch: Anstelle großer Gesetzesvorhaben, die breite Mehrheiten erforderten – wie dies 1902 bei dem einheitlichen Arbeitsvertragsgesetz der Fall war –, herrschte nunmehr die Politik der kleinen Schritte. Sondieren mehrheitsfähiger Interessen und Aushandeln von Kompromissen bestimmten das politische Tagesgeschäft, „*Italietta* statt *Italia*, das kleine Alltägliche statt des großen Italien."[1074] Im Hinblick auf die Kodifizierung des Arbeitsvertrags kann man

---

[1068]   *Garilli*, «Il contratto di lavoro» e il rapporto di impiego privato nella teoria di L. *Barassi*, in: *Napoli* (Hrsg.), La nascita del diritto del lavoro, S. 224; *De Rosa*, Il trattamento di fine rapporto, S. 17; *Santoro-Passarelli*, Dall'indennità di anzianità al trattamento di fine rapporto, S. 11; *Ghiron*, GewKfG 1913, Heft 11, S. 310.

[1069]   *Pessi*, Lezioni di diritto del lavoro, S. 13.

[1070]   *Santoro-Passarelli*, Dall'indennità di anzianità al trattamento di fine rapporto, S. 21.

[1071]   *Pessi*, Lezioni di diritto del lavoro, S. 13.

[1072]   *Santoro-Passarelli*, Dall'indennità di anzianità al trattamento di fine rapporto, S. 10.

[1073]   *Pino*, PdD 1984, 207, 225.

[1074]   *Reinhardt*, Geschichte Italiens, S. 240, 242; *Procacci*, Geschichte Italiens und der Italiener, S. 326, 331.

aber feststellen, dass dieses Vorgehen die unterschiedliche Behandlung von Arbeitern und Angestellten in der Rechtsordnung einleitete.

Die Angestellten waren im Vergleich zu den Arbeitern die kleinere Gruppe, arbeitgeberorientiert und weniger streikbereit. Die Angestellten hatten regelmäßig nicht nur Einblick in die wirtschaftliche Lage des Unternehmens, sondern auch Vorgesetzteneigenschaft und Entscheidungskompetenz. Mit dem Arbeitgeber verband sie ein besonderes Treueverhältnis, das sich auch aus Sicht der Arbeitgeber zu prämieren lohnte. Der Gesetzesvorschlag zum Angestelltenvertrag von 1912 regelte daher auch die Einhaltung einer Kündigungsfrist und die Zahlung einer Kündigungsentschädigung (indennità di licenziamento).[1075] Der Gesetzgeber konnte dabei auf die Vertragsklauseln der Handelskammern zurückgreifen, deren Verbindlichkeit von den Vertragsparteien seit langem akzeptiert war; die Kündigungsentschädigung war zu einer festen Größe bei Abschluss des Vertrags mit den Angestellten geworden. Die schriftliche Begründung zu dem Gesetzesentwurf enthielt keine genaue Abgrenzung zwischen der Entschädigungszahlung aufgrund der Nichteinhaltung der Kündigungsfrist einerseits und der zusätzlichen Kündigungsentschädigung für die langjährige Betriebstreue andererseits.[1076] Der damalige Justizminister Orlando[1077] wies der Kündigungsentschädigung eine doppelte Funktion zu. Die Entschädigung für die Beendigung des Arbeitsverhältnisses sollte einen finanziellen Ausgleich für die Betriebstreue des Angestellten darstellen und gleichzeitig Vorsorgecharakter haben.[1078] Der Gesetzgeber sah 1912 in der Kündigungsentschädigung also mehr als nur eine Unterdrückungsprämie: Der Angestellte sollte sich während seines Anstellungsverhältnisses auch einen Versorgungsbetrag erarbeiten können, mit dem er – mangels sozialer Sicherungssysteme – seinen Lebensunterhalt nach dem Ende seines Anstellungsvertrages bestreiten konnte. Für den Gesetzgeber stand die Selbstverant-

---

[1075] Ghiron, GewKfG 1913, Heft 11, S. 310; Barassi, Il contratto di lavoro, volume secondo, 1917, S. 901 Fn. 1, mit Verweis auf die in Art. 1 des Gesetzesentwurfes enthaltene Regelung zur Einhaltung einer Kündigungsfrist oder ersatzweisen Entschädigungszahlung.

[1076] Santoro-Passarelli, Dall'indennità di anzianità al trattamento di fine rapporto, S. 11; so auch Barassi hinsichtlich des späteren Angestelltenvertragsgesetzes 1919, dem der Gesetzesentwurf 1912 zugrunde lag, Barassi, Il diritto del lavoro, volume secondo, 1936, S. 443.

[1077] Orlando, Vittorio Emanuele (1860–1952), italienischer Ministerpräsident von 1917–1919.

[1078] Giugni/De Luca Tamajo/Ferraro, Il trattamento di fine rapporto, S. 19; Santoro-Passarelli, Dall'indennità di anzianità al trattamento di fine rapporto, S. 12.

wortung des Einzelnen im Mittelpunkt. In Italien hatte man sich aus liberalem Denken heraus gegen eine staatlich organisierte Versicherung entschieden. Das Bismarcksche Modell der Zwangsversicherung wurde als eine Ausdrucksform von „Staatssozialismus" verstanden, der darauf gerichtet war, die Regierung anstelle der Bürger handeln zu lassen.[1079]

Vor Beginn des Ersten Weltkriegs kam es aber nicht mehr zu einer Verabschiedung des Angestelltenvertragsgesetzes. Wie die weitere Entwicklung der Gesetzgebung zeigen wird, dienten die Entwürfe zum Angestelltenvertragsgesetz 1912 dem Gesetzgeber als Grundlage für spätere Gesetze, in denen sich die Kündigungsentschädigung wiederfindet.

Der Entwurf zum Angestelltenvertragsgesetz 1912 übernahm die in Handelsbetrieben vorherrschende Vertragspraxis, den Angestellten eine Kündigungsentschädigung zu zahlen. Die Entschädigung sollte die Betriebstreue belohnen und Vorsorgecharakter haben; eine rechtliche Unterscheidung zwischen der Entschädigung für die Nichteinhaltung der Kündigungsfrist und der Entschädigung für die Beendigung des Angestelltenverhältnisses wurde nicht getroffen.

IV.   1919: Erstes Angestelltenvertragsgesetz – Kündigungsentschädigung (indennità di licenziamento)

1.   Umfang des Kündigungsschutzes

Auch in Italien führte die Teilnahme am Ersten Weltkrieg zu einer großen Belastung für Bevölkerung, Wirtschaft und öffentliche Finanzen.[1080] Die Steuern wurden erhöht, um die Staatskasse wieder zu füllen, gleichzeitig trieb die Inflation die Lebenshaltungskosten in die Höhe.[1081] Nachdem sich zudem bei den Versailler Friedensverhandlungen die Erwartungen auf einen territorialen Zugewinn in Folge des siegreichen Kriegsausgangs nicht erfüllt hatten, machte sich in der Bevölkerung eine große Enttäuschung breit, die das Schlagwort vom „verstümmelten Sieg" (vittoria mutilata della guerra) entstehen ließ.[1082] Die

---

[1079]   *Gozzi*, Verfassungsfrage und Sozialpolitik zu Bismarcks Zeit in Deutschland und Italien, in: *Mazzacane,/Schulze*, Die deutsche und die italienische Rechtskultur im "Zeitalter der Vergleichung", S. 210, 211.

[1080]   *Reinhardt*, Geschichte Italiens, S. 248, 254; *Köppl*, Das politische System Italiens, S. 24.

[1081]   *Köppl*, Das politische System Italiens, S. 24.

[1082]   *Stramaccioni*, Storia d'Italia, S. 127; *Procacci*, Geschichte Italiens und der Italiener,

Unzufriedenheit mit den politischen und sozialen Verhältnissen führte dazu, dass es noch im Jahr 1919 zum Rücktritt der Regierung und in der Folgezeit immer wieder zu gewaltsamen Unruhen kam.[1083] Die Arbeiterschaft konnte zwar große Streikmaßnahmen durchführen, ihr gelang es jedoch nicht, eine landesweite Arbeiterrevolution zustande zu bringen,[1084] die ihre Rechtsstellung hätte verbessern können.[1085] Lediglich in sehr großen Unternehmen, wie z. B. bei FIAT in Turin, etablierten sich kurzfristig Fabrikarbeiterräte, deren landesweite und dauerhafte Ausbreitung aber von Arbeitgeberseite verhindert werden konnte.[1086] Bei den Besitzenden und dem Mittelstand erzeugten die politischen Unruhen Furcht vor einer sozialistischen Revolution. Diese Angst nutzten die Faschisten für ihre Zwecke und wurden u. a. auch dadurch zu einem ernstzunehmenden politischen Faktor.[1087]

Anders als in Deutschland führte das Ende des Ersten Weltkriegs in Italien also noch nicht zu einer Lösung der Arbeiterfrage oder einer grundlegenden Verbesserung des Kündigungsschutzes.

2. Regelungen zur Abfindung

Die 1912 eingeleitete Differenzierung zwischen Angestellten und Arbeitern führte bereits während des Ersten Weltkriegs zu einzelnen Verordnungen zu Gunsten der Angestellten.[1088] Sie schrieben für Angestelltenverhältnisse u. a. vor, dass der Arbeitgeber einem Kriegsheimkehrer nur unter Einhaltung einer Kündigungsfrist kündigen konnte oder ersatzweise eine Entschädigung zu bezahlen hatte, deren Höhe von der vorangegangenen Dauer der Betriebszugehörigkeit und der Eingruppierungsstufe des Angestellten abhängig war. [1089]

S. 347; *Parker*, Das Zwanzigste Jahrhundert, S. 142; *Köppl*, Das politische System Italiens, S. 24; *Schumann*, Geschichte Italiens, S. 221.

[1083] *Procacci*, Geschichte Italiens und der Italiener, S. 348; *Reinhardt* spricht vom "sozialen Verteilungskampf", *Reinhardt*, Geschichte Italiens, S. 255.

[1084] *Stramaccioni*, Storia d'Italia, S. 135.

[1085] *Stramaccioni*, Storia d'Italia, S. 127, 128; *Procacci*, Geschichte Italiens und der Italiener, S. 347 bis 352.

[1086] *Procacci*, Geschichte Italiens und der Italiener, S. 351.

[1087] *Parker*, Das Zwanzigste Jahrhundert, S. 138, 139, 145.

[1088] Vgl. Verordnung Nr. 490 vom 10. 03. 1916, Verordnung Nr. 394 vom 10. 03. 1918 und Verordnung Nr. 1773 vom 24. 11. 1918, zitiert nach *De Rosa*, Il trattamento di fine rapporto, S. 17 Fn. 15; *Santoro-Passarelli*, Dall'indennità di anzianità al trattamento di fine rapporto, S. 12.

[1089] *Santoro-Passarelli*, Dall'indennità di anzianità al trattamento di fine rapporto, S. 12; *De Rosa*, Il trattamento di fine rapporto, S. 17 Fn. 15.

Ebenso war der Arbeitgeber verpflichtet, dem Angestellten für die Zeit seines Kriegsdienstes eine von der Dauer des Kriegseinsatzes abhängige Entschädigung zu zahlen.[1090]

Kurz nach dem Ersten Weltkrieg verabschiedete der Gesetzgeber das erste Angestelltenvertragsgesetz („Disposizioni sul contratto d'impiego privato").[1091] Es entsprach im Wesentlichen dem Entwurf des Angestelltenvertragsgesetzes von 1912,[1092] enthielt eine Regelung zur Kündigungsentschädigung[1093] und galt nur für Angestellte und nicht für Arbeiter.[1094] Die rasche Verabschiedung eines Angestelltengesetzes ließ sich auf mehrere Ursachen zurückführen: Erstens lag der Entwurf des Angestelltenvertragsgesetzes 1912 bereits ausgearbeitet vor. Zweitens reagierte der Staat durch schnelles Handeln auf den Druck der Straße. Er stellte mit dem Angestelltenvertragsgesetz nicht nur für die höheren Angestellten, sondern auch für die einfachen Angestellten, die in unzähligen Geschäften und Läden tätig waren,[1095] Rechtssicherheit her. Der Regierung gelang es dadurch, die Gruppe der Angestellten zufriedenzustellen und sie von der Gruppe der streikenden Arbeiter zu separieren. Drittens erlaubte es die wirtschaftliche Lage nicht, die Unternehmen mit zusätzlichen Kosten zu belasten, die ein Arbeitsvertragsgesetz ausgelöst hätte, das sowohl für die Angestellten als auch für die Arbeiter gegolten hätte; ein weitergehendes, auch die Arbeiter einbeziehendes Gesetz war politisch nicht durchsetzbar.[1096] Viertens sah sich der italienische Gesetzgeber auch mit Blick auf die Nachbarstaaten zum Handeln verpflichtet. Nach *Steindl* zählten gesetzliche Regelungen zur

---

[1090] *Santoro-Passarelli*, Dall'indennità di anzianità al trattamento di fine rapporto, S. 12; *De Rosa*, Il trattamento di fine rapporto, S. 17 Fn. 15; eine Übersicht über die Verordnungen findet sich auch unter: www.treccani.it/enciclopedia/impiego_ (Enciclopedia-Italiana)/, Abruf am 20. 12. 2013.

[1091] Gesetzvertretende Verordnung des Stadthalters Nr. 112 vom 09. 02. 1919, Gazz. Uff. Nr. 40 vom 17. 02. 1919, „Disposizioni sul contratto d'impiego privato", im Folgenden Angestelltenvertragsgesetz 1919 genannt.

[1092] *Santoro-Passarelli*, Dall'indennità di anzianità al trattamento di fine rapporto, S. 12; *Garilli*, «Il contratto di lavoro» e il rapporto di impiego privato nella teoria di L. *Barassi*, in: *Napoli* (Hrsg.), La nascita del diritto del lavoro, S. 224.

[1093] Art. 4 Angestelltenvertragsgesetz 1919; *Barassi*, Il diritto del lavoro, 1957, S. 336; *Santoro-Passarelli*, Dall'indennità di anzianità al trattamento di fine rapporto, S. 12; *Beretta*, in: *Favalli*, Codice di diritto del lavoro, Art. 2120, Nr. 1; *Santoro-Passarelli*, Il trattamento di fine rapporto, S. 4.

[1094] Art. 1 Angestelltenvertragsgesetz 1919; *Cosenza*, Il nuovo Tfr, S. 16.

[1095] *Garilli*, «Il contratto di lavoro» e il rapporto di impiego privato nella teoria di L. *Barassi*, in: *Napoli* (Hrsg.), La nascita del diritto del lavoro, S. 228; *Santoro-Passarelli*, Dall'indennità di anzianità al trattamento di fine rapporto, S. 21.

[1096] *Santoro-Passarelli*, Dall'indennità di anzianità al trattamento di fine rapporto, S. 14.

Weiterbeschäftigung der Kriegsheimkehrer sowie zur Entschädigung bei Beendigung des Dienstverhältnisses zum gängigen Instrumentarium vieler Regierungen, insbesondere der Regierungen von Österreich, Jugoslawien, Bulgarien, Tschechien und Polen.[1097]

Man kann also feststellen, dass es nur der Gruppe der Angestellten gelang, den „sozialen Verteilungskampf der Nachkriegsphase"[1098] für sich zu entscheiden, während die Arbeiter noch ohne gesetzliche Regelung blieben.

Art. 3 Angestelltenvertragsgesetz 1919 regelte die Dauer der Kündigungsfrist, Art. 4 die Voraussetzungen für die Kündigungsentschädigung. Nach Art. 3 Abs. 1 Angestelltenvertragsgesetz 1919 hing die Dauer der einzuhaltenden Kündigungsfrist von einer Kombination der Kriterien Betriebszugehörigkeit und Eingruppierungsstufe ab. Die Mitarbeitergruppen waren unterteilt in Untergruppen ersten, zweiten und dritten Grades. Die Dauer der Kündigungsfrist war je nach Gruppenzugehörigkeit unterschiedlich. Die längste Kündigungsfrist hatten die Mitarbeiter erreicht, die in die Untergruppe ersten Grades aufgestiegen waren. Nach Art. 4 Abs. 1 Angestelltenvertragsgesetz 1919 erhielt der Angestellte eine Kündigungsentschädigung (indennità di licenziamento) nur, wenn er Anspruch auf Einhaltung der jeweils längsten Kündigungsfrist seiner Gruppe hatte.[1099] Diese Gruppe erreichte er, indem er durch langjährige Betriebszugehörigkeit und Wohlverhalten dem Arbeitgeber gegenüber in die Untergruppe ersten Grades aufgestiegen war.[1100] Sobald allerdings der Arbeitgeber eine kleine Auseinandersetzung oder einen Verstoß gegen die betriebliche Arbeitsordnung zum Anlass für eine Kündigung nahm,

---

[1097] *Steindl,* in: *Runggaldier* (Hrsg.), Abfertigungsrecht, S. 116.
[1098] *Reinhardt,* Geschichte Italiens, S. 255.
[1099] Art. 4 Abs. 1 Angestelltenvertragsgesetz 1919 lautet:
Per gli impiegati che abbiano raggiunto il diritto al massimo del preavviso di cui nell'articolo precedente, in caso di licenziamento l'assuntore dovrà inoltre corrispondere a titolo d'indennità un compenso in danaro pari alla metà dell'importo di tante mesate di stipendio quanti sono gli anni di servizio prestato dopo aver raggiunto il diritto al massimo di preavviso, purchè la somma stessa non superi un'annualità di stipendio. (Den Angestellten, die das Recht auf Einhaltung der jeweils längsten Kündigungsfrist im Sinne des vorhergehenden Artikels erreicht haben, muss der Arbeitgeber im Fall der Kündigung darüber hinaus als Entschädigung einen Ausgleich in Geld bezahlen, und zwar in Höhe der Hälfte eines Monatsgehalts für die Dienstjahre, die nach Erreichen des Rechts auf Einhaltung der jeweils längsten Kündigungsfrist geleistet wurden, begrenzt auf maximal ein Jahresgehalt);
Santoro-Passarelli, Dall'indennità di anzianità al trattamento di fine rapporto, S. 12;
Barassi, Il contratto di lavoro, volume secondo, 1917, S. 930 Fn. 2.
[1100] *Santoro-Passarelli,* Dall'indennità di anzianità al trattamento di fine rapporto, S. 12;
Barassi, Il contratto di lavoro, volume secondo, 1917, S. 930 Fn. 2.

konnte er dadurch die Zahlung der Kündigungsentschädigung vereiteln.[1101] Ebenso machte jeder eigenmotivierte Arbeitgeberwechsel die Auszahlung der Kündigungsentschädigung zunichte.[1102] So war die Kündigungsentschädigung, wie sie das Angestelltenvertragsgesetz 1919 vorsah, nur einem äußerst kleinen Kreis von Angestellten vorbehalten, nämlich den Privatangestellten mit sehr langen Dienstzeiten.[1103]

Erfüllte ein Angestellter die oben genannten Voraussetzungen, erhielt er nach Art. 4 Abs. 1 letzter HS Angestelltenvertragsgesetz 1919 eine Kündigungsentschädigung von einem halben Monatsgehalt je Beschäftigungsjahr,[1104] insgesamt jedoch nicht mehr als ein Jahresgehalt.[1105] Für die Berechnung wurden nur die tatsächlichen Dienstzeiten zugrunde gelegt. Dienstzeiten, in denen der Angestellte nicht gearbeitet hat, weil er zum Kriegsdienst eingezogen war oder in Folge eines Unfalls oder einer Krankheit nicht arbeiten konnte, blieben nach Art. 8 Angestelltenvertragsgesetz 1919 unberücksichtigt.[1106] Diese Ausgestaltung der Kündigungsentschädigung belohnte also nur die tatsächliche Leistung und die langjährige Treue des Angestellten zu seinem Betrieb und hatte damals zunächst den Charakter einer Treueprämie (premio di fedeltà).[1107]

Die Kündigungsentschädigung nach dem Angestelltenvertragsgesetz 1919 unterstützte ganz deutlich die Position des Arbeitgebers, wie dies bereits vorher bei den außergesetzlichen Entschädigungsregelungen der Fall war. Der Arbeitgeber konnte auf den Eintritt der Voraussetzungen, die zur Entstehung des Anspruchs auf Kündigungsentschädigung führten, Einfluss nehmen. Auch

---

[1101]   *Santoro-Passarelli*, Il trattamento di fine rapporto, S. 4; *De Rosa*, Il trattamento di fine rapporto, S. 19 Fn. 21 mit Verweis auf *Pera*, der den möglichen Verstoß des Arbeitnehmers gegen seine Wohlverhaltenspflicht mit einer Art Damoklesschwert verglich, das ständig über dem Arbeitsverhältnis schwebte, *Pera*, Le riforme da riformare nel diritto del lavoro, in: *Pera*, Scritti di Giuseppe Pera, I, Diritto del lavoro, Giuffre, Milano, 2007, S. 663.

[1102]   *Santoro-Passarelli*, Il trattamento di fine rapporto, S. 4.

[1103]   *Santoro-Passarelli*, Il trattamento di fine rapporto, S. 4; *Santoro-Passarelli*, Dall'indennità di anzianità al trattamento di fine rapporto, S. 13; *De Rosa*, Il trattamento di fine rapporto, S. 19.

[1104]   *De Rosa*, Il trattamento di fine rapporto, S. 18.

[1105]   Die Kündigungsentschädigung wurde somit für alle Angestellten, die nach Erreichen der jeweils längsten Kündigungsfrist noch mehr als 24 Dienstjahre arbeiteten, auf zwölf Monatsgehälter begrenzt.

[1106]   *De Rosa*, Il trattamento di fine rapporto, S. 18 Fn. 19; *Santoro-Passarelli*, Dall'indennità di anzianità al trattamento di fine rapporto, S. 13.

[1107]   *Santoro-Passarelli*, Il trattamento di fine rapporto, S. 4, 7; *De Rosa*, Il trattamento di fine rapporto, S. 19; *Santoro-Passarelli*, Dall'indennità di anzianità al trattamento di fine rapporto, S. 13.

wenn der Gesetzgeber in der Kündigungsentschädigung eine Treueprämie sah, handelte es sich noch immer um eine „Unterdrückungsprämie". Der vor dem Krieg der Kündigungsentschädigung zugesprochene zweifache Zweck, nämlich Treueprämie und Vorsorgezahlung, wurde 1919 wieder aufgegeben und hauptsächlich auf den Zweck der Treueprämie reduziert. Dies zeigt, wie sehr der Gesetzgeber nach beendetem Krieg zur Aufrechterhaltung der öffentlichen Ordnung und aus Angst vor der sozialistischen Revolution darauf angewiesen war, einerseits Gesetze mit sozialem Anstrich zu erlassen und andererseits die Wirtschaft zu schonen, die mit einem Produktionsrückgang zu kämpfen hatte.[1108] Was 1893 in den Beratungen der Arbeitsrechtskommission mit dem Ziel der Rechtsvereinheitlichung und rechtlichen Lösung der Arbeiterfrage begann,[1109] wurde 1919 genutzt, um das Streik- und Kampfpotenzial der Arbeiterschaft zu schwächen.

Im Hinblick auf die heutige Abfindung in Form des trattamento di fine rapporto kann man aber feststellen, dass die Kündigungsentschädigung nach dem Angestelltenvertragsgesetz 1919 die erste in der Rechtsordnung verankerte Regelung war, die der Gesetzgeber bis zur heutigen Abfindung nach Art. 2120 c. c. fortentwickelte.

Aus Furcht vor der sozialistischen Revolution verankerte der Gesetzgeber mit dem Angestelltenvertragsgesetz 1919 die Kündigungsentschädigung in der Rechtsordnung. Um nach dem Ende des Ersten Weltkriegs die finanzielle Leistungsfähigkeit der Arbeitgeber nicht zu beeinträchtigen, war die Kündigungsentschädigung allerdings einem sehr kleinen Kreis aus der Gruppe der Privatangestellten vorbehalten und erforderte die langjährige, widerspruchslose Unterordnung des Angestellten.

V. 1924: Zweites Angestelltenvertragsgesetz – Kündigungsentschädigung (indennità di licenziamento)

1. Umfang des Kündigungsschutzes

In den Nachkriegsjahren war Italien von einer schweren Wirtschaftskrise betroffen,[1110] die Produktion stagnierte, die Arbeitslosenzahlen stiegen stark

---

[1108] *Procacci*, Geschichte Italiens und der Italiener, S. 353.
[1109] Vgl. Fn. 1055.
[1110] *Stramaccioni*, Storia d'Italia, S. 151.

an.[1111] Auch die Banken gerieten in Schwierigkeiten; im Dezember 1921 musste die Banca di sconto Konkurs anmelden.[1112] Die Regierung war nicht in der Lage, für stabile wirtschaftliche Verhältnisse zu sorgen. Allein in den Jahren 1919 bis 1922 waren in Italien vier verschiedene Regierungskabinette eingesetzt.[1113] Die Krise der Nachkriegsjahre führte auch innerhalb der sozialistischen Partei zu Auseinandersetzungen; es kam zu Aufspaltungen in kleinere Gruppierungen, eine Schwächung der Arbeiterbewegung war die Folge.[1114] In dieser politischen Instabilität konnten die Faschisten an Boden gewinnen[1115] und zu einer Massenbewegung werden. Nach dem Marsch auf Rom 1922 wurde *Mussolini* zum Ministerpräsidenten ernannt.[1116] Zunächst war die Alleinherrschaft *Mussolinis* noch nicht gefestigt; in seinem Kabinett waren auch Nationalisten, Rechtsliberale und Katholiken.[1117] Erst nach den Parlamentswahlen im April 1924 konnten die Faschisten die absolute Mehrheit erringen.[1118] Um die Arbeiterklasse vollends auf seine Seite zu bringen,[1119] erklärte *Mussolini* im Oktober 1924, dass es Ziel des Regimes sei, für mehr soziale Gerechtigkeit zu sorgen.[1120] Bereits im November 1924 trat das zweite Angestelltenvertragsgesetz in Kraft.[1121] Die bisherigen Bestimmungen zum Anstellungsvertrag wurden überarbeitet und ergänzt. Das Angestelltenvertragsgesetz 1924 regelte zum Beispiel den Anstellungsvertrag mit unbestimmter Laufzeit, die Dauer der Probezeit,[1122] die

---

[1111] *Köppl*, Das politische System Italiens, S. 24; *Procacci*, Geschichte Italiens und der Italiener, S. 353.

[1112] *Procacci*, Geschichte Italiens und der Italiener, S. 353.

[1113] *Parker*, Das Zwanzigste Jahrhundert, S. 142.

[1114] *Reinhardt*, Geschichte Italiens, S. 255; *Procacci*, Geschichte Italiens und der Italiener, S. 353.

[1115] *Parker*, Das Zwanzigste Jahrhundert, S. 145; *Reinhardt*, Geschichte Italiens, S. 255.

[1116] Ende Oktober 1922 wurde *Benito Mussolini* (1883–1945) nach dem Marsch auf Rom („la marcia su Roma") zum Ministerpräsidenten ernannt und im Juli 1943 wieder entlassen, *Kindler*, Einführung in das italienische Recht, S. 17; *Parker*, Das Zwanzigste Jahrhundert, S. 150; *Pfändtner/Schell*, Weimarer Republik – Nationalsozialismus, S. 114 Fn. 1.

[1117] *Scharzkopf/Witz*, Italien-Ploetz, S 169.

[1118] *Scharzkopf/Witz*, Italien-Ploetz, S 169.

[1119] *Parker*, Das Zwanzigste Jahrhundert, S. 160.

[1120] *Parker*, Das Zwanzigste Jahrhundert, S. 160.

[1121] Königliches Gesetzgebungsdekret Nr. 1825 vom 13. 11. 1924, Gazz. Uff. Nr. 273 vom 22. 11. 1924, „Disposizioni relative al contratto d'impiego privato", später überführt in Gesetz Nr. 562 vom 18. 03. 1926, im Folgenden Angestelltenvertragsgesetz 1924 genannt.

[1122] Vgl. Art. 4 Angestelltenvertragsgesetz 1924, der die erste gesetzliche Regelung der Probezeit darstellte; ausführlich dazu *Bono*, La collocazione sistematica del patto di prova, S. 17–22.

Anzahl der Urlaubstage, das Wettbewerbsverbot, die Kündigungsfristen, die
Verpflichtung zur Erteilung eines Zeugnisses sowie die Entschädigung für den
Verlust des Arbeitsplatzes aufgrund der Einziehung zum Kriegsdienst.[1123] Eine
echte Neuerung war die Erweiterung des Anwendungsbereichs des Gesetzes.
Nach Art. 2 Angestelltenvertragsgesetz 1924 galten die Bestimmungen des
Gesetzes nunmehr auch für die Angestellten in öffentlich-rechtlichen Einrichtungen, soweit die Angestellten nicht unmittelbar bei dem Staat, dem Bezirk
oder der Gemeinde beschäftigt waren.[1124] Dadurch wurden noch mehr Anstel-
lungsverhältnisse in den Schutzbereich des Gesetzes einbezogen. Man kann
also im Angestelltenvertragsgesetz 1924 einen ersten Schritt zur Umsetzung
des sozialpolitischen Ziels des Regimes sehen, für einen gerechten Ausgleich
in den Arbeitsverhältnissen zu sorgen. Dabei hielt das Regime an der 1912
eingeleiteten Unterscheidung zwischen Angestellten und Arbeitern fest. Das
Angestelltenvertragsgesetz 1924 stellte nunmehr für fast alle Angestelltenverträge den rechtlichen Rahmen dar. Einer Regelung der Arbeiterverträge stand
noch immer die Tarifautonomie der Arbeitgeber- und Gewerkschaftsvereinigungen entgegen. Die Beseitigung der Tarifautonomie ging das Regime in
einem zweiten Schritt an.[1125]

2. Regelungen zur Abfindung

Das Angestelltenvertragsgesetz 1924 übernahm im Prinzip die Kündigungsentschädigung aus dem Angestelltenvertragsgesetz 1919. Nach Art. 10 Angestelltenvertragsgesetz 1924 konnten alle Angestellten, und nicht mehr nur die
Angestellten mit sehr langen Dienstzeiten, eine Kündigungsentschädigung
beanspruchen. Im Gegenzug wurde zur Entlastung der Arbeitgeber die Länge
der einzuhaltenden Kündigungsfrist gekürzt.[1126] Die Entschädigung entfiel,
wenn dem Angestellten wegen vertragswidrigen Verhaltens gekündigt wurde
oder er das Arbeitsverhältnis selbst kündigte.[1127] Die Höhe der Entschädigung

---

[1123] Vgl. Artt. 1, 7, 8, 10, 16, 6 Angestelltenvertragsgesetz 1924.
[1124] *Garilli*, «Il contratto di lavoro» e il rapporto di impiego privato nella teoria di L.
        Barassi, in: *Napoli* (Hrsg.), La nascita del diritto del lavoro, S. 228; *Santoro-Passarelli,*
        Dall'indennità di anzianità al trattamento di fine rapporto, S. 21.
[1125] Vgl. Fn. 1162.
[1126] So betrug z. B. die Kündigungsfrist für einen Angestellten, der mehr als fünf Jahre
        beschäftigt war und die erste Mitarbeiterkategorie erreicht hatte, nach Art. 3 Abs. 1
        C) Angestelltenvertragsgesetz 1919 sechs Monate und nach Art. 10 Abs. 1 B) Ge-
        setzgebungsdekret 1924 nur noch drei Monate.
[1127] *Romagnoli*, RDL 1968, 278, 280; *Beretta*, in: *Favalli*, Codice di diritto del lavoro,

je Dienstjahr blieb im Vergleich zum Angestelltenvertragsgesetz 1919 unverändert. Sie durfte nicht geringer sein als die Hälfte der Summe so vieler Monatsgehälter, wie abgeleistete Dienstjahre nachgewiesen werden konnten.[1128]
Dies bedeutete mindestens ein halbes Monatsgehalt für jedes Dienstjahr. Eine
Begrenzung auf zwölf Monatsgehälter sah das Angestelltenvertragsgesetz
1924 nicht mehr vor. Zur Berechnung der Höhe der Kündigungsentschädigung wurden das letzte Monatsgehalt[1129] und die gesamte Dienstzeit zugrunde
gelegt; Zeiten, in denen der Angestellte seinem Wehrdienst nachkam oder
arbeitsunfähig in Folge einer Krankheit oder eines Unfalls war, wurden nicht
mehr herausgerechnet.[1130] Somit war die Dauer des Anstellungsverhältnisses
ausschlaggebend; nicht mehr nur die tatsächlich geleistete Dienstzeit. Das
Angestelltenvertragsgesetz 1924 schuf darüber hinaus für das Verhältnis der
beiden Kündigungsbeschränkungen, Einhaltung einer Kündigungsfrist und
Zahlung einer Kündigungsentschädigung, Klarheit.[1131] Nach Art. 10 Abs. 4
Angestelltenvertragsgesetz 1924 stand die Kündigungsentschädigung dem
Angestellten in jedem Fall der Kündigung (in ogni caso) zu, auch wenn der
Arbeitgeber die Kündigung unter Einhaltung der Kündigungsfrist ausgesprochen hatte. Wurde das Dienstverhältnis ohne Einhaltung der Kündigungsfrist
beendet, durfte der Angestellte sowohl eine Entschädigung für die nicht eingehaltene Kündigungsfrist – in Höhe des bei Einhaltung der Kündigungsfrist
anfallenden Lohnes – als auch eine zusätzliche Kündigungsentschädigung
beanspruchen.[1132] Seitdem war die Kündigungsentschädigung als (weiterer)

Art. 2120, Nr. 1; *Santoro-Passarelli*, Dall'indennità di anzianità al trattamento di fine
rapporto, S. 16.

[1128]   Art. 10 Abs. 4 Angestelltenvertragsgesetz 1924 lautet:
Oltre al preavviso nei termini come sopra stabiliti, o in difetto, oltre alla indennità corris-
pondente, è in ogni caso dovuta una indennità non inferiore alla metà dell'importo di tante
mensualità di stipendio per quanti sono gli anni di servizio prestati. (Unabhängig von
der Einhaltung der Kündigungsfristen, wie sie oben festgelegt sind, oder im Falle
der Nichteinhaltung, unabhängig von der dadurch ausgelösten Entschädigung, ist
in jedem Fall eine Entschädigung zu gewähren, die nicht geringer sein darf als die
Hälfte der Summe so vieler Monatsgehälter, wie sie den abgeleisteten Dienstjahren
entspricht).

[1129]   *Santoro-Passarelli*, Il trattamento di fine rapporto, S. 5; *Santoro-Passarelli*, Dall'indennità
di anzianità al trattamento di fine rapporto, S. 18.

[1130]   *Santoro-Passarelli*, Dall'indennità di anzianità al trattamento di fine rapporto, S. 17.

[1131]   *Barassi* meint, dass es sich bei beiden Kündigungsbeschränkungen jeweils um eine
Kündigungsentschädigung im weiteren Sinne handelt, *Barassi*, Il diritto del lavoro,
volume secondo, 1936, S. 440.

[1132]   *Santoro-Passarelli*, Dall'indennità di anzianità al trattamento di fine rapporto, S. 15.

finanzieller Ausgleich für die Beendigung des Arbeitsverhältnisses nach Art. 10 Abs. 4 Angestelltenvertragsgesetz 1924 in der Rechtsordnung etabliert.

Nach der Ermordung des sozialistischen Abgeordneten *Matteotti* im Juni 1924,[1133] der der faschistischen Regierung Wahlbetrug vorwarf und dessen Beseitigung mit Wissen *Mussolinis* erfolgt sein soll,[1134] war die Erregung bei den alten Eliten und in der Öffentlichkeit groß. Auch unter den Anhängern der Faschisten kam es zu Protesten. Es wuchs die Hoffnung, König *Viktor Emanuel III.* würde *Mussolini* wieder entlassen.[1135] Die faschistische Regierung musste um ihre Existenz fürchten.[1136] In dieser Phase war das Regime darauf angewiesen, sich mit den einzelnen gesellschaftlichen Gruppen zu arrangieren. Dazu nutzte es auch das Angestelltenvertragsgesetz 1924. Die Ausdehnung der Kündigungsentschädigung auf alle Angestellten, die Anerkennung der gesamten Dienstzeit und die grundsätzliche Zahlungsverpflichtung für jeden Fall der Kündigung verbesserten eindeutig die Rechtsstellung der Angestellten. Zudem grenzte das Angestelltenvertragsgesetz 1924 die Angestellten endgültig von den kampf- und streikbereiten Arbeitern ab. Die Angestellten, die die Elite der arbeitenden Bevölkerung darstellten, sollten so von einer Opposition gegen die faschistische Herrschaft abgehalten werden; soziale Gründe standen dabei nicht im Vordergrund, das Angestelltenvertragsgesetz 1924 diente dem Machterhalt des Regimes.

Die gesetzlichen Neuerungen veränderten auch den Charakter der Kündigungsentschädigung. Sie entwickelte sich dadurch allmählich von einer reinen Treueprämie hin zu einer Entschädigung für den Verlust des Arbeitsplatzes mit Vorsorgefunktion.[1137] Das Angestelltenvertragsgesetz ließ somit erstmals den mit der Entschädigung verbundenen Gedanken der Vorsorge in der Rechtsordnung deutlich werden. Der Vorsorgezweck stellt bis heute ein wesentliches Element der Abfindung in Form des trattamento di fine rapporto nach Art. 2120 c. c. dar.

Trotz dieser Neuausrichtung war die Kündigungsentschädigung nach

---

1133 *Giacomo Matteotti* (1885–1924), führendes Mitglied der PSU (Partito Socialista Unitario), *Parker*, Das Zwanzigste Jahrhundert, S. 154; *Scharzkopf/Witz*, Italien-Ploetz, S 169.

1134 *Reinhardt*, Geschichte Italiens, S. 272; *Parker*, Das Zwanzigste Jahrhundert, S. 154; *Stramaccioni*, Storia d'Italia, S. 161.

1135 *Parker*, Das Zwanzigste Jahrhundert, S. 154.

1136 *Stramaccioni*, Storia d'Italia, S. 161.

1137 *Santoro-Passarelli*, Dall'indennità di anzianità al trattamento di fine rapporto, S. 16; *De Rosa*, Il trattamento di fine rapporto, S. 21 Fn. 29; *Bovenberg*, Kündigung und Kündigungsschutz im Italienischen Arbeitsrecht, S. 187.

Art. 10 Abs. 4 Angestelltenvertragsgesetz 1924 noch immer eine an Bedingungen geknüpfte Zahlung, die die Herrschaftsstellung des Arbeitgebers unterstützte. Da der Arbeitgeber unter bestimmten Voraussetzungen die Zahlung der Entschädigung auch verweigern und somit den Arbeitnehmer bestrafen konnte, zeigte sie nach *Carinci* Züge einer „Privatstrafe".[1138] Diese Bewertung der Kündigungsentschädigung wird an folgenden Aspekten deutlich: Arbeiter und Angestellte wurden unterschiedlich behandelt. Die Arbeiter waren Lohnempfänger (salariati), deren Lohn schwankte, weil sie nach effektiv geleisteten Stunden bezahlt wurden. Die Angestellten waren Gehaltsempfänger (stipendiati), die jeden Monat das gleiche Gehalt bekamen, unabhängig davon, wie viele Stunden sie tatsächlich gearbeitet hatten.[1139] Da die Entschädigung nur den Angestellten zustand, weckte sie Beförderungsbegehrlichkeiten der darunterliegenden Arbeitergruppen. Diese konnten aber nur mit einer Beförderung rechnen, wenn sie sich den Anforderungen des Arbeitgebers unterwarfen.

Zudem hatte der wirtschaftlich stärkere Arbeitgeber die Möglichkeit, durch Druckausübung den Angestellten zur Eigenkündigung zu veranlassen.[1140] Kündigte dieser selbst, verlor er seine Entschädigung. Der Arbeitgeber konnte ebenso Einfluss auf die Auszahlung der Kündigungsentschädigung nehmen, indem er einen Verstoß des Angestellten gegen die betriebliche Ordnung, welcher Intensität auch immer, zum Anlass für die Kündigung nahm und dadurch den Angestellten zusätzlich mit dem Verlust seiner Kündigungsentschädigung bestrafte.[1141]

[1138]   *Carinci/De Luca Tamajo/Tosi/Treu*, Diritto del lavoro, S. 354, "un`idea di pena privata"; *Giugni/DeLuca Tamajo/Ferraro*, Il trattamento di fine rapporto, S. 18, "di carattere patrimoniale", "premio di fedeltà"; *Gamillscheg*, Internationales Arbeitsrecht, S. 339, "Treueprämie"; *Barassi*, Il diritto del lavoro, volume primo, 1935, S. 376 "premio di fedeltà"; *Barassi* stellt heraus, dass der Charakter der Kündigungsentschädigung im Sinne einer Treueprämie dadurch verdeutlicht wird, dass bei der Berechnung nur die Dienstjahre bei dem letzten Arbeitgeber zugrunde gelegt werden und deshalb die tatsächlich geleistete Lebensarbeitszeit des Arbeitnehmers keine angemessene Berücksichtigung findet, *Barassi*, Il diritto del lavoro, volume primo, 1935, S. 376.

[1139]   *Ichino*, Il diritto del lavoro nell'Italia repubblicana, S. 56.

[1140]   Die Methoden von damals dürften den heutigen nicht unähnlich sein, z. B. Anordnung unliebsamer Arbeiten, Zuordnung zu einem bestimmten Vorgesetzten, unregelmäßige Lohnzahlung, u.a; vgl. zur Druckausübung durch den Arbeitgeber mit dem Ziel, den Arbeitnehmer zur freiwilligen Aufgabe des Arbeitsverhältnisses zu veranlassen, LAG Köln vom 27. 10. 2011 – 7 Sa 147/11, in: beck-online.

[1141]   *De Luca Tamajo/Sparano*, Digesto delle discipline privatistiche, Sezione commerciale, 1992, 344 ff, Nr. 1 Origine e natura giuridica del T. F. R., zitiert nach Pluris online;

Des Weiteren machte Art. 10 Abs. 4 Angestelltenvertragsgesetz 1924 die Höhe der Kündigungsentschädigung nur vom letzten Monatsgehalt abhängig. Dies führte dazu, dass der Angestellte an einer möglichst langen Dienstzeit interessiert war, um mit steigendem Gehalt eine höhere Kündigungsentschädigung zu erreichen. Diese Regelung erzeugte somit für den Angestellten einen wirtschaftlichen Anreiz zur dauerhaften Betriebstreue.[1142]

Dahinter stand die Vorstellung des Gesetzgebers, dass das Arbeitsverhältnis von einem Über-/Unterordnungsverhältnis geprägt sei und dass sich der Angestellte der Herrschaftsstellung des Arbeitgebers unterzuordnen habe.[1143] Der Gesetzgeber ging davon aus, dass der Angestellte entweder vom ersten Tag seines Berufslebens an treu im Betrieb ausharrte, um am Ende dort die Pensionierung zu erleben, oder dass ihm vorher unverschuldet gekündigt wurde.[1144] Die Ausgestaltung der Kündigungsentschädigung führte dazu, dass der Arbeitgeber nicht ernsthaft befürchten musste, jedem Angestellten bei Beendigung des Anstellungsvertrages eine Abfindung bezahlen zu müssen; vielmehr konnte er noch immer Einfluss auf den Eintritt der Auszahlungsvoraussetzungen nehmen. Trotz vollmundigen Versprechens des Regimes, für mehr soziale Gerechtigkeit zu sorgen,[1145] konnte der Arbeitgeber über Kündigung und Kündigungsentschädigung entscheiden, er blieb der „Herr im Haus". Nur der Angestellte, der sich dauerhaft unterordnete, konnte seine Kündigung vermeiden und dadurch mit der Entschädigung rechnen. Dem Regime war es gelungen, dem Angestelltenvertragsgesetz 1924 einen sozialen Anstrich zu geben, ohne die Arbeitgeber über Gebühr zu belasten.

Das Angestelltenvertragsgesetz 1924 brachte zwei wesentliche Neuerungen: Zum einen wurde der Anwendungsbereich der Kündigungsentschädigung auf alle Angestellten erweitert und zum anderen klargestellt, dass den Angestellten bei der betriebsbedingten Kündigung sowohl die Einhaltung der Kündigungsfrist als auch die Zahlung einer Kündigungsentschädigung zusteht. Diese Verbesserungen gaben dem Gesetz einen sozialen Anstrich und sollten dadurch das Vertrauen in das faschistische Regime fördern.

Giugni/De Luca Tamajo/Ferraro, Il trattamento di fine rapporto, S. 18; *Runggaldier*, DRdA 1990, 247, 249.

[1142] *Giugni/DeLuca Tamajo/Ferraro*, Il trattamento di fine rapporto, S. 18.
[1143] *Giugni/DeLuca Tamajo/Ferraro*, Il trattamento di fine rapporto, S. 18.
[1144] *Klein*, in: Runggaldier, Abfertigungsrecht, S. 509; *Santoro-Passarelli*, Il trattamento di fine rapporto, S. 5.
[1145] Vgl. Fn. 1120.

VI.   1942: Art. 2120 c. c. – Abfindung für Dienstjahre (indennità di anzianità)

1.   Umfang des Kündigungsschutzes

1942 trat ein neuer Codice Civile in Kraft,[1146] der bis heute Gültigkeit hat. Die Vorbereitungsarbeiten dazu begannen unmittelbar nach dem Ende des Ersten Weltkriegs. Da ursprünglich nicht geplant war, ein Buch der Arbeit in den Codice Civile aufzunehmen, wurde erst in der Endphase unter faschistischer Prägung das fünfte Buch zum Wirtschafts- und Arbeitsrecht[1147] kodifiziert.[1148] Kündigungsschutzrechtliche Regelungen enthielten lediglich Art. 2118 c. c. und Art. 2119 c. c.[1149] Wie bereits in Teil 2. der Arbeit beschrieben, betraf Art. 2119 Abs. 1 c. c. die fristlose Kündigung aus wichtigem Grund, Art. 2118 Abs. 1 c. c. die ordentliche Kündigung unter Einhaltung einer Kündigungsfrist. Bei Nichteinhaltung der Kündigungsfrist musste der Arbeitgeber dem Arbeitnehmer nach Artt. 2118 Abs. 2, 2121 c. c. eine Entschädigung zahlen (indennità di mancato preavviso).[1150] Voraussetzungen für die Wirksamkeit einer ordentlichen Kündigung, also materielle Kündigungsschutzbestimmungen, regelte der Codice Civile 1942 nicht;[1151] der Arbeitgeber konnte kündigen, ohne dass die Kündigung eines Grundes bedurfte (recesso ad nutum).[1152] Dies entspricht bis heute der aktuellen Gesetzesfassung. Die wenigen kündigungsbeschränkenden Regelungen waren Ausdruck der liberalen Prägung des Codice Civile.[1153] Eine vergleichbare Situation besteht in Deutschland. Auch hier ist der materielle Kündigungsschutz nicht im BGB, sondern in kündigungsschutzrechtlichen Spezialgesetzen geregelt.[1154]

[1146]   Königliches Dekret Nr. 262 vom 16. 03. 1942, Gazz. Uff. Nr. 79 vom 04. 04. 1942.

[1147]   Das fünfte Buch trägt den Titel Das Wirtschaftsleben („Libro V Del Lavoro"), Artt. 2060 ff. c. c.

[1148]   *Patti*, Italienisches Zivilgesetzbuch, S. VII, VIII.

[1149]   *Barassi*, Il diritto del lavoro, 1957, S. 288; *Ardau*, Corso di Diritto del Lavoro, S. 290; *Santoro-Passarelli*, Il trattamento di fine rapporto, S. 7.

[1150]   *Del Giudice/Mariani/Izzo/Solombrino*, Diritto del lavoro, S. 496.

[1151]   *Mossa*, RdA 1949, 285, 288; *Febbraro*, Statuto dei lavoratori, S. 116; *Patti*, Italienisches Zivilgesetzbuch, S. VII, VIII; *D'Agostino/Marano/Solombrino*, La riforma Fornero del lavoro, S. 140.

[1152]   *Mazzotta*, Diritto del lavoro, S. 672; *Pera*, Diritto del lavoro, S. 526; *Nicolini*, manuale di diritto del lavoro, S. 592; *Biaci/Tiraboschi*, Istituzioni di diritto del lavoro, S. 663.

[1153]   *Cendon*, Commentario al Codice Civile, Art. 2118, Nr. 1, S. 397; *Bovenberg*, Kündigung und Kündigungsschutz im italienischen Arbeitsrecht, S. 1; *Cendon*, Lavoro, S. 108.

[1154]   Vgl. zur „Dekodifikation" des Codice Civile 1942 durch Sondergesetze *Patti*, Italie-

2. Regelungen zur Abfindung

Mussolini war bewusst, dass nicht nur die Arbeiterklasse, sondern auch weite Teile der Öffentlichkeit den Faschismus ablehnten.[1155] Zur Festigung seiner Macht und zur vollständigen Auflösung der noch vorhandenen Strukturen des liberalen Staates war das Regime auf Unterstützung aller gesellschaftlichen Kreise angewiesen. So versprach *Mussolini* bereits vor seinem Marsch auf Rom der Wirtschaft freie Hand mit einer liberalen Wirtschaftspolitik.[1156] 1925 nahm er Kontakt mit dem Kirchenstaat auf, 1929 kam es zum Abschluss der Lateranverträge. Darin erkannte das Regime die Souveränität des Papstes über den Vatikanstaat an und erklärte den Katholizismus zur Staatsreligion.[1157] Durch diese Einigung mit der Kirche konnte *Mussolini* seine Herrschaft im katholischen Italien erheblich stärken. Der Arbeiterschaft versprach das Regime das Ende des Klassenkampfes. Der kooperative Staat, in dem Vertreter der Arbeiter und der Arbeitgeber unter Aufsicht staatlicher Beamter im Interesse der Produktion und der sozialen Gerechtigkeit zusammenarbeiteten, sollte die Abschaffung der Klassenkonflikte und die Beendigung des Kampfes zwischen Arbeiterschaft und Kapital bewirken.[1158] Freiheit für die Wirtschaft und soziale Gerechtigkeit für die Arbeiter waren die Versprechen, mit denen sich das Regime mit den Unternehmen und der Arbeiterklasse arrangieren wollte.[1159] Der staatlichen Lenkung von Löhnen und Arbeitsbedingungen standen jedoch noch die mächtigen Gewerkschaftsorganisationen und deren Streikpotential im Wege.

Im Oktober 1925 gelang *Mussolini* nach Ernennung eines bekannten Streikführers zum Parteisekretär des *Partito Nazionale Fascista* der Abschluss des Palazzo-Vidoni-Pakts (Patto di Palazzo Vidoni).[1160] Darin sicherten sich der Unternehmerverband *Confindustria* und die faschistischen Gewerkschaften den alleinigen Vertretungs- und Anerkennungsanspruch für die Arbeitgeber und die Arbeitnehmer zu.[1161] Nicht-faschistischen Gewerkschaften war somit der Abschluss von Kollektivverträgen verwehrt. Sie konnten keine Arbeitsbedingun-

---

nisches Zivilgesetzbuch, S. VII.

[1155] *Procacci*, Geschichte Italiens und der Italiener, S. 361.
[1156] *Procacci*, Geschichte Italiens und der Italiener, S. 358; *Schumann*, Geschichte Italiens, S. 225.
[1157] *Procacci*, Geschichte Italiens und der Italiener, S. 361.
[1158] *Parker*, Das Zwanzigste Jahrhundert, S. 157.
[1159] *Parker*, Das Zwanzigste Jahrhundert, S. 159.
[1160] *Stramaccioni*, Storia d'Italia, S. 170; *Schumann*, Geschichte Italiens, S. 226.
[1161] *Tilly*, Arbeit-Macht-Markt, S. 330; *Schumann*, Geschichte Italiens, S. 226; *Procacci*, Geschichte Italiens und der Italiener, S. 360.

gen mehr für ihre Mitglieder vereinbaren und wurden dadurch bedeutungslos. Wenige Monate später erließ das Regime das sogenannte Gewerkschaftsgesetz (legge sindacale), das die Tarifautonomie aufhob, nur den faschistischen Gewerkschaften das Monopol der Arbeitnehmervertretung zuerkannte und das Streikrecht abschaffte.[1162] Da der Staat nunmehr die Arbeitsbedingungen selbst bestimmen konnte, erließ der Große Rat des Faschismus (Gran Consiglio del Fascismo)[1163] 1927 die Charta der Arbeit (Carta del Lavoro).[1164] Dabei handelte es sich um eine Propagandaerklärung, die die bestehenden arbeitsrechtlichen Grundsätze, zu denen sich die kollektiven Vertragspartner gemeinsam mit der Regierung bekannten, zusammenfasste.[1165] Nach Erklärung XVII Charta der Arbeit 1927 sollte jedem Arbeitnehmer im Falle einer von ihm nicht verschuldeten Kündigung das Recht auf eine Kündigungsentschädigung zustehen.[1166] Dies war nicht neu, sondern entsprach Art. 10 Angestelltenvertragsgesetz 1924; Erklärung XVII stellte jedoch klar, dass allen Arbeitnehmern, somit auch den

---

[1162] Gesetz Nr. 563 vom 03. 04. 1926, Gazz. Uff. Nr. 87 vom 14. 04. 1926, „Disciplina giuridica dei rapporti collettivi del lavoro"; *Pera*, Diritto del lavoro, S. 32; *Tilly*, Arbeit-Macht-Markt, S. 330; *Stramaccioni*, Storia d'Italia, S. 171; *Mazzotta*, Diritto del lavoro, S. 8.

[1163] Der große Rat des Faschismus wurde im Dezember 1922 gegründet und war das höchste Parteiorgan der nationalfaschistischen Partei (PNF Partito Nazionale Fascista), *Melis*, Digesto delle discipline pubblicistiche 1991, 262, Nr. 1. La marcia su Roma e la continuità dello Stato, zitiert nach Pluris online; *Pera*, Diritto del lavoro, S. 30; *Stramaccioni*, Storia d'Italia, S. 162.

[1164] Die Charta der Arbeit wurde durch den großen Rat des Fachismus am 21. 04. 1927 verabschiedet und in der Gazz. Uff. Nr. 100 am 30. 04. 1927 veröffentlicht, *Pisani*, Lavoro (controversie individuali in materia di), Nr. 3. L'avvento del fascismo. La legge n. 563 del 1926 e la riconduzione delle controversie di lavoro nell'ambito della giurisdizione ordinaria: le leggi del 1928 e del 1934, zitiert nach Pluris online; *Bono*, La collocazione sistematica del patto di prova, S. 23; *Santoro-Passarelli*, Dall'indennità di anzianità al trattamento di fine rapporto, S. 25; *Pera*, Diritto del lavoro, S. 30.

[1165] *Mazzotta*, Diritto del lavoro, S. 8; *Tilly*, Arbeit-Macht-Markt, S. 331.

[1166] Erklärung XVII Charta der Arbeit 1927 lautet:
Nelle imprese a lavoro continuo il lavoratore ha diritto, in caso di cessazione dei rapporti di lavoro per licenziamento senza sua colpa, ad un'indennità proporzionata agli anni di servizio. Tale indennità è dovuta anche in caso di morte del lavoratore. (In Unternehmen mit Dauerarbeitsplätzen steht dem Arbeitnehmer das Recht auf eine Entschädigung entsprechend seiner Beschäftigungsdauer zu, wenn das Arbeitsverhältnis durch eine Kündigung, die der Arbeitnehmer nicht verschuldet hat, aufgelöst wird. Die gleiche Entschädigung steht dem Arbeitnehmer auch im Todesfall zu). Der vollständige Text der Charta der Arbeit 1927 ist als pdf abrufbar auf dem Portal des Fachbereichs für Geschichte der Universität Mailand unter http://www.historia. unimi.it/sezione/fonti/codificazione/cartalavoro.pdf, Abruf am 15. 02. 2013.

Arbeitern, das Recht auf eine Kündigungsentschädigung zustand. Dies zeigt, wie fest die Zahlung einer Entschädigung am Ende des Arbeitsverhältnisses im Bewusstsein der Gesellschaft verankert war und dass sie auch von den faschistischen Machthabern im Kündigungsrecht anerkannt wurde. Dem Leitbild der Charta der Arbeit 1927 folgend, übernahmen die staatlich gelenkten Tarifparteien das Rechtsinstitut der Kündigungsentschädigung in ihre Kollektivverträge und dehnten seine Anwendung auf die Gruppe der Arbeiter aus.[1167] Da die faschistisch geprägte Charta der Arbeit 1927 die Grundlage darstellte, auf der der arbeitsrechtliche Teil des Codice Civile neu kodifiziert wurde,[1168] wurde das Recht auf eine Entlassungsentschädigung 1942 in den Codice Civile aufgenommen, nämlich in Art. 2120 c. c. 1942 mit der neuen Bezeichnung „Abfindung für Dienstjahre" (indennità di anzianità).[1169] Diese Abfindung stand nach Art. 2120 Abs. 1 HS 1 c. c. 1942 nunmehr jedem Arbeitnehmer zu, also sowohl dem Angestellten als auch dem Arbeiter.[1170] Voraussetzung war nach Art. 2120 Abs. 1 HS 2 c. c. 1942 allerdings, dass der Arbeitnehmer die Kündigung nicht selbst verschuldete und dass keine Eigenkündigung vorlag.[1171] Die Höhe der Abfindung bestimmten nach Art. 2120 Abs. 3 c. c. 1942 die Kollektivverträge oder die Gebräuche in den jeweiligen Handels- und Gewerbevereinigungen.[1172] Berechnungsgrundlagen waren die Anzahl der Dienstjahre, das letzte Gehalt und die Eingruppierungsstufe des ausscheidenden Arbeitnehmers.[1173] Zur Berechnung des Abfindungsbetrages wurde die Anzahl der Dienstjahre mit dem zuletzt bezogenen Monatsgehalt multipliziert.[1174] Die Voraussetzungen der Abfindung entsprachen somit im Wesentlichen noch immer denen der Kündi-

---

[1167] *Barassi*, Il diritto del lavoro, 1957, S. 336, 337; *Pera*, Diritto del lavoro, S. 563; *Runggaldier*, DRdA 1990, 247, 248; *Santoro-Passarelli*, Dall'indennità di anzianità al trattamento di fine rapporto, S. 26; *Cendon*, Commentario al Codice Civile, Art. 2120, Nr. 1, S. 447; *Barassi*, Il diritto del lavoro, volume secondo, 1936, S. 441; *Del Punta*, Diritto del lavoro, S. 64.

[1168] *Mossa*, RdA 1949, 285, 286, 287; *Biagi/Tiraboschi*, Istituzioni di diritto del lavoro, S. 23.

[1169] Italienisches Zivilgesetzbuch (1942), Übersetzung von 1968, dort Art. 2120. Abfindung für Dienstjahre.

[1170] *Santoro-Passarelli*, Il trattamento di fine rapporto, S. 5, 6; *Giugni/De Luca Tamajo/ Ferraro*, Il trattamento di fine rapporto, S. 20; *Parker*, Das Zwanzigste Jahrhundert, S. 160.

[1171] *Barassi*, Il diritto del lavoro, 1957, S. 351, 355; *Biagi/Tiraboschi*, Istituzioni di diritto del lavoro, S. 671; *Hueck/Nipperdey*, Lehrbuch des Arbeitsrechts, S. 1029.

[1172] *Barassi*, Il diritto del lavoro, 1957, S. 370 ff.

[1173] Art. 2120 Abs. 3 c. c. (in der Fassung von 1942) „...in relazione alla categoria alla quale appartiene il prestatore di lavoro." („...unter Berücksichtigung der Gruppe, zu der der Arbeitnehmer gehört.").

[1174] *Pera*, ZIAS 1987, 291, 311; *De Rosa*, Il trattamento di fine rapporto, S. 21; *Santoro-*

gungsentschädigung nach Art. 10 Abs. 4 Angestelltenvertragsgesetz 1924. Die Berechnung der Abfindung auf der Basis des letzten Monatsgehalts führte bei langjährigen, betriebstreuen Mitarbeitern zu hohen Abfindungen.[1175] Durch die Ausschlussgründe und die Berechnungsmethode konnte der Arbeitgeber leistungsstarke, gut ausgebildete Mitarbeiter an sich binden und von einem Arbeitsplatzwechsel abhalten.[1176] Die Regelung des Art. 2120 c. c. 1942 verfolgte daher noch immer das ursprüngliche Ziel, nur den betriebstreuen Arbeitnehmer paternalistisch zu belohnen bzw. den untreuen abzustrafen.[1177] Von dem Versprechen des Regimes, für einen gerechten Ausgleich im Arbeitsverhältnis zu sorgen, blieb – jedenfalls hinsichtlich der Abfindung für Dienstjahre – nicht viel übrig. Die Aufhebung der Tarifautonomie entmachtete die Arbeiterschaft und ihre Vertretungen. Die Arbeiter mussten sich dem staatlich geregelten Lohndiktat unterwerfen. Durch die Ausdehnung des Anwendungsbereichs der Abfindung für Dienstjahre auf Angestellte und Arbeiter waren alle Arbeitnehmer gezwungen, sich in die vorgegebenen Bedingungen einzufügen, um nicht den Verlust der Abfindung befürchten zu müssen. So vermittelte die gesetzliche Regelung den Eindruck eines sozial gerechten Ausgleichs, führte in Wahrheit aber zur Unfreiheit aller Arbeitnehmer.

Im Vergleich zur Kündigungsentschädigung nach dem Angestelltenvertragsgesetz 1924 enthielt die Abfindung für Dienstjahre insoweit eine Neuerung, als es Art. 2120 Abs. 2 c. c. 1942 den Tarifvertragsparteien erlaubte, vom Ausschlusstatbestand der Eigenkündigung zu Gunsten des Arbeitnehmers abzuweichen.[1178] Den Tarifvertragsparteien war es dadurch möglich, die Zahlung auch für den Fall zu vereinbaren, dass der Arbeitnehmer selbst kündig-

---

Passarelli, Il trattamento di fine rapporto, S. 18; *Cendon*, Commentario al Codice Civile, Art. 2120, Nr. 1.5, S. 449.

[1175] *Castellino/Fornero* sprechen von einem Berechnungsmechanismus nach der Art von Altersversorgungsplänen (defined benefits), *Castellino/Fornero*, Il TFR: Una Coperta Troppo Stretta, Argomenti di Discussione 01/2000.

[1176] *Biagi/Tiraboschi*, Istituzioni di diritto del lavoro, S. 671; *Romagnoli*, RDL 1968, 278.

[1177] *Pera*, Diritto del lavoro, S. 564; *Santoro-Passarelli*, Il trattamento di fine rapporto, S. 5, 6; *Runggaldier*, DRdA 1990, 247, 249; *Biagi/Tiraboschi*, Istituzioni di diritto del lavoro, S. 671. *Rebhahn* stellt fest, dass „die gesetzliche Abfertigung … auf (paternalistischen) christlich-sozialen Vorstellungen" beruhe und „vor allem in katholisch geprägten Ländern vorkomme. Protestantische Länder würden mehr die Eigenverantwortung oder die Verantwortung der Allgemeinheit (Arbeitslosenunterstützung) nach Ende des Arbeitsverhältnisses betonen.", *Rebhahn*, RdA 2002, 272, 282, mit weiteren Nachweisen.

[1178] *Barassi*, Il diritto del lavoro, 1957, S. 357; *Santoro-Passarelli*, Il trattamento di fine rapporto, S. 7.

te.[1179] Stand dem Arbeitnehmer die Abfindung auch bei Eigenkündigung zu, bedeutete dies aber, dass es sich nicht um eine reine Treueprämie handeln konnte. Der Schuldgrund lag in diesem Fall nicht mehr in der Hinnahme der arbeitgeberseitigen Kündigung. Die Tariföffnung ist somit ein erstes Anzeichen im Gesetz, dass der Schuldgrund der Abfindung für Dienstjahre nicht nur in der erzwungenen Betriebstreue des Arbeitnehmers lag, sondern auf der Arbeitsleistung des Arbeitnehmers selbst beruhte und daher als Vergütung geschuldet war. Die Tariföffnung verkörperte in Übereinstimmung mit der Charta del Lavoro 1927 das Verständnis des Gesetzgebers, dass der Arbeitnehmer am Ende seines Arbeitsverhältnisses mit einer (Nach-)Zahlung rechnen konnte. Aus heutiger Sicht kann man feststellen, dass die Tariföffnungklausel nach Art. 2120 Abs. 2 c. c. 1942 im Vergleich zum Angestelltenvertragsgesetz 1924 eine wesentliche Änderung war, die den Grundstein für die Entwicklung der Abfindung in ein Element der monatlichen Vergütung darstellte.

In der Tariföffnung kam auch die Entscheidung des Gesetzgebers zum Ausdruck, das Institut der Abfindung gegenüber sachlichen Kündigungsbeschränkungen zu bevorzugen. Den Tarifvertragsparteien wurde lediglich hinsichtlich der Erweiterung des Anwendungsbereichs der Abfindung für Dienstjahre eine ausdrückliche Normsetzungsbefugnis gewährt, im Hinblick auf unmittelbare Kündigungsbeschränkungen aber nicht. Dies zeigt, dass die liberale Idee der Vertragsfreiheit im Arbeitsrecht des Codice Civile 1942 fortlebte.

Nach Auflösung der Tarifautonomie diente die staatlich gelenkte Festlegung von Arbeitsbedingungen, die auch eine Abfindung bei Vertragsbeendigung vorsah, dem Machterhalt des Regimes. Im Codice Civile 1942 lebte die Idee der Vertragsfreiheit im Arbeitsrecht fort. Anstelle von sachlichen Kündigungsbeschränkungen ging der Gesetzgeber den traditionellen Weg der Abfindung weiter und setzte die Abfindung für Dienstjahre nach Art. 2120 c. c. 1942 in Kraft. Diese Regelung hatte einen sozialen Anstrich, führte aber in ihrer ersten gesetzlichen Ausprägung noch nicht zur Unabhängigkeit der Arbeitnehmer.

[1179] *Romagnoli*, RDL 1968, 278, 279, 289.

VII. 1966: KSchG 1966 Festlegung von Rechtsvorschriften für Einzelkündigungen (Norme sui licenziamenti individuali)

1. Umfang des Kündigungsschutzes

Die fünfziger und sechziger Jahre des vorigen Jahrhunderts waren die Zeit des Wirtschaftsaufschwungs, in Deutschland Wirtschaftswunder und in Italien miracolo economico genannt.[1180] Die Industrie, insbesondere das im Norden Italiens gelegene Industriedreieck zwischen Mailand, Turin und Genua, benötigte dringend Arbeitskräfte und musste Anreize für attraktive Beschäftigungsverhältnisse schaffen. Dazu gehörte aus Sicht der Arbeitnehmer, damals wie heute, neben der angemessenen Vergütung auch die Sicherheit des Arbeitsplatzes, die wegen der Kündigungsfreiheit des Arbeitgebers nicht bestand. Da der Arbeitnehmer einer ständigen Kündigungsgefahr ausgesetzt war, hing der Verlust seiner Einkommensquelle „wie ein Damoklesschwert" über ihm.[1181] Die Arbeitgeber, die aus wirtschaftlichen Gründen ein eigenes Interesse an attraktiven Arbeitsbedingungen hatten, schlossen mit den Gewerkschaften, die seit 1952 Regelungen zur Einschränkung der Kündigungsfreiheit forderten,[1182] Tarifverträge, die die Kündigung des Arbeitgebers vom Vorliegen eines sachlichen Rechtfertigungsgrundes abhängig machten.[1183] So sahen z. B. die Einigungen der Spitzenverbände der Arbeitgeber- und Gewerkschaftsseite (accordi interconfederali) vom 18. 10. 1950 und vom 29. 04. 1965 für den Fall einer nicht gerechtfertigten Kündigung vor, dass der Arbeitgeber den Arbeitnehmer entweder wieder einstellte oder statt dessen Schadensersatz leistete.[1184]

[1180]   *Stramaccioni*, Storia d'Italia, S. 259; vgl. SPIEGEL – Report über das italienische Wirtschaftswunder: Vom Wohlstand bedrängt, in: Der SPIEGEL, Heft 52/1963, S. 68 ff.

[1181]   „come una spada di Damocle", Sitzungsprotokoll der Abgeordnetenkammer vom 15. 06. 1965, N. 2452-302-1855-A, S. 7 (Atti Parlamentari, Camera dei Deputati, IV Legislatura – Documenti – Disegni di Legge e Relazioni – Seduta del 15. giugno 1965).

[1182]   *Mariucci*, Le fonti del diritto del lavoro, S. 36; Sitzungsprotokoll der Abgeordnetenkammer vom 13. 05. 1970, N. 2452-302-1855-A, S. 17429 (Atti Parlamentari, Camera dei Deputati, V Legislatura – Discussioni – 281. Seduta antimeridiana del 13 maggio 1970).

[1183]   *Pera*, Diritto del lavoro, S. 528; *Biagi/Tiraboschi*, Istituzioni di diritto del lavoro, S. 664; *Däubler*, AuR 1971, 189 Fn. 4; *Hueck/Nipperdey*, Lehrbuch des Arbeitsrechts, S. 1029; *D'Agostino/Marano/Solombrino*, La riforma Fornero del lavoro, S. 140.

[1184]   Tarifvertrag vom 07. 08. 1947, neugefasst durch Vereinbarung vom 18. 10. 1950, *Ichino*, Il diritto del lavoro nell'Italia repubblicana, S. 66; *Pera*, Diritto del lavoro, S. 531, 528, mit Verweis auf die Einigung der Spitzenverbände der Arbeitgeber- und Gewerkschaftsseite (accordi interconfederali) vom 29. 04. 1965 (Einzelkündigungen) und vom 05. 05. 1965 (Massenentlassungen); *Mazzoni*, Manuale di diritto del lavoro,

Zusätzlich nutzten die Tarifvertragsparteien die in Art. 2120 Abs. 2 c. c. 1942 enthaltene Tariföffnungsklausel, um tarifvertraglich zu vereinbaren, dass die Abfindung für Dienstjahre dem Arbeitnehmer auch im Fall der Eigenkündigung zustand. Die Tarifvertragsparteien wollten dadurch ein Eingreifen des Gesetzgebers in die Tarifautonomie vermeiden; sie wollten selbst über Art und Umfang des Kündigungsschutzes des Arbeitsverhältnisses entscheiden.[1185] Nach umfangreicher arbeitsrechtlicher Gesetzgebung stand dann in den sechziger Jahren[1186] die Einführung von Kündigungsschutzbestimmungen durch den Gesetzgeber doch an.[1187] Ähnlich wie die CDU im Nachkriegsdeutschland war die DC (Democrazia Cristiana) die führende Volkspartei in Italien, die die Regierungen stellte.[1188] Nach einer 1960 eingeleiteten Öffnung der DC nach links (apertura a sinistra)[1189] bildete sich nach den Parlamentswahlen 1963 unter *Aldo Moro* eine Mitte-Links-Koalitionsregierung (centro-sinistra), in der auch die Sozialisten vertreten waren.[1190] Diese Regierungskoalition bestand bis 1968.[1191] Die Entwicklung der Nachkriegsphase führte bei den Unternehmen zu einem starken Aufschwung, während das Lohnniveau bei der Arbeiterschaft niedrig blieb. Es zeigte sich, dass Industrie und Arbeiterschaft in Italien unterschiedlich vom Wirtschaftswunder profitierten: Die im Vergleich zu anderen europäischen Staaten niedrigeren Löhne und ein nur schwach ausgeprägtes soziales Sicherungssystem ließen in der Gesellschaft das Bewusstsein für ein soziales Ungleichgewicht zwischen Unternehmern und Arbeiterschaft entstehen.[1192] Auf das Wirtschaftswunder folgte Anfang der 1960er-Jahre eine Phase der Rezession, die vor allem kleinere Firmen in Schwierigkeiten brachte und zu einem Rückgang der Beschäftigungsverhältnisse führte.[1193] Nachdem auch das Verfassungsgericht im Hinblick auf Art. 4 Cost. eine Begrenzung

---

S. 676, 680, 528; *Bovenberg*, Kündigung und Kündigungsschutz im italienischen Arbeitsrecht, S. 1; *Hausmann*, in: *Di Majo/Kindler/Hausmann*, Produkthaftung Handelsvertreter Arbeitsrecht, S. 67; *Mazzotta*, Diritto del lavoro, S. 687.

1185   *Biagi/Tiraboschi*, Istituzioni di diritto del lavoro, S. 665; *Pera*, Diritto del lavoro, S. 528.
1186   *Ichino*, Il diritto del lavoro nell'Italia repubblicana, S. 59.
1187   *Biagi/Tiraboschi*, Istituzioni di diritto del lavoro, S. 665.
1188   *Köppl*, Das politische System Italiens, S. 58, 62; *Scharzkopf/Witz*, Italien-Ploetz, S 194.
1189   *Scharzkopf/Witz*, Italien-Ploetz, S 194.
1190   *Stramaccioni*, Storia d'Italia, S. 270; *Scharzkopf/Witz*, Italien-Ploetz, S 194; *Köppl*, Das politische System Italiens, S. 62.
1191   Regierung Aldo Moro in der IV Legislaturperiode (1963 bis 1968), Quelle: http://www.senato.it/leg/16/BGT/Schede/Ddliter/dossier/38222_dossier.htm, Abruf am 15. 02. 2013.
1192   *Stramaccioni*, Storia d'Italia, S. 276; *Scharzkopf/Witz*, Italien-Ploetz, S 193.
1193   *Stramaccioni*, Storia d'Italia, S. 272.

des freien Kündigungsrechts des Arbeitgebers angemahnt hatte,[1194] leitete die
Mitte-Links-Regierung neben umfangreichen Reformen im Wirtschafts- und
Sozialbereich[1195] auch eine Reform des Kündigungsschutzes ein. Der Entwurf
eines Kündigungsschutzgesetzes, der von mehreren Ministerien gemeinsam
eingebracht wurde, begründete die Notwendigkeit gesetzlicher Regelungen
mit der sozialen Verantwortung des Staates gegenüber der Arbeiterschaft.[1196]
Hinter dieser Begründung stand die Erkenntnis, dass Vertragsfreiheit und
Tarifautonomie, auf die der Staat bislang gesetzt hatte, nicht in der Lagen
waren, das strukturelle Ungleichgewicht zwischen Arbeitgeber und Arbeitnehmer zu beseitigen. Die Kündigungsfreiheit nach Art. 2118 c. c. 1942 nutzte
in der Rezession, in der es mehr Arbeitsuchende als Arbeitsplätze gab, dem
Interesse des Arbeitgebers an der Betriebsfortführung, ließ den Arbeitnehmer
aber durch Wegfall seiner Einkommensquelle unfrei werden.[1197] Hinzu kam,
dass die Tarifverträge nur für die Arbeitnehmer galten, die Mitglieder der
jeweiligen Gewerkschaft waren.[1198] Für die anderen Arbeitnehmer, die die
Mehrheit darstellten, galten diese Tarifnormen nicht; sie waren daher ohne
Kündigungsschutz.[1199] Aus diesen Gründen verabschiedete der Gesetzgeber
1966 das erste Kündigungsschutzgesetz.[1200] Wie bei dem kurz zuvor abgeschlossenen Tarifvertrag vom 29. 04. 1965, der dem Gesetzgeber als Vorlage
diente,[1201] machte das Kündigungsschutzgesetz 1966 die Wirksamkeit der ordentlichen Kündigung nach Artt. 1, 3 KSchG 1966 fortan vom Vorliegen eines

---

[1194]   Corte Cost. vom 26. 05. 1965, Nr. 45, dort Nr. 4 der Gründe, zitiert nach Pluris online;
        Ichino, RIDL, 2006, 353, 354.
[1195]   *Stramaccioni*, Storia d'Italia, S. 271–276.
[1196]   Sitzungsprotokoll der Abgeordnetenkammer vom 15. 06. 1965, S. 3, 4 (Atti Parla-
        mentari, Camera dei Deputati, IV Legislatura – Documenti – Disegni di Legge e
        Relazioni – Seduta del 15. giugno 1965).
[1197]   Sitzungsprotokoll der Abgeordnetenkammer vom 15. 06. 1965, N. 2452-302-1855-A,
        S. 4 (Atti Parlamentari, Camera dei Deputati, IV Legislatura – Documenti – Disegni
        di Legge e Relazioni – Seduta del 15. giugno 1965).
[1198]   *Cendon*, Lavoro, S. 109; dabei soll es sich um ca. 3 Mio. Arbeitnehmer gehandelt ha-
        ben, Sitzungsprotokoll der Abgeordnetenkammer vom 03. 05. 1966, S. 22730, 22749,
        22752 (Atti Parlamentari, Camera dei Deputati, IV Legislatura – Discussioni – Seduta
        del 03. maggio 1966).
[1199]   Sitzungsprotokoll der Abgeordnetenkammer vom 15. 06. 1965, N. 2452-302-1855-A,
        S. 3,4 (Atti Parlamentari, Camera dei Deputati, IV Legislatura – Documenti – Disegni
        di Legge e Relazioni – Seduta del 15. giugno 1965).
[1200]   Gesetz Nr. 604 vom 15. 07. 1966, Gazz. Uff. Nr. 195 vom 06. 08. 1966, im Folgenden
        KSchG 1966 genannt.
[1201]   *Ichino*, Il diritto del lavoro nell'Italia repubblicana, S. 67; *Pessi*, Lezioni di diritto del
        lavoro, S. 47; *Biagi/Tiraboschi*, Istituzioni di diritto del lavoro, S. 665.

objektiv oder subjektiv rechtfertigenden Grundes abhängig.[1202] Beruhte die Kündigung nicht auf einem rechtfertigenden Grund, hatte der Arbeitgeber nach Art. 8 Abs. 1 KSchG 1966 a. F. lediglich eine schuldrechtliche Verpflichtung, den Arbeitnehmer wieder einzustellen oder ersatzweise Schadensersatz zu leisten. Die Höhe des Schadensersatzes war nach Art. 8 Abs. 1 Satz 1 KSchG 1966 a. F. damals auf fünf bis zwölf Monatsgehälter limitiert,[1203] obwohl die rechtswidrige Kündigung zu einer Unterbrechung des Arbeitsverhältnisses von mehreren Jahren führte.[1204]

Das KSchG 1966 schützte den Arbeitnehmer also trotz Rechtswidrigkeit der Kündigung nicht vor dem Verlust des Arbeitsplatzes; es gewährte noch keinen Bestandsschutz. Die Entscheidung des Gesetzgebers, dem Arbeitgeber das Wahlrecht zwischen Wiedereinstellung und Schadensersatz einzuräumen, machte deutlich, dass er noch immer vom Prinzip der Kündigungsfreiheit im Arbeitsverhältnis ausging. Bei dem Gesetz handelte es sich daher mehr um ein Abfindungsgesetz als um ein Kündigungsschutzgesetz.

Aus den Sitzungsprotokollen der Abgeordnetenkammer zum KSchG 1966 ergibt sich, dass 1963 einige Abgeordnete einen Entwurf eines Kündigungsschutzgesetzes vorstellten, der damals aber keine Mehrheit fand. Nach Artt. 1, 9 dieses Minderheitenentwurfs war vorgesehen, dass eine Kündigung, die nicht auf einen rechtfertigenden Grund gestützt werden konnte, unwirksam war und das Arbeitsverhältnis nicht beendete. Der Minderheitenentwurf gewährte dem Arbeitgeber also kein Wahlrecht.[1205] Die Begründung des Minderheitenentwurfs ging rechtsvergleichend auch auf das deutsche Kündigungsschutzgesetz 1951 ein. Dieses wurde so verstanden, dass das Arbeitsgericht, falls die Kündigung nicht sozial gerechtfertigt war, den Arbeitgeber zu einer hohen Strafe

---

[1202]   Vgl. Artt. 1 und 3 KSchG 1966; *Febbraro*, Statuto dei lavoratori, S. 116; *Mazzotta*, Diritto del lavoro, S. 16.

[1203]   *Pera*, Diritto del lavoro, S. 550

[1204]   Die Dauer der Kündigungsrechtsstreite betrug mehrere Jahre: 5–10 Jahre, *Bovenberg*, Kündigung und Kündigungsschutz im Italienischen Arbeitsrecht, S. 113 Fn. 590, mit Verweis auf *Miscione*, Lav. Giur. 1999, II 726, 727; 3–5 Jahre ohne das vorgeschaltete obligatorische Schlichtungsverfahren gemäß Art. 5 Gesetz KSchG 1990, *Hofmann/Coslovic*, Arbeitsrecht in Italien, Rn. 197 Fn. 5; 5 Jahre in der ersten Instanz, *Nogler*, AuR 2003, 321, 324; 3–6 Jahre in der ersten Instanz, *Schultze/Schultze*, NZA 1991, 974, 976; 2,5–3 Jahre bis zur ersten Verhandlung, *Prudentino*, Das italienische Arbeitsrecht nach den Reformen (insbes. Legge Fornero), in: *Viarengo/Petronio/Ranieri/Stürner/Prudentino*, Rechtsvereinheitlichung im Zivil- und Kollisionsrecht, S. 81, 86.

[1205]   Sitzungsprotokoll der Abgeordnetenkammer vom 15. 06. 1965, N. 2452-302-1855-A, S. 14 ff., 36 (Atti Parlamentari, Camera dei Deputati, IV Legislatura – Documenti – Disegni di Legge e Relazioni – Seduta del 15. giugno 1965).

verurteilte, ihm aber auch die Weiterbeschäftigung des Arbeitnehmers mit der Konsequenz auferlegen konnte, dass die Vergütung für die Zeit der Kündigung bis zur Weiterbeschäftigung nachgezahlt werden musste.[1206] Auch die Begründung des späteren Mehrheitsentwurfs ging auf die deutsche Rechtslage ein. Dort hieß es, dass die Kündigung unwirksam war, wenn sie nicht sozial gerechtfertigt war. Gleichzeitig bot das KSchG 1951 die Möglichkeit, dass der Arbeitnehmer vor dem Arbeitsgericht gegen die Kündigung klagen konnte; als Folge wurde angenommen, dass das Arbeitsgericht dann den Arbeitgeber zur Wiedereinstellung oder zur Zahlung einer Abfindung verurteilen kann.[1207] Dies zeigt, dass die deutsche Rechtslage nicht richtig verstanden wurde: Beide Entwürfe unterstellten fälschlicherweise ein Wahlrecht des Arbeitsgerichts zwischen Wiedereinstellung und Auflösung gegen Zahlung einer Abfindung. Der Bestandsschutzcharakter des deutschen KSchG 1951 aber wurde verkannt – eine Gefahr, die jede Rechtsvergleichung in sich birgt und vor der auch häufig gewarnt wird.[1208] Die Funktion der Rechtsvergleichung, dem italienischen Gesetzgeber Erkenntnisse für sein nationales Gesetzesvorhaben zu liefern, glückte somit beim KSchG 1966 nicht.

Das Kündigungsschutzgesetz galt nach Art. 11 Abs. 1 KSchG 1966 a. F. zunächst nur für Unternehmen, in denen mindestens 36 Arbeitnehmer beschäftigt waren.[1209] Alle Arbeitnehmer, die in kleineren Unternehmen tätig waren,

---

[1206]   Sitzungsprotokoll der Abgeordnetenkammer vom 15. 06. 1965, N. 2452-302-1855-A, S. 15 (Atti Parlamentari, Camera dei Deputati, IV Legislatura – Documenti – Disegni di Legge e Relazioni – Seduta del 15. giugno 1965).

[1207]   Sitzungsprotokoll der Abgeordnetenkammer vom 15. 06. 1965, N. 2452-302-1855-A, S. 6 (Atti Parlamentari, Camera dei Deputati, IV Legislatura – Documenti – Disegni di Legge e Relazioni – Seduta del 15. giugno 1965).

[1208]   *Haase*, JA 2005, 232, 236 mit weiteren Nachweisen.

[1209]   Art. 11 Abs. 1 KSchG 1966 (später aufgehoben durch Art. 6 Abs. 2 KSchG 1990) lautet:
    Le disposizioni della presente legge non si applicano ai datori di lavoro che occupano fino a trentacinque dipendenti e nei riguardi dei prestatori di lavoro che siano in possesso dei requisiti di legge per avere diritto alla pensione di vecchiaia o che abbiano comunque superato il 65° anno di età, fatte salve le disposizioni degli articoli 4 e 9. (Die Vorschriften des vorliegenden Gesetzes finden keine Anwendung auf Arbeitgeber, die bis zu 35 Arbeitnehmer beschäftigen, und gilt auch nicht für die Arbeitnehmer, die nach den gesetzlichen Bestimmungen die Möglichkeit haben, Altersrente zu beziehen oder die das 65. Lebensjahr vollendet haben; die Anwendbarkeit der Artt. 4 und 9 bleibt unberührt), zitiert nach *Mazzoni*, Manuale di diritto del lavoro, S. 694; *Febbraro*, Statuto dei lavoratori, S. 116; *D'Agostino/Marano/Solombrino*, La riforma Fornero del lavoro, S. 140, 141.

hatten nach wie vor keinen Kündigungsschutz.[1210] Dort konnte der Arbeitgeber frei kündigen, ohne dass der Arbeitnehmer die Möglichkeit hatte, den Kündigungsgrund arbeitsgerichtlich überprüfen zu lassen.[1211] Der Gesetzgeber begründete dies damit, dass zum einen der Arbeitgeber auf Grund der engen persönlichen Zusammenarbeit in kleineren Betrieben nur kündigte, wenn er dafür eine echte Notwendigkeit verspürte, und zum anderen der tarifvertragliche Kündigungsschutz in der Industrie ebenfalls erst bei Unternehmen, die mehr als 35 Arbeitnehmer beschäftigten, Anwendung fand.[1212] Der aus heutiger Sicht hohe Schwellenwert führte zu einer Zweiklassengesellschaft: Den Arbeitnehmern in Industriebetrieben oder Betrieben des Großhandwerks konnte nur noch bei Vorliegen eines gesetzlich anerkannten Kündigungsgrundes gekündigt werden, während die Arbeitnehmer in kleineren Betrieben dem freien Kündigungsrecht des Arbeitgebers ausgesetzt blieben. Es ist somit festzustellen, dass der hohe Schwellenwert und das Wahlrecht des Arbeitgebers dafür sorgten, dass das KSchG 1966 die Arbeitnehmer nicht vor dem Verlust der Einkommensquelle schützte; lediglich in größeren Betrieben war der Gesetzgeber aus sozialen Gründen bereit, die Kündigungsfreiheit des Arbeitgebers mittelbar einzuschränken. Das KSchG 1966 war also nicht revolutionär, sondern noch immer sehr von der Vertragsfreiheit des Codice Civile geprägt.

Das italienische Verfassungsgericht bestätigte die Wirksamkeit des Schwellenwertes; es sah darin keinen Verstoß gegen den Gleichbehandlungsgrundsatz nach Art. 3 Cost. Die unterschiedliche kündigungsschutzrechtliche Behandlung von Arbeitnehmern in Unternehmen mit bis zu 35 Arbeitnehmern und in Unternehmen mit 36 und mehr Arbeitnehmern sei gerechtfertigt, weil der Schwellenwert verhinderte, dass kleinere Unternehmen unangemessen wirtschaftlich belastet wurden und dem gekündigten Arbeitnehmer nach Art. 9 KSchG 1966 die Abfindung für Dienstjahre auch im Kleinbetrieb erhalten blieb.[1213]

In der Erkenntnis, dass die Tarifautonomie nicht ausreiche, um die wirt-

---

[1210] *Pera*, Diritto del lavoro, S. 532.
[1211] *Abele*, RIW 1991, 188, 190.
[1212] Vgl. Art. 8 Einigung der Spitzenverbände der Arbeitgeber- und Gewerkschaftsseite (accordo interconfederale) vom 18. 10. 1950; Sitzungsprotokoll der Abgeordnetenkammer vom 15. 06. 1965, N. 2452-302-1855-A, S. 10 (Atti Parlamentari, Camera dei Deputati, IV Legislatura – Documenti – Disegni di Legge e Relazioni – Seduta del 15. giugno 1965).
[1213] Corte Cost. vom 14. 04. 1969, Nr. 81, zitiert nach Pluris online; *Cendon*, Commentario al Codice Civile, Art. 2118, Nr. 2.1, S. 402.

schaftliche Unterlegenheit des Arbeitnehmers im Arbeitsverhältnis zu beseitigen, verabschiedete der Gesetzgeber das KSchG 1966. Das Gesetz war aber noch
immer vom Grundsatz der Vertragsfreiheit geprägt: Es machte die Rechtswirksamkeit der Kündigung nur in größeren Unternehmen vom Vorliegen eines
rechtfertigenden Grundes abhängig und überließ auch dort dem Arbeitgeber
die alleinige Entscheidung zwischen Wiedereinstellung und Schadensersatz.

2. Regelungen zur Abfindung

In der Zeit von 1942 bis 1966 dehnte der Gesetzgeber den Anwendungsbereich
der Abfindung für Dienstjahre nach Art. 2120 c. c. 1942 aus und erstreckte ihn
auch auf Arbeitnehmer mit befristetem Arbeitsvertrag,[1214] Lehrverhältnisse
und Hauswirtschaftsangestellte.[1215] Durch die Einbeziehung fast aller Arbeitnehmergruppen unterstützte der Gesetzgeber die in der Bevölkerung verbreite-
te Erwartung, dass der Arbeitnehmer am Ende seines Arbeitsverhältnisses mit
einer Abfindung rechnen konnte. Die Ausdehnung des Anwendungsbereichs
zeigte auch, dass der Gesetzgeber nach liberalem Prinzip die Zahlung einer
Abfindung am Ende des Arbeitsverhältnisses einer direkten Beschränkung der
Kündigungsfreiheit des Arbeitgebers vorzog.

Die Höhe der Abfindung war aber für Angestellte und Arbeiter noch unterschiedlich geregelt. Den Angestellten schrieb das Gesetz 1561/1960 mindestens
ein Monatsgehalt für jedes Dienstjahr zu, eine unterjährige Beschäftigung war
anteilig zu berücksichtigen.[1216] Dies entsprach einem Divisor von 12,0 und
damit rechnerisch 8,33 % des Jahresgehalts.[1217] Für die Arbeiter gab es in unterschiedlichen Tarifverträgen verschiedene Berechnungsmethoden, die je nach
Branche variierten. Sie konnten nur mit einer Abfindungshöhe von höchstens

---

[1214]   Art. 5 Abs. 2 Gesetz Nr. 230 vom 18. 04. 1962, Gazz. Uff. Nr. 125 vom 17. 05. 1962,
Disciplina del contratto di lavoro a tempo determinato; *Santoro-Passarelli*, Il trat-
tamento di fine rapporto, S. 8; *Bovenberg*, Kündigung und Kündigungsschutz im
Italienischen Arbeitsrecht, S. 187.

[1215]   *De Luca Tamajo/Sparano*, Digesto delle discipline privatistiche, Sezione commerciale,
1992, 344 ff, Nr. 1. Origine e natura giuridica del T. F. R., zitiert nach Pluris online;
Santoro-Passarelli, Dall'indennità di anzianità al trattamento di fine rapporto, S. 28,
29; *Falasca*, Manuale di diritto del lavoro, S. 223, 224.

[1216]   Art. 1 Gesetz Nr. 1561 vom 18. 12. 1960, Gazz. Uff. Nr. 318 vom 29. 12. 1960, Norme
relative all'indennità di anzianità spettante agli impiegati privati; *Cendon*, Commentario al Codice Civile, Art. 2120, Nr. 1, S. 447; *Pera*, Diritto del lavoro, S. 566; *Nicolini*,
manuale di diritto del lavoro, S. 593.

[1217]   *Carinci*, Diritto del lavoro, S. 586; der aktuelle Divisor in Art. 2120 Abs. 1 c. c. beträgt
13,5 und entspricht rechnerisch 7,41 % des Bruttojahreseinkommens, vgl. Fn. 542.

einem halben Monatsgehalt für jedes Dienstjahr rechnen und lagen damit weit unter der Entschädigung, die die Angestellten erhielten.[1218] Die Berechnungs-grundlagen waren für beide Arbeitnehmergruppen allerdings gleich; nach Art. 2121 c. c. 1942 waren das Grundgehalt sowie Provisionen, Leistungsprä-mien und Gewinnbeteiligungen einzubeziehen.[1219] Ebenso wurden alle Dienst-jahre berücksichtigt und Zeiten der Abwesenheit des Arbeitnehmers als Folge von Unfall oder Krankheit nicht mehr abgezogen.[1220] Schied ein Arbeitnehmer aus dem Unternehmen aus, wurde die Abfindung für Dienstjahre mit ande-ren Vergütungsbestandteilen wie zum Beispiel der Weihnachtsgratifikation und der Urlaubsabgeltung addiert und in einer Summe an den Arbeitnehmer ausgezahlt.[1221] Die Abfindung für Dienstjahre nahm allmählich den Charak-ter einer Vergütung an und wurde von den Arbeitsvertragsparteien auch so empfunden.[1222]

Der Gesetzgeber reagierte auf diese Entwicklung und verankerte den Ver-gütungscharakter der Abfindung im ersten Kündigungsschutzgesetz 1966.[1223] Art. 9 KSchG 1966 regelte, dass „dem Arbeitnehmer die Abfindung für Dienst-jahre in jedem Fall der Beendigung des Arbeitsverhältnisses" zustand.[1224] Nach Art. 9 KSchG 1966 stand dem Arbeitnehmer die Abfindung also auch im Fall der verschuldeten Kündigung oder Eigenkündigung zu. Da Art. 2120 Abs. 1 c. c. 1942 unverändert blieb und somit auch die dort geregelten Ausschluss-

1218   *Castellino/Fornero*, Il TFR: Una Coperta Troppo Stretta, Argomenti di Discussione 01/2000; *Cendon*, Commentario al Codice Civile, Art. 2120, Nr. 1, S. 447; *Runggaldier*, DRdA 1990, 247, 249; *Pera*, Diritto del lavoro, S. 566; *Nicolini*, manuale di diritto del lavoro, S. 593.

1219   *Nicolini*, manuale di diritto del lavoro, S. 594.

1220   *De Rosa*, Il trattamento di fine rapporto, S. 23 Fn. 33.

1221   Ein Beispiel der Endabrechnung eines Arbeitsverhältnisses durch die Personal-abteilung aus dem Jahr 1948 findet sich auf der Seite des Bergwerkmuseums Monte Amiata (Toskana), abrufbar unter http://www.minieredimercurio.it/index. php?option=com_content&view=article&id=43&Itemid=12&lang=it, Abruf am 04. 12. 2013.

1222   Manche Autoren schreiben der Abfindung für Dienstjahre nach Art. 2120 c. c. be-reits vor dem Jahre 1966 Vergütungcharaker zu, vgl. zum Meinungsstreit *Santoro-Passarelli*, Dall'indennità di anzianità al trattamento di fine rapporto, S. 29–33, sowie *Pera*, Diritto del lavoro, S. 564.

1223   Sitzungsprotokoll der Abgeordnetenkammer vom 15. 06. 1965, N. 2452-302-1855-A, S. 12 (Atti Parlamentari, Camera dei Deputati, IV Legislatura – Documenti – Disegni di Legge e Relazioni – Seduta del 15. giugno 1965); *Procopio*, Fondi pensione e TFR, S. 197.

1224   Vgl. Art. 9 KSchG 1966; *Cendon*, Commentario al Codice Civile, Art. 2120, Nr. 1, S. 447; *Gragnoli/Palladini*, La retribuzione, S. 546, 547; *Pera*, Diritto del lavoro, S. 564.

tatbestände in Kraft blieben, setzte der Gesetzgeber seinen Willen, den Vergütungscharakter der Abfindung für Dienstjahre in der Rechtsordnung zu verankern, nur unvollständig um. Es dauerte nur kurze Zeit, bis das italienische
Verfassungsgericht angerufen wurde und dieses die Ausschlusstatbestände
nach Art. 2120 Abs. 1 HS 2 c. c. 1942 für verfassungswidrig erklärte.[1225] Mit
knapper Begründung stellte das Verfassungsgericht fest, dass der Ausschluss
der Abfindung für Dienstjahre bei verschuldeter Entlassung oder Eigenkündigung des Arbeitnehmers dem in Art. 36 Cost. festgelegten „Recht auf eine
der Qualität und Quantität der geleisteten Arbeit entsprechenden Entlohnung"
widerspräche.[1226] Der Abfindungsanspruch des Arbeitnehmers war fortan nur
noch an die Voraussetzung der Beendigung des Arbeitsverhältnisses gebunden
und findet sich so bis heute in der aktuellen Gesetzesfassung von Art. 2120
Abs. 1 c. c. wieder. Durch den Wegfall der Ausschlusstatbestände wurde die
Abfindung der Steuerung des Arbeitgebers entzogen, ihre ursprüngliche Funktion einer paternalistischen Treueprämie aufgehoben.[1227] Im selben Urteil von
1968 qualifizierte das Verfassungsgericht die Abfindung für Dienstjahre als
Vergütung mit aufgeschobener Fälligkeit (retribuzione differita).[1228] Da nach
Art. 2120 c. c. 1942 nur das zuletzt verdiente Monatsgehalt für die Berechnung
der Abfindungshöhe relevant war, entstand das Recht auf Auszahlung der
Abfindung nach der damals herrschenden Meinung erst mit der Beendigung
des Arbeitsverhältnisses.[1229]

   In den Sitzungsprotokollen der Abgeordnetenkammer kam ganz deutlich
zum Ausdruck, dass es sich bei der Verabschiedung des KSchG 1966 um ein
Reformgesetz handelte, dessen Realisierung wenige Jahre zuvor noch un-
möglich erschien; erst das geänderte Verständnis von sozialer Gerechtigkeit

---

[1225] Corte Cost. vom 27. 06. 1968, Nr. 75, zitiert nach Pluris online.
[1226] Corte Cost. vom 27. 06. 1968, Nr. 75, zitiert nach Pluris online; *Nicolini*, manuale di
         diritto del lavoro, S. 591.
[1227] *De Luca Tamajo/Sparano*, Digesto delle discipline privatistiche, Sezione commer-
         ciale, 1992, 344 ff, Nr. 1, zitiert nach Pluris online; *Giugni/De Luca Tamajo/Ferraro*, Il
         trattamento di fine rapporto, S. 20; *Santoro-Passarelli*, Dall'indennità di anzianità al
         trattamento di fine rapporto, S. 32.
[1228] Corte Cost. vom 27. 06. 1968, Nr. 75, zitiert nach Pluris online; *Grandi/Pera*, Com-
         mentario breve alle leggi sul lavoro, Codice Civile, Art. 2120 c. c., IV, Rn. 3, S. 542;
         Del Giudice/Mariani/Izzo/Solombrino, Diritto del Lavoro, S. 523; *Cendon*, Commentario
         al Codice Civile, S. 428; *Cosenza*, Il nuovo Tfr, S. 35; *Beretta*, in: *Favalli*, Codice di
         diritto del lavoro, Art. 2120, S. 407, *Santoro-Passarelli*, Il trattamento di fine rapporto,
         S. 35–38; *Nicolini*, manuale di diritto del lavoro, S. 592; *Falasca*, Manuale di diritto
         del lavoro, S. 224.
[1229] *Gragnoli/Palladini*, La retribuzione, S. 547, 548, mit weiteren Nachweisen.

in Gesellschaft und Politik ebnete den Weg für ein Gesetz zum Schutz der Arbeitnehmer vor der freien Kündigung des Arbeitgebers.[1230] Der Entwurf des Kündigungsschutzgesetzes, auf den sich die Mehrheit der Abgeordneten verständigt hatte, wurde gemeinsam von einem Abgeordneten der Partei Democrazia Cristiana und einem Abgeordneten der Partei Partito Socialista Italiano vorgestellt.[1231] Man kann daher annehmen, dass das Gesetz nach der Veränderung der politischen Mehrheitsverhältnisse ganz wesentlich auf einer Beteiligung der Sozialisten an der Regierung beruhte.

Nach Inkrafttreten des KSchG 1966 erweiterte die Rechtsprechung die Anwendbarkeit von Art. 2120 c. c. 1942 allmählich auf weitere Arbeitsverhältnisse mit der Begründung, die Abfindung für Dienstjahre habe Vergütungscharakter.[1232] Dabei handelte es sich um die Arbeitsverhältnisse von leitenden Angestellten, von Heim- und Probearbeitern[1233] sowie um Arbeitsverhältnisse mit einer kurzen, unter einem Jahr liegenden Dauer.[1234] Art. 2120 c. c. 1942 machte die Abfindung für Dienstjahre nicht ausdrücklich davon abhängig, dass das Arbeitsverhältnis mindestens ein Jahr bestanden haben musste. Da Art. 2120 Abs. 1 c. c. 1942 nur von vollen Beschäftigungsjahren sprach („proporzionale agli anni di servizio"), enthielten einige Tarifverträge die Regelung, dass der Abfindungsanspruch bei Arbeitsverhältnissen, denen lediglich eine unterjährige Beschäftigung zugrunde lag, nicht entstand.[1235] Dies zeigt, wie sich die Abfindung für Dienstjahre zu einem allgemein anerkannten finanziellen Ausgleich, der dem Arbeitnehmer bei Beendigung des Arbeitsverhältnisses zustand, entwickelte. Dahinter standen handfeste wirtschaftliche Interessen der Arbeitnehmer: Die Abfindung für Dienstjahre nach Art. 2120 c. c. 1942 war nach wie vor für alle Arbeitnehmer, die sich nicht auf den Kündigungsschutz nach dem KSchG 1966 berufen konnten oder deren Kündigung nach dem KSchG

[1230] Sitzungsprotokoll der Abgeordnetenkammer vom 15. 06. 1965, N. 2452-302-1855-A, S. 3 (Atti Parlamentari, Camera dei Deputati, IV Legislatura – Documenti – Disegni di Legge e Relazioni – Seduta del 15. giugno 1965).

[1231] Dabei handelte es sich um Russo Spena (DC) und Loris Fortuna (PSI), Sitzungsprotokoll der Abgeordnetenkammer vom 15. 06. 1965, N. 2452-302-1855-A, S. 1, 13 (Atti Parlamentari, Camera dei Deputati, IV Legislatura – Documenti – Disegni di Legge e Relazioni – Seduta del 15. giugno 1965).

[1232] Vgl. den Überblick bei *Nicolini*, manuale di diritto del lavoro, S. 591, sowie *Falasca*, Manuale di diritto del lavoro, S. 224.

[1233] *Cendon*, Commentario al Codice Civile, Art. 2120, Nr. 1, S. 447.

[1234] Corte Cost. vom 28. 12. 1971, Nr. 304, zitiert nach Pluris online; *Santoro-Passarelli*, Il trattamento di fine rapporto, S. 9 Fn. 11; *Nicolini*, manuale di diritto del lavoro, S. 591.

[1235] *Barassi*, Il diritto del lavoro, 1957, S. 345; *Biagi/Tiraboschi*, Istituzioni di diritto del lavoro, S. 729.

1966 gerechtfertigt war, der einzige finanzielle Ausgleich bei Beendigung des Arbeitsverhältnisses; sie konnten durch die Abfindung ihren Lebensunterhalt bis zur Aufnahme eines neuen Arbeitsverhältnisses finanzieren.

Das KSchG 1966 veränderte den Charakter der Abfindung für Dienstjahre. Aus sozialen Gründen maß der Gesetzgeber der Abfindung Vergütungscharakter bei und versagte somit dem Arbeitgeber die Möglichkeit, die Abfindung als paternalistische Treueprämie zur Disziplinierung der Arbeitnehmer einzusetzen. Der Gesetzgeber wollte dadurch die Position des wirtschaftlich unterlegenen Arbeitnehmers stärken.

VIII. 1970: Art. 18 Arbeitnehmerstatut (Statuto dei lavoratori)

1. Umfang des Kündigungsschutzes

Ein Jahr nach dem KSchG 1966 beschloss die Mitte-Links-Regierung das Gesetz über das nationale Wirtschaftsprogramm für die Jahre 1966 bis 1970.[1236] Art. 41 Anhang 1 zu Gesetz 685/1967 – der mit „Statut der Rechte der Arbeitnehmer" überschrieben war – gab dem Gesetzgeber auf, im Nachgang zum KSchG 1966 die Rechte der Arbeitnehmer in der Rechtsordnung zu verankern, um die „Würde, Sicherheit und Freiheit an den Arbeitsplätzen" zu garantieren; dazu bedurfte es auch der Verabschiedung von Kündigungsschutzbestimmungen für die Individualkündigung und die Massenkündigung.[1237] Die Begründung des Gesetzesentwurfes in der Abgeordnetenkammer machte deutlich, dass das KSchG 1966 das strukturelle Ungleichgewicht zwischen Arbeitgeber und Arbeitnehmer noch nicht aufgehoben hatte, sondern vom Gesetzgeber nur als erster Schritt zur Verbesserung der Rechtsstellung der Arbeitnehmer betrachtet wurde;[1238] denn in der Realität des Fabrikalltags war der Arbeitgeber noch immer der uneingeschränkte Herr im Haus. Der (ungelernte) Arbeiter war aufgrund der arbeitsteiligen Industrieproduktion relativ einfach

---

[1236]   Gesetz Nr. 685 v. 27. 07. 1967, Gazz. Uff. Nr. 203 vom 14. 08. 1967, Approvazione del programma economico nazionale per il quinquennio 1966–1970 (Beschluss über das nationale Wirtschaftprogramm für die Jahre 1966–1970), im Folgenden Gesetz 685/1967 genannt.

[1237]   Art. 41 Abs. 1, 2 des Wirtschaftsprogramms im Anhang 1 zu Gesetz 685/1967.

[1238]   Begründung des Gesetzesentwurfes in der Abgeordnetenkammer vom 29. 09. 1966, N. 2457-A, S. 36 (Atti Parlamentari, Camera dei Deputati, IV Legislatura – Documenti – Disegni di Legge e Relazioni – Seduta del 29. settembre 1966).

austauschbar;[1239] er musste eine innerbetriebliche Versetzung akzeptieren, auch wenn die neue Tätigkeit weder seinen Kenntnissen oder Neigungen entsprach noch aus betrieblichen Gründen erforderlich war.[1240] Im Krankheitsfall konnte der Arbeitnehmer verpflichtet werden, sich dem firmeneigenen Betriebsarzt zur Kontrolle des Krankheitszustandes vorzustellen.[1241] Der Arbeitgeber durfte das innerbetriebliche Verhalten und die Leistung der Arbeitnehmer durch die Installation von audiovisuellen Anlagen ohne gesetzliche Einschränkungen kontrollieren, er war auch bei Rechtswidrigkeit der Kündigung nur einem begrenzten wirtschaftlichen Risiko ausgesetzt und konnte seinen Kündigungsentschluss immer durch Zahlung einer „Ablösesumme" durchsetzen.[1242]

Obwohl der Gesetzgeber sich durch Art. 41 Gesetz 685/1967 selbst zum Handeln verpflichtet hatte, blieb er zunächst untätig. Es fiel ihm nicht leicht, sich von der liberalen Idee der Vertragsfreiheit im Arbeitsrecht zu verabschieden und die Arbeitgeberseite beim Kündigungsschutz „in die Knie zu zwingen". Diese Zurückhaltung beruhte nicht nur auf dem Widerstand der Arbeitgeberseite. Dem Gesetzgeber fiel es schwer einzuräumen, dass der Liberalismus als eines der tragenden Prinzipien gesetzgeberischen Handelns im Arbeitsverhältnis versagt hatte. Die Verschärfung des Kündigungsschutzes zu Gunsten der Arbeitnehmer bedeutete gleichzeitig das Eingeständnis, die letzten 100 Jahre „auf das falsche Pferd gesetzt" zu haben.

Im Heißen Herbst 1969 (autunno caldo 1969)[1243] kam es in Italien zu ausgedehnten, teilweise gewaltsamen Streikmaßnahmen der Arbeitnehmer, denen sich auch die Studenten anschlossen. Diese Streikwellen hatten verschiedene Ursachen. Mit dem Wirtschaftsaufschwung der 50er und 60er Jahre war Italien in die Riege der führenden europäischen Industrieländer aufgestiegen.[1244] Die Arbeitsbedingungen in den Fabriken waren aber nahezu unverändert geblieben. Niedrige Löhne und die soeben beschriebenen Arbeitsbedingungen, die den Arbeitnehmer von der Willkür des Arbeitgebers abhängig machten,

---

1239 Begründung des Gesetzesentwurfes in der Abgeordnetenkammer vom 06. 05. 1970, N. 2133-70-A, S. 6 (Atti Parlamentari, Camera dei Deputati, V Legislatura – Documenti – Disegni di Legge e Relazioni, N. 2133-70-A, 06. 05. 1970).
1240 *Pedrazzoli*, WZB Discussion Paper 1979, S. 4.
1241 *Pedrazzoli*, WZB Discussion Paper 1979, S. 4.
1242 *Pedrazzoli*, WZB Discussion Paper 1979, S. 5.
1243 *Pera*, Diritto del lavoro, S. 42; *Pera*, ZIAS 1987, 291; *Stramaccioni*, Storia d'Italia, S. 289, 296.
1244 *Pera*, ZIAS 1987, 291; bereits in den 50er Jahren des vorigen Jahrhunderts hat die Anzahl der Arbeitnehmer in der Industrie die Anzahl der Arbeitnehmer in der Landwirtschaft überstiegen, *Nogler*, AuR 2003, 321.

führten dazu, dass sich die Arbeiterschaft vom Wirtschaftsaufschwung und den damit verbundenen Konsummöglichkeiten ausgeschlossen fühlte; der Unterschied zwischen Reich und Arm wurde als nicht mehr akzeptabel empfunden.[1245] Die Unzufriedenheit mit der sozialen Lage wuchs noch durch die extremen wirtschaftlichen Unterschiede im Nord-Süd-Gefälle.[1246] Daher ergriff die Arbeitnehmerschaft selbst die Initiative und begann, sich durch Streiks, die teilweise das gesamte öffentliche Leben lahmlegten, Gehör zu verschaffen. Die Arbeiter forderten insbesondere höhere Löhne, gesetzliche Maßnahmen gegen den Mietwucher und eine bessere Krankenversorgung.[1247] Die Streikmaßnahmen entglitten der Organisationsgewalt der Gewerkschaften und pflanzten sich als wilde Streiks fort. Die Fabrikarbeiter und Studenten fanden unter dem Slogan „Operai e studenti uniti nella lotta" (Arbeiter und Studenten vereint im Kampf)[1248] eine gemeinsame Vision, nämlich die Abschaffung der kapi-

---

[1245] *Del Punta*, Diritto del lavoro, S. 67; *Pessi*, Lezioni di diritto del davoro, S. 46.

[1246] *Treu*, GMH 1977, 558, 560.

[1247] *Voigt*, in: Die ZEIT vom 21. 11. 1969: Italiens "Heißer Streikherbst" – Die Arbeiter fordern mehr Geld aber auch eine bessere Politik: Die Frage mag sich für viele stellen, die in diesen Wochen die oft alarmierenden Berichte über erbitterte Sozialkämpfe, Demonstrationen und Unruhen in Italien verfolgen. In zeitlichen Intervallen und regionalen Abstufungen streikten oder streiken während dieses "heißen Herbstes" die über 1,2 Millionen Metallarbeiter, die 220.000 Arbeitnehmer der chemisch-pharmazeutischen Industrie, die 55.000 Ziegelarbeiter, die 120.000 Bankangestellten, die 90.000 Angestellten der städtischen Verkehrsbetriebe. Auch im Gaststättengewerbe, in den Zementwerken und in zahlreichen anderen Sektoren der Wirtschaft ist der soziale Friede gestört. Die leitenden Staatsangestellten haben ein umfangreiches Streikprogramm verkündet. Für die 900.000 Bauarbeiter konnte erst nach mehr als viermonatigen Kämpfen ein neuer Tarifvertrag vereinbart werden. Mit 24-stündigen Generalstreiks schließlich protestiert die gesamte arbeitende Bevölkerung gegen Mietwucher und unzureichende Krankenversorgung. Das Hauptmotiv der Einzelstreiks ist die Forderung nach höheren Löhnen. Sie basiert auf dem generellen sozialen Aufstiegsstreben und dem unaufhaltsamen Preisauftrieb.

[1248] *Tolomelli*, „Repressiv getrennt" oder „organisch verbündet", S. 202. Einen guten Überblick über die Studentenbewegung der 68er in Bologna findet sich auf der Seite der Stadt Bologna (Comune di Bologna) unter http://www.comune.bologna.it/iperbole/asnsmp/documenti68bologna.html, Abruf am 15. 02. 2013. Der Slogan wird zur Zeit wiederendeckt: Im Dezember 2010 haben sich die Arbeiter und Arbeiterinnen von Fiat Mirafiori mit einem offenen Brief an die Studenten und Studentinnen an den Universitäten gewandt und zu gemeinsamen Versammlungen unmittelbar in der Zeit ab dem 14. 12. 2010 aufgerufen („Lettera aperta degli operai ed operaie della fiat mirafiori agli studenti e alle studentesse dell'Università ... per questo facciamo un appello per un' assemblea lavoratori/studenti nei tempi più brevi possibili da concordare insieme subito dopo la giornata del 14 dicembre." (Offener Brief der Arbeiterinnen und Arbeiter von Fiat Mirafiori an die Studenten ... deswegen rufen wir zu einer Versammlung der Arbeiter/Studenten auf, die so kurz wie möglich

talistischen Sozialstrukturen.[1249] Es bildeten sich in den Betrieben außerhalb des Gewerkschaftssystems neue Vertretungsformen, z. B. „Studiengruppen", „Arbeiter- und Studienkollektive" oder „Einheitsbasisgruppen".[1250] In dieser Situation entschloss sich die Regierung, ihre passive Rolle aufzugeben und ihre Politik an den Interessen der Arbeiterschaft auszurichten.[1251] In der Folge wurde das zweite Kündigungsschutzgesetz vom 20. 05. 1970 verabschiedet.[1252] Dieses Gesetz garantierte nicht nur die freie Betätigung der Gewerkschaften, sondern enthielt in Art. 18 eine bahnbrechende Kündigungsschutzregelung, das Arbeitnehmerstatut (statuto dei lavoratori).[1253] Bei Rechtswidrigkeit der Kündigung konnte sich der Arbeitgeber nicht mehr „freikaufen", sondern musste den Arbeitnehmer zwingend weiterbeschäftigen; der reale Kündigungsschutz war somit erstmals gesetzlich geregelt.[1254]

Die Begründung zum Entwurf des Arbeitnehmerstatuts – wie bereits die Begründung zu Art. 41 Gesetz 685/1967[1255] – machte deutlich, dass der Gesetzgeber die bisherigen Arbeitsbedingungen in den Fabriken als überkommen betrachtete, da sie Arbeiter eher demotivierten und deshalb Leistungsfähigkeit und Wirtschaftswachstum hemmten sowie Art. 4 Cost. missachteten.[1256] Der Gesetzgeber begründete sein Handeln also mit sozialen, wirtschaftlichen und verfassungsrechtlichen Gründen. Die Entstehungsgeschichte des Arbeitnehmerstatuts zeigt aber auch, dass es erst eines äußeren Anlasses bedurfte,

---

nach dem 14. Dezember stattfinden sollte), Quelle: http://eatoniano.wordpress. com/2010/12/15/operai-e-studenti-uniti-nella-lotta/, Abruf am 15. 02. 2013.

[1249] *Tolomelli*, „Repressiv getrennt" oder „organisch verbündet", S. 202.

[1250] *Kreuzer*, Der gewerkschaftliche Einfluss auf die innerbetrieblichen Arbeitnehmervertretungsorgane im italienischen Recht, S. 19; *Pessi*, Lezioni di diritto del lavoro, S. 51 Fn. 35.

[1251] *Treu*, GMH 1977, 558, 560.

[1252] Gesetz Nr. 300 v. 20. 05. 1970, Gazz. Uff. Nr. 131 vom 27. 05. 1970, Norme sulla tutela della libertà e dignità dei lavoratori, della libertà sindacale e dell'attività sindacale nei luoghi di lavoro e norme sul collocamento (Vorschriften über den Schutz der Freiheit und Würde der Arbeitnehmer, der Gewerkschaftsfreiheit und der gewerkschaftlichen Tätigkeit am Arbeitsplatz und Vorschriften über die Arbeitsvermittlung).

[1253] *Nogler*, AuR 2003, 321; *Däubler* weist auf die „... Tatsache (hin), dass dieses Gesetz die italienische Rechtsordnung zu einem der "arbeitnehmerfreundlichsten" macht...", *Däubler*, AuR 1971, 189.

[1254] *Pera*, Diritto del lavoro, S. 43.

[1255] Vgl. Fn. 1238.

[1256] Begründung des Gesetzesentwurfes in der Abgeordnetenkammer vom 06. 05. 1970, N. 2133-70-A, S. 5 (Atti Parlamentari, Camera dei Deputati, V Legislatura – Documenti – Disegni di Legge e Relazioni, N. 2133-70-A, 06. 05. 1970).

damit der Gesetzgeber tätig wurde. Anders als beim KSchG 1966 war nicht die Beteiligung der Sozialisten an der Regierung für die Tätigkeit des Gesetzgebers ursächlich, sondern der Druck der Straße. Die Mitte-Links-Koalition war vom Ausmaß der Streikmaßnahmen überrascht;[1257] der Regierung gelang es nicht, die Herrschaft über die öffentliche Ordnung zu behalten. Der Gesetzgeber, der sich gegenüber den Sozialpartnern bislang neutral verhalten hatte und die Organisation und Durchführung von Streiks – der Forderung der Sozialisten entsprechend – in die Obhut der Gewerkschaften gelegt hatte, musste feststellen, dass diese nicht mehr in der Lage waren, für geordnete Verhältnisse zu sorgen. Am Vorabend des Arbeitnehmerstatuts stand also die Erkenntnis des Gesetzgebers, dass der Liberalismus als ordnendes Prinzip im Arbeitsrecht versagt hatte. Dies veranlasste den Gesetzgeber, seine liberale Haltung aufzugeben und durch den Erlass des Arbeitnehmerstatuts eine Kehrtwende einzuleiten. Die Vorzeichen beim Kündigungsschutz standen seitdem nicht mehr auf „frei", sondern auf „sozial".

Art. 18 Arbeitnehmerstatut galt in seiner ursprünglichen Fassung nur für Industrie- und Handelsunternehmen mit mehr als 15 Arbeitnehmern in der Produktionseinheit, in der die Kündigung ausgesprochen wurde.[1258] Der Gesetzgeber ging davon aus, dass in kleineren Betrieben das Arbeitsklima nicht von der Unpersönlichkeit und Anonymität des industriellen Großbetriebs bestimmt war[1259] und dass daher ein ordnendes Eingreifen nicht erforderlich war. Nach Artt. 18, 35 Arbeitnehmerstatut war der reale Kündigungsschutz auch anwendbar, wenn das Industrie- oder Handelsunternehmen in mehreren kleineren Produktionseinheiten in derselben Gemeinde insgesamt mehr als 15 Arbeitnehmer beschäftigte.[1260] Der auf Industrie- und Handelsunternehmen eingeschränkte Anwendungsbereich hatte zur Folge, dass das erste Kündigungsschutzgesetz 1966 nach wie vor für die Unternehmen galt, die nicht in der Industrie oder im Handel tätig waren, z. B. Dienstleistungsunternehmen,

---

[1257] Während der Legislaturperiode 1968–1972 waren die Sozialisten bis auf eine kurze Unterbrechung durchgehend an der Regierung beteiligt, *Scharzkopf/Witz*, Italien-Ploetz, S 195, 196.

[1258] *Abele*, RIW 1991, 188, 190; *Pera*, Diritto del lavoro, S. 532; *Febbraro*, Statuto dei lavoratori, S. 116; *Mazzoni*, Manuale di diritto del lavoro, S. 745; *Carinci*, Diritto del lavoro, S. 156.

[1259] Begründung des Gesetzesentwurfes in der Abgeordnetenkammer vom 06. 05. 1970, N. 2133-70-A, S. 3 (Atti Parlamentari, Camera dei Deputati, V Legislatura – Documenti – Disegni di Legge e Relazioni, N. 2133-70-A, 06. 05. 1970).

[1260] *Cendon*, Commentario al Codice Civile, Art. 2118, Nr. 2.1, S. 402; *Pera*, Diritto del lavoro, S. 532; *Mazzoni*, Manuale di diritto del lavoro, S. 745.

Ärzte, öffentlich-rechtliche Körperschaften, Versicherungen.[1261] Allerdings war die Anwendungsvoraussetzung des ersten Kündigungsschutzgesetzes von 1966, wie oben beschrieben, nach Art. 11 Abs. 1 KSchG 1966 an den Schwellenwert von mehr als 35 Arbeitnehmern geknüpft.[1262] Dies führte dazu, dass eine Vielzahl von Arbeitnehmern, nämlich diejenigen in Produktionseinheiten mit weniger als 16 Arbeitnehmern im Industrie- und Handelssektor sowie diejenigen in Betrieben mit weniger als 36 Arbeitnehmern in allen anderen Sektoren, noch immer ohne Kündigungsschutz war. Dabei handelte es sich um ca. vier bis acht Millionen Arbeitnehmer.[1263]

Aufgrund seiner unterschiedlichen Anwendungsbereiche war der Kündigungsschutz nach Inkrafttreten des Arbeitnehmerstatuts 1970 in Italien dreigeteilt.[1264]

Übersicht 10: Dreigeteilter Kündigungsschutz in Italien in der Zeit von 1970 bis 1990[1265]

Anzahl Arbeitnehmer in der Produktionseinheit	Industrie und Handel	Dienstleistung, Öffentliche Arbeitgeber, u. a.
< 15	Kein Kündigungsschutz (Kündigung ohne rechtfertigenden Grund möglich)	Kein Kündigungsschutz (Kündigung ohne rechtfertigenden Grund möglich)
16–35	Kündigungsschutz (realer Kündigungsschutz nach Art. 18 Arbeitnehmerstatut)	Kein Kündigungsschutz (Kündigung ohne rechtfertigenden Grund möglich)
> 35	Kündigungsschutz (realer Kündigungsschutz nach Art. 18 Arbeitnehmerstatut)	Kündigungsschutz (obligatorischer Kündigungsschutz nach Art. 8 KSchG 1966)

Obige Übersicht zeigt auf, dass es eine erste Gruppe von Unternehmen gab, die weder unter den Anwendungsbereich des Art. 18 Arbeitnehmerstatut noch unter den Anwendungsbereich des KSchG 1966 fielen. In diesen Unternehmen hatte der Arbeitnehmer keinen materiellen Kündigungsschutz, der

---

[1261] *Mazzoni*, Manuale di diritto del lavoro, S. 745, 746.

[1262] *Febbraro*, Statuto dei lavoratori, S. 116.

[1263] *Pera*, ZIAS 1987, 291, 293; *Abele*, RIW 1991, 188, 191 Fn. 18; Gesetzesentwurf in der Abgeordnetenkammer Nr. 1096 vom 20. 07. 1987, S. 2 (Atti Parlamentari, Camera dei Deputati, X Legislatura – Desegni di legge e relazioni, Proposta di legge N. 1096).

[1264] *Febbraro*, Statuto dei lavoratori, S. 116; *Cian/Trabucchi*, Commentario breve al codice civile, II, S. 3062; *Pera*, Diritto del lavoro, S. 532; *Cendon*, Commentario al Codice Civile, Art. 2118, Nr. 2.1, S. 402; *Carinci*, Diritto del lavoro, S. 156.

[1265] Die Übersicht ist vereinfacht, Tendenzbetriebe und landwirtschaftliche Betriebe sind nicht berücksichtigt.

Arbeitgeber konnte frei kündigen (recesso ad nutum). Die zweite Gruppe, Dienstleister u. a. mit mehr als 35 Arbeitnehmern in der Produktionseinheit, fiel unter den Anwendungsbereich des Kündigungsschutzgesetzes 1966. Die in diesen Unternehmen beschäftigten Arbeitnehmer konnten sich auf den obligatorischen Kündigungsschutz des KSchG 1966 berufen. Die dritte Gruppe stellten die Unternehmen im Industrie- und Handelsbereich dar, die mehr als 15 Arbeitnehmer beschäftigten.[1266] Nur dort galt der reale Kündigungsschutz nach Art. 18 Arbeitnehmerstatut.

Streiks der Arbeiter und Massenproteste weiter Teile der Bevölkerung zwangen den Gesetzgeber zum Handeln: Das Arbeitnehmerstatut 1970 wurde verabschiedet; es hob die liberale Haltung des Staates im Arbeitsrecht auf und enthielt neben der Garantie der gewerkschaftlichen Betätigung auch die gesetzliche Verankerung des realen Kündigungsschutzes.

2. Regelungen zur Abfindung

Nach Art. 9 KSchG 1966 stand den Arbeitnehmern in jedem Fall der Beendigung des Arbeitsverhältnisses die Abfindung für die geleisteten Dienstjahre zu. Da das Arbeitnehmerstatut von 1970 diese Regelung unberührt ließ, stand der Abfindungsanspruch auch den Arbeitnehmern zu, die sich auf den realen Kündigungsschutz nach Art. 18 Arbeitnehmerstatut berufen konnten und deren Kündigung gerechtfertigt war. Das Arbeitnehmerstatut unterstrich somit den Vergütungscharakter der Abfindung, den ihr das KSchG 1966 beigemessen hatte; die Abfindung war nicht mehr eine Sanktion für die Kündigung, sondern ein davon unabhängiger Anspruch auf Zahlung bei Beendigung des Arbeitsverhältnisses. Daneben waren aufgrund der Dreiteilung des Kündigungsschutzes in der Zeit von 1970 bis 1990 noch Millionen von Arbeitnehmern in kündigungsschutzfreien Arbeitsverhältnissen beschäftigt. Diesen stand bei Verlust des Arbeitsplatzes lediglich die Abfindung nach Art. 2120 c. c. 1942 zu. Für diese Arbeitnehmergruppe war die Abfindung für Dienstjahre nach wie vor der einzige rechtliche Schutz und finanzielle Ausgleich für den Verlust des Arbeitsplatzes; sie war deshalb für den von der Kündigung betroffenen Arbeitnehmer von existenzieller Bedeutung.

[1266] *Carinci*, Diritto del lavoro, S. 157, 4.1.2 La teoria del „parallelismo delle tutele" e il percorso della giurisprudenza nella disciplina precedente alla 1. n. 108/1990; *Abele*, RIW 1991, 188, 191 Fn. 18; *Cendon*, Commentario al Codice Civile, Art. 2118, Nr. 2.1, S. 402.

Das Arbeitnehmerstatut 1970 bestätigte die Entscheidung des Gesetzgebers, die er bereits im Rahmen des KSchG 1966 getroffen hatte. Die Abfindung für Dienstjahre war keine durch eine Kündigung ausgelöste Sanktion, sondern ein selbstständiger Vergütungsanspruch bei Beendigung des Arbeitsverhältnisses.

IX. 1982: Art. 2120 c. c. – Regelung der Abfindung bei Beendigung des Arbeitsverhältnisses (Disciplina del trattamento di fine rapporto)

Die Abfindungsberechnung nach Art. 2120 Abs. 3, Art. 2121 c. c. 1942 (indennità di anzianità) basierte auf dem letzten Gehalt, das der Arbeitnehmer erhalten hatte. Da die konkrete Abfindungshöhe von den vorangegangenen Dienstjahren und der Eingruppierungsstufe abhängig war,[1267] führte diese Regelung zu einem großen wirtschaftlichen Risiko für die Arbeitgeber, weil die Höhe der Auszahlungen nicht kalkulierbar war.[1268] Bei Abschluss des Arbeitsvertrags war weder die Dauer des Beschäftigungsverhältnisses noch die dann zum Zeitpunkt der Kündigung erreichte Eingruppierungsstufe vorhersehbar. Ebenso wenig konnte eine Prognose für künftige Tariflohnsteigerungen erstellt werden.[1269] Da deshalb die Finanzierbarkeit der Abfindung für Dienstjahre nach Art. 2120 c. c. 1942 durch die Arbeitgeberseite nicht sichergestellt war, suchte die italienische Regierung gemeinsam mit den Sozialpartnern nach einer Lösung, um das Institut der Abfindung für Dienstjahre in einer veränderten, aber finanzierbaren Form zu erhalten. Nach Vorberatungen mit den Gewerkschaften und den Arbeitgeberverbänden wurde 1977 ein Gesetz zur geänderten Berechnung der Höhe der Abfindung verabschiedet.[1270] Mit diesem Gesetz wurde die sogenannte Kontingenzzulage[1271] aus der Berechnungsgrundlage der Abfindung nach Art. 2121 c. c. 1942 gestrichen. Diese hatte die

---

[1267] *Pera*, Diritto del lavoro, S. 566.

[1268] Insbesondere in den großen Betrieben, wie z. B. Fiat, SIP, Olivetti oder Italsider, waren die finanziellen Rückstellungen für die zu erwartenden Auszahlungen auf die Abfindungen für Dienstjahre höher als das dafür zur Verfügung stehende Kapital, *Castellino/Fornero*, Il TFR: Una Coperta Troppo Stretta, Argomenti di Discussione 01/2000; *Cendon* (Hrsg.), Commentario al Codice Civile, 2011, Art. 2120, S. 1324.

[1269] *Santoro-Passarelli*, Il trattamento di fine rapporto, S. 14.

[1270] Gesetz Nr. 91 vom 31.03.1977, Gazz. Uff. Nr. 90 vom 02.04.1977, im Folgenden Gesetz 91/1977 genannt; *Amoroso/Di Cerbo/Maresca*, Diritto del lavoro, Codice Civile, Art. 2120, Nr. 1.

[1271] Indennità di contingenza (Kontingenzzulage oder Teuerungszulage).

242 Kreuzer: Die Abfindung bei Verlust des Arbeitsplatzes

Geldentwertung durch Inflation ausgeglichen und die Löhne automatisch an die gestiegenen Lebenshaltungskosten angepasst („scala mobile", gleitende Lohnskala).[1272] Die Kontingenzzulage sollte zunächst für fünf Jahre entfallen, um den Arbeitgebern die Lohnzahlung auch in Zeiten mit hohen Inflationsraten zu ermöglichen.[1273] In den Jahren 1970 bis 1985 hatte Italien mit sehr hohen Inflationsraten von bis zu 20 % zu kämpfen. So betrugen die Inflationsraten z. B. 1973 12,52 %, 1976 20,50 %, 1979 18,82 % sowie 1982 16,44 %.[1274] Die Berechnung der Abfindung ohne die Kontingenzzulage führte zu weit niedrigeren Abfindungszahlungen[1275] und stellte aus Sicht der Arbeitnehmer nicht mehr die wertgeschätzte Vergoldung der Kündigung (liquidazione d'oro)[1276] dar.

Gleichzeitig waren die Arbeitnehmer einer Verteuerung der Lebenshaltungskosten ausgesetzt. So waren zum Beispiel die Benzinpreise in Folge der Ölkrise im Jahr 1973 extrem gestiegen.[1277] Um Italien als Reiseland weiter attraktiv zu halten, konnten deutsche Touristen Benzingutscheine kaufen, um in Italien billiger tanken zu können.[1278] Die hohe Inflation stellte sowohl für die Wirtschaft als auch für die Arbeitnehmerschaft eine erhebliche Belastung dar.[1279] Das Gesetz 91/1977, mit dem die Kontingenzzulage gestrichen wurde,

---

[1272] Treu, GMH 1977, 558, 562; Pera, Diritto del lavoro, S. 571, 492; Runggaldier, DRdA 1990, 247, 250; Köppl, Das politische System Italiens, S. 243; vgl. zur Entstehung der Kontingenzzulage Barassi, Il diritto del lavoro, 1957, S. 56 ff.

[1273] Santoro-Passarelli, Il trattamento di fine rapporto, S. 15; Cendon (Hrsg.), Commentario al Codice Civile, 2011, Art. 2120, S. 1324.

[1274] Deutschland hatte im gleichen Zeitraum eine Inflationsrate von ca. 4–5 %; die Inflationsraten sind auf Grundlage des VPI (Verbraucherpreisindex) angegeben, Quelle: http://de.global-rates.com/wirtschaftsstatistiken/inflation/2010.aspx, Abruf am 15. 02. 2013.

[1275] Pera, Diritto del lavoro, S. 572.

[1276] De Luca Tamajo/Sparano, Digesto delle discipline privatistiche, Sezione commerciale, 1992, 344 ff, Nr. I., zitiert nach Pluris online; Santoro-Passarelli, Il trattamento di fine rapporto, S. 14.

[1277] Pera, ZIAS 1987, 293.

[1278] Die ZEIT vom 11. 03. 1983: Wieder Benzingutscheine für Italien-Reisende, zitiert nach ZEIT-Online, Quelle: http://www.zeit.de/1983/11/wieder-benzingutscheine-fuer-italien-reisende?page=all&print=true, Abruf am 15. 02. 2013.

[1279] Ein musikalisches Stimmungsbild der damaligen Zeit hat der berühmte Pop-Musiker Adriano Celentano 1976 für seine Fans mit dem Titelsong „Svalutation" bereits in der ersten Strophe gezeichnet: „Eh la benzina ogni giorno costa sempre di piu`, e la lira cede e precipita giu`, svalutation, svalutation. Cambiando i governi niente cambia lassu`, c'e` un buco nello Stato dove i soldi van giu`, svalutation, svalutation. Io amore mio non capisco perche`, cerco per le ferie un posto al mare e non c'e`, svalutation, svalutation. Con il salario di un mese compri solo un caffe`, gli stadi son gremiti ma la gente dov'e`, svalutation, svalutation. Mah, siamo in crisi ma, senza andare in la`, l'America e` qua." (Das Benzin kostet jeden Tag wieder mehr und die

sorgte für eine intensive politische Diskussion darüber, ob das Institut der Abfindung für den Arbeitnehmer entwertet sei.[1280] Die Arbeitnehmerschaft forderte eine Wiederherstellung des alten Zustands und hielt die Streichung für verfassungswidrig. Die Unternehmer verlangten die vollständige Abschaffung der Abfindung nach Art. 2120 c. c. 1942, da sie der Meinung waren, dass die sozialen Sicherungssysteme, insbesondere die Altersversorgung, inzwischen eine wesentliche Verbesserung erfahren hätten und mit Art. 18 Arbeitnehmerstatut ein intensiver Kündigungsschutz geschaffen worden sei, der die ursprüngliche Funktion der Abfindung obsolet werden lasse.[1281] Der Verfassungsgerichtshof erklärte das Gesetz 91/1977 im Hinblick auf die nur zeitbefristete Streichung der Kontingenzzulage für noch verfassungskonform.[1282] Trotzdem wurde auf Initiative der linken Splitterpartei „Democrazia Proletaria"[1283] eine Unterschriftenaktion für ein Referendum zur Abschaffung des Gesetzes 91/1977 eingeleitet; es kamen 800.000 Unterschriften zusammen,[1284] sodass das Referendum vom Verfassungsgerichtshof 1982 für zulässig erklärt wurde.[1285] Der Gesetzgeber musste aktiv werden und brachte kurz vor der anstehenden Volksabstimmung einen Gesetzesentwurf zur völligen Neugestaltung des Art. 2120 c. c. ein.[1286] Dieses Gesetz konnte noch am 31. 05. 1982 im offiziellen Amtsblatt der italienischen Republik (Gazzetta Ufficiale) veröffentlicht werden und ließ dadurch die auf den 13. 06. 1982 festgesetzte Volksabstimmung hinfällig werden.[1287]

Lira verfällt und stürzt ab, Entwertung, Entwertung. Die Regierungen wechseln, trotzdem ändert sich dort oben nichts, im Staat ist ein Loch, in dem das Geld verschwindet, ... Ich meine Liebe verstehe nicht warum, ich suche für die Ferienzeit einen Platz am Meer, aber es gibt keinen, ... Mit dem Lohn von einem Monat kaufst du nur einen Espresso, die Stadien sind randvoll, aber wo sind die Menschen, ... Ja, wir sind in der Krise, ohne dorthin zu gehen, Amerika ist bereits hier).

[1280] *Cendon*, Commentario al Codice Civile, Art. 2120, Nr. 1.5, S. 449; *Pera*, Diritto del lavoro, S. 572; *Nicolini*, manuale di diritto del lavoro, S. 596; *Santoro-Passarelli*, Il trattamento di fine rapporto, S. 15, 17.

[1281] *Runggaldier*, DRdA 1990, 247, 250.

[1282] Corte Cost. vom 30. 07. 1980, Nr. 142, zitiert nach Pluris online, sowie Corte Cost. vom 30. 07. 1980, Nr. 141, zitiert nach Pluris online; *Santoro-Passarelli*, Il trattamento di fine rapporto, S. 16,17; *Nicolini*, manuale di diritto del lavoro, S. 596.

[1283] *Köppel*, Das politische System Italiens, S. 62.

[1284] *Giugni/De Luca Tamajo/Ferraro*, Il trattamento di fine rapporto, S. 6.

[1285] Corte Cost. vom 10. 02. 1982, Nr. 26, zitiert nach Pluris online; *De Luca Tamajo/Sparano*, Digesto delle discipline privatistiche, Sezione commerciale, 1992, 344 ff, Nr. I., zitiert nach Pluris online; *Pera*, Diritto del lavoro, S. 573; *Nicolini*, manuale di diritto del lavoro, S. 596.

[1286] *Pera*, Diritto del lavoro, S. 573; *Runggaldier*, DRdA 1990, 247, 251; *Carinci*, Diritto del lavoro, S. 584.

[1287] *Giugni/De Luca Tamajo/Ferraro*, Il trattamento di fine rapporto, S. 7; *Pera*, Diritto del

Mit dem Gesetz über Abfindungen und Pensionen vom 29. 05. 1982 wurde Art. 2120 c. c. vollständig neu formuliert, die Berechnungsmethode geändert und die Möglichkeit der Vorschusszahlung eingeführt.[1288] Als äußeres Zeichen der Neuregelung erhielt das Rechtsinstitut die Bezeichnung trattamento di fine rapporto.[1289] Das Gesetz übernahm die gängige Rechtsprechung und legte den Grundstein für die bis heutig gültige Gesetzesfassung.[1290]

Im Gegensatz zur Berechnung der indennità di anzianità, bei der die Anzahl der Dienstjahre mit dem zuletzt bezogenen Monatsgehalt multipliziert wurde,[1291] wurde bei der Berechnung des trattamento di fine rapporto durch die Addition der einzelnen Jahresbeträge[1292] sichergestellt, dass sich unterschiedliche Gehaltsstufen während des Beschäftigungsverhältnisses in der Abfindungshöhe widerspiegelten.[1293] Zusätzlich erleichterte die jährliche Berechnung des T. F. R.-Anteils die Mobilität der Arbeitnehmer, weil ein langjährig bestehendes Arbeitsverhältnis nicht mehr zu einer überproportionalen Aufwertung der Abfindungshöhe führte.[1294] Auch die Arbeitgeberseite hatte durch die Umstellung auf die jährliche Berechnung des trattamento di fine

---

lavoro, S. 573; *Santoro-Passarelli, Il trattamento di fine rapporto*, S. 16.

[1288] Gesetz Nr. 297 vom 29. 05. 1982, Gazz. Uff. Nr. 147 vom 31. 05. 1982, Disciplina del trattamento di fine rapporto e norme in materia pensionistica, im Folgenden Gesetz 297/1982 genannt.

[1289] Art. 1 Abs. 1 Gesetz 297/1982 lautet:
1. Modifiche di disposizioni del codice civile.
L'articolo 2120 del codice civile è sostituito dal seguente:
Art. 2120 – (Disciplina del trattamento di fine rapporto). – In ogni caso di cessazione del rapporto di lavoro subordinato, il prestatore di lavoro ha diritto ad un trattamento di fine rapporto. ... (1. Änderungen von Vorschriften des Zivilgesetzbuches. Artikel 2120 c. c. wird wie folgt neu gefasst: Art.: 2120 – (Regelung der Abfindung bei Beendigung des Arbeitsverhältnisses). – In jedem Fall der Beendigung des Arbeitsverhältnisses hat der Arbeitnehmer einen Anspruch auf Zahlung einer Abfindung bei Beendigung des Arbeitsverhältnisses. ...).

[1290] Nach Art. 4 Abs. 4, 6 Gesetz 297/1982 findet Art. 2120 c. c. auf alle Arten von Arbeitsverhältnissen Anwendung, mit Ausnahme der Arbeitsverhältnisse der Arbeitnehmer, die im öffentlichen Dienst beschäftigt sind; *Cendon*, Commentario al Codice Civile, Art. 2120, Nr. 14, S. 467; *Santoro-Passarelli, Il trattamento di fine rapporto*, S. 20.

[1291] Vgl. Fn. 1173.

[1292] Vgl. Art. 2120 Abs. 1 Satz 2 c. c.

[1293] *Pera*, ZIAS 1987, 291, 311; *De Rosa, Il trattamento di fine rapporto*, S. 21; *Santoro-Passarelli, Il trattamento di fine rapporto*, S. 18; *Cendon*, Commentario al Codice Civile, Art. 2120, Nr. 1.5, S. 449.

[1294] *Santoro-Passarelli, Il trattamento di fine rapporto*, S. 16, 18; *Cendon* (Hrsg.), Commentario al Codice Civile, 2011, Art. 2120, S. 1324.

rapporto den Vorteil, dass die zu zahlenden Abfindungen kalkulierbar waren und entsprechende Rücklagen dafür gebildet werden konnten.[1295] Die Neuregelung verdeutlichte die Funktion des trattamento di fine rapporto als Vergütung und Vorsorge.[1296] Dies wurde durch die gesetzliche Formulierung „in jedem Fall der Beendigung" und durch die auf das jeweilige Jahresgehalt bezogene Berechnung erreicht.[1297] Das T. F. R. war nicht mehr als pauschale Abfindung gedacht, sondern als anwachsender Vergütungsbestandteil.[1298] Dem Vorsorgecharakter wurde dadurch Rechnung getragen, dass Art. 3 letzter Absatz Gesetz 297/1982 die Einzahlung des T. F. R. in eine Rentenkasse für zulässig erklärte.[1299] Die Einrichtung eines Garantiefonds zur Insolvenzsicherung des T. F. R. bei dem Nationalinstitut für Soziale Fürsorge (INPS)[1300] zeigte, dass das Institut des T. F. R. die Funktion einer Altersvorsorge angenommen hatte.[1301]

Mit dem Gesetz über Abfindungen und Pensionen 1982 löste der Gesetzgeber die indennità di anzianità durch das trattamento di fine rapporto ab. Die Reform war erforderlich, um die Finanzierbarkeit der Abfindung zu gewährleisten. Gleichzeitig unterstrich der Gesetzgeber die Funktion des trattamento di fine rapporto als anwachsende Vergütung und Privatvorsorge.

X. 1990: KSchG 1990 über Einzelkündigungen (Disciplina dei licenziamenti individuali)

1. Umfang des Kündigungsschutzes
Mitte der 8oer Jahre kündigte sich eine weitere Fortentwicklung des Kündigungsschutzes in Italien an. Nach fast 20-jähriger Erfahrung mit dem KSchG 1966 und dem Arbeitnehmerstatut 1970 wurden die Nachteile deutlich, die sich aus der Dreiteilung des Kündigungsschutzes ergaben. Die Arbeitgeberseite versuchte, durch Bildung von kleineren Produktionseinheiten oder Filialbe-

---

1295   *Santoro-Passarelli*, Il trattamento di fine rapporto, S. 18.
1296   *Giugni/De Luca Tamajo/Ferraro*, Il trattamento di fine rapporto, S. 36; *De Rosa*, Il trattamento di fine rapporto, S. 48, 50, 56.
1297   *De Luca Tamajo/Sparano*, Digesto delle discipline privatistiche, Sezione commerciale, 1992, 344 ff, Nr. 1, zitiert nach Pluris online.
1298   *Procopio*, Fondi pensione e TFR, S. 198.
1299   *De Rosa*, Il trattamento di fine rapporto, S. 56.
1300   Vgl. Fn. 572.
1301   *Beretta*, in: *Favalli*, Codice di diritto del lavoro, Art. 2120, Nr. 8.

trieben den realen oder obligatorischen Kündigungsschutz zu unterlaufen.[1302]
Von Gewerkschaftsseite wurde die Forderung nach einer Modernisierung
des Arbeitsverhältnisses und einer Ausdehnung des Kündigungsschutzes auf
alle Arbeitnehmer und Produktionseinheiten erhoben.[1303] Die Gewerkschaften
wollten dadurch den Kontakt zur Arbeitnehmerbasis stärken und einen weiteren Rückgang der Mitgliederzahlen verhindern. Vor diesem Hintergrund
wurden in der Abgeordnetenkammer seit 1985 verschiedene Gesetzesentwürfe
zur Reform des Kündigungsschutzes eingebracht.[1304] Die Verabschiedung eines
Reformgesetzes konnte politisch zunächst nicht erreicht werden. Daraufhin in-
itiierte im Jahr 1990 wiederum die Splitterpartei "Democrazia Proletaria" drei
Volksbegehren mit dem Ziel, die Schwellenwerte, die den Kündigungsschutz
in Kleinbetrieben nach Art. 35 Arbeitnehmerstatut a. F. sowie nach Art. 11
KSchG 1966 a. F. ausschlossen, zu beseitigen.[1305] Das italienische Verfassungsgericht erklärte im Februar 1990 eines der drei Volksbegehren nach Art. 75 Cost.
für zulässig.[1306] Als Tag zur Durchführung war der 03. 06. 1990 bestimmt.[1307]

[1302] *Allamprese*, ADL 2011, 106, 113.

[1303] *Allamprese*, ADL 2011, 106, 113.

[1304] *Ichino*, Il diritto del lavoro nell'Italia repubblicana, S. 56; *Allamprese*, ADL 2011, 106,
113; Gesetzesentwurf in der Abgeordnetenkammer Nr. 1537 vom 22. 10. 1985 (Atti
Parlamentari, Camera dei Deputati, IX Legislatura – Disegni di Legge e relazioni,
Proposta di legge N. 1537), Gesetzesentwurf in der Abgeordnetenkammer Nr. 2324
vom 11. 02. 1988 (Atti Parlamentari, Camera dei Deputati, X Legislatura – Disegni
di Legge e relazioni, Proposta di legge N. 2324), Gesetzesentwurf in der Abgeord-
netenkammer Nr. 190 vom 02. 07. 1987 (Atti Parlamentari, Camera dei Deputati, X
Legislatura – Disegni di Legge e relazioni, Proposta di legge N. 190), Gesetzesent-
wurf in der Abgeordnetenkammer Nr. 1096 vom 20. 07. 1987 (Atti Parlamentari,
Camera dei Deputati, X Legislatura – Disegni di legge e relazioni, Proposta di legge
N. 1096), Gesetzesentwurf in der Abgeordnetenkammer Nr. 3301 vom 27. 10. 1988
(Atti Parlamentari, Camera dei Deputati, X Legislatura – Disegni di legge e relazioni,
Proposta di legge N. 3301), Gesetzesentwurf in der Abgeordnetenkammer Nr. 4446
vom 21. 12. 1989 (Atti Parlamentari, Camera dei Deputati, X Legislatura – Disegni
di legge e relazioni, Proposta di legge N. 4446), Gesetzesentwurf in der Abgeord-
netenkammer Nr. 4873 vom 06. 06. 1990 (Atti Parlamentari, Camera dei Deputati,
X Legislatura – Disegni di legge e relazioni, Proposta di legge N. 4873).

[1305] *Abele*, RIW 1991, 188; *Allamprese*, ADL 2011, 106, 114 Fn. 29; *Ichino*, Il diritto del
lavoro nell'Italia repubblicana, S. 175; Corte Cost. vom 02. 02. 1990, Nr. 65, zitiert
nach Pluris online.

[1306] Corte Cost. vom 02. 02. 1990, Nr. 65, zitiert nach Pluris online; *Carinci*, Diritto del
lavoro, S. 157.

[1307] Bericht des Präsidenten der Kommission für Arbeitsrecht im Senat vom 18. 04. 1990,
S. 4 (Senato della Repubblica, X Legislatura, 11ª Commissione Permanente (lavoro,
previdenza sociale), 37º Resoconto Stenografico, 18. aprile 1990).

Um dem Referendum zuvorzukommen,[1308] reagierte auch hier der Gesetzgeber und verabschiedete bereits am 11. 05. 1990 das dritte Kündigungsschutzgesetz (KSchG 1990).[1309] Nach Art. 6 Abs. 2 KSchG 1990 wurde der Schwellenwert von 35 Arbeitnehmern in Art. 11 Abs. 1 KSchG 1966 ersatzlos gestrichen,[1310] sodass bei Produktionseinheiten bis zu 15 Arbeitnehmern der obligatorische Kündigungsschutz und ab 16 Arbeitnehmern der reale Kündigungsschutz galt.[1311] Das KSchG 1990 beendete somit die Dreiteilung des Kündigungsschutzes[1312] und führte zu der Zweiteilung, wie sie oben beschrieben wurde.[1313] Das Verhältnis von obligatorischem Kündigungsschutz zu realem Kündigungsschutz entsprach einem Verhältnis von ca. 2:9.[1314]

2. Regelungen zur Abfindung

Die Einführung des Kündigungsschutzes in allen Betrieben war auch für die gesetzlichen Abfindungsregelungen von Bedeutung. Zum einen wurde dadurch die Rechtsnatur des T. F. R. als Vergütung mit Vorsorgefunktion[1315] deutlicher hervorgehoben, weil das T. F. R. nicht mehr als direkter Kündigungsausgleich fungierte. Zum anderen veränderte Art. 2 Abs. 3 KSchG 1990 für den Arbeitgeber die Höhe des Schadensersatzes nach Art. 8 KSchG 1966 a. F., wenn er statt der Wiedereinstellung Schadensersatz wählte. Die ursprüngliche Fassung von Art. 8 KSchG 1966 orientierte sich am zuletzt gezahlten Gehalt und sah eine Abfindung in Höhe von fünf bis zwölf Monatsgehältern vor.[1316] In Anbetracht der Ausweitung des Kündigungsschutzes auf alle Unternehmen wurde zur Entlastung der kleineren Betriebe der Kompromiss gefunden, die Entschädigungshöhe zu halbieren, sodass nun eine Abfindung in Höhe von nur zweieinhalb bis sechs Monatsgehältern anfiel.[1317]

1308   *Carinci*, Diritto del lavoro, S. 157; *Ichino*, Il diritto del lavoro nell'Italia repubblicana, S. 246; *Allamprese*, ADL 2011, 106, 114.

1309   Gesetz Nr. 108 vom 11. 05. 1990, Gazz. Uff. Nr. 108 vom 11. 05. 1990 „Disciplina dei licenziamenti individuali", im Folgenden KSchG 1990 genannt.

1310   *Cian/Trabucchi*, Commentario breve al codice civile, Art. 2119, II, S. 2062; *Cendon*, Commentario al Codice Civile, Art. 2119, Nr. 2.4, S. 402–404; *Nogler*, AuR 2003, 321, 322.

1311   Vgl. Fn. 432, 490.

1312   Vgl. Fn. 1265.

1313   Vgl. Fn. 411 ff.

1314   *Nogler*, AuR 2003, 321, 323.

1315   Diese Rechtsnatur entspricht der heute herrschenden Meinung, s. Fn. 407.

1316   *Ghezzi*, RDL 1968, 255; *Pera*, Diritto del lavoro, S. 550.

1317   Bericht des Präsidenten der Kommission für Arbeitsrecht im Senat vom 18. 04. 1990,

Des Weiteren nahm das KSchG 1990 noch einen Regelungsvorschlag auf, der bereits 1985 in der Abgeordnetenkammer diskutiert worden war:[1318] den Entschädigungsanspruch des Arbeitnehmers nach Art. 18 Abs. 5 Arbeitnehmerstatut.[1319] Vor der Neuregelung war die Rechtsfolge der rechtswidrigen Kündigung nach Art. 18 Abs. 1 Arbeitnehmerstatut auf die Wiedereingliederung des Arbeitnehmers beschränkt.[1320] Die neue Fassung eröffnete dem Arbeitnehmer nun zwei Optionen, die Wiedereingliederung oder die Beendigung des Arbeitsverhältnisses gegen Zahlung einer Entschädigung von 15 Monatsgehältern.[1321] Der Arbeitnehmer konnte dadurch die Wahl von seiner persönlichen Situation abhängig machen.[1322] Hintergrund dieser Regelung war, dass die Unwirksamkeit der Kündigung aufgrund der Prozessdauer in der Regel erst Jahre nach Ausspruch der Kündigung festgestellt wurde[1323] und der Arbeitnehmer dann häufig nicht mehr an einer Wiedereingliederung im alten Betrieb interessiert war, eventuell schon einen neuen Arbeitgeber gefunden hatte.[1324] Trotz nicht gerechtfertigter Kündigung kam es in der Praxis oft nicht zur Wiedereingliederung.[1325] Der Gesetzgeber musste erkennen, dass er sein mit dem Arbeitnehmerstatut 1970 verfolgtes Ziel, das strukturelle Ungleichgewicht zwischen Arbeitgeber und Arbeitnehmer im Arbeitsverhältnis zu beseitigen, mit der gesetzlichen Anordnung der Wiedereingliederung allein nicht erreichte. Er ordnete daher für den Fall der rechtswidrigen Kündigung eine zusätzliche Sanktion an, die dem Arbeitnehmer einen – jedenfalls aus deutscher Sicht – sehr hohen Abfindungsanspruch bescherte. Die Wahl der Entschädigungsoption nach Art. 18 Abs. 5 Arbeitnehmerstatut a. F. verschaffte

---

S. 7 (Senato della Repubblica, X Legislatura, 11ª Commissione Permanente (lavoro, previdenza sociale), 37º Resoconto Stenografico, 18. aprile 1990).

[1318] *Allamprese*, ADL 2011, 106, 117 mit Verweis auf Art. 8 Gesetzesentwurf in der Abgeordnetenkammer Nr. 1537 vom 22. 10. 1985 (Atti Parlamentari, Camera dei Deputati, IX Legislatura – Disegni di legge e relazioni, Proposta di legge N. 1537).

[1319] *Pera/Papaleoni*, Diritto del lavoro, S. 617, 618; *Carinci*, Diritto del lavoro, S. 245.

[1320] Zzgl. Schadensersatz für den Annahmeverzugszeitraum nach Art. 18 Abs. 4 Arbeitnehmerstatut.

[1321] Vgl. Fn. 472.

[1322] *Garofano*, Recesso dal rapporto e tutela del lavoratore, S. 211; *Carinci*, Diritto del lavoro, S. 245; *Allamprese*, ADL 2011, 106, 117.

[1323] Vgl. Fn. 1204.

[1324] *Pera/Papaleoni*, Diritto del lavoro, S. 617.

[1325] *Nogler*, AuR 2003, 321, 324, „Arbeitnehmer, die den Prozess gewonnen haben, verzichten häufig auf die Wiedereingliederung. In der Praxis ist die Wiedereingliederung durch den Arbeitgeber meistens eine Schimäre geblieben. Der Arbeitnehmer ist psychologisch und existenziell gezwungen, sofort einen neuen Arbeitsplatz zu suchen."

dem Arbeitnehmer eine Abfindung in Höhe von 15 Monatsgehältern. Zusätzlich stand ihm für den Zeitraum von der Kündigung bis zur Ausübung seines Wahlrechts ein Schadensersatzanspruch (Annahmeverzug) zu,[1326] der nach Art. 18 Abs. 4 HS 2 Arbeitnehmerstatut a. F. mindestens fünf Monatsgehälter betragen musste. Unabhängig von der Dauer des zugrundeliegenden Arbeitsverhältnisses erhielt der Arbeitnehmer also – wenn er sich für die Entschädigung entschied – immer eine Abfindung in Höhe von wenigstens 20 Monatsgehältern.[1327] Da die Arbeitsgerichtsprozesse in der Regel aber mehrere Jahre andauerten,[1328] erreichte der Arbeitnehmer eine beendigungsbedingte Zahlung, die oft weit mehr als 20 Monatsgehälter betrug.[1329] So konnte der Arbeitnehmer zum Beispiel bei einer zweijährigen Prozessdauer eine Zahlung in Höhe von insgesamt 39 Monatsgehältern erwarten, wenn kein anderweitiger Verdienst anzurechnen war.[1330]

Dies bedeutete aber nicht, dass der Arbeitnehmer die Abfindung zur Finanzierung von Luxusgütern verwenden durfte. Er musste die Abfindung vielmehr zur Sicherung seiner Existenzgrundlage einsetzen, da die Leistungen der gesetzlichen Arbeitslosenversicherung in der Regel nicht ausreichten.[1331] So betrugen die Bezugsdauer für das Arbeitslosengeld (ALG) sechs bis neun Monate und der Leistungssatz nur 40 % der vorherigen Vergütung;[1332] eine staatliche Grundsicherung im Anschluss an das ALG I (wie in Deutschland das ALG II) wurde in Italien nicht gewährt.[1333] Man kann daher annehmen,

---

[1326] *Del Giudice/Mariani/Izzo/Solombrino,* Diritto del lavoro, S. 503; *Tillmann,* in: *Tillmann* (Hrsg.), Personalrecht in Europa, S. 278; *Nogler,* AuR 2003, 321, 324.

[1327] Berechnung: Entschädigung 15 Monatsgehälter + Schadensersatz 5 Monatsgehälter.

[1328] Vgl. Fn. 1204.

[1329] Auf den Schadensersatz ab dem sechsten Monat musste sich der Arbeitnehmer – im Unterschied zu den ersten fünf Monaten – anderweitigen Verdienst anrechnen lassen, *Del Giudice/Mariani/Izzo/Solombrino,* Diritto del lavoro, S. 503 Fn. 10, *Hausmann,* in: *Di Majo/Kindler/Hausmann,* Produkthaftung Handelsvertreter Arbeitsrecht, S. 79 Fn. 94.

[1330] Berechnung: Entschädigung 15 Monatsgehälter + fixer Schadensersatz 5 Monatsgehälter + variabler von der Prozessdauer abhängiger Schadensersatz 19 Monatsgehälter, gesamt 39 Monatsgehälter.

[1331] *Prudentino,* Das italienische Arbeitsrecht nach den Reformen (insbes. Legge Fornero), in: *Viarengo/Petronio/Ranieri/Stürner/Prudentino,* Rechtsvereinheitlichung im Zivil- und Kollisionsrecht, S. 81, 86.

[1332] Zum Vergleich Deutschland: Bezugsdauer Arbeitslosengeld sechs bis 24 Monate, Leistungssatz 67 %, Sozial-Kompass Europa, S. 136 (Deutschland), S. 138 (Italien), Stand 2005.

[1333] Sozial-Kompass Europa, S. 144 (Deutschland), S. 146 (Italien), Stand 2005. In Italien verbesserte der Gesetzgeber die Leistungen bei Arbeitslosigkeit: Die Bezugsdau-

dass die – aus deutscher Sicht – hohen Abfindungen, die der Arbeitgeber in Italien zahlen musste, auch auf die begrenzten gesetzlichen Sozialversicherungsleistungen zurückzuführen waren. Der Gesetzgeber gewährte also nur geringe Leistungen und übertrug aus liberaler Haltung die soziale Sicherung der Selbstverantwortung der Arbeitsvertragsparteien.

Die Neuregelungen des KSchG 1990 führten auch dazu, dass der reale Kündigungsschutz nach Art. 18 Arbeitnehmerstatut kein reiner Bestandsschutz mehr war, sondern zu einem abfindungsorientierten Kündigungsschutz umgestaltet wurde. Der Arbeitnehmer konnte fortan über die „Versilberung" seines Arbeitsverhältnisses entscheiden.[1334] Der Gesetzgeber veränderte dadurch den Charakter des Kündigungsschutzes. Ein Kündigungsschutz, der ausschließlich auf den Bestandsschutz gerichtet ist, zielt darauf ab, das Arbeitsverhältnis auch aus Allgemeininteresse zu erhalten, da der Bestandsschutz die materielle Situation des Arbeitnehmers und seine soziale Teilhabe an der Gesellschaft sichert. Demgegenüber gibt ein abfindungsorientierter Kündigungsschutz, der dem Arbeitnehmer die Wahl zwischen Wiedereingliederung und Entschädigung lässt, vor allem den Individualinteressen des Arbeitnehmers den Vorrang. Der Arbeitnehmer konnte fortan frei nach dem Motto „Was bringt mehr: Arbeit oder Geld?" entscheiden.

Betrachtet man die einzelnen Gesetzesentwürfe, die dem KSchG 1990 vorangingen, wird deutlich, dass die Beendigungsentschädigung nach Art. 18 Abs. 5 Arbeitnehmerstatut das Ergebnis eines Kompromisses war. Im Gesetzesentwurf Nr. 190 wurde zur Steigerung der Flexibilität der Unternehmen vorgeschlagen, die Schwellenwerte für den realen Kündigungsschutz anzuheben, für den obligatorischen Kündigungsschutz abzusenken. In beiden Fällen war als Rechtsfolge der rechtswidrigen Kündigung die Auflösung des Arbeitsverhältnisses gegen Zahlung einer Entschädigung in Höhe von 36 Monatsgehältern vorgesehen.[1335] Dem stand ein gewerkschaftsnaher Gesetzesentwurf gegenüber,

---

er betrug acht Monate, für Arbeitslose, die mindestens 50 Jahre alt waren, zwölf Monate; der Leistungssatz betrug 60 %, Quelle: Sozial-Kompass Europa, online verfügbar unter: http://www.sozialkompass.eu/laendervergleich.php?countries=it aly&levels=11&cd=a4f9a624c871fa161ca1efo5007bfe57&countrydetails=, Abruf am 25. 04. 2014; *D´Agostino/Marano/Solombrino*, La riforma Fornero del lavoro, S. 234. Im Zuge des Arbeitsmarktreformgesetzes 2012 wurde mit Wirkung ab 01. 01. 2013 eine allgemeine Arbeitslosenversicherung eingeführt; danach beträgt die Bezugsdauer für das Arbeitslosengeld nunmehr in der Regel zwölf Monate, *D´Agostino/Marano/Solombrino*, La riforma Fornero del lavoro, S. 246; vgl. Fn. 1400.

[1334]   *Amoroso/Di Cerbo/Maresca*, Diritto del lavoro, Lo Statuto dei lavoratori, Art. 18, S. 845.
[1335]   Gesetzesentwurf in der Abgeordnetenkammer Nr. 190 vom 02. 07. 1987 (Atti Par-

der eine Ausdehnung des realen Kündigungsschutzes auf alle Arbeitnehmer forderte, unabhängig von der Größe der Produktionseinheit, in der der Arbeitnehmer beschäftigt war.[1336] Dem Bericht der Kommission für Arbeitsrecht im italienischen Senat lässt sich entnehmen, dass der Gesetzestext, der schließlich die Zustimmung im Senat und in der Abgeordnetenkammer fand,[1337] ein Kompromiss aus den unterschiedlichen Interessen der großen politischen Lager war und der Abwehr des durch die Splitterpartei initiierten Referendums diente.[1338] So ist es erklärbar, dass zwar der Kündigungsschutz auf alle Arbeitnehmer ausgedehnt wurde, jedoch nicht der Maximalforderung – realer Kündigungsschutz für alle – entsprach. Das Gesetz erklärte für Produktionseinheiten, die weniger als 15 Arbeitnehmer beschäftigten, lediglich den obligatorischen Kündigungsschutz für anwendbar. Der Kompromiss zeigte sich auch darin, dass die Beendigungsentschädigung, die ursprünglich 36 Monatsgehälter betragen sollte, auf 15 Gehälter reduziert wurde.

Die Entstehungsgeschichte des KSchG 1990 verdeutlichte aber auch, dass der italienische Gesetzgeber wiederum nur auf Druck von außen tätig wurde, um Radikallösungen durch Referenden zu vermeiden. Die Zerstrittenheit der Mehrheitsparteien verhinderte eine Einigung im parlamentsinternen Gesetzgebungsverfahren. Dies führte in der Bevölkerung zu einer tiefen Unzufriedenheit mit dem politischen System und den staatlichen Institutionen. Die Unzufriedenheit war so groß, dass die Wähler bereits 1991 gegen den Widerstand der Mehrheitsparteien wiederum durch ein Referendum die Abschaffung des alten Wahlrechts, das zu einem Einzug von vielen unterschiedlichen Parteien in das Parlament und zu unklaren Mehrheitsverhältnissen bei Abstimmungen führte, erzwangen.[1339]

Da der gesetzliche Wiedereingliederungsanspruch in der Praxis nicht zum

---

lamentari, Camera dei Deputati, X Legislatura – Disegni di legge e relazioni, Proposta di legge N. 190): Der Entwurf schlug vor, die Schwellenwerte für den realen Kündigungsschutz von 15 auf 80 Arbeitnehmer anzuheben, für den obligatorischen Kündigungsschutz von 35 auf 19 Arbeitnehmer abzusenken.

[1336]   *Allamprese*, ADL 2011, 106, 116.

[1337]   Im Gesetzgebungsverfahren müssen beide Parlamentskammern einem Gesetz zustimmen (Zweikammerstruktur, "bicameralismo perfetto"), *Köppl*, Das politische System Italiens, S. 121, 131.

[1338]   Bericht des Präsidenten der Kommission für Arbeitsrecht im Senat vom 18. 04. 1990, S. 5 (Senato della Repubblica, X Legislatura, 11° Commissione Permanente (lavoro, previdenza sociale), 370 Resoconto Stenografico, 18. aprile 1990); *Ichino*, Il diritto del lavoro nell'Italia repubblicana, S. 246; *Allamprese*, ADL 2011, 106, 116.

[1339]   *Köppl*, Das politische System Italiens, S. 77, 101, 102, 117.

Schutz der Einkommensquelle des rechtswidrig gekündigten Arbeitnehmers führte, veränderte der Gesetzgeber daher den Kündigungsschutz nach dem Arbeitnehmerstatut 1970 von einem „reinen" Bestandsschutz in einen abfindungsorientierten Kündigungsschutz. Er rückte dadurch die Individualinteressen des Arbeitnehmers in den Mittelpunkt des Kündigungsschutzes.

XI.   2007: Reform der Zusatzrente (Disciplina delle forme pensionistiche complementari)

Bereits 1993 wurde eine Rechtsverordnung erlassen,[1340] die es dem Arbeitnehmer erlaubte, seinen T. F. R. in eine private Zusatzrente in Form eines Pensionsfonds (fondi pensione) einzuzahlen.[1341] Damit war der Weg vorgezeichnet für eine weitere Entwicklung des trattamento di fine rapporto zu einem Bestandteil des italienischen Altersversorgungssystems.

Um die Jahrtausendwende wurde auf EU-Ebene die Situation der Renten im Hinblick auf die steigende Lebenserwartung und die sich verändernde Alterspyramide untersucht. Dabei wurde festgestellt, dass von den 15 Mitgliedstaaten in Zukunft Italien den höchsten Altersabhängigkeitsquotienten[1342] haben wird und dieser von 26 % im Jahr 2000 auf über 60 % im Jahr 2050 ansteigen wird.[1343] In Folge dieser Untersuchung übermittelte das Europäische Parlament

---

[1340]   Gesetzgebungsdekret Nr. 124 vom 21. 04. 1993, Gazz. Uff. Nr. 40 vom 27. 04. 1993, im Folgenden Gesetzgebungsdekret 124/1993 genannt.

[1341]   *Procopio*, Fondi pensione e TFR, S. 18; *Carinci/De Luca Tamajo/Tosi/Treu*, Diritto del lavoro, S. 358; *Riva*, Compendio di diritto del lavoro, S. 252, 253; *Biagi/Tiraboschi*, Istituzioni di diritto del lavoro, S. 730; *Del Giudice/Mariani/Izzo/Solombrino*, Diritto del lavoro 2012, S. 514.

[1342]   Der Altersabhängigkeitsquotient bezeichnet das Verhältnis der wirtschaftlich abhängigen Altersgruppen (Personen, die noch nicht bzw. nicht mehr im erwerbsfähigen Alter sind) zur Bevölkerung im erwerbsfähigen Alter. In den Industriestaaten geht man aufgrund der meist längeren Ausbildungszeiten häufig von einem produktiven Alter zwischen 20 und 65 Jahren aus, Quelle: Berlin-Institut für Bevölkerung und Entwicklung, http://www.berlin-institut.org/online-handbuchdemografie/glossar. html, Abruf am 15. 02. 2013.

[1343]   Mitteilung der Kommission an den Rat, das Europäische Parlament, den Europäischen Wirtschafts- und Sozialausschuss und den Ausschuss der Regionen – Entwurf zum gemeinsamen Bericht der Kommission und des Rates über angemessene und nachhaltige Renten vom 17. 12. 2002, KOM/2002/0737endg., zitiert nach EUR-Lex, dort Suchnummer 52002DC0737, dort ANHANG-Zusammenfassende Länderberichte, dort DEUTSCHLAND und ITALIEN: Danach betrugen die Ausgaben für das gesetzliche Rentensystem in Deutschland im Jahre 2000 10,8 % des Bruttoin-

den Mitgliedsstaaten eine Entschließung über die angemessenen und nachhaltigen Renten.[1344] Spezifische Prognoserechnungen für die Rentenentwicklung in Italien – ausgehend von 35 Jahren Beitragszahlung in die staatliche Rente – sagten voraus, dass die staatliche Rente (previdenza pubblica) von 67,3 % im Jahr 2000 auf 48,1 % im Jahr 2050 fallen wird.[1345]

Übersicht 11: Prognose der Rentenentwicklung[1346]

Prognose der Rentenentwicklung (Verhältnis der Rente zum letzten Arbeitseinkommen in %)						
	2000	2010	2020	2030	2040	2050
Staatliche Rente	67,3	67,1	56	49,6	48,5	48,1
Private Zusatzrente	0	4,7	9,4	14,5	16,7	16,7
Summe	67,3	71,8	65,4	64,1	65,2	64,8

Fonte: Rapporto sulle strategie nazionali per i futuri sistemi pensionistici (2002).
Quelle: Bericht über die nationalen Strategien für die zukünftigen Pensionssysteme (2002).
Annahmen: Staatliche Rente: Arbeitnehmer in privaten Unternehmen mit einem Lebensalter von 60 Jahren
und 35 Jahren Beitragszahlungen in die staatliche Rente.
Private Zusatzrente: Es wird eine Beitragszahlung von 9,25 % des monatlichen Einkommens zugrunde gelegt,
das sich aus dem T. F. R. (6,91 %) und zusätzlichen Beiträgen in Höhe von 3,24 %, die zu gleichen Teilen jeweils
von dem Arbeitgeber und dem Arbeitnehmer übernommen werden, zusammensetzt.

Da der Staat nach Art. 38 Abs. 2 der italienischen Verfassung verpflichtet ist, den Arbeitnehmern angemessene Altersrenten zu gewährleisten,[1347] sah sich der Gesetzgeber in der Pflicht und leitete u. a. eine Reform der privaten Zusatzrente ein.[1348] Zur Sicherstellung von angemessenen Altersrenten nahm er mit Unterstützung der Sozialpartner und Gewerkschaften[1349] eine Neuordnung

---

landsproduktes, in Italien im Jahr 2000 13,8 % des Bruttoinlandsproduktes; für Deutschland war eine Steigerung im Jahr 2050 auf 14,9 % prognostiziert, für Italien eine Steigerung im Jahr 2033 auf 16 %.

[1344]   Amtsblatt der Europäischen Union vom 26. 03. 2004, C77E/251, P5_TA(2003)0406.

[1345]   *Cosenza*, Il nuovo Tfr, S. 89 Fn. 104.

[1346]   Übersicht nach *Cosenza*, Il nuovo Tfr, S. 89.

[1347]   *Del Giudice/Mariani/Izzo/Solombrino*, Diritto del lavoro, S. 530; vgl. zur Vereinbarkeit der Rentenreform mit Art. 38 italienische Verfassung *De Rosa*, Il trattamento di fine rapporto, S. 193–199.

[1348]   *Riva*, Compendio di diritto del lavoro 2011, S. 253; Gesetz Nr. 243 vom 23. 08. 2004, Gazz. Uff. Nr. 222 vom 21. 09. 2004, „Norme in materia pensionistica e deleghe al Governo nel settore della previdenza pubblica, per il sostegno alla previdenza complementare e all' occupazione stabile e per il riordino degli enti di previdenza e assistenza obbligatoria", im Folgenden Gesetz 243/2004 genannt.

[1349]   So bewirbt z. B. der Autonome Südtiroler Gewerkschaftsbund (ASGB) die Zusatz-

des Altersversorgungssystems vor. Im Jahr 2005 wurde das Rentenreformgesetz verabschiedet[1350] und trat mit Wirkung zum 01. 01. 2007 in Kraft.[1351] Ziel des Reformgesetzes war es, die Vielzahl der verschiedenen privaten Zusatzrenten zusammenzuführen und ihre Finanzierung durch die T. F. R.-Anteile zu ermöglichen.[1352] Zur Sicherung einer ausreichenden Altersrente sollte neben die staatliche Rente eine private Zusatzrente treten. Die Arbeitnehmer konnten die freiwillige Zusatzrente in privat finanzierte Pensionsfonds (fondi pensione) einzahlen, die nach Artt. 4, 18 Gesetzgebungsdekret 252/2005 durch die Aufsichtsbehörde COVIP (Commissione di vigilanza sui fondi pensione) zugelassen waren.[1353] Die COVIP ist eine Körperschaft öffentlichen Rechts, die nach Art. 16 Gesetzgebungsdekret 124/1993 im Zuge der Einführung der Zusatzrente im Jahr 1993 errichtet wurde.[1354] Da die Zusatzrentenfonds nach Art. 8 Gesetzgebungsdekret 252/2005 hauptsächlich durch das T. F. R. finanziert werden,[1355] müssen die privaten Rentenfonds nach Art. 6 Gesetzgebungsdekret 252/2005 so verwaltet werden, dass die Art und Weise der Vermögensanlage für die Fondsmitglieder transparent ist, die Vermögensverwaltung unabhängig

---

rente wie folgt: „Das lohnbezogene Rentensystem, welches bisher eine angemessene Rente gewährt hat, ist nämlich ein Auslaufmodell und wird nach und nach vom Beitragssystem ersetzt. Die Renten werden dann nur mehr anhand der eingezahlten Beiträge berechnet und werden somit viel niedriger ausfallen. Dass eine solche Rente kaum zum Leben reichen wird, ist schon heute sicher. Daher ist es ratsam und notwendig, die Abfertigung für den Aufbau einer Zusatzrente zu verwenden. Nur mit einer Zusatzvorsorge kann der gewohnte Lebensstil auch im Rentenalter beibehalten werden. Mit der Abfertigungs- und Zusatzrentenreform, die am 01. Jänner 2007 in Kraft getreten ist, sind die geeigneten Rahmenbedingungen dafür geschaffen und erweitert worden.", Quelle: http://www.asgb.org/content.asp?L=2&IdMen=236, Abruf am 30. 06. 2011.

1350 Gesetzgebungsdekret Nr. 252 vom 05. 12. 2005, Gazz. Uff. Nr. 289 vom 13. 12. 2005, „disciplina delle forme pensionistiche complementari", im Folgenden Gesetzgebungsdekret 252/2005 genannt, geändert durch Gesetz Nr. 296 vom 27. 12. 2006, Gazz. Uff. Nr. 299 vom 27. 12. 2006, im Folgenden Gesetz 296/2006 genannt; Ausführungsvorschriften enthalten die Ministerialerlasse Nr. 1 und Nr. 2 vom 30. 01. 2007, Gazz. Uff. Nr. 26 vom 01. 02. 2007, im Folgenden Ministerialerlass 1/2007 und Ministerialerlass 2/2007 genannt.

1351 Art. 1 Abs. 749 Gesetz 296/2006; *Del Giudice/Mariani/Izzo/Solombrino*, Diritto del lavoro, S. 531.

1352 *Toffoletto/Pucci*, Diritto del lavoro, S. 275.

1353 *Toffoletto/Pucci*, Diritto del lavoro, S. 277; vgl. auch Quelle: http://www.covip.it, Abruf am 15. 02. 2013.

1354 vgl. auch Quelle: http://www.covip.it, Abruf am 15. 02. 2013.

1355 *Del Giudice/Mariani/Izzo/Solombrino*, Diritto del lavoro, S. 532.

und eigenständig erfolgt, die Rentabilität der Anlage vergleichbar ist und die Mitglieder fortlaufend über ihre Vermögenswerte informiert werden.[1356] Nach Art. 2120 Abs. 1, 4 c. c. steht dem Arbeitnehmer ein Anspruch auf Auszahlung des T. F. R. erst am Ende des Arbeitsverhältnisses zu. Dieser Anspruch blieb formal unangetastet, der Gesetzgeber überlässt die Einzahlung der T. F. R.-Anteile in einen Zusatzrentenfonds nach Art. 1 Abs. 2 Gesetzgebungsdekret 252/2005 der Entscheidung des Arbeitnehmers.[1357] Dieser muss aber Angaben über die Verwendung seines T. F. R. machen,[1358] und zwar auf einem Formular, das dafür vom Arbeits- und Sozialministerium herausgegeben wurde.[1359] Die Entscheidung des Arbeitnehmers ist deshalb wichtig, weil sie zu zwei sehr unterschiedlichen Konsequenzen führt. Entscheidet sich der Arbeitnehmer dafür, seinen T. F. R. in die private Zusatzrente einzuzahlen (assenso esplicito),[1360] erhält er bei Eintritt in die Rente eine zusätzliche monatliche Rentenzahlung. Ist der Arbeitnehmer gegen die Einzahlung in eine private Zusatzrente (rifiuto esplicito),[1361] verbleiben seine T. F. R.-Anteile im Vermögen des Unternehmens und werden am Ende des jeweiligen Arbeitsverhältnisses in einer Summe ausgezahlt.[1362]

Zur Gewährleistung einer angemessenen Rentenhöhe ist die Überführung des T. F. R. in die Zusatzrente politisch erwünscht.[1363] Das Gesetzgebungsde-

---

1356   *Toffoletto/Pucci*, Diritto del lavoro, S. 278.

1357   *Del Giudice/Mariani/Izzo/Solombrino*, Diritto del lavoro, S. 530; *Santoro-Passarelli*, Il trattamento di fine rapporto, S. 128 Fn. 1 mit Verweis auf Art. 1 Abs. 2 sowie Art. 3 Abs. 3 Gesetzgebungsdekret 252/2005; *Riva*, Compendio di diritto del lavoro 2011, S. 253.

1358   Art. 8 Abs. 7 Gesetzgebungsdekret 252/2005, Art. 1 Abs. 765 Satz 3 Gesetz 296/2006.

1359   Das Formular T. F. R. 1 mussten die Arbeitnehmer verwenden, die sich bereits vor dem 31. 12. 2006 in einem Arbeitsverhältnis befanden, das Formular T. F. R. 2 die Arbeitnehmer, die erst nach dem 31. 12. 2006 im Rahmen eines Arbeitsverhältnisses eingestellt wurden, TFR E FONDI PENSIONE, S. 11, S. 16 T. F. R. 1, S. 18 T. F. R. 2; die Formulare befinden sich im Anhang.

1360   *Del Giudice/Mariani/Izzo/Solombrino*, Diritto del lavoro, S. 532, 535; *Riva*, Compendio di diritto del lavoro 2011, S. 254.

1361   *Del Giudice/Mariani/Izzo/Solombrino*, Diritto del lavoro, S. 532, 535; *Riva*, Compendio di diritto del lavoro 2011, S. 254.

1362   Zwar wurde zwischen der Regierung, dem Arbeitgeberverband Confindustria und den drei großen Gewerkschaften CGIL, CISL, UIL Einvernehmen über die Einführung der freiwilligen Zusatzrente erzielt, jedoch gab es auf Seiten kleinerer Gewerkschaften Widerstand gegen die „Liquidation" des T. F. R., z. B. durch die FLMU Federazione Lavoratori Metalmeccanici Uniti sowie CUB Confederazione Unitaria di Base, Quelle: http://www.flmutim.it/Comunicati/Toscana/TFR%20071206.pdf, Abruf am 15. 02. 2013.

1363   *Riva*, Compendio di diritto del lavoro 2011, S. 253.

kret 252/2005 sieht dafür zwei Möglichkeiten vor. Nach Art. 8 Abs. 7a Gesetzgebungsdekret 252/2005 soll der Arbeitnehmer innerhalb von sechs Monaten
nach Arbeitsbeginn seine Entscheidung unter Verwendung des amtlichen
Formulars schriftlich mitteilen. Lässt er die Frist verstreichen, ohne die schriftliche Erklärung abgegeben zu haben, so gilt sein Schweigen nach Art. 8 Abs. 7b
Gesetzgebungsdekret 252/2005 als fiktive Zustimmung zur Übertragung des
T. F. R. in die Zusatzrente („silenzio-assenso").[1364] Der Arbeitnehmer kann also
eine Erklärung ausdrücklich oder stillschweigend abgeben. Auf diese Weise
hat der Gesetzgeber das in Art. 1 Abs. 2 Gesetzgebungsdekret 252/2005 aufge-
stellte Prinzip der Freiwilligkeit formal gewahrt; denn der Arbeitnehmer hat
die Möglichkeit, sich gegen die Überführung auszusprechen.[1365] Die Entscheidung gegen die Überführung, also das T. F. R. im Unternehmensvermögen zu
belassen, ist zu späterer Zeit noch widerrufbar.[1366] Die Entscheidung für die
Überführung des T. F. R. in die Zusatzrente ist dagegen unwiderruflich.[1367]
Den Arbeitgebern obliegt nach Art. 8 Abs. 8 Gesetzgebungsdekret 252/2005 die
Pflicht, die Arbeitnehmer über ihr Wahlrecht und die Rechtsfolgen umfassend
aufzuklären. Umfangreiche Beratungen und Informationskampagnen führten
nach Inkrafttreten der Rentenreform zum 01. 01. 2007 auch Regierung, Arbeitgeberverbände und Gewerkschaften durch.[1368] Beide Regelungsmechanismen
– die Entscheidung zur Überführung des T. F. R. durch Schweigen sowie die
Unwiderrufbarkeit der Überführungsentscheidung – zeigen klar das Ziel des
Gesetzgebers, möglichst viele Arbeitnehmer „freiwillig" in die private Zusatzrente zu bringen. Dies wird auch von Arbeitgeberseite und den Gewerkschaften unterstützt, nicht zuletzt dank Ausgleichsmaßnahmen für beide Seiten.[1369]
Stand der T. F. R.-Anteil den Arbeitgebern bisher wie Eigenkapital ständig zur

---

1364   *Amoroso/Di Cerbo/Maresca*, Diritto del lavoro, Codice Civile, Art. 2120, Nr. 1.1.; *Santoro-Passarelli*, Il trattamento di fine rapporto, S. 130, Nr. 1.2.; *Carinci/De Luca Tamajo/
Tosi/Treu*, Diritto del lavoro, S. 358; *Del Giudice/Mariani/Izzo/Solombrino*, Diritto del
lavoro, S. 532, 535; *Riva*, Compendio di diritto del lavoro 2011, S. 254.

1365   *Santoro-Passarelli*, Il trattamento di fine rapporto, S. 132; *Riva*, Compendio di
diritto del lavoro 2011, S. 254.

1366   Art. 7 a Gesetzgebungsdekret 252/2005; *Del Giudice/Mariani/Izzo/Solombrino*, Diritto
del lavoro, S. 533.

1367   Art. 7 a Gesetzgebungsdekret 252/2005; *Del Giudice/Mariani/Izzo/Solombrino*, Diritto
del lavoro, S. 533.

1368   So fand zum Beispiel seit 2011, jeweils im Mai, der Nationale Tag der Vorsorge
(Giornata Nazionale della Previdenza) in Mailand statt, Quelle: http://www.gior-
natanazionaledellaprevidenza.it/, Abruf am 18. 04. 2014.

1369   Vgl. Art. 10 Gesetzgebungsdekret 252/2005, Art. 1 Abs. 764 Gesetzgebungsdekret
296/2006.

Verfügung,[1370] weil er erst bei Beendigung des Arbeitsverhältnisses ausgezahlt werden musste, änderte sich durch die Reform die Situation. Die Überführung der T. F. R.-Anteile aus dem Betrieb in den Zusatzrentenfonds bedeutete nun für die Unternehmen eine erhebliche Reduzierung des zur Verfügung stehenden Kapitals.[1371] Daher wurde für die Arbeitgeber die Kreditaufnahme erleichtert und durch Änderung des Steuerrechts die Möglichkeit geschaffen, dass Rückstellungen für die abzuführenden T. F. R.-Anteile gebildet werden können.[1372] Für die Arbeitnehmer, die ihren T. F. R. in die private Zusatzrente einzahlen, wurde nach Art. 11 Abs. 6 Gesetzgebungsdekret 252/2005 ebenfalls eine Steuerbegünstigung eingeführt.[1373] Außerdem konnten Arbeitgeberverbände und Gewerkschaften einen gemeinsamen Rentenfonds gründen, in dem die Arbeitgeber die T. F. R.-Anteile regelmäßig aufstocken, um für die Arbeitnehmer einen Überführungsanreiz zu schaffen.[1374] Diese Fonds werden professionell gemanagt mit dem Ziel, eine höhere Rendite als den gesetzlichen Aufwertungsanteil nach der T. F. R.-Berechnung zu erreichen.[1375] Da

---

[1370] *Carinci/De Luca Tamajo/Tosi/Treu*, Diritto del lavoro, S. 359; *Santoro-Passarelli*, Il trattamento di fine rapporto, S. 92; *Riva*, Compendio di diritto del lavoro, S. 193; *Del Giudice/Mariani/Izzo/Solombrino*, Diritto del lavoro, S. 534; *Wesselmann*, Betriebliche Altersversorgung in der Republik Italien und der Bundesrepublik Deutschland, S. 50, 52; *Klammer* weist darauf hin, dass die Höhe der Rückstellungen je nach Betriebsgröße zwischen 4,3 % und 7 % der Bilanzsumme beträgt, *Klammer*, Alterssicherung in der Europäischen Union, S. 316 Fn. 310; *Carinci/De Luca Tamajo/Tosi/Treu*, Diritto del lavoro 2005, S. 359.

[1371] *Mazzotta*, Diritto del lavoro, S. 820; *Del Giudice/Mariani/Izzo/Solombrino*, Diritto del lavoro, S. 534; *Carinci/De Luca Tamajo/Tosi/Treu*, Diritto del lavoro 2005, S. 359; *Riva*, Compendio di diritto del lavoro 2011, S. 193.

[1372] *Cosenza*, Il nuovo Tfr, S. 192 ff, Nr. 4.16 T. F. R. ai fondi: le misure compensative per le imprese (Nr. 4.16 Übertragung des T. F. R. in die Fonds: die Ausgleichsmaßnahmen für die Unternehmen); *Amoroso/Di Cerbo/Maresca*, Diritto del lavoro, Codice Civile, Art. 2120, S. 1207; *Riva*, Compendio di diritto del lavoro, S. 193; *Toffoletto/Pucci*, Diritto del lavoro, S. 284.

[1373] Der Arbeitnehmer kann bis zu € 5.146,00 der eingezahlten Beträge von seinem zu versteuernden Einkommen steuermindernd geltend machen, *Cosenza*, Il nuovo Tfr, S. 191; Laborfonds, Informationsblatt für die potenziellen Mitglieder, S. 11; TFR E FONDI PENSIONE, S. 102–112.

[1374] Als Beispiel dient der „Laborfonds-Zusatzrentenfonds der Beschäftigten von Arbeitgebern, die im Gebiet Trentino-Südtirol tätig sind," dem ca. 35 Arbeitgeber(verbände) und 35 Gewerkschaften als Gründungsmitglieder angehören.

[1375] Beispiel: Bei einer Inflation von 2 % beträgt die Aufwertung des T. F. R. 3 % (75 % von 2 % Inflationsrate = 1,5 % variabel + 1,5 % fix = 3 % Aufwertung), d. h. der jährlich zur Verfügung stehende Betrag von 6,91 % des Jahresbruttogehaltes wird mit 3 % aufgewertet („verzinst"); im Vergleich dazu hatte beispielsweise der Laborfonds in der sog. dynamischen Investitionslinie (eine von vier Risikoklassen) im Jahr

nach Art. 2120 Abs. 6 c. c. der Arbeitnehmer nach achtjähriger Betriebszugehörigkeit einen Vorschuss in Höhe von max. 70 % seines bereits erarbeiteten T. F. R.-Anteils verlangen konnte, wurde zur Attraktivitätssteigerung für die Zusatzrentenfonds eine vergleichbare Regelung geschaffen, die nach Art. 11 Abs. 7 Gesetzgebungsdekret 252/2005 sogar eine Vorschussauszahlung bis zu einer Höhe von 75 % zulässt.[1376]

Wegen der Bedeutung der Reform der Zusatzrente für alle Arbeitnehmer startete die Regierung „die umfangreichste Informationskampagne seit Einführung des Euros",[1377] für die nach Art. 1 Abs. 765 Gesetz 296/2006 im Haushaltsgesetz 2007 Mittel in Höhe von 17 Mio. Euro eingestellt waren. Dennoch war das mit der Reform der Zusatzrente verfolgte Ziel, möglichst viele Arbeitnehmer dazu zu veranlassen, mit ihrem T. F. R.-Kapital eine private Zusatzrente aufzubauen, nicht so erfolgreich wie geplant. Von den 12,2 Millionen Arbeitnehmern bei privaten Arbeitgebern zahlten bis Ende 2009 lediglich knapp fünf Millionen ihren T. F. R. in die private Zusatzrente ein.[1378] Dieses Ergebnis ist überraschend, da aufgrund des gesetzlichen Mechanismus der automatischen Überführung des T. F. R. in die Zusatzrente („silenzio-assenso") von einer hohen Zustimmungsrate ausgegangen worden war.[1379] Als Gründe werden mangelndes Bewusstsein der Arbeitnehmer für die Notwendigkeit des Aufbaus einer privaten Zusatzrente und Unkenntnis hinsichtlich der finanziellen Vorteile der Überführung des T. F. R. in die Altersversorgung („financial literacy") benannt.[1380] Dies zeigt aber, wie fest die direkte Auszahlung des T. F. R. an den Arbeitnehmer im Bewusstsein der Gesellschaft verankert ist und dass

---

2009 eine Nettorendite von 8,74 % und im Jahre 2010 eine Nettorendite von 6,08 %, Quelle: Laborfonds, Pressekonferenz, Bozen, 28. 01. 2011, S. 16.

[1376]   *Toffoletto/Pucci*, Diritto del lavoro, S. 285.

[1377]   Quelle: http://www.tfr.gov.it/TFR/MenuDestra/Comunicazione/, Abruf am 30. 06. 2011.

[1378]   *Rinaldi*, Pension awareness and nation-wide auto-enrolment: the Italian experience, Working Paper 104/2011, S. 7, auch abrufbar unter: http://cerp.carloalberto. org/images/stories/wp_104.pdf, Abruf am 15. 02. 2013; *Ambrogio Rinaldi* war 2011 Vorstandsvorsitzender der COVIP (Commissione di vigilanza sui fondi pensione).

[1379]   In der englischsprachigen Literatur wird der silenzio-assenso mit auto-enrolment (automatic enrolment of workers in a private pension plan, with the individual allowed to opt out) beschrieben, *Rinaldi*, Pension awareness and nation-wide auto-enrolment: the Italian experience, Working Paper 104/2011, S. 5.

[1380]   *Fornero/Monticone*, Financial Literacy and Pension Plan Participation in Italy, Working Paper 111/2011; *Rinaldi*, Pension awareness and nation-wide auto-enrolment: the Italian experience, Working Paper 104/2011.

das T. F. R. als Vergütung gesehen wird, die dem Arbeitnehmer am Ende seines Arbeitsverhältnisses zusteht.

Nachfolgende Übersicht stellt die unterschiedlichen Auswirkungen der Entscheidung des Arbeitnehmers für oder gegen die Überführung in den Zusatzrentenfonds dar.

Übersicht 12: T. F. R. im Zusatzrentenfonds oder im Betrieb[1381]

	Einzahlung der Abfindung in einen Zusatzrentenfonds (bzw. in den Restfonds des NISF/INPS bei stillschweigender Zustimmung)	Verbleib der Abfindung im Betrieb (bzw. in dem vom NISF/INPS verwalteten Staatsfonds für Betriebe mit mindestens 50 Beschäftigten)
Auszahlung	a) als Zusatzrente b) max. 50 % als Kapital und den Rest als Zusatzrente	100 % als Kapital bei Beendigung des Arbeitsverhältnisses
Besteuerung bei Auszahlung als Kapital	9 % – 15 %	Durchschnittssteuerersatz, derzeit zw. 23 % – 43 %
Besteuerung als Zusatzrente	9 % – 15 %	Abfindung nicht in Form von Zusatzrenten
Vorschuss für Gesundheitsausgaben	Jederzeit, bis zu 75 %	Nach 8 Jahren, bis zu 70 %
Vorschuss für Kauf/Sanierung Erstwohnung	Nach 8 Jahren, bis zu 75 %	Nach 8 Jahren, bis zu 70 %
Vorschuss für weitere Notwendigkeiten	Nach 8 Jahren, bis zu 30 %	Kein Vorschuss vorgesehen
Besteuerungsvorschuss für Gesundheitsausgaben	9 % – 15 %	Durchschnittssteuersatz, derzeit zw. 23 % – 43 %
Besteuerungsvorschuss für Erstwohnung	23 %	Durchschnittssteuersatz, derzeit zw. 23 % – 43 %
Besteuerungsvorschuss für weitere Notwendigkeiten	23 %	Kein Vorschuss vorgesehen
Ertrag/Aufwertung	Von den Finanzmärkten abhängig	Fixsatz 1,5 % + 75 % der Inflation (ISTAT)
Besteuerung der Erträge/Aufwertung	11 %	11 %
Ablöse	a) 50 % des Kapitals bei Arbeitslosigkeit zw. 12 und 48 Monaten b) 100 % des Kapitals bei Arbeitslosigkeit über 48 Monate oder Dauerinvalidität über 66 %	Keine Ablöse vorgesehen
Besteuerung der Ablöse	9 % – 15 %	Keine Ablöse vorgesehen

[1381] Die Übersicht wurde durch den ASGB Autonomer Südtiroler Gewerkschaftsbund, Bozen, erstellt, Quelle: http://www.asgb.org/attach/Vergleich%20TFR%20in%20 oder%20Betrieb.pdf, Abruf am 30. 06. 2011.

Ableben des Arbeitneh-mers vor der Pensionie-rung	Auszahlung an die Erben bzw. an den/die Begünstigten	Auszahlung an die gesetzlichen Erben
Garantien der Region	Ja	Nein
Konkurs des Betriebes	Keine Auswirkung auf jenen Abfertigungsanteil, der im Renten-fonds ist	Abfindung wird vom Garantie-fonds des NISF/INPS ausbezahlt
Beitrag des Arbeitgebers	Ja (freiwillig bei offenen Renten-fonds)	Nein

Vergleicht man die einzelnen Tabellenkriterien, kann man feststellen, dass die Konditionen für den Arbeitnehmer bei der Einzahlung des T. F. R. in den Zusatzrentenfonds durchweg besser sind als bei einem Verbleib des T. F. R. im Unternehmen. Der Gesetzgeber will dadurch erreichen, dass sich die Arbeitnehmer nicht gegen eine Überführung ihres T. F. R. in die private Zusatzrente entscheiden. Dies macht deutlich, dass der Gesetzgeber zukünftig dem T. F. R. hauptsächlich den Zweck einer Daseinsvorsorge für das Rentenalter zuspricht. Nach Inkrafttreten des KSchG 1990 waren alle Arbeitnehmer vor der freien Kündigung ihres Arbeitsverhältnisses geschützt und konnten die Rechtmäßigkeit der Kündigung gerichtlich überprüfen lassen; es waren die „goldenen Zeiten", in denen das T. F. R. nach Art. 2120 c. c. parallel zur Kündigungsentschädigung gezahlt wurde (liquidazione d'oro). Mit der Rentenreform 2007 wollte der Gesetzgeber diese doppelte Entschädigung beseitigen und verschob den Schwerpunkt des T. F. R. auf die Daseinsvorsorge.

Zur Sicherung von angemessenen Altersrenten baute der Gesetzgeber mit der Rentenreform 2007 den Zweck des T. F. R. weiter aus. Dieser sollte fortan dem Arbeitnehmer zur Finanzierung seiner privaten Zusatzrente dienen.

XII. 2012: Arbeitsmarktreformgesetz 2012

Auf der Basis dieser Rechtslage wurde die vorliegende Arbeit erstellt. Kurz vor Fertigstellung kündigte sich eine Änderung des Art. 18 Arbeitnehmerstatut an.

Seit mehr als einem Jahrzehnt war der reale Kündigungsschutz, wie ihn Art. 18 Arbeitnehmerstatut anordnete, heftig umstritten. Von Arbeitgeberseite wurde vorgebracht, dass der starke Kündigungsschutz das Wirtschaftswachstum beeinträchtige und ein Beschäftigungshindernis darstelle, was jedoch die

Gewerkschaften vehement bestritten;[1382] auch der hohe Anteil von Schwarzarbeitsverhältnissen wurde auf den starken Kündigungsschutz zurückgeführt.[1383] Mehrere Versuche, Art. 18 Arbeitnehmerstatut zu reformieren, scheiterten.[1384] Dies sollte sich im Jahr 2012 ändern:

Vor dem Hintergrund der gestiegenen Arbeitslosigkeit[1385] und der hohen Staatsverschuldung forderte die Europäische Zentralbank die italienische Regierung in einem vertraulichen Brief vom August 2011 auf, unverzüglich Gegenmaßnahmen einzuleiten.[1386] Außerdem verlangte sie auch eine moderate Lockerung des Kündigungsschutzes und eine Erhöhung der Flexibilität am Arbeitsmarkt.[1387]

Die damalige Regierung – eine Expertenregierung (Governo dei tecnici)[1388] unter Mario Monti, die aus Fachleuten und nicht aus Berufspolitikern bestand[1389] – leitete eine Reform des Arbeitsrechts ein. Elsa Fornero, die amtierende Arbeitsministerin, legte einen Gesetzesentwurf (riforma Fornero, im Folgenden Arbeitsmarktreformgesetz 2012 genannt)[1390] vor, der nach Verabschiedung durch die Parlamentskammern bereits mit Wirkung zum 18. 07. 2012 in Kraft trat.[1391] Zweck des Gesetzes ist die Belebung des Arbeitsmarktes und die

---

1382 *Riva*, Compendio di diritto del lavoro 2012, S. 233; *Del Giudice/Mariani/Izzo/Solombrino*, Diritto del lavoro 2012, S. 472.

1383 *Reiß*, RIW 2006, 668.

1384 Gesetzesbegründung Nr. 650/2 vom 10. 07. 2012, S. 92 (Camera dei deputati – XVI Legislatura – Dossier di documentazione – Riforma del mercato del lavoro – Legge 28. 06. 2012, n. 92 – Schede di lettura, N. 650/2, 10. 07. 2012); *Prudentino*, Das italienische Arbeitsrecht nach den Reformen (insbes. Legge Fornero), in: *Viarengo/Petronio/Ranieri/Stürner/Prudentino*, Rechtsvereinheitlichung im Zivil- und Kollisionsrecht, S. 81, 87.

1385 Im Dezember 2011 betrug die Arbeitslosenquote 8,9 %, im Mai 2012 stieg die Jugendarbeitslosenquote (Arbeitnehmer bis zum Alter von 25 Jahren) auf ca. 35 %, *D'Agostino/Marano/Solombrino*, La riforma Fornero del lavoro, S. 5.

1386 Der Brief der Europäischen Zentralbank vom 05. 08. 2011 ist veröffentlicht im *Corriere della Sera* vom 29. 09. 2011, S. 3.

1387 *D'Agostino/Marano/Solombrino*, La riforma Fornero del lavoro, S. 5;

1388 *Del Giudice/Mariani/Izzo/Solombrino*, Diritto del lavoro 2012, S. 17; *D'Agostino/Marano/Solombrino*, La riforma Fornero del lavoro, S. 5; *Mazzotta*, Diritto del lavoro, S. 23.

1389 Am 16. 11. 2011 wurde nach dem Rücktritt von *Silvio Berlusconi* das Kabinett des Ministerpräsidenten Mario Monti vereidigt, vgl. Quelle: http://www.governo.it/Governo/Governi/governi.html, Abruf am 15. 02. 2013.

1390 *Del Giudice/Mariani/Izzo/Solombrino*, Diritto del lavoro 2012, S. 18; *Ciafardini/Del Giudice/Izzo*, Codice del lavoro, S. I Einleitung; *D'Agostino/Marano/Solombrino*, La riforma Fornero del lavoro, S. 3, 6.

1391 Gesetz Nr. 92 vom 28. 06. 2012, Gazz. Uff. Nr. 153 vom 03. 07. 2012, Disposizioni in materia di riforma del mercato del lavoro in una prospettiva di crescita, im Fol-

Schaffung von neuen Arbeitsplätzen.[1392] Nach Art. 1 Abs. 1 c), d) Arbeitsmarkt-reformgesetz 2012 wollte der Gesetzgeber dies u. a. dadurch erreichen, dass das Eingehen und Auflösen von Arbeitsverhältnissen erleichtert (flessibilità in entrata und flessibilità in uscita)[1393] sowie die staatlichen Sozialleistungen er-höht werden.[1394] Dieser Gesetzeszweck stand in Einklang mit der sogenannten Flexicurity-Strategie der Europäischen Kommission, die auf die gleichzeitige Stärkung von Flexibilität und Sicherheit auf dem Arbeitsmarkt abzielte[1395] und – anders als in Deutschland[1396] – in Italien seit Anfang 2000 die arbeitsrechtliche Diskussion mitbestimmte.[1397] Die Flexicurity-Strategie sollte den Bedarf des

---

[1392] genden Arbeitsmarktreformgesetz 2012 genannt; Rundschreiben des Arbeits- und Sozialministeriums Nr. 18/2012 vom 18. 07. 2012, Prot. 37/0013292/MA007.A001. Art. 1 Abs. 1 Arbeitsmarktreformgesetz 2012; *Vallebona*, La riforma del lavoro 2012, S. 11.

[1393] *Prudentino*, Das italienische Arbeitsrecht nach den Reformen (insbes. Legge Fornero), in: *Viarengo/Petronio/Ranieri/Stürner/Prudentino*, Rechtsvereinheitlichung im Zivil- und Kollisionsrecht, S. 81, 89.

[1394] *D'Agostino/Marano/Solombrino*, La riforma Fornero del lavoro, S. 7, 8, 10, 12; *Riva*, Compendio di diritto del lavoro 2012, S. 13; *Del Giudice/Mariani/Izzo/Solombrino*, Diritto del lavoro 2012, S. 19.

[1395] Nach der Mitteilung der Kommission an das Europäische Parlament lässt sich Flexicurity „definieren als integrierte Strategie zur gleichzeitigen Stärkung von Flexibilität und Sicherheit auf dem Arbeitsmarkt.", Kommission der Europäischen Gemeinschaften, Mitteilung der Kommission an das Europäische Parlament, den Rat, den Europäischen Wirtschafts- und Sozialausschuss und den Ausschuss der Regionen – Gemeinsame Grundsätze für den Flexicurity-Ansatz herausarbeiten: Mehr und bessere Arbeitsplätze durch Flexibilität und Sicherheit vom 27. 06. 2007, KOM (2007) 359 endgültig, S. 5; Kommission der Europäischen Gemeinschaften, Grünbuch, Ein moderneres Arbeitsrecht für die Herausforderungen des 21. Jahr-hunderts, KOM(2006) 708 endgültig, S. 3; Rat der Europäischen Union, Bericht der „Flexicurity-Kommission" vom 09. 12. 2008, SOC 776 – ECOFIN 606, S. 3; weiter-führende Informationen der Europäischen Kommission, Beschäftigung, Soziales und Integration, zu Flexicurity unter: http://ec.europa.eu/social/main.jsp?catId =102&langId=de, Abruf am 15. 02. 2013; *Waas*, RIW 2008, 497.

[1396] Die Bundesregierung steht einem einheitlichen Flexicurity-Modell, „das auf alle Mitgliedstaaten der Europäischen Union passt, aufgrund der unterschiedlichen in-stitutionellen, ökonomischen und kulturellen Gegebenheiten" skeptisch gegenüber, Stellungnahme der Bundesregierung zum Grünbuch der Europäischen Kommissi-on „Ein moderneres Arbeitsrecht für die Herausforderungen des 21. Jahrhunderts" vom 18. 04. 2007, Az.: IIIa4–39 456-8, S. 12, 13; *Schubert*, in: *Däubler/Hjort/Schubert/ Wollmerath*, Arbeitsrecht, AEUV Art. 157, Rn. 57; nach *Bayreuther* „scheint sich mo-mentan ein gewisser Konsens dahingehend herauszubilden, das Grünbuch abzu-lehnen.", *Bayreuther*, NZA 2007, 371, 375.

[1397] *Zoppoli*, La flexicurity dell'Unione europea: appunti per la riforma del mercato del lavoro in Italia, Working Papers 141/2012, S. 2; *Fuchs*, NZA 2004, 956; *Vallebona*, La riforma del lavoro 2012, S. 6; *Riva*, Compendio di diritto del lavoro 2012, S. 8.

Arbeitgebers an flexiblen Arbeitskräften mit der Forderung des Arbeitnehmers nach einem sicheren Arbeitsplatz in Einklang bringen; beim Kündigungs- schutz stand danach nicht mehr der Schutz des einzelnen Arbeitnehmers und seines Arbeitsplatzes, sondern die Beschäftigungsförderung aller Arbeitneh- mer auf dem Arbeitsmarkt im Vordergrund.[1398] Zur Erreichung dieser Ziele erachtete es der Gesetzgeber als notwendig, den realen Kündigungsschutz nach Art. 18 Arbeitnehmerstatut zum zweiten Mal[1399] zu reformieren: Nach Art. 41 Abs. 2 Arbeitsmarktreformgesetz 2012 wurde Art. 18 Arbeitnehmer- statut fast vollständig neu formuliert. Der Gesetzgeber hielt – im Einklang mit dem Flexicurity-Modell der Europäischen Kommission – eine Absenkung der Schutzstandards zur Erreichung einer größeren Flexibilität bei Einstellungen und Entlassungen unter gleichzeitiger Erhöhung der Sozialleistungen, insbe- sondere durch die Einführung einer allgemeinen Arbeitslosenversicherung (Aspi e Mini-Aspi, assicurazione sociale per l'impiego)[1400], für erforderlich. Nach mehr als 40-jähriger Erfahrung gab er daher den Bestandsschutz bei der betriebsbedingten Kündigung auf; auf Grund der hohen Staatsverschuldung ließ er einen abfindungsorientierten Kündigungsschutz Gesetz werden, der bei der betriebsbedingten Kündigung die Auflösung des Arbeitsverhältnisses gegen Zahlung einer Abfindung zur Regel machte. Nur bei der qualifiziert rechtswidrigen Kündigung konnte der Bestandsschutz fortan erhalten bleiben, wenn der Richter diesen im Einzelfall anordnete.[1401] Da für die Anordnung der Wiedereingliederung nun also zwei Voraussetzungen nötig waren, näm- lich das offensichtliche Fehlen eines anerkannten Kündigungsgrundes und die persönliche Entscheidung des Richters, musste der Arbeitgeber seit der Arbeitsmarktreform 2012 nur selten mit einer Verurteilung zur Wiedereinglie- derung des Arbeitnehmers oder Zahlung der Entschädigung in Höhe von 15 Monatsgehältern rechnen.

Zusätzlich reduzierte der Gesetzgeber mit dem Arbeitsmarktreformgesetz 2012 die Höhe der Abfindung nach Art. 18 Arbeitnehmerstatut n. F. deut-

---

[1398] *D'Agostino/Marano/Solombrino*, La riforma Fornero del lavoro, S. 7; *Del Giudice/ Mariani/Izzo/Solombrino*, Diritto del lavoro 2012, S. 18.

[1399] Die erste Reform des realen Kündigungsschutzes erfolgte mit dem KSchG 1990, vgl. Fn. 1309.

[1400] *Prudentino*, Das italienische Arbeitsrecht nach den Reformen (insbes. Legge Fornero), in: *Viarengo/Petronio/Ranieri/Stürner/Prudentino*, Rechtsvereinheitlichung im Zivil- und Kollisionsrecht, S. 81, 88; *D'Agostino/Marano/Solombrino*, La riforma Fornero del lavoro, S. 240; *Mazzotta*, Diritto del lavoro, S. 899.

[1401] Vgl. Fn. 485.

lich. Während der Arbeitnehmer nach der alten Regelung oft eine sehr hohe Abfindung erhielt – zum Beispiel 39 Monatsgehälter bei einer zweijährigen Prozessdauer –[1402], betrug der Abfindungsanspruch nach dem neuen Gesetz bei der Beendigungsentschädigung maximal 27 Monatsgehälter[1403] und bei der Auflösungsabfindung zwölf bis 24 Monatsgehälter.[1404] Diese Maßnahme sollte aus Sicht des Gesetzgebers die Wirtschaft entlasten und so zur Überwindung der Wirtschafts- und Staatsfinanzkrise beitragen.

Betrachtet man die Auswirkungen des neuen Kündigungsschutzes auf die betriebliche Praxis, lässt sich folgendes feststellen: Der Arbeitnehmer hatte sich, wie bereits ausgeführt,[1405] vor Inkrafttreten des Arbeitsmarktreformgesetzes 2012 meist für die Beendigungsentschädigung entschieden. Durch die Umstellung des Kündigungsschutzes bei der betriebsbedingten Kündigung auf einen abfindungsorientierten Kündigungsschutz vollzog der Gesetzgeber also das „Standardverhalten" des Arbeitnehmers nach, verschlechterte allerdings durch die Reduzierung der Abfindungssummen vor allem die ökonomische Rechtsstellung des Arbeitnehmers erheblich.

Blickt man auf die Sanktionen bei der betriebsbedingten Kündigung, führte die mit dem Arbeitsmarktreformgesetz 2012 geschaffene Differenzierung nach dem Grad der Rechtswidrigkeit der Kündigung dazu, dass die Sanktionen im Unterschied zur vorherigen Rechtslage nicht mehr zwei-, sondern dreigeteilt sind: Ist der Arbeitnehmer in einer Produktionseinheit mit bis zu 15 Arbeitnehmern beschäftigt, kann der Arbeitgeber nach Art. 8 KSchG 1966 zwischen Wiedereinstellung und Schadensersatz wählen. Ist der Arbeitnehmer in einer Produktionseinheit mit mehr als 15 Arbeitnehmern beschäftigt und ist die Kündigung einfach rechtswidrig, wird das Arbeitsverhältnis nach Art. 18 Abs. 7 Arbeitnehmerstatut n. F. zu dem in der Kündigung benannten Zeitpunkt aufgelöst und der Arbeitgeber zur Zahlung einer Abfindung zwischen zwölf und 24 Monatsgehältern verurteilt. Ist der Arbeitnehmer in einer Produktionseinheit mit mehr als 15 Arbeitnehmern beschäftigt und ist die Kündigung offensichtlich rechtswidrig, kann der Richter die Kündigung für unwirksam erklären; nur in diesem Fall steht dem Arbeitnehmer die Wahl zwischen Wiedereingliederung und Beendigung des Arbeitsverhältnisses – zum

---

[1402] Vgl. Fn. 1330.
[1403] Vgl. Fn. 477, 481.
[1404] Vgl. Fn. 488.
[1405] Vgl. Fn. 1324, 1325.

Zeitpunkt seiner Erklärung – gegen Zahlung einer Entschädigung in Höhe von 15 Monatsgehältern zu.

Der erste Entwurf der Expertenregierung zur Neufassung des Art. 18 Arbeitnehmerstatut sah bei der rechtswidrigen betriebsbedingten Kündigung grundsätzlich die Auflösung des Arbeitsverhältnisses gegen Zahlung einer Entschädigung zwischen 15 und 27 Monatsgehältern vor.[1406] Da dieser Vorschlag die Rechtsstellung der Arbeitnehmer extrem verschlechterte, kündigte das linke politische Lager an, dass es seine Zustimmung in den Parlamentskammern bei einer Totalaufgabe des Wiedereingliederungsrechts verweigern würde. Eine große Volkspartei, die sozialdemokratisch orientierte Partito Democratico, erhob die Forderung, sich bei der Reform von Art. 18 Arbeitnehmerstatut nicht an amerikanischen Verhältnissen („Riforma all'americana, non va bene")[1407] zu orientieren, sondern sich das deutsche Abfindungsmodell von § 9 KSchG (modello tedesco)[1408] zum Vorbild zu nehmen. Nach Meinung der Politiker ermöglichte das modello tedesco dem Richter, sich entweder für die Rechtsfolge der Abfindungszahlung oder für die Rechtsfolge der Wiedereingliederung zu entscheiden.[1409] Diese Auslegung entspricht jedoch nicht der deutschen Abfindungsregelung, sondern zeugt von einem gründlichen Missverständnis.[1410] § 9 KSchG erlaubt dem Richter nicht, zwischen zwei Rechtsfolgen zu wählen, sondern setzt zunächst einen Auflösungsantrag des Arbeitnehmers voraus.[1411] Stellt der Arbeitnehmer keinen Auflösungsantrag, muss er weiterbeschäftigt werden, der Richter kann dann kein Auflösungsurteil erlassen. Auch wenn der

---

[1406] Präsentation des Gesetzesentwurfes im Kabinett vom 23. 03. 2012, S. 11, Quelle: http://www.governo.it/Presidenza/Comunicati/testo_int.asp?d=67284, Abruf am 15. 05. 2011.

[1407] *Bersani:* „Riforma all'americana, non va bene" (*Bersani* (Anm.: Parteivorsitzender der Partito Democratico): „Eine Reform nach amerikanischen Verhältnissen, das ist nicht gut"), la Repubblica vom 21. 03. 2012, Quelle: http://www.repubblica.it/politica/2012/03/21/news/lavoro_reazioni-31953796/, Abruf am 13. 02. 2013.

[1408] Il Sole 24ORE vom 27. 03. 2012, Quelle: http://www.ilsole24ore.com/art/notizie/2012-03-27/bersani-paese-pronto-cambiare-063923.shtml?uuid=AbGW8eEF, Abruf am 13. 02. 2013; Il Messaggero.it vom 22. 03. 2012, Quelle: http://www.ilmessaggero.it/home_economia/lavoro_monti_impegno_per_evitare_abusi_ma_no_reintegro_in_licenziamenti_economici/notizie/186951.shtml, Abruf am 13. 02. 2013.

[1409] Il Sole 24ORE vom 27. 03. 2012, Quelle: http://www.ilsole24ore.com/art/notizie/2012-03-27/bersani-paese-pronto-cambiare-063923.shtml?uuid=AbGW8eEF, Abruf am 13. 02. 2013.

[1410] *Prudentino,* Das italienische Arbeitsrecht nach den Reformen (insbes. Legge Fornero), in: *Viarengo/Petronio/Ranieri/Stürner/Prudentino,* Rechtsvereinheitlichung im Zivil- und Kollisionsrecht, S. 81, 95, 96.

[1411] Vgl. Fn. 145.

Arbeitnehmer einen Auflösungsantrag stellt, sieht § 9 KSchG kein Wahlrecht des Gerichts hinsichtlich der Rechtsfolgen (Weiterbeschäftigung oder Auflösungsabfindung) vor.[1412] Das Gericht hat das Arbeitverhältnis gegen Zahlung einer Abfindung aufzulösen, wenn dem Arbeitnehmer die Fortsetzung nicht zuzumuten ist.

In Vermittlungsgesprächen zwischen Parteien und Regierung konnte ein mehrheitsfähiger Kompromiss gefunden werden, der vermeintlich auf dem modello tedesco basierte.[1413] Dabei konnte die Regierung für sich verbuchen, dass als Rechtsfolge der rechtswidrigen Kündigung die Abfindung grundsätzlich bestehen blieb; die arbeitnehmerorientierten Parteien setzten dafür durch, dass die Möglichkeit zur Wiedereingliederung im Gesetz verankert wurde. Der Verlauf der politischen Diskussion über die Reform des Kündigungsschutzes zeigt, wie politische Parteien die Ergebnisse der Rechtsvergleichung bei parlamentsinternen Beratungen und öffentlichen Stellungnahmen nutzen. Um die eigene Position zu stärken, wird der Sachverhalt auf ein Schlagwort (modello tedesco) reduziert, man argumentiert mit den Verhältnissen des Vergleichsstaates und erhebt die vermeintliche Funktion der ausländischen Rechtsnormen zur politischen Forderung. Der Gegenseite fehlen wesentliche Grundlagen, um die Argumentation nachvollziehen oder entkräften zu können; denn um wirklich zu verstehen, welche rechtliche Funktionsweise sich hinter dem modello tedesco verbirgt, benötigt das politische Gegenüber entweder sehr viel Zeit, um entsprechende Gutachten anfertigen zu lassen, oder eigene Kenntnisse der Sprache und des Rechts des Vergleichsstaats, mit dessen Rechtsordnung argumentiert wird. Die Bezugnahme auf Rechtsverhältnisse ausländischer Staaten stellt also für Parteien eine gute Möglichkeit dar, ihre eigenen Ziele zu verfolgen, da sich der Wahrheitsgehalt des behaupteten Rechtsvergleichs von dem politischen Gegenüber nur schwer aufklären lässt. Man darf aufgrund des zeitlichen Verlaufs annehmen, dass dies auch vorliegend der Fall war; nach dem Regierungsantritt von Mario Monti im November 2011[1414] wurde

---

[1412] Vgl. Fn. 137.

[1413] *Pini*, La non-riforma del mercato del lavoro italiano, Quaderno n. 7/2012, S. 11; Il Giornale.it vom 05. 04. 2012: Articolo 18, Monti salva il posto a Bersani (Artikel 18, Monti rettet den Stuhl von Bersani), Quelle: http://www.ilgiornale.it/news/interni/articolo-18-monti-salva-posto-bersani.html, Abruf am 13. 02. 2013; Il Sole 24ORE vom 04. 04. 2012: Art. 18: sul licenziamento economio deciderà il giudice (Art. 18: bei der betriebsbedingten Kündigung entscheidet der Richter), Quelle: http://www.ilsole24ore.com/art/notizie/2012-04-03/causali-rigide-conciliazione-232253.shtml?uuid=Ab9b1iIF, Abruf am 15. 02. 2013.

[1414] Am 16. 11. 2011 wurde das Kabinett des Ministerpräsidenten *Mario Monti* vereidigt,

der erste Gesetzesentwurf, der noch eine reine Abfindungslösung vorsah, am 23. 03. 2012 im Kabinett vorgestellt[1415] und bereits zwei Monate später wurde der Gesetzesentwurf, der auf dem Kompromiss (modello tedesco) beruhte, in der Abgeordnetenkammer vorgestellt.[1416]

Vor dem Hintergrund einer hohen Staatsverschuldung und der Notwendigkeit, die Wirtschaft anzukurbeln, war der Gesetzgeber bereit, den Bestandsschutz bei der betriebsbedingten Kündigung aufzugeben. Mit dem Arbeitsmarktreformgesetz 2012 formulierte er Art. 18 Arbeitnehmerstatut neu und bestimmte, dass die rechtswidrige betriebsbedingte Kündigung fortan in der Regel zur Auflösung des Arbeitsverhältnisses gegen Zahlung einer Abfindung in Höhe von zwölf bis 24 Monatsgehältern führen sollte; das Recht auf Wiedereingliederung und die alternative Beendigungsentschädigung sind zwar noch in Art. 18 Arbeitnehmerstatut n. F. enthalten, werden zukünftig aber auf Grund ihrer hohen Anwendungsvoraussetzungen selten wahrgenommen.

XIII. Zusammenfassung

Die Zahlung einer Abfindung bei Beendigung des Arbeitsverhältnisses hat in Italien eine lange Tradition. Vor dem Hintergrund einer liberalen Gesellschaftsordnung setzte der Codice Civile 1865 der Vertrags- und Kündigungsfreiheit beim unbefristeten Arbeitsverhältnis keine Grenzen. Um die Jahrhundertwende entwickelte sich aus sozialen oder christlichen Motiven das Rechtsinstitut des recesso ad nutum, das bei allen Arbeitsverhältnissen Anwendung fand; es beschränkte die Kündigungsfreiheit des Arbeitgebers und verpflichtete ihn zur Einhaltung einer Ankündigungsfrist oder ersatzweise zur Zahlung einer Entschädigung. Daneben gab es in Handelsbetrieben und in größeren Industrieunternehmen je nach Region und Branche unterschiedliche innerbetriebliche, auf nichtstaatlicher Normsetzung beruhende Ordnungen, die die Dauer der

---

Quelle http://www.governo.it/Governo/Governi/html, Abruf am 15. 02. 2013.

[1415] Präsentation des Gesetzesentwurfes im Kabinett vom 23. 03. 2012, S. 11, Quelle: http://www.governo.it/Presidenza/Comunicati/testo_int.asp?d=67284, Abruf am 15. 05. 2011

[1416] Gesetzesentwurf in der Abgeordnetenkammer Nr. 5256 vom 31. 05. 2012, S. 22 (Atti Parlamentari, Camera dei Deputati, XVI Legislatura – Disegni di legge e relazioni, disegno di legge N. 5226, S. 22); Gesetzesentwurf im Senat Nr. 3249 vom 05. 04. 2012, S. 10 (Atti Parlamentari, Senato della Repubblica, XVI Legislatura – Disegni di legge e relazioni, disegno di legge N. 3249, S. 10).

Ankündigungsfrist, die Höhe der ersatzweisen Entschädigung oder die Bedingungen zur Zahlung einer zusätzlichen Kündigungsentschädigung regelten. Der Arbeitgeber leistete die Kündigungsentschädigung aber nicht freiwillig, sondern knüpfte sie an die Bedingung einer langen Betriebszugehörigkeit und nutzte sie so zur Disziplinierung und Unterdrückung des Arbeitnehmers. Die unmenschlichen Arbeitsbedingungen in den Industriebetrieben förderten die Bildung von Arbeiterorganisationen und Gewerkschaften. Der Staat überließ es aus liberaler Haltung den Arbeitgeber- und Arbeiterorganisationen, die Vertragsbedigungen der Fabrikarbeiter autonom festzulegen. So kam es, dass der Gesetzgeber – der ursprünglich mit einer Kodifizierung des Arbeitsrechts für alle Arbeitnehmergruppen begonnen hatte – vor dem Ersten Weltkrieg nur noch den Entwurf eines Angestelltenvertragsgesetzes vorlegte. Die Unzufriedenheit der Arbeiterschaft mit den politischen und sozialen Verhältnissen der Nachkriegsphase führte zu Streiks und Unruhen, die sich auf das ganze Land und auch auf die Gruppe der Angestellten auszuweiten drohten. Aus Furcht vor der sozialistischen Revolution erließ der Gesetzgeber zur Befriedung der Angestellten das erste Angestelltenvertragsgesetz 1919. Es übernahm die in den Handelsbetrieben gelebte Praxis der Zahlung einer Kündigungsentschädigung erstmals in die Rechtsordnung. Um die finanzielle Leistungsfähigkeit der Arbeitgeber nicht zu beeinträchtigen, gewährte das Gesetz die Kündigungsentschädigung allerdings nur einem sehr kleinen Kreis aus der Gruppe der Privatangestellten, setzte die widerspruchslose Unterordnung des Angestellten voraus und ließ zudem offen, ob die Kündigungsentschädigung auch zu zahlen war, wenn der Arbeitgeber die Kündigungsfrist eingehalten hatte. Nachdem die Faschisten an politischem Boden gewonnen hatten, legte das Regime zur Festigung seines Machtanspruchs mit dem zweiten Angestelltenvertragsgesetz 1924 fest, dass die Kündigungsentschädigung erstens allen Angestellten zustand und zweitens auch zu zahlen war, wenn der Arbeitgeber die Kündigung unter Einhaltung der Kündigungsfrist ausgesprochen hatte; bei selbstverschuldeter Kündigung oder bei Eigenkündigung blieb die Kündigungsentschädigung aber ausgeschlossen. Der Gesetzgeber konnte dem Gesetz so einen sozialen Anstrich geben, ohne die Arbeitgeber über Gebühr zu belasten.

Im Codice Civile 1942 lebte die Idee der Vertragsfreiheit im Arbeitsrecht fort: Anstelle von sachlichen Kündigungsbeschränkungen entwickelte der Gesetzgeber die Kündigungsentschädigung zur Abfindung für Dienstjahre nach Art. 2120 c. c. 1942 weiter, die nunmehr allen Arbeitnehmern zustand. Aufgrund der Ausschlusstatbestände nach Art. 2120 Abs. 1 HS 2 c. c. 1942 handelte es sich im Kern aber noch immer um eine Treueprämie; die Anerkennung aller Dienstjahre, also inklusive Abwesenheitszeiten aufgrund von Krankheit, und die Möglichkeit durch Tarifvertrag von dem Ausschlusstatbestand der Eigenkündigung abzuweichen, deuteten aber bereits darauf hin, dass die Abfindung auf der Arbeitsleistung des Arbeitnehmers selbst beruhte und daher als ein Element der monatlichen Vergütung verstanden werden konnte. In der Zeit des Wirtschaftsaufschwungs der 1950er Jahre wurde deutlich, dass die Tarifautonomie nicht ausreichte, um die wirtschaftliche Unterlegenheit des Arbeitnehmers im Arbeitsverhältnis zu beseitigen; der Gesetzgeber verabschiedete daher 1966 das erste Kündigungsschutzgesetz, das das Kündigungsrecht des Arbeitgebers, der mehr als 35 Arbeitnehmer beschäftigte, sachlichen Kündigungsbeschränkungen unterwarf und die Zahlung der Abfindung für Dienstjahre in jedem Fall der Kündigung anordnete. Da dem Arbeitnehmer somit bei Kündigung immer eine Abfindung zustand, beruhte sie auf der erbrachten Arbeitsleistung; das italienische Verfassungsgericht sprach der Abfindung für Dienstjahre daher den Charakter einer Vergütung mit aufgeschobener Fälligkeit (retribuzione differita) zu. Wenige Jahre später zwangen Streiks der Arbeiter und Massenproteste weiter Teile der Bevölkerung den Gesetzgeber abermals zum Handeln: Er erließ das Arbeitnehmerstatut 1970, das die liberale Haltung des Staates im Arbeitsrecht aufhob und den realen Kündigungsschutz im Gesetz verankerte. Fortan mussten Industrie- und Handelsunternehmen, die mehr als 15 Arbeitnehmer beschäftigten, den Arbeitnehmer nach gerichtlich festgestellter Unwirksamkeit der Kündigung wieder in das Unternehmen eingliedern. Da es aufgrund der langen Prozessdauer in der Praxis selten zu einer Wiedereingliederung kam, veränderte der Gesetzgeber 1990 mit dem dritten Kündigungsschutzgesetz den reinen Wiedereingliederungsschutz des Arbeitnehmerstatuts 1970 in einen abfindungsorientierten Kündigungsschutz, indem er dem Arbeitnehmer die Option der Beendigungsentschädigung nach Art. 18 Abs. 5 Arbeitnehmerstatut a. F. gewährte. Parallel entwickelte er auch die Abfindung für Dienstjahre weiter. In Folge der Wirtschaftskrise der 1970er Jahre konnten die Arbeitgeber die Abfindungen für Dienstjahre nach Art. 2120 c. c. 1942 nicht mehr finanzieren. Mit dem Gesetz über Abfindungen und Pensionen 1982 löste der Gesetzgeber daher die Abfindung für Dienstjahre durch die Abfindung in Form des trattamento di fine rapporto ab. Das trattamento di fine rapporto wurde als jährlich anwachsender Vergütungsbestandteil betrachtet, der dem Arbeitnehmer auch zur privaten Vorsorge dienen konnte. Diesen Vorsorgezweck griff der Gesetzge-

ber bei der Rentenreform 2007 auf; zur Sicherung von angemessenen Altersrenten sollte das trattamento di fine rapporto fortan zur Finanzierung der privaten
Zusatzrente dienen und nicht mehr am Ende des Arbeitsverhältnisses direkt an
den Arbeitnehmer ausgezahlt werden. Einige Jahre später veranlassten hohe
Staatsverschuldung und schwache Wirtschaft den Gesetzgeber, den starken
Kündigungsschutz abzuschwächen. Mit dem Arbeitsmarktreformgesetz 2012
übernahm der Gesetzgeber im Anwendungsbereich des realen Kündigungsschutzes die Gepflogenheiten der Praxis, das Arbeitsverhältnis gegen Zahlung
einer Entschädigung zu beenden; er legte daher fest, dass die rechtswidrige
betriebsbedingte Kündigung in der Regel zur Auflösung des Arbeitsverhältnisses gegen Zahlung einer Abfindung und nur noch in Ausnahmefällen zur
Wiedereingliederung oder zur Beendigungsentschädigung führte.

B. Wirtschaftliche Bedeutung der Abfindung und ihr Einfluss auf die aktuelle Gesetzeslage

Wie oben ausgeführt,[1417] muss der italienische Arbeitgeber bei Kündigung des
Arbeitsverhältnisses hohe Abfindungssummen an den Arbeitnehmer zahlen.
Die Höhe der Abfindung ist aber nicht nur für die Arbeitsvertragsparteien von
wirtschaftlicher Bedeutung, sondern wirkt sich auch auf die aktuelle Gesetzeslage aus, wie im Folgenden aufgezeigt wird.

I. Abfindung nach Art. 2120 c. c. (trattamento di fine rapporto)

In Italien sind ca. 23 Millionen Arbeitnehmer bei privaten und öffentlichen
Arbeitgebern beschäftigt.[1418] Wie ausgeführt,[1419] steht den Arbeitnehmern bei
Beendigung des Arbeitsverhältnisses in privaten Unternehmen der T. F. R., im

---

[1417] Vgl. Fn. 621 für den T. F. R., Fn. 607 für die Beendigungsentschädigung sowie Fn. 617
für die Auflösungsabfindung.

[1418] *Nogler*, AuR 2003, 321, 323; Hans-Böckler-Stiftung, Arbeitspapier 182, August 2009,
Quelle: http://www.boeckler.de/pdf/p_arbp_182.pdf, Abruf am 15. 02. 2013, dort
auch Vergleich zu Deutschland: ca. 40 Millionen, davon ca. 650.000 Leiharbeitneh-
mer; Wirtschaftskammer Österreich, Beschäftigungsstruktur, Erwerbstätige nach
Wirtschaftssektoren, Stand 2011, Quelle: http://www.wko.at/statistik/eu/europa-
beschaeftigungsstruktur.pdf, Abruf am 15. 02. 2013.

[1419] Vgl. Fn. 387, 388.

öffentlichen Dienst der T. F. S. zu. Auf der Basis der oben beschriebenen statistischen Daten[1420] kann ein Arbeitnehmer mit durchschnittlichem Gehalt nach 35 Arbeitsjahren mit einem T. F. R. in Höhe von ungefähr € 107.409 rechnen.[1421] Zur Sicherstellung dieser Auszahlung bildeten allein die privaten Arbeitgeber beispielsweise im Jahr 2002 Rücklagen in Höhe von ca. 13 Milliarden Euro.[1422] Diese Summen veranlassten den Gesetzgeber, den einzelnen Arbeitnehmer bei der Verwaltung seines T. F. R. zu entlasten und mit der Reform der Zusatzrente 2005 die gesetzlichen Rahmenbedingungen zur Überführung des T. F. R.-Kapitals in eine private Zusatzrente zu schaffen.

Nach Art. 1 Abs. 756 Satz 3 Gesetz 296/2006 sind Unternehmen mit weniger als 50 Arbeitnehmern nicht verpflichtet, die T. F. R.-Anteile an den Fondo Tesoreria abzuführen, wenn sich Arbeitnehmer gegen eine Überführung in die Zusatzrente entschieden haben.[1423] Diese Unternehmen können also die T. F. R.-Anteile als Kapital im Unternehmensvermögen belassen. Dass es auch dabei um Milliarden geht, zeigt die nachfolgende Schätzung: In Italien sind ca. 69 % der Arbeitnehmer in Unternehmen mit weniger als 50 Mitarbeitern beschäftigt.[1424] Geht man mit *Wesselmann* davon aus, dass die privaten Ar-

---

1420   Vgl. Fn. 620 ff.

1421   Das Beispiel geht davon aus, dass der Arbeitnehmer durchgängig bei einem Arbeitgeber beschäftigt ist, und legt die statistischen Durchschnittswerte zugrunde, wie sie in Teil 1. der Arbeit, bei der Berechnung der Höhe des T. F. R., angesetzt wurden, vgl. Fn. 622; ab dem 11.–35. Jahr erfolgte eine Hochrechnung, wobei mangels Kenntnis der zukünftigen FOI-Index-Werte ein fixer Zinssatz von 2,907 % je Jahr (durchschnittliche Verzinsung aus den ersten 11 Jahren) angesetzt wurde.

1422   *Wesselmann*, Betriebliche Altersversorgung in der Republik Italien und der Bundesrepublik Deutschland, S. 51; nach *Rinaldi* haben ca. 12,2 Mio. Arbeitnehmer privater Unternehmen Anspruch auf den T. F.R, *Rinaldi*, Pension awareness and nation-wide auto-enrolment: the Italian experience, Working Paper 104/2011, auch abrufbar unter: http://cerp.carloalberto.org/images/stories/wp_104.pdf, Abruf am 15. 02. 2013; *Ambrogio Rinaldi* war 2011 Vorstandsvorsitzender der COVIP (Commissione di vigilanza sui fondi pensione).

1423   Art. 1 Abs. 755, 756 Gesetz 296/2006 (Legge Finanziaria 2007), „Fondo per l'erogazione ai lavoratori dipendenti del settore privato dei trattamento di fine rapporto di cui all'art. 2120 c.c", cd. Fondo Tesoreria.

1424   In Eurostat werden Unternehmen nach Größenklassen und insbesondere nach der „Empfehlung der Kommission vom 06. 05. 2003 betreffend die Definition der Kleinstunternehmen sowie der kleinen und mittleren Unternehmen" (2003/361/EG) erfasst. Die Unternehmensgröße wird aus einer Kombination der Anzahl der Mitarbeiter und dem Umsatz pro Jahr bestimmt. Bei Kleinstunternehmen beträgt die Mitarbeiterzahl bis zu neun Mitarbeiter, bei kleinen Unternehmen bis zu 49 Mitarbeiter und bei mittleren Unternehmen bis zu 249 Mitarbeiter. Nach Eurostat beträgt der Anteil der Beschäftigten in Kleinst- und Kleinunternehmen zusammen im nicht finanziellen Sektor der gewerblichen Wirtschaft in Italien im Jahr 2005 ca.

beitgeber für das Jahr 2002 Rückstellungen für T. F. R.-Anteile in Höhe von ca. € 13 Milliarden gebildet haben,[1425] entfallen davon auf Unternehmen mit weniger als 50 Beschäftigten Rückstellungen in Höhe von ca. € 9 Milliarden. Diese Summe verringert sich um die T. F. R.-Anteile der Arbeitnehmer, die sich für eine Einzahlung in die Zusatzrente entschieden haben. Legt man die gleiche Übertragungsquote wie im Jahr 2009 zugrunde,[1426] ergibt sich ein geschätzter Betrag von ca. € 3,5 Milliarden, der den kleinen Unternehmen wie eigenes Kapital zur Verfügung steht. Da das T. F. R. – wie oben dargestellt[1427] – nach Art. 2 Gesetz 297/1982 insolvenzgesichert ist, müssen die Arbeitnehmer nicht um den Ausfall ihrer T. F. R.-Ansprüche fürchten.

Der Gesetzgeber achtete also bei der Reform der Zusatzrente darauf, den Unternehmen nicht das gesamte T. F. R.-Kapital zu entziehen, sondern berücksichtigte – jedenfalls bei Unternehmen mit weniger als 50 Mitarbeitern – den gewachsenen Besitzstand der Arbeitgeber; diese können noch immer mit den T. F. R.-Anteilen der Arbeitnehmer wirtschaften.

Die Verwaltung des T. F. R.-Kapitals weckte anscheinend auch politische Begehrlichkeiten. Unternehmen, die mindestens 50 Arbeitnehmer beschäftigen, dürfen die ihnen überlassenen T. F. R.-Anteile (T. F. R. inoptato[1428]) seit der Reform nicht mehr im Unternehmensvermögen behalten, sondern müssen diese in einen speziellen, dafür beim staatlichen Schatzamt (Tesoreria dello Stato) gegründeten und vom INPS verwalteten Fonds, den Fondo Tesoreria, einzahlen.[1429] In den Jahren 2007 bis 2010 verwendete die Regierung € 15,86 Milliarden aus dem Fondo Tesoreria der Arbeitnehmer, um öffentliche Haushaltslücken zu decken. Der Corte dei conti, der mit dem deutschen Bundesrechnungshof vergleichbar

---

69 %, vgl. „eurostat, Statistik kurz gefasst, 31/2008", dort Abbildung 4 und 6, auch im Internet verfügbar unter hppt://epp.eurostat.ec.europa.eu/cache/ITY_OFFPUB/ KS-SF-08-031/DE/KS-SF-08-031-DE.PDF, Abruf am 30. 06. 2011; Sozialpolitische Information Italien, Deutsche Botschaft Rom, 08/2011, S. 8.

1425 Vgl. Fn. 1422.

1426 Vgl. Fn. 1378.

1427 Vgl. Fn. 571.

1428 *Del Giudice/Mariani/Izzo/Solombrino,* Diritto del lavoro, S. 534; *D'Agostino,* Schemi & Schede di diritto del lavoro, S. 198.

1429 Art. 1 Abs. 755, 756 Gesetz 296/2006 (Legge Finanziaria 2007), „Fondo per l'erogazione ai lavoratori dipendenti del settore privato dei trattamenti di fine rapporto di cui all'art. 2120 c.c", cd. Fondo Tesoreria; *Cosenza,* Il nuovo TFR, S. 141–143; *Santoro-Passarelli,* Il trattamento di fine rapporto, S. 135; *Del Giudice/Federico/Izzo/Solombrino,* Diritto del lavoro, S. 535; die Einzelheiten zur Fondsverwaltung finden sich im INPS-Rundschreiben Nr. 70 vom 03. 04. 2007, auch abrufbar unter www.inps.it, dort Suchmaske Circolari.

ist, rügte das Vorgehen der Regierung als unzulässig und wies darauf hin, dass diese Maßnahme enteignender Natur ohne Entschädigung sei.[1430] Dieser Zugriff des Staates auf das angesparte T. F. R.-Kapital der Arbeitnehmer gelang nur, weil der Gesetzgeber mit der Reform der Zusatzrente vorschrieb, dass die größeren Unternehmen die T. F.R-Anteile an das staatliche Schatzamt abzuführen hatten.

Als Ergebnis ist festzuhalten, dass die wirtschaftliche Dimension des T. F. R.-Kapitals den Gesetzgeber in die Lage versetzte, das staatliche Altersversorgungssystem um eine privat finanzierte Zusatzrente zu ergänzen. Dabei musste jedoch auf den gewachsenen Besitzstand von Arbeitnehmern und Arbeitgebern Rücksicht genommen werden. Die Einzahlung des T. F. R. in die Zusatzrente ist deshalb für den Arbeitnehmer freiwillig; das erhält die Möglichkeit, dass es der Arbeitnehmer durch seine Entscheidung, das T. F. R. im Betrieb zu lassen, vielen kleinen Unternehmen erlaubt, noch immer mit dem T. F. R.-Kapital zu wirtschaften. Das T. F. R.-Kapital der Arbeitnehmer ist noch immer für ca. zwei Drittel der italienischen Unternehmen[1431] von großer wirtschaftlicher Bedeutung.

II. Entschädigung nach Art. 18 Arbeitnehmerstatut

Anders als im Fall der Abfindung in Form des trattamento di fine rapporto muss der Arbeitgeber die Entschädigung nach Art. 18 Abs. 7 Arbeitnehmerstatut n. F. weder ansparen noch bei einer staatlichen Stelle hinterlegen; der Arbeitgeber zahlt die Entschädigung nach Art. 18 Arbeitnehmerstatut n. F. direkt an den Arbeitnehmer. Es ist also kein Entschädigungskapital im Umlauf, das der Arbeitgeber oder der Staat zu Finanzierungszwecken einsetzen könnte. Die Entschädigung nach Art. 18 Arbeitnehmerstatut n. F. betrifft nur die Parteiinteressen; es handelt sich um eine „normale" zivilrechtliche Forderung.

[1430] La Corte dei conti, Deliberazione, n.1/2011/G (Beschluss des Bundesrechnungshofs) vom 02. 03. 2011: La Corte dei conti costituisce una operazione di natura espropriativa senza indennizzo o comunale di prelievo fiscale indiretto... (Der Bundesrechnungshof stellt eine Maßnahme von enteignender Natur ohne Entschädigung oder von indirekter Abschöpfung fest...) Quelle: http://www.corteconti.it/controllo/assistenza_previdenza_sanita/pensioni_finanza_previdenziale/delibera_1_2011_g/index. html, Abruf am 15. 02. 2013; IL Fatto Italia vom 16. 03. 2011 titelt: Scavare il buco, Finanza creativa: quei 15 Miliardi Rubati dal TFR Dei Dipendenti (Das Loch wird gestopft, kreative Finanzpolitik: 15 Milliarden wurden vom TFR der Angestellten geraubt); Quelle: http://www.fiscooggi.it/files/u27/rassegnastampa/14.03.2011_08_1. pdf, Abruf am 15. 02. 2013.

[1431] Vgl. Fn. 1418.

Der Entschädigung kommt keine darüber hinausgehende Bedeutung für die gesamte Volkswirtschaft zu, die den Gesetzgeber zu besonderen – vergleichbar den vorstehend für den T. F. R. beschriebenen – Regelungen veranlasst hätte.

TEIL 5. VERGLEICH DER RECHTSKULTURELLEN GEMEINSAMKEITEN UND UNTERSCHIEDE BEI DER ENTWICKLUNG DER ABFINDUNG IN DEUTSCHLAND UND ITALIEN

Die aufgezeigten rechtskulturellen Gründe, die in Deutschland und Italien zum Abfindungsanspruch geführt haben, lassen – wie nicht anders zu erwarten – Gemeinsamkeiten erkennen, jedoch auch gravierende Unterschiede.

In beiden Ländern bildete sich nach Wegfall der Zunftzwänge und mit Beginn der Industrialisierung im 19. Jahrhundert der Berufsstand der abhängigen Lohnarbeiter. Nach den damals bestehenden liberalen Rechts- und Wirtschaftsordnungen konnten sowohl Arbeitgeber als auch Arbeitnehmer das Arbeitsverhältnis jederzeit kündigen. Die Unternehmer nutzten ihre wirtschaftliche Überlegenheit und etablierten patriarchalische Fürsorgemodelle, um die Arbeiter an ihr Unternehmen zu binden und um sie dem Diktat der Arbeitsbedingungen zu unterwerfen. In Deutschland stand diese Herrschaftssicherung der Unternehmer in der Tradition der Zunft- und Gesindeverträge; in Italien wurde sie auch durch den Klientelismus unterstützt. Unmenschliche Arbeitsbedingungen, Lohndiktat und soziales Elend ließen in beiden Ländern Arbeitnehmerorganisationen als Vorläufer der heutigen Gewerkschaften entstehen, die sich den Unternehmen als Gegenmacht entgegenstellten. Deutschland und Italien reagierten mit unterschiedlichen Maßnahmen, deren Auswirkungen bis heute spürbar sind.

Deutschland entschied sich aus Furcht vor dem aufkeimenden Sozialismus, der den Machtanspruch der konservativen Elite gefährdete, aber auch aus christlich-sozialem Verständnis für die gesetzliche Regelung einer Sozialversicherung. Die Sozialversicherung verlangte Arbeitgebern, Arbeitnehmern und Staat eine gemeinschaftliche Finanzierung ab,[1432] die auch von Unternehmerseite akzeptiert wurde, da ihr im Gegenzug die Beibehaltung einer liberalen Wirtschaftsordnung zugestanden wurde. Die Finanzierung und Errichtung der Sozialversicherung, die bis heute die tragende Säule der sozialen Sicherung in Deutschland darstellt, lässt bereits den grundsätzlichen Konsens der Akteure, soziale Fragen gemeinsam zu lösen, erkennen. Daneben nahm die Wirtschaft zur Aufrechterhaltung des Betriebsfriedens und des Produktionsprozesses, die

---

[1432] Vgl. Fn. 683.

durch innerbetrieblichen Klassenkampf gefährdet waren, die Einsetzung von
betrieblichen Arbeiterausschüssen – den Vorläufern der heutigen Betriebsräte –
hin. Der durch die Sozialversicherung und die Arbeiterausschüsse begründete
gesetzliche Zwangskonsens stellte die Basis dar, auf der die deutschen Arbeitgeberverbände und Gewerkschaften das damals übliche Klassenkampfdenken
zur heutigen Sozialpartnerschaft fortentwickeln konnten. Vor dem Hintergrund einer sozialen Marktwirtschaft steht die Sozialpartnerschaft für eine
grundsätzliche Bereitschaft zum Dialog und für eine partielle Kooperation von
Arbeitgeber- und Arbeitnehmerseite, wodurch die deutsche Volkswirtschaft
vor größeren Schäden durch exzessive Streiks und andere Kampfmaßnahmen
bewahrt werden konnte. Die Zusammenarbeit der Sozialpartner hat sich auf
unterschiedlichsten Ebenen in der deutschen Rechtsordnung etabliert; sie
kommt heute nicht nur in den Arbeitsbeziehungen der Arbeitgeberverbände
und Gewerkschaften zum Ausdruck, sondern auch in der Mitbestimmung
auf betrieblicher Ebene durch das Gebot der vertrauensvollen Zusammenarbeit von Betriebsrat und Arbeitgeber zum Wohle der Arbeitnehmer und des
Betriebs nach § 3 BetrVG, in der Selbstverwaltung der Sozialversicherungen
durch die in den Sozialwahlen gewählten Vertreter der Arbeitgeber- und der
Arbeitnehmerschaft sowie in der Arbeits- und Sozialgerichtsbarkeit durch das
Vorschlagsrecht der jeweiligen Interessenvertreter. Aus deutscher Sicht ist die
Sozialpartnerschaft ein Erfolgsmodell, das mit Aufnahme der Bestimmungen
über den sozialen Dialog nach Art. 152 AEUV nunmehr auch auf europäischer
Ebene Einzug gehalten hat.

In Italien war das Handeln der politischen Elite Ende des 19. Jahrhunderts
vom Prinzip eines liberalen Individualismus bestimmt, in dem die sozialen
Probleme der neuen Arbeiterklasse keinen Platz fanden.[1433] Eine staatliche
Zwangsversicherung wurde als eine Ausdrucksform von „Staatssozialismus"
empfunden, die die Selbstverantwortung des Einzelnen aushöhlte. Die Untätigkeit des italienischen Gesetzgebers zwang die Arbeiterschaft zur Sicherung
ihrer sozialen Existenz ohne Unterstützung des Staates. Diese Notwendigkeit
der Selbsthilfe schürte das Klassenkampfdenken und bedingte die bis heute
in Italien vorzufindende hohe Konflikt- und Kampfbereitschaft der Arbeiter.
Auch das Streikrecht, das – anders als in Deutschland – nicht nur explizit in
Art. 40 der italienischen Verfassung garantiert ist, sondern auch geringeren

---

[1433]   Vgl. Fn. 1038.

Einschränkungen unterliegt,[1434] ist auf diese Situation zurückzuführen. Weiterhin förderte der Zwang zur Selbsthilfe das Entstehen von autonomen Arbeitsvertragsbedingungen, die in bestimmten Branchen auch die Zahlung aus Anlass einer Kündigung enthielten. Da die Kündigungsentschädigung – auch wenn sie an die Bedingung einer langjährigen Betriebstreue geknüpft war – die Rechtsstellung der Arbeitnehmer im Vergleich zur bestehenden Rechtsordnung verbesserte, verselbständigte sich diese Arbeitsvertragsregelung zu einer anerkannten Institution, die sich im Bewusstsein der Gesellschaft verankerte und von der Arbeiterschaft bald als Gewohnheitsrecht betrachtet wurde.

Das Fehlen einer gesetzlichen Regelung nutzten die Faschisten unter Mussolini, um durch ihr Tätigwerden für die Arbeitnehmerschaft ihre Macht zu festigen. Es galt, den Arbeitern Zugeständnisse zu machen, um sie ruhig zu stellen. Das Regime versprach, für mehr soziale Gerechtigkeit zu sorgen, und kodifzierte die Kündigungsentschädigung zunächst im Angestelltenvertragsgesetz 1924 und später im Codice Civile 1942. Zwar führte die Aufnahme der Kündigungsentschädigung in das Gesetz und vor allem die Ausdehnung der Abfindung für Dienstjahre nach Art. 2120 c. c. auf alle Arbeitnehmer zu einer ersten gesetzlichen Durchbrechung des Prinzips der Kündigungsfreiheit im Arbeitsrecht, manifestierte aber die freie, keinem Begründungszwang unterworfene Kündigung als Leitbild im Gesetz. Unabsichtlich – durch bloße Übernahme der gewohnheitsrechtlichen Kündigungsentschädigung – oder wissentlich erteilte das faschistische Regime somit sachlichen Kündigungsbeschränkungen eine Absage, die noch viele Jahre nach Gründung der Republik Italien fortwirkte und erst mit dem KSchG 1966 gegenstandslos wurde.

In Deutschland hingegen änderten sich nach dem verlorenen Ersten Weltkrieg die politischen Verhältnisse. Die Revolution führte zum Ende der Monarchie und zum Erstarken der Arbeiterschaft, die die Teilhabe an der politischen und wirtschaftlichen Macht im Staat nach dem Rätemodell einforderte. Der Machtanspruch der alten politischen Elite und die Bereitschaft der deutschen Wirtschaft, der Arbeiterschaft Zugeständnisse zu machen, um eine sozialistische Staatsform zu vermeiden, führten mit Verabschiedung des BRG 1920 zu einem materiellen Kündigungsschutz, der die dem Rätegedanken entsprechende Beteiligung des Betriebsrates voraussetzte. Der neue Kündigungsschutz, der – anders als die Abgangsentschädigung – in die bestehende Zivilrechtsordnung integriert werden konnte, basierte auch auf dem Bestreben des Gesetzgebers –

[1434] Vgl. Fn. 1065.

der deutschen Mentalität entsprechend[1435] – für geordnete Lebensverhältnisse zu sorgen; ein Motiv, das in Zeiten politischen und wirtschaftlichen Umbruchs von besonderer Bedeutung war. Der Kündigungsschutz sollte dem Erhalt des Arbeitsplatzes, also der Sicherung der Einkommenquelle dienen und nicht nur den Abgang in die Arbeitslosigkeit abgelten.[1436] Im Unterschied zu Italien führten in Deutschland Krieg und Revolution zu einem Arbeiterschutz auf zwei rechtlich unterschiedlichen Ebenen, die bis heute bestehen: Einschränkung der Kündigungsfreiheit des Arbeitgebers im Individualarbeitsverhältnis einerseits und eine über die bloße Armenhilfe hinausgehende soziale Grundversorgung durch die Sozialversicherung andererseits.

Nach dem Ende des Zweiten Weltkriegs verlangte der Wiederaufbau Deutschlands das Zusammenwirken aller politischen und gesellschaftlichen Kräfte. Es galt, soziale Ungerechtigkeiten in der Rechtsordnung zu vermeiden. Die Verankerung des Sozialstaatsprinzips und des Rechts der Berufsfreiheit im Bonner Grundgesetz 1949 stellten für den Gesetzgeber die Aufforderung dar, die strukturelle Unterlegenheit des einzelnen Arbeitnehmers gegenüber dem wirtschaftlich stärkeren Arbeitgeber im Kündigungsschutz zu beseitigen und den Arbeitnehmer vor einem existenzgefährdenden Arbeitsplatzverlust zu schützen. Mit dem KSchG 1951 konkretisierte der Gesetzgeber das verfassungsrechtliche Handlungsgebot, entwickelte den Gedanken der rechtlichen Mißbilligung nach dem BRG 1920 zur sozialen Mißbilligung fort und bestimmte, dass die Kündigung fortan unwirksam sein sollte, wenn sie „sozial ungerechtfertigt" ist; gleichzeitig erklärte er den Abkauf des rechtswidrig gekündigten Arbeitsverhältnisses grundsätzlich für unzulässig. Daneben führte der Gesetzgeber die unter dem nationalsozialistischen Betriebsführerprinzip

---

[1435]   Eine Büroordnung aus dem Jahr 1907, veröffentlicht im „Fachblatt für leitende Männer in Handel und Industrie" verlangte von den Angestellten „größte Pünktlichkeit", „Arbeiten in korrekter und sauberer Form zu erledigen", „in sorgfältigster und genauester Art auszuführen". Zu den Kommunikationsregeln schreibt die Büroordnung vor: Die Angestellten „haben sich in den Räumen so zu bewegen, wie es Angestellten eines angesehenen Betriebes geziehmt. Das Herumstehen, das laute Rufen von einem Platze zum anderen ist ungebührlich und deshalb verboten. Hat ein Angestellter ein geschäftliches Anliegen – nur ein solches darf in Betracht kommen – an einen anderen, so hat er ruhig an dessen Pult zu treten, die Angelegenheit zu ordnen und ebenso ruhig an seinen Platz zurückzukehren.", *von Hirschfelder/ Nutzinger*, Das Kaiserreich 1871–1918, S. 95, 96.

[1436]   Vgl. Fn. 845; aufgrund des zeitlichen Zusammenhangs kann man annehmen, dass diese Überlegungen, die dem Entwurf eines allgemeinen Arbeitsvertragsgesetzes 1923 zugrunde lagen, bereits – wenn auch weniger detailliert – im Rahmen der Erörterung des BRG 1920 eine wesentliche Rolle spielten.

eingeleitete Individualisierung des Kündigungsschutzes im AOG 1934 fort, weil es im bundesrepublikanischen Rechtsstaat nicht mehr dem sozialen Gerechtigkeitsempfinden entsprach, wenn das Recht des Arbeitnehmers, Kündigungsschutzklage zu erheben, von der Zustimmung des Betriebsrates abhängig sein sollte. Mit dieser Grundkonzeption ist der Kündigungsschutz bis heute in der deutschen Rechtsordnung verankert.

Anders war die Situation im Italien der Nachkriegszeit. Dort ließen die gesetzliche Verankerung der Abfindung für Dienstjahre, der Vertretungsanspruch der Koalitionen, die florierende Wirtschaft sowie eine liberal ausgerichtete Zivilrechtsordnung gesetzliche Kündigungsvorschriften entbehrlich erscheinen. Der liberale Grundsatz der Selbstverantwortlichkeit des Einzelnen erlaubte es dem italienischen Staat außerdem, seine Haushaltsmittel zu schonen, weil er lediglich für ein schwach ausgeprägtes gesetzliches Sozialversicherungssystem sorgen musste. Letzteres führte allerdings dazu, dass der italienische Arbeitgeber – jedenfalls aus deutscher Sicht – relativ hohe Kündigungsentschädigungen bezahlen musste; bereits der Codice Civile 1942 ging bei der Abfindung für Dienstjahre nach Art. 2120 c. c. von einem Jahresgehalt pro Beschäftigungsjahr aus. Die Abfindung in Italien war also damals schon doppelt so hoch wie heute in Deutschland die Abfindungsoption nach § 1 a KSchG.

Fehlende Kündigungsvorschriften und eine schwach ausgeprägte Sozialversicherung bewirkten, dass sich die Abfindung für Dienstjahre, deren Entstehen ursprünglich vom Arbeitgeber beeinflusst werden konnte, zu einem uneingeschränkten Recht der Arbeitnehmer verstetigte und mit diesem Selbstverständnis häufig in Tarifverträgen verankert wurde; dadurch entwickelte sich die Abfindung zu einem festen Lohnbestandteil weiter.

Da die italienischen Unternehmen vom Wirtschaftsaufschwung der 1950er-Jahre profitierten, aber die Arbeiterschaft anders als in Deutschland daran nicht in Form von Lohnerhöhungen partizipieren durfte, förderte dies ein allgemeines soziales Ungerechtigkeitsempfinden und eine Unzufriedenheit mit den staatlichen Verhältnissen. Die Arbeiter waren nicht mehr bereit, eine liberale Rechts- und Wirtschaftsordnung zu akzeptieren, die das Gewähren von Arbeit in das Belieben der Arbeitgeber stellte. Die Unzufriedenheit der Arbeiter war so groß, dass sie den Kampf gegen das Establishment zu einer Frage von Freiheit oder Unfreiheit, Würde oder Unwürdigkeit machten.[1437] Extensive, teilwei-

---

[1437] So lautet die Überschrift zum Arbeitnehmerstatut 1970: „Vorschriften über den Schutz der Freiheit und Würde der Arbeitnehmer…", vgl. Fn. 1252.

se gewalttätige Streiks der Arbeiter, die von vielen Kreisen der Gesellschaft
unterstützt wurden, die Öffnung der DC nach links[1438] sowie die Erkenntnis,
dass eine auf Kampfmaßnahmen ausgerichtete Tarifpolitik es nicht vermoch-
te, die Existenzgrundlage der Arbeiter zu sichern, bewirkten eine Lockerung
des Liberalismus im italienischen Arbeitsrecht und die Einschränkung der
unternehmerischen Freiheit beim Kündigungsschutz durch das KSchG 1966
und das Arbeitnehmerstatut 1970. Vor dem Hintergrund der politischen und
sozialen Verhältnisse wagte es der Gesetzgeber jedoch nicht, die Abfindung
für Dienstjahre anzutasten und gewährte fortan den Arbeitnehmern anders
als in Deutschland auf der Ebene des Individualarbeitsrechts eine doppelte
Absicherung: den Kündigungsschutz und die Abfindung für Dienstjahre. Die
Abfindung war so fest im öffentlichen Bewusstsein verwurzelt, dass sie einige
Jahre später – trotz zwischenzeitlicher Verbesserung der sozialen Sicherung
und Schwierigkeiten der Wirtschaft, die Abfindung zu finanzieren – als un-
bedingter Anspruch, der dem Arbeitnehmer in jedem Fall der Beendigung
zustand, mit der neuen Bezeichnung trattamento di fine rapporto im Codice
Civile verankert wurde. Wie die beiden Kündigungsschutzgesetze von 1966
und 1970 zeigen, war im italienischen Kündigungsrecht noch immer die Idee
einer liberalen Rechts- und Wirtschaftsordnung spürbar. Es war der Wirtschaft
gelungen, gesetzgeberische Eingriffe auf das Nötigste zu beschränken. Die
politische Mehrheit im Parlament schützte noch immer mehr die Wirtschaft
als die Arbeitnehmer. Der Staat reagierte nur, wenn er durch die Umstände
dazu gezwungen war. Die Kündigungsschutzgesetze verbesserten daher nur
die Rechtsstellung der Arbeitnehmer, die in großen Industrieunternehmen,
von denen die Streiks hauptsächlich ausgingen, beschäftigt waren; Arbeitnehmer in kleineren Betrieben blieben ohne Kündigungsschutz.[1439] Die Arbeiter
empfanden den Kündigungsschutz als unbefriedigend: Drei unterschiedliche
Schutzniveaus führten zu Unzufriedenheit und Neid und provozierten ein
„kündigungsschutzrechtliches Statusdenken". Auch die Arbeitnehmer, die sich
auf den realen Kündigungsschutz nach dem Arbeitnehmerstatut 1970 berufen
konnten, waren trotz Rechtswidrigkeit der Kündigung von einem Arbeitsplatzverlust bedroht, weil die – anders als in Deutschland – bereits in erster Instanz
mehrjährigen Arbeitsgerichtsprozesse eine erfolgreiche Wiedereingliederung
des Arbeitnehmers im Unternehmen praktisch vereitelten. So stand der reale

---

[1438]   Vgl. Fn. 1189.
[1439]   Vgl. Fn. 1263.

Kündigungsschutz zwar auf dem Papier, erreichte die Lebenswirklichkeit aber nicht. Unterschiedliche politische Konzepte, die auf dem alten Proporzwahlrecht beruhten, und fehlende politische Mehrheiten verhinderten zunächst eine gesetzgeberische Lösung. Dies brachte linken Splitterparteien einen erheblichen Zulauf und setzte den Gesetzgeber unter Druck. Im Unterschied zu Deutschland konnte sich die Arbeiterschaft auch die in der italienischen Verfassung geregelten Volksbegehren zu Nutze machen, um dem Gesetzgeber endgültig „auf die Sprünge zu helfen". Referenden haben in Italien als Gegengewicht zum „verkrusteten Parteienstaat" eine große Bedeutung, weil sie – aus Sicht der Wähler zu Recht – den Gesetzgeber häufig zwangen, politischen Reformstau zu überwinden.[1440] Auch beim Kündigungsschutz führte ein abrogatives Referendum zum Erlaß des KSchG 1990, das für die bis heute grundsätzlich geltende Zweiteilung der Rechtsfolgen beim Kündigungsschutz in Italien sorgte, je nachdem ob der obligatorische oder der reale Schutz Anwendung findet. Deutschland hingegen hatte sich aus den Erfahrungen mit der Weimarer Verfassung, die Volksbegehren und Volksentscheide vorsah, die die Nationalsozialisten jedoch für ihre Zwecke mißbrauchten, gegen die Aufnahme von plebiszitären Elementen in das Grundgesetz entschieden.[1441] Der bundesdeutsche Parlamentarismus hat durch seine Konsensbereitschaft und Kompromissfähigkeit gezeigt, dass für die breite Bevölkerung tragbare politische Ergebnisse auch ohne Mehrheitsentscheidung durch Volksentscheide zustande kommen können.

Eine Besonderheit des italienischen Arbeitsrechts, die Abfindung in Form des trattamento di fine rapporto, überstand die Reformen des italienischen Kündigungsschutzes nicht nur schadlos, sondern ging jeweils gestärkt aus ihnen hervor. Als historisch gewachsenes Rechtsinstitut war es in Zeiten, als der Gesetzgeber noch keine nennenswerten sozialen Sicherungssysteme und Kündigungsschutzgesetze in der Rechtsordnung implementiert hatte, für die Arbeiterschaft von existentieller Bedeutung. Eine vergleichbare gesetzliche Regelung existiert in Deutschland wegen der frühzeitigen Entscheidung Bismarcks für eine Sozialversicherung nicht. Aufgrund seiner über Generationen weitergetragenen wirtschaftlichen Bedeutung war die Abfindung in Form des

---

[1440] Vgl. Fn. 1285, 1308, 1339.

[1441] „So konnte *Joseph Goebbels* vor dem Volksentscheid über die Auflösung des preußischen Landtages im August 1931 mit dem Zionismus, der seine Kampfzeitartikel auszeichnete, im „Angriff" schreiben: „Streng legal und höflich bis in die Haarspitzen treten wir an zum Gericht.", DER SPIEGEL, Heft 18/1958, Seite 15, 16.

trattamento di fine rapporto auch nach der Ausdehnung des Kündigungsschutzes auf alle Arbeitnehmer durch das KSchG 1990 ein nicht mehr weg-
zudenkender Bestandteil der italienischen Arbeitsrechtsordnung. Trotz eines
prognostizierten deutlichen Rückgangs der zu erwartenden staatlichen Ren-
tenleistungen gelang es dem italienischen Gesetzgeber im Zuge der Reform der
privaten Zusatzrente 2007 daher nur, Rahmenbedingungen für eine freiwillige
Einzahlung der Abfindung in eine private Zusatzrente zu schaffen. Die zur
Finanzierung angemessener Altersrenten erforderliche vollständige Überführung des trattamento di fine rapporto in eine private Zusatzrente scheiterte,
weil weder Arbeitnehmer noch Arbeitgeber eine grundlegende Änderung der
Situation wünschten; denn für den Arbeitgeber bedeutete das trattamento di
fine rapporto in der Ansparphase „echtes" Kapital, für den Arbeitnehmer stand
es zum Auszahlungszeitpunkt als Vergütung zur Verfügung. So hatten beide
Parteien ein existenzielles Interesse an der Beibehaltung des trattamento di fine
rapporto. Um einen eventuellen Konflikt zu umgehen, übertrug der Gesetzgeber daher die Einzahlung des trattamento di fine rapporto in eine private
Zusatzrente der Selbstbestimmung der Arbeitnehmer. Gleichzeitig konnte er
dadurch seinem verfassungsmäßigen Auftrag nach Art. 38 Abs. 2 der italienischen Verfassung, für angemessene Altersrenten zu sorgen, gerecht werden.

Die Wirtschaftskrise zu Beginn des 21. Jahrhunderts stellte den in Deutschland und Italien geltenden Bestandsschutz in Frage. Beide Länder wollten den
Kündigungsschutz so gestalten, dass er nicht beschäftigungshindernd, sondern
möglichst beschäftigungsfördernd wirkte. Dieses Ziel verfolgten beiden Staaten
auf unterschiedliche Weise. In Deutschland überstand der Bestandsschutz als
Symbol sozialstaatlich gebundener Marktwirtschaft und Ausdruck sozialen
Gerechtigkeitsempfindens die Angriffe aus dem wirtschaftlichen Lager. Die sozialdemokratische Mehrheit im Bundestag war nicht bereit, das Schutzniveau auf
einen abfindungsorientierten Kündigungsschutz umzustellen. Die Änderung
des Kündigungsschutzes hätte einen Rückschritt dargestellt, der im Kern wieder
der Weimarer Regelung im BRG 1920 entsprochen und das Gewähren von Arbeit der Entscheidung des Arbeitgebers überlassen hätte. Zur Ankurbelung der
Wirtschaft wollte der Gesetzgeber den Geltungsbereich des Kündigungsschutzgesetzes einschränken, indem er die Anwendungsschwelle anhob, sodass erst
Unternehmen mit mehr als zehn Arbeitnehmern von dieser Regelung betroffen,
kleinere aber davon ausgenommen waren.[1442] Durch diese Gesetzesänderung

---

[1442] Vgl. Fn. 974.

verfestigte sich in Deutschland eine Zwei-Klassen-Gesellschaft innerhalb der Arbeitnehmerschaft: Auf der einen Seite die Arbeitnehmer, die sich auf den Kündigungsschutz berufen können, weil sie in Unternehmen tätig sind, die mehr als zehn Arbeitnehmer beschäftigen, und auf der anderen Seite die Arbeitnehmer, die jederzeit – mit Ausnahme der Einhaltung der Kündigungsfrist – kündbar sind, weil sie in kleineren Unternehmen beschäftigt sind. Das aus den Bismarckschen Sozialreformen entstandene heutige System sozialer Sicherung in Deutschland ist aber in der Lage, für alle Arbeitnehmer eine angemessene Grundsicherung zu garantieren und so – auch bei einem Kündigungsschutz, von dem nicht alle Arbeitnehmer profitieren – für politische Stabilität zu sorgen.

In Italien jedoch waren der öffentliche Haushalt disaströs, die Konjukturaussichten schlecht, die Arbeitslosigkeit unverhältnismäßig hoch und die Parteien wieder so zerstritten, dass es der Regierung nicht mehr möglich war, für eine mehrheitsfähige Lösung zu sorgen. Da eigene Rezepte fehlten oder nicht umsetzbar waren und die Politik zum Handeln gezwungen war, übernahm Italien bereitwillig ein Lösungsmodell nach der Flexicurity-Strategie der europäischen Kommission und stellte Art. 18 Arbeitnehmerstatut n. F. bei der betriebsbedingten Kündigung auf einen abfindungsorientierten Kündigungsschutz um, wie er bereits in ähnlicher Form im KSchG 1966 bestanden hatte. Da es nun nach dieser Änderung nicht mehr darauf ankam, wieviele Arbeitnehmer in einer Produktionseinheit beschäftigt waren, sondern alle Arbeitnehmer in Bezug auf die Rechtsfolgen der betriebsbedingten Kündigung gleichgestellt waren, förderte der neue Kündigungsschutz die Zufriedenheit der Arbeitnehmer. Unterschiedlich waren freilich noch immer die Abfindungshöhen. Durch die Umstellung auf einen abfindungsorientierten Kündigungsschutz betonte der italienische Gesetzgeber außerdem den funktionalen Zusammenhang von Kündigungsschutz und Arbeitslosenversicherung im Sinne einer „Gesamt-Beschäftigungsbilanz". Der deutsche Gesetzgeber setzte demgegenüber auf eine klare Trennung zwischen Kündigungsschutz und Sozialversicherung und wies ersteren der individuellen Sphäre des Vertragsverhältnisses zu, ohne die Versichertengemeinschaft damit zu belasten.

Die Untersuchung hat gezeigt, dass Deutschland und Italien bei der Entwicklung des Kündigungsschutzes und der damit verbundenen Frage nach Zahlung einer Abfindung von unterschiedlichen rechtskulturellen Aspekten beeinflusst wurden: In Deutschland war die Rechtsentwicklung vor allem von Konsensbereitschaft, deutscher Gründlichkeit bei der Fortentwicklung des Rechts sowie sozialem Gerechtigkeitsempfinden bestimmt und behielt gegenüber europäischen

Vorschlägen ihre Selbständigkeit. Für die italienische Rechtsentwicklung waren dagegen insbesondere die liberale und neutrale Haltung des Staates ausschlaggebend, ebenso die dadurch ausgelöste stete Streik- und Kampfbereitschaft der Arbeitnehmer, die Überlegenheit der Unternehmer, die volkswirtschaftliche Bedeutung des trattamento di fine rapporto und die Bereitschaft des italienischen Staates, sich europäischen Vorgaben unterzuordnen.

TEIL 6. DIE FREIWILLIGE ZAHLUNG VON ABFINDUNGEN

Wie oben dargestellt,[1443] endet fast die Hälfte aller Kündigungsschutzklagen in der ersten Instanz mit dem Abschluss eines Abfindungsvergleichs. Im Folgenden wird dargestellt, aus welchen Gründen sich die Arbeitsvertragsparteien auf eine einvernehmliche Abfindungslösung einlassen (Abschnitt A.) und wie hoch die Abfindung dann ausfällt (Abschnitt B.).

A. Beweggründe für die freiwillige Zahlung einer Abfindung in Deutschland und Italien

Deutschland und Italien haben sich bei der betriebsbedingten Kündigung – anders etwa als die Niederlande[1444] – für eine nachträgliche Kontrolle der Rechtswirksamkeit der Kündigung entschieden.[1445] Es steht daher erst am Ende des Kündigungsschutzprozesses fest, ob die Kündigung gerechtfertigt war oder nicht und ob der Arbeitgeber dem Arbeitnehmer den Annahmeverzugslohn nachzuzahlen hat.[1446] Diese unsichere Situation,[1447] der zeitlich nicht begrenzte Annahmeverzugslohn[1448] sowie der eventuelle Autoritätsverlust gegenüber den verbleibenden Arbeitnehmern sind Motive für den Arbeitgeber, dem Arbeitnehmer eine Abfindung anzubieten, um das Arbeitsverhältnis schneller zu beenden.

[1443] Vgl. Fn. 966.

[1444] In den Niederlanden benötigt der Arbeitgeber zur Beendigung des Arbeitsverhältnisses die vorherige Zustimmung des örtlichen Arbeitsamtes, s. *Nogler*, La disciplina dei licenziamenti individuali nell'epoca del bilanciamento tra i „principi" costituzionali, Giornale di diritto del lavoro e di relazioni industriali 2007, 593, 654, 674 Fn. 547; *Rebhahn*, ZfA 2003, 163, 169; *Mozet*, NZA 1998, 128, 131.

[1445] *Mayer*, in: *Fiebig/Gallner/Nägele*, Kündigungsschutzrecht, KSchG, § 1 Rn. 5; *Boecken/Topf*, RdA 2004, 19, 22; *Cutolo/Esposito*, Formulario del Processo del Lavoro, S. 75 Fn. 10; *Febbraro*, Statuto dei lavoratori, S. 107, 117.

[1446] In Deutschland Annahmeverzugslohn gemäß § 615 BGB, § 11 KSchG; in Italien Schadensersatz gemäß Art. 18 Abs. 4 Arbeitnehmerstatut n. F..

[1447] Manche Autoren sprechen sogar von der Unmöglichkeit der betriebsbedingten Kündigung, *Neef*, NZA 2006, 1241; *Rüthers*, NJW 2002, 1601.

[1448] *Willemsen* spricht vom „Annahmeverzug ad infinitum", *Willemsen*, NJW 2000, 2779; in Italien ist der Schadensersatz nach Art. 18 Abs. 4 Arbeitnehmerstatut n. F. nunmehr auf zwölf Monatsgehälter begrenzt, vgl. Fn. 467.

Auch der Arbeitnehmer will möglichst frühzeitig Klarheit über die Wirksamkeit der Kündigung erhalten, damit er sich beruflich neu orientieren kann. Zudem stellt die angebotene Abfindung für den Arbeitnehmer eine kalkulierbare Größe dar, die es ihm erlaubt, die mit dem Verlust des Arbeitsplatzes verbundenen finanziellen Einschränkungen eher einzuschätzen.

Dieses beiderseitige Interesse an der Beendigung des Arbeitsverhältnisses gegen Zahlung einer Abfindung führt zu einer sehr hohen Vergleichsquote in Kündigungsschutzverfahren.[1449]

B. Höhe der Abfindung bei freiwilliger Zahlung

Im ersten Teil und zweiten Teil der Arbeit wurde festgestellt, dass die Höhe der Abfindung, die der Arbeitgeber in Deutschland und Italien nach gesetzlichen Regelungen bezahlen muss, sehr unterschiedlich ist. Der folgende Abschnitt untersucht die Höhe der Abfindung bei einer einvernehmlichen Beendigung des Arbeitsverhältnisses.

I. Höhe der Abfindung bei freiwilliger Zahlung in Deutschland

Die Aufhebung des Arbeitsverhältnisses wird außergerichtlich oder gerichtlich vereinbart.[1450] *Höland/Kahl/Zeibig* haben eine empirische Untersuchung zur Höhe der Abfindung bei vor dem Arbeitsgericht abgeschlossenen Vergleichen durchgeführt.[1451] Danach beträgt der Abfindungsfaktor bei der betriebsbedingten Kündigung durchschnittlich 0,51 Bruttomonatsverdienste je Beschäftigungsjahr.

[1449]   Vgl. Fn. 966.

[1450]   In Deutschland Aufhebungsvertrag als actus contrarius gegenüber der Eingehung des Arbeitsvertrags, § 311 BGB, *Rolfs*, in: *Ascheid/Preis/Schmidt*, Kündigungsrecht, 2. Teil, Aufhebungsvertrag, 1., Rn. 1; in Italien risoluzione consensuale, Art. 1372 c. c., „ il contratto … non può essere sciolto che per mutuo consenso o per cause ammesse dalla legge" (Der Vertrag kann nur durch gegenseitige Einwilligung oder aufgrund eines gesetzlich zugelassenen Grundes aufgelöst werden), *Carinci*, Codice del lavoro, S. 1695.

[1451]   *Höland/Kahl/Zeibig*, Kündigungspraxis und Kündigungsschutz im Arbeitsverhältnis, S. 160, 162.

Übersicht 13: Höhe der Abfindung bei vor dem Arbeitsgericht abgeschlossenen Vergleichen[1452]

ArbG	Abfindungsfaktoren	Anteil der Abfindungsvergleiche an allen Vergleichen[1453]
Betriebliche Erfordernisse	0,51 (SD 0,52) (MD 0,38)	85 %
Person des AN	0,52 (SD 0,52) (MD 0,38)	87 %
Verhalten des AN	0,72 (SD 1,00) (MD 0,48)	58 %

(Angabe des arithmetischen Mittels; die Angaben in Klammern enthalten die Standardabweichung (SD) sowie den Median (MD))

Man kann zunächst feststellen, dass der Abfindungsfaktor bei einer einvernehmlichen Beendigung des Arbeitsverhältnisses im Rahmen eines gerichtlichen Verfahrens fast identisch ist mit dem, wie er sich im Durchschnitt bei einer streitigen Entscheidung in Form des Auflösungsurteils ergibt; wie oben herausgearbeitet,[1454] beträgt der Abfindungsfaktor dort 0,53 Bruttomonatsgehälter je Beschäftigungsjahr. Die gesetzliche Regelung nach §§ 9, 10 KSchG dient den Parteien also auch beim Abschluss von Aufhebungsverträgen im Rahmen eines Prozessvergleichs als Vorbild.

Blickt man nicht nur auf die betriebsbedingte Kündigung, sondern auf alle drei Kündigungsgründe, weist die Untersuchung von *Höland/Kahl/Zeibig* bei Prozessvergleichen einen durchschnittlichen Abfindungsfaktor von 0,57 Bruttomonatsgehälter je Beschäftigungsjahr aus.[1455]

Die sog. Karent Personalstudie, die sich ebenfalls auf alle drei Kündigungs-

---

[1452] *Höland/Kahl/Zeibig,* Kündigungspraxis und Kündigungsschutz im Arbeitsverhältnis, S. 164.

[1453] Die Prozentzahl gibt in Abhängigkeit vom Kündigungsgrund den Anteil der vor dem Arbeitsgericht geschlossenen Vergleiche an, die neben anderen Regelungen auch die Vereinbarung einer Abfindungszahlung enthalten. Dies bedeutet, dass zum Beispiel in gerichtlichen Vergleichen über betriebsbedingte Kündigungen in erster Instanz in 85 % der Fälle eine Abfindungszahlung vereinbart wird, während bei verhaltensbedingten Kündigungen nur in 58 % der Fälle eine Abfindungsvereinbarung zustande kommt. Man kann also feststellen, dass bei gerichtlichen Vergleichen über betriebsbedingte Kündigungen der „Abfindungsvergleich" die Regel ist.

[1454] Vgl. Fn. 263, Übersicht 1: Entscheidungen zu §§ 9, 10 KSchG.

[1455] *Höland/Kahl/Zeibig,* Kündigungspraxis und Kündigungsschutz im Arbeitsverhältnis, S. 160, 162.

gründe bezieht, ermittelt für außergerichtliche und gerichtliche Aufhebungs-
vereinbarungen einen durchschnittlichen Abfindungsfaktor von 0,69 Bruttomonatsgehälter je Beschäftigungsjahr.[1456] Daraus lässt sich der Schluss ziehen,
dass für außergerichtliche Aufhebungsverträge höhere Abfindungen gezahlt
werden. Die Studie nennt dafür zwar keinen Grund, jedoch dürfte dieser darin
liegen, dass die Einsparung der Prozesskosten zu einer leichten Erhöhung der
Abfindung führt.

Aus beiden Untersuchungen ergibt sich somit ein durchschnittlicher Abfindungsfaktor zwischen 0,51 und 0,69 Bruttomonatsgehälter; dies entspräche bei
Zugrundelegung der durchschnittlichen Beschäftigungsdauer und des mittleren Bruttomonatsgehalts in Deutschland einer Abfindung zwischen € 16.285,83
und € 22.033,77.[1457]

II. Höhe der Abfindung bei freiwilliger Zahlung in Italien

In Italien vereinbaren die Parteien in der Regel ein Gesamtpaket zur Aufhebung
des Arbeitsvertrags, die Zahlung an den Arbeitnehmer besteht also aus mehreren Komponenten. Davon müssen einige zum Zwecke der Vergleichbarkeit
herausgerechnet werden, und zwar insbesondere der Betrag des T. F. R., eine
eventuelle Entschädigung wegen der Nichteinhaltung der Kündigungsfrist[1458]
und die Abfindungszahlung. Der Verfasser hat im Rahmen der Untersuchung
Interviews mit Arbeitsrechtlern aus der Rechtsanwaltschaft, Gewerkschaft,
Schlichtungskommission und Arbeitsgerichtsbarkeit sowie sog. Arbeitsrechts-
beratern[1459] geführt. Übereinstimmend wurde mitgeteilt, dass es keine Faustformel zur Berechnung der Abfindung gibt, aber der gesetzlichen Vorgabe

---

[1456]   Karent Personalstudie 2010/2011, Gesamtauswertung, 3.Teil: Kündigung und Un-
ternehmenskultur, Abfindungsfaktoren nach Branchen 2009 bis 2010, Stichprobe:
567 Personalentscheider, Feldzeit: Oktober 2010, die Gesamtauswertung kann bei
Karent bezogen werden, Quelle: www.karent.de.

[1457]   € 2.903,00 Bruttomonatsverdienst x 0,51 Faktor x 11 Beschäftigungsjahre = € 16.285,83;
€ 2.903,00 Bruttomonatsverdienst x 0,69 Faktor x 11 Beschäftigungsjahre = € 22.033,77.

[1458]   Art. 2118 Abs. 2 c. c. (indennità di mancato preavviso).

[1459]   Arbeitsrechtsberater (Consulente del lavoro) ist ein spezieller Berufsstand in Italien. Er berät und unterstützt Betriebe in Personal- und Lohnangelegenheiten mit
Kenntnissen im Verwaltungs- und Betriebsrecht sowie im Steuerrecht, Berufsver-
band Consiglio Nazionale dell'Ordine dei Consulenti del Lavoro, www.consu-
lentidellavoro.it, Quelle: http://www.provinz.bz.it/ABI/wrkf_work_d.aspx?BERF_
ID=226&BERF_NAME=ArbeitsrechtsberaterIn, Abruf am 15. 02. 2013.

von 15 Bruttomonatsgehältern nach Art. 18 Abs. 3 Arbeitnehmerstatut n. F. (Art 18 Abs. 5 Arbeitnehmerstatut a. F.) auch für Aufhebungsverträge starke Signalwirkung zukommt. Arbeitgeberorientierte Rechtsanwälte gehen bei der Abfindung häufig mit ungefähr der Hälfte, also mit 7,5–10 Bruttomonatsgehältern „ins Rennen", wenn die Kündigung risikobehaftet ist.

Daneben hat der entstandene Schadensersatz (Annahmeverzugslohn) gemäß Art. 18 Abs. 4 Arbeitnehmerstatut n. F. bei Aufhebungsverträgen, die vor dem Arbeitsgericht abgeschlossen werden, Einfluss auf die Abfindungshöhe. Bei einer erstinstanzlichen Entscheidung, die beispielsweise zwölf Monate nach Beendigung des Arbeitsverhältnisses ergeht, liegt das Prozessrisiko bei 27 Bruttomonatsgehältern.[1460] Steht das Risiko einer qualifiziert rechtswidrigen Kündigung im Raum, wird von manchen Gerichten ein gemitteltes Angebot unterbreitet, das in diesem Fall bei einer Abfindung von 13,5 Bruttomonatsgehältern läge.[1461] Legt man die gleiche Überlegung bei der einfach rechtswidrigen Kündigung zugrunde, könnte der Abfindungsvorschlag zwischen sechs und zwölf Bruttomonatsgehältern betragen.[1462] Wie in Deutschland kommt es aber immer auf die jeweiligen Umstände des Einzelfalles an.

In Italien könnte also die Abfindung bei einer einvernehmlichen Beendigung des Arbeitsverhältnisses auf der Basis der statistischen Durchschnittswerte bei einer qualifiziert rechtswidrigen Kündigung EUR 29.434,50[1463] und bei der einfach rechtswidrigen Kündigung zwischen EUR 13.086,00[1464] und EUR 26.172,00[1465] betragen.

III. Zusammenfassung

In beiden Ländern kommt der gesetzlichen Regelung zur Abfindung, die der Richter in einem Urteil festzusetzen hat, auch für einvernehmliche Aufhebungs-

---

[1460] Vgl. Fn. 610: 15 Gehälter Entschädigung nach Art. 18 Abs. 3 Arbeitnehmerstatut n. F. + zwölf Gehälter Annahmeverzug nach Art. 18 Abs. 4 Arbeitnehmerstatut n. F., gesamt 27 Gehälter.

[1461] Die Herangehensweise der Richter ist unterschiedlich, obige wurde dem Verfasser im Interview vom 08. 06. 2011 durch einen Richter der Arbeitsgerichtsbarkeit mitgeteilt.

[1462] Jeweils 50 % des gesetzlichen Rahmens nach Art. 18 Abs. 5 Arbeitnehmerstatut n. F., vgl. Fn. 488.

[1463] Berechnung: 13,5 x EUR 2.181,00 = EUR 29.443,50.

[1464] Berechnung: 6 x EUR 2.181,00 = EUR 13.086,00.

[1465] Berechnung: 12 x EUR 2.181,00 = EUR 26.172,00.

vereinbarungen starke Signalwirkung zu. Während in Deutschland die Höhe der freiwilligen Abfindungszahlung im Durchschnitt der gerichtlich festgesetzten entspricht, muss der Arbeitnehmer in Italien erhebliche Abschläge kalkulieren, die etwa bei 50 % liegen. Da sich die Parteien auch bei der Abfindung, die im Rahmen eines Aufhebungsvertrags gezahlt wird, am Gesetz orientieren, ist die vereinbarte Abfindung in Italien in der Regel trotzdem höher, als die, mit der ein vergleichbarer deutscher Arbeitnehmer rechnen könnte.

TEIL 7. RECHTSPOLITISCHER AUSBLICK

Das Ergebnis der Untersuchung zeigt, dass die Wirtschaftskrise um die letzte Jahrtausendwende sowohl in Deutschland als auch in Italien die Überarbeitung des Kündigungsschutzes ins Rollen brachte.[1466] Aus heutiger Sicht lässt sich feststellen, dass – entgegen der Erwartung des deutschen Gesetzgebers[1467] – eine signifikante Entlastung der Arbeitsgerichtsbarkeit durch das Optionsmodell nach § 1 a KSchG nicht eingetreten ist.[1468] Dies lässt sich darauf zurückführen, dass § 1 a KSchG den Arbeitsvertragsparteien im Vergleich zu einem Kündigungsschutzstreit zu wenig Vorteile bietet: Der Arbeitgeber wird bei berechtigtem betrieblichen Kündigungsgrund dem Arbeitnehmer die Abfindungsoption nicht anbieten, da die gesetzliche Abfindung aus Arbeitgebersicht in diesem Fall mit 0,5 Bruttomonatsgehältern pro Beschäftigungsjahr zu hoch ist. Er wird die Abfindungsoption nach § 1 a KSchG daher nur in den Fällen unterbreiten, in denen er ein höheres rechtliches Risiko befürchtet. In diesem Fall ist allerdings auch der Anreiz für den Arbeitnehmer, das Abfindungsangebot anzunehmen, sehr gering. Häufig sind Arbeitnehmer, die von einer betriebsbedingten Kündigung betroffen sind, bereits viele Jahre im Unternehmen beschäftigt und kennen aus eigener Wahrnehmung die Hintergründe, die Anlass für den Ausspruch der betriebsbedingten Kündigung sind, oder können sich entsprechende Kenntnisse beim Betriebsrat verschaffen. Hat der Arbeitnehmer Zweifel an der Rechtfertigung der Kündigung, wird er das Abfindungsangebot nach § 1 a KSchG ablehnen und Kündigungsschutzklage erheben, weil er sich davon eine höhere Abfindung als 0,5 Bruttomonatsgehälter pro Beschäftigungsjahr erhofft. Solange § 1 a KSchG bei Verzicht auf die Kündigungsschutzklage lediglich eine Abfindungshöhe festlegt, mit der der Arbeitnehmer auch bei Durchführung des Kündigungsschutzprozesses rechnen kann, wird die Arbeitnehmerseite die angebotene Abfindung selten akzeptieren. Der Gesetzgeber müsste also die Abfindung bei § 1 a KSchG erhöhen, um auf der Arbeitnehmerseite das Interesse für die Abfindungsoption und die außergerichtliche Einigung ohne Kündigungsschutzprozess zu wecken.

In Italien sollte die Änderung des Kündigungsschutzes den Arbeitsmarkt

---

[1466] Vgl. Fn. 953, 1386.
[1467] Vgl. Fn. 984.
[1468] *Kögel*, RdA 2009, 358, 367; *Preis/Schneider*, NZA 2006, 1297.

beleben und zur Schaffung von neuen Arbeitsplätzen beitragen.[1469] Das hätte
aber vorausgesetzt, dass die gesetzlichen Regelungen verständlich sind und
den Parteien Rechtssicherheit vermitteln; dem wird die Neuregelung nicht
gerecht: Art. 18 Abs. 7 Arbeitnehmerstatut n. F. liegt eine komplizierte Verweisungstechnik zu Grunde. Der Rechtsanwender muss zwischen der einfach
rechtswidrigen und der qualifiziert rechtswidrigen Kündigung unterscheiden
und dafür jeweils mehrere Absätze, die andere Kündigungsarten betreffen,
durcharbeiten, um die zutreffende Rechtsfolge der rechtswidrigen betriebsbedingten Kündigung benennen zu können. Eine derartige Verweisungstechnik
ist für Juristen noch hinnehmbar, führt aber für Arbeitnehmer und Arbeitgeber, die die eigentlichen Adressaten des Gesetzes sind, zu Unklarheit und
Intransparenz. Der Gesetzgeber hätte dies vermeiden können, wenn er die
betriebsbedingte Kündigung in einem oder zwei Absätzen, ohne alternative
Rückverweisungen nach dem Grad der Rechtswidrigkeit der Kündigung, geregelt hätte. Dass dies möglich gewesen wäre, zeigt der Gesetzgeber am Beispiel
der Kündigung aus diskriminierenden Gründen; diese hat er in Art. 18 Abs. 1
bis 3 Arbeitnehmerstatut n. F. zusammengefasst.

Bei der Neuregelung ist ebenfalls zu konstatieren, dass die Feststellung, ob
die Kündigung qualifiziert oder nur einfach rechtswidrig ist, Schwierigkeiten
bereitet, da der italienische Gesetzgeber dafür keine Kriterien benannt hat.
Die betriebsbedingte Kündigung kann nach Art. 3 KSchG 1966 auf Gründe
gestützt werden, die durch die Produktionstätigkeit, durch die Organisation der Arbeit oder durch das ordnungsgemäße Funktionieren von beidem
bedingt sind. Stellt sich im Kündigungsschutzrechtsstreit heraus, dass der
Arbeitgeber seine Kündigung auf keine der Alternativen stützen kann, ist die
Kündigung rechtswidrig.

Nach dem Wortlaut des Art. 18 Abs. 7 Satz 2 HS 1 Arbeitnehmerstatut n. F.
muss die Kündigung offensichtlich rechtswidrig (manifesta insussistenza) sein,
damit der Richter die Wiedereingliederung anordnen kann. Ob es für die Annahme einer offensichtlichen Rechtswidrigkeit notwendig ist, dass der Arbeitgeber die Kündigung wissentlich auf einen Grund stützt, der sich im Prozess
nicht nachweisen lässt, oder ob auch eine fehlerhafte rechtliche Einschätzung
des Kündigungsgrundes, die bei sorgfältiger Prüfung hätte vermieden werden
können, ausreichend ist, lässt das Gesetz offen. In die Neufassung nicht übernommen hat der Gesetzgeber die zur Altfassung entwickelte Rechtsprechung,

---

[1469] Vgl. Fn. 1392.

nach der der Arbeitgeber zur Vermeidung einer betriebsbedingten Kündigung die innerbetriebliche Wiederverwendung des Arbeitnehmers (obbligo di repêchage)[1470] prüfen oder bei der Einzelkündigung eine Sozialauswahl vornehmen muss.[1471] Stattdessen überlässt der Gesetzgeber die Einstufung der Kündigung der Bewertung des Richters; dieser entscheidet, ob die Kündigung qualifiziert oder lediglich einfach rechtswidrig ist. Auch bei qualifizierter Rechtswidrigkeit der Kündigung ist der Richter nicht verpflichtet, die Wiedereingliederung des Arbeitnehmers anzuordnen, sondern kann („può") zwischen Wiedereingliederung und Auflösung wählen.[1472] Somit lässt sich anhand des Gesetzes nicht mehr beurteilen, ob der Arbeitnehmer seinen Arbeitsplatz verlieren wird oder nicht. Da dies zu einer erheblichen Rechtsunsicherheit der Arbeitsvertragsparteien führt, sollte der Gesetzgeber unter Berücksichtigung der bisherigen Rechtsprechung in Art. 18 Abs. 7 Arbeitnehmerstatut n. F. Kriterien nennen, die das freie Ermessen des Richters beschränken und die Rechtslage transparent machen.

[1470] Vgl. Fn. 354.

[1471] *Rebhahn*, ZfA 2003, 163, 204; *Bovenberg*, Kündigung und Kündigungsschutz im Italienischen Arbeitsrecht, S. 57; eine Sozialauswahl ist nur für kollektive Entlassungen wegen Personalreduzierungen (Art. 5 Abs. 1 Gesetz 223/1991) vorgesehen, wird aber durch die Rechtsprechung im Rahmen von Treu und Glauben (Art. 1175 c. c., comportamento secondo correttezza) auch bei der Einzelkündigung angewandt, Cass. civ., Sez. Lavoro, 21. 12. 2001, n. 16144, n. 14663.

[1472] Vgl. Fn. 485.

TEIL 8. ERGEBNISSE

1. Sowohl in Deutschland als auch in Italien gibt es gesetzliche Regelungen, nach denen der Arbeitnehmer bei Verlust des Arbeitsplatzes aus betrieblichen Gründen die Zahlung einer Abfindung erzwingen kann. Dabei handelt es sich in Deutschland um die Auflösungsabfindung nach § 9 KSchG, in Italien um die Abfindung in Form des trattamento di fine rapporto nach Art. 2120 c. c. und die Abfindung nach Art. 18 Abs. 7 Arbeitnehmerstatut n. F.

2. § 9 KSchG und Art. 18 Abs. 7 Arbeitnehmerstatut n. F. setzen die Rechtswidrigkeit der Kündigung voraus; sie gelten nicht im Kleinbetrieb, in Deutschland muss der Arbeitgeber mehr als zehn Arbeitnehmer beschäftigen, in Italien mehr als 15.
Die Abfindung in Form des trattamento di fine rapporto steht dem Arbeitnehmer in Italien auch bei Eigenkündigung und bei Rechtmäßigkeit der arbeitgeberseitigen Kündigung zu, sie ist auch im Kleinbetrieb zu bezahlen.

3. Eine dem Rechtsinstitut des trattamento di fine rapporto vergleichbare Regelung ist dem deutschen Kündigungsschutzrecht unbekannt; das trattamento di fine rapporto entspricht nicht dem deutschen Rechtsverständnis von Abfindung, sondern ist als angesparte Vergütung zu betrachten, die bei Beendigung des Arbeitsverhältnisses gezahlt wird. Daher wird die für das Rechtsinstitut des trattamento di fine rapporto im Deutschen üblicherweise verwendete Übersetzung mit dem Wort „Abfindung" dem Charakter des trattamento di fine rapporto nicht gerecht, präziser wären Bezeichnungen wie „Sparlohn" oder „Nachzahlung bei Vertragsbeendigung".

4. Die Auflösung des Arbeitsverhältnisses gegen Zahlung einer Abfindung nach § 9 KSchG ist an strenge Voraussetzungen geknüpft und daher selten erfolgreich. In Deutschland überwiegt der soziale Schutzaspekt, das Kündigungsschutzgesetz ist somit ein Bestandsschutz- und kein Abfindungsgesetz.
Der italienische Arbeitnehmer erhält dagegen nach Art. 18 Abs. 7 Arbeitnehmerstatut n. F. immer eine Abfindung, entweder weil das Gesetz die Auflösung des Arbeitsverhältnisses gegen Zahlung einer Abfindung anordnet oder weil der Arbeitnehmer die Beendigungsentschädigung wählt.

In Italien überwiegt bei der betriebsbedingten Kündigung der monetäre Aspekt, beim Arbeitnehmerstatut handelt es sich also mehr um ein Abfindungs- als um ein Bestandsschutzgesetz.

5. Bei einem Auflösungsurteil nach § 9 KSchG kann der deutsche Arbeitnehmer im Durchschnitt mit einer Abfindung in Höhe von 0,5 Bruttomonatsgehältern je Beschäftigungsjahr rechnen; die Berechnung ist vergangenheitsorientiert, im Einzelfall liegt die im Urteil festgesetzte Abfindung häufig darüber oder darunter.

   In Italien ist die Höhe der Beendigungsentschädigung nach Art. 18 Abs. 7 Arbeitnehmerstatut n. F. mit 15 Monatsgehältern konkret bestimmt und unabhängig von der Dauer des Arbeitsverhältnisses. Für die Auflösungsabfindung legt das Gesetz einen gerichtlichen Ermessensrahmen von zwölf bis 24 Monatsgehältern fest. Die Höhe der Zahlung nach dem trattamento di fine rapporto beträgt ca. ein Bruttomonatsgehalt je Beschäftigungsjahr.

6. In Deutschland hat sich die Auflösungsabfindung nach § 9 KSchG rechtshistorisch aus dem Loskaufrecht nach § 87 BRG 1920 entwickelt. Der sozialpolitische Hintergrund zur Begrenzung der Vertragsfreiheit im Arbeitsverhältnis findet sich in der Novemberrevolution 1918, die mitbestimmungsrechtliche Weichenstellung im Hilfsdienstgesetz 1916; Krieg und Revolution begünstigten die Entstehung der Auflösungsabfindung.

   In Italien hat sich die Abfindungsregelung in Form des trattamento di fine rapporto nach Art. 2120 c. c. aus dem Angestelltenvertragsgesetz 1919 entwickelt. Ihr historischer Ursprung findet sich auf der Grundlage einer liberalen Zivilrechtsordnung bereits Ende des 19. Jahrhunderts in Form von Disziplinierungsprämien. Das Streben des faschistischen Regimes nach Machterhalt förderte die Ausdehnung des Rechtsinstituts der Abfindung auf alle Arbeitnehmer und bewirkte die Festschreibung im Codice Civile 1942.

7. Ausgehend von der Bismarckschen Sozialversicherung bis zum Bestandsschutz als Symbol sozialstaatlich gebundener Marktwirtschaft waren in Deutschland soziale Aspekte Auslöser dafür, dass der Staat den Schutz des Arbeitnehmers und seiner Einkommensquelle, seine Existenzsicherung, übernahm. In Italien überwog das liberale Verständnis den sozialen Aspekt; die Kündigungsfreiheit wurde nur mittelbar durch die Verpflichtung zur Zahlung einer Entschädigung beschränkt.

8. Der starke Kündigungsschutz und die wirtschaftliche Relevanz des trattamento di fine rapporto trugen dazu bei, dass der Gesetzgeber seit 2007

die Verwendung des trattamento di fine rapporto in die private Zusatz-
rentenfinanzierung lenkte, also aus dem Zusatzlohn einen Bestandteil der
Altersversorgung machte, was mit dem deutschen Verständnis der Trennung des Kündigungsschutzes von der Sozialversicherung unvereinbar
wäre.

9. Bei der Neufassung der Rechtsfolgen der betriebsbedingten Kündigung in
Art. 18 Arbeitnehmerstatut durch das Arbeitsmarktreformgesetz 2012 ori-
entierte sich der italienische Gesetzgeber vermeintlich an dem deutschen
Abfindungsmodell nach § 9 KSchG (modello tedesco). Ein Vergleich beider
Normen belegt aber, dass sie weder im Hinblick auf die Tatbestandsvor-
aussetzungen noch im Hinblick auf die Rechtsfolgen übereinstimmen.

10. Bei der freiwilligen Zahlung einer Abfindung auf Grund eines außergerichtlichen oder gerichtlichen Aufhebungsvertrags kann der Arbeitnehmer
in Deutschland mit einer Abfindung rechnen, die – wie bei einem Urteil
– ca. 0,5 Bruttomonatsgehälter je Beschäftigungsjahr beträgt; in Italien kann
der Arbeitnehmer mit ca. 50 % der Abfindung, die das Gericht im Urteil
festsetzen würde, kalkulieren.

ANHANG

A. Gesetze

I. Codice Civile

(Regio decreto 16 marzo 1942 n. 262)[1473]

2118. Recesso dal contratto a tempo indeterminato
Ciascuno dei contraenti può recedere dal contratto di lavoro a tempo indeterminato, dando il preavviso nel termine e nei modi stabiliti dalle norme
corporative[1], dagli usi o secondo equità.[2] In mancanza di preavviso, il recedente è tenuto verso l'altra parte a un'indennità equivalente all'importo della
retribuzione che sarebbe spettata per il periodo di preavviso.
La stessa indennità è dovuta dal datore di lavoro nel caso di cessazione del
rapporto per morte del prestatore di lavoro.

– – – – –

1) V. nota 1 all'Art. 2096.
2) Questo articolo è da ritenersi modificato dalla L. 15 luglio 1966, n. 604, sui
licenziamenti individuali,
dalla L. 20 maggio 1970, n. 300 (st.lav.) e dalla L. 11 maggio 1990, n. 108.

2119. Recesso per giusta causa
Ciascuno dei contraenti può recedere dal contratto prima della scadenza del
termine, se il contratto è a tempo determinato, o senza preavviso, se il contratto
è a tempo indeterminato, qualora si verifichi una causa che non consenta la
prosecuzione anche provvisoria, del rapporto. Se il contratto è a tempo indeterminato, al prestatore di lavoro che recede per giusta causa compete l'indennità
indicata nel secondo comma dell'articolo precedente. Non costituisce giusta

---

[1473] Quelle: http://www.provinz.bz.it/anwaltschaft/0302/de/italienisches-zivilgesetz-
buch.htm, Abruf am 30. 06. 2011.

causa di risoluzione del contratto il fallimento dell'imprenditore o la liquidazione coatta amministrativa dell'azienda.

2120. Disciplina del trattamento di fine rapporto

(1) In ogni caso di cessazione del rapporto di lavoro subordinato, il prestatore di lavoro ha diritto ad un trattamento di fine rapporto. Tale trattamento si calcola sommando per ciascun anno di servizio una quota pari e comunque non superiore all'importo della retribuzione dovuta per l'anno stesso divisa per 13,5. La quota è proporzionalmente ridotta per le frazioni di anno, computandosi come mese intero le frazioni di mese uguali o superiori a 15 giorni.

(2) Salvo diversa previsione dei contratti collettivi la retribuzione annua, ai fini del comma precedente, comprende tutte le somme, compreso l'equivalente delle prestazioni in natura, corrisposte in dipendenza del rapporto di lavoro, a titolo non occasionale e con esclusione di quanto è corrisposto a titolo di rimborso spese.

(3) In caso di sospensione della prestazione di lavoro nel corso dell'anno per una delle cause di cui all'articolo 2110, nonché in caso di sospensione totale o parziale per la quale sia prevista l'integrazione salariale, deve essere computato nella retribuzione di cui al primo comma l'equivalente della retribuzione a cui il lavoratore avrebbe avuto diritto in caso di normale svolgimento del rapporto di lavoro.

(4) Il trattamento di cui al precedente primo comma, con esclusione della quota maturata nell'anno, è incrementato, su base composta, al 31 dicembre di ogni anno, con l'applicazione di un tasso costituito dall'1,5 per cento in misura fissa e dal 75 per cento dell'aumento dell'indice dei prezzi al consumo per le famiglie di operai ed impiegati, accertato dall'ISTAT, rispetto al mese di dicembre dell'anno precedente.

(5) Ai fini della applicazione del tasso di rivalutazione di cui al comma precedente per frazioni di anno, l'incremento dell'indice ISTAT è quello risultante nel mese di cessazione del rapporto di lavoro rispetto a quello di dicembre dell'anno precedente. Le frazioni di mese uguali o superiori a quindici giorni si computano come mese intero.

(6) Il prestatore di lavoro, con almeno otto anni di servizio presso lo stesso datore di lavoro, può chiedere, in costanza di rapporto di lavoro, una anticipazione non superiore al 70 per cento sul trattamento cui avrebbe diritto nel caso di cessazione del rapporto alla data della richiesta.

(7) Le richieste sono soddisfatte annualmente entro i limiti del 10 per cento degli aventi titolo, di cui al precedente comma, e comunque del 4 per cento del numero totale dei dipendenti.

(8) La richiesta deve essere giustificata dalla necessità di:

a) eventuali spese sanitarie per terapie e interventi straordinari riconosciuti dalle competenti strutture pubbliche;

b) acquisto della prima casa di abitazione per sé o per i figli, documentato con atto notarile.[1]

(9) L'anticipazione può essere ottenuta una sola volta nel corso del rapporto di lavoro e viene detratta, a tutti gli effetti, dal trattamento di fine rapporto.

(10) Nell'ipotesi di cui all'articolo 2122 la stessa anticipazione è detratta dall'indennità prevista dalla norma medesima.

(11) Condizioni di miglior favore possono essere previste dai contratti collettivi o da patti individuali. I contratti collettivi possono altresì stabilire criteri di priorità per l'accoglimento delle richieste di anticipazione.[2]

- - - - -

1) La Corte cost., con sentenza 5 aprile 1991, n. 142, ha dichiarato l'illegittimità costituzionale della lett. b) dell'ottavo comma del presente articolo, nella parte in cui non prevede la possibilità di concessione dell'anticipazione in ipotesi di acquisto "in itinere" comprovato con mezzi idonei a dimostrarne l'effettività.

2) Articolo così sostituito dall'art. 1 L. 29 maggio 1982, n. 297.

2120. Indennità di anzianità (in der Fassung von 1942[1474])

(1) In caso di cessazione del contratto a tempo indeterminato, è dovuta al prestatore di lavoro un'indennità proporzionale agli anni di servizio, salvo il caso di licenziamento per di lui colpa o di dimissioni volontarie.

(2) Le norme corporative possono tuttavia stabilire che l'indennità sia dovuta anche in caso di dimissioni volontarie, determinandone le condizioni e le modalità.

(3) L'ammontare dell'indennità è determinato dalle norme corporative, dagli usi o secondo equità, in base all'ultima retribuzione e in relazione alla categoria alla quale appartiene il prestatore di lavoro.

(4) Sono salve le norme corporative che stabiliscono forme equivalenti di previdenza.

[1474] *Franchi/Feroci/Ferrari*, Codici e leggi d'Italia, Codice Civile, S. 320; *Nicolini*, manuale di diritto del lavoro, S. 590.

2121. Computo delle indennità di preavviso e di anzianità (in der Fassung von 1942[1475])

(1) Le indennità di cui agli articoli 2118 e 2120 devono calcolarsi computando le provvigioni, i premi di produzione, le partecipazioni agli utili o ai prodotti e ogni altro compenso di carattere continuativo, con esclusione di quanto è corrisposto a titolo di rimborso di spese.

(2) Se il prestatore di lavoro è retribuito in tutto o in parte con provvigioni, con premi di produzione o con partecipazioni, le indennità suddette sono determinate sulla media degli emolumenti degli ultimi tre anni di servizio o del minor tempo di servizio prestato.

(3) Fa parte della retribuzione anche l'equivalente del vitto e dell'alloggio dovuto al prestatore di lavoro.

II. Italienisches Zivilgesetzbuch

(Königliches Dekret vom 16. März 1942, Nr. 262)[1476]

2118. Rücktritt von einem Vertrag auf unbestimmte Zeit

Jeder der Vertragsteile kann von einem auf unbestimmte Zeit abgeschlossenen Vertrag zurücktreten, indem er dies innerhalb der Frist und auf die Art und Weise vorankündigt, wie sie von den Ständischen Vorschriften[1)], von den Gebräuchen oder nach Billigkeit festgesetzt sind.[2)]

2) Bei Unterlassung der Vorankündigung ist der Zurücktretende verpflichtet, dem anderen Teil eine Entschädigung zu leisten, die dem Betrag der Entlohnung entspricht, die ihm für die Zeit der Vorankündigung zugestanden wäre. Die gleiche Entschädigung wird vom Arbeitgeber für den Fall der Beendigung des Arbeitsverhältnisses wegen Todes des Arbeitnehmers geschuldet.

- - - - -

1) Siehe Fußnote 1 zu Artikel 2096.

[1475]   *Franchi/Feroci/Ferrari*, Codici e leggi d'Italia, Codice Civile, S. 320; *Nicolini*, manuale di diritto del lavoro, S. 590.

[1476]   Quelle: http://www.provinz.bz.it/anwaltschaft/0302/de/italienisches-zivilgesetz-buch.htm; Abruf am 30. 06. 2011.

2) Dieser Artikel ist aufgrund der Gesetze vom 15. 7. 1966, Nr. 604, über die Einzelentlassung von Arbeitsverträgen, vom 20. 5. 1970, Nr. 300, und vom 11. 5. 1990, Nr. 108, als abgeändert zu betrachten.

2119. Rücktritt aus wichtigem Grund

Jeder der Vertragsteile kann, falls ein Grund eintritt, der eine auch nur einstweilige Fortsetzung des Arbeitsverhältnisses nicht zulässt, vor dem Ablauf der Zeit zurücktreten, wenn es sich um einen Vertrag auf bestimmte Zeit handelt, oder ohne Vorankündigung, wenn es sich um einen Vertrag auf unbestimmte Zeit handelt. Bei einem Vertrag auf unbestimmte Zeit steht dem Arbeitnehmer, der aus einem wichtigen Grund zurücktritt, die im zweiten Absatz des vorhergehenden Artikels angegebene Entschädigung zu. Keinen wichtigen Grund für die Aufhebung des Vertrages bildet der Konkurs des Unternehmers oder die Zwangsliquidation des Betriebes im Verwaltungsweg.

2120. Regelung der Abfindung bei Beendigung des Arbeitsverhältnisses

(1) In jedem Fall einer Beendigung des Arbeitsverhältnisses hat der Arbeitnehmer Anspruch auf eine Abfertigung. Diese Abfertigung wird ermittelt, indem für jedes Dienstjahr ein Anteil berechnet wird, der gleich hoch sein muss und keinesfalls höher sein darf als die für das betreffende Jahr geschuldete und durch 13,5 geteilte Entlohnung. Für Bruchteile eines Jahres wird der Anteil verhältnismäßig herabgesetzt, wobei Bruchteile eines Monats mit 15 oder mehr Tagen als voller Monat berechnet werden.

(2) Vorbehaltlich einer anderslautenden Bestimmung der Kollektivverträge umfasst die Jahresentlohnung zu dem im vorhergehenden Absatz vorgesehenen Zweck alle Beträge unter Einschluss des Gegenwerts der Naturalleistungen, die aufgrund des Arbeitsverhältnisses und nicht bloß aus gelegentlichem Anlass entrichtet worden sind, wobei all das ausgeschlossen bleibt, was als Ersatz für Aufwendungen geleistet worden ist.

(3) Im Fall der Aussetzung der Arbeitsleistung im Lauf des Jahres aus einem der in Artikel 2110 vorgesehenen Gründe sowie im Fall der gänzlichen oder teilweisen Aussetzung, für die eine Lohnergänzung vorgesehen ist, muss in die vom ersten Absatz vorgesehene Entlohnung der Gegenwert jener Entlohnung einbezogen werden, auf die der Arbeiter bei gewöhnlichem Verlauf des Arbeitsverhältnisses Anspruch gehabt hätte.

(4) Die im vorhergehenden ersten Absatz vorgesehene Abfertigung wird unter Ausschluss des im laufenden Jahr angereiften Anteils zum 31. Dezember eines jeden Jahres auf der Grundlage des zuletzt ermittelten aufgewerteten Gesamtbetrages aufgewertet, wobei ein Aufwertungssatz zur Anwendung kommt, der aus einem festen Anteil von 1,5 Prozent und einem Anteil von 75 Prozent der vom Institut für Statistik in Bezug auf den Monat Dezember des vorhergehenden Jahres ermittelten Erhöhung der Indexzahl der Verbraucherpreise für Familien von Arbeitern und Angestellten besteht.

(5) Zur Anwendung des vom vorhergehenden Absatz vorgesehenen Aufwertungssatzes auf Bruchteile eines Jahres gilt als Erhöhung der vom Institut für Statistik ermittelten Indexzahl jene, die sich im Monat der Beendigung des Arbeitsverhältnisses mit Bezug auf den Monat Dezember des Vorjahres ergibt. Die Bruchteile eines Monats mit fünfzehn oder mehr Tagen werden als voller Monat berechnet.

(6) Der Arbeitnehmer mit wenigstens acht Dienstjahren bei ein und demselben Arbeitgeber kann bei aufrechtem Arbeitsverhältnis einen Vorschuss von nicht mehr als 70 Prozent der Abfertigung verlangen, auf die er bei einer Beendigung des Arbeitsverhältnisses am Tag des Antrages Anspruch hätte.

(7) Die Anträge sind jährlich für höchstens 10 Prozent der laut dem vorhergehenden Absatz Anspruchsberechtigten und jedenfalls für höchstens 4 Prozent der insgesamt beschäftigten Dienstnehmer zu erfüllen.

(8) Der Antrag muss durch die Notwendigkeit begründet sein:
a) allfällige Aufwendungen für Heilbehandlungen und außergewöhnliche Eingriffe, die von den zuständigen öffentlichen Einrichtungen anerkannt sind, zu bestreiten;
b) eine erste Wohnung für den Arbeitnehmer selbst oder für dessen Kinder zu erwerben, wenn der Erwerb durch einen Notariatsakt belegt ist.[1]

(9) Der Vorschuss steht im Lauf des Arbeitsverhältnisses nur einmal zu und wird mit allen Wirkungen von der Abfertigung abgezogen.

(10) In dem von Artikel 2122 vorgesehenen Fall wird der Vorschuss von der in dieser Vorschrift vorgesehenen Entschädigung abgezogen.

(11) In Kollektivverträgen oder Einzelabmachungen können bessere Bedingungen vorgesehen werden. Die Kollektivverträge können auch Richtlinien für die bevorzugte Annahme der Anträge auf Bevorschussung festsetzen.[2]

- - - - -

1) Das Urteil des VfGH. vom 5. 4. 1991, Nr. 142, erklärt den Buchstaben b) des achten Absatzes dieses Artikels insofern für verfassungswidrig, als er die

Möglichkeit der Gewährung eines Vorschusses nicht auch für den Fall eines in Gang befindlichen Erwerbs vorsieht, sofern dieser durch Tatsachen belegt wird, die ein Zustandekommen erwarten lassen.

2) Fassung dieses Artikels laut Artikel 1 des Gesetzes vom 29. 5. 1982, Nr. 297.

2120. Abfindung für Dienstjahre (in der Fassung von 1942[1477])

(1) Bei Beendigung des auf unbestimmte Zeit geschlossenen Vertrages steht dem Arbeitnehmer eine im Verhältnis zu den Dienstjahren stehende Abfindung zu; ausgenommen ist der Fall einer Entlassung aus seinem Verschulden oder eines freiwilligen Austritts.

(2) Die korporativen Normen können jedoch bestimmen, dass die Abfindung auch bei freiwilligem Austritt geschuldet wird; sie haben dann die Voraussetzungen und förmlichen Erfordernisse dafür festzusetzen.

(3) Die Höhe der Abfindung bestimmen die korporativen Normen, das Gewohnheitsrecht oder die Billigkeit auf der Grundlage der letzten Entlohnung und unter Berücksichtigung der Gruppe, zu der der Arbeitnehmer gehört.

(4) Unberührt bleiben korporative Normen, die gleichwertige Fürsorgeformen vorsehen.

2121. Berechnung der Entschädigung bei unterlassener Voranzeige und der Abfindung für Dienstjahre (in der Fassung von 1942[1478])

(1) Bei der Berechnung bei der in den Art. 2118 und 2120 vorgesehenen Entschädigungen sind die Provisionen, die Leistungsprämien, die Beteiligungen am Gewinn oder an den Erzeugnissen und jede andere Vergütung dauernder Art einzurechnen, nicht aber das, was als Auslagenersatz gewährt worden ist.

(2) Besteht die Entlohnung das Arbeitnehmers ganz oder teilweise in Provisionen, Leistungsprämien oder Beteiligungen, so sind die genannten Entschädigungen mit Hilfe der Einkünfte der letzten drei Jahre oder der kürzeren Dienstzeit zu berechnen.

(3) Einen Teil der Entlohnung bildet auch der Gegenwert der dem Arbeitnehmer zustehenden Kost und Wohnung.

[1477] *Becher*, Italienisches Zivilgesetzbuch (1942) nebst Einführungs-, Durchführungs- und Übergangsvorschriften, Berlin/Tübingen 1968.

[1478] *Becher*, Italienisches Zivilgesetzbuch (1942) nebst Einführungs-, Durchführungs- und Übergangsvorschriften, Berlin/Tübingen 1968.

B. Formulare

I. Scelta per la Destinazione del T. F. R.[1479]

TFR 2

SCELTA PER LA DESTINAZIONE DEL TRATTAMENTO DI FINE RAPPORTO
(articolo 8, comma 7, decreto legislativo 5 dicembre 2005, n. 252)

MODULO PER I LAVORATORI ASSUNTI DOPO IL 31 DICEMBRE 2006

Il/La sottoscritto/a ....

nato/a a...il...................., codice fiscale ....

dipendente del...

In caso di mancata compilazione e consegna del presente modulo entro sei mesi dalla data di assunzione, il trattamento di fine rapporto che matura dal mese successivo alla scadenza di tale termine, verrà destinato integralmente alla forma pensionistica complementare individuata ai sensi dell'articolo 8, comma 7, lettera b) del decreto legislativo n. 252/2005.

Compilare *solo* la sezione alla quale il lavoratore appartiene

---

SEZIONE 1

Per i lavoratori iscritti alla previdenza obbligatoria in data successiva al 28 aprile 1993
con la presente, in attuazione di quanto previsto dall'art. 8, comma 7, del decreto legislativo n. 252/2005

DISPONE

O   che il proprio trattamento di fine rapporto venga integralmente conferito, a decorrere dalla data della presente, alla
    seguente forma pensionistica complementare ....
    alla quale il sottoscritto ha aderito in data ...../..../......;

    Allega: copia del modulo di adesione

o   che il proprio trattamento di fine rapporto non venga destinato ad una forma pensionistica complementare e continui
    dunque ad essere regolato secondo le previsioni dell'articolo 2120 del codice civile. (1)

SEZIONE 2

Per i lavoratori, iscritti alla previdenza obbligatoria in data antecedente al 29 aprile 1993, ai quali si
applichino accordi o contratti collettivi che prevedano il conferimento del trattamento di fine rapporto ad
una forma pensionistica complementare
    con la presente, in attuazione di quanto previsto dall'art. 8, comma 7, del decreto legislativo n. 252/2005
DISPONE

O   che il proprio trattamento di fine rapporto non venga destinato ad una forma pensionistica complementare e continui
    dunque ad essere regolato secondo le previsioni dell'articolo 2120 del codice civile;(1)

O   che il proprio trattamento di fine rapporto venga conferito nella misura del ....% prevista dai vigenti accordi o
    contratti collettivi, a decorrere dalla data della presente, alla seguente forma pensionistica
    complementare ....
    alla quale il sottoscritto ha aderito in data ...../....../......, fermo restando che la quota residua di TFR
    continuerà ad essere regolata secondo le previsioni dell'articolo 2120 del codice civile; (2)

    Allega: copia del modulo di adesione

O   che il proprio trattamento di fine rapporto venga integralmente conferito, a decorrere dalla data della presente, alla
    seguente forma pensionistica complementare ....
    alla quale il sottoscritto ha aderito in data ...../..../....

    Allega: copia del modulo di adesione

[1479]   Das Formular TFR 1 mussten die Arbeitnehmer verwenden, die sich bereits vor dem
31. 12. 2006 in einem Arbeitsverhältnis befanden; das Formular TFR 2 mussten die
Arbeitnehmer verwenden, die erst nach dem 31. 12. 2006 im Rahmen eines Arbeits-
verhältnisses eingestellt wurden, Art. 1 Ministerialerlass 2/2007; TFR E FONDI PEN-
SIONE, S. 11, S. 16 TFR 1, S. 18 TFR 2, Quelle: http://www.tfr.gov.it/NR/rdonlyres/
D7665918-94CD-4413-90BD-0BD091EDFDBA/0/TFR2.pdf, Abruf am 30. 06. 2011.

SEZIONE 3

Per i lavoratori, iscritti alla previdenza obbligatoria in data antecedente al 29 aprile 1993, ai quali non si applichino accordi o contratti collettivi che prevedano il conferimento del trattamento di fine rapporto ad una forma pensionistica complementare
con la presente, in attuazione di quanto previsto dall'art. 8, comma 7, del decreto legislativo n. 252/2005.

DISPONE

O   che il proprio trattamento di fine rapporto non venga destinato ad una forma pensionistica complementare e continui dunque ad essere regolato secondo le previsioni dell'articolo 2120 del codice civile; (1)

O   che il proprio trattamento di fine rapporto venga conferito nella misura del ....% (3) a decorrere dalla data della presente, alla seguente forma pensionistica complementare ...., alla quale il sottoscritto ha aderito in data ...../...../....., fermo restando che la quota residua di TFR continuerà ad essere regolata secondo le previsioni dell'articolo 2120 del codice civile; (2)

Allega: copia del modulo di adesione

O   che il proprio trattamento di fine rapporto venga integralmente conferito, a decorrere dalla data della presente, alla seguente forma pensionistica complementare ...., alla quale il sottoscritto ha aderito in data .../../....;

Allega: copia del modulo di adesione

---

(1) Per i lavoratori occupati presso datori di lavoro che abbiano alle proprie dipendenze almeno 50 addetti, il TFR viene versato al Fondo istituito presso la Tesoreria dello Stato e gestito dall'INPS, che assicura le stesse prestazioni previste dall'articolo 2120 codice civile.
(2) Per i lavoratori occupati presso datori di lavoro che abbiano alle proprie dipendenze almeno 50 addetti, il TFR residuo viene versato al Fondo istituito presso la Tesoreria dello Stato e gestito dall'INPS che assicura le stesse prestazioni previste dall'articolo 2120 codice civile.
(3) Tale misura non può essere inferiore al 50%.

Data --------------------------- ----------------------

                                              (firma leggibile)

II. Entscheidung für die Zuweisung des T. F. R.[1480]

Abfertigung 2

ENTSCHEIDUNG FÜR DIE ZUWEISUNG DER ABFERTIGUNG
(Artikel 8, Absatz 7, gesetzesvertretendes Dekret vom 5. Dezember 2005, Nr. 252)

FORMULAR FÜR DIE NACH DEM 31. DEZEMBER 2006 EINGESTELLTEN ARBEITNEHMER/INNEN

Der/Die Unterfertigte ....

geboren in.......................................am..................., Steuernummer.................................

angestellt bei... ....

Sollte das vorliegende Formular nicht innerhalb sechs Monate ab dem Einstellungsdatum ausgefüllt und abgegeben worden sein, wird die Abfertigung, die ab dem Monat nach Ablauf der Frist anreift, vollständig der gemäß Artikel 8, Absatz 7, Buchstabe b) des gesetzesvertretenden Dekrets Nr. 252/2005 festgelegten Zusatzrentenform zugewiesen werden.

<u>Nur</u> den Abschnitt ausfüllen, dem der/die Arbeitnehmer/in angehört

ABSCHNITT 1

Für die nach dem 28. April 1993 in die Pflichtvorsorge eingeschriebenen Arbeitnehmer/innen

VERFÜGT
mit dem vorliegenden Formular, in Ausführung der Bestimmungen des Art. 8, Absatz 7, des gesetzesvertretenden Dekrets Nr. 252/2005

O dass die eigene Abfertigung vollständig mit Wirkung ab dem Datum des vorliegenden Formulars in die folgende Zusatzrentenform .... einbezahlt wird, welcher der/die Unterfertigte am ...../..../.... beigetreten ist;

     Anlage: Kopie des Beitrittsformulars

O dass die eigene Abfertigung nicht einer Zusatzrentenform zugewiesen und daher weiterhin gemäß den Bestimmungen des Artikels 2120 des Zivilgesetzbuches geregelt wird. (1)

ABSCHNITT 2

Für die vor dem 29. April 1993 in die Pflichtvorsorge eingeschriebenen Arbeitnehmer/innen, bei denen kollektive Abkommen oder Kollektivverträge Anwendung finden, welche die Einzahlung der Abfertigung in eine Zusatzrentenform vorsehen,
VERFÜGT
mit dem vorliegenden Formular, in Ausführung der Bestimmungen des Art. 8, Absatz 7, des gesetzesvertretenden Dekrets Nr. 252/2005

O dass die eigene Abfertigung nicht einer Zusatzrentenform zugewiesen und daher weiterhin gemäß den Bestimmungen des Artikels 2120 des Zivilgesetzbuches geregelt wird, (1)

O dass die eigene Abfertigung in der von den geltenden kollektiven Abkommen oder Kollektivverträgen vorgesehenen Höhe von ....% mit Wirkung ab dem Datum des vorliegenden Formulars in die folgende Zusatzrentenform .... einbezahlt wird, welcher der/die Unterfertigte am ....../...... beigetreten ist. Der restliche Anteil der Abfertigung wird weiterhin gemäß den Bestimmungen des Artikels 2120 des Zivilgesetzbuches geregelt; (2)

     Anlage: Kopie des Beitrittsformulars

O dass die eigene Abfertigung vollständig mit Wirkung ab dem Datum des vorliegenden Formulars in die folgende Zusatzrentenform .... einbezahlt wird, welcher der/die Unterfertigte am ....../..../.... beigetreten ist;

     Anlage: Kopie des Beitrittsformulars

[1480] Das Formular TFR 1 mussten die Arbeitnehmer verwenden, die sich bereits vor dem 31. 12. 2006 in einem Arbeitsverhältnis befanden; das Formular TFR 2 mussten die Arbeitnehmer verwenden, die erst nach dem 31. 12. 2006 im Rahmen eines Arbeitsverhältnisses eingestellt wurden, Art. 1 Ministerialerlass 2/2007; TFR E FONDI PENSIONE, S. 11, S. 16 TFR 1, S. 18 TFR 2; Quelle: http://www.asgb.org/attach/ Abfertigung2.pdf, Abruf am 30. 06. 2011.

ABSCHNITT 3

Für die vor dem 29. April 1993 in die Pflichtvorsorge eingeschriebenen Arbeitnehmer/innen, bei denen keine kollektive Abkommen oder Kollektivverträge Anwendung finden, welche die Einzahlung der Abfertigung in eine Zusatzrentenform vorsehen,

VERFÜGT

mit dem vorliegenden Formular, in Ausführung der Bestimmungen des Art. 8, Absatz 7, des gesetzesvertretenden Dekrets Nr. 252/2005

○ dass die eigene Abfertigung nicht einer Zusatzrentenform zugewiesen und daher weiterhin gemäß den Bestimmungen des Artikels 2120 des Zivilgesetzbuches geregelt wird;

○ dass die eigene Abfertigung in Höhe von ....% (3) mit Wirkung ab dem Datum des vorliegenden Formulars in die folgende Zusatzrentenform .... einbezahlt wird, welcher der/die Unterfertigte am ..../....../........ beigetreten ist. Der restliche Anteil der Abfertigung wird weiterhin gemäß den Bestimmungen des Artikels 2120 des Zivilgesetzbuches geregelt; (2)

　　Anlage: Kopie des Beitrittsformulars

○ dass die eigene Abfertigung vollständig mit Wirkung ab dem Datum des vorliegenden Formulars in die folgende Rentenform .... einbezahlt wird, welcher der/die Unterfertigte am ...../...../.... beigetreten ist;

　　Anlage: Kopie des Beitrittsformulars

---

(1) Für die Beschäftigten von Arbeitgebern/innen mit mindestens 50 Mitarbeitern wird die Abfertigung in den beim Schatzministerium errichteten und vom NISF/INPS verwalteten Fonds einbezahlt, der dieselben wie im Artikel 2120 des Zivilgesetzbuches vorgesehen Leistungen garantiert.
(2) Für die Beschäftigten von Arbeitgebern/innen mit mindestens 50 Mitarbeitern wird die übrige Abfertigung in den beim Schatzministerium errichteten und vom NISF/INPS verwalteten Fonds einbezahlt, der dieselben wie im Artikel 2120 des Zivilgesetzbuches vorgesehen Leistungen garantiert.
(3) Das Ausmaß darf nicht weniger als 50% betragen.

Datum --　　　　　　　--

Eine Kopie des vorliegenden Formulars wird vom/von der Arbeitgeber/in gegengezeichnet und dem/der Arbeitnehmer/in als Bestätigung ausgehändigt.

LITERATURVERZEICHNIS

Abele, Roland, Neue Regelung des arbeitsrechtlichen Kündigungsschutzes in Italien, RIW 1991, 188

Adomeit, Klaus, Der Dienstvertrag des BGB und die Entwicklung zum Arbeitsrecht, NJW 1996, 1710

Adomeit, Klaus, Die Agenda 2010 und das Arbeitsrecht, Eine Reform im Kampf gegen Widerstände, München 2004

Allamprese, Andrea, La legislazione del lavoro degli anni'80, ADL 2011, 106

Alpa, Guido/Zatti, Paolo, Commentario breve al Codice Civile – Leggi complementari, Band 1, Paova 2003

Altmann-Gottheiner, Elisabeth, Die Ersetzung der Männer durch Frauenarbeit, Flugschriften zur Schaffung sozialen Rechtes, Heft 6, 1916, S. 30

Amoroso, Giovanni/Di Cerbo, Vincenzo/Maresca, Arturo, Diritto del lavoro, La Costituzione, il Codice civile e le leggi speciali, Volume I, Milano 2009

Amoroso, Giovanni/Di Cerbo, Vincenzo/Maresca, Arturo, Diritto del lavoro, Lo Statuto dei lavoratori e la disciplina dei licenziamenti, Volume II, Milano 2009

Andreaus, Walther/Tratter, Hanspeter/Wörndle, Waltraud, Die Rechte der ArbeitnehmerInnen – Arbeits- und Sozialrechtlicher Ratgeber für Südtirol, Bozen 2010

Andrzejewski, Laurenz, Trennungs-Kultur – erfolgskritische, nicht-juristische Aspekte im Trennungsmanagement, NZA-Beil. 2010, 76

AP Arbeitsrechtliche Praxis, Nachschlagewerk des Bundesarbeitsgerichtes (Sammlung der Entscheidung des Bundesarbeitsgerichtes, der Landesarbeitsgerichte und der Arbeitsgerichte)

Arbeitsgesetze ArbG, Arbeitsgesetze mit den wichtigsten Bestimmungen zum Arbeitsverhältnis, Kündigungsrecht, Arbeitsschutzrecht, Berufsbildungsrecht, Tarifrecht, Betriebsverfassungsrecht, Mitbestimmungsrecht und Verfahrensrecht; Textausgabe mit ausführlichem Sachverzeichnis und einer Einführung von Professor Dr. *Reinhard Richardi*, Dt. Taschenbuchverlag, 77. Auflage, München 2010

Ardau, Giorgio, Corso di diritto del lavoro, 2. Auflage, Milano 1960

Arentz, Hermann-Joseph, Der Investivlohn – Ein Element innovativer Wirtschafts- und Sozialpolitik, in: *Arentz/Stihl* (Hrsg.), Vermögensbildung in Arbeitnehmerhand, Interne Studie Nr. 160/1998 der Konrad-Adenauer-Stiftung, St. Augustin 1998

Ascheid, Reiner/Preis, Ulrich/Schmidt, Ingrid, Kündigungsrecht – Großkommentar zum gesamten Recht der Beendigung von Arbeitsverhältnissen, 3. Auflage, München 2007, sowie 4. Auflage, München 2012

Bader, Peter, Die gerichtsfeste betriebsbedingte Kündigung, NZA – Beil. 2010, 85

Balders, Sven-Frederik/Strybny, Derk, Reform für mehr Beschäftigung: Ein Arbeitsvertragsgesetz!, ZRP 2005, 249

Ballatore, F./Bertolino, G./Grattagliano, A. N./Grossi, F./Invrea, R./Scarzello, L., Il rapporto di lavoro privato subordinato, Band II, aus der Reihe Giurisprudenza sistematica civile commerciale, begründet von Walter Bigiavi, Torino 2004

Banken, Ralf, Die Industrialisierung der Saarregion 1815–1914, Band 2: Take-Off-Phase und Hochindustrialisierung 1850–1914, Stuttgart 2003

Barassi, Ludovico, Il contratto di lavoro nel diritto positivo italiano, volume primo, seconda edizione, Milano 1915

Barassi, Ludovico, Il contratto di lavoro nel diritto positivo italiano, volume secondo, seconda edizione, Milano 1917

Barassi, Ludovico, Il diritto del lavoro, volume primo, Milano 1935

Barassi, Ludovico, Il diritto del lavoro, volume secondo, Milano 1936

Barassi, Ludovico, Il diritto del lavoro, Teil III., Milano 1957

Bauer, Jobst-Hubertus, Ein Vorschlag für ein modernes und soziales Kündigungsschutzrecht, NZA 2002, 529

Bauer, Jobst-Hubertus, Weniger Kündigungsschutz gleich mehr Beschäftigung? – Die Arbeitgebersicht, NZA 2003, Sonderbeilage zu Heft 21/2003, 47

Bauer, Jobst-Hubertus/Krieger, Steffen, Neuer Abfindungsanspruch – 1a daneben!, NZA 2004, 77

Bauer, Jobst-Hubertus/Preis, Ulrich/Schunder, Achim, Der Regierungsentwurf eines Gesetzes zu Reformen am Arbeitsmarkt vom 18. 06. 2003, NZA 2003, 704

Bauer, Max/Eccher, Bernhard/König, Bernhard/Kreuzer, Josef/Zahnon, Heinz, Nebengesetze zum italienischen Zivilgesetzbuch – Leggi complementari al Codice civile, Bozen/Bolzano 1993

Bauer, Max/Eccher, Bernhard/König, Bernhard/Kreuzer, Josef/Zahnon, Heinz, Formularienbuch zum italienischen Zivilverfahrensrecht (Zweisprachige Ausgabe)/Formulario del diritto processuale civile (edizione bilingue), Bozen/Bolzano 2000

Bayreuther, Frank, Das Grünbuch der Europäischen Kommission zum Arbeitsrecht, NZA 2007, 371

beck-online DIE DATENBANK, Verlag C. H. Beck oHG München, www.beck-online.beck.de

Becker, Friedrich/Rommelspacher, Peter, Ansatzpunkte für eine Reform des Kündigungsrechts, ZRP 1976, 40

Berkowsky, Wilfried, Die betriebsbedingte Kündigung – Eine umfassende Darstellung unter Berücksichtigung des neuen Betriebsverfassungsrechts und des Arbeitsgerichtsverfahrens, München 2002

Bernhardt, Wolfgang, BB-Forum: Betriebskrippen waren und sind der Ausdruck einer vorausschauenden Personalarbeit, BB 2007, 1898

Becher, Herbert J., Italienisches Zivilgesetzbuch (1942) nebst Einführungs-, Durchführungs- und Übergangsvorschriften, Berlin/Tübingen 1968

Benöhr, Hans-Peter, Wirtschaftsliberalismus und Gesetzgebung am Ende des 19. Jahrhunderts, ZfA 1977, 187

Biagi, Marco/Tiraboschi, Michele, Istituzioni di diritto del lavoro, Milano 2007

Binz, Karl Josef/Dörndorfer, Josef/Petzold, Rainer/Zimmermann, Walter, Gerichtskostengesetz
– Gesetz über Gerichtskosten in Familiensachen – Justizvergütungs- und -entschädi-
gungsgesetz, 2. Auflage, München 2009

Birk, Rolf, Die Abfindung im internationalen Arbeitsrecht, EuZA 2008, 297

Birke, Peter, Der Eigen-Sinn der Arbeitskämpfe, in: *Gehrke, Bernd/Horn Gerd-Rainer (Hrsg.),*
1968 und die Arbeiter, Hamburg 2007

*Bitter, Walter/Kiel, Hein*rich, 40 Jahre Rechtsprechung des Bundesarbeitsgerichts zur
Sozialwidrigkeit von Kündigungen, RdA 1994, 333

Blomeyer, Wolfgang/Rolfs, Christian/Otto, Klaus, Betriebsrentengesetz – Gesetz zur Verbesserung der betrieblichen Altersvorsorgung, 5. Auflage, München 2010

Boecken, Winfried/Topf, Henning, Kündigungsschutz: zurück zum Bestandsschutz durch
Ausschluss des Annahmeverzuges, RdA 2004, 19

Böhm, Wolfgang, 60 Jahre Betriebsverfassungsgesetz – Rückblick und Ausblick anhand
der Zentralbegriffe Betrieb und Arbeitnehmern, RdA 2013, 193

Bötticher, Eduard, Zum Regierungsentwurf des Kündigungsschutzgesetzes, RdA 1951, 81

Borchardt, Knut, Die Industrielle Revolution in Deutschland 1750–1914, in: *Borchardt, Knut*
(Hrsg.), Europäische Wirtschaftsgeschichte in 5 Bänden, Band 4: Die Entwicklung der
Industriellen Gesellschaften, Stuttgart 1985

Bono, Sonia, La collocazione sistematica del patto di prova, Dissertation, Roma 2010

Bovenberg, Antje Marieke, Kündigung und Kündigungsschutz im Italienischen Arbeitsrecht, Hamburg 2003

Brox, Hans/Rüthers, Bernd/Henssler, Martin, Arbeitsrecht, 16. Auflage, Stuttgart 2004

Brühwiler, Jürg, Philipp Lotmar und Hugo Sinsheimer: Versuch eines Vergleichs, in:
Caroni, Pio (Hrsg.), Forschungsband Philipp Lotmar (1850–1922), Frankfurt a. M. 2003

Buchner, Herbert, Notwendigkeit und Möglichkeiten einer Deregulierung des Kündigungsschutzrechts, NZA 2002, 533

Bünger, Dietrich, Der Schutz der italienischen Arbeitnehmer bei betrieblichen Krisenin-
terventionen – ein Vergleich zum deutschen Recht, EuroAS 1999, 187

Bundesministerium für Arbeit und Soziales (Hrsg.), Sozial-Kompass Europa – Soziale
Sicherheit in Europa im Vergleich, Bonn 2006

Busch, Ralf, Vorschläge zur Reform des Arbeitsrechts, BB 2003, 470

Busch, Ralf, Abfindung nur bei Klageverzicht jetzt auch in Sozialplänen?, BB 2004, 267

Busemann, Andreas/Schäfer, Horst, Kündigung und Kündigungsschutz im Arbeitsverhältnis, Berlin 2006

von Campenhausen, Alexander, Sozialklauseln im internationalen Handel, Berlin 2005

Carinci, Franco, Diritto del lavoro, III., Il rapporto di lavoro subordinato: garanzie del
reddito, Estinzione e tutela dei diritti, Torino 1999

Carinci, Franco, Codice del Lavoro, Schemi e Tabelle, Milano 2009

Carinci, Franco/De Luca Tamajo, Raffaele/Tosi, Paolo/Treu, Tiziano, Diritto del lavoro – 2. Il
rapporto di lavoro subordinato, 6. Auflage, Milano 2005

Caroni, Pio (Hrsg.), Forschungsband Philipp Lotmar (1850–1922), Frankfurt a. M. 2003

Castellino, Onorato/Fornero, Elsa, Il TFR: Una Coperta Troppo Stretta, Argomenti di Discussione 01/2000, herausgegeben von CeRP Center for Research on Pensions and Welfare Policies, Torino 200

Cazzetta, Giovanni, Scienza giuridica e trasformazioni sociali, Diritto e lavoro in Italia tra Otto e Novecento, Milano 2007

Cendon, Paolo (Hrsg.), Commentario al Codice Civile, Volume Quinto, Artt. 2060-2246, Torino 1991

Cendon, Paolo, Lavoro, Milano 2009

Cendon, Paolo (Hrsg.), Commentario al Codice Civile, Artt. 2060–2134, Lavoro subordinato, Milano 2011

Ciafardini, Luciano/Del Giudice, Federico/Izzo, Fausto, Codice del lavoro, Napoli 2012

Cian, Giorgio (Hrsg.), I cento anni del codice civile tedesco in Germania e nella cultura giuridica italiana, Padova 2003

Cian, Giorgio/Trabucchi, Alberto, Commentario breve al codice civile, 5. Auflage, Padova 1997

Cohen, Max, Der Rätegedanke im ersten Revolutionsjahr, Sozialistische Monatshefte 1919, 1043

Colella, Francesco, Il nouvo art. 18 dello Statuto dei lavoratori e il licenziamento per giustificato motivo oggettivo, RIDL 2013, 245

Corti, Matteo/Sartori, Alessandra, La riforma del 2012: uno sguardo d'insieme, RIDL 2012, 321

Cosenza, Doriana, Il nuovo Tfr – Aggiornato alla legge finanziaria 2007 ed ai relativi decreti attuativi, Matelica 2007

Däubler, Wolfgang, Fortschritte im italienischen Arbeitsrecht, AuR 1971, 189

Däubler, Wolfgang, Individuum und Kollektiv im Arbeitsrecht, NZA 1988, 857

Däubler, Wolfgang, Abfindung statt Kündigungsschutz?, NJW 2002, 2292

Däubler, Wolfgang, Neues zur betriebsbedingten Kündigung, NZA 2004, 177

Däubler, Wolfgang (Hrsg.), Tarifvertragsgesetz mit Arbeitnehmer-Entsendegesetz, 2. Auflage, Baden-Baden, 2006

Däubler, Wolfgang, Arbeitskampfrecht – Handbuch für die Rechtspraxis, Baden-Baden 2011

Däubler, Wolfgang/Hjort, Jens Peter/Schubert, Michael/Wolmerath, Martin, Arbeitsrecht – Individualarbeitsrecht mit kollektiv-rechtlichen Bezügen, Handkommentar, 2. Auflage, Baden-Baden 2010

Däubler Wolfgang/Kittner Michael/Lörcher Klaus, Internationale Arbeits- und Sozialordnung, Köln 1994

D'Agostino, Cristina, Schemi & Schede di diritto del lavoro, 7. Auflage, Napoli 2009

D'Agostino, Christina/Marano,Alessandra/Solombrino,Mariarosaria, La riforma Fornero del lavoro, Napoli 2012

De Luca Tamajo, Raffaele/Sparano, Ernesto, Indennità di fine rapporto (impiego privato), in Digesto delle discipline privatistiche, Sezione commerciale, Torino 1992, 344, zitiert nach Pluris online

De Rosa, Maddalena, Il trattamento di fine rapporto, Dissertation, Napoli 2008

De Stefano, Anna, Lavoro 2012, Milano 2012

Del Giudice, Federico (Hrsg.), Ipercompendio, Diritto del lavoro, Napoli 2005

Del Giudice, Federico (Hrsg.), Nuovo dizionario giuridico – Enciclopedia di base del diritto, Napoli 2008

Del Giudice, Federico/Mariani, Federico/Izzo, Fausto/Solombrino, Mariarosaria, Diritto del lavoro, Napoli 2011 sowie 2012

Del Giudice, Pasquale, Storia del Diritto Italiano, volume II., Milano 1923

Del Punta, Riccardo, Diritto del lavoro, Milano 2008

Dieterich, Thomas/Kezuka, Katsutoshi/LeFriant, Martine/Nogler, Luca/Pfarr, Heide, Gedächtnisschrift Ulrich Zachert, Baden-Baden 2009

Dietz, Rolf, Das neue Kündigungsschutzgesetz, NJW 1951, 941

Di Carluccio, Carmen, Licenziamento economico: alternative di reimpiego prospettabili al lavoratore e sanzioni per il caso di amesso repêchage, RIDL 2014, 176

Di Majo, Adolfo/Kindler, Peter/Hausmann, Rainer, Produkthaftung Handelsvertreter Arbeitsrecht, Jahrbuch für Italienisches Recht, Band 4, Heidelberg 1991

Di Stasi, Antonio, Diritto del lavoro e della previdenza sociale, Milano 2010

Dörner, Clemens Maria/Luczak, Stefan/Wildschütz, Martin, Arbeitsrecht in der anwaltlichen und gerichtlichen Praxis, 2. Auflage, Neuwied 1990

Döse-Digenopoulos, Annegret, Arbeitsgerichte und betriebsbedingte Kündigung – Zur Effizienz judikativer Kontrolle, Köln 1982

Dolce, Rodolfo/Corradini, Gianni/Roman, Brigitte, Formulario commentato di contrattualistica commerciale, Germania – Italia, Formulario bilingue contenente i contratti d'impresa più usati in Germania con annotazioni e commenti, Milano 1995

Dollmann, Bernd, Wahrung der Anrufungsfrist des § 4 Satz 1 KSchG 2004 bei nicht fristgerechten Kündigungen?, BB 2004, 2073

Dorndorf, Eberhard, Abfindung statt Kündigungsschutz?, BB 2000, 1938; *Willemsen*, NJW 2000, 2779

Dorndorf, Eberhard/Weller, Bernhard/Hauck, Friedrich/Kriebel, Volkhart/Höland, Armin/Neef, Klaus, Kündigungsschutzgesetz, Heidelberg 1999

Düwell, Franz Josef, Betriebsverfassungsgesetz, 3. Auflage, Baden-Baden 2010

Düwell, Franz Josef, Das Erbe von Weimar: Unser Arbeitsrecht und seine Gerichtsbarkeit, RdA 2010, 129

Eccher, Bernhard/Schurr, Francesco A./Kindler, Peter/Asam, Herbert/Patti, Salvatore/Gebauer, Martin/Hausmann, Rainer/Strauß, Alessandro, Neuerungen im italienischen Schuld-, Gesellschafts-, Handelsvertreter- und Anwaltsrecht, Heidelberg 2003

Engel, Gerhard/Materna, Ingo u. a. (Hrsg.), Groß-Berliner Arbeiter- und Soldatenräte in der Revolution 1918/19: Dokumente der Vollversammlungen und des Vollzugsrates, Band 3, Berlin 2002

Etzel, Gerhard, u. a., KR Gemeinschaftskommentar zum Kündigungsschutzgesetz und zu sonstigen kündigungsschutzrechtlichen Vorschriften, 5. Auflage, Neuwied 1998, sowie 9. Auflage, Köln 2009

Europäische Kommission (Hrsg.), Beendigung von Arbeitsverhältnissen – Rechtslage in den Mitgliedsstaaten der Europäischen Union, Amt für amtliche Veröffentlichungen der europäischen Gemeinschaften, Luxemburg 1997

European Commission (Hrsg.), Termination of employment relationships – Legal situation in the Member States of the European Union, Luxemburg 2006

Eylert, Mario/Gotthardt, Michael, Liberalisierung des Welthandels und Arbeitsrecht, RdA 2007, 91

Fabricius, Fritz/Kraft, Alfons/Wiese, Günther/Kreutz, Peter/Oetker, Hartmut, Gemeinschaftskommentar zum Betriebsverfassungsgesetz, 6. Auflage, Neuwied 1998

Falasca, Giampiero, Manuale di diritto del lavoro, Costituzione, svolgimento e risoluzione del rapporto di lavoro, Milano 2012

Fassina, Lorenzo, Bestandsschutz für Arbeitsverhältnisse, Sonderbeilage zu NZA Heft 21/2003, 35

Favalli, Giacinto, Codice di diritto del lavoro – Raccolta delle principali leggi sul rapporto di lavoro subordinato privato, commentate con dottrina e giurisprudenza, Piacenza 2004

Febbraro, Francesca, Statuto dei lavoratori, Brevemente commentato, Napoli 2009

Feig, Johann/Sitzler, Friedrich, Betriebsrätegesetz, Betriebsbilanzgesetz und Aufsichtsratsgesetz, Berlin 1928

Fernandes, Salvatore, Potere disciplinare e recesso nel <<Contratto di lavoro>> di L. Barassi, in: Napoli, Mario, La nascita del diritto del lavoro, Milano 2003

Fiebig, Stefan/Gallner, Inken/Nägele, Stefan (Hrsg.), Kündigungsschutzrecht, 3. Auflage, Baden-Baden 2007

Fiedler, Tanja, Kündigungsschutz außerhalb des KSchG und seiner Vorgängerregelung durch Grundrechte und allgemeines Zivilrecht (Untersuchungszeitraum 1850–2006), Dissertation, Köln 2006

Fischer, Friedrich-Wilhelm, Industriestandort Deutschland – Krise oder Chance durch das Arbeitsrecht?, BB 1994, 278

Fitting, Karl, Das erste Arbeitsrechtsbereinigungsgesetz, DB 1969, 1459

Fitting, Karl/Engels, Gerd/Schmidt, Ingrid/Trebinger, Yvonne/Linsenmaier, Wolfgang, Betriebsverfassungsgesetz mit Wahlordnung, 24. Auflage, München 2008

Flatow, Georg, Kommentar zum Betriebsrätegesetz, Berlin 1920

Flatow, Georg, Betriebsrätegesetz vom 04. 02. 1920 nebst Wahlordnung, Ausführungsverordnungen und Ergänzungsgesetzen, Berlin 1928

Flesch, Karl, Zur Kritik des Arbeitsvertrags. Seine volkswirtschaftlichen Funktionen und sein positives Recht. – Sozialrechtliche Erörterungen, Jena 1901

Fornero, Elsa/Monticone, Chiara, Financial Literacy and Pension Plan Participation in Italy, Working Paper 111/2011, herausgegeben von CeRP Center for Research on Pensions and Welfare Policies, 2011

Franchi, Luigi/Feroci, Virgilio/Ferrari, Santo, Codici e leggi d'Italia – Codice Civile, Milano 1963

Frank, Hans (Hrsg.), Arbeitsberichte der Akademie für Deutsches Recht, Entwurf eines Gesetzes über das Arbeitsverhältnis, München 1938

Franzen, Martin, Das Persönlichkeitsrecht des Arbeitnehmers als Grundlage des arbeitsrechtlichen Kündigungsschutzes, in: *Krause, Rüdiger/Schwarze, Roland* (Hrsg.), Festschrift für Hansjörg Otto, Berlin 2008

Fröhlich, Claus Wilhelm, Betriebsgrößenunabhängigkeit und Monetarisierung des arbeitsrechtlichen Bestandsschutzes, Hamburg 2008

Fuchs, Maximilian, Flexibilität à la Carte – Die Reform des italienischen Arbeitsrechts, NZA 2004, 956

Galantino, Luisa, Der Kündigungsschutz in Italien, ZIAS 1991

Galantino, Luisa, Diritto del lavoro, Torino 2009

Gall, Lothar/von Bilavsky, Jörg/Judersleben, Jörg, in: Deutscher Bundestag (Hrsg.), Wege – Irrwege – Umwege. Die Entwicklung der parlamentarischen Demokratie in Deutschland, Berlin 2002

Galperin, Grundgedanken und Struktur des Kündigungsschutzgesetzes – Eine dogmatische Studie, RdA 1966, 361

Gamillscheg, Franz, Internationales Arbeitsrecht (Arbeitsverweisungsrecht), herausgeben vom Max-Planck-Institut für ausländisches und internationales Privatrecht, Berlin/Tübingen 1959

Gamillscheg, Franz, Zur Abfindung bei Verlust des Arbeitsplatzes, in: *Habscheider, Walther J./Gaul, Hans F./Mikat,* Festschrift für Friedrich Wilhelm Bosch, Bielefeld 1976

Garilli, Alessandro, «Il contratto di lavoro» e il rapporto di impiego privato nella teoria di L. Barassi, in: *Napoli, Mario* (Hrsg.), La nascita del diritto del lavoro – «Il contratto di lavoro» di Ludovico Barassi cent' anni dopo, Milano 2003, 215

Garofano, Raffaele, Recesso dal rapporto e tutela del lavoratore: La specialita'del diritto del lavoro, Dissertation, Padova 2008

Gast, Wolfgang, Die Vollendung des Arbeitsrechts, BB 1992, 1634

Gehrke, Bernd/Horn Gerd-Rainer (Hrsg.), 1968 und die Arbeiter, Hamburg 2007

Ghera, Edoardo, Diritto del lavoro, Il rapporto di lavoro, Bari 2006

Ghera, Edoardo, Diritto del lavoro, Appendice di aggiornamento 2013, Bari 2013

Ghezzi, Giorgio, Sul rapporto tra «riassunzione» e prestazione patrimoniale nella disciplina legislativa dei licenziamenti individuali, RDL 1968, 255

Ghiron, Dr., Der Italienische Gesetzesentwurf über den Arbeitsvertrag der Privatangestellten, GewKfG 1913, Heft 11, S. 310

von Gierke, Otto, Der Entwurf eines Bürgerlichen Gesetzbuchs und das Deutsche Recht, Leipzig 1889

von Gierke, Otto, Die soziale Aufgabe des Privatrechts (Vortrag vom 05. 04. 1889 vor der Juristischen Gesellschaft zu Wien), Nachdruck des Originals, in: *Wolf, Erik,* Deutsches Rechtsdenken: Lesestücke für Rechtswahrer bei der Wehrmacht, Heft 1, Frankfurt a. M. 1943

Gilberg, Dirk, Die Unternehmerentscheidung vor Gericht, NZA 2003, 817

Giugni, Gino/De Luca Tamajo, Raffaele/Ferraro, Giuseppe, Il trattamento di fine rapporto, Padova 1984

Gozzi, Gustavo, Verfassungsfrage und Sozialpolitik zu Bismarcks Zeit in Deutschland und Italien, in: *Mazzacane, Aldo/Schulze, Reiner,* Die deutsche und die italienische Rechtskultur im "Zeitalter der Vergleichung", Berlin 1995, S. 197

Gragnoli, Enrico/Paladini, Susanna, La retribuzione, Milano 2012

Grandi, Mario/Pera, Giuseppe, Commentario breve alle leggi sul lavoro, 2. Auflage, Milano 2001, sowie 4. Auflage, 2009

Graser, Alexander, Kündigungsschutz und Sozialrecht, ZRP 2003, 119

Griese, Thomas, Ein Arbeitsvertragsgesetzbuch, Chance und Herausforderung!, NZA 1995, 300

Griese, Thomas, Die Gesetzesentwürfe der Länder für ein Arbeitsvertragsgesetz, NZA 1996, 803

Grosse-Brockhoff, Simon, Der Einfluss des § 1 a KSchG auf Aufhebungs- und Abwicklungsverträge – Rechtliche Unterschiede, funktionale Gemeinsamkeiten und rechtspolitischer Anpassungsbedarf unter besonderer Berücksichtigung des Sperrzeitsrecht, Frankfurt am Main 2009

Gumpert, Jobst, Entwurf eines ersten Gesetzes zur Bereinigung arbeitsrechtlicher Vorschriften, BB 1969, 140

Haase, Florian, Einführung in die Methodik der Rechtsvergleichung, JA 2005, 232

Habscheider, Walther J./Gaul, Hans F./Mikat, Paul, Festschrift für Friedrich Wilhelm Bosch, Bielefeld 1976

Haft, Fritjof, Reform beim System der gesetzlichen Sozialversicherung, ZRP 2002, 457

Hauff, Sven/Alewell, Dorothea, Betriebliches Trennungsmanagement im Schatten des Arbeitsrechts, BB 2010, 3149

Hanau, Peter, Arbeitsrecht und Arbeitsgerichtsbarkeit von Kaiser Wilhelm II. bis Bundeskanzler Dr. Kohl – Gedanken zum 100-jährigen Bestehen des deutschen Arbeitsgerichtsverbandes, NZA 1993, 338

Hanau, Peter, Welche arbeits- und ergänzenden sozialrechtlichen Regelungen empfehlen sich zur Bekämpfung der Arbeitslosigkeit?, NJW 2000, Beilage zu Heft 25, S. 10

Helbig, Andre, Fehlerquellen bei der betriebsbedingten Kündigung – Eine empirische Untersuchung an deutschen Arbeitsgerichten und Vorschläge zur Vermeidung von Fehlern für Entscheidungsträger, Diplomarbeit zur Erlangung des ersten akademischen Grades Diplom-Kaufmann (FH), 2007

Helml, Ewald, Aus der Praxis: Auflösung des Arbeitsverhältnisses und Zahlung einer Abfindung, JuS 2004, 42

Henssler, Martin/Braun, Axel, Arbeitsrecht in Europa, Köln 2007

Henssler, Martin/Willemsen, Heinz Josef/Kalb, Heinz-Jürgen, Arbeitsrecht Kommentar, Köln 2012

von der Heyde, W. G., Dienstherrschaften und Gesinde, Magdeburg 1851

Hilger, Susanne, Sozialpolitik und Organisation – Formen betrieblicher Sozialpolitik in der Rheinisch-westfälischen Eisen- und Stahlindustrie seit der Mitte des 19. Jahrhunderts bis 1933, in: *Borscheid, Peter/Feldenkirchen, Wilfried/Schulz, Günther*, Zeitschrift für Unternehmensgeschichte/Beiheft 94, Stuttgart 1996

von Hirschfelder, Heinrich/Nutzinger, Wilhelm, Das Kaiserreich 1871–1918, Bamberg 1989

von Hirschfelder, Heinrich/Maier, Lorenz/Sieber, Karlheinz, Zwischen Beharrung und Aufbruch, Bamberg 1990

Höland, Armin/Kahl, Ute/Zeibig, Nadine, Kündigungspraxis und Kündigungsschutz im Arbeitsverhältnis – Eine empirische Untersuchung aus Sicht des arbeitsgerichtlichen Verfahrens, Baden-Baden 2006

Hofmann, Michael A./Coslovich, Antonella, Arbeitsrecht in Italien, Berlin 1996

Hofmann, Michael A., Italienisches Arbeitsrecht, AuA 1998, 341

Honsell, Heinrich, Römisches Recht, Berlin 2010

Holthausen, Sarah/Holthausen, Joachim, Der Auflösungsantrag nach §§ 9, 14 KSchG – Taktisches Gestaltungsmittel des Arbeitgebers im Kündigungsschutzprozess, NZA – RR 2007, 449

Horn, Gerd-Rainer, Die Arbeiter und „1968" in West- und Südeuropa, APuZ (Aus politik und Zeitgeschichte) 2008, 34

v. Hoyningen-Huene, Gerrick, in: *Schmidt, Karsten* (Hrsg.), Münchener Kommentar zum HGB, § 59 Rn. 1

v. Hoyningen-Huene, Gerrick/Linck, Rüdiger, Kündigungsschutzgesetz, 14. Auflage, München 2007

Hromadka, Wolfgang, Arbeiter und Angestellte im Arbeits- und Sozialversicherungsrecht, NZS 1992, 7

Hromadka, Wolfgang, Zukunft des Arbeitsrechts, NZA 1998, 1

Hromadka, Wolfgang, Entwurf für ein neues, modernes Kündigungsschutzgesetz, NZA 2002, 783

Hromadka, Wolfgang, Kündigungsschutz und Unternehmerfreiheit, AuA 2002, 261

Hromadka, Wolfgang, 25 Jahre Arbeitsrecht, NZA 2012, 585

Hucko, Elmar Matthias, Zur Erinnerung an Hugo Preuß, NJW 1985, 2309

Hueck, Alfred, Der Kündigungsschutz im Arbeitsrecht, SJZ 1947, 609

Hueck, Alfred, Die Gefahr der Rechtszersplitterung, RdA 1948, 81

Hueck, Alfred, Die Württemberg-Badischen Kündigungsschutzgesetze, RdA 1949, 169

Hueck, Alfred, Der Hattenheimer Entwurf des Kündigungsschutzgesetzes, RdA 1950, 65

Hueck, Alfred, Das Bundeskündigungsschutzgesetz, RdA 1951, 281

Hueck, Alfred, Kündigungsschutzgesetz, 1. Auflage, München/Berlin 1951

Hueck, Alfred/Nipperdey, Hans Karl, Lehrbuch des Arbeitsrechts, 7. Auflage, Berlin/Frankfurt a. M. 1963

Hümmerich, Klaus/Boecken, Winfried/Düwell, Franz Josef, Arbeitsrecht, 2. Auflage, Baden-Baden 2010

Hümmerich, Klaus, Von der Verantwortung der Arbeitsrechtsprechung für die Volkswirtschaft, NZA 1996, 1289

Hümmerich, Klaus, Die arbeitsgerichtliche Abfindung – Ein Beitrag zur Abfindungspraxis und zur gesetzlichen Neuregelung, NZA 1999, 342

Hunecke, Volker, Arbeiterschaft und Industrielle Revolution in Mailand 1859–1892, Göttingen 1978

ILO International Labour Office (Hrsg.), Termination of employment digest: A Legislative Revue, Geneva 2000

Ichino, Pietro, La corte costituzionale e la discrezionalità del legislatore ordinario in material di liciamenti, RIDL 2006, 353

Ichino, Pietro, Il diritto del lavoro nell'Italia repubblicana, Teorie e vicende dei giuslavoristi dalla liberazione al nuovo secolo, Milano 2008

Immenhauser, Martin, Das Dogma von Vertrag und Delikt, Köln 2006

Internationale Arbeitsorganisation (Hrsg.), Übereinkommen und Empfehlungen, 1919–1991, Band II (1967–1981), Genf 1993

Isenhardt, Udo/Preis, Ulrich, in Verbindung mit dem *Deutschen Arbeitsgerichtsverband e. V.* (Hrsg.), Arbeitsrecht und Sozialpartnerschaft: Festschrift für Peter Hanau, Köln 1999

Kaiser, Christian, Kündigungsschutz ohne Prinzip, Tübingen 2005

Kaliski, Julius, Der Rätegedanke beim Neuaufbau Deutschlands, Sozialistische Monatshefte 1919, 229

Kamanabrou, Sudabeh, Verfassungsrechtliche Aspekte eines Abfindungsschutzes bei betriebsbedingten Kündigungen, RdA 2004, 333

Kaskel, Walter/Dersch, Hermann, Arbeitsrecht, erschienen in der Reihe Enzyklopädie der Rechts- und Staatswissenschaft, Abteilung Rechtswissenschaft, Band XXXI, Berlin 1932

Kauhausen, Ilka, Nach der „Stunde Null", Tübingen 2007

Kempen, Otto Ernst, Kollektivautonomie contra Privatautonomie: Arbeitsvertrag und Tarifvertrag, NZA-Beil. 2000, 7

Kendzia, Michael, Herausbildung erster Wesenszüge des Normalarbeitsverhältnisses in Deutschland, Discussion Paper No. 5107/August 2010, herausgegeben vom IZA Forschungsinstitut zur Zukunft der Arbeit – Institute for the Study of Labor, Bonn 2010

Kindhäuser, Urs/Neumann, Ulfried/Paeffgen, Hans-Ullrich, Strafgesetzbuch, Band 1, 3. Auflage, Baden-Baden 2010

Kindler, Peter, Einführung in das italienische Recht – Verfassungsrecht, Privatrecht und internationales Privatrecht, München 1993

Kindler, Peter, Italienisches Handels- und Wirtschaftsrecht, Heidelberg 2002

Kittner, Michael/Däubler, Wolfgang/Zwanziger, Bertram, KSchR Kündigungsschutzrecht – Kommentar für die Praxis zu Kündigungen und anderen Formen der Beendigung des Arbeitsverhältnisses, 8. Auflage, Frankfurt am Main 2011

Kittner, Michael/Kohler, Thomas, Kündigungsschutz in Deutschland und den USA, Beilage zu BB 2000, Heft 13, S. 1

Kittner, Michael/Zwanziger, Bertram/Deinert, Olaf (Hrsg.), Arbeitsrecht – Handbuch für die Praxis, Online ausgelagerter Teil Geschichte des Arbeitsrechts [www.handbucharbeitsrecht.de], 6. Auflage, Frankfurt am Main 2011

Klammer, Ute, Alterssicherung in der Europäischen Union II – Alterssicherung in Italien, Berlin 1997

Kleinhenz, Gerhard, Zur Bedeutung arbeits- und sozialrechtlicher Regelungen bei der Bekämpfung der Arbeitslosigkeit – Wirtschaftswissenschaftliche Aspekte, NJW 2000, Beilage zu Heft 25, S. 11

Kögel, Andreas, Der Abfindungsanspruch nach § 1 a KSchG, RdA 2009, 358

Köppl, Stefan, Das politische System Italiens, Wiesbaden 2007

Konzen, Horst, Vom >> Neuen Kurs << zur sozialen Marktwirtschaft, ZfA 1991, 379

Kraushaar, Bernhard, Die Kleinbetriebsklausel nach § 23 Abs. 1 Satz 2 KSchG und EG-Recht, BB 1992, 1787

Krebber, Sebastian, Internationales Privatrecht des Kündigungsschutzes bei Arbeitsver-hältnissen, 1. Auflage, Baden-Baden 1997

Kreft, Burghard, Kontinuität und Wandel beim Betsandsschutz, NZA-Beil, 2012, 58

Kreuzer, Günther, Der gewerkschaftliche Einfluss auf die innerbetrieblichen Arbeitneh-mervertretungsorgane im italienischen Recht, Dissertation, Bielefeld 1978

Kreuzer, Stefan/Zickert, Andrè, Das arbeitsgerichtliche Beschlussverfahren, Stuttgart 2009

KR Gemeinschaftskommentar zum Kündigungsschutzgesetz und zu sonstigen kündi-gungsschutzrechtlichen Vorschriften, 5. Auflage, Neuwied 1998, sowie 9. Auflage, Köln 2009

Krimphove, Dieter, Europäisches Arbeitsrecht, München 2001

Kronke, Herbert, Regulierungen auf dem Arbeitsmarkt – Kernbereiche des Arbeitsrechts im internationalen Vergleich, Baden-Baden 1990

Küttner, Wolfdieter, Personalbuch 2011 – Arbeitsrecht, Lohnsteuerrecht, Sozialversiche-rungsrecht, 18. Auflage, München 2011

Laborfonds – Zusatzrentenfonds der Beschäftigten von Arbeitgebern, die im Gebiet Trentino-Südtirol tätig sind, eingetragen im Album der Rentenfonds unter Nr. 93, Informationsblatt für die potenziellen Mitglieder (am 01. 10. 2010 bei der Covip hin-terlegt), Bozen 2010

Leccese, Vito/Scanni, Illaria, Änderungen im Arbeitsrecht Italiens in den Jahren 2009 bis 2011, EuZA 2012, 558

Ladwig, Perdita, Grundlagen der wirtschaftlichen Entwicklung in kulturgeschichtlicher Perspektive, in reihe empirische Analysen nr. 1, Fachgebiet Umwelt- und Verhalten-sökonomik, Universität Kassel 2007

Lattanzio, Filippo, Tempestività del ricorso e risarcimento del danno da illegittimo licen-ziamento ex art. 18 Stat. lav., Lav. Giur. 2011, 1011

Lehmann, Werner/Ehrnsperger, Gottfried/Lemke, Klaus-Peter, Geschichte-Neuzeit, Bamberg 1971

Leinemann, Wolfgang, Die Bedeutung internationaler und europäischer Arbeitsrechtsnor-men für die Arbeitsgerichtsbarkeit, BB 1993, 2519

von Lewinski, Kai, Weimarer Reichsverfassung und Grundgesetz als Gesellen- und Meis-terstück, JuS 2009, 505

Löwisch, Manfred, Die kündigungsrechtlichen Vorschläge der „Agenda 2010", NZA 2003, 689

Lotmar, Philipp, Der Arbeitsvertrag nach dem Privatrecht des Deutschen Reiches in zwei Bänden, 1. Band, Leipzig 1902, sowie 2. Band, Leipzig 1908

Machtan, Lothar, Der Arbeiterschutz als sozialpolitisches Problem, in: *Pohl, Hans*, (Hrsg.), Staatliche, städtische, betriebliche und kirchliche Sozialpolitik vom Mittelalter bis zur Gegenwart (Vierteljahrschrift für Sozial- und Wirtschaftsgeschichte: Beihefte Nr. 95), Stuttgart 1991

Mansfeld, Werner, Betriebsrätegesetz vom 04. 02. 1920 mit den einschlägigen Nebengesetzen, Mannheim 1930

Mariucci, Luigi, Le fonti del diritto del lavoro – Quindici anni dopo, Torino 2003

Maunz, Theodor/Dürig, Günther, Grundgesetz-Kommentar, München 2013

v. Maydell, Bernd/Kannengießer, Walter, Handbuch Sozialpolitik, Pfullingen 1988

Mayr, Klaus/Mozet, Peter, Der Kündigungsschutz in den Mitgliedsstaaten der Europäischen Union, Linz 1996

Mazzacane, Aldo/Schulze, Reiner, Die deutsche und die italienische Rechtskultur im "Zeitalter der Vergleichung", Berlin 1995

Mazzoni, Giuliano, Manuale di diritto del lavoro, Milano 1971

Mazzotta, Oronzo, Diritto del lavoro, Milano 2013

Melis, Guido, Fascismo (ordinamento costituzionale), in Digesto delle Discipline Pubblicistiche, Vol. VI, Torino 1991, 262, zitiert nach Pluris online

Michalski, Lutz, Arbeitsrecht, 6. Auflage, Heidelberg 2005

Möhn, Heinz-Josef, Ist § 3 KSchG obsolet?, NZA 1995,113

Moll,Wilhelm (Hrsg.), Münchener Anwaltshandbuch, Arbeitsrecht, 2. Auflage, München 2009

Monjau, Herbert, Erstes Arbeitsrechtsbereinigungsgesetz, BB 1969, 1042

Mossa, Lorenzo, Das Arbeitsrecht Italiens seit dem Zusammenbruch, RdA 1949, 285

Mozet, Peter, Beendigung des Arbeitsverhältnisses – Harmonisierung auf europäischer Ebene?, ZEuP 1998, 396

Mozet, Peter, Kündigungsschutz in Arbeitsverhältnissen – Ein Überblick über die Rechtslage in den Mitgliedsstaaten der Europäischen Union, NZA 1998, 128

Müller, Michael, Whistleblowing – Ein Kündigungsgrund?, NZA 2002, 424

Müller-Glöge, Rudi/Preis, Ulrich/Schmidt, Ingrid (Hrsg.), Erfurter Kommentar zum Arbeitsrecht, 11. Auflage, München 2011

Muggia, Stefano, Licenziamenti individuali: luci ed ombre nella giurisprudenza sull'art 18 Stat. Lav., Lav. Giur. 2010, 505

Musielak, Hans-Joachim (Hrsg.), Kommentar zur Zivilprozessordnung mit Gerichtsverfassungsgesetz, 8. Auflage, München 2011

Napoli, Mario, Licenziamenti, in Digesto delle discipline privatistiche, Sezione commerciale, vol. IV, Torino 1993, zitiert nach Pluris online

Napoli, Mario (Hrsg.), La nascita del diritto del lavoro – «Il contratto di lavoro» di Ludovico Barassi cent' anni dopo, Milano 2003

Natalizi, Francesco, Le novità del Collegato lavoro in tema di certificazione, GL 2010, 18

Neef, Klaus, Das Kündigungsschutzrecht zur Jahrtausendwende, NZA 2000, 7

Neef, Klaus, Von der Unmöglichkeit der betriebsbedingten Kündigung, NZA 2006, 1241

Neitzel, Sönke, Weltkrieg und Revolution 1914–1918/1919, Berlin 2008

Neumann, Dirk, Der sächsische Entwurf eines Arbeitvertragsgesetzes, DB 1995, 2013

Nikisch, Arthur, Arbeitsrecht, I. Band, Allgemeine Lehren und Arbeitsvertragsrecht, 3. Auflage, Tübingen 1961

Nicolini, Giovanni, manuale di diritto del lavoro, Milano 1998

Nogler, Luca, Kündigungsschutz in Italien, AuR 2003, 321

Nogler, Luca, La disciplina dei licenziamenti individuali nell'epoca del bilanciamento tra i „principi" costituzionali, Giornale di diritto del lavoro e di relazioni industriali 2007, 593

Nogler, Der Arbeitnehmerbegriff im italienischen Recht, in: *Portale, Guiseppe/Nogler, Luca/Rossi, Matthias/von der Heyde, Irene/Stürner, Michael*, Aktuelle Entwicklungen im Handels-, Arbeits- und Zivilprozessrecht, Jahrbuch für italienisches Recht, Band 23, Heidelberg 2011, S. 17 ff

Nogler, Luca/Reifner, Udo, Der menschliche Makel – Principles of European Contract Law zwischen Merkantil- und Dienstleistungsgesellschaft, in: *Dieterich, Thomas/Kezuka, Katsutoshi/LeFriant, Martine/Nogler, Luca/Pfarr, Heide*, Gedächtnisschrift Ulrich Zachert, Baden-Baden 2009

Notter, Nikolaus, Die Sicherung des Rechts auf den Arbeitsplatz, DB 1976, 772

OECD Employment Outlook, Paris 1999

OECD Employment Outlook, Paris 2004

Ottomeyer, Hans/Czech, Hans-Jörg (Hrsg.), Deutsche Geschichte in Bildern und Zeugnissen, Berlin 2009

Palandt, Otto (Begr.), Bürgerliches Gesetzbuch mit Nebengesetzen, München 2011

Parker, R. A. C., Das Zwanzigste Jahrhundert I, Europa 1918–1945, Fischer Weltgeschichte Band 34, Frankfurt am Main, 1992

Pauly, Stephan/Osnabrügge, Stephan, Handbuch Kündigungsrecht, Bonn 2010

Patti, Salvatore, Italienisches Zivilgesetzbuch, Verbrauchergesetzbuch – Codice Civile Italiano, Codice del Consumo, 2. Auflage, München 2012

Pedrazzoli, Marcello, Arbeitsrecht, Gewerkschaftspolitik und ökonomische Krise in Italien (1968–77): Die Illusionen des Arbeitnehmerstatuts (Forschungsbericht), WZB Discussion Paper IIVG RP 79-206, herausgegeben vom Wissenschaftszentrum Berlin, Internationales Institut für Vergleichende Gesellschaftsforschung – International Institute for Comparative Social Research (WZB), Berlin 1979

Pedrazzoli, Marcello, Licenziamenti e sanzioni nei rapporti di lavoro, Milano 2011

Pendolino, Gaetana, L'opzione per l'indennità sostitutiva della reintegrazione: natura giuridica ed effetti, ADL 2010, 255

Pera, Giuseppe, Prozess der Neuregelung des italienischen Arbeitsrechts, ZIAS 1987, 291

Pera, Giuseppe, Diritto del lavoro, Padova 1988

Pera, Giuseppe/Papaleoni, Marco, Diritto del lavoro, Padova 2003

Pessi, Roberto, Lezioni di diritto del lavoro, Torino 2010

Petronio, Ugo, Der Einfluss des französischen Code civil auf das italienische Zivilrecht, in: *Viarengo, Ilaria/Petronio, Ugo/Ranieri, Filippo/Stürner, Michael/Prudentino, Mario,* Rechtsvereinheitlichung im Zivil- und Kollisionsrecht, Jahrbuch für Italienisches Recht, Band 26, Heidelberg 2014, S. 19 ff.

Petrucci, Rossana, Compendio di diritto processuale civile, Napoli 2011

Pfändtner, Bernhard/Schell, Reiner, Weimarer Republik – Nationalsozialismus, Bamberg 1990

Pfarr, Heide/Ullmann, Karen/Bradtke, Marcus/Schneider, Julia/Kimmich, Martin/Bothfeld, Silke, Der Kündigungsschutz zwischen Wahrnehmung und Wirklichkeit – Betriebliche Erfahrungen mit der Beendigung von Arbeitsverhältnissen, München/Mering 2005

Piecker, Eduard, Regelung der >>Arbeits- und Wirtschaftsbedingungen<< – Vertragsprinzip oder Kampfprinzip?, ZfA 1986, 199

Pini, Paolo, La non-riforma del mercato del lavoro italiano, in: Quaderni del Dipartimento di economia a istituzioni i territorio, Universita degli Studi di Ferrara, Quaderno n. 7/2012, Ferrara 2012

Pino, Giovanni, Modelli normativi del rapporto di lavoro all'inizio del secolo, PdD 1984, 204

Pisani, Andrea Proto, Lavoro (controversie individuali in materia di), 1993, zitiert nach Pluris online

Pluris online, in Zusammenarbeit mit den Verlagen Cedam und Utet Giuridica, www. pluris-cedam.utetgiuridica.it

Portale, Guiseppe/Nogler, Luca/Rossi, Matthias/von der Heyde, Irene/Stürner, Michael, Aktuelle Entwicklungen im Handels-, Arbeits- und Zivilprozessrecht, Jahrbuch für italienisches Recht, Band 23, Heidelberg 2011

Potthoff, Heinz, Die Bestrebungen des letzten Jahrzehnts zur Schaffung eines einheitlichen deutschen Arbeitsrechtes, GewKfG 1913, Heft Nr. 11, S. 284

Potthoff, Heinz, Entwurf eines Gesetzes über den Dienstvertrag der Angestellten: Angestelltengesetz, Flugschriften zur Schaffung sozialen Rechtes, 1914, Heft 1, S. 1

Potthoff, Heinz, Das Recht des zum Kriegsdienst eingezogenen Angestellten auf die Arbeitsstelle, Flugschriften zur Schaffung sozialen Rechtes, Heft 6, 1916, S. 3

Potthoff, Heinz, Arbeitsrecht: Das Ringen um werdendes Recht, Leipzig 1931

Preis, Ulrich, Aktuelle Tendenzen im Kündigungsschutzrecht, NZA 1997, 1073

Preis, Ulrich, Der Kündigungsschutz außerhalb des Kündigungsschutzgesetzes, NZA 1997, 1256

Preis, Ulrich, Bekämpfung der Arbeitslosigkeit – Eine Herausforderung für Arbeits- und Sozialrecht?, NJW 2000, 2304

Preis, Ulrich, Reform des Bestandsschutzrechts im Arbeitsverhältnis, RdA 2003, 65

Preis, Ulrich, Reform des Bestandsschutzrechts im Arbeitsverhältnis – Entwurf eines Kündigungsschutzgesetzes (KSchG 2003), NZA 2003, 252

Preis, Ulrich/Schneider, Joschka, § 1 a KSchG – die sozialrechtliche Aufwertung einer bisher arbeitsrechtlich unbedeutenden Vorschrift, NZA 2002, 1297

Priewe, Jan, Vom Arbeitnehmer zum Mitunternehmer?, WSI Mitteilungen 12/2007, S. 678

Procacci, Giuliano, Geschichte Italiens und der Italiener, München 1989

Procopio, Massimo, Fondi pensione e TFR – profili giuridici e disciplina tributaria, Milano 2008

Prudentino, Mario, Das italienische Arbeitsrecht nach den Reformen (insbes. Legge Fornero), in: *Viarengo, Ilaria/Petronio, Ugo/Ranieri, Filippo/Stürner, Michael/Prudentino, Mario*, Rechtsvereinheitlichung im Zivil- und Kollisionsrecht, Jahrbuch für Italienisches Recht, Band 26, Heidelberg 2014, S. 81 ff.

Quecke, Martin, Die Änderung des Kündigungsschutzgesetzes zum 01. 01. 2004, RdA 2004, 86

Ramm, Thilo, Die Arbeitsverfassung der Weimarer Republik, in: Internationale Gedächtnisschrift für Sir Otto Kahn-Freund (17. 11. 1900–16. 08. 1979), München 1980

Ramm, Thilo, Entwürfe zu einem Deutschen Arbeitsvertragsgesetz mit dem Arbeitsgesetzbuch der DDR von 1990 und dem österreichischen Entwurf einer Teilkodifikation des Arbeitsrechts von 1960, Frankfurt am Main 1992

Ranieri, Filippo, Der Einfluss des Code civil und der französischen Rechtswissenschaft auf das italienische und deutsche Zivilrecht. Aufstieg und Niedergang eines europäischen Modells, in: *Viarengo, Ilaria/Petronio, Ugo/Ranieri, Filippo/Stürner, Michael/Prudentino, Mario*, Rechtsvereinheitlichung im Zivil- und Kollisionsrecht, Jahrbuch für Italienisches Recht, Band 26, Heidelberg 2014, S. 39 ff.

Rausei, Pierluigi/Tiraboschi, Michele, Lavoro: una riforma sbagliata, ADAPT labour studies e-book series n. 2, Modena 2012

Rebhahn, Robert, Abfindung statt Kündigungsschutz? – Rechtsvergleich und Regelungsmodelle, RdA 2002, 272

Rebhahn, Robert, Der Kündigungsschutz des Arbeitnehmers in den Staaten der EU, ZfA 2003, 163

Rebhahn, Robert, Flächen- oder Unternehmenstarifvertrag – eine rechtsvergleichende Umschau, NZA-Beil. 2011, 64

Rehwald, Rainer, Weniger Kündigungsschutz gleich mehr Beschäftigung? – Die Gewerkschaftssicht, NZA 2003, Sonderbeilage zu Heft 21/2003, 46

Reinhardt, Volker, Geschichte Italiens – Von der Spätantike bis zur Gegenwart, München 2003

Reiß, Jürgen, Die sog. „Biagi"-Reform des italienischen Arbeitsrechts, RIW 2006, 668

Richardi, Reinhard, Betriebsverfassung und Privatautonomie, Berlin 1973

Richardi, Reinhard, Arbeitsvertragsgesetz und Privatautonomie, NZA 1992, 796

Richardi, Reinhard, 50 Jahre Kündigungsschutzgesetz – ein vergessenes Jubiläum!, NZA 2000, 13

Richardi, Reinhard, Arbeitsrecht als Teil freiheitlicher Ordnung – Von der Zwangsordnung im Arbeitsleben zur Arbeitsverfassung der Bundesrepublik Deutschland, Baden-Baden 2002

Richardi, Reinhard, Betriebsverfassungsgesetz mit Wahlordnung, 12. Auflage, München 2010

Richardi, Reinhard/Wissmann, Hellmut/Wlotzke, Otfried/Oetker, Hartmut, Münchener Handbuch zum Arbeitsrecht, 3. Auflage, München 2009

Richter, Lutz, Grundverhältnisse des Arbeitsrechts, Berlin 1928

Rinaldi, Ambrogio, Pension awareness and nation-wide auto-enrolment: the Italian experience, Working Paper 104/2011, herausgegeben von CeRP Center for Research on Pensions and Welfare Policies, Rom 2010

Ritter, Gerhard A., Die Entstehung des Räteartikels 165 der Weimarer Reichsverfassung, Historische Zeitschrift, Band 258, Heft 1, Februar 1994, Seite 73–112

Ritter, Gerhard A., Der Sozialstaat – Entstehung und Entwicklung im internationalen Vergleich, 3. Auflage, München 2010

Riva, Severino, Compendio di diritto del lavoro, Napoli 2006, 2011 sowie 2012

Rohr, Wolfgang/Rohdewald, Walter/Kürzel, Otto, Das Bürgerliche Gesetzbuch mit Einführungsgesetz unter Berücksichtigung aller Gesetzesänderungen, 4. Auflage, Leipzig 1931

Rolfs, Christian/Giesen, Richard/Kreikebohm, Ralf/Udsching, Peter, Beck'scher Online-Kommentar, Arbeitsrecht, 21. Edition, München 2010

Romagnoli, Umberto, Dimissioni del prestatore di lavoro e indennità di anzianità, RDL 1968, 278

Romagnoli, Umberto, Diritto del Lavoro (storia del), in: Digesto delle discipline privatistiche, Sezione commerciale, Torino 1989, zitiert nach Pluris online

Romagnoli, Umberto, Diritto sindacale (storia del), in: Digesto delle discipline privatistiche, Sezione commerciale, Torino 1989, zitiert nach Pluris online

Rose, Manfred, Investitionsstandort Deutschland, BB-Beilage, BB 1998, Heft 24

Roth, Markus, 150 Jahre Recht des Handlungsgehilfen: Vom ADHGB 1861 zum Arbeits(vertrags)gesetz(buch)?, RdA 2012, 1

Rotondi, Francesco, Corso di diritto del lavoro, Milano 2008

Rühle, Hans Gottlob, Sinn und Unsinn des allgemeinen Kündigungsschutzes in Deutschland, DB 1991, 1378

Rückert, Joachim, »Frei« und »sozial«: Arbeitsvertrags-Konzeptionen um 1900 zwischen Liberalismen und Sozialismen, ZfA 1992, 225

Rückert, Joachim, Abbau und Aufbau der Rechtswissenschaft nach 1945, NJW 1995, 1251

Rüthers, Vom Sinn und Unsinn des geltenden Kündigungsschutzrechts, NJW 2002, 1601

Runggaldier, Ulrich, Die Entwicklung des Rechts der Abfertigung in Italien: Anlass für Reformüberlegungen zu § 23 AngG?, DRdA 1990, 247

Runggaldier, Ulrich (Hrsg.), Abfertigungsrecht, Wien 1991

Runggaldier, Ulrich, Italien – Die Grundstrukturen des Kündigungsschutzrechts, DRdA 1999, 512

Runggaldier, Ulrich, Die Reform des Betriebsrentengesetzes aus österreichischer Sicht, RdA 2002, 352

Säcker, Franz Jürgen/Rixecker, Roland (Hrsg.), Münchener Kommentar zum BGB, München 2009

Santoro-Passarelli, Giuseppe, Dall'indennità di anzianità al trattamento di fine rapporto, Milano 1984

Santoro-Passarelli, Giuseppe, Il trattamento di fine rapporto, Artt. 2120–2122 – Il codice civile commentario, Milano 2009

Schwarzkopf, Johannes/Witz, Cornelia, Italien-Ploetz – Italienische Geschichte zum Nachschlagen, Freiburg 1986

Schaub, Günter, Arbeitsrechts-Handbuch: Systematische Darstellung, Nachschlagewerk für die Praxis, 9. Auflage, München 2000, sowie 14. Auflage, München 2011

Schiefer, Bernd, Kündigungsschutz und Unternehmerfreiheit – Auswirkungen des Kündigungsschutzes auf die betriebliche Praxis, NZA 2002, 770

Schiefer, Bernd/Worzalla, Michael, Neues-Altes-Kündigungsrecht, NZA 2004, 345

Schliemann, Harald (Hrsg.), Das Arbeitsrecht im BGB, Berlin 2002

Schippel, Max, Vom Münchener bis zum Nürnberger Gewerkschaftskongress, Sozialistische Monatshefte 1919, 611

Schmidt, Karsten (Hrsg.), Münchener Kommentar zum HGB, Band 1, München 2010

Schramm, Florian, Das Arbeitsrecht in der öffentlichen Wahrnehmung – Ausgewählte Befragungsergebnisse, RdA 2007, 267

Schramm, Nils/Kuhnke, Michael, Das Zusammenspiel von Interessenausgleichs- und Massenentlassungsanzeigeverfahren, NZA 2011, 1071

Schulte-Nölke, Hans, Die schwere Geburt des Bürgerlichen Gesetzbuches, NJW 1996, 1705

Schultze/Schultze, Die Neuregelung des Kündigungsschutzes im italienischen Arbeitsrecht, NZA 1991, 974

Schulz, Günther, Betriebliche Sozialpolitik in Deutschland seit 1850, in: *Pohl, Hans* (Hrsg.), Staatliche, städtische, betriebliche und kirchliche Sozialpolitik vom Mittelalter bis zur Gegenwart (Vierteljahrschrift für Sozial- und Wirtschaftsgeschichte: Beihefte Nr. 95), Stuttgart 1991

Schulze, Reiner (Schriftleitung)/Dörner, Heinricht/Ebert, Ina/Hoeren, Thomas, Kemper, Rainer/ Saenger, Ingo/Schreiber, Klaus/Schulte-Nölke, Hans/Staudinger, Ansgar, Bürgerliches Gesetzbuch – Handkommentar, 6. Auflage, Baden-Baden 2009

Schumann, Reinhold, Geschichte Italiens, Stuttgart 1983

Schwarz, Christian, Die Genossenschaftstheorie Otto v. Gierkes (1841–1921), NJW 2003, 192

Seelig, Marie Louise, Heinz Potthoff (1875–1945) – Arbeitsrecht als volkswirtschaftliches und sozialpolitisches Gestaltungsinstrument, Berlin 2008

Sellin, Volker, Die Anfänge staatlicher Sozialreform im liberalen Italien, Stuttgart 1971

Singer, Reinhard, Arbeitsvertragsgestaltung nach der Reform des BGB, RdA 2003, 194

Sinzheimer, Hugo, Grundzüge des Arbeitsrechts, Jena 1927

Statistisches Bundesamt, Statistisches Jahrbuch 2010

Statistisches Bundesamt, Verdienste und Arbeitskosten 2008, Begleitmaterial zur Pressekonferenz am 13. Mai 2009 in Berlin

von Staudinger, Julius (Hrsg.), Kommentar zum Bürgerlichen Gesetzbuch mit Einführungsgesetzen und Nebengesetzen, Berlin, Neubearbeitung BGB 2004 sowie 2011

Stramaccioni, Alberto, Storia d'Italia 1861–2006 – Istituzioni, economia e società, un modello politico nell'Europa contemporanea, Roma 2006

Strobel, Gallus, Zum Fabrikarbeitsvertrag in Deutschland im 19. Jahrhundert – Vertragsfreiheit und Kinderschutz, Rheinfelden 1986

Suppiej, Giuseppe/De Christofaro, Marcello/Cester, Carlo, Diritto del lavoro, Il rapporto individuale, Padova 2005

TFR E FONDI PENSIONE – Tutte le risposte ai dubbi dei lavoratori e dei datori di lavoro, speciale di *Il Sole 24ORE*, in collaborazione con il ministero del lavoro e della previdenza sociale, Milano 2007

Thüsing, Georg, Flexibilität und Sicherheit – Eine neue Balance im Arbeitsrecht, NJW 2005, 3477

Thüsing, Georg, Der Abfindungsanspruch des § 1 a KSchG, JuS 2006, 97

Thüsing, Gregor/Laux, Helga/Lembke, Mark, Kündigungsschutzgesetz, Kommentar zum KSchG mit Gestaltungshinweisen und Beispielen für die Praxis, Freiburg 2007

Tillmann, Michael (Hrsg.), Personalrecht in Europa, München 2004

Tilly, Stephanie, Arbeit-Macht-Markt. Industrieller Arbeitsmarkt 1900–1929: Deutschland und Italien im Vergleich, Beiheft 9 zu Jahrbuch für Wirtschaftsgeschichte, Berlin 2006

Toffoletto, Franco/Nespoli, Emanuela, I licenziamenti individuali in Italia e nell'Unione Europea, Milano 2008

Toffoletto, Franco/Pucci, Paola, Diritto del lavoro, Milano 2009

Toffoletto, Franco/Tradati, Paola/Negri, Antonella, Codice del lavoro – disciplina del rapporto di lavoro subordinato privato, Milano 2000

Tolomelli, Marica, "repressiv getrennt" oder "organisch verbündet" – Studenten und Arbeiter 1968 in der Bundesrepublik Deutschland und in Italien, Opladen 2001

Treu, Tiziano, Entwicklungen in den italienischen industriellen Beziehungen, GMH 1977, 558

Tschöpe, Ulrich, Der allgemeine Kündigungsschutz – Stiefkind europäischer Rechtsanpassung, NZA – RR 2003, 393

Tutolo, Daniele/Esposito, Antonio, Formulario del processo del lavoro, Napoli 2002

Uhl, Antje-Kathrin/Polloczek, Tobias, Sozialplandotierung im Konzern – Adieù Berechnungsdurchgriff?, DStR 2010, 1481

Umbreit, Paul, Die Arbeitsbeschaffung und öffentliche Arbeitsfürsorge nach dem Kriege, Flugschriften zur Schaffung sozialen Rechtes, Heft 6, 1916, S. 10

Vallebona, Antonio, La riforma del lavoro 2012, Torino 2012

Varesi, Pier Antonio/Fava, Gabriele, Codice del lavoro – Costituzione e leggi fondamentali, Milano 2010

Vestring, Siegrid, Die Mehrheitssozialdemokratie und die Entstehung der Reichsverfassung von Weimar 1918/1919, Münster 1987

Viarengo, Ilaria/Petronio, Ugo/Ranieri, Filippo/Stürner, Michael/Prudentino, Mario, Rechtsvereinheitlichung im Zivil- und Kollisionsrecht, Jahrbuch für Italienisches Recht, Band 26, Heidelberg 2014

Voelzke, Thomas, Aktuelle Entwicklungen im Sperrzeitrecht, NZS 2005, 281

Vormbaum, Thomas, Politik und Gesinderecht im 19. Jahrhundert, Berlin 1980

Waas, Bernd, Arbeitsmarkt und Flexicurity-Strategien – eine europäische Herausforderung, RIW 2008, 497

Wagner, Klaus-R., Rechtliche Fragen des Investivlohns, Beilage zu BB 1998, Heft 41, Seite 1

Wagner, Klaus-R., Gesellschafterliche Mitarbeiterkapitalbeteiligung innerhalb von Investivlohnmodellen, NZG 1998, 2

Waltermann, Raimund, 75 Jahre Betriebsvereinbarung, NZA 1995, 1177

Wank, Rolf, Abschied vom Normalarbeitsverhältnis? – Welche arbeits- und sozialrechtlichen Regelungen empfehlen sich im Hinblick auf die Zunahme neuer Beschäftigungsformen und die wachsende Diskontinuität von Erwerbsbiographien?, RdA 2010, 193

Warneck, Wiebke, Streikregeln in der EU27 und darüber hinaus – Ein vergleichender Überblick, Bericht 103, Herausgeber: Europäisches Gewerkschaftsinstitut für Forschung, Bildung und Arbeits- und Gesundheitsschutz (ETUI-REHS), Brüssel 2008

Weber, Christoph, Das aufgespaltene Arbeitsverhältnis, Berlin 1992

Wedde, Peter (Hrsg.), Arbeitsrecht – Kompaktkommentar zum Individualarbeitsrecht mit kollektivrechtlichen Bezügen, Frankfurt am Main 2009

Welti, Felix, Felder kommunaler Sozial- und Beschäftigungspolitik – Teil 1, KommJur 2006, 241

Wenzel, Leonhard, Kritische Anmerkungen zum Ersten Arbeitsrechtsbereinigungsgesetz, BB 1969, 1402

Wesselmann, Jutta, Betriebliche Altersversorgung in der Republik Italien und der Bundesrepublik Deutschland, Dissertation, Hamm 2007

Wieacker, Franz, Das Sozialmodell der klassischen Privatrechtsgesetzbücher und die Entwicklung der modernen Gesellschaft, in: Juristische Studiengesellschaft Karlsruhe (Hrsg.), Schriftenreihe, Heft 3, Karlsruhe 1953

Wieacker, Franz, Industriegesellschaft und Privatrechtsordnung, Frankfurt a. M. 1974

Wieacker, Franz, Privatrechtsgeschichte der Neuzeit unter besonderer Berücksichtigung der deutschen Entwicklung, 2. unveränderter Nachdruck der 2. neubearbeiteten Auflage 1967, Göttingen 1996

Willemsen, Heinz Josef, Kündigungsschutz – Vom Ritual zur Rationalität – Gedanken zu einer grundlegenden Reform, NJW 2000, 2779

Wolter, Henner, Reformbedarf beim Kündigungsrecht aus Arbeitnehmersicht – Praxiserfahrungen und Schlussfolgerungen, NZA 2003, 1068

Wüllenweber, Joachim, Die Entwicklung des Kündigungsschutzrechts seit dem Ersten Weltkrieg, Dissertation, Köln 1965

Wüst, Wolfgang, Die soziale Frage in der Fabrikarbeiterschaft und die betrieblich patriarchalischen Lösungsmodelle in Augsburg zur Zeit der Industrialisierung, ZBLG 1982, 67

Zachert, Ulrich, Hugo Sinzheimer: praktischer Wissenschaftler und Pionier des modernen Arbeitsrechts, RdA 2001, 104

Zachert, Ulrich, Legitimation arbeitsrechtlicher Regelungen aus historischer und aktueller Sicht, RdA 2004, 1

Zarattini, Pietro/Pelusi, Rosalba, Il manuale lavoro, Milano 2004

Zimmermann, Waldemar, Das Arbeitslosenproblem nach dem Kriege, Flugschriften zur Schaffung sozialen Rechtes, Heft 6, 1916, S. 17

Zöllner, Wolfgang/Loritz, Karl-Georg/Hergenröder, Curt Wolfgang, Arbeitsrecht, 6. Auflage, München 2008

Zoppoli, Lorenzo, La flexicurity dell'Unione europea: appunti per la riforma del mercato del lavoro in Italia, Working Papers – Centro studi di Diritto del Lavoro Europeo „Massimo d'Antona", 141/2012